제11판 경제학원론

(미시경제학)

경제학원론

(미시경제학)

11판

Principles of **Micro**economics

● 조 순 · 정운찬 · 전성인 · 김영식 지음

율곡출판사

조 순 명예교수(서울대학교 경제학부)

우리나라에 현대적 의미의 주류 경제학을 본격적으로 도입한 제1세대 대표적 경제학자이다. 서울대 상대와 미국 보든(Bowdoin)대학을 거쳐 University of California at Berkeley에서 경제학 박사학위를 받은 후 뉴햄프셔대학에서 조교수로 일했다. 그후 서울대학교 경제학과에 봉직하면서 우리나라 경제학계의 제2세대에 해당하는 수많은 후학을 양성하였다. 부총리 겸 경제기획원 장관, 한국은행 총재와 국회의원을 역임하였고 최초의 민선 서울시장을 지냈으며 대한민국학술원 회원이기도 하다.

정운찬 명예교수(서울대학교 경제학부)

조순 교수의 제자로 서울대학교 경제학과를 거쳐 미국 Princeton University에서 경제학 박사학위를 받은 후 Columbia University에서 조교수로 강의와 연구를 시작하였다. 1978년부터 2009년까지 서울대학교 경제학과에 봉직하면서 거시경제학과 화폐금융론 분야에서 이론과 실제를 겸비한 학자로 자리매김하였으며, 우리나라의 경제학계와 민간부문 및 官界에서 일하는 수많은 후학을 양성하였다. 서울대학교 총장과 국무총리를 역임하였으며, 현재 동반성장연구소 이사장과 한국야구위원회 커미셔너를 맡고 있다.

전성인 교수(홍익대학교 경제학부)

조순 교수와 정운찬 교수의 제자로 서울대학교 경제학과 및 동 대학원을 졸업하고 미국 MIT대학 경제학과에서 경제학 박사학위를 받은 후 한국개발원(KDI)을 거쳐 현재 홍익대학교 경제학과에서 강의와 연구를 수행하고 있다.

김영식 교수(서울대학교 경제학부)

정운찬 교수의 제자로 서울대학교 영어영문학과를 졸업하고 미국 University of Iowa에서 경제학 박사학위를 받았으며 뉴질랜드의 Victoria University of Wellington, 경희대학교를 거쳐 현재 서울대학교 경제학부에서 거시경제학과 화폐금융론 강의와 연구를 수행하고 있다. (kimy@snu.ac.kr)

제11판

들어가는 글

Principles of Microeconomics eleventh edition Preface

이번 개정판에서는 제10판의 체계와 구성 및 미시경제학-거시경제학 분책 방식을 그대로 유지하면서 전반적으로 서술방식을 개선하고 국내외 사례 및 통계자료를 업데이트하는 데 주력했다. 먼저 대부분의 경제학원론 강의가 미시경제학과 거시경제학을 학기별로 나누어 이루어지는 상황에서 학생들의 선택 폭을 실질적으로 넓히기 위해 『경제학원론(미시경제학)』과 『경제학원론(거시경제학)』 두 권으로 출간하였다.

둘째, 책 전반에 걸쳐 내용의 이해를 돕기 위해 미흡하거나 명확하지 않은 부분을 보완하고 서술방식을 개선하고자 노력했다. 제1장(4.4 실증경제학과 규범경제학)에서는 도덕과학으로서 경제학의 중요성을 강조하기 위해 아담 스미스의 『도덕감정론』을 상세히 소개했으며, 제2장(수요 · 공급과 시장균형)에서는 수요 · 공급의 변화와 수요량 · 공급량의 변화 간 차이를 좀더 명확히 서술했다. 제3장(소비자이론과 수요곡선)과 제4장(기업의 생산기술과 생산비용)에서는 각각 소비자균형과 생산자균형의 의미를 상세하게 설명했다. 제6장(독점시장)에서는 독점시장의 특징과 독점 발생의 원인 중 일부 중복되는 부분을 정리했으며, 제7장(2.2 쿠르노 모형과 버트란드 모형)에서는 쿠르노 경쟁모형의 균형을 정확하게 서술했다. 제8장(3. 자본시장과 이자 및 이윤)에서는 이자, 이윤 및 순수이윤에 대한 설명을 보완하였고, 제9장(소득분배와 소득재분배정책)에서는 기존 두 개의 절(1. 소득분배를 어떻게 볼 것인가?, 2. 소득불평등의 측정)을 한 개의 절(1. 소득분배와 소득불평등의 측정)로 통합하였다.

셋째, 국내외 사례 및 통계자료를 최근의 것으로 업데이트하거나 이미 관련성이 떨어진 것은 좀더 시의적인 사례와 데이터로 대체했다. 제2장에서는 〈생활과 경제학 : 국내 커피전문점 시장의 성장과 변화〉와 최저임금제를, 제6장의 〈생활과 경제학 : 마이크로소프트사의 끼워팔기는 독점적 지위의 남용인가?〉에서 우리나라 공정거래법 위반 유형별 사건 현황을 각각 업데이트했다. 제9장에서는 우리나라의 계층별 소득분배, 우리나라의 지니계수 추이, 〈현실과 경제학 :

소득불평등의 국제 비교〉를 업데이트했다. 제10장(시장실패와 정부실패)에서는 〈현실과 경제학 : 환경오염에 대한 정부정책과 탄소배출권 시장〉에서 우리나라의 2015년 탄소배출권 거래제도 도입과 파리협정을 추가하고, 우리나라의 조세수입 구성을 가장 최근의 것으로 업데이트했다. 제12장(1. 행태경제학)에서는 비합리적 행동을 나타내는 마케팅 사례를 최근 것으로 대체했으며, 제13장(4.2 자유무역을 위한 협정)에서는 양자 간 자유무역협정(FTA) 현황을 업데이트하고 최근 보호무역의 확대와 관련된 〈뉴스와 경제학 : 다자무역체제 약화와 지역무역협정 활성화〉를 추가했다.

이번 개정 과정에서 김한솔(서울대 경제학부 박사과정)과 이기영(서울대 수리과학부 학사과정)은 서술의 난이도와 사례 및 통계자료 업데이트 등 전반에 걸쳐 많은 도움을 주었다. 이 두 학생의 정성에 깊은 감사를 표한다. 끝으로 좀더 부지런하게 책을 개선하고 사례 및 자료 등을 업데이트하지 못한 데 대해 여러 선생님들과 독자들에게 심심한 사과를 드린다.

2020년 2월 20일

저자를 대표하여 정운찬(鄭雲燦) 씀

제8판

들어가는 글

Principles of **Micro**economics eighth edition Preface

2003년 제7판을 출간한 후 벌써 6년의 세월이 흘렀다. 초판이 나온 지는 어언 35년이 되었다. 그동안 경제학의 연구대상인 사회도 많은 변화를 겪었고 이 책의 수요자인 독자들 또한 크게 변하였다. 이에 따라 비록 경제학의 기본 원리는 변하지 않는다 해도 중점적으로 설명해야 할 대상도 새로 선정하고, 이를 전달하는 방식도 새롭게 고민해야 할 필요성이 제기되었다.

우리 저자들은 이런 필요성을 책에 반영할 수 있는 가장 좋은 방법이 우수한 후배 학자를 새로운 저자로 영입하는 것이라는 데 의견을 같이 했다. 새로운 후학의 도움을 받는 것은 경제학 연구에서 세대 간의 단절이 없도록 한다는 이 책만의 고유한 전통을 계승하는 길이기도 했다.

다행히 서울대학교 경제학부의 김영식 교수가 이 어려운 작업을 선뜻 맡아 주었다. 김영식 교수는 촉망받는 중견 경제학자로 학계에서 훌륭한 학문적 성과를 쌓아가고 있을 뿐만 아니라, 이 책의 저자 중 한 명인 정운찬 교수와 『거시경제론』을 함께 집필하면서 이미 탁월한 저술력을 입증하기도 했다.

김영식 교수의 도움을 받아 우리는 다음과 같이 개정방향을 정했다. 우선 개정의 기본 방향은 경제현안과 사례, 경제통계, 경제제도 등의 중요성을 강조하는 것으로 하였다. 우리는 이런 기본 방향이 경제학을 처음 공부하는 독자들이 경험하는 지식습득의 장벽을 낮추고 새로운 경제환경의 변화를 파악할 수 있도록 하는 데 크게 기여할 것이라고 믿는다.

구체적으로 경제학의 개념과 이론 또는 모형의 이해를 돕기 위해 〈뉴스와 경제학〉, 〈생활과 경제학〉, 〈역사와 경제학〉 등의 "코너"를 만들어 우리나라와 외국의 통계자료, 현안 및 과거 사례들을 소개하였다. 모형분석을 위한 그림과 표 등도 가능한 한 현실에서 쉽게 접할 수 있는 수치(예를 들어 우리나라의 실질 GDP, 통화량, 커피전문점의 커피가격)를 사용하여 "현장감"을 높이고 젊은 독자들의 시각을 반영하고자 하였다. 그리고 〈경제학자와 아이디어〉라는 코너에서는 주요 경제학자들의 생애와 업적에 대해 소개함으로써 혹여 어렵고 멀게만 느껴질 수 있는 경제학자들에게 독자들이 보다 쉽게 다가갈 수 있도록 하였다.

집필의 스타일에서도 새로운 독자들의 수요에 부응하기 위하여 일부 손질이 있었다. 예를 들어 각주가 지나치게 번잡할 경우 경제학을 처음 공부하는 독자들이 자칫 지루함을 느낄 수도 있다고 판단하여 꼭 필요하다고 생각되는 주석은 본문으로 통합하고, 그렇지 않은 것은 생략하였다. 각 장의 말미에 있는 요약 정리와 연습문제도 추가하거나 보완하였다.

이런 변화를 거쳐 이 책은 또 다시 새롭게 태어났으며, 더불어 새로운 체제를 갖추게 되었다. 전체적으로는 책의 내용을 크게 미시경제원론과 거시경제원론으로 구분하여 독자들이 각 이론체계의 고유한 맛을 조금 더 잘 음미할 수 있도록 하였다. 미시경제원론에서는 기존 제7판의 제1장부터 제15장까지의 체계를 그대로 유지하되 최근의 추세를 반영하여 게임이론과 행동경제학의 일부 내용을 추가하고 경제현안과 사례를 대폭 보완하였다. 기존 제7판의 제16장부터 제35장까지의 내용을 담고 있는 거시경제원론은 이 책의 독자들이 경제학원론에 이어 공부하게 될 거시경제학의 체계와 연관성을 느낄 수 있도록 개편하였다. 특히 거시경제학의 내용과 중복되는 "고급이론"(예를 들어 *IS-LM* 모형)은 고심 끝에 생략하였다.

이번 개정에서도 학생들의 도움을 많이 받았다. 윤장수(서울대학교 경제학부 학사과정)는 개정에 필요한 자료의 수집·정리와 수차례에 걸친 교정지 검토를 도와주었으며, 내용구성 및 설명방법에 대한 조언도 아끼지 않았다. 윤장수의 창의적이고 헌신적인 도움에 깊은 감사를 표한다. 마지막 교정지를 꼼꼼히 검토해 준 김지연(서울대학교 경제학부 박사과정)에게도 고마움을 전한다.

그리고 율곡출판사의 박기남 사장도 성의와 노력을 아끼지 않았다. 율곡의 모든 분들께 감사의 말씀을 드린다.

2009년 2월 18일

저자를 대표하여 정운찬(鄭雲燦) 씀

제7판

들어가는 글

Principles of Microeconomics seventh edition Preface

이 책이 쓰여진 지 금년으로 꼭 30년이 된다. 1973년 당시 서울대 상대에 봉직하던 나는 한 해 동안 연구교수로 임명되어 강의를 면제 받았다. 그래서 처음에는 집에서, 나중에는 성북구 보문동의 어떤 여관방에서 꼬박 1년을 들여 이 책을 집필했다. 다섯 명의 우수한 제자들이 나의 원고를 검토하여 많은 조언을 해주었다. 이 책은 그렇게 이 세상에 나왔다. 10년이면 강산이 변한다는 옛말이 있다. 돌이켜 보면 번개같이 빨리 지나간 세월이지만 지난 30년 동안 변한 것이 너무나 많다. 강산도 변하고 사람도 변하고 나라도 변했다. 서울 상대는 그때 성북구 종암동에 있었다. 현재의 관악 캠퍼스는 그 당시 골프장이었다. 그때 나를 도와주었던 다섯 명의 제자들은 모두 다 박사학위를 받고 지금은 저명한 교수가 되었거나 혹은 정부의 요직을 맡고 있다.

이 책은 좋은 운을 타고 태어났다. 나오자마자 경제학계에 큰 반향을 일으켰다. 전국의 많은 대학에서 이 책을 교과서로 채택했고 낙양(洛陽)의 지가(紙價)를 높인다는 말이 실감나도록 잘 팔렸다. 그후 얼마 안 되어 비슷한 원론 책이 무척 많이 나왔다. 이 책 자체도 시대의 요구에 따라 여러 번 수정되었다. 초판에는 한자가 많았는데, 지금은 거의 없어졌다. 긴 문장은 짧아졌고, 지나치게 어려운 부분은 읽기 쉽게 고쳐졌다.

이 책이 출간된 지 15년이 지난 1988년 말, 내가 부총리 겸 경제기획원 장관으로 서울대학교를 떠나면서 이 책은 보호자를 잃고 위기를 맞게 됐다. 그러나 이 책이 타고난 좋은 운은 그대로 남아 있었다. 나보다 더 훌륭한 또 하나의 저자 겸 보호자를 만나서 면목을 일신하게 된 것이다. 이미 1980년대 중반에 이 책에 근거한 「스터디 가이드」를 내서 독자들의 이해를 도왔던 정운찬(鄭雲燦) 교수가 책을 전면 개정하여 새롭게 만드는 수고를 두 번이나 해주었다. 그 노력의 덕분으로 이 책은 활력을 유지하여 지금도 서점의 서가를 장식하고 있다.

세월이 흘러 또 15년이 지났다. 동시에 이 책도 또 하나의 위기를 맞게 됐다. 작년에 정교수가 서울대학교 총장으로 선출되면서 이 책을 전처럼 보살필 시간적

여유가 없게 된 것이다. 그러나 좋은 운은 쉽게 없어지지 않는다

정 총장의 제자인 홍익대학교 전성인(全聖寅) 교수가 정 총장의 일을 맡아 준 것이다. 전 교수는 서울대 경제학과가 배출한 가장 뛰어난 소장학자 중의 한 사람이다. 이런 훌륭한 사람이 주동이 되어 이번에 이 책을 다시 전면 수정하여 제7판을 내게 되었다.

요즘 세상에는 세대 간의 단절이 매우 심하여 많은 경우에 대화조차 어려운 것이 우리의 현실이다. 그러나 이 책에는 세대 간의 단절이 없다. 15년마다 새로운 저자가 추가되어, 이제 3대가 한 자리에 모여 이 책을 새로 내게 되었다. 우리 세 사람은 이것을 큰 자랑거리로 여기고 있다.

이 책의 모습은 그동안 사뭇 달라졌으나 한 가지 달라지지 않은 것이 있다. 그것은 이 책의 당초의 목표와 기준이 지금도 잘 살아 있다는 점이다. 이 책의 초판 서문에서 나는 이 책의 특성을 네 가지로 천명한 바 있다. 첫째 책 전체를 통하는 일관된 논리가 있고, 둘째 읽기는 쉽고 설명도 친절하지만 그 내용에는 충분한 깊이가 있으며, 셋째 현실 적합성을 중요시하여 경제학의 실천적인 성격을 부각시키고, 넷째 최근의 학계 동향도 충분히 감안하여 시대감각을 살린 것이 그것이었다. 이 특성은 이번 제7판에서도 뚜렷이 나타나 있다.

경제원론은 경제학의 초보이기도 하지만 그것보다는 오히려 종착점이라고 보아야 한다. 경제학의 모든 중요한 이론과 기본적인 관점은 거의 다 원론에 나와 있기 때문에, 원론을 철저하게 알면 경제학의 상당 부분을 알게 되고 반면에 원론을 모르면 각론도 모르게 된다.

뿐만 아니라 경제원론을 모른다면 현대사회의 일원으로서 필수적인 소양을 갖추었다고 할 수도 없다. 지금부터 43년 전, 내가 버클리대학(University of California, Berkeley)에서 경제원론을 담당한 롤프(Earl R. Rolph) 교수의 조교를 하고 있을 때, 그 교수가 우리에게 항상 해주시던 말씀이 아직도 생생하다. "경제원론은 우리 학과에서 가르치는 과목 중에서 가장 중요한 과목임을 명심해야

한다.(We are teaching by far the most important course that the Department of Economics offers.) 왜냐하면, 우리가 이 과목을 잘못 가르치면 학생들은 좋은 미국 시민이 될 수 없기 때문이다." 이 말씀의 이면에 탁월한 경제이론가이면서 훌륭한 교육자의 모습이 숨어 있다.

이 책도 우리의 후진들로 하여금, 현대사회의 경제원리가 무엇이며 어떻게 해야 우리나라가 좋아질 수 있는가, 또 앞으로 우리나라의 나아갈 방향은 무엇인가를 알 수 있게 하는 데 도움이 되기를 바란다. 경제학 3세대의 노력이 담긴 이 책의 타고난 행운이 앞으로도 이어지기를 기대하며 애정을 가지고 그 장래를 지켜보고자 한다.

이 책을 오늘날까지 키워주신 분들은 헤아릴 수 없을 정도로 많다. 이번에는 서울대학교 박사과정에 재학중인 김지연(金知演) 양이 제7판의 집필과정 전반에 걸쳐 귀중한 조언을 많이 해주었다. 재정경제부에 근무하는 최원진(崔源珍) 군과 변재호(卞齋浩) 군, 그리고 금융감독위원회의 이동훈(李東勳) 군도 이 책의 개정을 위한 계획단계에서 아주 많은 도움을 주었다. 그리고 율곡출판사의 박기남(朴基男) 사장, 윤인용(尹仁鏞) 상무, 박미애(朴美愛) 과장도 집필과정에서 많은 도움을 주셨다. 이 모든 분들에게 깊은 감사의 뜻을 표한다. 감사의 말은 간단하지만 그 뜻은 깊다는 것을 이해해 주기 바란다.

2003년 2월 3일

저자를 대표하여 조 순(趙淳) 씀

제4전정판

들어가는 글

Principles of Microeconomics fourth edition Preface

우리들은 이 책의 前身인 趙淳 著『經濟學原論』第三全訂版이 출간된 직후부터 全面改訂을 준비했다. 최근에 개발된 理論을 폭넓게 담는 동시에 內容과 體制를 新鮮하고 多彩롭게 만들기 위함이었다. 이제 3年間 작업의 결과로 第4全訂版을 내놓게 되었다.『經濟學原論』이 처음 나온 지 벌써 16年 그동안 이 책의 變貌는 끊임없는 學問의 進步와 時代의 鼓動을 반영해 왔으며, 第4全訂版도 다양하고 새로운 理論과 思潮中에서 가장 標準的인 것을 網羅하고자 힘썼다. 특히 이번에 少壯의 著者(鄭雲燦)를 맞이하여 새로운 活力을 지니게 된 것은 이 책의 行路上 획기적인 경사라 할 만하다.

이번 판의 特徵은 다음과 같다. 첫째, 종전처럼 首尾一貫된 體系 속에서 理論을 설명하되 表現은 보다 簡潔히 하도록 노력하였다. 둘째, 종전에는 初學者에게 어렵다고 생각되어 省略했던 理論과 또 最近에 開發된 새로운 理論을 많이 첨가하였다. 예를 들면 微視理論部門에서 게임理論과 一般均衡理論 등을 도입하였고, 巨視理論部門에서는 새古典派 巨視經濟學, 新케인즈經濟學과 均衡景氣變動理論 등을 수록하였다. 셋째, 많은 部分을 고쳐 썼다. 微視에서는 生産理論과 分配理論을 全面的으로 다시 썼다. 특히 分配理論에서는 分配理論의 歷史와 階層別分配 개념을 소개하였다. 巨視에서는 章의 順序를 많이 바꾸었고 貨幣金融現象과 經濟安定化政策을 보다 참신한 방법으로 설명하려고 노력하였다. 國際經濟理論과 經濟體制部門도 최근의 國際情勢를 감안하여 대폭 고쳤다. 넷째, 構成面에서도 12個篇을 14個篇으로, 40個章을 34個章으로 再編하였을 뿐만 아니라 脚註를 많이 넣어서 독자들의 知的 好奇心을 불러 일으키도록 하였다.

과거와 마찬가지로 이 책은 이른바 新古典派(綜合)의 主流經濟學을 올바로 소개하는 데 重點을 두되 그것의 限界를 지적하는 것도 게을리하지 않았다. 아직도 未備點이 많을 것으로 생각되나 그것은 後日의 개정작업에서 補完키로 한다.

이번 改訂作業에서도 많은 우수한 學生들의 도움을 받았다. 서울大學校 經

濟學科 學部의 金政昱, 大學院의 卜得圭, 甲誠輝, 金太鍾, 朴相仁, 朴東旭, 朴相俊, 趙龍來, 鄭溶承, 金尙祚, 韓尙範 제군은 자신들의 경험과 학습성과를 통해 初學者가 겪을 수 있는 試行錯誤를 克服할 수 있도록 도와주었고, 財務部의 金東昱, 魏聖伯 사무관은 實務感覺을 더해 주었다. 특히 金尙祚君은 처음부터 끝까지 여러 면에서 커다란 도움을 주었다. 이번 작업을 통해 知識共同體로서의 서울大學校의 힘이 유감없이 발휘되었다고 확신한다. 이들 모두에게 깊은 謝意를 표한다.

이번 改訂版를 위해 뒤에서 도와준 분들도 많다. 서울大學校 經濟學科와 國際經濟學科의 동료교수들은 많은 激勵와 忠言을 아끼지 않았다. 특히 李俊求, 梁東烋, 兩敎授는 西江大學校의 徐遵鎬 교수, 京畿大學校의 李憲昶 교수, 國民大學校의 장덕주 교수 등과 함께 이 책의 미비점을 여러 군데 지적해 주었다. 이들의 忠言을 모두 다 수용하지는 못했으나 이들의 도움에 진심으로 감사한다.

法文社의 裵孝善社長은 이번 판을 내는 데도 物心兩面으로 많은 도움을 주었으며, 編輯部의 崔福鉉部長과 李榮寬씨, 그리고 營業部의 柳在植課長은 編輯과 製作을 맡아 성의와 노력을 다해 주었다. 이 분들에게 깊은 감사의 말씀을 드리고 싶다.

1990년 2월 20일

冠岳山 기슭에서

趙淳 · 鄭雲燦 識

초판

들어가는 글

Principles of Microeconomics first edition Preface

經濟學에 뜻을 둔 學生은 물론 그렇지 않은 一般人에 이르기까지 經濟學의 基本原理를 體得하고자 하는 意欲은 대단히 크다. 더욱이 최근에 와서 國內外의 經濟問題가 날이 갈수록 複雜多岐해짐에 따라 이들 問題의 本質을 理解하기 위한 思考와 基本을 마련해 주는 經濟學에 대한 期待는 非常히 高潮되고 있다.

經濟學에 대한 期待가 이와 같음에도 불구하고 이 學問에 대한 우리의 接近方法에는 理解보다는 오히려 記憶을 위주로 하는 傳統이 그대로 남아 있다. 暗記爲主의 册은 많으나 理解를 돕는 册은 매우 稀少한 오늘의 現實은 이 傳統을 反映하는 것이 아닌가 생각한다. 이와 같이 經濟學의 目的과 그 方法 사이에 存在하는 乘離는 좀체로 拂拭되지 않고 있으며, 이것은 비단 經濟學에 뜻을 둔 사람들의 期待를 挫折시킬 뿐만 아니라 나아가서는 이 學問의 發展을 沮害하는 면도 적지 않을 것으로 생각한다.

사람들이 經濟學을 배우고자 하는 理由는 우리의 社會와 세계를 알고 그 將來에 대한 透視와 展望을 할 수 있는 능력을 기르고자 함에 있는 것이며, 단순히 기계적으로 定理와 命題를 記憶하자는 데 있는 것은 아닐 것이다. 오직 記憶을 위주로 하는 공부가 재미있을 理가 없고 有用할 수도 없을 것이다. 地理를 배우면서도 運動場이 地球의 表面의 일부인지 전혀 몰랐던 少女에게 地理가 재미있었을 理도 없고 暗記한 知識이 有用하였을 理가 萬無한 바와 같이, 經濟學도 暗記를 위주로 배워서는 아무런 소용이 없고 오히려 偏見과 誤解를 낳을 뿐이다. 이 册의 目的은 經濟學의 基本原理를 眞正하게 理解하고자 있는 讀者들로 하여금 經濟原理가 暗記—그것도 어느 정도까지는 필요하지만—를 통해서가 아니라 理解를 통해서 體得되며, 그것이 空理空談이 아니라 現實社會를 理解하기 위한 分析要具라는 것을 認識하도록 하는 데 있을 것이다.

이와 같은 本書의 趣旨가 과연 달성되었는지 또 類書와 비교할 때 本書가 어떤 長短點이 있는지는 著者 자신의 判斷보다는 讀者들의 評價를 기다려야 할 것이지만, 本書의 著作에 있어 著者가 자기 나름대로 留意한 點은 대략 다음과 같은 事項이라고 할 수 있다.

첫째, 全卷을 貫流하는 體系를 세워서 이 體系에 立脚하여 各章의 配列과 그 內容의 敍述에 있어서 先後의 順序와 連繫關係에 대하여 細心한 주의를 기울였다. 宇宙의 星座가 一見 無秩序하게 羅列된 것 같지만 星座의 하나하나에 다 제 자리가 있듯이, 經濟學의 理論도 여러 가지 命題가 無秩序하게 堆積된 것이 아니라 거기에는 전체를 貫流하는 思考의 體系가 있는 것이다. 이 體系를 찾음으로써 개개의 槪念이나 定理를 단편적으로 설명할 것이 아니라 항상 全體와의 調和 속에서 각 理論의 含蓄된 意味를 밝히고자 노력하였다.

둘째, 가급적 讀者의 理解를 돕기 위하여 친절하게 敍述하도록 노력하였다. 細心하게 읽어도 納得이 가지 않는 부분이 없도록 最大限의 노력을 하였다. 그러나 친절을 위주로 하였다고 해서 內容을 지나치게 장황하게 하거나 쉽게 하였다는 것은 아니다. 本書의 內容은 상당한 幅을 가지고 있으며, 初學者들은 再三 읽어야 비로소 消化할 수 있는 部分도 적지 않으리라고 생각한다.

셋째, 經濟學原論이 初學者의 興味를 끄는 科目이 되기 어려운 이유가 理論과 經濟現實의 符合性이 缺如되기 쉬운 경향에 있다고 생각되므로, 本書에서는 가급적 抽象的인 理論이 實社會의 現象을 離脫하지 않도록 노력하였다. 後進社會의 現象, 經濟政策의 문제 등을 여러 곳에서 言及한 것이라든지, 技術進步, 市場의 失敗 등에 대하여 論及한 것은 經濟理論이 공허한 論理의 遊戱가 아니라 實社會의 문제를 眺望하고 分析하는 데 있어 有力하고 뜻있는 思想의 基盤이 된다는 것을 隱然中에 보여주고자 하는 의도의 發現이라 할 수 있다.

넷째, 최근에 새로이 意識되기 시작한 문제와 새로이 開發된 理論을 가급적 收錄함으로써 理論의 現實符合性을 例示하고 그 時代感覺을 鼓吹하도록 하였다. 예를 들어 社會的 費用, 環境의 문제, 「스태그플레이션」 現象을 수반하는 景氣變動, GNP와 經濟厚生指標 등에 관한 敍述은 이와같은 目的에 副應하고자 하는 結果라 할 것이다.

이와 같이 本書에는 經濟學과 그 效用 및 經濟學教育에 대한 著者 나름대로의 理解와 接近이 나타나 있지만, 入門書로서의 本書의 趣旨에 副應하기 위하여 通說의 敍述에는 어디까지나 忠實을 기하였다고 생각한다.

本書의 著作에는 많은 類書와 專門書籍을 參考로 하였다. 本書는 주로 經濟理論의 體系를 讀者들로 하여금 잘 이해하도록 하는 데에 主眼을 둔 것이므로 경우에 따라서는 歐美의 類書의 一部分을 拔萃한 부분도 있고, 設例를 模倣한 부분도 있다. 이것은 著書의 獨創力의 缺如에 그 主因이 있다 하겠으나, 本書가 指向하는 목표에 照鑑할 때 創意의 缺如가 오히려 類書의 長點을 本書에 移植하는 결과가 되었다면 模倣에 관한 叱責은 甘受할 수 있다고 생각한다.

本書은 出刊하는 데 있어서는 여러분의 도움이 컸다. 우선 著者로 하여금 서울大學校의 「研究教授」制度를 이용할 수 있게 하여 주신 邊衡尹學長과 商大의 同僚들에게 감사의 뜻을 표한다. 同僚 金信行博士와 出藍의 資質을 가진 金勝鎭, 朴鍾安, 姜鎬珍, 金仲秀, 李廷雨 諸君의 도움이 이 著作의 全過程에 걸쳐 實로 莫大하였다. 이 五秀才의 卓越하고 아낌없이 助力을 가지고도 册을 이 정도밖에 만들지 못한 것은 全的으로 著者의 菲才에 淵源하는 것이지만 各章 各節이 그나마 一旦의 體系를 갖추게 된 것은 오로지 五君의 細密한 檢討에 緣由한 것으로서 이들의 勞苦에 대하여는 滿腔의 謝意를 禁할 수 없다. 法文社의 白俊基部長과 高畯英氏의 細心하고 忍耐性있는 編輯에 대하여도 깊은 謝意를 표한다.

1974年 3月 14日

上月谷洞 禹居에서

著者識

차 례

Principles of Microeconomics eleventh edition Contents

I편 경제학 들어가기

Principles of Microeconomics part one

제1장 경제학이란 무엇인가?

제2장 수요 · 공급과 시장균형

II편 수요와 공급의 이론적 기초

Principles of Microeconomics part two

제3장 소비자이론과 수요곡선

제4장 기업의 생산기술과 생산비용

제5장 완전경쟁시장과 공급곡선

III편 불완전경쟁시장의 가격과 생산

Principles of Microeconomics part three

제6장 독점시장

제7장 독점적 경쟁과 과점시장

IV편 생산요소시장과 소득분배

Principles of Microeconomics part four

제8장 생산요소시장

제9장 소득분배와 소득재분배정책

V편 미시경제학의 여러 문제

Principles of Microeconomics part five

제10장 시장실패와 정부실패

제11장 불확실성과 정보비대칭성

제12장 행태경제학과 법경제학

VI편 국제무역

Principles of Microeconomics part six

제13장 국제무역이론과 무역정책

경제학 들어가기

Principles of **Micro**economics part one

경제학이 어떤 학문인가에 대해 한마디로 대답하기란 쉽지 않다. 경제학에는 국가와 사회, 법과 제도, 계층과 집단 등 사회과학의 영역뿐만 아니라 역사와 철학, 윤리와 같은 인문학의 요소와 수학, 물리학, 통계학 등 자연과학의 요소도 공존한다. 경제학의 특성이 이처럼 다양하기 때문에 "경제학이란 경제학자들이 하는 학문을 말한다(Economics is what economists do)"라고 일컫는 학자도 있다.

그러나 많은 경제학자들은 경제학이 "이기적인 경제주체가 주어진 제약 하에서 자신의 목표를 최대한 달성하기 위한 합리적 선택"을 다룬다는 점에 대체로 동의한다. 그들은 기본적으로 경제주체가 시장에서 자유롭게 거래할 수 있을 때 대체로 만족스러운 성과가 나온다는 점에 동의하지만, 정부가 나서서 때때로 고장을 일으키는 시장이라는 장치를 보완해야 할 필요가 있다는 점에도 공감한다. 이러한 시장거래를 통한 희소한 자원의 배분은 재화나 서비스의 가격에 의해 결정되며, 가격은 다시 그 재화나 서비스에 대한 수요와 공급에 의해 결정된다.

제 I 편(경제학 들어가기)에서는 먼저 제1장(경제학이란 무엇인가?)에서 경제학의 기본 문제를 포함한 경제학의 여러 측면에 대해 개괄적으로 살펴본다. 그리고 제2장(수요 · 공급과 시장균형)에서는 경제분석의 기초가 되는 수요와 공급의 개념과 이들의 상호작용에 의해 균형가격이 결정되는 과정을 알아본다. 이 두 개 장은 미시경제학과 거시경제학의 원론을 이해하는 데 기본이 되는 개념과 분석도구를 제공할 것이다.

Preface

경제학이란 무엇인가?

Principles of **Micro**economics ch. one

01

1. 경제학의 기본 문제

1.1 자원의 희소성과 선택 / 1.2 편익과 비용 / 1.3 시장과 교환의 이득

2. 시장경제

2.1 시장경제의 효율성 / 2.2 시장실패와 정부의 역할 / 2.3 정부실패와 신자유주의

3. 경제학의 목적과 대상

4. 경제학의 연구방법

4.1 경제이론의 주요 가정 / 4.2 경제이론의 검증 / 4.3 미시경제학과 거시경제학

4.4 실증경제학과 규범경제학

이 장에서는 경제학에서 무엇을 공부하는지 개략적으로 알아보려고 한다. 이를 위해 다음과 같은 문제에 대해 논의해 보자.

- 왜 사람들은 거래를 하는가?
- 왜 시장경제인가?
- 어떻게 시장경제를 이해하고 더 좋은 세상을 만들 것인가?

1. 경제학의 기본 문제

Principles of **Micro**economics ch. one

경제학의 기본 전제
- 무한한 욕구
- 제한된 수단 (자원의 희소성)

인간은 다양한 욕구를 충족하기 위해 경제행위를 한다. 인간의 욕구는 좋은 집에 살고자 하는 욕구, 돈을 벌고 싶은 욕구, 지식에 대한 욕구, 출세에 대한 욕구, 사랑에 대한 욕구, 마음의 평화를 얻고자 하는 욕구 등 한없이 많다. 예를 들어 금, 다이아몬드 등 보석을 마음껏 가질 수 있을 때 얼마나 갖고 싶으냐고 묻는다면 대부분의 사람은 "전부 다"라고 답할 것이다. 어떤 욕구의 가치가 다른 욕구의 가치에 비해 본질적으로 낫다거나 못하다고 할 수는 없지만, 인간의 욕구가 무한하다는 것은 부인할 수 없는 사실이며, 이는 경제학의 기본적인 전제이다.

그런데 그 욕구를 충족시킬 수 있는 수단은 항상 한정되어 있다. 욕구를 충족시키기 위해서는 돈과 능력, 시간이 있어야 하는데, 이 모두를 무제한으로 가지고 있는 사람은 아무도 없다. 따라서 욕구를 충족시킬 수 있는 수단에는 항상 어떤 제약이 있기 마련이다. 욕구충족의 수단이 제약되어 있다는 것, 이 또한 경제학의 기본 전제이다.

1.1 자원의 희소성과 선택

무한히 많은 욕구를 충족시킬 수 있는 수단은 제한되어 있기 때문에, 인간은 부족한 수단을 가장 효율적으로 사용하기 위해 선택을 해야 한다. 선택, 이것이 바로 경제행위의 핵심이다. 흔히 '경제한다(economize)' 라는 용어는 '아낀다' 또는 '절약한다' 는 뜻을 내포하고 있다. 이는 인간이 항상 돈만 아끼는 인색한 구두쇠 같은 존재라는 뜻이 아니라 인간은 항상 일종의 제약 속에 있으며, 따라서 주어진 자원을 최대한 효율적으로 써야 한다는 뜻을 담고 있다.

인간이 선택을 할 때에는 경제적 유인(incentive)에 반응하기 마련이다. 유인이라 함은 어떤 행동을 하도록 하는 자극을 말하는데, 흔히 소비자의 구매욕구나 직원의 근로의욕을 높이는 것을 의미하는 경우가 많다. 백화점의 할인판매(bargain sale)나 기업의 성과급 제도가 대표적인 예에 해당한다.

이러한 유인은 비단 위와 같은 예에만 국한된 것이 아니다. 사람이 하는 선택 모두가 경제적 유인과 관련되어 있다. 예를 들어 어떤 편의점에서 강도가 증가함에도 불구하고 무장경비원을 배치하지 않는 이유를 생각해 보자. 잘 훈련된 경비원의 월급과 수당 지급에 드는 비용이 연간 3천만원인 데 반해 강도에게 잃는 평균손실은 약 2백만원에 지나지 않는다면, 경제적 유인은 뚜렷하다. 즉, 무장경비원을 고용하는 것보다 강도를 참아내는 편이 비용이 덜 드는 것이다. 따라서 편의점 주인은 경제적 유인에 따라 무장경비원을 고용하지 않는 선택을 하게 된다. 또 다른 예로서 사람들의 기부행위도 이타심이라는 내면적 동기뿐만 아니라 세금공제 혜택 등 경제적 유인과 관련되어 있다.

희소성의 예 : 생수

(1970년대)

(현재)

한국은행 경제교육 홈페이지
(www.bokeducation.or.kr)

사실 사람은 자기도 모르게 언제 어디에서나 항상 선택을 하고 있다. 우리는 식사를 할 때 자기만족을 극대화하기 위해 자신이 좋아하는 음식을 골라 먹는다. 길을 걸어갈 때에도, 수강신청을 할 때에도, 전공과목을 택할 때에도 자신이 좋아하는 길, 과목, 그리고 학과를 선택한다. 모두 자기의 만족도를 극대화하기 위해서이다. 이렇게 볼 때 인생 전체가 선택의 연속이라고 볼 수도 있는데, 이는 인간이 합리적인 행동을 통해 자신도 모르는 사이에 경제활동을 한다는 뜻이다.

1.2 편익과 비용

선택을 한다는 것은 어떤 것을 얻기 위해 다른 것을 포기하는 것을 의미한다. 예를 들어 오늘 오후에 공부, 영화 관람, 게임 모두를 하고 싶다고 가정하자. 이러한 욕구 중에서 만일 공부를 선택한다면, 아쉽지만 영화 관람과 게임은 시간상 하기 어려울 것이다. 공부 중에서도 경제학도 해야 하고 수학도 해야 하는데, 두 가지를 다 할 수 없어 경제학을 선택한다면 수학은 포기할 수밖에 없다.

편익 선택으로부터 얻는 것

비용 선택으로부터 잃는 것

합리적인 선택 최소의 비용으로 최대의 효과를 거둘 수 있는 선택

어떤 선택을 하든 얻는 것(**편익**, benefit)이 있으면 잃는 것(**비용**, cost)이 있다. 득(得)이 있으면 실(失)이 있는 것이다. 역으로 말하면 실이 없는 득이란 없다. 어떤 것을 얻을 때 반드시 대가를 치러야 한다는 것, 이것이 바로 경제원리의 기본이다.

합리적인 사람이라면 어떤 의사결정을 할 때에 항상 득과 실을 비교해서 득이 있을 때에는 실을 최소화하고 실을 감수해야 할 때에는 최대의 득을 얻도록 결정할 것이다. 이를 두고 흔히 최소의 비용으로 최대의 편익을 거둘 수 있는 선택이라 한다. 엄밀히 말한다면, 일정한 비용을 부담해야 할 경우라면 최대의 편익을 거둘 수 있는 선택을 하고, 일정한 효과를 기대할 경우에는 최소의 비용이 드는 선택을 하는 것, 이것이 경제원리이다.

간단한 원리라고 생각할지 모르나, 인간은 이 원리를 간과하는 의사결정을 하는 경우가 많다. 이 간단한 경제원리를 무시하는 의사결정을 하여 사적으로 큰 손해를 보고, 공적으로 큰 재앙을 불러일으킨 사례 또한 많다. 특히 경제 외적인 목표에 집착할 경우 이 원리는 종종 간과된다. 또 편익과 비용에 관한 이해가 부족할 경우에도, 이러한 경제원리를 무시한 의사결정이 이루어진다. 예를 들어 진시황은 만리장성을 쌓을 때 상상을 초월한 비용을 치렀다. 많은 사람이 죽고 백성의 원성을 샀으며 결국 진나라는 곧 망하고 말았다. 만리장성으로부터 얻는 편익, 즉 북방 기마민족의 침략을 막는 효과가 과연 얼마였는지는 알 수 없으나, 진시황이 만일 경제원리를 알았더라면 만리장성은 쌓지 않았을 것이고 진 제국은 좀더 오래 지속되었을 것이다.

합리적인 인간이라면 그가 직면한 여러 가지 바람직한 가능성 중에서 그에게 가장 큰 만족을 주는 최선의 가능성을 선택할 것이다. 그러나 이 경우 그는 다른 모든 가능성을 포기해야 한다. 이처럼 어떤 것을 선택할 때 포기하는 여러 가지 가능성 중 가장 큰 만족을 줄 것으로 기대되었던 것, 즉 차선책(next best alternative)의 가치를 **기회비용**(opportunity cost)이라고 부른다. 다시 말해서, 기회비용이란 '포기한 여러 가지 것 중에서 가장 가치가 큰 것'이다.

기회비용 어떤 것을 선택할 때 포기된 여러 가지 중에서 가치가 가장 큰 것

[표 1-1]에서 이를 살펴보자. 표에는 경제학을 공부하는 유나가 오후시간을 활용하는 네 가지 방안이 표시되어 있다. 네 가지 모두 유나에게 어느 정도의 만족 또는 효용을 준다. 효용은 그 크기를 마치 무게나 길이 또는 온도를 측정할 때처럼 절대치로 표시할 수는 없지만 상대적 순위는 알 수 있기 때문에 표에는 경제학 공부가 1순위, 영화 관람이 2순위로 표시되어 있다. 물론 유나는 자신

표 1-1

유나 오후시간의 용도와 그 효용

오후시간의 용도	효용의 순위
경제학 공부	1
영화 관람	2
수학 공부	3
컴퓨터 게임	4

에게 가장 큰 만족을 주는 경제학 공부를 선택하고 다른 것은 포기할 것이다. 따라서 포기된 것 중 가장 최선인 영화 관람의 효용이 곧 경제학 공부의 기회비용이 된다.

사람이 어떤 선택을 잘못했다는 것은 기회비용을 너무 많이 치렀음을 의미한다. 경제학 공부로부터는 얻은 것이 별로 없고 포기한 영화 관람으로부터는 훨씬 큰 것을 얻었을 수도 있었다고 하자. 그렇다면 그가 영화 관람 대신에 경제학 공부를 선택한 것은 결과적으로 잘못된 선택이며 그는 경제학을 위해 너무나 큰 기회비용을 치른 셈이다.

1.3 시장과 교환의 이득

우리는 앞서 경제학의 기본 전제로서 어떠한 사회에서도 인간의 욕구를 충족할 수 있는 수단이 희소하다는 점을 확인했다. 이는 노동력, 기계, 자연자원 등 제한된 자원을 이용하여 생산되는 재화와 서비스의 양도 제한될 수밖에 없음을 의미한다. 특히 어떤 재화나 서비스를 더 많이 생산하는 것은 다른 재화 혹은 서비스를 덜 생산할 수밖에 없는 상충관계(trade-off)를 항상 수반한다. 먼저 이러한 상충관계를 분석하기 위해 널리 사용되는 생산가능곡선을 알아보자. 그리고 서로 다른 생산가능곡선을 가지고 있는 두 경제주체가 분업과 교환을 통해 더 나은 상태로 이동하게 되는 과정을 살펴보자.

그림 1-1

	사용 시간		생산량	
	포도	키위	포도(kg)	키위(kg)
A	5	0	10	0
B	4	1	8	1
C	3	2	6	2
D	2	3	4	3
E	1	4	2	4
F	0	5	0	5

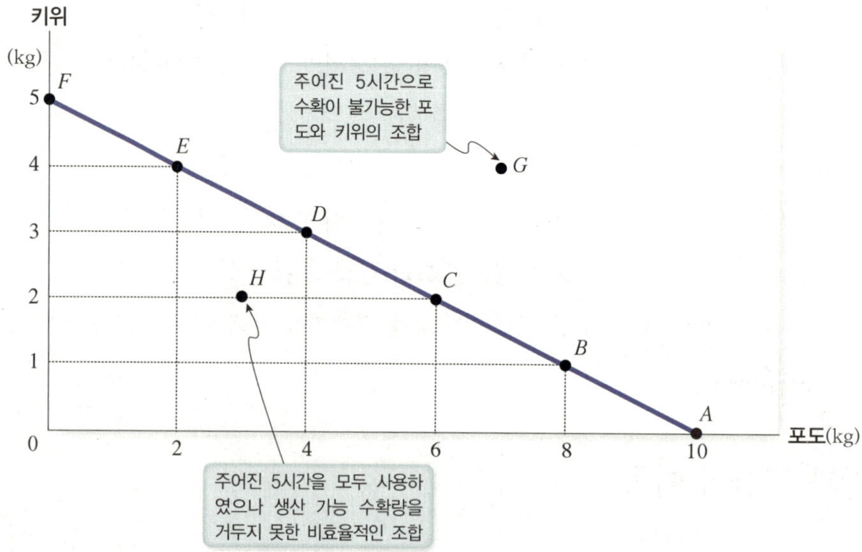

수지의 생산가능곡선

수지의 생산가능곡선은 키위를 나타내는 세로축에서 5kg과 만나고 포도를 나타내는 가로축에서 10kg과 만나는 직선이 된다. 이때 생산가능곡선 밖의 점 G는 수지의 능력으로 생산이 불가능한 생산점을, 생산가능곡선 안의 점 H는 비효율적인 생산점을 나타낸다.

1.3.1 생산가능곡선

생산가능곡선 사용 가능한 자원이 일정할 때 최대로 생산 가능한 재화나 서비스의 조합을 나타내는 곡선

생산가능곡선(production possibility frontier ; PPF)은 사용 가능한 자원이 일정할 때 최대로 생산 가능한 재화나 서비스의 조합을 나타내는 곡선이다. 예를 들어 수지는 포도나무와 키위나무를 가지고 있으며 하루에 5시간을 키위와 포도를 따는 데 사용한다고 하자. 구체적으로 수지는 1시간에 2kg의 포도 또는 1kg의 키

위를 딸 수 있다고 하자. 그러면 수지가 사용 가능한 5시간으로 최대한 딸 수 있는 포도와 키위의 조합은 〈그림 1-1〉과 같다.

예를 들어 수지가 5시간 전부를 포도나 키위를 따는 데 쓴다면 각각 포도 10kg과 키위 5kg을 딸 것이다. 따라서 수지의 생산가능곡선은 〈그림 1-1〉과 같이 키위를 나타내는 세로축에서 5kg과 만나고 포도를 나타내는 가로축에서 10kg과 만나는 직선이 된다. 또한 수지가 포도를 따는 데 1시간을 더 사용할 때마다 포도는 2kg을 더 따지만 동시에 키위는 1kg을 덜 따게 되므로 포도를 2kg 더 따는 기회비용은 키위 1kg이 된다.

이때 생산가능곡선 상의 조합들은 5시간을 모두 활용하여 주어진 포도와 키위의 조합을 따는 데 최소한의 시간이 사용되고 있다는 의미에서 **효율적**(efficient)이다. 반면 〈그림 1-1〉에서 조합 H는 5시간을 가지고 최대한의 수확이 이루어지지 않고 있기 때문에 **비효율적**(inefficient)이다. 물론 수지는 생산가능곡선을 넘어서 조합 G와 같은 수확을 원할 수도 있지만, 5시간의 노동과 수지의 현재 기술로는 불가능하다.

효율적 생산가능곡선 상의 재화 조합

비효율적 생산가능곡선 내부의 재화 조합

1.3.2 분업과 교환

이제 분업과 교환으로부터 얻을 수 있는 이득을 살펴보자. 이번에는 수지뿐만 아니라 민호도 포도나무와 키위나무를 가지고 있으며 하루에 5시간을 키위와 포도를 따는 데 사용한다. 수지와 달리 민호는 1시간에 1kg의 포도 또는 1kg의 키위를 딸 수 있다고 하자. 그러면 민호가 사용 가능한 5시간으로 최대한 딸 수 있는 포도와 키위의 조합은 〈그림 1-2〉와 같다. 즉, 민호가 5시간 전부를 포도나 키위를 따는 데 쓴다면 각각 포도 5kg과 키위 5kg을 딸 것이다. 따라서 민호의 생산가능곡선은 〈그림 1-2〉와 같이 키위를 나타내는 세로축과 포도를 나타내는 가로축에서 각각 5kg과 만나는 직선이 된다. 이때 민호가 포도를 따는 데 1시간을 더 사용할 때마다 포도는 1kg을 더 따지만 동시에 키위는 1kg을 덜 따게 되므로 포도를 1kg 더 따는 기회비용은 키위 1kg이 된다.

수지와 민호가 거래를 하지 않는 경우 두 사람은 각각 자신이 생산한 만큼만 소비할 수 있다. 예를 들어 거래가 없는 경우 수지는 포도 6kg과 키위 2kg을 따서 소비하는 반면, 민호는 포도 3kg과 키위 2kg를 따서 소비한다고 하자. 이 포도와 키위의 소비 조합은 〈그림 1-3〉에서 각각 A와 B로 나타난다.

그림 1-2

	사용 시간		생산량	
	포도	키위	포도(kg)	키위(kg)
A	5	0	5	0
B	4	1	4	1
C	3	2	3	2
D	2	3	2	3
E	1	4	1	4
F	0	5	0	5

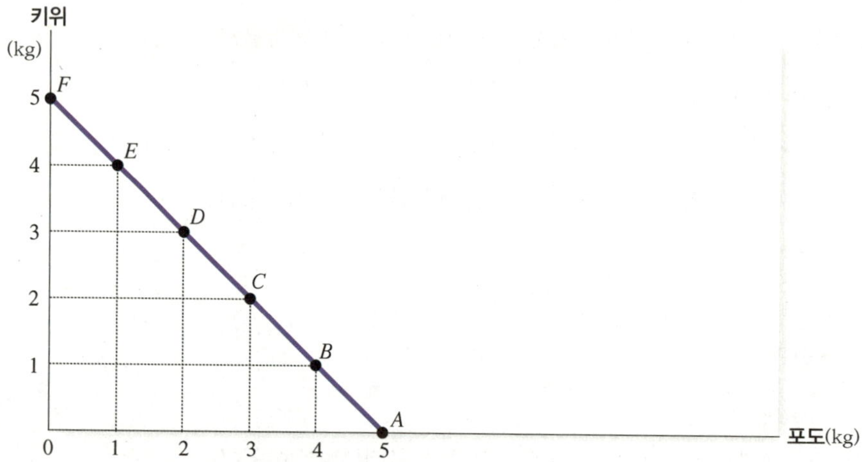

민호의 생산가능곡선

민호의 생산가능곡선은 키위를 나타내는 세로축과 포도를 나타내는 가로축에서 각각 5kg과 만나는 직선이 된다. 이때 민호가 포도를 1kg 더 따는 기회비용은 키위 1kg이 된다.

만약 어느 날 민호가 수지에게 와서 자신이 딴 키위 3kg을 수지의 포도 3.5kg과 교환할 것을 제안했다고 하자. 수지는 이 제안을 받아들여야 하는가? 수지가 민호의 제안으로부터 이득을 얻기 위해서 우선 수지는 5시간 전부를 기회비용이 상대적으로 낮은 포도 따는 데 사용해서 10kg의 포도를 딴 뒤, 그중 3.5kg을 민호의 키위 3kg과 교환한다. 그 결과로 수지는 〈그림 1-3〉의 *A*′과 같이 포도 6.5kg과 키위 3kg을 소비할 수 있을 것이다. 한편 민호는 5시간 전부를 상대적으로 기회비용이 낮은 키위 따는 데 사용해서 5kg의 키위를 딴 뒤, 그중 3kg을 수지의 포도 3.5kg과 교환하면 〈그림 1-3〉의 *B*′과 같이 포도

그림 1-3

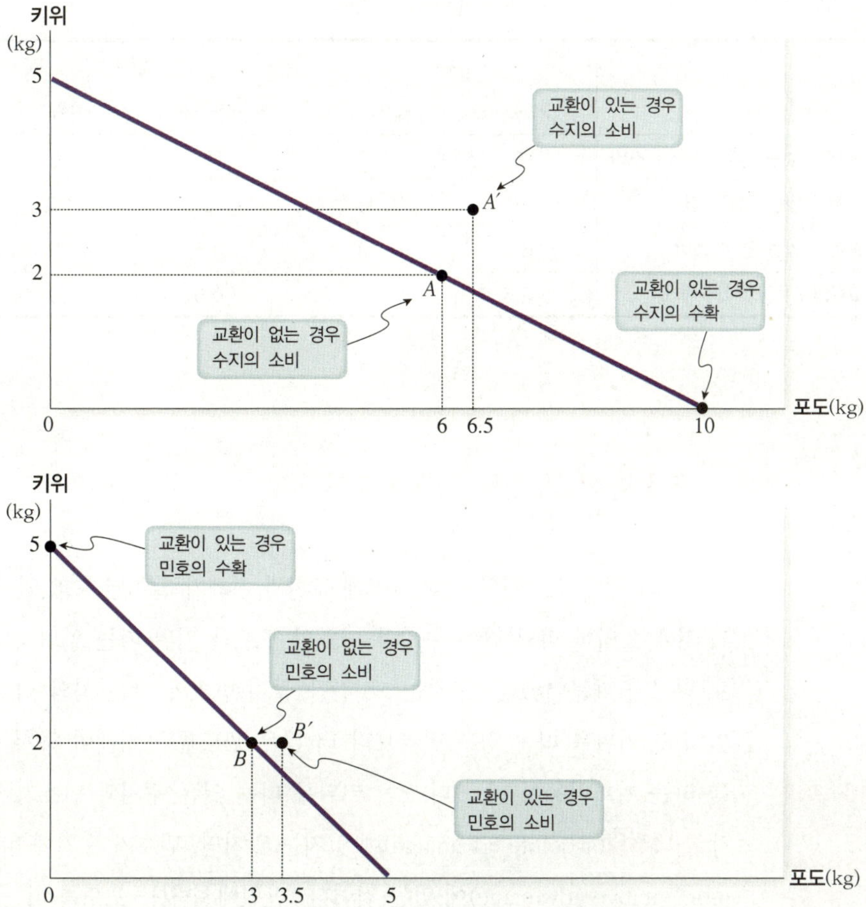

교환으로부터의 이득

수지와 민호가 비교우위에 따라 각각 포도와 키위에 특화하여 교환을 한 결과 수지는 A'점에서 이전보다 포도 0.5kg과 키위 1kg을, 그리고 민호는 B'점에서 포도 0.5kg을 더 소비할 수 있게 되었다.

3.5kg과 키위 2kg을 소비할 수 있을 것이다. 이러한 거래의 결과 수지는 자신의 생산가능곡선을 넘어서 거래 이전에 비해 포도 0.5kg과 키위 1kg을 더 소비하게 되었고, 민호도 거래 이전보다 포도를 0.5kg 더 소비하게 되었다. [표 1-2]는 수지와 민호의 거래로부터 발생한 생산과 소비의 변화 및 교환의 이득을 요약한 것이다.

분업과 **교환**을 통해 기존에 생산 불가능했던 조합을 소비할 수 있다.

표 1-2

교환의 이득 : 요약

	수지		민호	
	포도(kg)	키위(kg)	포도(kg)	키위(kg)
교환이 없는 경우 생산과 소비	6	2	3	2
교환이 있는 경우 생산	10	0	0	5
교환이 있는 경우 소비	6.5	3	3.5	2
교환의 이득(소비의 증가)	0.5	1	0.5	0

1.3.3 비교우위와 교환의 이득

절대우위 같은 재화를 다른 생산자에 비해 더 적은 생산요소를 이용하여 생산할 수 있는 능력

비교우위 같은 재화를 다른 생산자에 비해 더 적은 기회비용으로 생산할 수 있는 능력

위의 예에서 수지와 민호 사이에 교환과 거래가 일어날 수 있었던 이유는 [표 1-3]에 요약한 바와 같이 수지와 민호의 포도와 키위 따는 일의 기회비용이 서로 다르기 때문이었다. 수지는 5시간을 들여 민호와 같은 양의 키위를 딸 수는 있어도, 키위를 따는 경우 민호보다 더 많은 포도를 포기해야 하기 때문에 키위를 따는 기회비용이 더 크다. 즉, 키위를 따는 일은 수지와 민호가 상대방에 비해 **절대우위**(absolute advantage)에 있지는 않지만, 민호가 수지에 비해 **비교우위**(comparative advantage)에 있는 것이다. 반면에 수지는 포도를 따는 기회비용이 민호가 포도를 따는 기회비용보다 작다는 의미에서 포도를 따는 데 비교우위를 가지고 있다. 따라서 수지는 포도를 따는 데 특화하고 민호는 키위를 따는 데 특화하면, 상호 교환을 통해 두 사람 모두 이득을 얻게 된다.

요약하면 교환과 거래에 따른 이득의 기초는 절대우위가 아니라 비교우위이

표 1-3

수지와 민호의 기회비용

	포도 1kg을 따는 기회비용	키위 1kg을 따는 기회비용
수지	키위 0.5kg	포도 2kg
민호	키위 1kg	포도 1kg

다. 사람들은 비교우위를 가진 재화와 서비스의 생산에 전문화하고 이를 필요한 재화 및 서비스와 교환함으로써 이득을 얻을 수 있다. 이것이 바로 시장이 형성되는 가장 중요한 이유이다. 이러한 시장경제 논리에 대해서는 제13장(국제무역이론과 무역정책)에서 국가 간 거래를 통해 좀더 자세히 살펴보기로 하자.

현실과 경제학

북한의 시장화

북한에서는 1958년부터 농민들이 텃밭이라 불리는 소규모 사적 경작지 등지에서 개인 부업으로 생산한 농산물과 축산물의 일부를 주민들 간에 직접 매매할 수 있도록 농촌과 도시에 농민시장이라 하여 10일에 한 번씩 장을 개설하도록 허용하고 있었다. 다만, 농산물이라고 해도 쌀·옥수수 등 식량은 제외되었다. 따라서 농민시장에서는 쌀·옥수수 등의 식량과 공산품은 거래가 금지되어 있었다. 그런데 이 농민시장이 1990년대 경제위기를 거치면서 거대한 암시장으로 바뀌게 되었다. 이를 북한 주민들은 장마당이라고 부르고 있다. 한편 북한은 2003년부터 암시장으로 바뀐 농민시장을 합법화했는데, 이를 한국에서는 종합시장이라 부르고 있다.

2000년대 초반부터 최근까지 북한의 시장규모는 대부분 한국과 중국 등에 거주하는 탈북자들에 대한 설문조사에 기초하여 추정되었다. 즉, 탈북자들을 대상으로 과거 북한에서의 소득과 소비 가운데 계획부문 이외의 비중이 어느 정도인지를 구해, 이를 북한에서 시장이 차지하는 객관적인 규모로 추정하였다. 이렇게 도출된 북한의 시장규모는 북한 경제 전체의 약 80~90%를 상회할 정도로 큰 비중을 차지하고 있는 것으로 나타났다. 그러나 북한에서 지역적·계층적으로 편향되어 있을 수밖에 없는 소수의 탈북자 가구들을 대상으로 설문조사한 데이터로 북한의 전체 시장규모를 추정하는 일이 과연 적절한 것인지 논란이 되어왔다.

[표 1] 16세 이상 북한 주민의 가구 경제활동 참여율

(단위 : 명, %)

		총인구(A)	가구 경제활동 참여 인구(B)	(B)/(A)
전체	남성	8,001,786	6,285,430	78.55
	여성	9,364,983	8,193,138	87.49
	합계	17,366,769	14,478,568	83.37
도시	남성	4,939,085	3,725,953	75.44
	여성	5,747,438	4,791,884	83.37
	합계	10,686,523	8,517,837	79.71
농촌	남성	3,062,701	2,559,477	83.57
	여성	3,617,545	3,401,254	94.02
	합계	6,680,246	5,960,731	89.23

자료 : DPRK Central Bureau of Statistics, *DPRK 2008 Census Population : National Report*, UN, 2009.

이러한 논란과 관련하여 2008년 UN 인구기금(UNFPA)의 재정적·기술적 지원 아래 북한 당국이 수행한 제2차 인구센서스 결과는 특별한 의미를 갖는다. 사상 처음으로 전체 북한 주민을 대상으로 몇 가지 기초적인 경제생활 및 활동에 대한 조사가 이루어졌고, 그 결과가 "2008년 조선민주주의 인민공화국 인구 일제조사

결과"라는 제목으로 외부에 공표되었다. 이 데이터는 북한에 거주하는 16세 이상 인구 1,736만 명 모두를 대상으로 전수 조사한 것이며, 이를 지역별·성별 등으로 종합하여 보고한 데이터로서 북한의 기초적인 비공식 경제활동을 분석할 수 있는 '현재까지 나타난 가장 이상적인 데이터'라고 볼 수 있다.

2008년 북한 인구센서스 결과에서 북한의 가구 경제활동에 대해 세 가지 기본적인 사실을 확인할 수 있다. 첫째, 2008년 현재 북한 주민의 거의 대다수는 독자적인 가구 경제활동에 종사한다. 즉, 〈표 1〉에서 알 수 있듯이 16세 이상 북한 인구의 무려 83%가 이러한 활동에 종사한다. 둘째, 가구 경제활동에 대한 참여율은 도시보다는 농촌에서, 남성보다는 여성이 더 높다. 셋째, 가구 경제활동에 투입하는 평균시간은 예상보다 크지 않다. 16세 이상 북한 인구 한 사람이 일주일에 평균 1.45~1.74시간만을 이러한 활동에 투입한다고 응답한 것이다.

출처 : 정형곤·이석·김병연, 『북한의 시장화 현황과 경제체제의 변화 전망』, 대외경제정책연구원 연구보고서 12-26, 2012. 12.
양문수, "북한의 시장화 : 추세와 구조 변화", 『KDI 북한경제리뷰』, 2013. 6.

2. 시장경제

Principles of Microeconomics ch. one

시장 재화와 서비스의 판매자와 구매자가 모여서 거래하는 데 따르는 제도나 기구

시장(market)은 재화와 서비스의 판매자와 구매자가 모여서 거래하는 데 필요한 제도나 기구를 의미한다. 구체적으로 시장은 동네 가게나 할인매장, 증권거래소와 같이 실제 장소이거나 e-bay, 옥션(Auction), G마켓(Gmarket)과 같이 가상의 공간일 수 있다. 이러한 시장에서 구매자는 재화나 서비스의 수요자이고 판매자는 재화나 서비스의 공급자이다. 대표적 경제주체인 가계와 기업은 여러 시장에서 구매자와 판매자로서 상호작용한다. 예를 들어 커피와 같이 소비를 위한 재화와 교육과 같은 서비스가 거래되는 상품시장에서 가계는 구매자 또는 수요자이고, 기업은 판매자 또는 공급자이다. 반면에 이러한 상품의 생산에 투입되는 노동, 자본, 자연자원, 그리고 기업가의 능력이 거래되는 생산요소시장에서 가계는 공급자이고 기업은 수요자이다.

한편 이러한 시장들은 일반적으로 서로 밀접하게 연관되어 있다. 〈그림 1-4〉는 경제 전체에서 상품시장, 생산요소시장, 그리고 시장참여자들인 가계와 기업이 어떻게 연결되어 있는지를

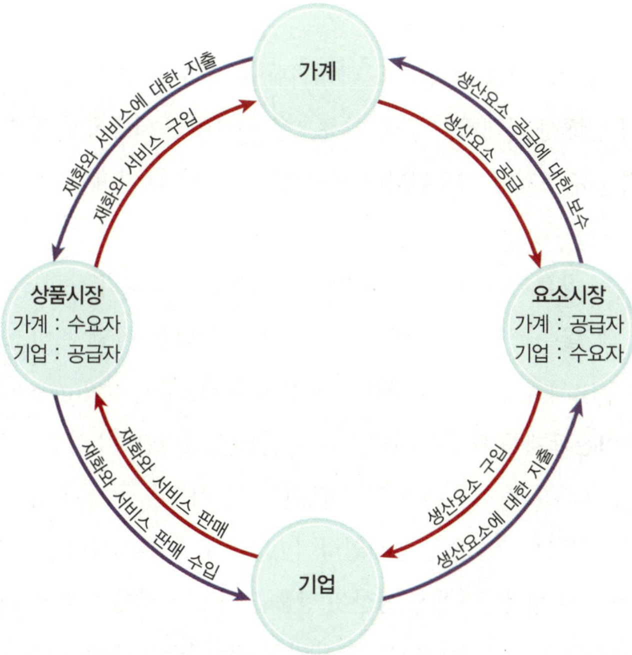

그림 1-4

경제순환모형

가계는 요소시장에서 노동과 다른 생산요소를 제공하고 그 대가로 기업이 지불하는 임금과 기타 보수를 받는다. 상품시장에서 가계는 요소시장에서 얻은 소득을 이용하여 기업이 판매하는 상품을 구입한다. 기업은 이러한 상품을 생산하기 위해 가계가 공급한 생산요소를 사용한다. 시장시스템은 가계와 기업의 역할을 조정하여 시장경제가 잘 유지되도록 만든다.

보여주는 **경제순환모형**(circular-flow diagram)이다. 가계는 요소시장에서 노동과 다른 생산요소를 제공하고 그 대가로 기업이 지불하는 임금과 기타 보수를 받는다. 상품시장에서 가계는 요소시장에서 얻은 소득을 이용하여 기업이 판매하는 상품을 구입한다. 기업은 이러한 상품을 생산하기 위해 가계가 공급한 생산요소를 사용한다.

경제순환모형 경제 전체에서 상품시장, 요소시장, 그리고 시장참여자들(가계, 기업)이 어떻게 연결되어 있는지를 보여주는 모형

그러나 〈그림 1-4〉의 경제순환모형은 현실경제를 단순화한 것으로, 가계와 기업 이외의 경제주체인 정부, 금융 및 해외부문이 생략되어 있다. 실제로 정부는 기업으로부터 상품을 구입하고, 안전한 사회를 보장하며, 실업수당 등을 가계에 지불한다. 한편 정부는 이러한 지출에 필요한 재원을 조달하기 위해 가계와 기업에 세금을 부과한다. 또한 경제에는 자금이 남아도는 흑자부문으로부터 자금이 부족한 적자부문으로의 자금흐름을 도와주는 은행, 주식시장, 채권시장 등 금융시장이 존재한다. 이 밖에 한 국가경제의 가계가 구입하는 몇몇 재화와 서비스는 해외에서 생산되고, 반대로 국내 기업들이 생산하는 몇몇 재화와 서비스는 외국의 소비자나 기업에게 판매된다.

2.1 시장경제의 효율성

가계나 기업 모두 스스로의 만족을 극대화할 수 있도록 자유로운 선택을 할 수 있다면, 다시 말해서 가계나 기업이 자유로운 시장에서 자유롭게 경제활동을 할 수 있도록 경쟁하는 것이 허용된다면 국민 모두가 행복해지며 국가경제도 부유해질 수 있을까?

가계와 기업의 자유로운 경제활동이 각자의 이익뿐만 아니라 사회 전체의 발전을 가져오는 데 필수적임을 주장한 최초의 학자가 바로 아담 스미스(Adam Smith)이다. 17~18세기 유럽에서 지배적인 경제사상은 **중상주의**(mercantilism)였다. 중상주의 이론체계를 확립한 사상가는 사실상 없었지만, 이 사상은 당시 유럽의 군주들이 공통적으로 신봉한 사상체계였다. 이 이론은 국가가 산업발전을 주도하여 공장을 세우고 기업 운영에 개입하여 지시·통제해야 한다고 주장한다. 그리고 이렇게 세워진 생산업체에서 생산된 상품을 가급적 많이 수출하는 동시에 외국으로부터의 수입을 가급적 줄여서 그 대가로 귀금속(금, 은)을 많이 끌어 모아 축적하는 것이 나라의 부(wealth)를 증대시키는 길이라고 역설한다.

중상주의 국가가 주도하여 세운 생산업체의 제품을 가급적 많이 수출하고 외국으로부터의 수입을 가급적 줄임으로써 나라의 부를 증대시켜야 한다는 견해

1776년 발행된 아담 스미스의 『국부론』 초판본

아담 스미스는 이 사상에 반대하여 1776년에 『국부론』(*An Inquiry into the Nature and Causes of the Wealth of Nations*)이라는 경제학 사상 최고의 고전을 출간했다. 스미스의 문제의식은 나라의 부가 귀금속의 축적에 있는 것이 아니라 국가가 해마다 생산하는 총생산량에 달려 있다는 것이었다. 그리고 그의 주장에 따르면, 생산능력을 높이기 위해서는 국가가 산업을 통제하는 대신 자유로운 경제활동을 허용해 각자가 스스로의 이익을 추구하는 것을 보장해야 했다.

그는 모든 개인이나 기업이 사사로운 이익을 위해 서로 경쟁을 하면서 경제활동을 하면 그것이 나라의 부를 극대화할 것이라고 보았다. 각자가 스스로의 이익을 위해 경쟁을 벌이면 곧 싸움이 일어나서 시장이 혼란에 빠질 것 같지만 그렇지 않다는 것이다. 기업은 기업끼리 경쟁을 하고 소비자들은 소비자들끼리 경쟁을 하게 한다면, 잘하는 기업은 살아남고 못하는 기업은 도태될 것이며 소비자들도 서로의 경쟁을 통하여 최고의 만족을 얻게 되어 결국 국가 전체의 부를 극대화하게 될 것이라고 아담 스미스는 주장했다. 누군가가 지시하고 명령해서 이렇게 되는 것이 아니다. 경제사회에는 시장이라는 '**보이지 않는 손**(invisible hand)'이 있어서 그 손이 개개인의 사익 추구를 공익 증진으로 유도한다는 것이다.

보이지 않는 손 경제활동의 자유를 허용하여 모든 개인이나 기업이 사익을 위해 서로 경쟁을 하면 나라의 부가 극대화된다.

물론 스미스는 어떤 나라를 막론하고 시장만으로는 해결할 수 없는 일이 있음을 알고 있었다. 예를 들어 외국의 침략으로부터 나라를 지켜야 한다든지, 사회의 치안을 지켜야 하는 일 등은 정부가 담당해야 한다고 보았다. 그러나 그런 일을 제외하고는 정부가 민간의 경제활동에 개입할 필요가 없고 정부는 작을수록 좋으며 민간의 경제활동은 자유로울수록 좋다고 주장하였다. 즉, 자유방임의 정책이 가장 좋은 정책이라는 것이 스미스의 이론이다.

한편 조셉 슘페터(Joseph A. Schumpeter)는 1942년에 출간된 『자본주의, 사회주의, 민주주의』(*Capitalism, Socialism and Democracy*)에서 자본주의 사회의 발전이 자유시장의 경쟁에서 나오는 혁신(innovations)에 의해 이루어진다는 것을 강조하였다. 혁신이라는 것은 새로운 발상, 새로운 생산 및 판매기술, 그리고 새로운 기업조직 등을 만들어내는 능력을 말한다. 기업이나 경제 또는 나라 전체가 발전하기 위해서는 혁신에 의해 낡고 비효율적인 것이 경쟁에서 도태되어 없어지고, 새롭고 효율적인 방법이 낡은 방법을 대체해야 한다. 슘페터에 의하면 자본주의 경제에는 "창조적 파괴의 끊임없는 강풍(perennial gale of creative destruction)"이 역동적 발전을 가져오는데, 그의 이론은 자본주의 발전의 핵심을 가장 잘 지적한 것이라 할 수 있다.

조셉 슘페터의 『자본주의, 사회주의, 민주주의』

혁신 새로운 발상, 새로운 생산 및 판매기술, 새로운 기업조직 등을 만들어내는 능력

표 1-4

혁신의 역사

세대	특징	사례
1세대(1915 이전)	개인 발명가 중심	구텐베르크의 인쇄활자, 에디슨의 전구, 라이트형제의 비행기, 포드의 어셈블리 라인
2세대(1915~1950)	기업의 대규모 연구실	듀폰(DuPont)의 나일론, 프록터 & 갬블(Proctor & Gamble)의 치약 · 기저귀 · 세제, 록히드마틴(Lockheed Martin)의 첩보비행기와 전투기
3세대(1960~2008)	벤처캐피탈을 활용한 벤처기업	애플(Apple), 마이크로소프트(MicroSoft), 아마존(Amazon), 페이스북(Facebook), 구글(Google)
4세대(2008~현재)	비즈니스 모형(생태계): 대규모 기업들과 신규 창업자들의 아이디어가 연결된 상생 네트워크	아마존 킨들(Kindle)-콘텐츠, 구글-안드로이드(Android), 애플-애플리케이션 개발자

출처 : Anthony, S. D., "The New Corporate Garage," *Harvard Business Review*, 2012. 9.

기업가정신 기업의 본질인 이윤 추구와 사회적 책임의 수행을 위해 기업가가 마땅히 갖추어야 할 자세나 정신

특히 슘페터는 그 발전의 요체를 **기업가정신**(entrepreneurship)에서 찾았다. 여러 경제주체들 가운데서도 기업가는 시장경제가 작동하는 데 핵심적인 역할을 한다. 기업가는 먼저 소비자가 원하는 어떤 재화와 서비스를 생산할 것인지, 그리고 높은 이윤을 얻기 위해서 노동, 자본, 그리고 자연자원 등 생산요소를 어떻게 조합하여 상품을 생산할 것인지 결정한다. 이러한 일 중에서도 특히 새로운 사업에 대한 기업가의 투자 결정은 보통 불확실한 결과의 위험을 감수해야 하므로 중요하다. 예를 들어 소비자가 원하는 상품과 그것을 생산하는 최선의 방법에 대해 잘못 판단하는 경우 기업가는 투자 자금을 잃을 수도 있다. 실제로 헨리 포드(Henry Ford)와 도요타 사키치(Toyoda Sakichi)와 같은 기업가들은 초창기에 실패를 경험하였으나, 결국 포드자동차와 도요타자동차로 큰 성공을 거두었다.

한편 이러한 기업가의 투자위험 감수와 사업의 성공 가능성을 높이기 위해 정부는 사적인 재산권을 보호하고 독립적인 사법제도를 통해 개인들 간의 계약 집행을 도와야 한다. **재산권**(property right)이란 개인이나 기업이 그들의 재산을 팔고 사는 권리를 포함하여 재산을 배타적으로 사용할 수 있는 권리를 말한다. 여기서 재산은 상점이나 공장과 같은 유형의 자산뿐만 아니라 새로운 제품의 아이디어나 소프트웨어와 같은 무형의 자산도 포함한다. 만약 기업가들의 사업이 정부에 몰수되거나 이윤을 범죄단체에게 빼앗기는 일로부터 잘 보호받지 못한다면 기업가는 자금을 새로운 사업에 투자하는 위험을 굳이 감수하려 하지 않을 것이다. 선진국에 비해 후진국에서 재산권이 비교적 잘 보호받지 못하는 것만 보더라도 사적 재산권 보호가 시장경제의 발전에 미치는 영향을 쉽게 짐작할 수 있다.

재산권 개인이나 기업이 재산을 팔고 사는 것을 포함하여 재산을 배타적으로 사용할 수 있는 권리

경제학자와 아이디어

아담 스미스(Adam Smith, 1723~1790)

근대적 의미의 경제학이 아담 스미스로부터 시작되었다는 사실을 부인하는 사람은 아무도 없다. 누구나 그의 저서 『국부론』에 등장하는 핀 공장과 분업이라는 유명한 예화를 상식으로 알고 있으며, '보이지 않는 손(invisible hand)'은 오늘날까지도 경제학에서 가장 널리 쓰이는 용어 중 하나이다.

당시까지만 해도 경제학은 독립된 학문 분야로 자리 잡지 않은 상태였다. 경제학은 철학의 한 분야였으며, 오늘날의 실증적이고 계량적인 학문이라기보다는 윤리학적·규범적 성격을 가지고 있었다. 하지만 스미스는 두 권의 위대한 서적을 통해 경제학이 독립된 논리체계를 지닌 과학으로 자리 잡는 데 큰 기여를 했으며, 오늘날

까지도 경제학 교과서의 첫머리에는 그의 업적이 빠지지 않고 있다.

1759년 스미스는 최초의 저서인 『도덕감정론』(*The Theory of Moral Sentiments*)을 출간했다. 그는 『도덕감정론』을 통해 인간의 덕성과 도덕적인 판단력에 대하여 규명하고자 했는데, 이를 통해 개인의 이기심이 사회 전체의 이익을 증가시킨다는 '보이지 않는 손'의 논리를 주장했다. 정의와 법을 통해 자기 억제가 동반된 이기심이라면 사익추구는 결과적으로 사회 전체의 이익으로 직결된다는 것이 스미스의 주장이었다. 나아가 스미스는 1776년 마침내 『여러 나라들의 부의 원천과 본질에 관한 고찰』(*An Inquiry into the Nature and Causes of the Wealth of Nations*)이라는 긴 제목의, 오늘날 『국부론』(*Wealth of Nations*)이라고 알려진 명저를 출판했다.

『국부론』은 이기심의 해방과 자유방임정책의 필요성을 증명하고 있다. 첫째로 국민과 국가가 풍요로워지기 위해 푸줏간 주인, 빵집 주인 등 많은 경제주체들의 이기심과 적정한 이윤추구가 필요하다는 점을 역설했다. 왜냐하면 이윤을 통해 자본이 축적되고, 축적된 자본은 노동의 고용규모를 결정하기 때문이다. 둘째로 분업과 절대우위의 예를 통해 시장의 효율적인 작동원리와 더불어 자유무역의 타당성을 입증하였다. 예를 들어 영국은 더 효율적인 생산분야인 모직 산업을, 프랑스는 포도주 산업을 특화함으로써 모두가 더 큰 이익을 얻을 수 있다는 것이다. 『국부론』은 지금도 살아 있는 고전으로 평가받으며 많은 사람들에게 사랑받는 스테디셀러로, 그 자체로 근대적 경제학의 효시이다. 아담 스미스는 실로 '경제학의 아버지'라 불러도 손색이 없을 만한 인물이다.

2.2 시장실패와 정부의 역할

아담 스미스의 이론은 이후 영국의 여러 경제학자들에 의해 보완되어 자본주의 경제발전을 뒷받침하는 정교한 이론이 되었다. 그러나 19세기 후반부터 시장의 움직임은 스미스가 생각한 것처럼 원활하지 않으며 고장이 자주 난다는 사실이 점점 명백해졌다.

이를테면, 스미스의 이론은 근로자들이 어떤 회사에서 해고를 당한다면 언제든지 임금을 덜 받고 다른 회사로 갈 수 있기 때문에 비자발적인 대량실업은 있을 수가 없다는 것이었다. 하지만 현실에서는 대량실업 사태가 빈번히 발생하는데, 그 이유는 경쟁원리가 잘 작동할 수 없을 정도로 노동시장의 유연성이 약화되었기 때문이다. 뿐만 아니라 현실에 있어서는 독점업체가 생겨나서 경쟁업체를 시장에서 몰아내는 등 경쟁원리가 작동하지 못하는 경우가 많다. 또 금융업의 발달과 함께 주식시장으로 돈이 몰리고 투기가 일어나서 주가가 폭등과 폭락을 거듭하여 경제의 안정을 저해하는 사태가 빈번히 일어난다. 이처럼 생산물시장 · 노동시장 · 금융시장에서 '보이지 않는 손'으로 여겨졌던 가격이라는 장치는 마치 기름칠을 하지 않은 기계장치처럼 고장이 잘 나고, 이에 따라 경기변동이 심

시장실패 시장이 제대로 작동하지 못하여 대량실업, 불완전경쟁, 주식가격의 폭등과 폭락 등 자원배분이 효율적으로 이루어지지 않는 현상

해지고 대량실업이 발생하는 것 역시 흔한 현상이 되었다.

경제이론처럼 시장이 잘 작동하지 못하여 대량실업이 발생한다거나, 인플레이션 혹은 디플레이션이 생겨서 많은 사람들이 뜻하지 않은 고통을 당하는 현상을 **시장실패**(market failure)라고 한다. 시장의 실패는 19세기 하반기부터 20세기 상반기 동안에 많이 일어났는데, 특히 1929년부터 미국을 비롯하여 전 세계를 휩쓴 대공황(Great Depression)이 가장 대표적인 예이다. 그런데 그 당시까지만 해도 사람들은 자유시장에서의 경쟁이 실업이나 경기변동의 문제를 자동적으로 해소한다고 믿었기 때문에, 실업률이 노동인구의 $\frac{1}{4}$에 달해도 사람들은 그저 시간이 흐르면 다시 자유경쟁시장이 작동하여 대량실업 문제가 해소될 것으로 믿었다. 이때 케인즈(John M. Keynes)라는 영국학자가 『고용, 금리 및 화폐에 관한 일반이론』(*The General Theory of Employment, Interest, and Money*)이라는 저서를 통해 자유시장은 자동적으로 실업을 해소시켜 주지 않으며, 따라서 정부가 적극적으로 나서서 경기를 부양해야 자본주의 사회에서 완전고용이 확보될 수 있다는 이론을 주장했다.

케인즈의 『고용, 금리 및 화폐에 관한 일반이론』

케인즈의 이론 자유시장은 자동적으로 실업을 해소시켜 주지 않기 때문에 정부가 적극적으로 나서서 경기를 부양해야 자본주의 사회에서 완전고용 확보가 가능하다는 이론체계

케인즈의 이론은 시장이 기존 경제이론에서 말하는 것과 달리 생산과 고용을 제대로 확보해 주지 못하여 시장실패가 흔히 일어날 수 있다는 것을 이론적으로 지적한 것으로서, 당시 경제학계에 있어서는 하나의 큰 혁명으로 여겨졌다. 케인즈 이론은 제2차 세계대전을 전후하여 거의 30년 동안 세계 대부분의 나라에서 경제정책을 뒷받침하는 이론체계가 되어 세계 경제에 큰 기여를 하였다.

2.3 정부실패와 신자유주의

그러나 1970년대부터 세계 경제에는 전반적으로 인플레이션이 만연하게 되었는데, 그 원인이 케인즈 이론에 의한 확장적 경기부양정책이라는 비판이 등장하였다. 케인즈 이론의 기조는 정부의 재정 · 금융정책을 통해 실업을 방지하자는 것이었고, 이러한 정책을 시행한 나라에서 인플레이션이 유발되는 경우가 많았던 것은 부인할 수 없는 사실이었다.

때마침 유럽에서는 복지국가(welfare state) 정책이 크게 유행했다. 각종 사회보장제도의 도입과 함께 모든 국민의 최저 생계가 '요람에서 무덤까지(from cradle to grave)' 보장되는 정책이 널리 채택되어 자연히 정부의 역할이 증가하게 되었다. 복지국가 정책은 국민의 생활을 안정시키는 데에는 큰 도움이 되었으

나, 경제활동에 대한 정부개입의 확대는 국민의 근로의욕과 기업의 투자의욕을 저해하여 경제 전체의 활력을 감소시키는 결과를 초래하였다. 이와 같이 정부의 경제 개입이 그 소기의 목표를 달성하지 못하고 오히려 자원의 낭비를 가져오는 현상을 **정부실패**(government failure)라고 부른다.

정부실패 정부의 경제 개입이 그 소기의 목표를 달성하지 못하고 오히려 자원의 낭비를 가져오는 현상

복지국가에서 발생한 비효율은 케인즈 이론의 잘못은 아니었지만 케인즈 이론은 본질적으로 정부의 역할을 강조하는 것이었으므로, 정부실패가 만연해지자 1970년대 후반부터는 많은 비판을 받았고 자연스레 그 영향력이 줄어들기 시작하였다.

1980년대에 접어들면서 영국과 미국에서는 복지국가 정책에 반대하는 이른바 '신자유주의(new liberalism)'의 이념이 크게 주목받았다. 신자유주의 이론은 일종의 '시장원리주의'라고 할 수 있는데, 이 이론의 기본 시각은 자유 · 시장 · 경쟁 · 이윤지상주의이며 이러한 가치관을 실현할 수 있는 정책으로는 작은 정부, 공기업의 민영화, M&A에 의한 기업의 합병, 무역 및 자본거래의 자유화 등을 들 수 있다. 그리하여 이 이론은 시장기능의 효율성을 아담 스미스보다 오히려 더 철저하게 신봉하면서 종래 공기업으로 되어 있던 철도 · 통신 · 우정사업, 전기 · 가스와 같은 에너지 사업 등도 모두 민영화할 것을 강력히 주장한다.

신자유주의
(시장원리주의)
- 1980년대 영국과 미국에서 복지국가 정책에 반대하여 일어난 이념
- 자유 · 시장 · 경쟁 · 이윤지상주의
- 작은 정부, 공기업 민영화, M&A에 의한 기업 합병, 무역 및 자본거래의 자유화

이러한 이데올로기가 1991년 소련 붕괴로 1990년대 세계 유일의 초강대국이 된 미국의 강력한 뒷받침을 얻게 됨에 따라 최근까지 세계화의 물결을 타고 전 세계를 휩쓸어 왔다. 모든 이론이 그렇듯이 신자유주의 이론과 정책에도 장 · 단점이 있다. 장점으로는 신자유주의가 개인의 자유와 경쟁의 효율성을 극단적으로 존중하기 때문에 효율성이 낮은 경제활동은 도태되고, 효율성이 높은 경제활동만 살아남도록 하여 경제에 항상 활기와 역동성을 불어넣는다는 점을 들 수 있다.

반면에 단점은 극단적으로 경쟁을 부추겨 경쟁의 승자는 지나친 보수를 받고, 패자는 철저히 도태되면서 빈부격차가 심화된다는 것이다. 또한 자유와 경쟁 및 이윤을 극단적으로 강조하기 때문에 이윤을 위해서라면 무엇이든지 해도 좋다는 풍조를 조장하여 이것이 회계부정으로 이어지는 등 사회에 도덕적 해이가 만연한 결과를 가져오기도 한다.

실제로 신자유주의 이론에 따라 시행된 정책의 결과는 세계의 모든 나라에서 소득과 부의 격차를 더욱 벌어지게 했다.

미국 캘리포니아 어바인대 교수이자 도시연구가인 마이크 데이비스(Mike Davis) 등이 2007년에 쓴 『자본주의, 그들만의 파라다이스』(*Evil Paradises : Dreamworlds of Neoliberalism*)는 신자유주의로 더욱 부유해진 세계 상위 1% 초부유층의 생활공간을 생생하게 묘사하고 있다. 이들은 신자유주의 프로그램에서 핵심 역할을 하는 것은 자유시장이 아니라 공공자산의 사유화, 공공고용의 아웃소싱(outsourcing), 금융시장의 규제완화 등에 앞장서 온 국가권력이며, 신자유주의의 주된 성과는 창조보다는 부유층으로의 재분배에 가깝다고 지적한다.

현실과 경제학

월가점령 시위와 자본주의 4.0

2011년 9월 17일 미국의 맨하튼에서는 '월가를 점령하라!'라는 구호 아래 수많은 사람들이 모였다. 금융자본의 탐욕으로 인해 1%가 대부분을 가지고, 나머지 99%의 다수는 점점 더 가난해지는 현실에 대한 비판으로 시작된 시위는 새로운 경제체제에 대한 열망을 불러왔다.

이에 〈더 타임스(The Times)〉의 경제분야 총괄 에디터인 아나톨 칼레츠키(Anatole Kaletsky)는 자본주의 4.0이라는 대안을 내놓았다. 그에 따르면 신자유주의로 대표되는 현재의 자본주의는 3.0이라는 세 번째 버전인데, 그 분류는 다음과 같다.

먼저 자본주의 1.0은 아담 스미스에 의해 주창된 자유방임주의로 18세기 말부터 1930년대 초까지의 경제체제를 의미한다. 그러나 이는 1930년대 대공황을 맞으며 그 한계를 드러냈고, 이에 대한 반성으로 케인즈로 대표되는 수정자본주의의 시대를 맞는다. 칼레츠키는 이를 두 번째 자본주의, 곧 자본주의 2.0으로 정의한다.

신자유주의로 대표되는 자본주의 3.0은 2007~2008년의 글로벌 금융위기를 정점으로 현재 유로존의 재정위기와 같은 위기를 맞았다. 특히 금융산업은 호황기에 천문학적인 수입을 벌어들였지만 이들의 위험한 투자로 금융위기가 터지자 피해는 대다수 국민에게 돌아갔다.

그렇다면 대안은 없는 것일까? 칼레츠키는 경제를 이해하는 방식의 근본적인 변화가 필요하며 정치와 경제, 정부와 시장의 관계를 새롭게 정의해 자본주의 시스템의 구조적 전환을 이루어야 한다고 주장한다.

특히 그는 정부와 시장의 역할 가운데 하나만 강조했던 과거와는 달리, 정부와 시장이 모두 잘못될 수 있다는 사실에 기초하여 서로 협력하는 관계로 인식해야 한다고 강조한다. 그는 "시장과 정부 모두 사회의 목표를 달성하기에 불완전한 메커니즘이라면 민간 인센티브와 정치적 결정 모두를 반영하는 상호 견제 시스템을 도입하는 것이 시장이나 공공 메커니즘 어느 한 쪽에만 맡겨두는 것보다 나을 것"이라고 주장한다. 이러한 점에서 자본주의 4.0은 "적응형 혼합경제"다.

이는 자유와 복지의 조화, 행복한 성장을 추구하는 '따뜻한 자본주의'로서, 과거 정부의 역할이었던 복지를 기업이 적극 추구하여 사회공헌을 해야 한다는 것이다. 소수가 부를 독점한다면 빈익빈 부익부가 심화되고, 다수는 구매력이 떨어져 결국 경기침체가 올 수밖에 없기 때문이다.

3. 경제학의 목적과 대상

Principles of **Micro**economics ch. one

지금까지의 논의에서 알 수 있듯이 경제학은 현실경제의 문제를 이해하고 해결함으로써 좀더 살기 좋은 세상을 만들기 위한 학문이다. 즉, **경제학**이란 '현대 자본주의 경제에서 경제주체가 펼치는 경제활동과 이에 관련된 여러 가지 사항'을 고찰의 대상으로 하는 학문이다. 이제 이러한 정의에 쓰인 각각의 요소를 좀 더 자세히 알아보자.

경제학의 목적 현실경제의 문제를 이해하고 해결함으로써 좀더 살기 좋은 세상을 만들기 위함

경제학의 대상 자본주의 경제에서 경제주체가 펼치는 경제활동과 이에 관련된 사항

'**자본주의 경제체제**'에서는 여러 가지 상품이 거래되는 '자유시장'이 잘 발달되어 있기 때문에, 경제학의 고찰대상은 곧 시장경제이다. 여기서 자유시장이란 상품을 파는 사람과 사는 사람이 서로 정보를 교환함으로써 매매가 이루어지는 장소 또는 매개체를 말한다. 자본주의 경제는 기능에 따라 크게 두 부분으로 나눌 수 있다. **민간부문**(private sector)과 **정부부문**(public sector 또는 government sector)이 그것이다. 민간부문에서는 개인(또는 가계)과 기업이 자유시장에서 스스로의 이익, 즉 사익(私益)을 위해 자유로이 경제활동을 한다. 그러나 시장이란 완벽할 수 없고 시장질서도 잘못 관리하면 무너지는 경우가 있다. 또 강자는 너무 강해지고 약자는 지나치게 어려운 처지에 놓이게 되는 경우도 있으며, 때때로 개인이 너무 자기 이익만 추구하면 공익이 확보될 수 없는 경우도 생긴다. 정부의 역할이 필요한 이유가 여기에 있다. 정부는 민간부문에서 시장기능이 제대로 발휘될 수 있도록 여러 정부기관이 관련 법규를 제정하고 집행하는 동시에, 민간부문이 할 수 없는 일, 이를테면 치안 · 국방 · 보건 및 그 밖의 공익사업을 수행한다. 경제학은 이와 같은 민간부문과 정부부문이 분업체계를 유지하면서 각기 그 기능을 발휘하고 있는 현대 자본주의 경제의 문제를 연구하는 학문이다.

자본주의 경제
민간부문 　 정부부문

민간부문 개인과 기업이 자유시장에서 사익을 위해 경제활동을 영위하는 부문

정부부문 정부기관이 민간부문에서의 시장기능이 제대로 발휘될 수 있도록 법규를 제정 · 집행하고 치안 · 국방 · 보건 등 공익사업을 수행하는 부문

그렇다면 '**경제주체**'란 무엇인가? 경제활동을 하는 사람(자연인), 단체 또는 법인을 말한다. 민간부문의 경제주체는 크게 개인(또는 가계)과 기업으로 분류된다. 우리나라에는 약 5,000만의 인구가 있다. 이 중에서 자율적으로 경제활동을 할 수 없는 어린이나 노인을 뺀 모든 자연인은 다 개인이다. 그리고 기업은 영리를 목적으로 조직된 크고 작은 모든 사업체를 망라한다. 정부부문은 공익을 확보하기 위해 공적인 업무를 수행하는 부문인데, 여기에는 중앙정부도 있고 지방정부도 있다. 그리고 공공업무를 수행하기 위해 정부가 설립한 단체들도 있다.

경제주체 경제활동을 하는 사람, 단체 또는 법인으로 크게 개인과 기업(민간부문), 중앙 · 지방정부(정부부문)로 구성

경제활동 소득을 얻기 위한 개인의 노동과 소비 · 저축, 이윤을 얻기 위한 기업의 투자 · 생산 · 판매 및 연구, 그리고 공익을 확보하기 위한 정부의 조세 징수 · 공공사업의 집행 등을 지칭함

다음으로 '**경제활동**'이란 경제에 관한 경제주체의 모든 활동을 말한다. 이를테면 소득을 얻기 위한 개인의 노동과 소비 및 저축, 이윤을 얻기 위한 기업의 투자 · 생산 · 판매 및 연구, 그리고 공익을 확보하기 위한 정부의 조세 징수 · 공공사업의 집행 등이 모두 경제활동에 해당한다.

끝으로 '이에 관련된 여러 가지 사항'은 민간이나 정부의 경제활동에 관련된 법률과 규정, 경제활동에 관한 국민의 관습 · 전통 · 사회통념, 그리고 민간과 정부부문에 존재하는 각종 기구 등을 포함한다. 요컨대 경제학이란 현대 국가에서 인간(그리고 기업 및 정부기관)이 펼치는 거의 모든 활동, 그리고 이에 관련된 모든 제도와 관행을 연구대상으로 하는 학문이다.

이 밖에도 경제학의 연구대상은 무수히 많다. 물론 그중에는 우리의 일상생활에 도움이 되는 것도 많지만 고통을 주는 것도 많다. 우리는 경제학을 공부함으로써 우리에게 고통을 주는 문제가 무엇인가를 찾아내고, 그것을 고치기 위한 방법을 마련해야 하며, 이를 위해 현실경제의 문제점을 발견하고 그것을 해결하려는 정열을 가져야 한다. 케인즈의 스승이었던 알프레드 마샬(Alfred Marshall)은 경제학자에게는 "차가운 머리와 따뜻한 가슴(cool heads but warm hearts)"이 있어야 한다고 했다. 학자에게 차가운 머리가 있어야 한다는 것은 이해하기 쉽지만 뜨거운 가슴이 필요하다는 말은 잘 음미할 필요가 있다.

4. 경제학의 연구방법

Principles of **Micro**economics ch. one

경제이론 현실경제의 분석을 위해 실제 경제상황을 단순화시킨 도구상자

경제학자들은 현실세계의 경제현상을 체계적으로 이해하기 위해 경제이론 또는 경제모형을 이용한다. 경제이론은 다른 분야의 이론과 마찬가지로 현실경제의 분석을 위해 실제 경제상황을 단순화시킨 하나의 도구상자(tool box)이다. 구체적으로 경제모형은 먼저 경제주체인 개인, 기업, 그리고 정부가 각자 주어진 여건 하에서 어떻게 의사결정을 내리는지와 그에 따른 결과가 개별 경제주체뿐만 아니라 경제 전체에 어떤 영향을 미치는지를 단순화시켜 보여준다.

경제모형 개발 단계

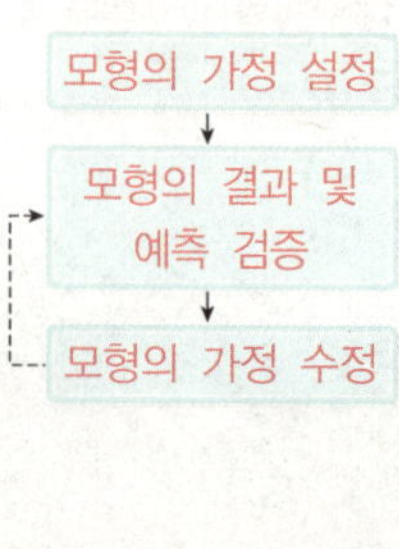

이러한 경제모형을 개발하기 위해서 경제학자들은 다음의 단계들을 거친다. 첫째, 실제 경제상황을 단순화하기 위한 가정들을 설정한다. 둘째, 실제 데이터를 이용하여 경제모형의 결과 및 예측을 검증한다. 셋째, 경제모형이 실제 데이

터를 잘 설명하지 못하면 단순화된 모형의 가정들 중 현실경제에 맞지 않는 부분을 수정하여 모형의 현실 설명력을 높인다.

4.1 경제이론의 주요 가정

대부분의 경제모형은 모든 경제주체가 **합리적**(rational)이라고 가정한다. 이 가정은 각 경제주체들이 사용 가능한 모든 정보를 이용하여 자신들의 편익을 극대화하려는 목적으로 경제행위를 한다는 것이다. 예를 들어 소비자는 자신의 행복과 만족을 극대화시킬 상품을 구입하고, 기업은 이윤을 극대화하기 위해 생산 결정을 한다고 가정한다. 물론 이런 가정은 현실경제를 단순화한 것이다. 실제로는 효용극대화 또는 이윤극대화가 아닌 다른 동기를 갖고 경제행위를 하는 경제주체들도 존재한다. 그렇지만 합리적인 행동이라는 가정은 소비자나 기업이 행하는 대부분의 선택을 설명하는 데 매우 유용하다.

합리적인 경제주체
- 사용 가능한 모든 정보를 사용하여 자신들의 편익을 극대화
- 한계적 수준에서 의사 결정

한편 사람들은 어떤 물건을 구입할지 안할지를 결정할 뿐만 아니라 그 물건을 조금 더 혹은 조금 덜 구입할지를 결정한다. 경제학에서 '**한계적**(marginal)'이라는 말은 어떤 결정에 따른 '추가적인' 편익이나 비용을 의미할 때 사용된다. 예를 들어 어떤 기업이 30만 대의 스마트폰을 더 생산하는 경우 한계비용(marginal cost ; *MC*)은 30만 대의 스마트폰을 더 생산하는 데 드는 임금 및 부품 등 추가적인 비용인 반면, 한계편익(marginal benefit ; *MB*)은 30만 대의 스마트폰을 더 팔아서 얻는 추가 수입을 의미한다. 만약 한계편익이 한계비용보다 큰 경우 이 기업은 생산을 더 늘려 더 많은 총이윤(= 총수입 − 총비용)을 얻게 된다. 그러나 한계비용이 한계편익보다 큰 경우에는 생산을 줄이는 것이 총이윤을 늘릴 것이다. 따라서 합리적인 기업들은 추가 생산의 한계편익이 한계비용과 같아지는 수준에서 생산을 결정한다. 이처럼 합리적인 경제주체의 결정은 일반적으로 한계적 수준에서 이루어진다.

생활과 경제학

인터넷 · 디지털 정보분석과 기업 경영

'데이터 분석 경영'이 기업의 의사결정을 돕는 새로운 도구로 떠오르고 있다. 데이터 분석 경영은 막대한 양의 데이터를 컴퓨터로 분석해 결정의 근거로 사용하는 것이다. 고객의 소비행태를 분석할 수 있는 충분한 정보를 축적하지 못했던 과거에는 데이터 분석 기법을 활용하는 데 한계가 분명했다. 그러나 인터넷과 디지털 정보분석의 발전으로 상황이 달라졌다. 인터넷에 매일 수억 건의 인터넷 페이지 · 이메일 · 보고자료 등이 생성되면서 데이터를 어떻게 활용하느냐에 따라 기업 경영의 성패가 갈리는 것이다. 이 때문에 컴퓨터를 활용해 많은 자료에서 숨은 의미를 찾아내는 데이터 분석 기법이 주목받게 됐다.

경영자들 사이에서도 데이터 분석의 중요성에 대한 공감대가 형성되고 있다. 미국 매사추세츠공과대학(MIT) 슬론 경영대학원이 100개국, 30여 개 업종의 3,000여 명의 경영자와 관리자를 대상으로 최근 시행한 설문조사에 따르면, 경영실적이 좋은 기업은 그렇지 않은 기업에 비해 데이터 분석 기법을 5배 많이 활용하고 있다고 한다. 데이터 분석 사업을 적극적으로 육성하는 IBM의 이휘성 한국지사장은 "컴퓨터를 통한 데이터 분석 기법은 사람이 놓치기 쉬운 패턴을 찾아내는 역할을 한다"고 말했다.

세계적인 렌터카 업체 에이비스(Avis) 유럽지사는 고객 88만 명의 렌터카 사용 데이터를 활용해 마케팅 비용을 50%나 줄였다. 이 회사는 고객의 과거 데이터를 바탕으로 고객의 미래 소비행태를 예측 · 분석해 마케팅에 이용했다. 예를 들어 고객이 과거에 빌린 차량과 관심을 가진 차량의 종류, 그리고 고객에게 새로운 차량과 여행 상품 등을 소개한 이메일을 보낸 뒤 고객의 반응을 분석해 고객의 성향과 니즈(needs)에 맞는 타깃 마케팅을 벌인 것이다. 이 덕분에 에이비스가 글로벌 불경기에도 불구하고 작년 매출 52억 달러(약 5조 6,000억 원)의 렌터카 업체로서는 깜짝 놀랄 수준인 10%대 영업이익을 낸 것도 이 같은 혁신 덕분이다.

하지만 데이터 분석 기법은 분석할 데이터가 충분히 축적되지 않은 분야나 기존 제품과는 완전히 다른 혁신 분야에서 활용하는 데에는 한계가 있다. 아이폰 같은 창의적인 제품은 소비자 성향을 분석한다고 나오는 게 아니라는 것이다.

출처 : 이인묵, "데이터(수백만 명의 고객 정보) 분석으로 미래 예측 … 경영이 쉽다", 조선일보, 2011. 8. 8.

4.2 경제이론의 검증

경제이론 또는 모형에서 **가설**(hypothesis)은 경제현상에 대해 맞을 수도 틀릴 수도 있는 진술이다. 경제모형에서 가설은 보통 인과적 관계에 관한 것인데, 한 예로 "우리나라 제조업부문의 아웃소싱이 우리나라 제조업부문의 임금수준을 떨어뜨린다"라는 주장을 들 수 있다. 이 가설은 아웃소싱이 제조업부문의 임금하락의 원인이라는 것이다.

아웃소싱 또는 외주 기업 업무의 일부 프로세스를 경영 효과 및 효율의 극대화를 위한 방안으로 제3자에게 위탁해 처리하는 것

이러한 가설을 검증하기 위해 먼저 제조업부문의 임금과 관련 변수들을 모아서 적절한 통계분석을 해야 한다. 아웃소싱이 증가했을 때 제조업부문 임금이 하락했더라도 이것만으로 아웃소싱이 임금을 하락시킨 원인이라고 볼 수는 없다. 일반적으로 두 가지 사건이 단순히 상관되어 있다는 것은 그 두 가지 사건이 동시에 일어난다는 것을 의미할 뿐, 어느 하나가 다른 하나의 원인임을 의미하지는 않는다. 예를 들어 우리나라 제조업부문의 임금하락은 제조업 일자리가 우리나라에서 중국이나 베트남으로 이전되었기 때문이 아니라 제조업부문의 생산성이 하락하거나 수요가 감소해서일 수 있다.

많은 경우 가설의 채택은 새로운 데이터 또는 충분한 통계분석의 결과가 나올 때까지 임시적인 것이다. 흔히 통계분석에서는 가설이 "채택된다(accepted)"라고 말하기보다는 "기각되지 않는다(not rejected)"라고 말한다. 그러나 통계분석이 가설을 명백하게 기각하는 경우 이 경제모형은 재고되어야 할 것이다.

4.3 미시경제학과 거시경제학

경제이론은 분석의 대상에 따라 크게 미시경제학과 거시경제학으로 나누어진다. **미시경제학**(microeconomics)은 가계소비자와 기업 등 개별 경제주체가 어떻게 선택을 하고, 시장에서 어떻게 상호작용하며, 정부정책이 어떻게 소비자와 기업의 선택에 영향을 미치는가에 대해 분석한다. 예를 들어 미시경제학의 문제들은 소비자들이 상품의 가격변화에 어떻게 반응하고, 기업이 어떻게 생산 및 가격 결정을 내리는지 등을 설명한다. 이런 의미에서 미시경제학을 가격이론이라고도 한다. 미시경제학은 또한 독점기업에 대한 규제와 대기오염을 줄이는 가장 효율적인 방법 등과 같은 정부정책의 역할을 분석하고 설명한다.

미시경제학 가계소비자와 기업 등 개별 경제주체의 선택과 시장에서의 상호작용 및 이들에 대한 정부정책의 영향을 분석하는 이론

아담 스미스 이후 케인즈에 이르기까지 160년 동안 고전학파 경제학자들은

재화의 수요와 공급 및 그 가격 결정에 관한 이론을 거의 완벽하게 정립함으로써 정밀한 미시경제이론 체계를 정립했다. 이 책의 제3장부터 제13장은 주로 미시경제학을 다룰 것이다.

거시경제학 국가경제 전체의 생산과 소득, 투자, 소비, 고용, 그리고 물가수준 등의 결정과 안정화정책 및 경제성장정책의 역할을 설명하는 이론

한편 어떤 특정 상품의 수요와 공급을 분석하는 것이 아니라 국가경제 전체의 관점에서 모든 재화의 수요와 공급이 어떻게 결정되는가, 그리고 이에 따라 국민총생산과 총소득, 총투자, 총소비, 총고용, 그리고 물가수준 등이 어떻게 결정되는가에 관한 이론을 **거시경제학**(macroeconomics)이라고 한다. 구체적으로 거시경제학에서는 왜 국가경제에 불황과 실업의 증가, 호황과 물가수준의 상승이 나타나는가, 왜 장기적으로 어떤 나라가 다른 나라보다 더 성장하는가 등의 문제를 다룬다. 거시경제학은 또한 실업과 인플레이션을 줄일 수 있는 안정화정책과 지속적 경제성장을 유지할 수 있는 정책의 역할을 분석 · 설명한다.

국가경제의 모든 부분을 합치면 국가경제 전체이기 때문에 부분을 알면 자연스럽게 전체를 알 수 있을 텐데, 무엇 때문에 경제 전체에 대한 이론과 부분에 관한 이론을 분리하는지 궁금해 할 수도 있을 것이다. 미시경제와 거시경제를 분리해서 연구하는 이유는 일부분에 대해 타당한 사항이 전체에 대해서는 타당하지 않은 경우가 대단히 많기 때문이다. 예를 들어 쌀농사를 생업으로 하는 농부 한 사람의 입장에서 보면 부자가 되는 길은 가급적 쌀을 많이 생산 · 판매하는 것이지만, 농민 전체의 입장에서 보면 사정은 정반대인 경우가 생긴다. 모든 농민이 부자가 되기 위해 쌀을 더 많이 생산 · 판매한다면, 쌀값이 떨어져서 농민 전체가 더 가난하게 될 수도 있기 때문이다. 이와 같이 부분에 대해 타당한 명제가 그대로 전체에도 타당할 것이라고 성급하게 결론짓는 오류를 **구성의 오류**(fallacy of composition)라 한다. 미시경제분석에서 얻은 결론을 거시경제에 그대로 적용할 때에는 구성의 오류가 생기는 경우가 많다. 따라서 미시경제와 거시경제는 서로 다른 방식으로 바라보아야 한다.

구성의 오류 부분에 대해 타당한 명제가 그대로 전체에도 타당한 것으로 간주하는 데에서 발생하는 오류

그렇다고 해서 미시경제학과 거시경제학 사이의 구분이 엄격하거나 고정된 것은 아니다. 많은 경제적 상황은 미시경제학적 측면과 거시경제학적인 측면을 모두 지니고 있다. 한 예로 기계설비에 대한 기업의 총투자는 거시경제학의 대표적 문제인 장기적 경제성장의 결정요인이다. 이때 기업이 얼마나 많은 새로운 기계와 설비를 구입할 것인가를 이해하기 위해서는 개별 기업의 경제적 유인에 대한 반응을 분석해야 하는데, 이것은 미시경제학의 대표적 문제이기도 하다.

미시경제학과 거시경제학의 차이를 흔히 나무와 숲에 비유한다. 나무에 관

한 이론이 미시경제학이라면, 숲에 관한 이론이 거시경제학이다. 나무가 모여서 숲이 되기는 하나, 숲 전체의 행태를 알기 위해서는 개별 나무의 행태를 아는 것만으로는 부족하다. 경우에 따라서는 나무의 행태와 숲의 행태가 서로 다를 수 있기 때문이다. 따라서 나무가 많은 숲을 알자면 나무도 알고 숲도 알아야 한다. 마찬가지로 우리가 경제를 알기 위해서는 미시경제이론과 거시경제이론 모두를 파악해야 한다.

4.4 실증경제학과 규범경제학

우리는 앞에서 미시경제학과 거시경제학의 주요 문제로서 정책분석을 강조하였다. 여기서 정책의 실증적 분석과 규범적 분석 간의 차이를 구분할 필요가 있다. **실증적 분석**(positive analysis)이란 정책의 효과로 나타나는 현실에 관한 것(what it is)이다. 반면에 **규범적 분석**(normative analysis)은 정책 시행의 결과가 좋은 것인가 나쁜 것인가에 대한 것으로, 명시적 혹은 암묵적으로 정책결과가 어떻게 되어야만 한다(what it ought to be)는 주관적 가치관 및 판단을 포함한다.

실증적 분석 현실적으로 나타나는 정책의 효과를 분석

규범적 분석 주관적 판단에 의해 정책시행의 결과가 좋은 것인가 나쁜 것인가에 대한 분석

예를 들어 최저임금법에 관한 실증적 분석은 이 법으로 인해 얼마나 많은 노동자들이 일자리를 잃었고 기업의 수입과 비용이 어떤 영향을 받았으며 최저임금을 받은 노동자들은 얼마나 많은 이득을 얻는가 등을 포함한다. 이러한 최저임금법 시행의 결과가 좋은 것인지 나쁜 것인지에 대한 판단은 규범적인 것으로서, 이 법률의 승자(더 높은 임금을 받는 노동자들)와 패자(실업에 처한 노동자들과 더 높은 임금을 지불해야 하는 기업들) 간의 상충관계를 어떻게 평가하는가에 달려 있다. 이 법을 지지하는 사람들은 자신의 가치 판단과 정치적 관점에 따라 패자의 손실보다 승자의 이득이 더 크다고 믿는 반면, 이 법에 반대하는 사람들은 오히려 이득보다 손실이 더 크다고 믿는다. 일반적으로 실증적 분석은 이러한 의사결정에 중요한 역할을 하지만 그 자체로 이 법의 실행 여부를 결정할 수는 없다.

실증적 분석을 할 때에는 유의해야 할 점이 있다. 우리가 경제원론에서 배우는 것은 대부분 세계 어느 곳에서도 통하는 보편적 진리이다. 그러나 우리의 연구와 관심은 그것에서 끝나서는 안 되고, 어떤 특수한 나라(이를테면 한국)에서 특수한 시기의 경제를 이론적으로 해명하기 위해 노력해야 한다. 뿐만 아니라, 우리가 배우는 이론 중에는 영국이나 미국의 전통을 전제로 하는 것들도 상당히 많다. 그렇기 때문에 우리가 배우는 경제이론을 어떤 특정한 나라(이를테면 개발도

상국)의 경제문제 해결에 무작정 적용해서는 안 된다. 어떤 나라든 그 나라의 특수한 제도, 전통 및 문화적 · 역사적 배경을 가지고 있기 때문에 그 나라의 경제문제를 해결하기 위해서는 그 나라 사정에 맞는 이론을 개발하고 적용해야 한다.

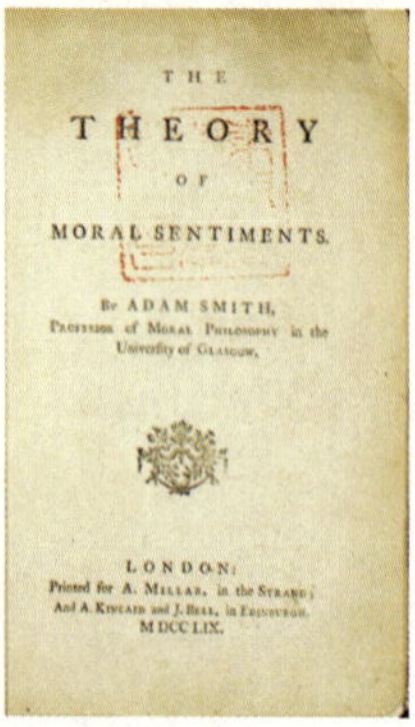

아담 스미스의 『도덕감정론』

경제학은 실사구시(實事求是)의 입장을 떠나서는 생명이 없고, 사회도덕과 건전한 가치관에 그 기초를 두어야 하는 학문이다. 아담 스미스는 원래 윤리학 교수로 1776년 『국부론』을 출간하기 전인 1759년에 『도덕감정론』(*The Theory of Moral Sentiments*)이라는 윤리학 · 정치학 분야의 책을 썼다. 아담 스미스는 『도덕감정론』에서 경제와 사회가 제대로 발전하려면 세 가지 덕(virtue)—현려, 정의, 인혜—이 필요하다고 했다. '현려(賢慮, prudence)'의 덕은 자기 이익을 추구하는 개인과 이들이 모인 시장에서 이루어진다. 그러나 '정의(justice)'의 덕과 '인혜(仁惠, beneficence)'의 덕은 공정한 사회를 만드는 정부의 역할을 통해 이루어진다.

경제와 사회가 발전하는 데 필요한 세 가지 덕
- 현려(prudence)
- 정의(justice)
- 인혜(beneficence)

아담 스미스는 각 경제주체가 자유롭게 경제활동을 하면서도 개인의 내면에 있는 '공정한 관찰자(impartial spectator)'가 개인의 경제적 이익을 사회의 도덕적 한계 내에서만 허용함으로써 스스로 자신의 무한 자유를 제어한다고 보았다. 그리고 공정한 관찰자 역할을 확대하여 정부가 독점이나 매점매석, 폭리 등의 불공정한 사태에 개입해 공정을 유지토록 하는 것을 정의의 덕이라 했다. 인혜의 덕은 애초에 '경제활동을 할 자유'가 없는 소외계층을 적극적으로 돕는 것이다. 스미스는, 정의는 경제사회의 기둥이며 인혜는 그 지붕이라고 보았다. 기둥이 무너지면 모든 것이 무너지고 지붕이 부실하면 그 집에서의 생활이 보잘 것 없어짐에 비유한 것이다.

따라서 아담 스미스가 주장하는 자본주의 작동원리는 '모든 개인이 자신의 이익을 시장에서 자유롭게 실현하는 것'과 '공정한 관찰자로서 개인의 이기심과 탐욕 때문에 정의와 인혜에 기초한 공동체 사회의 조화와 질서가 붕괴되지 않도록 개인의 경제적 이익을 사회의 도덕적 한계 내에서 허용하는 것'이다. 아담 스미스 시대의 자본주의를 고전적 자본주의라 한다면, 이는 개인의 공정한 관찰자 개념을 국가로 확대한 케인즈적 자본주의로 발전했다. 케인즈는 일찍이 경제학을 두고 "도덕 과학 중에서 가장 마음에 드는 분야(most agreeable branch of moral science)"라고 한 바 있다. 경제학이 실천과학이어야 한다는 의미를 함축하는 말이다.

현실 과 경제학

아담 스미스와 동반성장

아담 스미스는 『국부론』에서 자본주의가 개인의 이기심과 시장 메커니즘을 통해 어떻게 한 나라의 부를 축적해 가는지 명쾌하게 설명했다. 그러나 스미스는 『국부론』에서 자본주의의 효율성이 양극화와 인간 소외를 가져올 수도 있다는 점을 지적했다. 스미스는 개인의 이기심이 인간에게 번영을 가져다줄 수 있는 에너지의 원천이라는 것을 통찰하고 있었지만 지나친 탐욕으로 이어질 경우 그것이 가지는 파괴력도 명확하게 이해했다. 그리고 그는 또 다른 저서 『도덕감정론』에서 인간의 이기심을 통제하기 위한 메커니즘으로 자율적 절제와 이를 통한 자생적 사회규범을 이야기한다. 개인은 자신의 이익을 극대화시키기 위해 최선을 다해야 하지만 동시에 자신의 이익을 위해 다른 사람을 속이거나 해치지 않는 절제를 발휘해야 한다는 것이다.

18세기 후반 영국에서는 독점적 지위를 가지고 있던 소수 상공업자들이 시장지배력을 남용하여 다수의 대중과 중소상인들의 이익을 심각하게 침해했다. 이런 현실을 목격했던 스미스는 개인의 절제를 통해 타인에 대한 배려와 공정한 분배기제로서 시장기능의 회복을 주장했던 것이다. 요즘 말로 풀면, 기업이 이윤극대화를 위해 추구하는 정당하고 자유로운 노력은 보장돼야 하지만 시장기능을 해치는 독점기업이나 독점자본의 탐욕과 횡포는 다른 소규모 기업의 이익을 침해할 수 있으므로 절제되거나 적절히 통제되어야 한다는 뜻이다.

아담 스미스의 주장은 시장지배적 대기업들과 상대적 약자인 중소기업들 간의 동반성장 문제로 연결될 수 있다. 상대적으로 우월적 지위를 갖고 있는 경제주체가 스스로 절제하고 공정한 게임의 규칙을 따른다면 경제성장을 통해 대기업과 중소기업 모두의 이익이 함께 증대될 수 있기 때문이다. 따라서 동반성장은 단순히 대기업의 성장 과실을 중소기업에 나누어준다는 일종의 중소기업 복지 측면보다 공정한 경쟁이라는 관점에서 이해해야 한다.

이렇게 보면 동반성장은 이념 편향적인 개념이 아니라 자본주의의 주요한 동력인 경쟁이 원활하게 이뤄지도록 도와주는 역할을 하는 것이다. 약육강식의 절대적 자유는 지속 가능하지 않으며 결국 시스템의 붕괴로 이어질 수 있음을 간과해서는 안 된다.

출처 : 구교준, "아담 스미스가 꺼냈던 동반성장", 조선일보 기고, 2011. 8. 15.

요약 및 연습문제

1. 경제학의 기본 문제

경제활동의 기본 문제는 무한한 욕구를 충족시키는 수단이 한정되어 있다는 점에서 비롯된다.

1.1 자원의 희소성과 선택 인간의 욕구는 무한하나 이를 충족시킬 수 있는 수단, 즉 자원은 희소하기 때문에 이 자원을 가장 효율적으로 사용하기 위해서는 선택을 해야만 한다.

1.2 편익과 비용 어떤 선택을 하든 얻는 것이 있으면 잃는 것이 있다. 어떤 것을 얻을 때 반드시 대가를 치러야 한다는 것이 경제원리의 기본이다. 기회비용이란 어떤 것을 선택할 때 포기된 여러 가지 가능성 중 가장 큰 만족을 줄 것으로 기대되었던 차선책의 가치를 말한다.

1.3 시장과 교환의 이득 자원은 제한되어 있기 때문에 이러한 자원을 이용하여 생산되는 재화와 서비스의 양 역시 제한될 수밖에 없다. 따라서 시장에서 어떤 재화나 서비스를 생산하는 데에는 상충관계가 있기 때문에 경제주체들은 기회비용이 작은 재화의 생산에 전문화하고 필요한 재화와 서비스를 교환할 때 교환의 이득이 발생한다.

01. 경제학자들은 석유나 반도체 등 한정된 자원을 가진 재화를 분석하는 경우는 있지만 공기나 바닷물 등 부족함이 없는 재화를 경제학적으로 연구하지는 않는다. 그 이유는 무엇인가? 경제학에서 한정된 자원이란 어떤 의미를 지니는가?

02. 경제학 격언 중에 "공짜 점심 같은 것은 없다(There ain't no such thing as a free lunch)"라는 말이 있다. 이는 자원의 희소성으로 인해 우리는 선택에 직면하는데, 이 과정에서 반드시 비용을 지불하게 된다는 것을 의미한다. 그렇다면 실제로 친구가 사주는 점심을 먹을 때 우리가 생각해야 하는 비용은 무엇이 되겠는가? 기회비용의 개념을 이용해 설명하라.

03. 어떤 미술 선생님이 현재 하루에 6시간 동안 학생들을 가르치고 시간당 2만원의 보수를 받고 있으며, 학생들을 가르치고 난 이후 나머지 시간에는 미술작품을 그림으로써 시간당 5만원의 보수를 받고 있다고 하자. 그런데 최근 정부정책의 일환으로 공교육 강화정책이 실시됨에 따라 이제 이 미술 선생님은 하루에 9시간 동안 학생들을 가르치게 되었다.

(1) 미술 선생님의 생산가능곡선을 도출하고, 정부정책이 실시되기 이전과 이후에 미술 선생님의 선택점이 어떻게 변화했는지 생산가능곡선 상에 나타내어 보라.

(2) 경제주체들이 경제적 유인에 반응한다는 가정 하에 미술 선생님은 정부정책에 찬성과 반대 중 어떤 입장을 보이겠는가?

2. 시장경제

시장은 재화와 서비스의 판매자와 구매자가 모여서 거래하는 데 필요한 제도나 기구를 의미한다.

2.1 시장경제의 효율성 17~18세기에 유행한 중상주의에 반대하여, 아담 스미스는 1776년 『국부론』

에서 시장경제에는 '보이지 않는 손'이 있어 개인이나 기업이 사익을 위해 서로 경쟁하면 국가의 부가 극대화된다고 주장했다. 한편 슘페터는 자본주의 사회가 발전하기 위해서는 기업가정신에 의한 혁신으로 낡고 비효율적인 방법은 경쟁에서 도태되어 없어지고, 새롭고 효율적인 방법이 이를 대체해야 한다고 주장했다.

2.2 시장실패와 정부의 역할 시장이 제대로 작동하지 못하여 대량실업, 불완전경쟁, 주식가격의 폭등과 폭락 등 자원배분이 효율적으로 이루어지지 않는 현상을 시장실패라 한다. 케인즈는 『일반이론』에서 자유시장은 자동적으로 실업을 해소시켜 주지 않기 때문에 정부의 적극적인 경기부양정책이 필요하다고 주장했다.

2.3 정부실패와 신자유주의 정부의 경제 개입이 애초의 목표를 달성하지 못하고 오히려 자원의 낭비를 가져오는 현상을 정부실패라 한다. 이에 따라 1980년대부터 자유·경쟁의 시장원리주의를 강조하는 신자유주의 이념이 주목받기 시작하였다.

04. 어떤 두 분식집 A, B에서 일하는 민호와 수지는 떡볶이와 순대를 판매하고 있다. 민호는 1시간에 떡볶이 15접시 또는 순대 25접시를 요리할 수 있으며, 수지는 1시간에 떡볶이 30접시 또는 순대 10접시를 요리할 수 있다고 한다. 이들은 현재 분식집에서 하루 10시간을 일하고 있다. 따라서 하루에 생산 가능한 떡볶이와 순대 각각의 최대 생산량은 다음과 같다.

민호와 수지의 일일 최대 생산량

(단위 : 접시)

	민호	수지
떡볶이	150	300
순대	250	100

(1) 민호와 수지의 생산가능곡선을 각각 도출하라.

(2) 만약 민호와 수지가 서로 거래를 하지 않은 채 떡볶이와 순대를 각각 5시간씩 요리한다면 이들이 생산하는 떡볶이와 순대의 총량은 얼마나 되는가?

(3) 이제 민호와 수지가 서로 친구가 되어 거래를 한다고 하자. 이때 수지와 민호는 각각 어떤 음식을 얼마나 만드는 것이 경제적으로 효율적인가? 그리고 이때 이들이 생산하는 떡볶이와 순대의 총량은 얼마나 되는가?

(4) 거래가 성립될 경우 떡볶이와 순대의 교환비율이 어느 범위에서 형성될지 생각해 보라. 만약 수지가 떡볶이 1접시당 순대 2접시의 비율로 교환할 것을 제안했다면 이 거래는 성립할 것인가?

05. 2010년 초 서울에는 100여 년 만의 기록적인 폭설로 25cm 넘게 눈이 내렸다. 눈을 빨리 치우지 못한 서울시는 거의 마비상태였고, 이로 인해 당국에 비난이 쏟아졌다. 그렇다면 폭설에 적절하게 대응하지 못한 서울시는 과연 비난받아야 마땅한가? 시장경제와 정부의 역할의 관점에서 서술하라.

3. 경제학의 목적과 대상

경제학이란 현대 자본주의 경제에서 경제주체가 펼치는 경제활동과 이와 관련된 여러 가지 사항을 고찰의 대상으로 하는 학문이다. 자본주의 경제는 기능에 따라 크게 민간부문과 정부부문으로 나눌 수 있다. 경제학은 민간부문의 가계와 기업, 그리고 정부부문이 수행하는 경제활동과 이와 관련된 제도 및 관행을 연구대상으로 한다.

06. 본문에서는 개인의 경제적 유인에 대한 사례만 살펴보았다. 하지만 경제적 유인은 개인뿐만 아니라 기업, 국가에서도 필요하다. 나아가서 유인에는 경제적 유인뿐만 아니라 돈이 들지 않는 유인도 있다. 이제 이러한 유인의 구체적 사례를 들어보라.

(1) 기업에서 실시하고 있거나 필요한 경제적 유인

(2) 국가에서 실행하고 있거나 필요한 경제적 유인

(3) 돈이 들지 않는 유인

4. 경제학의 연구방법

4.1 경제이론의 주요 가정 대부분의 경제이론은 민간부문의 경제주체인 소비자와 기업이 합리적이라고 가정한다. 합리적인 경제주체는 경제적 유인에 반응하며 의사결정은 한계비용과 한계편익을 고려하여 이루어진다.

4.2 경제이론의 검증 경제이론에서 가설은 경제현상에 대한 인과적 관계를 서술한 명제로서 맞을 수도 틀릴 수도 있다. 이러한 가설을 검증하기 위한 통계분석의 결과, 가설이 명백하게 기각되는 경우 그 경제이론은 재고되어야 한다.

4.3 미시경제학과 거시경제학 미시경제학은 가계소비자와 기업 등 개별 경제주체의 선택과 시장에서의 상호작용 및 이들에 대한 정부정책의 영향을 분석하는 이론인 반면, 거시경제학은 국가경제 전체의 생산과 소득, 투자, 소비, 고용, 그리고 물가수준 등의 결정과 안정화정책 및 경제성장정책의 역할을 분석·설명하는 이론이다. 구성의 오류로 인해 미시경제분석에서 얻은 결론이 일반적으로 거시경제에 그대로 적용될 수는 없다.

4.4 실증경제학과 규범경제학 실증경제학은 어떤 정책의 효과로 나타나는 현실을 분석하는 반면에, 규범경제학은 정책 시행의 결과가 좋은 것인가 나쁜 것인가에 대한 주관적 판단을 포함한다.

07. 경제주체들이 완벽하게 합리적으로 행동하는 것은 현실적으로 기대하기 어렵다. 그럼에도 불구하고 많은 경제이론에서 합리성을 가정하는데, 그 이유는 무엇이라고 생각하는가?

08. 경제이론은 여러 변수들 사이에 존재하는 인과관계를 밝혀내는 일을 중요한 목표로 삼는다. 각자가 최근 경험하거나 접한 경제현상 중 인과관계를 설명할 수 있는 대표적인 경제현상을 두 가지 이상 요약해서 설명하라.

09. 다음과 같은 명제를 설명하는 데 실증경제학이 필요한가, 규범경제학이 필요한가? 그 이유를 서술하라.

(1) 구제역 발생은 돼지고기와 소고기의 값을 상승시킨다.

(2) 북한의 군사도발은 우리나라의 여러 가지 경제적 원조 때문이므로 앞으로 대북 경제원조를 중단해야 한다.

(3) 한국은행은 물가상승을 막기 위해 금리를 인상해야 한다.

응용문제

01. 한국대학교에는 20여 개의 식당이 있다. 이 식당들은 캠퍼스 곳곳에 위치하며, 한식뿐만 아니라 파스타, 일식, 중식은 물론 채식뷔페에 이르기까지 다양한 메뉴들을 선보이고 있다. 또한 가격도 싸게는 1,700원에서 비싸게는 그 10배에 이르는 등의 차이가 있다.

(1) 어떤 학생이 점심 메뉴를 고르고 있다. 이 학생이 선택 시 고려해야 할 요인들에는 무엇이 있겠는가? 식단 정보가 주어진다면 선택에 도움이 되겠는가?

(2) 식당들이 각자 다른 메뉴를 선보이는 것에는 어떤 이유가 있겠는가?

02. 1970년대에 정부는 새마을운동을 범국민운동으로 펼치면서 새마을 사업을 잘하는 마을부터 전기를 우선 공급한다는 사실을 홍보하고 농촌마을 전기 공급에 나섰다. 비용측면에서 생각해 볼 때 이미 전기가 공급된 곳에서 가까운 마을부터 차례로 전력망을 확장하는 것이 더 효율적임에도 불구하고 이런 방식을 채택한 이유는 무엇이겠는가?

03. 최근 경제학은 행태경제학, 법경제학, 환경경제학 등 새로운 영역으로 연구대상의 범위를 넓혀 왔다. 그 원인을 본문에서 배운 경제학의 목적과 연관 지어 설명하라.

04. 2007~2008년에 진행된 금융위기의 원인과 관련해서 수많은 분석이 나왔다. 이러한 금융위기를 설명하기 위해서 경제학의 주요 가정 중 어떤 가정을 재검토하거나 수정할 필요가 있다고 생각하는가?

수요 · 공급과 시장균형

Principles of **Micro**economics ch. two

02

1. 수요

1.1 수요를 결정하는 요인 / 1.2 수요함수와 수요곡선 / 1.3 수요의 변화와 수요량의 변화 / 1.4 수요의 탄력성

2. 공급

2.1 공급을 결정하는 요인 / 2.2 공급함수와 공급곡선 / 2.3 공급의 변화와 공급량의 변화 / 2.4 공급의 탄력성

3. 시장균형과 경제적 효율성

3.1 시장균형의 결정 / 3.2 시장균형의 경제적 효율성

4. 수요 · 공급이론의 적용

4.1 최고가격제도 : 분양가 상한제 / 4.2 최저가격제도 : 최저임금제 / 4.3 과세와 조세부담의 귀착

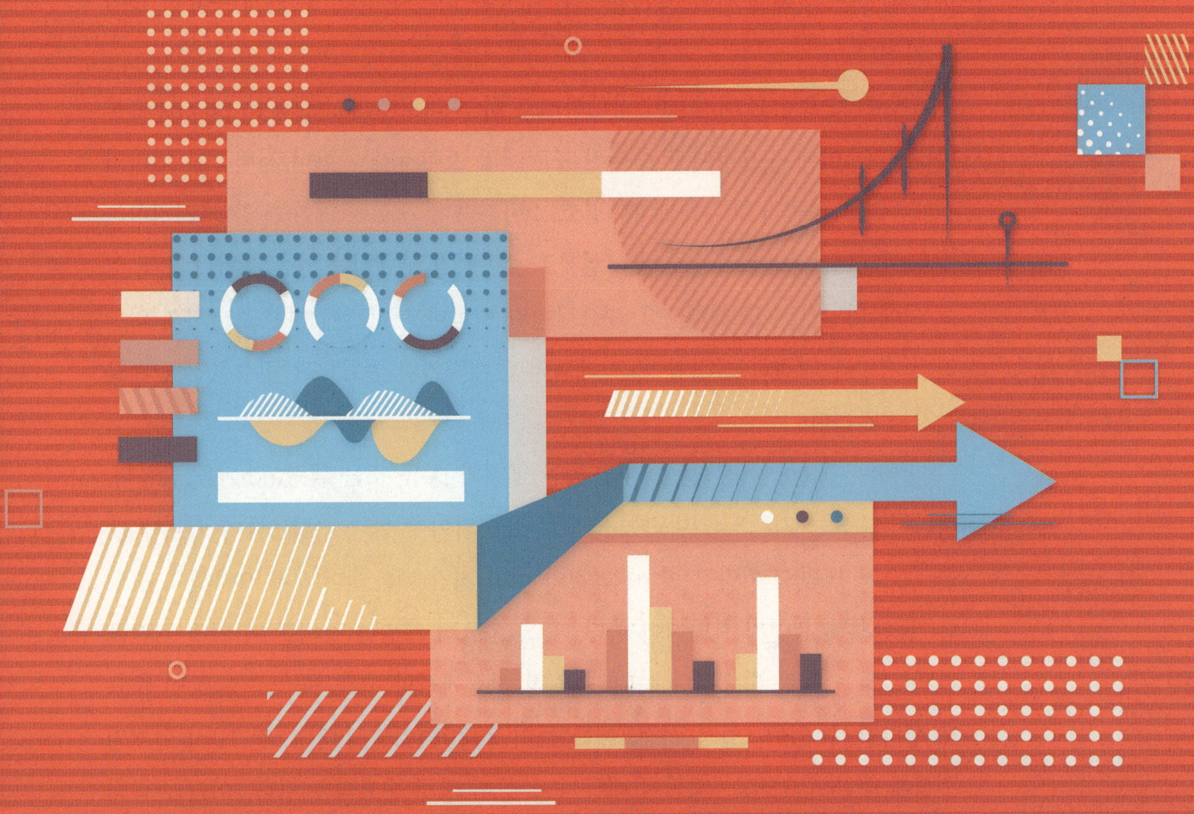

이 장에서는 경제분석의 기초를 이해하는 데 가장 중요한 수요와 공급, 그리고 이들의 상호작용에 의한 가격 결정을 알아보려고 한다. 이를 위해 다음과 같은 문제에 대해 논의해 보자.

- 수요란 무엇인가?
- 공급이란 무엇인가?
- 수요와 공급이 상호작용하여 어떻게 가격과 거래량이 결정되는가?
- 수요와 공급의 변화는 가격과 거래량에 어떤 영향을 미치는가?

1. 수요

수요
- 소비자들이 구매하려는 의도 : 실제 구매량 아님
- 일정 기간 동안 구매의 흐름 : 유량
- 개별 수요와 시장수요

어떤 재화나 서비스에 대한 **수요**(demand)란 소비자가 그 재화나 서비스를 구매하고자 하는 욕구를 말하며, **수요량**(quantity demanded)이란 소비자가 구매하고자 하는 재화나 서비스의 양이다. 수요는 다음과 같은 두 가지 중요한 성질을 가진다.

첫째, 수요란 소비자들이 구매하려고 하는 의도(willingness to purchase)를 나타낸다. 이때 수요량이란 주어진 조건에서 소비자가 재화나 서비스를 얼마나 구매하려고 하는가를 나타낼 뿐 결코 소비자가 실제로 구매하는 양을 지칭하는 것은 아니다. 그러므로 수요량은 실제로 소비자가 구매하는 양을 초과할 수도 있고 이에 미달할 수도 있다. 즉, 수요량이란 재화나 서비스에 대한 소비자의 의도된 구매량을 지칭하는 것이며 그 재화의 존재량이나 공급량과 직접적인 관계를 갖지는 않는다.

둘째, 수요는 어떤 일정 기간 동안 구매의 흐름 또는 **유량**(flow)을 말한다. 따라서 수요는 기간당 얼마라는 식으로 표현되어야 한다. 예를 들어 커피에 대한 수요가 백만 잔이라고 할 때 그것이 어떤 기간(예를 들어 하루, 일주일 또는 일년) 동안의 수요인지를 밝혀야 한다. 물론 수요의 개념을 정의할 때 일정 기간을 전제로 하는 유량 수요뿐만 아니라, 일정 시점에서의 수요, 즉 **저량**(stock) 수요도 생각할 수 있다. 일정 시점, 예를 들어 2020년 2월 28일 오전 10시 현재의 주식에 대한 수요 또는 채권에 대한 수요 등이 저량 수요의 예이다. 이는 공급의 경우에도 마찬가지로 적용된다. 하지만 여기서 저량 수요의 개념은 다루지 않기로 한다.

이상과 같은 성질을 가진 수요 개념은 다시 개별 수요(individual demand)와 시장수요(market demand)로 구분된다. 개별 수요와 시장수요가 도출되는 과정은 제3장(소비자이론과 수요곡선)에서 설명하기로 하고, 이 장에서는 수요에 관한 기본적인 개념들을 소개하기로 한다.

1.1 수요를 결정하는 요인

수요에 영향을 주는 주요 요인으로 다음과 같은 항목을 생각해 볼 수 있다.

수요를 결정하는 요인
- 재화의 시장가격
- 다른 재화의 가격 : 대체재와 보완재
- 소비자의 소득수준 : 열등재와 정상재
- 소비자의 기호
- 인구규모와 인구구성
- 소비자들 간의 소득 분포

재화의 시장가격 일반적으로 재화의 시장가격이 높을 때 그 재화에 대한 수요는 적고, 재화의 시장가격이 낮을 때 그 재화에 대한 수요는 많다.

다른 재화의 가격 예를 들어 커피의 가격이 상승하면 상대적으로 저렴해진 녹차에 대한 수요가 증가한다. 이처럼 한 재화의 가격이 상승할 때 다른 재화에 대한 수요가 증가할 수 있다. 이러한 관계에 놓여 있는 두 재화를 **대체재**(substitute goods)라 한다. 반대로 어떤 재화에 대한 수요가 다른 재화의 가격상승에 따라 감소하는 경우도 있다. 예컨대 조각케이크에 대한 수요는 커피 값이 상승하면 감소한다. 커피에 대한 수요의 감소에 비례해서 커피와 함께 먹는 조각케이크에 대한 수요도 줄어들기 때문이다. 이러한 관계에 있는 두 재화를 **보완재**(complementary goods)라고 한다. 한편 어떤 재화에 대한 수요가 다른 재화의 가격이 변하더라도 전혀 영향을 받지 않는 경우가 있다. 예를 들면, 쌀에 대한 수요는 설탕 값이 상승하더라도 거의 변화하지 않는다. 이 경우에 두 재화를 **독립재**(independent goods)라고 한다.

대체재의 예 : 커피와 녹차

보완재의 예 : 커피와 조각케이크

독립재의 예 : 커피와 쌀

소비자의 소득수준 대부분의 재화는 소득의 증가에 따라 수요가 증가한다. 그러나 소득의 증가에 따라 수요가 감소하는 재화나 서비스도 있다. 예를 들면, 보리에 대한 수요는 소득이 증가할 때 감소하는 경향이 있다. 보리를 주식으로 하는 가난한 사회에서 소득이 증가하면 소비자들은 보리보다 질이 좋은 쌀이나 육식으로 식단을 차리게 되기 때문이다. 따라서 보리가 주식에서 차지하는 비중이 줄면서 보리의 수요는 감소한다. 대중교통수단인 버스나 지하철도 마찬가지 예가 될 수 있다. 이와 같이 소득이 증가함에 따라 그 수요가 감소하는 재화를

정상재(열등재) 소득이 증가함에 따라 수요가 증가(감소)하는 재화

열등재(inferior goods)라고 한다. 반대로 소득이 증가할 때 그 수요가 증가하는 재화를 **정상재**(normal goods)라고 한다. 물론 어떤 특정 재화(본문에서는 보리)가 열등재냐 혹은 정상재냐 하는 것은 그 재화의 고유한 속성이라기보다는 그 재화가 한 경제의 역사적 · 문화적 배경과 소득수준에 따라서 어떻게 인식되느냐에 의해 결정된다. 최근에는 소득이 상승함에 따라 다양한 식품이 등장하게 되어 쌀에 대한 수요가 감소하고 있다. 이는 소득이 상승하면서 종전에는 정상재이던 것이 열등재가 될 수 있음을 보여주는 예이다.

소비자의 기호 어떤 재화에 대한 소비자들의 기호가 달라지면 그 재화에 대한 수요도 달라진다. 인스턴트커피 대신 원두커피를 선호하면서 커피전문점에 대한 수요가 급증한 것이라든지 건강에 대한 관심이 증가하면서 유기농식품에 대한 수요가 증가하는 현상이 그 좋은 예라고 할 수 있다.

전통적 경제이론에서는 '소비자주권(consumer sovereignty)'이라는 말이 시사하는 바와 같이 소비자들이 주체적으로 기호를 바꾼다고 가정한다. 그러나 많은 경우 소비자들의 기호는 생산자들의 광고에 의해 영향을 받기도 하고, 또 선진 외국의 생활패턴이나 이웃의 생활양식을 모방하는 과정에서 소비자들의 기호가 크게 영향을 받는 것도 사실이다.

인구 인구의 증가에 따라 거의 모든 재화에 대한 수요는 증가한다. 물론 이때 인구증가와 함께 구매력의 증가 역시 뒷받침되어야 한다. 또한 성별 · 연령별 인구구성의 변화도 수요에 영향을 미친다. 고령인구의 비중이 증가하면서 의료서비스에 대한 수요가 증가하는 현상이 좋은 예이다.

소득분포 소득분배가 불평등한 사회에서의 수요패턴은 소득분배가 평등한 사회에서의 수요패턴과 차이가 있을 것이다. 소득분배가 평등하면 소득수준에 따른 수요의 차이가 별로 없을 것이나, 소득분배가 불평등하면 고소득층과 저소득층이 수요하는 재화의 종류와 양에 커다란 차이가 나타날 수 있다.

생활과 경제학

국내 커피전문점 시장의 성장과 변화

지난 1999년 세계 최대 커피체인기업 스타벅스(Starbucks)가 이화여대 앞에 1호점을 열었다. 이를 시작으로 여러 기업들이 국내 커피전문점 시장에 뛰어들었으며, 소비자들 사이에 커피가 하나의 문화로 자리 잡는 데 큰 역할을 하였다. 현대경제연구원이 2019년 7월 발표한 보고서에 따르면 1998년 기준 연간 국내 1인당 커피 소비량은 약 353잔으로 추정되며, 이는 세계 1인당 커피 소비량의 3배 수준이다.

커피에 대한 수요 증가와 더불어 커피시장의 규모 또한 꾸준히 성장하였다. AC닐슨의 조사에 따르면 국내 커피시장의 규모는 2007년 1.6조원에서 2018년 6.8조원으로 증가하였으며, 이 중 커피전문점은 같은 기간 동안 약 4,300억원에서 4.3조원으로 무려 10배 가까이 성장했다.

이러한 시장의 성장세와 더불어 기업 간 경쟁은 더욱 치열해지고 있다. 다양화 · 세분화된 소비자들의 취향을 만족시키기 위해 고급 커피를 제공하는 매장을 확대하거나, 소셜 미디어를 통한 바이럴 마케팅(viral marketing)을 통해 마니아 고객층을 확보하는 등 소비자의 기호를 사로잡기 위한 기업들의 전략은 나날이 다양해질 것으로 보인다.

출처 : 박용정 · 이정원 · 한재진, "커피산업의 5가지 트렌드 변화와 전망", 현대경제연구원, 2019.

1.2 수요함수와 수요곡선

앞에서 우리는 재화에 대한 수요를 결정하는 요인에 대해서 살펴보았다. 이들 요인 중 해당 재화의 가격이 수요량에 미치는 영향이 가장 크고 직접적이며, 다른 요인들이 수요량에 미치는 영향은 비교적 간접적이라 할 수 있다. 그러므로 우리는 재화의 수요량과 재화의 가격 사이의 관계를 보다 명료하게 분석하기 위해 다른 요인은 잠시 불변이라고 가정하자.

이와 같이 재화의 가격을 제외한 다른 요인들이 변하지 않는다면 재화에 대한 수요량은 그 재화가격만의 함수이다. 우리가 흔히 말하는 수요함수란 이와 같이 좁은 의미의 수요함수를 가리킨다. 하지만 이 (좁은 의미의) 수요함수의 이면에는 언제나 '다른 변수가 동일하다면(ceteris paribus)'이라는 여건불변의 가정이 함축되어 있다. 요약하면, 어떤 재화의 **수요함수**(demand function)란 그 재화의

수요함수 재화의 가격과 수요량 사이에 존재하는 함수관계

그림 2-1

	커피가격(원)	커피의 수요량(잔)
A	6,000	6,000
B	5,000	8,000
C	4,000	10,000
E	3,000	12,000

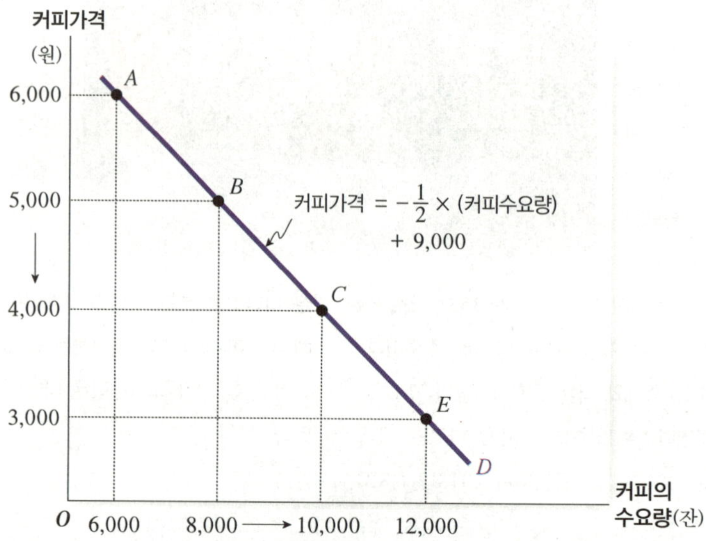

커피에 대한 수요곡선

좌표평면의 세로축에 커피가격을 표시하고 가로축에 커피에 대한 수요량을 나타낸 곡선을 수요곡선이라고 한다. 커피가격이 내리면 일반적으로 커피의 수요량이 증가하므로 수요곡선은 일반적으로 우하향하는 형태를 지닌다.

가격과 수요량의 함수관계로, 각 가격수준에 대응하여 소비자들이 매 기간 구매하려 하는 재화의 수량을 나타낸다.

어느 지역의 커피 가격과 수요량 간의 관계가 〈그림 2-1〉과 같이 주어졌다고 하자. 이 지역 주민들은 커피가격이 3,000원일 때 12,000잔을, 4,000원일 때 10,000잔을, 5,000원일 때 8,000잔을, 6,000원일 때 6,000잔을 구매할 의향이 있다. 이를 수요함수로 표현하면, '커피가격 = $-\frac{1}{2}$ × 커피의 수요량 + 9,000'과 같다. 이제 좌표평면의 세로축에 커피가격을 나타내고 가로축에 커피에 대한 수요량을 표시하여, 수요함수를 〈그림 2-1〉에서와 같은 **수요곡선**(demand curve)으로 그려 보자. 이 수요곡선은 〈그림 2-1〉에서 보는 것처럼 일반적으로 우하향하

수요곡선 세로축이 가격, 가로축이 수요량인 좌표평면에 가격과 수요량의 관계를 나타낸 곡선

는 형태이다. 이것은 재화의 가격이 내리면 그 재화의 수요량이 증가하고 가격이 오르면 수요량이 감소함을 의미한다. 이 관계를 **수요의 법칙**(law of demand)이라고 부른다. **수요량의 변화**란 주어진 수요함수에서 해당 재화가격의 변화에 따른 수요량의 증감이며, **주어진 수요곡선 상에서의 움직임**(movement along a given demand curve)이다. 예를 들면 〈그림 2-1〉에서 커피가격이 5,000원에서 4,000원으로 하락하면서 수요량이 8,000잔에서 10,000잔으로 증가하는 것이 바로 수요량의 변화이다.

가격과 수요량이 상호 역관계에 있다는 것은 상식적으로 생각할 수 있으나, 그 이유를 자세히 살펴보면 다음과 같다. 첫째, 어떤 재화의 가격이 하락하면 상대적으로 비싸진 대체재에 대한 수요를 줄이고 상대적으로 싸진 해당 재화의 수요를 늘리는 것이 구매자에게 유리하다. 말하자면, 가격이 높아진 재화를 가격이 낮아진 재화로 대체하게 된다는 것이다. 둘째, 어떤 재화의 가격이 하락하면 소비자들은 전과 동일한 액수로도 전보다 많은 재화를 살 수 있으므로 결과적으로 구매자들의 소득이 증가한 것과 같은 효과를 가져온다. 이렇게 실질소득이 증가하면 그 재화가 열등재가 아닌 이상 수요도 증가하는 것이다.

수요의 법칙 재화의 가격이 내리면 그 재화의 수요량이 증가하고 가격이 오르면 수요량이 감소
- 가격이 높아진 재화를 가격이 낮아진 재화로 대체하여 수요 감소
- 재화의 가격이 상승하면 실질소득이 감소하는 효과로 수요 감소

수요량의 변화 해당 재화의 가격 변화에 따른 수요곡선 상에서의 움직임

역사와 경제학

맨체스터 상인의 수요·공급표

19세기 초 영국 맨체스터 출생의 상인 존 오웬스(John Owens)는 상품거래를 위해 수요·공급표를 직접 작성했는데, 이 기록이 현재에도 전해져 내려오고 있다. 오웬스는 대를 이어 장사를 시작했는데 그의 회사는 미국·중국·인도·남아메리카 등지를 대상으로 목화·차·밀 등 다양한 품목을 활발히 교역했다. 1821년에 그는 미국 목화에 대한 수요를 [표 1]과 같이 정리했다.

[표 1] 1821년의 미국 목화에 대한 수요표

1파운드당 가격	수요량
11센트	1,200꾸러미
11.5센트	1,000꾸러미
12센트	800꾸러미
12.5센트	600꾸러미
13센트	400꾸러미
13.5센트	200꾸러미

[표 2] 1840년의 미국 목화에 대한 수요표

1파운드당 가격	수요량
5.25센트	2,000꾸러미
5.5센트	1,000꾸러미
5.75센트	200꾸러미

이 수요표에 따르면 가격이 11.5센트에서 12센트로 변할 때 가격 변화율은 약 4.35%인데, 수요량 감소율은 20%이므로 오웬스의 목화 수요 가격탄력성은 4.6으로 측정된다. 그의 수요표는 처음에는 이렇듯 일정 가격 변화에 수요량이 일정량 변화하는 단순한 형태를 띠었지만, 장사 경험이 축적되면서 점차 다양한 형태로 나타났다. 1840년에 그가 뉴욕에 있는 대리인에게 보낸 [표 2]를 보면 가격탄력성이 훨씬 커졌다는 것을 확인할 수 있다. 오웬스는 미국의 목화 수확량을 풍작·평균·흉작 3개로

나누어 예측해 각각의 수요표를 작성했으며, 이런 철저한 계획으로 목화시장에서 큰 성공을 거뒀다.

한편 오웬스는 자신이 취급하는 여러 품목들의 품질을 스스로 정확히 감정하기 어려웠기 때문에 해당 품목의 전문가인 대리인들에게 상품판매 업무를 위임했다. 그는 대리인들이 자신의 지침에 따라 판매할 수 있도록 어느 가격에 얼마만큼의 상품을 팔 것인지에 대한 계획, 즉 공급표도 작성해 제공했다. 예를 들어 1839년에 그는 중국으로부터 들여온 차를 판매하는 대리인에게 '가격이 2실링 10펜스일 때는 50상자를 팔고, 3실링일 때는 100상자를 팔아 달라'라는 식으로 요구한 것이다.

오웬스의 수요 · 공급표는 비록 불완전하지만(모든 가격에서의 수량을 제시하지는 않았으므로) 수요 · 공급의 이론이 확실히 정립되지 않은 19세기 초에 작성된 것이란 점에서 매우 흥미로우며, 당시 다른 맨체스터 상인들의 상행위에도 영향을 미쳤을 것으로 추측된다.

출처 : 김훈민, "맨체스터 상인의 수요 · 공급표", 『KDI 클릭경제교육』, KDI 경제정보센터, 2011. 3.

1.3 수요의 변화와 수요량의 변화

이제까지 수요의 법칙을 설명하기 위하여 해당 재화의 가격 이외에 수요량에 영향을 주는 다른 모든 요인들은 일정하다고 가정하였다. 하지만 이러한 여건불변의 가정과는 달리 재화가격 이외의 수요 결정 요인이 변하면, 다른 요인은 일정하다는 가정 하에 도출된 수요함수도 변하게 된다. 이와 같이 해당 재화의 가격 이외에 일정하다고 가정했던 요인이 변하여 수요곡선 자체가 이동하는 것을 **수요의 변화**(shift of demand curve)라고 한다. 예를 들어 소득이 증가했다고 하자. 그러면 정상재의 경우 일정한 가격수준(4,000원)에서 그 재화에 대한 수요량이 전보다 증가한다(10,000잔 → 12,000잔). 이 새로운 수요곡선을 그림으로 나타내면 〈그림 2-2〉의 D_1곡선이 되며, 이것은 원래의 수요곡선 D가 우측으로 이동한 것이다.

> **수요의 변화** 재화의 가격 이외에 일정하다고 가정했던 요인이 변하여 수요곡선 자체가 이동하는 것

해당 재화가격의 변화로 인한 수요곡선 상에서의 움직임인 수요량의 변화와 그 재화가격 이외의 다른 요인들의 변화로 인한 수요곡선 자체의 이동인 수요의 변화를 혼동하지 않도록 주의해야 한다. 이러한 혼동을 피하기 위하여 수요와 수요량이란 용어를 명확히 사용할 필요가 있다. 수요란 가격을 포함한 수요의 결정요인들과 수요량 간의 전반적인 함수관계를 지칭하는 데 반해, 수요량이란 주어진 가격에서 수요하고자 하는 특정량을 지칭한다.

> **※ 혼동하지 말자!**
> **수요** 가격을 포함한 수요의 결정요인들과 수요량 간의 전반적인 관계
> **수요량** 주어진 가격에서 수요하고자 하는 특정량

위에서 설명한 것처럼 수요함수를 유도할 때 여건불변의 가정으로 묶어 놓았던 요인들(소득, 다른 재화의 가격, 기호, 인구, 소득분포 등)이 변하면 수요곡선이 이동하며, 그 결과 수요의 변화를 가져온다. [표 2-1]은 바로 이러한 요인들의 변

그림 2-2

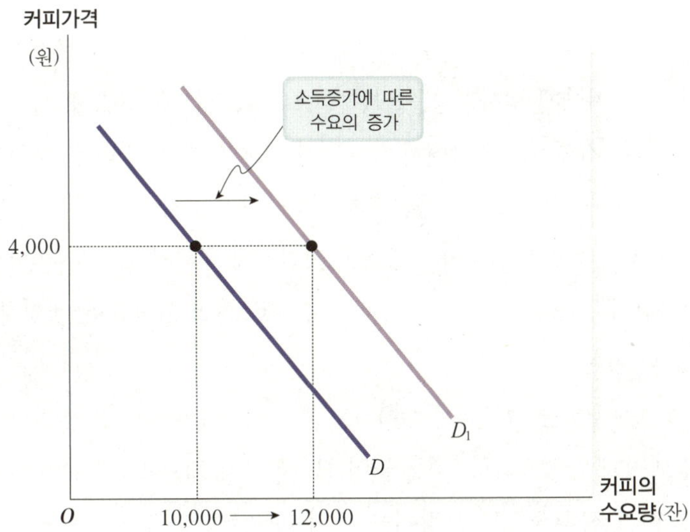

수요곡선의 이동

어떤 재화의 가격(P) 이외의 요인이 변하여 수요함수 자체가 이동하는 것을 수요의 변화라고 한다. 커피가 정상재라면 소득이 증가할 때 각 가격수준(4,000원)에서 커피에 대한 수요량이 전보다 증가한다(10,000잔 → 12,000잔).

표 2-1

수요 변화의 예시

다음 요인은	수요곡선을 오른쪽으로 이동시킨다.	이유
대체재의 가격상승	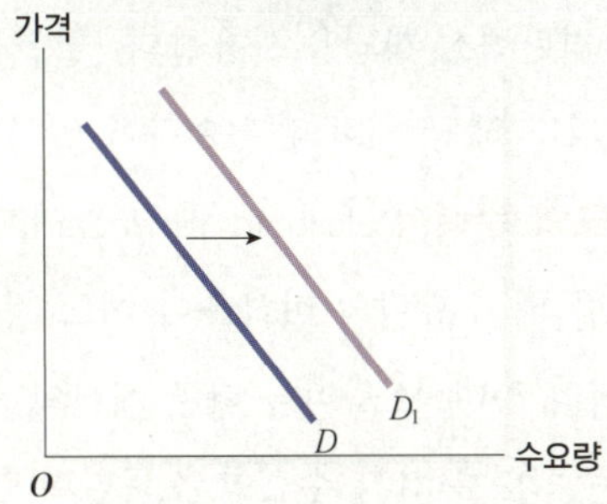	대체재의 수요가 해당 재화로 이동한다.
보완재의 가격하락		보완재 판매량이 늘어나면서 함께 판매되는 해당 재화의 판매량도 늘어난다.
소득증가		전반적인 소비수준이 증가한다(정상재).
소비자의 기호개선		해당 재화에 대한 관심이 증가하면서 지출이 늘어난다.
인구증가		구매력을 지닌 소비자들이 증가한다.

화에 따른 수요곡선의 이동을 예시하고 있다.

1.4 수요의 탄력성

이 절에서는 좀더 실용적인 이야기를 해보자. 독자가 한 커피전문점의 경영자라고 하자. 경영자에게 의사결정을 위한 기초자료로서 시장수요에 대한 정보는 매우 중요하다. 경영자의 입장에서는 단순히 커피에 대한 시장수요곡선이 우하향한다는 것을 아는 것만으로는 충분하지 않다. 가격이 상승하거나 하락할 때 수요량이 얼마나 큰 폭으로 감소하고 증가할 것인가에 대해서 알 수 있어야 경영자는 커피전문점의 판매수입(= 가격 × 판매량)을 예측하고 이에 따른 경영계획을 수립할 수 있게 된다.

경제정책을 수행하는 정부의 입장에서도 가격변화에 따른 수요량 변화의 정도에 대한 정보는 매우 중요하다. 예를 들어 교육이나 의료서비스와 같이 일정 수준 이상의 소비가 사회적으로 보장되는 것이 바람직하다고 판단되는 **가치재**(merit goods)에 대해 정부가 보조금을 지불한다고 하자. 이때 보조금 지불에 따른 가격인하에 대해 그 가치재의 수요가 어느 정도 증가할 것인가를 알 수 있어야만 적정한 보조금 규모를 결정할 수 있다. 시장을 분석하는 연구자도 사정은 같다. 보다 구체적이고 유용한 분석결과를 얻기 위해서는 커피 수요량이 커피가격 변화에 얼마나 민감하게 반응하는가에 대해 알아야만 한다.

가치재 일정 수준 이상의 소비가 사회적으로 바람직하다고 판단되는 재화

이처럼 가격변화에 대해 수요량이 얼마나 민감하게 반응하는가를 나타내 주는 척도로 수요의 가격탄력성 개념을 사용한다. 일반적으로 수요에 영향을 주는 요인들이 변화함에 따라 해당 재화의 수요량이 얼마나 민감하게 반응하는가를 나타내는 정도를 **수요의 탄력성**(elasticity of demand)이라 한다. 지금의 예처럼 재화의 가격이 변화할 때 수요량의 변화율이 어느 정도인가를 나타내는 척도를 수요의 가격탄력성이라 하며, 소득이나 다른 재화의 가격이 변화할 때 수요량의 반응정도를 나타내는 척도를 각각 수요의 소득탄력성과 교차탄력성이라 한다.

수요의 탄력성 수요에 영향을 주는 요인들이 변화하는 정도에 따라 재화의 수요량이 얼마나 민감하게 반응하는가를 나타내는 정도

1.4.1 수요의 가격탄력성

수요의 가격탄력성(price elasticity of demand)은 수요량의 변화율(%로 나타낸 것)을 가격의 변화율(%로 나타낸 것)로 나눈 값이다. 이때 가격변화에 대한 수요량 변화의 민감도를 재는 척도로 수요량의 변화폭(ΔQ)을 가격의 변화폭(ΔP)으로 나눈 것, 즉 $\frac{\Delta Q}{\Delta P}$를 사용하지 않고 탄력성의 개념을 사용하는 이유는 무엇일까?

수요의 가격탄력성
- 가격변화에 대한 수요량 변화의 민감도
- 수요량의 변화율을 가격의 변화율로 나눈 것

이는 각 재화의 가격 및 수요량의 초기 수준이 서로 다른 상황에서 변화폭만 가지고는 올바른 비교를 할 수 없기 때문이다. 예를 들어 5,000원짜리 커피의 가격이 1,000원 오른 경우와 50만원짜리 스마트폰 가격이 1,000원 오른 경우를 동일하게 취급할 수는 없다. 따라서 수요의 가격탄력성은 다음과 같이 정의된다.

$$e_p = -\frac{\text{수요량의 변화율}}{\text{가격의 변화율}} = -\frac{\frac{\Delta Q}{Q}}{\frac{\Delta P}{P}} = -\frac{\Delta Q}{Q} \times \frac{P}{\Delta P} = -\frac{\Delta Q}{\Delta P} \times \frac{P}{Q} \qquad (2.1)$$

식 (2.1)에서 수요함수의 성질에 의해 가격과 수요량의 변화 방향은 일반적으로 반대가 되기 때문에(즉, ΔP와 ΔQ의 부호는 반대가 되기 때문에) 두 변화율 간의 비율은 음(-)이 된다. 탄력성 계산식에서의 음(-)의 기호는 단순히 탄력성의 값을 양(+)으로 만들어준다.

여기서 e_p는 수요의 가격탄력성, Q는 수요량, ΔQ는 수요량의 변화폭(원래의 수요량을 Q_1, 새로운 수요량을 Q_2라고 하면 $\Delta Q = Q_2 - Q_1$), P는 가격, ΔP는 가격의 변화폭(원래의 가격을 P_1, 새로운 가격을 P_2라고 하면 $\Delta P = P_2 - P_1$)을 나타낸다. 그러므로 $\frac{\Delta Q}{Q}$는 수요량의 변화율을, $\frac{\Delta P}{P}$는 가격의 변화율을 표시한다. 예를 들어 〈그림 2-1〉에서 원래의 커피가격을 5,000원, 새로운 가격을 4,000원이라고 할 때 커피 수요의 가격탄력성은 $-\frac{(8,000-10,000)/8,000}{(5,000-4,000)/5,000} = 1.25$와 같이 계산된다.

재화의 가격과 수요량 사이에 음(-)의 관계가 성립하는 수요의 법칙 하에서 수요의 가격탄력성의 값은 0에서 무한대(∞)까지 변할 수 있다. 가격이 변화할 때 수요량이 전혀 변화하지 않는다면 수요의 가격탄력성은 0이 된다. 주어진 가격변화율에 대한 수요량 변화율의 상대크기가 1보다 작은 경우 수요가 **비탄력적**(inelastic)이라고 한다. 만약 수요량의 변화율이 가격변화율과 동일하다면 수요의 가격탄력성은 1이 되며, 이 경우 수요가 **단위탄력적**(unit-elastic)이라고 한다. 수요량의 변화율이 가격변화율보다 크면 수요의 가격탄력성은 1보다 큰 값을 가지게 되는데, 이 경우 수요가 **탄력적**(elastic)이라고 한다.

수요의 가격탄력성 <1 : 비탄력적
수요의 가격탄력성 $=1$: 단위탄력적
수요의 가격탄력성 >1 : 탄력적

〈그림 2-3〉은 수요의 가격탄력성과 수요곡선 모양 사이의 관계를 보여준다. 먼저 극단적인 경우부터 살펴보자. (a)에 그려져 있는 수요곡선은 가격이 변화하더라도 수요량이 전혀 변화하지 않는 경우를 나타낸다. 이때 수요의 가격탄력성은 0이다. 이러한 수요곡선을 완전비탄력적 수요곡선이라고 한다. 수요가 완전비탄력적인 경우는 현실세계에서 대단히 드물다.

(b)는 반대편 극단을 보여준다. 가격이 P_0 수준에서 조금만 올라도 수요량은 0으로 떨어지게 되고, P_0 수준에서 조금만 내려가도 수요량은 엄청나게 늘어나게 된다. 이 경우 수요의 가격탄력성은 무한대가 된다. 이러한 수요곡선을 완전탄력적 또는 무한탄력적 수요곡선이라고 한다. 완전대체재를 가격 P_0에서 얼마든지 구

그림 2-3

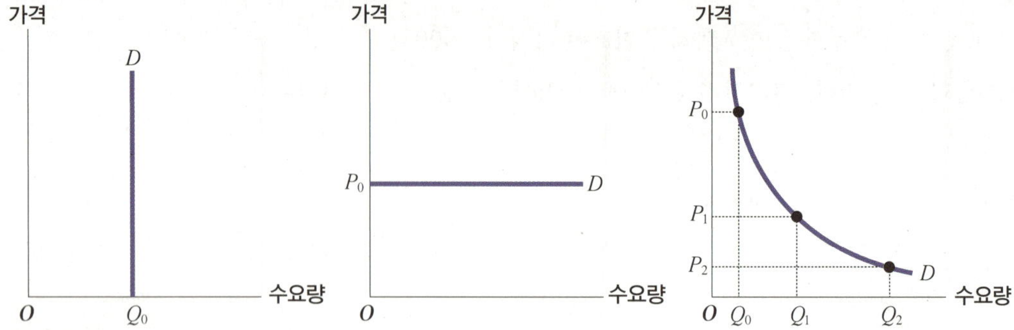

(a) 완전비탄력적 수요곡선 (b) 완전탄력적 수요곡선 (c) 단위탄력적 수요곡선

수요의 가격탄력성과 수요곡선의 모양

(a)의 수요곡선은 수요의 가격탄력성이 0인 경우로, 가격이 변화하더라도 수요량이 전혀 변화하지 않는 경우를 나타낸다. (b)는 반대로 수요의 가격탄력성이 무한대가 되어 가격이 조금이라도 내려가면 수요량이 엄청나게 늘어나는 경우이다. 한편 (c)에서는 모든 점에서 수요의 가격탄력성이 일정하다.

입할 수 있는 경우를 생각해 보자. 이때 이 재화의 가격이 P_0보다 조금만 높게 결정되더라도 시장의 모든 수요가 대체재로 몰릴 것이므로 이 재화에 대한 수요는 0으로 떨어지고 말 것이다. 반대로 이 재화의 가격이 P_0보다 조금만 낮게 결정되더라도 시장의 모든 수요가 이 재화에 집중되므로 이 재화에 대한 수요는 무한대가 될 것이다.

또 다른 특수한 경우로서 수요곡선이 〈그림 2-3〉의 (c)와 같이 직각쌍곡선이면 모든 점에서 수요의 가격탄력성은 일정하다. 왜냐하면 기하학적인 성질상 모든 점에서의 가격변화율$\left(\frac{\Delta P}{P}\right)$이 수요량변화율$\left(\frac{\Delta Q}{Q}\right)$과 일치하기 때문이다. 그러나 일반적으로 우하향하는 수요곡선 상에서 점의 위치에 따라 가격변화율은 수요량변화율과 다르다.

이와 같이 수요의 가격탄력성은 수요곡선의 형태에 따라서 그 크기가 다를 뿐만 아니라 동일한 수요곡선 상에서도 측정하고자 하는 점의 위치에 따라서 달라진다. 그러면 수요의 가격탄력성의 크기를 결정하는 요인은 무엇일까? 중요한 몇 가지를 열거하면 다음과 같다.

수요의 가격탄력성을 결정하는 요인
- 밀접한 대체재의 존재
- 재화에 대한 지출이 소득에서 차지하는 비중

첫째, 상호 밀접한 대체재의 유무가 탄력성에 영향을 준다. 커피, 버터와 같은 재화에는 각각 녹차, 마가린과 같은 대체재가 존재한다. 녹차 값이 일정한데 커피 값이 상승했다고 하자. 그러면 커피에 대한 수요는 감소하는 반면, 상대적으로 저렴해진 녹차에 대한 수요는 증가할 것이다. 이와 같이 상호 밀접한 대체재가 존재하는 재화들에 대한 수요의 가격탄력성은 비교적 크다. 이에 반하여 소금과 같은 재화들은 상호 밀접한 대체재가 존재하지 않으므로 가격 변동이 그 재화의 수요량에 크게 영향을 미치지 않는다.

둘째, 재화에 대한 지출이 소득에서 차지하는 비중도 탄력성에 영향을 준다. 어떤 재화에 대한 지출이 소비자의 소득에서 차지하는 비중이 크면 클수록 그 재화의 수요에 대한 가격탄력성은 커지는 경향이 있다. 예를 들면 노트북 PC의 경우처럼 그것을 구매하기 위한 지출이 소비자의 소득에서 차지하는 비중이 큰 경우에는 그 재화에 대한 수요량이 가격변화에 대하여 민감하게 반응한다. 이에 반하여, 볼펜과 같이 재화에 대한 지출이 소비자의 소득에서 차지하는 비중이 작은 재화에 대한 수요량은 가격변화에 대하여 둔감하다.

일반적으로 사람들은 일상생활에서 긴요한 생활필수품에 대한 수요는 가격변화에 대해 비탄력적이고, 사치품에 대한 수요는 탄력적이라고 생각한다. 그러나 이것은 얼핏 보면 그럴듯하지만 의문의 여지가 있다. 어떤 재화가 생활필수품이고 어떤 재화가 사치품인가를 식별하는 것은 결코 쉬운 일이 아니기 때문이다. 이를테면 악기는 일반인에게는 사치품처럼 생각되기 쉬우나 음악가에게는 필수품이다. 또한 흔히 생활필수품이라고 알려져 있는 재화(예를 들어 쌀)에 대한 수요가 비탄력적인 것은 사실이나, 이것은 쌀이 생활필수품이기 때문이 아니라 그 대체재가 별로 많지 않기 때문이다. 대체재가 없는 재화에 대한 수요는 비록 사치품으로 알려져 있는 경우에도 가격탄력성이 작을 수 있다.

1.4.2 수요의 소득탄력성

소득의 변화에 대한 수요량의 반응정도를 **수요의 소득탄력성**(income elasticity of demand)이라고 하며, 이는 다음과 같이 정의된다.

수요의 소득탄력성
소득의 변화에 대한 수요량의 반응 정도

$$e_y = \frac{\text{수요량의 변화율}}{\text{소득의 변화율}} = \frac{\frac{\Delta Q}{Q}}{\frac{\Delta Y}{Y}} = \frac{\Delta Q}{Q} \times \frac{Y}{\Delta Y} = \frac{\Delta Q}{\Delta Y} \times \frac{Y}{Q} \qquad (2.2)$$

여기서 e_y는 수요의 소득탄력성, Q는 수요량, ΔQ는 수요량의 변화폭, Y는 소득, ΔY는 소득의 변화폭을 나타낸다. 대부분의 재화에 대한 수요는 소득의 증가에 따라 증가하기 때문에 수요의 소득탄력성은 양(+)의 값을 가진다. 그러나 라면과 같은 재화에 대한 수요는 소득이 증가할 때 오히려 감소하므로 수요의 소득탄력성은 음(-)의 값을 갖는다.

표 2-2

수요의 소득탄력성의 크기에 따른 재화의 분류

소득탄력성(e_y)	재화 분류	
$e_y > 1$	사치재	정상재
$0 < e_y < 1$	필수재	
$e_y < 0$	열등재	

이처럼 재화의 특성에 따라 수요의 소득탄력성이 변화하므로 수요의 소득탄력성 크기에 따라 재화를 분류할 수 있다. [표 2-2]에서처럼 $e_y > 0$이면, 즉 소득의 증가로 인해 재화수요가 증가하면 이를 **정상재**(normal goods)라 하고, $e_y < 0$으로 소득이 증가할 때 수요가 오히려 감소하면 **열등재**(inferior goods)라 한다. 또한 정상재 가운데서도 $e_y < 1$이면 이를 **필수재**(necessaries)라 하고, $e_y > 1$이면 이를 **사치재**(luxuries)라 하기도 한다.

이와 같이 재화에 따라 소득 변화에 대한 수요의 변화 패턴이 달라진다는 사실은 산업과 무역 및 경제구조에 매우 중요한 의미를 갖는다. 수요의 소득탄력성이 높은 제품을 생산하는 산업은 경제성장에 따라 소득이 상승함으로써 수요가 크게 증가하여 경제성장의 선도부문이 되는 반면, 소득탄력성이 낮은 산업은 경제성장에 따라 수요가 조금 증가하거나 오히려 감소하므로 쇠퇴한다. 따라서 정부는 한편으로는 국내시장이나 국제시장에서 소득탄력성이 높은 제품을 생산하는 산업을 육성하여야 하는 동시에, 수입의존적인 소비패턴을 개선하도록 산업구조 개편을 적극적으로 유도해야 한다.

엥겔의 법칙 가계소득이 증가하면서 식료품에 지출되는 소득의 비중 감소

소득 변화와 수요의 변화에 관련하여 한 가지 기억해 두어야 하는 것은 **엥겔의 법칙**이다. 이 법칙은 19세기 독일의 통계학자인 엥겔(Ernst Engel)이 발견한 것으로, 그 내용은 가계소득이 증가하면서 식료품에 지출되는 소득의 비중이 점점 작아진다는 것이다. 최근에 와서는 의복이나 주거 등 식료품 이외의 생활필수품의 비중도 소득이 증가할 때 감소한다는 것이 발견되었다. 또 일반적으로 고

소득층은 저소득층에 비하여 상대적으로나 절대적으로 자동차, 주택, 냉장고 등 내구성 재화(durables) 또는 서비스에 대한 지출이 많다고 알려져 있다.

1.4.3 수요의 교차탄력성

다른 재화가격들이 변할 때에 어떤 재화의 수요량이 나타내는 반응의 정도를 **수요의 교차탄력성**(cross elasticity of demand)이라 한다. 수요의 교차탄력성은 다음과 같이 정의된다.

수요의 교차탄력성 다른 재화가격 변화에 대한 수요량의 반응 정도

$$e_{xy} = \frac{X\text{재 수요량의 변화율}}{Y\text{재 가격의 변화율}} = \frac{\frac{\Delta Q_x}{Q_x}}{\frac{\Delta P_y}{P_y}} = \frac{\Delta Q_x}{Q_x} \times \frac{P_y}{\Delta P_y} = \frac{\Delta Q_x}{\Delta P_y} \times \frac{P_y}{Q_x} \qquad (2.3)$$

여기서 e_{xy}는 X재 수요의 Y재 가격변화에 대한 교차탄력성, Q_x는 X재 수요량, ΔQ_x는 X재 수요량의 변화폭, P_y는 Y재 가격, ΔP_y는 Y재 가격의 변화폭을 나타낸다.

이러한 교차탄력성은 음의 무한대에서 양의 무한대까지의 값을 가지는데, 보완재는 음(-)의 교차탄력성 값을 갖는 반면 대체재는 양(+)의 교차탄력성 값을 갖는다. 예를 들면, 커피 값의 상승($\Delta P_y > 0$)은 커피의 수요량을 감소시킬 뿐만 아니라 조각케이크의 수요량도 감소($\Delta Q_x < 0$)시킨다. 이와 같이 두 재화가 보완관계에 있을 때 교차탄력성의 부호는 음이 된다. 한편 커피 값의 상승($\Delta P_y > 0$)은 커피의 수요량을 감소시키는 대신 녹차의 수요량을 증가($\Delta Q_x > 0$)시킨다. 즉, 대체관계에 있는 두 재화의 교차탄력성은 양의 값을 가진다.

교차탄력성 < 0 : 보완재
교차탄력성 > 0 : 대체재

현실과 경제학

『상도(商道)』의 임상옥은 무엇을 믿고 인삼을 불에 태웠을까?

(중략) 하인은 임상옥이 시키는 대로 장작더미에 불을 붙였다. 바짝 마른 장작이라 불이 붙자마자 무서운 기세로 타올랐다. 연경 제일의 여인숙 앞마당에 갑자기 대낮에 장작을 태우는 연기가 피어오르고 화광이 충천하자 사람들이 구름처럼 모여들었다. 때아닌 불놀이가 벌어진 셈이다. 장작더미가 불이 붙어 맹렬하게 타오르자 다시 하인이 임상옥에게 물어 말하였다.

"장작더미에 불이 붙었습니다. 이제 어떻게 하면 좋겠습니까."

그러자 임상옥에 단번에 말하였다.

"인삼을 불 속에 집어넣게."

"뭐라구요?"

하인은 행여 자신이 잘못 들었는가 다시 물어 말하였다.

"인삼을 어떻게 하라굽쇼."

"인삼을 불 속에 집어던져 태워 버리라니까."

(중략)

결론적으로 말해 임상옥은 2월 2일, 단 하루만에 불에 태우다 남긴 인삼 모두를 단숨에 팔아치울 수 있었다. 불에 태운 인삼으로 손해 본 가격을 모두 중국 상인들이 떠맡기로 한 파격적인 조건이었다. 따라서 임상옥은 새로 내걸었던 공시가격 45냥에서 단 한 푼도 깎아주지 않고 원하는 가격대로 단 하루 만에 인삼을 모두 팔아치울 수 있었다. 그러니까 불에 태운 인삼을 감안하면 중국 상인들은 인삼 한 근에 90냥이라는 천문학적 금액으로 인삼을 사들일 수밖에 없었던 것이다.

(중략)

최인호, 『상도(商道)』, 여백, 2000.

소설에서 나오듯이 임상옥이 인삼을 과감하게 불에 태울 수 있었던 데에는 가격탄력성이라는 개념이 숨어 있다. 당시에는 "조선의 인삼이 가미되지 않은 중약은 약도 아니다"라는 것이 그곳의 정설이었고, 따라서 '인삼이 없다면 모든 백약이 무효하게 될 것이며 모든 약재상들과 중약점들은 문을 닫고 폐업할 수밖에 없었던' 상황이었다. 연경상인들로서는 아무리 인삼가격이 높다고 해도 어쩔 수 없이 사야만 하는, 즉 인삼에 대한 수요의 가격탄력성이 매우 '비탄력적'이었다. 이 경우 판매자가 가격을 올려서 물건을 팔게 되면 가격을 올리지 않을 때보다 판매수입이 더 많아진다는 것을 임상옥은 간파했던 것이다. 게다가 임상옥 혼자만이 인삼을 시장에 공급할 수 있었기 때문에 그 영향력은 더 막강했다.

실제로 주변에서 우리는 가격탄력성과 관련된 여러 현상들을 찾아볼 수 있다. 일례로 가끔 배추농사가 너무 잘됐는데도 불구하고 농민들이 배추를 팔지 않고 밭을 갈아엎는 장면을 뉴스에서 볼 수 있다. 이러한 현상의 이유는 다양하겠지만, 경제학에서는 소비자들의 배추에 대한 수요의 가격탄력성이 낮아 상도에서 임상옥이 한 것처럼 배추의 공급을 조금 줄여 판매수입을 조금이라도 늘려보려는 노력으로 설명한다.

출처 : 한국은행 경제교육 홈페이지(http://www.bokeducation.or.kr).

2. 공급

Principles of **Micro**economics ch. two

공급
- 생산자가 재화나 서비스를 판매하고자 하는 의도 : 실제 판매량이 아님
- 단위기간 기준 : 유량

공급(supply)이란 생산자(기업)가 재화나 서비스를 판매하고자 하는 의도(willingness to sell)이다. 그리고 **공급량**(quantity supplied)이란 생산자가 재화나 서비스를 판매하고자 하는 양을 의미한다. 이와 같이 정의되는 공급이란 개념은 수요와 마찬가지로 다음과 같은 중요한 두 가지 성질을 가진다. 첫째, 공급

량은 주어진 조건에서 생산자가 판매하고자 의도하는 양을 지칭하는 것이지 실제로 판매되는 양은 아니다. 둘째, 공급량은 유량 개념으로서 단위기간 동안 얼마라는 식으로 표현된다. 한편 수요와 마찬가지로, 일정 시점에서의 저량 공급이란 개념 역시 성립한다. 일정 시점, 예를 들어 2020년 2월 28일 오전 10시 현재 존재하는 주식 또는 채권의 양 등이 그 예이다.

2.1 공급을 결정하는 요인

공급에 영향을 주는 주요 요인으로 다음과 같은 항목을 생각해 볼 수 있다.

공급을 결정하는 요인
- 재화의 시장가격
- 다른 재화가격
- 생산요소 가격
- 기술수준
- 기업의 목표 : 이윤극대화, 수입극대화 등

재화의 시장가격 어떤 재화의 가격이 상승하면 그 재화를 생산하는 것이 생산자에게 더 큰 이익을 가져다주기 때문에 그 재화의 공급량이 증가한다. 반대로 가격의 하락은 그 재화의 공급량을 감소시킨다. 예를 들어 커피가격의 상승은 커피의 공급량을 증가시키고, 반대로 커피가격의 하락은 커피의 공급량을 감소시킨다.

다른 재화의 가격 일반적으로 다른 재화의 가격이 상승하면 이들 재화를 생산하는 것이 가격이 상승하지 않은 재화를 생산하는 것보다 더 유리하다. 따라서 다른 조건이 같고 기업의 생산요소 이동이 자유롭다는 가정 하에 다른 재화의 가격이 상승할 때 가격의 상승이 없는 재화의 공급은 감소한다.

생산요소 가격 어떤 생산요소 가격이 상승하였을 때 그 생산요소를 많이 사용하는 재화의 생산비용은 크게 증가하는 반면, 그 생산요소를 적게 사용하는 재화의 생산비용은 작게 증가한다. 예를 들어 석유가격이 상승하면 석유화학제품의 생산비는 크게 증가하지만 구두의 생산비는 크게 증가하지 않는다. 따라서 석유화학제품의 생산은 크게 감소하지만 구두의 생산은 크게 변화하지 않는다. 즉, 생산요소 가격의 변화는 이윤(= 판매수입 − 생산비용)의 크기를 변화시키고, 나아가 여러 가지 생산물의 공급량을 변화시킨다.

기술수준 기술진보는 새로운 상품의 개발을 가능하게 하며 이미 개발된 제품에 대해서도 생산비를 절감하여 제품의 공급을 증가시킨다.

기업의 목표 경제이론에서 기업의 목표는 보통 이윤극대화에 있다고 가정한다. 사실 기업의 성패를 가늠하는 것은 이윤이다. 따라서 기업의 행동이란 이윤을 떠나서는 분석할 수 없다. 그러나 이윤추구가 기업의 유일한 목표라고 볼 수는 없으며, 또 이윤극대화가 궁극적인 목표라 하더라도 해당 기업이 속해 있는 산업의 시장구조에 따라 재화의 공급은 크게 영향을 받는다. 예를 들어, 완전경쟁에 가까운 산업에 속한 기업은 그렇지 않은 기업에 비해 더 많은 재화를 공급함으로써 이윤을 극대화할 것이다. 그리고 이윤극대화보다 수입극대화(revenue maximization)를 추구하는 기업은 이윤극대화를 추구하는 기업보다 더 많은 양을 생산하여 판매한다. 이와 같이 재화의 공급은 그 기업의 목표에 달려 있다.

2.2 공급함수와 공급곡선

우리는 앞에서 공급에 영향을 주는 요인에 대해 살펴보았다. 이들 요인 중에서 해당 재화가격의 영향이 적어도 단기적으로는 가장 크고 직접적인 데 반하여, 다른 요인들이 공급에 미치는 영향력은 비교적 작고 간접적이다. 그러므로 수요함수의 경우와 마찬가지로 재화가격을 제외한 다른 모든 변수들이 일정하다고 가정하면 **공급함수**(supply function)를 수요곡선을 그릴 때와 마찬가지 방법으로 좌표평면에 나타낼 수 있다. 예를 들어 커피가격은 세로축에, 이에 대응한 커피의 공급량은 가로축에 나타내면 〈그림 2-4〉와 같은 **공급곡선**(supply curve)을 얻는다.

공급함수 재화가격과 공급량 사이에 존재하는 함수관계

공급곡선 가격이 세로축, 공급량이 가로축인 좌표평면에 이 두 변수 간의 관계를 나타낸 곡선

대부분의 경우 공급곡선은 〈그림 2-4〉에서 보는 것과 같이 우상향하는 형태를 보인다. 이것은 재화의 가격이 상승하면 공급량이 증가하고 가격이 하락하면 공급량이 감소하는 것을 의미한다. 이와 같이 공급곡선이 우상향하는 이유는 무엇일까? 커피를 공급하는 커피전문점의 경우를 예로 들면 다음과 같다.

우상향 공급곡선
- 어떤 재화가격이 상승하면 다른 재화에 투입되던 생산요소를 가격이 상승한 재화 생산에 투입하여 공급 증가
- 재화가격의 상승은 새로운 공급자를 출현시켜 공급 증가

첫째, 커피 값의 상승으로 커피를 생산해 온 기업은 생산요소 투입을 늘린다. 둘째, 커피 값의 상승은 이제까지 수익이 좋지 않아 커피를 생산하지 않던 기업으로 하여금 새로 커피를 생산하게 한다. 다시 말해 커피 값의 상승은 커피를 공급하는 새로운 공급자를 출현시키는 것이다. 이러한 두 가지 이유 때문에 커피 값이 상승할 때 커피의 공급량은 증가한다.

그림 **2-4**

	커피가격(원)	커피의 공급량(잔)
A	3,000	6,000
B	4,000	8,000
C	5,000	10,000
E	6,000	12,000

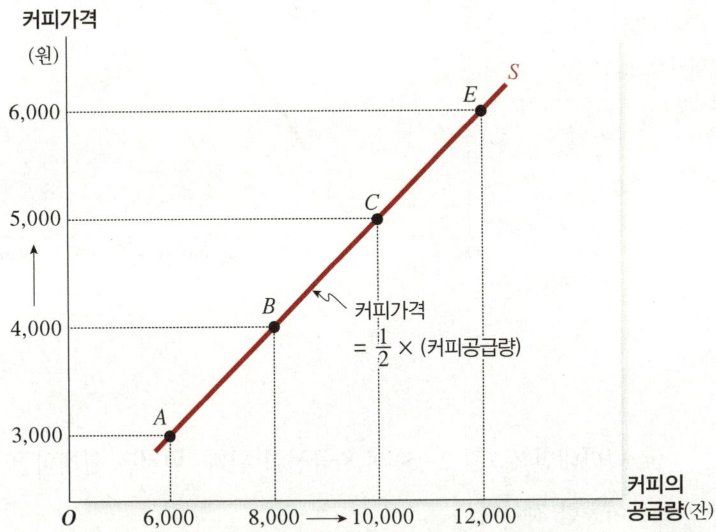

커피의 공급곡선

좌표평면의 세로축에 커피가격을 표시하고 가로축에 커피에 대한 공급량을 나타낸 곡선을 공급곡선이라고 한다. 커피가격이 오르면 커피의 공급량이 증가하므로 공급곡선은 일반적으로 우상향하는 형태를 지닌다.

2.3 공급의 변화와 공급량의 변화

우리는 공급함수를 유도하는 과정에서 해당 재화가격 이외에 공급에 영향을 주는 모든 요인들이 일정하다는 여건불변을 가정하였다. 그런데 이 가정 속에 묶여 있는 요인들이 변화하면 공급함수 자체도 변화한다. 이와 같이 그 재화의 가격 이외의 변화에 의해 공급곡선 자체가 이동하는 것을 **공급의 변화**(shift of supply curve)라고 한다. 예를 들어 불변이라고 가정했던 커피제조기술이 향상되었다고 하자. 그러면 일정한 가격수준(4,000원)에서 커피에 대한 공급량이 이전보다 증가할 것이다(8,000잔→10,000잔). 이러한 변화에 의한 새로운 공급량을 그래프

공급의 변화 재화가격 이외의 변화에 의해 공급곡선이 이동하는 것

그림 2-5

공급곡선의 이동

어떤 재화의 가격(P) 이외의 요인이 변하여 공급곡선 자체가 이동하는 것을 공급의 변화라고 한다. 여기에서는 생산기술의 향상으로 각 가격수준(4,000원)에서 커피에 대한 공급량이 전보다 증가(8,000잔→10,000잔)하는 현상을 보여주고 있다.

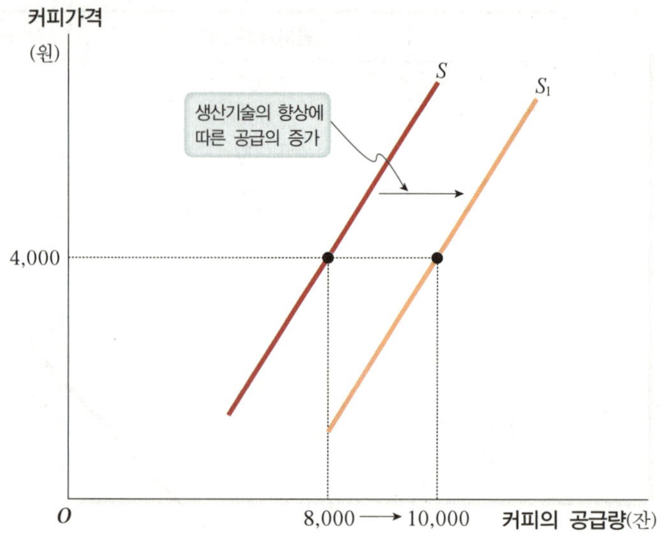

로 나타내면 〈그림 2-5〉의 S_1곡선이 된다. 이것은 원래의 공급곡선 S가 우측으로 이동한 것이다.

공급량의 변화 재화 가격 변화에 따른 공급곡선 상에서의 움직임

이에 반하여 **공급량의 변화**란 주어진 공급곡선에서 가격의 변화에 따른 공급량의 증감을 의미하며, **주어진 공급곡선 상에서의 움직임**(movement along a given supply curve)이다. 예를 들면 〈그림 2-4〉에서 커피가격이 4,000원에서 5,000원으로 상승하면서 커피의 공급량이 8,000잔에서 10,000잔으로 증가하는 것이 바로 공급량의 변화이다.

해당 재화가격의 변화로 인한 공급곡선 상에서의 움직임인 공급량의 변화와 그 재화가격 이외의 다른 요인들의 변화로 인한 공급곡선 자체의 이동인 공급의 변화를 혼동하지 않도록 해야 한다. 이러한 혼동을 피하기 위해서 공급과 공급량이란 용어를 명확히 구분하여 사용할 필요가 있다. 공급은 가격을 포함한 공급의 결정요인들과 공급량 간의 전반적인 함수관계를 지칭하는 데 반하여, 공급량은 주어진 가격에서 공급하려고 하는 특정량을 지칭하는 것이다.

※ 혼동하지 말자!
공급 가격을 포함한 공급의 결정요인들과 공급량 간의 전반적인 관계
공급량 주어진 가격에서 공급하려고 하는 특정량

위에서 살펴본 것처럼 공급함수를 유도할 때 여건불변이라고 가정하였던 요인들(다른 재화가격, 생산요소 가격, 기술수준, 기업목표)이 변화하면 공급곡선이 이동하며 공급의 변화를 초래한다. [표 2-3]은 바로 이러한 요인들의 변화에 따른

표 2-3

공급변화의 예시

다음 요인은	공급곡선을 오른쪽으로 이동시킨다.	이유
다른 재화의 가격하락	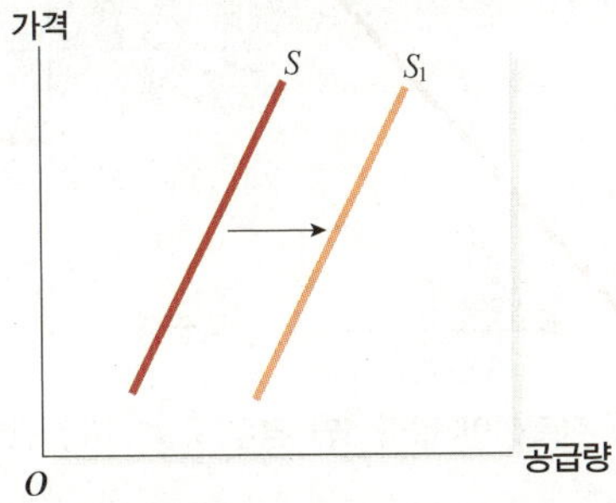	상대적으로 높은 가격의 재화 생산이 기업에 유리하다.
생산요소 가격하락		해당 재화의 생산비용이 낮아진다.
기술진보		해당 재화의 생산비를 절감할 수 있다.
기업의 수입극대화		더 많은 판매량을 위해 더 많은 양의 재화를 생산한다.

공급곡선의 이동을 예시하고 있다.

2.4 공급의 탄력성

수요의 탄력성과 마찬가지로 **공급의 탄력성**(elasticity of supply)이란 어떤 재화의 가격이 변할 때 그 재화의 공급량이 얼마나 변할 것인가를 측정하는 척도로, 공급량의 변화율을 가격의 변화율로 나눈 것이다.

공급의 탄력성
- 재화의 가격이 변할 때 그 재화의 공급량이 얼마나 변할 것인가를 측정하는 척도
- 공급의 변화율을 가격의 변화율로 나눈 것

$$E_p = \frac{\text{공급량의 변화율}}{\text{가격의 변화율}} = \frac{\frac{\Delta Q}{Q}}{\frac{\Delta P}{P}} = \frac{\Delta Q}{Q} \times \frac{P}{\Delta P} = \frac{\Delta Q}{\Delta P} \times \frac{P}{Q} \qquad (2.4)$$

여기서 E_p는 공급의 탄력성, Q는 공급량, ΔQ는 공급량의 변화폭, P는 가격, ΔP는 가격의 변화폭을 나타낸다.

공급의 탄력성도 수요의 경우와 마찬가지로 0에서 무한대(∞)까지의 값을 갖는다. 가격이 변화할 때 공급량이 전혀 변화하지 않는다면 공급의 탄력성은 0인데, 이때 공급곡선은 〈그림 2-6〉의 (a)와 같이 수직선이 되며 공급자는 가격에 관계없이 일정량 Q를 공급한다.

공급의 탄력성 = 1 : 단위탄력적
공급의 탄력성 > 1 : 탄력적
공급의 탄력성 < 1 : 비탄력적

공급량의 변화율이 가격변화율과 동일하다면 공급의 탄력성은 1(단위탄력적)이 된다. 공급량의 변화율이 가격변화율보다 크다면 공급의 탄력성은 1보다 크고

그림 2-6

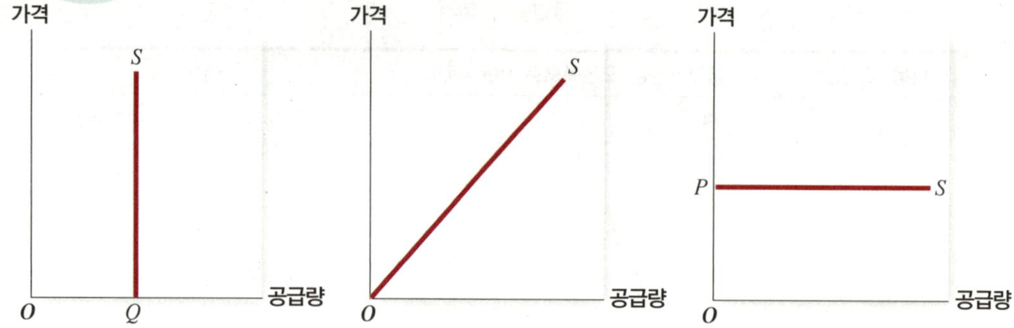

(a) 탄력성의 값이 0인 경우 (b) 탄력성의 값이 1인 경우 (c) 탄력성의 값이 무한대인 경우

일정한 탄력성을 갖는 공급곡선

(a)의 공급곡선은 공급의 가격탄력성이 0인 경우로, 가격이 변화하더라도 공급량이 전혀 변화하지 않는 경우를 나타낸다. (b)는 공급량의 변화율이 가격변화율과 동일한 경우로 이때 공급의 가격탄력성은 1로 일정하다. (c)는 일정 가격(P) 이상에서 공급의 탄력성이 무한대인 경우이다.

(탄력적이고), 반대의 경우에는 1보다 작다(비탄력적이다). 〈그림 2-6〉의 (b)와 같이 직선인 공급곡선이 원점을 지나는 경우에는 그 기울기에 관계없이 공급의 탄력성은 항상 1이다. 왜냐하면 $E_p = \frac{\Delta Q}{\Delta P} \times \frac{P}{Q}$ 인데 공급곡선이 원점을 지나는 직선인 경우에는 $\frac{\Delta Q}{\Delta P} = \frac{Q}{P}$ 로 나타낼 수 있기 때문이다. 마지막으로 〈그림 2-6〉의 (c)처럼 공급곡선이 수평선인 경우 공급의 탄력성이 무한대가 된다. 이것은 일정 가격수준(P) 이하에서는 재화가 전혀 공급되지 않지만 가격이 일정 수준(P)이 되면 공급자가 얼마든지 공급하려 한다는 것이다.

수요의 경우와 마찬가지로 공급의 탄력성도 공급곡선의 형태에 따라서 다르고, 동일한 공급곡선 상에 있더라도 측정하려는 점의 위치에 따라서 그 크기가 다르다. 그러므로 공급곡선 상의 모든 점이 동일한 탄력성을 가지는 특수한 경우는 〈그림 2-6〉에 나타난 것처럼 공급곡선이 수직선, 수평선 또는 원점을 지나는 직선인 경우뿐이다.

공급의 탄력성을 결정하는 요인
- 생산량 증가에 따른 단위당 생산비용 변화의 크기
- 저장 가능성, 저장비용, 저장 가능기간

그러면 해당 재화의 가격 이외에 공급의 탄력성을 결정하는 것은 무엇인가? 몇 가지 중요한 요인들을 들면 다음과 같다.

제4장(기업의 생산기술과 생산비용)에서 살펴보겠지만 기업의 공급은 재화를 생산하는 데 드는 비용에 의해 결정되는 것이기 때문에 생산량의 증가에 따라 비

용이 어떻게 변하느냐가 공급의 탄력성을 결정하는 가장 중요한 요인이 된다. 예를 들어 커피의 가격이 상승하였다고 하자. 그러면 공급자들은 더 많은 커피를 공급하기 위하여 생산을 늘린다. 이때 만약 커피 생산량의 증가로 단위당 생산비용이 급격히 상승한다면 커피의 공급량은 크게 증가하지 못하는 반면, 비용이 완만하게 상승한다면 커피의 공급량은 비교적 크게 증가한다. 그러므로 전자의 경우에는 공급탄력성이 작고 후자의 경우에는 공급탄력성이 클 것이다.

또한 재화의 저장 가능성이나 저장비용, 재화를 저장하는 기간도 공급의 탄력성에 영향을 미친다. 재화의 저장 가능성이 낮고 저장비용이 클수록 공급탄력성은 작고 저장 가능성이 크거나 저장비용이 작을수록 공급탄력성은 커진다.

뉴스와 경제학

배추 값 폭등 포기당 1만원 … 왜 이렇게 배추가격이 높아진 것일까?

매일경제, "최근의 배추파동, 가격탄력성도 이유 중 하나", 2010. 10. 13.

2010년 가을 배추나 무의 가격이 폭등한 것은 무엇보다도 여름철 이상기후로 인해 산지 출하량이 크게 줄어들었기 때문이다. 어떤 재화의 공급량이 줄어들어 가격이 크게 오를 경우 그 재화에 대한 수요량도 같이 탄력적으로 줄어들면 가격변화는 크지 않다. 하지만 우리나라 사람들에게 있어 배추나 무는 가격변화에 탄력적으로 대응할 수 있는 성질의 재화가 아니다. 즉, 김치는 우리네 식탁에서 없어서는 안 될 필수품에 해당되는데, 대체로 필수품에 대한 수요는 가격변화에 비탄력적인 경향을 띤다. 즉, 가격탄력성이 매우 낮다는 것이다. 또한 김치를 대신할 만한 대체재를 찾기도 쉽지 않다. 대체재가 없으니 당연히 가격이 올라도 수요량이 줄어들기 힘들어 비탄력적인 모습을 보이는 것이다.

다른 한편으로 공급 관점에서 보면 공급의 가격탄력성은 가격이 올랐을 때 공급자들이 생산량을 얼마나 신축적으로 증가시킬 수 있는가에 의해 좌우되는데, 농산물은 이번 달에 가격이 아무리 많이 올라도 공급을 바로 늘릴 수 없는 비탄력적인 재화에 해당한다. 때로는 주변국에서 수입을 늘려 단기적으로 공급을 늘릴 수는 있으나 주변국의 작황, 소비자의 입맛, 위생문제 등으로 소기의 목적 달성이 어려운 경우도 존재하기 마련이다.

물론 중 · 장기적으로 시계를 넓히면 작황이 항상 나쁜 것만은 아니기 때문에 배추가격이 지속적으로 높은 수준을 유지하지는 않을 것이다. 하지만 이번 사태를 계기로 농산물 공급을 안정적으로 유지할 수 있는 근본적인 대책이 마련되어야 할 것으로 보인다.

출처 : 전북도민일보, 2010. 10. 6.

3. 시장균형과 경제적 효율성

지금까지 우리는 수요와 공급을 분리하여 살펴보았다. 이제 수요와 공급이 상호작용하여 어떻게 시장의 균형가격과 균형거래량을 결정하는가를 살펴보자.

3.1 시장균형의 결정

시장균형의 결정 수요와 공급이 일치하는 점에서 균형가격과 균형거래량이 결정

재화의 균형가격과 균형거래량은 수요와 공급이 일치하는 점에서 결정된다. 따라서 시장의 수요와 공급 중 하나만을 가지고 분석할 수는 없으며, 양자를 동시에 고려하여 양자가 일치하는 점을 찾아야 한다.

초과공급이 존재하면 가격이 하락하여 초과공급량이 감소

〈그림 2-7〉에서처럼 커피의 수요곡선과 공급곡선을 포개어 그려놓고 분석해 보자. 먼저 커피가격이 6,000원이라고 하자. 이 가격에서 소비자들은 6,000잔의 커피를 마시고 싶어 하는 데 반해, 생산자들은 매달 10,000잔을 공급하고자 하므로 4,000잔만큼의 **초과공급량**(excess supply)이 생기게 된다. 이때 커피가격

그림 **2-7**

균형가격과 균형거래량의 결정

수요량과 공급량이 일치해 초과수요나 초과공급이 없이 정지상태에 있는 가격을 균형가격이라고 하며, 이 균형가격을 성립하게 한 수급량을 균형거래량이라고 한다.

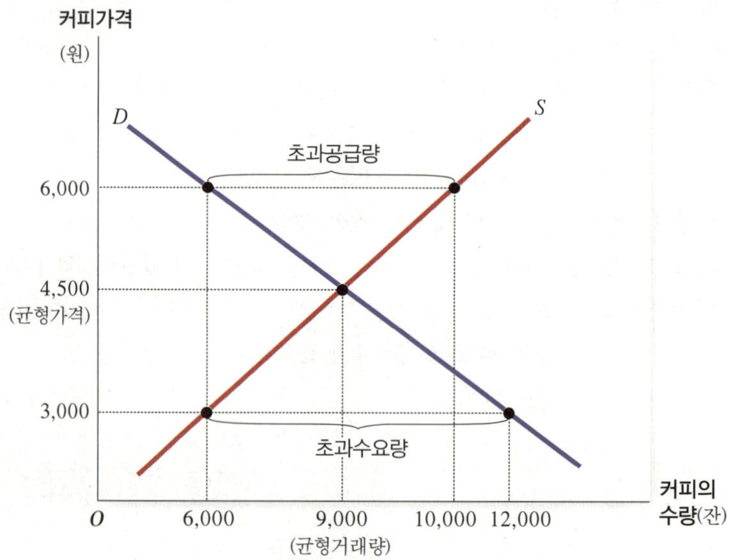

이 6,000원에 고정되어 있다면 매달 4,000잔만큼의 초과공급량이 누적된다. 공급자들은 이것을 처분하기 위해 가격을 인하할 것이며, 이러한 과정은 초과공급량이 존재하는 한 계속된다. 그런데 커피가격이 하락하면 생산자들은 공급량을 줄이려 하는 반면 소비자들은 종전보다 더 많은 커피를 사고자 한다. 이에 따라 초과공급량은 감소한다. 커피가격이 4,500원으로 하락하면 수요량이 공급량과 일치되기 때문에 커피가격은 더 이상 하락하지 않는다.

이제 커피가격이 3,000원이라고 하자. 이 가격에서 소비자들은 12,000잔의 커피를 마시고 싶어하는 데 반해, 생산자들은 매달 6,000잔만 공급하고자 하므로 6,000잔만큼의 **초과수요량**(excess demand)이 생기게 된다. 그러므로 소비자들은 절대적으로 부족한 커피를 확보하기 위하여 서로 다투어 커피를 구입하려고 하고 이로 인해 가격은 상승하게 된다. 이러한 과정은 초과수요량이 존재하는 한 계속된다. 그런데 가격이 상승하면 수요량이 적어지고 공급량은 많아져서 초과수요량은 점점 감소할 것이다. 결국 커피가격이 4,500원까지 상승하면 수요량과 공급량이 일치하기 때문에 커피가격은 더 이상 상승하지 않는다.

초과수요가 존재하면 가격이 상승하여 초과수요량이 감소

마지막으로 커피가격이 4,500원이라고 하자. 이 가격에서는 생산자가 공급하고자 하는 커피의 양과 소비자가 수요하고자 하는 커피의 양이 모두 9,000잔이며, 커피에 대한 초과수요량이나 초과공급량이 존재하지 않는다. 소비를 충족시키지 못해 가격을 인상시키려는 수요자도, 판매를 하지 못해 가격을 인하하려는 공급자도 존재하지 않는다. 그러므로 커피가격이 일단 4,500원이 되면 가격은 더 이상 변화하지 않는다. 이와 같이 수요량과 공급량이 일치되어 정지상태에 있는 가격을 **균형가격**(equilibrium price)이라고 하며, 이 균형가격을 성립하게 한 수급량을 **균형거래량**이라고 한다. 〈그림 2-7〉의 예에서 균형가격은 4,500원이고 균형거래량은 9,000잔이다.

균형가격 수요량과 공급량이 일치되어 정지상태에 있는 가격

균형거래량 균형가격을 성립하게 한 수급량

이러한 균형가격은 주어진 수요와 공급의 상황에서 일단 성립되기만 하면 다른 사정의 변화가 없는 한 지속되며, 현실에서 시장가격은 이것을 향하여 변동하는 경향이 있다. 균형가격 이외의 모든 가격은 불균형가격이다. 불균형가격은 곧 변하는 경향을 보인다는 점에서 안정적인 가격이 아니다. 즉, 시장가격이 균형가격보다 낮다면 초과수요가 발생하여 가격은 상승하고, 가격이 균형가격보다 높다면 초과공급이 발생하여 가격은 하락한다.

3.2 시장균형의 경제적 효율성

경쟁시장에서 가격은 수요량과 공급량이 같아지도록 조정하는 역할을 한다. 즉, 경쟁시장의 균형상태에서는 시장가격을 지불할 용의가 있는 모든 소비자들이 원하는 만큼의 상품을 구입할 수 있고 시장가격을 받아들일 용의가 있는 모든 기업들이 원하는 만큼의 상품을 판매할 수 있다. 이제 수요곡선 및 공급곡선과 밀접한 관계를 갖는 소비자잉여와 생산자잉여의 개념을 이용하여 경쟁시장 균형의 경제적 효율성을 평가해 보자.

3.2.1 소비자잉여

상품의 수요곡선은 각 가격수준에서 소비자들이 특정 상품을 얼마나 구매하려 하는지를 보여준다. 예를 들어 유나의 커피 수요곡선이 〈그림 2-8〉의 (a)와

그림 2-8

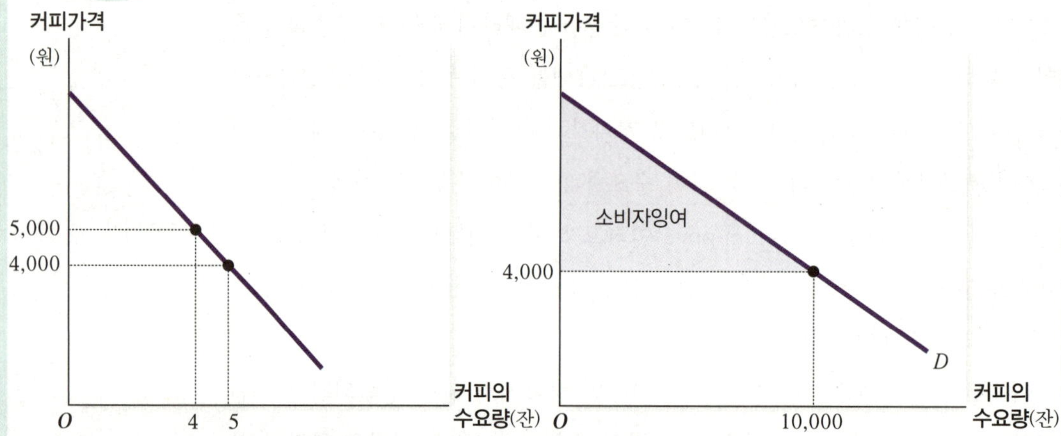

(a) 유나의 수요곡선 (b) 커피시장의 소비자잉여

소비자잉여

커피의 시장가격이 4,000원일 때 유나가 구매한 커피 중 다섯 번째 잔에서 얻은 한계편익은 가격과 같지만, 다른 네 잔의 한계편익은 그가 지불한 가격, 즉 4,000원보다 더 크다. 즉, 처음 네 잔에 대해 지불할 용의가 있는 최대의 가격보다 낮은 가격을 지불한 셈이다. 이와 같이 소비자가 지불할 용의가 있는 최대가격과 실제 가격 간의 차이를 소비자잉여라고 한다.

같다고 하자. 유나는 커피가격이 5,000원이라면 주당 네 잔을 구입하고, 가격이 4,000원이라면 다섯 잔을 구입한다. 유나가 네 번째 잔에 5,000원을 지불할 용의가 있다는 사실은 그가 네 번째 잔에서 얻는 편익이 바로 5,000원이라는 것을 의미하며, 마찬가지로 다섯 번째 잔에 4,000원을 지불할 용의가 있다는 것은 다섯 번째 잔의 편익이 4,000원임을 의미한다. 이와 같이 소비자가 재화나 서비스를 한 단위 더 소비할 때 얻는 추가적인 편익을 **한계편익**(marginal benefit)이라 부른다. 따라서 유나의 커피 수요곡선은 곧 커피에 대한 **한계편익곡선**이다.

한계편익
- 소비자가 재화나 서비스를 한 단위 더 소비할 때 얻는 추가적인 편익
- 수요곡선 = 한계편익곡선

이제 커피의 시장가격이 4,000원이라고 하자. 이때 유나가 일주일 동안 구매한 커피 중 다섯 번째 잔에서 얻은 한계편익은 가격과 같지만, 다른 네 잔의 한계편익은 그가 지불한 가격보다 더 크다. 즉, 유나가 일주일 동안 구입한 커피 중 처음 네 잔에 대해 지불할 용의가 있는 최대의 가격보다 낮은 가격을 지불한 셈이다. 이처럼 소비자가 지불할 용의가 있는 최대가격과 실제 가격 간 차이의 합을 **소비자잉여**(consumer surplus)라고 한다.

소비자잉여 소비자가 지불할 용의가 있는 최대가격과 실제 가격 간 차이의 합

〈그림 2-8〉의 (b)는 커피의 시장수요를 보여준다. 여기서 가격이 4,000원일 때 수요량은 10,000잔이며, 이 시장에 참여한 소비자들 중 잔당 4,000원 이상을 지불할 용의가 있는 소비자들 모두가 구매를 통해 소비자잉여를 얻는다. 따라서 시장의 총 소비자잉여는 개별 소비자들이 커피 구입에서 얻은 소비자잉여를 더한 값이 된다. 일반적으로 수요곡선은 곧 소비자의 한계편익곡선이기 때문에 시장의 총 소비자잉여는 〈그림 2-8〉의 (b)에서 수요곡선과 시장가격선으로 이루어진 삼각형의 넓이와 같다.

소비자잉여의 크기
수요곡선과 시장가격선으로 이루어진 삼각형의 넓이

3.2.2 생산자잉여

상품의 공급곡선은 각 가격수준에서 기업들이 특정 상품을 얼마나 공급하려 하는지를 보여준다. 상품을 얼마나 공급할지는 그 상품의 생산비용에 달려 있다. 기업들은 상품의 가격이 상품을 한 단위 더 생산하는 데 드는 추가적인 생산비, 즉 **한계비용**(marginal cost)보다 높을 때에만 공급을 늘린다. 〈그림 2-9〉의 (a)에서 그린벅스(Greenbucks)가 커피가격이 4,000원일 때 100잔을 생산한다는 사실로부터 100번째 잔의 한계비용이 4,000원이라는 것을 알 수 있다. 또한 공급곡선에서 커피가격이 3,500원일 때 그린벅스는 90잔을 공급한다는 것도 알 수 있다. 즉, 90번째 잔의 한계비용은 3,500원이므로, 공급곡선은 곧 **한계비용곡선**을 나타낸다.

한계비용
- 상품을 한 단위 더 생산하는 데 드는 추가적인 생산비
- 공급곡선 = 한계비용곡선

그림 2-9

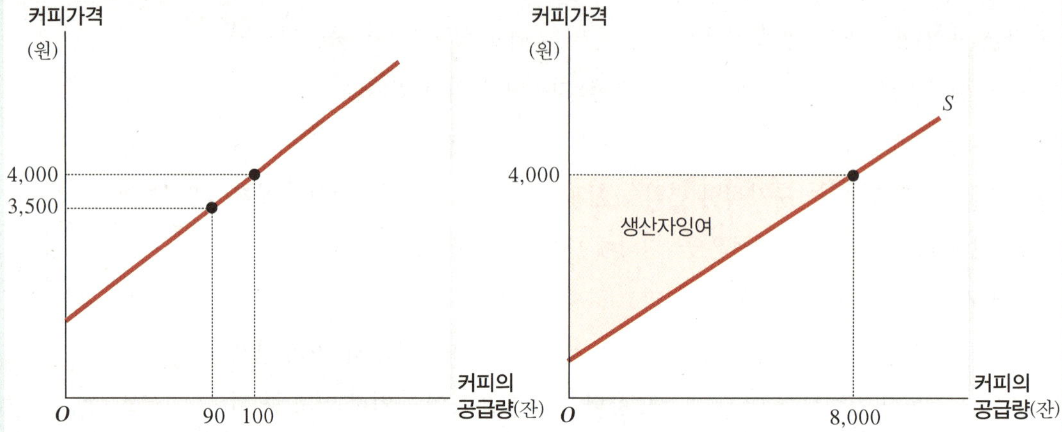

(a) 그린벅스의 공급곡선 (b) 커피시장의 생산자잉여

생산자잉여

커피의 시장가격이 4,000원이라고 하면 그린벅스는 90번째 잔을 수용할 수 있는 최저가격인 3,500원보다 500원 더 높은 가격에 판매하게 되는데, 바로 이 500원이 그린벅스가 생산한 90번째 잔의 생산자잉여이다. 즉, 생산자잉여는 기업이 수용할 수 있는 최저가격과 실제 가격 간의 차이를 말한다.

이 커피의 시장가격이 4,000원이라고 하면 그린벅스는 90번째 잔을 수용할 수 있는 최저가격인 3,500원보다 500원 더 높은 가격에 판매하게 되는데, 바로 이 500원이 그린벅스가 생산한 90번째 잔의 생산자잉여이다. 즉, **생산자잉여**(producer surplus)는 기업이 받아들일 수 있는 최저가격과 실제 가격 간 차이의 합을 말한다. 그린벅스의 경우 100번째 잔의 한계비용이 4,000원이고 가격도 4,000원이기 때문에 생산자잉여가 없다. 커피를 판매하는 생산자가 얻는 총 생산자잉여는 개별 생산자들이 커피 판매에서 얻은 생산자잉여를 더한 값이 된다. 일반적으로 공급곡선은 곧 생산자의 한계비용곡선이기 때문에 시장의 총 생산자잉여는 〈그림 2-9〉의 (b)에서 시장가격선과 공급곡선으로 이루어진 삼각형의 넓이와 같다.

생산자잉여의 크기
시장가격선과 공급곡선으로 이루어진 삼각형의 넓이

그림 2-10

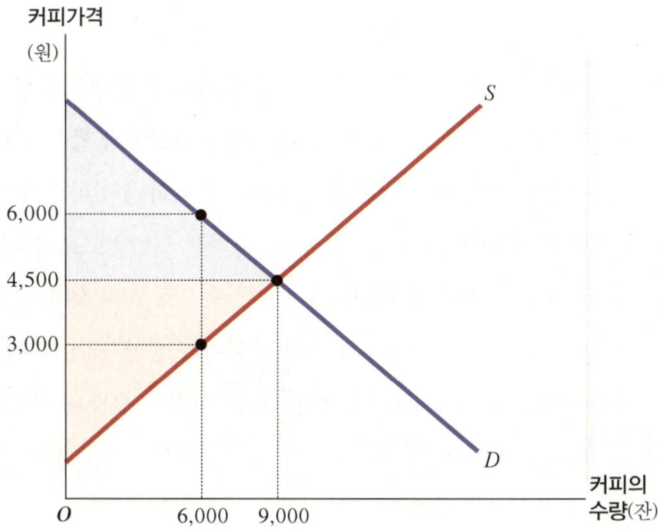

경쟁시장 균형의 효율성

실제 생산량이 경쟁시장 균형의 생산량(9,000잔)보다 작은 경우 커피를 더 생산해도 소비자들의 한계편익이 생산의 한계비용보다 더 크기 때문에 생산량을 늘림으로써 소비자와 생산자 모두 편익이 증가한다. 따라서 경쟁시장 균형은 한계편익과 한계비용이 같아지는 효율적인 생산량을 달성한다.

3.2.3 경쟁시장 균형의 효율성

〈그림 2-10〉은 앞서 〈그림 2-7〉에서 살펴본 커피시장의 균형을 나타낸다. 수요곡선은 소비자의 한계편익을 나타내고 공급곡선은 생산의 한계비용을 나타낸다. 이 시장에서 경제적 효율성을 달성하기 위해서는 마지막으로 판매된 상품의 한계편익이 그 상품의 한계비용과 일치해야 한다. 〈그림 2-10〉의 경쟁시장 균형에서는 일주일 동안 9,000잔의 커피가 거래되는데, 이때 한계편익과 한계비용이 각각 4,500원으로 동일하다.

이러한 경쟁시장 균형의 결과가 경제적으로 효율적인 이유는 무엇일까? 실제 생산량이 경쟁시장 균형의 생산량보다 작은 경우, 예를 들어 6,000잔이라고 가정해 보자. 〈그림 2-10〉에 의하면 이 생산량에서 6,000번째 판매된 커피의 한계편익은 6,000원인 반면, 한계비용은 3,000원밖에 되지 않는다. 이 경우 1,000잔 정도를 더 생산해도 소비자들이 얻는 한계편익이 생산에 드는 추가적인 비용보다 더 크기 때문에 현재 생산량 6,000잔은 경제적으로 비효율적이다. 소비자들은 추가로 생산된 커피를 구매할 용의가 있고 생산자들 또한 이를 공급할 유인이 있으므로 생산을 늘리면 소비자와 생산자 모두 편익이 증가한다. 같은 논리로 커피의 실제 생산량이 균형 생산량인 9,000잔보다 많은 경우에는 생산량을 줄임으로써 소비자와 생산자 모두 편익이 증가한다. 따라서 경쟁시장 균형은 한계편익과 한계비용이 같아지는 효율적인 생산량을 달성한다.

경제적 효율성
- 소비자잉여와 생산자잉여의 합인 순사회편익이 극대화
- 한계편익과 한계비용이 같아지는 경쟁시장의 균형에서 극대화

우리는 또한 〈그림 2-10〉의 경쟁시장 균형에서 재화나 서비스의 생산으로부터 사회가 얻을 수 있는 순편익, 즉 소비자잉여와 생산자잉여의 합이 극대화된다는 것을 확인할 수 있다. 경쟁시장 균형에서 벗어나면 재화나 서비스의 생산에 따른 순사회편익 또는 사회후생이 줄어들 것이다. 따라서 일반적으로 **경제적 효율성**(economic efficiency)이란 마지막으로 생산된 상품으로부터 소비자가 얻는 한계편익이 그 상품의 한계비용과 일치하고, 소비자잉여와 생산자잉여의 합인 순사회편익 또는 사회후생(social welfare)이 극대화되는 시장의 결과를 말한다.

경제학자와 아이디어

알프레드 마샬(Alfred Marshall, 1842~1924)

마샬은 19세기 말 경제학계에 나타난 신고전학파(Neo-Classical School)의 창시자로서 수학과 물리학을 공부한 이후 빈민을 돕기 위해 경제학을 시작하였다. 케인즈(John M. Keynes), 피구(Arthur Pigou)를 비롯하여 수많은 제자를 양성하였으며, 한계효용(marginal utility)과 가격 결정에 대한 연구는 현대경제학의 기초를 설립한 그의 대표적 업적이다. 이 밖에 경제학에 가장 보편적으로 사용되는 수요와 공급의 원리 및 그에 따른 상품가격 결정과정의 원리, 내부경제, 외부경제, 탄력성, 소비자잉여와 생산자잉여 등의 개념을 도입하였다. 이를 바탕으로 마샬은 당시까지만 해도 역사적·윤리적 관점에서 해석되던 경제학을 넘어서 보다 과학적이고 분석적인 경제학풍을 형성했다.

이와 같은 마샬의 학문적 업적들은 경제학 교과서인 『경제학원론』(*Principles of Economics*)의 출간으로 이어졌고, 오늘날까지도 세계적으로 가장 널리 알려진 교과서가 되었다. 마샬이 이처럼 고전경제학의 체제를 이해하기 쉽도록 정립하는 데 몰두한 이유는 경제학의 연구를 통해 대중의 빈곤을 극복하고 사회를 진보하게 하기 위해서였다.

한편 마샬은 이러한 목적을 달성할 수 있는 경제학자의 양성에 주력하였으며, 자신의 제자들에게 "차가운 이성과 뜨거운 가슴(cool heads but warm hearts)"을 지닌 경제학도가 될 것을 주문하였다. 마샬은 날카로운 지적(知的) 분석을 통해 신고전경제학의 체계를 확립하였으며, 또한 가난한 자들의 빈곤 극복을 위한 문제를 연구하기 위해 자신의 평생을 기울였다는 점에서 그 자신이야말로 "차가운 이성과 뜨거운 가슴"을 지닌 경제학자의 전형이라고 할 수 있다.

참고 : 한국은행 경제교육 홈페이지(http://www.bokeducation.or.kr).

4. 수요 · 공급이론의 적용

Principles of Microeconomics ch. two

우리는 지금까지 수요함수와 공급함수가 주어졌을 때 균형가격과 균형거래량은 수요곡선과 공급곡선이 교차하는 점에서 결정된다는 것을 보았다. 이제 수요와 공급이 변화하여 수요곡선과 공급곡선이 이동할 때 균형가격과 균형거래량이 어떻게 달라지는가를 살펴보자.

그러나 이러한 수요 · 공급이론이 현실세계에서 잘 적용되려면 다음 두 가지 가정이 필요하다. 첫째, 수요곡선 또는 공급곡선의 이동이 없는 한 현실의 시장가격은 항상 균형가격이거나 그에 가까운 수준에 머물러 있다. 둘째, 수요 및 공급을 결정하는 요인 중 가격을 제외한 다른 요인이 변화하여 균형가격이 변화한다면 현실세계의 시장가격은 매우 신속하게 새로운 균형가격으로 이동한다. 다시 말해서 우리가 현실적으로 균형가격을 관찰할 수는 없으나 특수한 사정이 없는 한 시장가격이 곧 균형가격이며, 또 양자가 일치하지 않는 경우에도 시장가격은 균형가격으로 신속하게 움직인다는 가정이다. 이런 가정을 전제로 현실에서 수요 · 공급이론이 어떻게 적용되는지를 알아보자.

수요 · 공급이론의 현실적 가정
- 수요 · 공급곡선의 이동이 없는 한 균형가격수준 유지
- 균형가격 변화 시 매우 신속하게 새로운 균형가격으로 이동

4.1 최고가격제도 : 분양가 상한제

2000년 들어 우리나라 아파트의 분양가는 눈에 띄게 증가하였다. 특히 매달 1 ~ 2% 이상의 상승폭을 보이며 인근에 있는 기존 아파트 값 상승을 초래해 부동산시장 전체의 불안으로 이어지는 경우가 많았다. 이에 따라 분양가를 규제하기 위해 실시한 정책이 분양가 상한제이다. 이는 재화들을 일정 가격 이상으로 팔 수 없게 하는 **최고가격제도**(price ceiling)의 하나로, 분양가를 국토교통부장관이 정하는 기본형 건축비 등으로 산정하는 제도이다. 쉽게 말해 정부가 일정 가격을 제시하면서 '이 가격보다 비싸게 분양가를 받지 말라' 고 정해 놓은 정책이다.

최고가격제도
- 재화를 일정 가격 이상으로 팔 수 없게 하는 제도
- 초과수요 발생

〈그림 2-11〉은 정부가 85m^2 면적의 아파트에 대하여 최고가격제도를 실시했을 경우의 효과를 나타낸 것이다. 우선 E점은 최고가격제도가 실시되기 이전의 균형가격과 균형거래량이 각각 4억 5천만원과 7만 채였음을 나타낸다. 만약 최고가격이 균형가격보다 높은 수준에 설정된다면, 균형가격 4억 5천만원은 여전히

그림 2-11

최고가격의 경제적 효과

어떤 재화들에 대해서는 일정 가격 이상으로는 팔 수 없게 하는 최고가격제도를 입법화하여 실시한다. 만약 민간아파트 시장에서 3억 9천만원에 최고가격제를 실시할 경우 3만(8만 − 5만) 채의 초과수요가 발생한다.

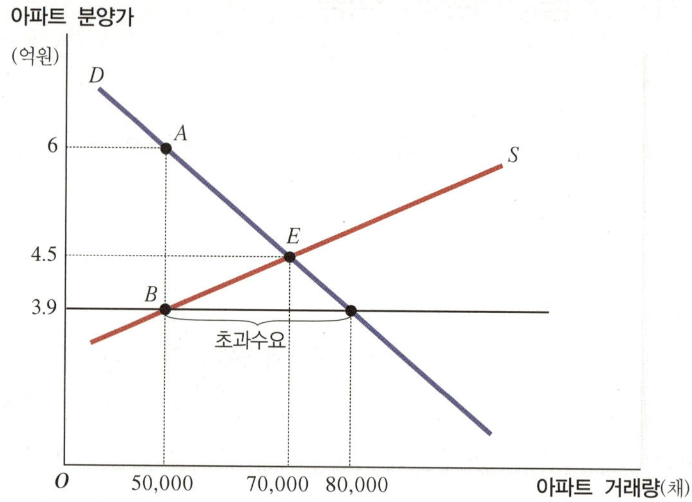

유지될 수 있기 때문에 시장균형에는 아무런 영향을 미치지 않는다. 그러나 최고가격이 균형가격보다 낮은 수준, 예를 들어 3억 9천만원에 설정된다면 균형가격은 유지될 수 없다. 이때 가격은 최고가격 수준으로 하락하며 수요량은 균형거래량보다 1만 채 더 증가할 것이다. 반면 최고가격 수준으로 가격을 억제할 때 공급량은 균형거래량보다 2만 채 감소할 것이다. 이에 따라 최고가격 3억 9천만원 수준에서는 3만 채의 초과수요가 발생한다. 즉, 가격을 균형가격보다 낮게 유지시키려고 하는 최고가격제도 하에서는 공급량(5만 채)이 소비자들이 구매하고자 하는 수요량(8만 채)을 충족시킬 만큼 충분하지 못하다. 부족한 공급량을 다수의 구매자들에게 배분하기 위해서는 가격이 상승해야만 하는데, 이것은 법으로 금지되어 있으므로 가격기구는 자원배분의 기능을 수행하지 못하게 된다. 따라서 가격 이외에 선착순, 판매자의 선호, 정부배급 등 다른 배분방법이 동원되어야 한다.

가격기구의 원활한 자원배분 기능 불가 시
- 선착순, 판매자의 선호, 정부 배급
- 암시장 형성 가능성이 매우 높음

그러나 최고가격제도 하에서는 정부가 어떤 정책을 실시하든 간에 암시장(black market)이 형성될 가능성이 높다. 당국의 통제 하에서도 이와 같은 암시장이 나타나는 이유는 무엇인가? 이는 정부에서 시장균형가격보다 낮은 분양가를 제시하면 초과수요가 발생해 수요자 입장에서는 좀더 돈을 주고라도 사려는 유인이 발생하기 때문이다. 정부에서 시장균형가격보다 낮은 분양가를 제시하면 아파트의 공급은 줄어들지만, 가격이 하락하였으므로 수요는 오히려 늘어나 그 차이

만큼 초과수요가 발생할 것이다. 따라서 소비자들은 웃돈을 주고서라도 자신이 원하는 아파트를 구입하려 하게 되고 그 과정에서 암시장이 형성된다. 더욱이 수요자들은 어느 정도가 균형가격인지 알 수 없기 때문에 이론적으로 시장가격을 초과해서 지불할 가능성이 높다.

그러면 〈그림 2-11〉에서 아파트 5만 채가 암시장에서 거래되는 경우를 분석해 보자. 아파트 5만 채가 모두 암시장에서 거래될 때 그 가격은 6억원이 되고, 소비자가 지불해야 하는 화폐액은 30조원(6억원 × 5만 채)이 된다. 이 중 10조 5천억원((6 - 3.9) 억원 × 5만 채)은 암시장 업자가 불법적으로 얻은 이익이고, 나머지 19조 5천억원((3.9 - 0) 억원 × 5만 채)은 생산자가 얻은 수입이다. 그러나 현실에서는 이와 같이 극단적인 경우는 발생하지 않는다. 부족한 재화 중 일부는 최고가격 3억 9천만원에서 매매되고, 또 다른 일부는 암시장 가격 6억원으로 매매되는 것이 일반적이다.

최고가격 실시로 인해 발생하는 암시장에 대한 경제적 평가는 정부당국의 정책목표가 어디에 있었는가에 따라 크게 달라질 것이다. 최고가격제도 실시의 주목표가 희소한 재화의 공평한 배분에 있었다면, 생산자 수준에서는 최고가격으로 판매되고 브로커 수준에서는 암시장 가격으로 판매되는 상황은 당초의 정책목표와 상반된다. 그러나 정책목표가 소비를 억제하는 데 있었다면, 전술한 상황은 상당한 효과를 달성한 것이다. 마지막으로 정책목표가 물가상승 억제에 있었다면 일부가 통제된 가격에서 거래되었다는 점에서는 성공이라고 할 수 있지만 그중 일부는 암시장 가격으로 판매된다는 점에서 실패라고 할 수 있다.

최고가격제도 하에서 암시장의 평가
- 공정한 자원배분 실패
- 소비 억제 목표 달성
- 물가상승 억제 실패 : 암시장 가격

4.2 최저가격제도 : 최저임금제

고용노동부 산하 최저임금위원회는 2020년도 최저임금을 시간당 8,590원으로 결정했다. 이때 최저임금이란 무슨 의미일까? 노동시장에서 노동의 수요와 공급에 의해 자유롭게 결정된 임금이 노동자의 생존임금(subsistence wage)이나 생활임금(living wage)에도 미치지 못하는 수준이라면 국가는 노동자의 생활안정과 노동력의 질적 향상을 보장해야 할 책임이 있다. 이를 위하여 정부가 노동자들이 받는 임금의 최저수준을 시장균형임금 이상의 일정 수준으로 보장하기 위해 특정 수준으로 정하는데, 이때 설정된 임금을 최저임금이라 부른다. 최저임금제는 특정 재화 및 서비스를 일정한 가격 이상으로 팔지 못하게 하는 최고가격제도의 반대인

생존임금 노동자가 자신의 노동능력을 보존하고 가족을 부양함으로써 노동력을 재생산할 수 있는 수준의 임금

생활임금 생존임금에 더해 자식들의 교육과 최소한의 문화수준을 누릴 수 있는 수준으로 상승한 임금

그림 **2-12**

최저임금법 시행의 효과

최저임금법이 시행될 경우 노동자의 임금은 7,000원에서 8,590원으로 종전에 비해 상승하지만, 그에 따라 노동의 초과공급이 발생하여 고용되기를 원하지만 고용되지 못하는 800만(2,800만 - 2,000만) 명의 잉여노동자(실업자)가 발생하게 된다.

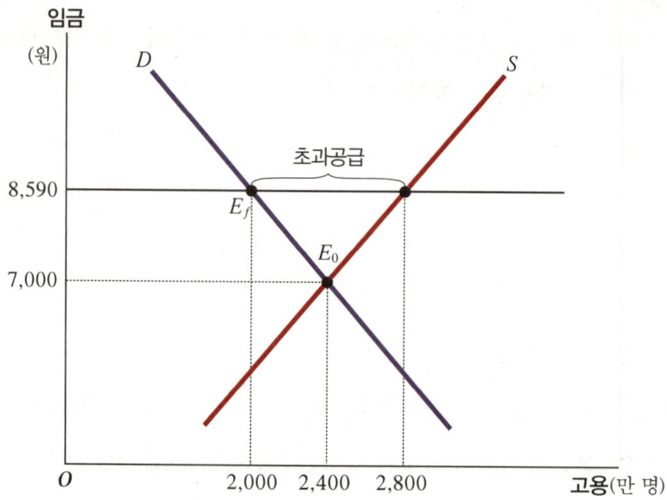

최저가격제도 특정 재화 및 서비스에 대해 일정한 가격 이하로는 판매할 수 없게 하는 제도

최저가격제도(price floor)의 좋은 사례이다.

일반적으로 최저가격제도는 재화보다 노동서비스에 대하여 실시되고 있다. 대부분의 국가들은 노동자들을 보호할 목적으로 임금을 적어도 얼마 이상으로는 지불해야 한다는 최저임금법을 입법화하여 시행한다.

최저임금법 노동자들을 보호할 목적으로 임금을 적어도 얼마 이상으로는 지불해야 함

그러면 이제 최저임금법이 시행될 경우, 그 효과를 〈그림 2-12〉로 분석해 보자. 그림에서 D는 노동에 대한 수요곡선을 나타내며, S는 노동의 공급곡선을 나타낸다. 이들 두 곡선은 E_0점에서 만나며, 자유로운 노동시장에서의 균형임금 및 균형고용량은 각각 7,000원 및 2,400만 명이 될 것이다. 정부가 최저임금 8,590원을 설정 · 적용하면 그 효과는 다음과 같다. 우선 노동자의 임금은 지금의 7,000원에서 바로 8,590원으로 상승한다. 그러나 이러한 임금의 상승은 고용주의 노동에 대한 수요를 400만 명 줄이는 반면, 노동자의 노동공급을 400만 명 늘릴 것이다. 따라서 새로운 균형점은 E_f가 되며, 고용되는 노동자의 수는 2,000만 명으로 감소한다. 그 결과 최저임금제도에서는 고용되기를 원하지만 고용되지 못하는 800만(2,800만 - 2,000만) 명의 잉여노동자(실업자)가 발생한다. 그리고 이들은 법정최저임금 이하의 임금을 받고도 고용될 용의가 있기 때문에 결국 최저임금이 적용되기 어려운 곳에서 직장을 구하게 될 것이다.

최저임금제의 효과

- 노동자의 임금 상승
- 실업자 발생 : 고용기회 감소

최저임금액 현황

현실에서 최저임금제는 또 다른 결과를 초래하기도 한다. 만일 노동자들의

생산성이 서로 차이를 보이고, 이런 차이가 고용주에게 관찰 가능하다면 고용주는 최저임금 8,590원에서 가능한 한 유능한 노동자를 고용하려 하므로 상대적으로 생산성이 낮은 노동자들은 직장을 잃게 된다. 이때 발생하는 실업자는 낮은 기능의 노동자로 구성되어 있기 때문에 저기능 · 저임금 노동자의 복지향상이라는 최저임금제도의 본래 목적과는 반대로 이들의 고용기회가 줄어들 수 있다.

4.3 과세와 조세부담의 귀착

수요 · 공급이론을 적용하여 경제현상을 분석하는 또 다른 사례로, 어떤 재화에 대해 판매세(sales tax) 또는 물품세(excise tax)가 부과되었을 때 그 세금을 결국 누가 부담하는가의 문제, 즉 **조세부담의 귀착**(tax incidence)에 대해 살펴보기로 하자.

조세부담의 귀착 조세가 부과될 때 결과적으로 누가 부담하는가의 문제

〈그림 2-13〉의 (a)에서 *D*와 *S*곡선은 판매세가 부과되기 전에 자동차 경유에 대한 수요곡선과 공급곡선이다. 이러한 *D*와 *S*곡선은 *E*점에서 교차했기 때문

그림 **2-13**

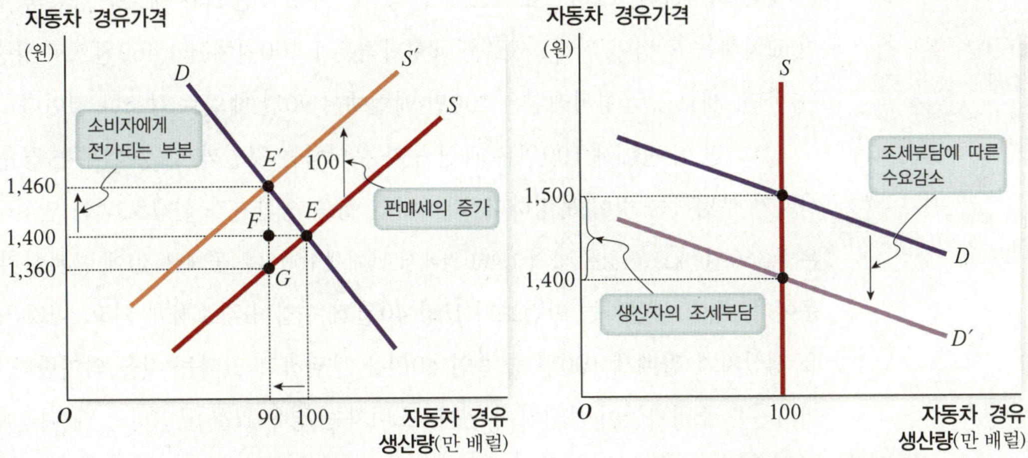

(a) 조세부담 배분

(b) 완전비탄력적 공급곡선

조세부담의 귀착

조세가 부과되었을 때 각 경제주체들이 자신의 경제활동을 조정한 결과 실질적인 조세부담이 각 경제주체들에게 귀속된 결과를 조세부담의 귀착이라고 한다. 이 자동차 경유시장의 경우 100원의 판매세가 부과된 결과 소비자가 그 중 $\frac{3}{5}$을, 그리고 나머지 $\frac{2}{5}$를 생산자가 부담하게 된다. 공급곡선이 완전비탄력적인 경우, 조세 전액을 생산자가 부담하게 된다.

에 조세가 부과되기 전 경유의 균형가격은 1,400원이며, 균형거래량은 100만 배럴이라는 것을 알 수 있다. 그런데 이제 정부가 경유의 판매에 대하여 1*l*당 100원씩의 판매세를 부과하였다고 하자. 이때 경유 생산자는 경유 1*l*를 소비자에게 판매할 때마다 100원의 판매세를 정부에 납부하여야 한다. 여기서 주의하여야 할 것은 세법상의 조세납부자인 생산자가 항상 그 세액 전체를 부담하는 것은 아니라는 점이다. 가격상승을 통하여 조세부담의 일부가 실질적으로 소비자에게 이전될 수도 있기 때문이다. 이와 같이 조세가 부과되었을 때 각 경제주체들이 자신의 경제활동을 조정하여 실질적인 조세부담의 일부 또는 전부를 타인에게 이전시키는 현상을 **조세부담의 전가**라 하고, 이러한 조정과정이 완료되어 실질적인 조세부담이 각 경제주체들에게 귀속된 결과를 조세부담의 귀착이라고 한다.

조세부담의 전가 조세가 부과되었을 때 각 경제주체들이 자신의 경제활동을 조정하여 실질적인 조세부담의 일부 또는 전부를 타인에게 이전시키는 현상

〈그림 2-13〉의 (a)에서 판매세가 부과되면 공급곡선이 위로 이동한다. 어떤 주어진 양(예를 들면, 경유 100만 배럴)을 생산자들이 출하하기 위해서는 전보다 높은 시장가격(즉, 생산자가 지불하지 않으면 안 되는 판매세 100원을 이전의 시장가격 1,400원에 부가시킨 1,500원)이 보장되어야 하기 때문이다. 즉, 공급곡선은 S곡선으로부터 100원씩 위쪽으로 평행이동한 S'곡선이 된다. 이것은 또한 생산자들이 판매세로 인하여 각 시장가격에서 경유를 전보다 더 적게 공급하려고 한다는 것을 의미한다. 그러므로 새로운 균형점은 수요곡선 D와 새로운 공급곡선 S'이 교차하는 E'점이 된다. 새로운 균형가격은 1,400원에서 1,460원으로 상승하는 반면, 새로운 균형거래량은 100만 배럴에서 90만 배럴로 감소할 것이다.

조세 부과의 결과
- 균형가격 상승, 균형거래량 감소
- 균형가격의 상승으로 세금 중 일부는 소비자가 부담
- 사회후생 감소

그러면 이 판매세 100원은 과연 누가 부담하는 것일까? 그중 일부는 경유 생산자가 부담하는 것이 분명하다. 왜냐하면 경유 생산자가 실제로 얻는 단위수입은 1,360원(새로운 경유 가격 1,460원에서 판매세 100원을 공제한 것)에 불과하기 때문이다. 경유 생산자는 이전보다 1*l*당 40원씩 수입이 감소하게 되고, 이것은 경유 생산자가 판매세 100원 중 $\frac{2}{5}$인 40원을 부담하고 있다는 것을 의미한다. 나머지 $\frac{3}{5}$은 소비자들이 부담하게 된다. 소비자는 경유 1*l*를 구입하는 데 이전에는 1,400원을 지불하면 되었으나, 이제는 1,460원을 지불해야 하므로 판매세 100원 가운데 $\frac{3}{5}$인 60원을 부담하게 된다.

요약하면 〈그림 2-13〉의 (a)에서 $E'G$(100원)만큼의 판매세가 부과되었을 때, 그중 $\frac{3}{5}$인 $E'F$(60원)는 소비자가 부담하는 몫이며 나머지 FG(40원)는 생산자가 부담하는 몫이 된다. 그런데 이 $E'F$와 FG 사이에는 일반적으로 다음과 같은 관계식이 성립한다.

그림 2-14

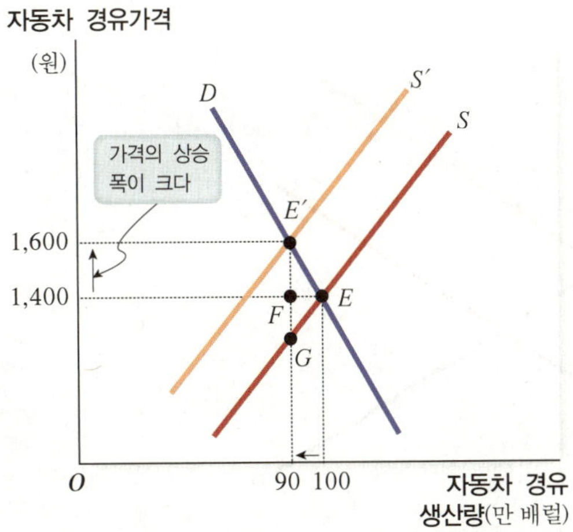

(a) 수요 · 공급곡선이 비탄력적인 경우

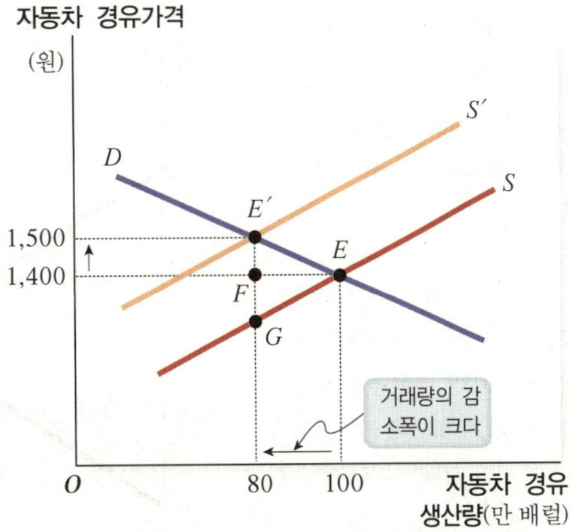

(b) 수요 · 공급곡선이 탄력적인 경우

조세의 부과가 균형가격과 균형거래량에 미치는 효과

(a)에서처럼 수요, 공급곡선이 모두 비탄력적인 경우에는 가격의 상승폭이 거래량의 감소폭보다 상대적으로 훨씬 더 크다. 반대로 (b)에서처럼 수요, 공급곡선이 모두 탄력적인 경우에는 거래량의 감소폭이 가격상승폭보다 상대적으로 훨씬 더 크다.

$$\frac{E'F}{FG} = \left| \frac{\text{공급의 탄력성}}{\text{수요의 탄력성}} \right|$$

따라서 〈그림 2-13〉의 (a)에서처럼 공급곡선이 수요곡선보다 상대적으로 더 완만하여 공급의 탄력성이 수요의 탄력성보다 더 큰 경우에 조세가 부과된다면 소비자 부담분($E'F$)이 생산자 부담분(FG)보다 더 클 것이다. 그러나 반대로 수요의 탄력성이 공급의 탄력성보다 큰 경우에는 생산자 부담분(FG)이 소비자 부담분($E'F$)보다 더 클 것이다. 이와 같이 조세가 부과될 경우 수요 및 공급의 탄력성 크기에 따라 생산자 및 소비자의 조세부담액이 결정된다. 극단적으로 〈그림 2-13〉의 (b)와 같이 공급곡선이 완전비탄력적인 경우, 조세 전액을 생산자가 부담하게 된다.

가격탄력성과 조세부담
가격에 대해 수요(공급)가 비탄력적일수록 소비자(생산자)의 조세부담이 증가

다음은 조세 부과에 따른 경유의 거래량과 가격변화에 대해 살펴보자. 경유에 조세가 부과될 경우 일반적으로 경유의 가격은 상승하고 거래량은 감소한다. 이때 가격의 상승폭과 거래량의 감소폭은 경유의 수요 및 공급의 탄력성과 밀접한 관계가 있다. 〈그림 2-14〉의 (a)에서처럼 수요 · 공급곡선이 모두 비탄력적인 경우에

그림 **2-15**

조세부담의 귀착과 자중손실

조세가 부과되기 이전의 사회적 총효용은 △*ACE*였으나 *E′F*만큼의 조세가 부담된 후에는 사회적 총효용이 □*AGFE′*가 되어 사회 전체적인 효용은 △*EE′F*만큼 감소하였다. 이 손실분을 자중손실이라고 하는데, 이 부분은 조세의 사회적 비용을 나타낸다.

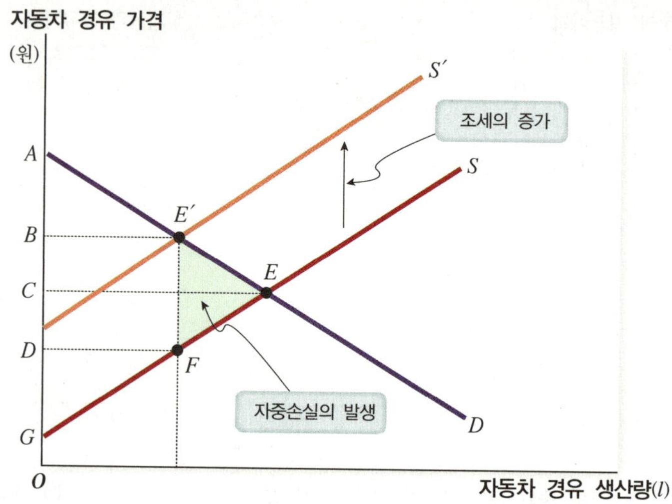

는 가격의 상승폭이 거래량의 감소폭보다 상대적으로 훨씬 더 클 것이다. 반대로 〈그림 2-14〉의 (b)에서처럼 수요·공급곡선이 모두 탄력적인 경우에는 거래량의 감소폭이 가격상승폭보다 상대적으로 훨씬 더 클 것이다.

조세 부과에 관한 또 하나의 중요한 사실은 조세의 부과가 조세의 전가뿐만 아니라 사회후생의 감소도 초래한다는 것이다. 사회후생은 소비자잉여와 생산자잉여(이윤)로 측정할 수 있는데, 이때 소비자잉여는 구매한 재화에 대해 소비자가 느끼는 가치와 그 재화에 대해 시장이 소비자에게 요구하는 가격 간의 차이에서 오는 순이득(net gain)이다. 〈그림 2-15〉에서 조세가 부과되기 이전의 소비자잉여는 △*ACE*였으나 *E′F*만큼의 조세가 부담된 후에는 소비자잉여가 △*ABE′*가 되어 □*BCEE′*만큼 감소하였다. 한편, 생산자잉여(이윤)는 생산자가 시장에서 실제로 받는 수입과 생산비와의 차이이다. 조세가 부과되기 이전의 생산자잉여는 △*CGE*였으나 조세가 부과된 후에는 △*DFG*가 되어 생산자잉여는 □*CDFE*만큼 감소하였다. 이때 생산자잉여와 소비자잉여의 감소분 중에서 □*BDFE′*는 정부의 조세수입으로, 사회 전체적으로 보면 부의 재분배라고 볼 수 있다. 따라서 사회 전체적으로 감소된 후생은 △*EE′F*이다. 이를 **자중손실**(deadweight loss) 또는 후생손실이라고 하는데, 이 부분이 조세의 사회적 비용을 나타낸다.

자중손실 조세 부과 등으로 감소된 사회후생

한 가지 주의할 점은 이번 절에서 다룬 예시는 세금의 부과가 경유시장에 미치는 영향만을 고려하고 있다는 사실이다. 그러나 경유시장에의 과세는 휘발유 시장, LPG시장 등 다른 여러 시장의 수요 · 공급에 영향을 미칠 수 있고 그러한 영향은 다시 경유시장에 영향을 줄 수 있다. 이러한 상호 영향을 고려하여 분석하는 것을 '일반균형분석(general equilibrium analysis)'이라 하고, 어느 한 시장만을 따로 떼어서 분석하는 것을 '부분균형분석(partial equilibrium analysis)'이라 한다. 즉, 동일한 세금 부과의 경우도 어떤 분석방법을 택하느냐에 따라 그 효과가 달라질 수 있음에 유의해야 한다.

일반균형분석 한 시장에서의 변화가 다른 시장에 미치는 상호 영향을 고려하는 분석

부분균형분석 한 시장만 따로 떼어서 분석

생활 과 경제학

선물과 후생손실

설, 추석과 같은 명절이나 가족, 친구 및 주변 지인들의 생일에 사람들의 고민거리는 '과연 선물을 받을 상대가 그 선물을 좋아할 것인가'이다. 경제학적으로 말한다면 '선물 받을 사람이 같은 가격대의 어떤 다른 선물보다도 자신이 준 선물에 더 만족할 것인가'라는 점을 고민하는 것이다. 이 질문을 충족시킬 수 있는 선물이 경제학적으로 최상의 선물이며, 이러한 선물을 주고받아야 경제적 효율성이 달성된다.

그러나 현실은 받은 선물에 대해 잘해야 100점 만점에 90점 정도를 준다고 한다. 예를 들어 민호는 여자친구인 수지로부터 10만원짜리 지갑을 선물로 받았다고 하자. 그런데 민호가 10만원짜리 구두가 더 필요한 상황이라면 선물을 받아 기쁘지만 지갑에 대해서 실제 가치보다 작은 9만원으로 평가할 수 있다는 얘기다. 이렇게 되면 민호는 같은 가격의 지갑을 선물 받을 때보다 1만원어치에 해당하는 만족(효용)이 줄어들게 되어 일종의 후생손실(deadweight loss)이 발생하고 경제적 효율성은 달성되지 않게 된다. 앞의 예를 사회 전체로 확대하여 사회 전체의 후생손실을 계산해 본다면 천문학적 수치가 나올 것이다.

이러한 후생손실은 상대가 무슨 선물을 원하는지 모를 경우 더욱 커질 가능성이 높다. 따라서 후생손실을 줄이려면 선물 받을 사람이 무엇을 원하는지 물어보는 것도 방법이 될 수 있다. 이보다 더 확실한 방법은 현금을 선물로 주어 스스로 필요한 것을 살 수 있도록 하는 것이다. 현금을 주는 것이 부담스럽다면 최근 발행규모가 더욱 커지고 있는 상품권을 선물하는 방법도 좋을 것이다. 실제 한 유통업체의 조사에서 가장 받고 싶은 선물은 상품권이었으며 그 다음이 현금으로 나타났는데, 이는 선물을 직접 사주는 것보다 경제적 관점에서 보면 합리적인 결과라 할 수 있겠다.

출처 : 한국은행 경제교육 홈페이지(http://www.bokeducation.or.kr).

요약 및 연습문제

1. 수요

수요란 소비자들이 단위 기간당 구매하려고 하는 의도를 나타내며 수요량은 그 의도된 양을 의미한다.

1.1 수요를 결정하는 요인 어떤 재화에 대한 수요의 결정요인은 그 재화의 시장가격, 다른 재화의 가격(대체재와 보완재), 소비자의 소득수준(열등재와 정상재), 소비자의 기호, 인구, 그리고 소득분포 등이다.

1.2 수요함수와 수요곡선 수요함수는 재화의 가격과 수요량 사이에 존재하는 함수관계로서, 각 가격수준에 소비자들이 매 기간 구매하려 하는 재화의 수량을 나타낸다. 이것은 그 재화의 가격 이외의 요인들은 불변이라는 가정을 전제하고 있다. 이러한 수요함수는 세로축에 가격을 표시하고 가로축에 수요량을 표시한 좌표평면에서 우하향하는 수요곡선으로 나타낼 수 있다. 이는 가격과 수요량 사이에 역의 관계가 있다는 수요의 법칙에 의한 것이다.

1.3 수요의 변화와 수요량의 변화 수요의 변화란 수요곡선 자체가 이동하는 것이며, 가격 이외에 불변이라고 가정했던 변수들이 변할 때 일어난다. 반면 수요량의 변화는 다른 조건이 일정하다는 가정 하에서 단지 해당 재화가격 변화에 따른 수요곡선 상에서의 움직임을 나타낸다.

1.4 수요의 탄력성 수요의 가격탄력성은 가격변화에 대한 수요량의 변화 정도를 나타낸다.

$$\text{가격탄력성} : e_p = -\frac{\text{수요량의 변화율}}{\text{가격의 변화율}} = -\frac{\Delta Q}{\Delta P} \times \frac{P}{Q}$$

가격탄력성은 수요곡선의 형태, 밀접한 대체재의 존재 유무, 그리고 그 재화에 대한 지출이 소득에서 차지하는 비중 등에 따라 달라진다. 한편 수요의 소득탄력성(e_y)은 소득의 변화에 대한 수요량 변화의 정도를, 수요의 교차탄력성(e_{xy})은 다른 재화의 가격이 변할 때 어떤 재화의 수요량의 변화 정도를 표시한다.

$$\text{소득탄력성} : e_y = \frac{\text{수요량의 변화율}}{\text{소득의 변화율}} = \frac{\Delta Q}{\Delta Y} \times \frac{Y}{Q}$$

$$\text{교차탄력성} : e_{xy} = \frac{X\text{재 수요량의 변화율}}{Y\text{재 가격의 변화율}} = \frac{\Delta Q_x}{\Delta P_y} \times \frac{P_y}{Q_x}$$

이때 $e_y > 0$이면 정상재이고 $e_y < 0$이면 열등재이며, $e_{xy} < 0$이면 보완재이고 $e_{xy} > 0$이면 대체재이다.

01. 일반적으로 수요곡선이 직선인 경우 수요곡선을 따라 우하방으로 갈수록 탄력성의 값은 점점 작아진다. 보다 구체적으로 수요곡선의 중간점에서는 탄력성이 1이고, 그 오른쪽에서는 1보다 작은 값을 갖는다. 그 이유를 설명하라.

02. 극장에서 환경보호를 주제로 한 애니메이션이 개봉되었다고 하자. 극장가에서는 어린이날을 맞이하여 애니메이션의 상영티켓 가격을 5,000원에서 3,000원으로 인하했는데, 그날 영화관 옆에서 판매하던 애니메이션 주인공이 그려진 티셔츠 판매가 1,000벌에서 2,000벌로 급증했다고 한다. 이 경우 교차탄력성의 값을 계산하고 두 재화의 관계를 설명하라.

03. 정부가 경기침체에 대해 경기부양정책을 내놓으려 한다고 하자. 그런데 정부는 단기적인 경기부양을 목적으로 할 뿐만 아니라 10년 정도의 미래 산업에 대한 전망을 갖고 있다. 정부가 소득탄력성이 큰 산업을 집중적으로 지원하는 것이 좋은지, 소득탄력성이 작은 산업을 지원하는 것이 좋은지 생각해 보라.

04. 커피의 가격이 4,000원에서 5,000원으로 오르자 수요량이 10,000잔에서 8,000잔으로 감소하였다. 이 커피의 가격탄력성을 계산할 때, 가격이 변하기 전을 기준으로 구한 값과 가격이 변한 후를 기준으로 구한 값이 서로 다르다는 문제점이 발생한다. 이러한 불일치의 문제를 해결할 수 있는 방법을 제시하라.

2. 공급

공급이란 단위 기간당 주어진 조건 하에서 생산자가 판매하고자 하는 의도를 나타내며 공급량은 그 의도된 양을 의미한다.

2.1 공급을 결정하는 요인 어떤 재화의 공급에 영향을 주는 요인으로는 그 재화의 시장가격, 다른 재화의 가격, 생산요소 가격, 기술수준, 그리고 기업의 목표 등이 있다.

2.2 공급함수와 공급곡선 공급함수는 그 재화의 가격과 공급량 사이에 존재하는 함수관계로서, 각 가격수준에 기업들이 매 기간 생산하는 재화의 수량을 나타낸다. 이것은 그 재화의 가격 이외의 요인들은 불변이라는 가정을 전제하고 있다. 가격이 상승할 때 공급은 증가하는 것이 일반적이므로 공급곡선은 대체로 우상향한다.

2.3 공급의 변화와 공급량의 변화 공급의 변화는 공급곡선 자체가 이동하는 것이며, 가격 이외에 불변이라고 가정했던 요인들의 변화에 기인한다. 공급량의 변화는 주어진 공급곡선 상에서의 움직임으로 그 재화가격의 변화에 대한 공급량의 변화이다.

2.4 공급의 탄력성 공급의 탄력성은 어떤 재화의 가격이 변할 때 그 재화의 공급량의 변화 정도를 나타낸다.

$$E_p = \frac{\text{공급량의 변화율}}{\text{가격의 변화율}} = \frac{\Delta Q}{\Delta P} \times \frac{P}{Q}$$

05. 다음 그림을 보고 물음에 답하라.

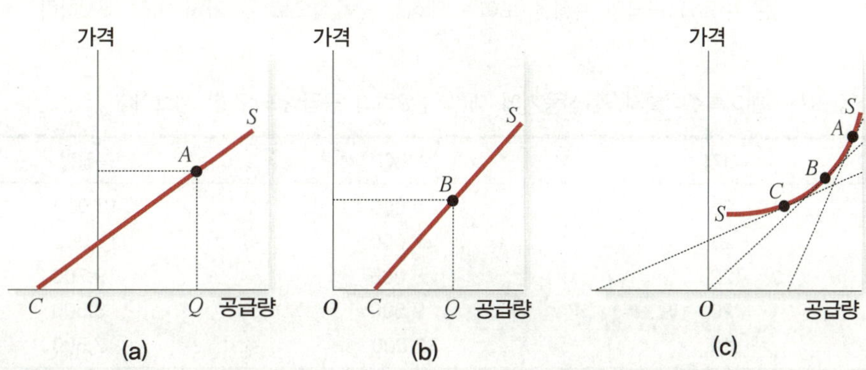

(1) 공급탄력성이 1보다 크거나 작은 경우는 위 그림 (a), (b) 중 각각 어디에 해당되는가? 그 이유는 무엇인가?

(2) (c)에서 각각의 점 A, B, C의 공급탄력성은 어떻게 되는지 설명하라.

(3) 한 기업이 상품의 가격을 올린 결과 그 기업의 총매출이 증가하였다. 이때 이 기업의 공급탄력성이 크다고 말할 수 있는가? 이유는 무엇인가?

3. 시장균형과 경제적 효율성

3.1 시장균형의 결정 어떤 재화나 서비스의 수요량과 공급량이 일치하여 초과수요나 초과공급이 없는 상태를 균형이라 하고, 균형 상태에서의 가격과 거래량을 각각 균형가격과 균형거래량이라고 한다.

3.2 시장균형의 경제적 효율성 소비자가 지불할 의사가 있는 최대가격과 실제 가격 간의 차이를 소비자잉여라고 하고, 기업이 수용할 수 있는 최저가격과 실제 가격 간의 차이를 생산자잉여라고 한다. 일반적으로 수요곡선이 소비자의 한계편익곡선이고, 공급곡선이 한계비용곡선이므로 소비자잉여는 수요곡선과 시장가격선으로, 생산자잉여는 시장가격선과 공급곡선으로 이루어진 삼각형의 넓이와 같다. 경제적 효율성이란 마지막으로 생산된 상품으로부터 소비자가 얻는 한계편익이 그 상품의 한계비용과 일치하고, 소비자잉여와 생산자잉여의 합인 순사회편익이 극대화되는 시장의 결과를 말한다. 경쟁시장에서의 균형거래량은 소비자잉여와 생산자잉여의 합이 극대화되는 수준이라는 점에서 효율적이다.

06. 어떤 시장의 수요곡선과 공급곡선이 다음과 같을 때 질문에 답하라.

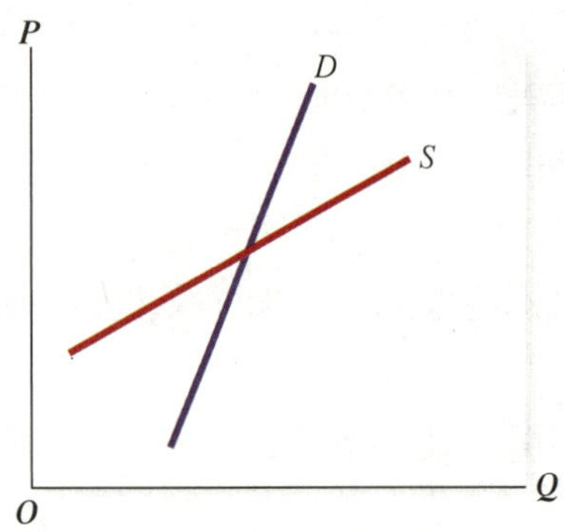

(1) 이 시장에서 수요의 법칙과 공급의 법칙이 성립하는지 설명하라.

(2) 이와 같은 수요와 공급의 특성을 보이는 대상을 구체적으로 두 가지 이상 제시하라.

07. 다음 표는 '한여름주식회사'의 선풍기에 대한 수요량과 공급량에 관한 정보이다.

가격	수요량	공급량
25	5,000	13,000
23	7,000	11,000
22	8,000	9,700
20	9,500	8,500
19	12,000	7,500

(1) 수요곡선과 공급곡선을 그리고 균형가격 및 균형거래량을 구하라.

(2) 균형가격에서 수요의 탄력성과 공급의 탄력성을 구하라.

08. 한 커피전문점 '다크커피'가 있다고 하자. 이 가게는 현재 수요곡선과 공급곡선이 만나는 균형점에서 커피를 판매하고 있다. 이때 커피의 균형점이 E에서 형성되어 있다고 하자. 이제 다음의 상황을 가정하고 커피의 균형가격과 판매량이 E로부터 어떻게 변할 것인지 수요 · 공급곡선의 이동을 통해 분석하라.

(1) 겨울이 되어 따뜻한 커피를 찾는 사람들이 늘어났다.

(2) 커피의 원료가 되는 원두를 재배하는 새로운 방법이 개발되어 평소보다 원두 수입가격이 절반으로 하락했다.

(3) 경기침체의 여파로 소비자들의 주머니 사정이 어려워졌다. (단, 커피는 정상재라고 가정한다.)

4. 수요 · 공급이론의 적용

4.1 최고가격제도 : 분양가 상한제 최고가격제도는 정부가 특정 재화에 대해 일정 가격 이상으로 팔 수 없게 하는 제도이다. 이때 부족한 공급량을 다수의 구매자에게 배분하기 위해서는 가격이 상승해야만 하는데, 이는 법으로 금지되어 있으므로 암시장 형성 가능성이 매우 높다.

4.2 최저가격제도 : 최저임금제 최저가격제도는 특정 재화에 대하여 일정 가격 이하로는 팔 수 없게 하는 제도이다. 이는 공정거래나 노동자의 최저생계비를 보장하기 위한 목적 등에 사용된다. 그러나 최저임금제의 경우 노동시장에서 초과공급이 발생하는데, 고용주는 유능한 노동자를 고용하려 하므로 상대적으로 생산성이 낮은 노동자들은 직장을 잃게 된다.

4.3 과세와 조세부담의 귀착 조세의 부과가 궁극적으로 누구에게 귀착되는가는 조세부담자의 가격탄력성에 달려 있다. 예를 들어 수요의 가격탄력성(e_p)이 공급의 가격탄력성(E_p)보다 작다면 소비자가 생산자에 비해 더 많은 조세부담을 지게 된다.

$$\frac{\text{수요자 부담}}{\text{공급자 부담}} = \left|\frac{\text{공급의 탄력성}}{\text{수요의 탄력성}}\right|$$

조세 부과 시 사회 전체적으로 후생이 감소하는 사회적 비용이 발생하는데, 이를 자중손실 또는 후생손실이라 부른다.

09. 두 개의 노동시장이 있다고 하자. 첫 번째 노동시장(a)은 최저임금제를 시행하기로 합의한 노동시장이며, 두 번째 노동시장(b)은 최저임금을 보장할 수 없다고 한 노동시장이다. 2013년 1월 1일자로 최저임금제도가 실시되었다면 두 시장 (a), (b)는 어떻게 변화할 것인지 분석하라.

10. 선진국과 후진국의 밀 시장이 수요 · 공급곡선에 의해 모두 균형가격이 300원이고 생산량이 120만 톤이라고 하자. 이때 선진국에서는 농산물가격 지지정책을 실시하여 370원에 농민이 언제든지 농산물을 매각할 수 있도록 하였다. 반면에 후진국에서는 낮은 공정가격을 적용하여 200원으로 밀

의 가격을 정하였다. 두 나라 밀 시장에서 일어날 현상에 대해 분석하라.

11. 정부가 한 재화에 일정액의 조세를 부과했을 때 재화의 수요곡선과 공급곡선이 모두 비탄력적인 경우와 모두 탄력적인 경우 각각 자중손실의 크기를 비교하라. 만약 두 경우 자중손실의 크기에 차이가 난다면 그 이유는 무엇인가?

응용문제

01. 1인당 국민소득이 2,000달러가 되면 참치 통조림이 잘 팔린다는 이론이 있다. 실제로 우리나라도 1980년대 올림픽을 전후로 국민소득이 2,000달러를 근접해 감에 따라 참치 통조림 시장이 확대되었고, 오늘날 널리 알려진 기업들이 성장하기 시작했다. 이와 같이 국민소득이 수요에 미치는 사례에는 또 무엇이 있는가?

02. 기업의 판매수입은 가격과 판매수량의 곱으로 계산할 수 있다. 이때 가격 변화와 판매수입의 관계는 수요의 가격탄력성에 따라 달라진다. 구체적으로 가격을 올릴 때 수요가 탄력적인 경우 판매수입은 감소하고, 단위탄력적일 때는 변화가 없으며, 비탄력적인 경우 판매수입이 증가한다. 이를 증명하라.

03. 생활필수품은 비교적 수요의 가격탄력성이 낮다고 한다. 생활필수품의 가격인상이 저소득계층에게 경제적인 어려움을 초래한다고 하는데, 그 이유는 무엇일까? 그렇다면 가격규제를 통해 생활필수품 가격인상을 억제하는 것이 합리적인 행위일 수 있는지에 대해 경제적 근거를 제시하여 설명하라.

04. 전체 인구에서 65세 이상 인구가 7%를 넘으면 고령화 사회, 14%를 넘으면 고령사회, 20%를 넘으면 초고령사회라 칭한다. 우리나라는 아직 고령화 사회에 머물고 있으나 급속도로 고령사회에 진입할 것으로 전망된다.

(1) 수요측면에서 급속한 고령화가 낳을 변화에 대해 서술하라.

(2) 공급측면에서 고령화는 어떤 영향을 끼칠 것인가?

05. 서울시와 SH공사는 중산층과 실수요자를 위한 신개념 주택으로 주변 전세시세의 80% 이하로 최장 20년까지 임대해서 내 집처럼 살 수 있는 중대형주택을 공급해 주고 있다. 다음 질문에 답하라.

(1) 주변 임대료 시세의 80% 이하로 주택을 임대해 주는 정책이 어떤 유형의 가격규제를 적용하고자 의도한 것인가? 이때 시장에서는 어떤 현상이 발생될 수 있는가?

(2) 정책당국의 완벽한 관리 하에 장기 시프트제도의 가격규제가 100% 적용되는 경우 소비자잉여와 생산자잉여의 변화를 시프트제도 이전과 이후로 나누어 비교 · 설명하라. 만약 정책당국의 시프트제도 관리가 소홀하게 된다면 소비자잉여와 생산자잉여는 어떻게 달라질까? 만약 부동산중개업자가 존재한다면 이러한 소비자잉여와 생산자잉여는 그대로 유지될 수 있을까?

(3) 장기시프트제도를 적용하지 않더라도 이 제도와 동일한 가격수준에서 주택을 이용할 수 있는 여건을 조성할 수 있는 방법이 있다. 수요와 공급 측면에서 이와 같은 효과를 기대할 수 있는 방안을 제시하라.

06. 음반시장에서 판매되는 한 음반에 대해 수요곡선과 공급곡선이 다음과 같이 설정되었다고 하자.

수요함수 : $P = -\frac{1}{2}Q_d + 12,000$

공급함수 : $P = Q_s$

수요곡선과 공급곡선을 이용하여 다음의 물음에 답하라.

(1) 시장경제에서 음반시장의 균형가격과 균형판매량을 구하라. 만약 음반시장의 수입을 확보하기 위해 정부에서 음반 한 장당 7,000원에 최저가격제를 설정했다면, 이 정책은 어떤 효과를 나타낼 것인가? 이는 9,000원에 최저가격제를 설정한 경우와 어떻게 다른가?

(2) 정부에서 음반 하나당 1,000원의 조세를 부과했다고 하자. 이때 정부가 얻을 수 있는 세금의 총액은 얼마나 될까?

(3) 정부가 걷어가는 세금 중 소비자에게 전가되는 금액과 생산자에게 전가되는 금액을 각각 구하고, 그 크기를 비교하라. 만약 소비자 측에 전가되는 금액과 생산자 측에 전가되는 금액에 차이가 난다면 왜 그러한지 설명하라.

(4) 조세 부과로 인한 자중손실의 크기를 구하라.

수요와 공급의 이론적 기초

Principles of **Micro**economics part two

Principles of **Micro**economics part two

우리는 제Ⅰ편(경제학 들어가기) 제2장(수요 · 공급과 시장균형)에서 시장의 수요곡선은 우하향하고 공급곡선은 우상향한다는 것을 배웠다. 일반적으로 개별 수요곡선은 주어진 재화 가격과 소득 하에서 자신의 만족을 극대화하려는 소비자 선택의 결과이며, 이러한 개별 소비자의 수요를 합한 것이 시장수요곡선이다. 이와 같은 소비자행위를 분석하기 위해서 한계효용과 무차별곡선이라는 개념이 도입된다.

공급곡선은 기업의 이윤극대화 결과이다. 그렇다고 해서 기업이 아무런 제약 없이 높은 가격을 설정하고 마음대로 산출량을 늘릴 수는 없다. 먼저 주어진 양의 생산요소를 투입할 때 얼마만큼의 생산이 가능한가와 관련된 기술적 제약이 존재한다. 이러한 기술적 제약은 생산함수의 특성으로 나타난다. 또한 일정량을 생산하기 위한 비용을 최소화해야 하는 경제적 제약도 존재한다. 경제적 제약은 비용함수의 형태를 결정한다. 마지막으로 기업이 특정한 수량을 생산할 때 어느 정도의 가격을 받을 수 있는지를 나타내는 시장제약이 존재한다. 시장제약은 해당 산업에 존재하는 기업의 수와 행태에 따라 결정된다. 즉, 기업의 이윤극대화 과정은 시장구조와 관련을 갖으며 이에 따라 기업의 공급곡선이 결정되는 것이다.

제Ⅱ편(수요와 공급의 이론적 기초)에서는 제3장(소비자이론과 수요곡선)에서 수요곡선이 우하향하는 원리를 소비자의 효용극대화 결과로 설명한다. 그리고 기업의 이윤극대화로부터 공급곡선을 도출하기 위해 먼저 제4장(기업의 생산기술과 생산비용)에서 기업의 생산함수와 비용함수를 살펴본다. 제5장(완전경쟁시장과 공급곡선)에서는 완전경쟁시장 하에서 공급곡선을 도출하고 경쟁기업의 장 · 단기 균형 및 그 효율성을 알아본다.

Preface

소비자이론과 수요곡선

Principles of **Micro**economics ch. three

03

BUY

이 장에서는 소비자의 효용극대화로부터 수요곡선을 도출하려고 한다. 이를 위해 다음과 같은 문제에 대해 논의해 보자.

- 소비자가 재화 소비로부터 얻는 만족감(효용)을 어떻게 나타낼 수 있는가?
- 소비자가 선택 가능한 재화의 조합은 어떻게 결정되는가?
- 소비자의 효용이 극대화되는 조건은 무엇인가?
- 재화 가격 변화에 따라 소비자의 선택은 어떻게 달라지는가?

1. 소비의 총효용과 한계효용

소비자는 한정된 소득으로 가능한 한 큰 만족을 누리려 한다. 이러한 만족의 정도를 효용이라는 척도로 잴 수 있다고 하자. 이때 어떤 소비자가 일정 기간 동안 일정량의 재화를 소비하였을 때 얻을 수 있는 만족감을 **총효용**(total utility)이라 한다.

총효용 어떤 소비자가 일정 기간 동안 일정량의 재화를 소비하였을 때 얻을 수 있는 만족감

소비량과 총효용 사이에는 일정한 함수관계가 존재하는데, 이것을 **효용함수**(utility function)라고 한다. 재화가 한 가지뿐이라고 가정하면 효용함수를 다음과 같이 나타낼 수 있다.

효용함수 소비량과 총효용 사이의 함수관계

$$U = f(X) \tag{3.1}$$

여기서 U는 총효용, X는 재화의 소비량을 나타낸다. 효용함수는 소비자의 기호 및 취향을 비롯하여 효용에 영향을 미치는 다른 모든 요인이 일정하다는 것을 전제로 한다. 만일 기호 및 취향이 변한다면 효용함수 자체의 형태가 변하게 된다.

일반적으로 재화의 소비량이 늘어나면 소비자가 얻는 총효용은 증가한다. 이때 다른 재화의 소비는 불변인 상태에서 한 재화의 1단위 추가적인 소비로 인한 총효용의 증가분을 **한계효용**(marginal utility ; MU)이라고 부른다. 예를 들어 커피의 소비량이 ΔX만큼 증가함에 따라 총효용이 ΔU만큼 증가했다면 커피의 한계효용 MU_X는 효용의 증가분 ΔU를 커피 소비량의 증가분 ΔX로 나누어 구할 수 있다.

한계효용 다른 재화의 소비는 불변인 상태에서 특정 재화 1단위의 추가적인 소비로 인한 총효용의 증가분

$$MU_X = \frac{\Delta U}{\Delta X} \qquad (3.2)$$

표 3-1

(1) 커피의 소비량(잔)	(2) 총효용	(3) 한계효용
0	0	–
1	5	5
2	9	4
3	12	3
4	14	2
5	15	1
6	15	0
7	14	–1

한계효용표
다른 재화의 소비는 불변인 상태에서 커피의 추가적인 소비로 인한 총효용의 증가분을 한계효용이라고 한다.

이제 한계효용이 어떻게 계산되며 어떤 특성을 갖는지 알아보자. [표 3-1]에는 유나의 가상적인 총효용이 표현되어 있다. 예를 들어 커피를 3잔 마실 때의 총효용은 12이다. 커피의 소비량을 한 잔씩 증가시켜 나갈 때 총효용의 변화는 [표 3-1]의 (2)열에 나타난 것과 같으며, (3)열은 한계효용을 계산한 것이다.* 이상의 사실은 〈그림 3-1〉과 같이 나타낼 수 있다. 〈그림 3-1〉의 (a)는 [표 3-1]에 표시된 총효용을 그대로 나타내고 있으며, 색칠한 부분이 바로 한계효용을 나타낸다. 그리고 색칠한 부분만을 따로 그리면 (b)와 같은 한계효용 히스토그램이 된다. 이때 소비량의 증가분을 아주 작게 줄인다면 총효용곡선과 한계효용곡선은 그림과 같은 매끄러운 곡선의 형태를 보일 것이다.

* 총효용이 줄어들어 한계효용이 음수가 되는 것은 커피를 너무 많이 마실 경우 건강이 나빠질 수 있기 때문으로 볼 수 있다.

위의 예에서처럼 어떤 재화의 소비량을 1단위씩 증가시킬 때 한계효용은 점차 감소하는 것이 일반적이다. 이는 재화의 소비량이 많아질수록 소비자가 추가 소비로부터 느끼게 되는 만족이 줄기 때문이다. 이와 같이 소비를 증가시킴에 따라 각 단위의 한계효용이 감소하는 것을 **한계효용체감의 법칙**(law of diminishing marginal utility)이라고 한다. 한계효용체감의 법칙은 일상생활에서 쉽게 발견할 수 있는 일반적인 현상이다.

한계효용체감의 법칙
소비를 증가시킴에 따라 각 단위의 한계효용은 감소

이제 앞의 [표 3-1]과 〈그림 3-1〉을 자세히 관찰해 보면, 총효용과 한계효용의 관계에 대해 다음과 같은 몇 가지 사실을 발견할 수 있다. 첫째, 어떤 재화

그림 3-1

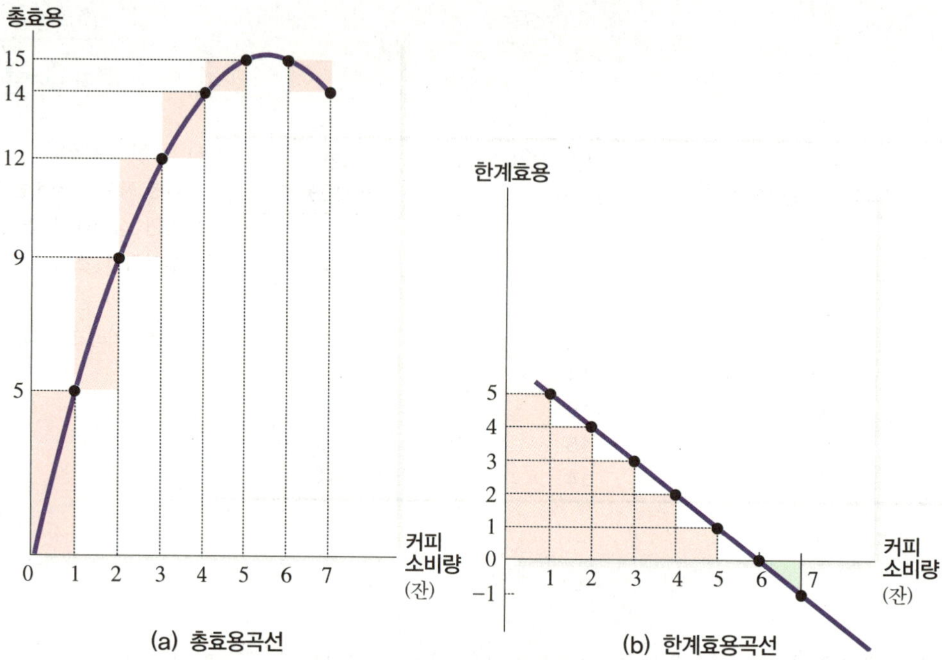

(a) 총효용곡선 (b) 한계효용곡선

총효용곡선과 한계효용곡선

(a)는 총효용을 나타내고 있는 곡선으로 색칠한 부분이 한계효용의 크기를 나타낸다. (b)는 한계효용만을 따로 나타낸 것으로 커피 소비량이 늘어날수록 한계효용은 점점 줄어드는 한계효용체감의 법칙이 성립한다.

총효용과 한계효용의 관계
- 한계효용표가 주어지면 이에 대응하는 총효용도 산출 가능
- 총효용이 극대가 될 때 한계효용은 0
- 총효용이 극대가 될 때까지 총효용은 증가하나 한계효용은 감소 : 한계효용체감

n단위를 소비할 때 얻는 총효용은 n단위까지의 한계효용을 누적해서 더한 것이다. 앞의 예에서 커피 3잔을 소비할 때 총효용은 12인데, 이것은 커피를 3잔 마실 때까지 의 한계효용의 합($5+4+3=12$)과 같다. 이와 같이 어떤 재화 n단위를 소비할 때 얻는 총효용은 그 재화의 소비를 한 단위씩 늘려가며 얻게 되는 한계효용의 합이므로 한계효용표가 주어지면 이에 대응하는 총효용표를 산출할 수 있다.

둘째, 총효용이 극대(위의 경우 15)가 될 때 한계효용은 0이 된다. 극대점에 이르기까지 총효용은 증가하나 한계효용은 감소한다. 앞의 표를 자세히 관찰하면 한계효용이 양의 수준에서 감소하는 동안 총효용은 증가하지만 그 증가분은 감소한다는 것을 발견할 수 있다. 다시 말해 총효용의 증가분, 즉 한계효용이 체감하다가 0이 되는 순간 총효용은 극대화되는 것이다.

생활과 경제학

뷔페식당과 한계효용체감의 법칙

한계효용체감의 법칙을 실생활에 응용한 예가 뷔페식당이다. 뷔페식당은 다양한 음식을 갖추어 놓고 일정한 식사비만 내면 얼마든지 먹게 한다. 어떻게 그런 무모한 마케팅 전략을 세울 수 있는가? 그것은 한 가지 믿는 구석이 있어서이니, 바로 한계효용체감의 법칙이다.

식당에서 손님에게 음식을 마음껏 먹게 하더라도 그 손님이 한없이 먹지는 않는다. 아무리 많이 먹는 사람이라도 한계효용이 점점 감소하다가 마침내 영(0)이 되면 더 이상 먹으려 하지 않는다. 한계효용이 영(0)이 되게 하는 음식량은 사람에 따라 다르겠지만, 식당 주인의 경험에 의해 어떤 평균량을 산출할 수 있을 것이다. 주인은 그 양을 기준으로 하고 거기에 적절한 이윤을 붙여 식사비를 정하여 운영하는 것이다. 뷔페식당은 한계효용체감 법칙의 산물이다.

우리 조상들도 한계효용체감의 법칙을 중요하게 생각했던 모양이다. 한계효용체감의 법칙을 나타내는 속담이 여럿이다. 그중에서도 "듣기 좋은 노래도 석 자리 반(半)이다"라는 속담이 대표적이다. 이 속담은 아무리 듣기 좋은 노래라도 계속 들으면 싫증이 난다는 것을 의미한다. 그 외에 "비지로 채운 배 고량진미 마다한다", "비짓국 잔뜩 먹은 배는 약과도 싫다고 한다", "배가 잔뜩 부르면 그것보다 더 맛있는 음식도 싫다고 한다", "듣기 좋은 이야기도 늘 들으면 싫다", "맛있는 음식도 늘 먹으면 싫다" 등의 속담이 모두 한계효용체감 현상을 나타내고 있다.

출처 : 광주드림, [속담 속의 경제학] 한계효용체감의 법칙, 2010. 3. 31.

2. 소비자의 선호와 무차별곡선

제1절에서는 소비자의 만족을 나타내는 효용이 측정 가능하다는 가정 하에서 총효용과 한계효용의 관계를 살펴보았다. 이러한 가정은 분석을 단순화하는 데에는 도움이 되지만 효용의 크기를 구체적인 숫자로 표현한다는 점에서 상당히 비현실적이다. 따라서 여기서는 소비자가 재화와 서비스의 여러 조합들에 대해 각각의 효용을 고려하여 순위를 매길 수 있다는 좀더 현실적인 가정을 사용하기로 한다. 즉, 소비자가 자신이 어떤 소비를 통해 얼마나 많은 효용을 얻을 수 있는지는 정확히 몰라도 커피 2잔과 녹차 1잔을 선호하는지, 아니면 커피 1잔과 녹차 2잔을 더 선호하는지 결정할 수 있다.

2.1 무차별곡선이란 무엇인가?

소비자는 주어진 소득으로 여러 가지 재화를 구입하고자 한다. 분석의 단순화를 위하여 소비자 유나가 매달 커피와 녹차 두 재화만을 소비한다고 가정하자. 이때 유나가 마실 수 있는 커피와 녹차 양의 조합은 무수히 많을 것이나, 그중 어떠한 조합을 선택할 것인가는 소비자 개인의 선호와 소득 및 각 재화의 가격에 의존한다.

커피와 녹차에 관한 무수히 많은 조합 중 다음과 같은 두 가지 조합에 대하여 살펴보도록 하자. 한 조합은 10잔의 커피와 18잔의 녹차로 구성된 *B*조합이고, 다른 조합은 15잔의 커피와 13잔의 녹차로 구성된 *C*조합이다. *C*조합은 *B*조합에 비하여 커피가 5잔 더 많은 반면 녹차는 5잔 적다.

이 경우 유나는 *B*조합과 *C*조합 중 어느 것을 선택할 것인가? 이에 대하여 다음의 세 가지 경우를 상정할 수 있다. 첫째, 만약 유나가 추가로 얻게 되는 커피 5잔의 가치를 녹차 5잔의 가치보다 더 높게 평가한다면 유나는 *B*조합 대신 *C*조합을 선택할 것이다. 이 경우 *C*조합이 *B*조합보다 더 **선호**(preference)된다고 한다. 둘째, 만약 유나가 잃게 되는 녹차 5잔의 가치를 커피 5잔의 가치보다 높게 평가한다면 유나는 *C*조합 대신 *B*조합을 선택할 것이다. 이 경우 *B*조합이 *C*조합보다 더 선호된다고 한다. 마지막으로 유나가 추가로 얻게 되는 커피 5잔의 가치를 녹차 5잔의 가치와 동일하게 평가한다면, *B*조합과 *C*조합이 유나에게 주는 만족이 동일하기 때문에 유나는 두 조합 중 어느 것을 선택하든 상관없다. 이 경우 *B*조합과 *C*조합은 **무차별하다**(indifferent)고 한다.

선호 주관적으로 더 높게 평가한다는 의미

무차별 주관적으로 동일하게 평가한다는 의미

이와 같이 *B*조합과 무차별한 조합은 *C*조합 이외에도 무수히 많은데 이 중에 몇 개를 더 열거하면 〈그림 3-2〉의 표와 같다. 표에서 *A*조합부터 *E*조합까지의 모든 조합들은 각각 유나에게 동일한 만족을 주는 커피와 녹차의 조합이다. 이러한 조합들을 그림으로 나타내면 〈그림 3-2〉의 각 점이 된다. 이와 같이 유나에게 동일한 효용을 주는 모든 조합들을 연결하면 〈그림 3-2〉의 *A*점부터 *E*점을 통과하는 부드러운 곡선이 된다. 이 곡선을 우리는 **무차별곡선**(indifference curve)이라고 한다. 다시 말하면 무차별곡선은 소비자에게 동일한 만족을 주는 커피와 녹차 조합들의 궤적이다.

무차별곡선 동일한 효용을 주는 모든 조합들의 궤적

한편 무차별곡선보다 오른편 위쪽에 있는 모든 점들은 유나에게 무차별곡선상의 점들보다 더 큰 만족을 준다. 예를 들어 20잔의 커피와 18잔의 녹차 조합을

그림 3-2

조합	커피(잔)	녹차(잔)
A	5	30
B	10	18
C	15	13
D	20	10
E	25	8

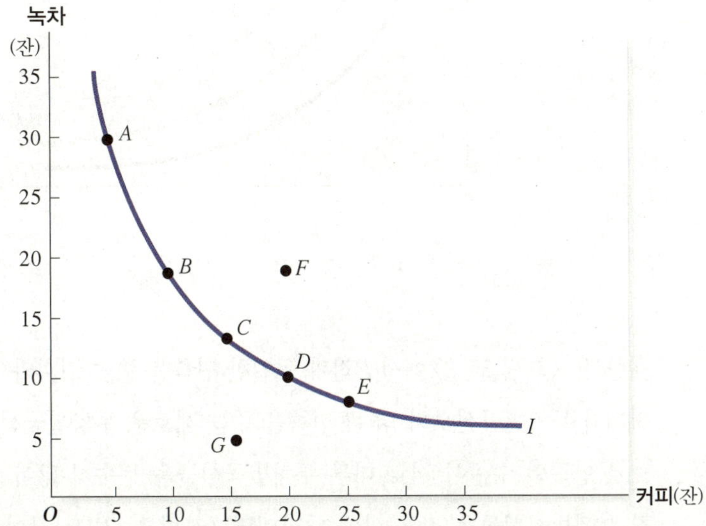

동일한 효용을 주는 커피 · 녹차의 조합과 무차별곡선

A, *B*, *C*, *D*, *E*점은 유나에게 동일한 효용을 주는 커피와 녹차의 조합이다. 소비자 유나가 동일한 만족을 느끼는 커피와 녹차의 조합을 부드러운 곡선의 궤적으로 나타내면 무차별곡선을 도출할 수 있다. 즉, *A*점부터 *E*점까지 유나가 느끼는 효용은 동일하다.

표시하는 *F*점은 무차별곡선 상의 *C*점(커피 15잔, 녹차 13잔)에 비하여 커피와 녹차의 소비량이 더 많기 때문에 추가적인 재화의 소비가 유나의 만족수준을 감소시키지 않는 한 분명히 *C*점보다 더 큰 만족을 준다. 그런데 무차별곡선 상의 모든 점은 정의상 모두 *C*점과 동일한 만족을 주기 때문에 *F*점은 무차별곡선 상의 모든 점에 비하여 더 큰 만족을 준다. 마찬가지 이유로 무차별곡선보다 왼편 아래쪽에 있는 모든 점(예를 들면 *G*점)들은 무차별곡선 상의 점들보다 유나에게 더 작은 만족을 준다.

이상에서 살펴본 무차별곡선은 하나만 존재하는 것이 아니라 무수히 많이 존

그림 3-3

무차별지도

무차별곡선의 집합인 무차별지도에서 원점으로부터 멀리 떨어진 무차별곡선일수록 소비자에게 더 큰 만족을 준다.

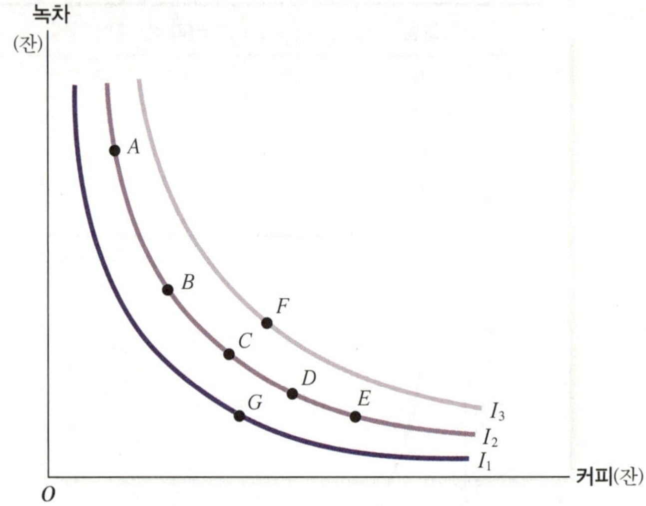

재한다. 〈그림 3-2〉에서 F점과 동일한 만족을 주는 커피와 녹차 조합의 궤적은 원래의 무차별곡선보다 더 큰 만족을 주는 새로운 무차별곡선이 된다. 같은 방법으로 만족의 수준이 서로 다른 무차별곡선들을 무수히 많이 그릴 수 있다. 그러한 무차별곡선들을 좌표 상에 나타내면 〈그림 3-3〉과 같이 된다. 이러한 무차별곡선의 집합을 **무차별지도**(indifference map)라고 한다. 그리고 무차별지도에서 원점으로부터 멀리 떨어진 무차별곡선일수록 소비자에게 더 큰 만족을 주는데, 이러한 만족의 크기를 나타내기 위하여 〈그림 3-3〉에서처럼 일련의 무차별곡선에 번호 혹은 지수를 매길 수도 있다. 이러한 지수는 각 무차별곡선이 표시하는 만족수준의 서열 혹은 소비자의 선호순서를 나타낸다. 다만, 이 지수는 만족 혹은 효용의 정확한 크기가 아니라 그 대소의 순서를 표시할 따름이다. 따라서 무차별곡선 I_2가 I_1보다 얼마다 더 큰 만족을 주느냐 하는 것은 의미가 없다. 단지 I_2가 I_1보다 더 큰 만족을 준다는 서수(ordinal)적 의미를 가질 뿐이다. 이렇듯 무차별곡선의 개념은 효용의 기수(cardinal)적 측정이 가능하다는 가정 대신에 효용의 서수적 비교가 가능하다는 보다 완화된 가정에 근거를 두고 있다.

무차별지도 무차별곡선의 무리

- **서수** 첫째, 둘째, 셋째 등과 같이 순서를 나타내는 수
- **기수** 1, 2, 3 등과 같이 양을 나타내는 수

2.2 무차별곡선의 성질

앞으로의 분석에서는 무차별곡선이 다음과 같은 세 가지 성질을 갖고 있다고 가정한다. 첫째, 무차별곡선은 우하향한다. 둘째, 무차별곡선은 원점에 대하여 볼록하다. 셋째, 서로 다른 무차별곡선은 교차하지 않는다. 이와 같은 각각의 가정이 어떤 의미를 가지는지 살펴보자.

2.2.1 무차별곡선은 우하향한다

무차별지도에서 오른편 위쪽은 더 큰 만족, 왼편 아래쪽은 더 작은 만족을 주기 때문에 동일한 만족을 주는 무차별곡선은 우하향

소비자가 선택하는 재화조합이 두 가지 종류의 재화(커피와 녹차)로 구성되어 있고 모두 소비자에게 유용한 것(양(+)의 효용을 주는 재화)이라고 하자. 〈그림 3-4〉에서 *A*, *B*, *C*의 세 가지 재화조합이 있을 때, *B*에는 두 가지의 재화가 모두 *A*보다 많이 들어 있다면 소비자는 *B*의 재화조합을 더 선호한다. 또 한 종류의 재화량은 *A*와 같고 다른 종류의 재화만이 더 많은 *C* 또는 *C*′도 결과는 마찬가지이다. 이는 재화 소비량이 많을수록 효용수준이 증가한다는 소비자 **선호의 단조성**(monotonicity)을 의미한다.

그림 3-4

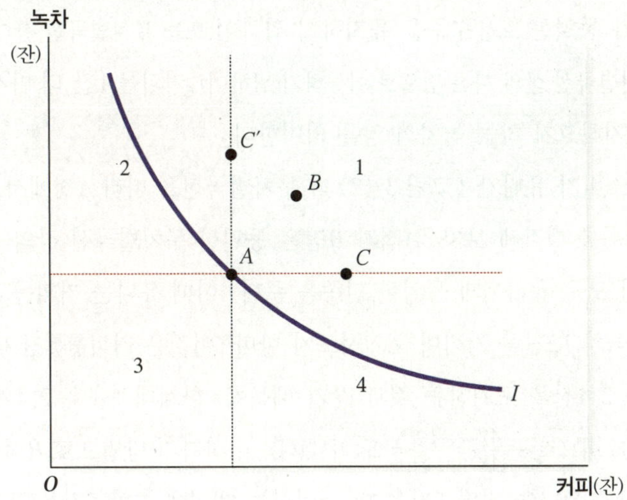

무차별곡선은 우하향한다

일정한 효용을 주는 상품조합 *A*점을 기준으로 할 때, *A*점을 지나는 무차별곡선은 *A*점의 2사분면과 4사분면의 점들만을 포함한다. 따라서 일반적으로 무차별곡선은 우하향하는 형태를 지닌다.

따라서 〈그림 3-4〉에서와 같이 A점을 중심으로 사분면을 그렸을 때, 1사분면에 해당하는 점들(경계 포함)은 A보다 선호되는 점들이므로 재화조합 A와 동일한 무차별곡선 상에 있을 수 없다. 또 3사분면에 해당되는 재화조합(경계 포함)은 최소한 한 가지 이상의 재화를 A보다 적게 포함하고 있으므로 A보다 덜 선호되기 때문에 A와 동일한 무차별곡선 위에 있을 수 없다. 이렇게 보면 A와 무차별한 조합으로 이루어지는 무차별곡선은 〈그림 3-4〉에서의 I처럼 A를 중심으로 보았을 때, 2사분면과 4사분면을 지나 우하향하는 모습을 띨 수밖에 없다. 요컨대 소비자 선택의 대상이 되는 상품들이 모두 소비자에게 유용한 것이라면 무차별곡선은 우하향하게 된다.

한 재화가 유용한 반면 다른 재화는 쓰레기나 매연처럼 소비자에게 유해한 재화일 경우 우상향하는 무차별곡선을 도출할 수 있다.

2.2.2 무차별곡선은 원점에 대해서 볼록하다

한계대체율
- 소비자가 동일한 만족을 유지하기 위하여 재화 1단위를 소비하는 대가로 포기할 수 있는 다른 재화의 양
- 재화의 주관적 교환 비율

무차별곡선이 원점에 대하여 볼록하다는 것은 **한계대체율**(marginal rate of substitution)이 체감한다는 것을 의미한다. 그러면 한계대체율이란 무엇인가? 우하향하는 무차별곡선을 갖는 소비자는 녹차를 덜 마시는 대신에 커피를 조금 더 소비함으로써 종전과 동일한 효용수준을 유지할 수가 있다. 이때 녹차 소비량의 감소분(ΔY)을 커피 소비량의 증가분(ΔX)으로 나눈 비율$\left(-\frac{\Delta Y}{\Delta X}\right)$을 우리는 '녹차 소비량으로 표시한 커피의 한계대체율(이하에서는 MRS)'이라고 한다. 여기서 (−) 기호가 첨가된 것은 한계대체율의 값을 양수로 만들기 위해서이다. 즉, 한계대체율이란 소비자가 동일한 효용수준을 유지하기 위하여(또는 무차별곡선 상의 한 점에서 동일한 무차별곡선 상의 다른 점으로 이동하기 위하여) 커피를 1잔 더 마시는 대가로 기꺼이 포기하고자 하는 녹차의 양을 의미한다.

예를 들어 소비자 유나가 〈그림 3-2〉의 무차별곡선을 따라 A점에서 B점으로 이동하는 경우를 생각해 보자. A점과 B점은 동일한 무차별곡선 상의 점들이기 때문에 두 점 모두 유나에게 동일한 만족을 준다. 이때 유나는 커피를 5잔 더 마시기 위하여 녹차 12잔을 기꺼이 포기하고자 한다. 이것은 커피를 1잔 더 마시기 위하여 녹차 2.4잔을 포기하는 것과 같기 때문에, 한계대체율은 2.4가 된다($\Delta X = 5$, $\Delta Y = -12$이므로 $-\frac{\Delta Y}{\Delta X} = \frac{12}{5} = 2.4$가 된다). 마찬가지 방법으로 B점에서 C점으로 이동할 때, 유나는 커피 5잔을 더 소비하는 대신에 녹차 5잔을 포기하고자 하므로 한계대체율은 1이 된다($\Delta X = 5$, $\Delta Y = -5$이므로 $-\frac{\Delta Y}{\Delta X} = \frac{5}{5} = 1$이 된다). [표 3-2]는 이러한 방법으로 각 구간의 한계대체율을 계산한 것으로서 커피 소비

량을 증가시킴에 따라 녹차 소비량으로 표시한 커피의 한계대체율이 체감하는 것을 알 수 있다.

표 3-2

이동	(1) 녹차의 증감분 (ΔY)	(2) 커피의 증감분 (ΔX)	(3) 한계대체율 $\left(-\frac{\Delta Y}{\Delta X}\right)$
A에서 B로의 이동	−12	5	2.4
B에서 C로의 이동	−5	5	1.0
C에서 D로의 이동	−3	5	0.6
D에서 E로의 이동	−2	5	0.4

소비자에게 동일한 효용을 주는 커피와 녹차의 조합
동일한 효용을 유지하면서 커피 5잔을 더 소비하기 위해서 포기해야 하는 녹차의 양을 한계대체율로 나타낼 수 있다.

이제 커피 소비량을 증가시킴에 따라 녹차 소비량으로 표시한 커피의 한계대체율이 체감한다는 의미를 살펴보자. 유나가 〈그림 3-2〉의 A조합에서와 같이 녹차는 많이 소비하고 있는 반면 커피는 덜 마시고 있다고 하자. 이때 유나는 상대적으로 소비량이 적은 커피를 더 마시려고 할 것이다. 즉, 유나에게 보다 중요한 커피를 5잔 마시는 대가로 덜 중요한 녹차를 비교적 많이(12잔) 포기하려 한다. 그러나 B조합에서는 A조합보다 커피의 소비량이 증가하였으므로 커피 소비는 상대적으로 덜 중요해지고 녹차의 소비량은 감소했으므로 녹차의 상대적 중요성은 커진다. 그러므로 커피 5잔을 더 마시기 위해 이전과 같은 양(12잔)의 녹차를 포기하지는 않는다. 따라서 〈그림 3-2〉의 B조합에서는 커피 5잔을 더 소비하기 위해 녹차를 5잔밖에 포기하지 않는다.

이와 같이 어떤 재화의 소비량이 많아질수록 다른 재화에 대한 해당 재화의 상대적 중요성이 감소하는, 즉 재화의 한계대체율이 체감하는 것이 일반적이다. 이를 **한계대체율체감의 법칙**(law of diminishing marginal rate of substitution)이라고 한다. 결국 〈그림 3-2〉에서처럼 무차별곡선이 원점에 대하여 볼록한 것은 한계대체율이 체감한다는 가정 때문이다.

한계대체율체감의 법칙
재화의 소비량이 증가할 경우 그 재화의 중요성이 상대적으로 감소한다는 것

그림 3-5

무차별곡선은 서로 교차하지 않는다

A점과 B점은 서로 다른 무차별곡선 상에 있으므로 두 조합에서 느끼는 유나의 만족수준은 서로 다르다. 따라서 임의의 C점은 A점을 지나는 무차별곡선과 B점을 지나는 무차별곡선 상에 동시에 존재할 수 없다.

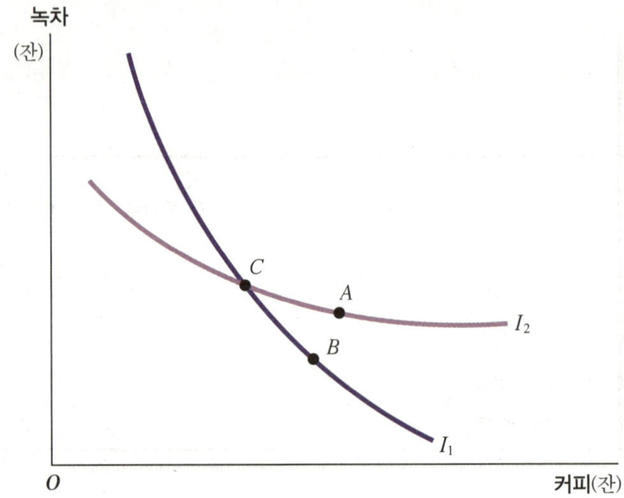

2.2.3 무차별곡선은 교차하지 않는다

무차별곡선이 교차한다면 서로 다른 효용을 주는 재화조합이 같은 만족감을 준다는 것을 의미하기 때문에 모순

무차별곡선이 교차할 수 없는 것은 두 개의 서로 다른 무차별곡선이 교차하는 경우에 모순이 발생하기 때문이다. 〈그림 3-5〉에 의하면 점 A와 점 B는 각각 다른 무차별곡선 상에 있으므로 각 점에서 유나의 효용수준은 다르다. 그러나 점 A와 점 C는 동일한 무차별곡선 상에 있으므로 유나의 효용수준은 두 점에서 동일하다. 마찬가지로 점 B와 점 C에 대해서도 소비자는 동일한 만족을 느낀다. 따라서 점 A와 점 B에서의 효용수준은 동일해야 한다. 그러나 점 A와 점 B는 다른 무차별곡선 상의 점이므로 두 점에서의 효용수준이 다르다는 모순이 발생한다. 따라서 무차별곡선은 교차할 수 없다.

3. 예산선

지금까지 우리는 소비자의 주관적 선호를 나타내는 무차별곡선에 대하여 살펴보았다. 이제 소비자의 선택에 대한 객관적 제약조건으로서 재화의 가격과 소득에 의해 결정되는 예산선 또는 가격선에 대하여 살펴보도록 하자.

3.1 예산선이란 무엇인가?

X재 가격, Y재 가격 및 소비자의 소득이 일정하게 주어져 있다고 하자. 이때 소비자가 소득의 전부를 X재와 Y재를 구입하는 데만 지출하는 경우 다음과 같은 조건식이 성립한다.

$$M = P_X \cdot X + P_Y \cdot Y \tag{3.3}$$

여기서 M은 소비자의 소득, P_X는 X재 가격, P_Y는 Y재 가격, X는 X재 구입량, Y는 Y재 구입량을 나타낸다.

그런데 위의 가정에 의하면 M, P_X 및 P_Y는 일정하게 주어졌기 때문에 식 (3.3)은 미지수 X와 Y에 대한 일차방정식이다. 식 (3.3)을 Y에 대하여 표현하면 다음과 같다.

$$Y = \frac{M}{P_Y} - \frac{P_X}{P_Y} \cdot X \tag{3.4}$$

식 (3.4)는 X재 가격(P_X) 및 Y재 가격(P_Y)이 주어진 경우에 소비자가 일정 소득 M으로 구입할 수 있는 X재 양과 Y재 양의 관계를 나타낸다.

예를 들어 X재를 커피라고 하고, Y재를 녹차라고 하자. 그리고 커피 1잔의 가격(P_X)이 4천원, 녹차 1잔 가격(P_Y)이 2천원, 그리고 소비자 유나의 소득(M)이 12만원이라고 가정하자. 그러면 식 (3.4)는 다음과 같은 구체적인 수식으로 나타난다.

$$Y = \frac{12}{0.2} - \frac{0.4}{0.2} X = 60 - 2X \tag{3.5}$$

식 (3.5)는 커피 1잔 가격이 4천원, 녹차 1잔 가격이 2천원으로 주어진 경우에 유나가 12만원의 소득으로 구입할 수 있는 커피의 수량(X)과 녹차의 수량(Y) 사이의 관계를 나타낸다. 이 식에서 우리는 12만원의 소득으로 구입할 수 있는 커피의 수량과 녹차의 수량 조합을 구할 수 있는데, 그중 대표적인 몇 가지를 예

그림 3-6

커피(잔)	녹차(잔)
0	60
10	40
20	20
30	0

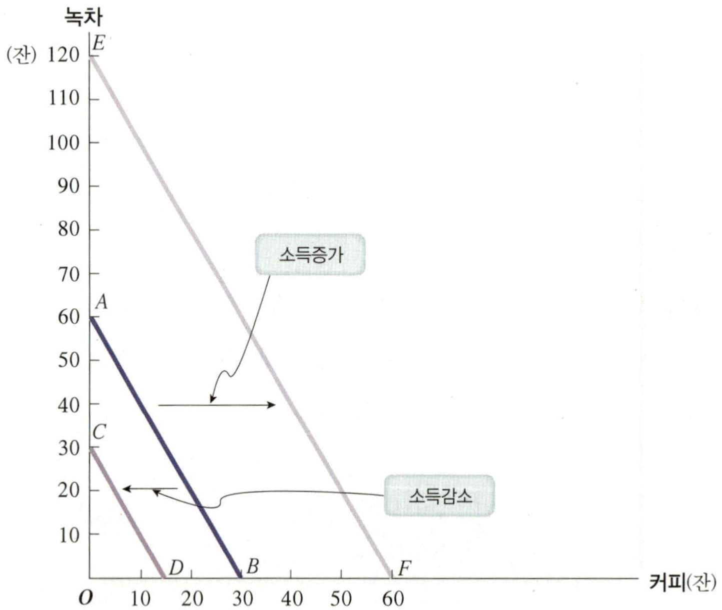

예산선과 예산선의 평행이동

예산선 $\overline{AB}$는 P_X = 4천원, P_Y = 2천원일 때 소득 12만원으로 구입할 수 있는 커피와 녹차 수량의 조합을 나타낸다. 이와 같이 예산선이란 주어진 가격에서 일정 소득으로 살 수 있는 두 재화의 조합들로 이루어진 직선이다. 이 때 예산선의 기울기는 두 재화의 상대가격으로서 녹차 수량으로 표시한 커피의 기회비용, 즉 커피의 가치를 녹차의 단위로 표시한 시장교환비율이다. 소득이 증가하거나 감소할 경우 예산선은 $\overline{EF}$나 $\overline{CD}$와 같이 평행이동하게 된다.

시하면 〈그림 3-6〉의 표와 같다. 물론 이러한 조합은 이 표의 것들 이외에도 무수히 많이 존재한다.

이렇게 무수히 많은 조합을 좌표평면에 나타내면 〈그림 3-6〉의 직선 $\overline{AB}$가 된다. 이 직선 $\overline{AB}$를 **예산선**(budget line) 혹은 **가격선**(price line)이라고 한다. 예산선이란 주어진 가격에서 일정 소득으로 살 수 있는 두 재화의 조합들로 이루어진 직선이다.

예산선 또는 가격선 주어진 가격에서 일정 소득으로 살 수 있는 두 재화의 조합

〈그림 3-6〉에서 절편 OA는 커피 구입량이 0일 때의 녹차 구입량을 표시한 것으로, 녹차 구입에만 소득을 지출한 경우에 얻을 수 있는 녹차의 수량을 표시한다. 앞의 경우 소득이 12만원이고 녹차 가격이 1잔에 2천원이므로 OA는 녹차 60잔$\left(\frac{M}{P_Y} = \frac{12}{0.2} = 60\right)$과 같다. 또한 절편 OA는 명목소득(nominal income) M을 녹차의 수량으로 환산한 것이기 때문에 녹차로 표시한 소비자의 실질소득(real income)을 의미한다. 마찬가지로 OB는 소득 전부로 구입할 수 있는 커피의 수량$\left(\frac{M}{P_X} = \frac{12}{0.4} = 30\right)$이면서 동시에 커피로 표시한 소비자의 실질소득이다.

예산선의 X절편은 X재로 표시한 소비자의 실질소득이고, Y절편은 Y재로 표시한 소비자의 실질소득

마지막으로 예산선의 기울기는 무엇을 의미하는지 생각해 보자. 예산선 기울기의 절대치 $\left|\frac{P_X}{P_Y}\right|$는 두 재화의 가격비율이다. 앞의 예에서 $P_X = 4$천원, $P_Y = 2$천원이므로 〈그림 3-6〉에서 예산선 기울기의 절대값은 2가 된다. 이러한 예산선의 기울기는 두 재화의 상대가격으로서 '녹차의 수량으로 표시한 커피의 기회비용', 즉 커피의 가치를 녹차의 단위로 표시한 시장교환비율이다. 예를 들어 〈그림 3-6〉의 A점(커피 0잔, 녹차 60잔)에서 소비자가 커피를 1잔 마시려 한다고 하자. 그렇게 하기 위해서는 지금까지 녹차 구입에만 사용된 소득 중에 4천원을 커피 구입에 사용해야 하므로 녹차의 구매량은 두 잔 감소한다. 소비자가 커피 1잔을 마시기 위해서는 반드시 녹차 2잔을 포기해야 하는 것이다. 이때 포기되는 녹차 2잔이 커피의 기회비용이다. 이와 같이 예산선 기울기의 절대값은 기회비용을 나타내기 때문에 예산선을 **기회비용곡선**(opportunity cost curve)이라고도 한다.

예산선의 기울기는 두 재화의 상대가격으로 두 재화의 객관적인 교환비율

예산선 = 기회비용곡선

3.2 예산선의 이동 : 평행이동과 회전이동

예산선은 주어진 소비자의 소득, 커피 및 녹차 가격이 변함에 따라 이동한다. 먼저 소비자 유나의 소득이 변하는 경우를 살펴보자. 〈그림 3-6〉에서 두 재화의 가격은 전과 동일한데 유나의 소득이 12만원에서 6만원으로 줄었다고 하자. 6만원의 소득으로 녹차만 구입한다면 그 양은 30잔(OC)이 되고, 또 커피만 구입한다면 그 양은 15잔(OD)이 된다. 그러므로 유나가 6만원의 소득으로 살 수 있는 두 재화의 조합을 나타내는 예산선은 $\overline{CD}$가 된다. 두 재화의 가격은 바뀌지 않았으므로 예산선 $\overline{CD}$는 예산선 $\overline{AB}$와 평행하다. 이와 반대로 유나의 소득이 12만원에서 18만원으로 증가하면 예산선은 우측으로 평행이동한다.

예산선의 이동 소득의 변화, 상대가격의 변화 등

이제 두 재화의 가격이 비례적으로 변하는 경우를 살펴보기로 하자. 〈그림

3-6〉의 예산선 $\overline{AB}$에서 소득은 12만원으로 그대로 있는데, 커피가격과 녹차가격이 모두 2배로 상승하여 8천원과 4천원이 되었다면 예산선은 $\overline{CD}$로 이동한다. 반대로 커피와 녹차 가격이 모두 $\frac{1}{2}$배로 하락하여 커피가격이 2천원, 녹차가격이 1천원이 되었다면 예산선은 $\overline{EF}$로 이동한다. 이와 같이 소득이 일정할 때 두 재화의 가격이 비례적으로 상승한다면 예산선은 좌측으로 평행이동하며, 반대로 두 재화의 가격이 비례적으로 하락한다면 예산선은 우측으로 평행이동한다.

두 재화의 가격이 비례적으로 상승하면 예산선의 기울기에는 변화가 없는 상태에서 원점에 가까운 쪽으로 평행이동

우리는 이와 같은 사실로부터 모든 재화의 가격이 비례적으로 상승하는 것은 명목소득이 동일 비율로 감소한 것과 같은 효과를 가져오며, 반대로 모든 재화의 가격이 비례적으로 하락하는 것은 명목소득이 동일 비율로 증가한 것과 같음을 알 수 있다. 이는 또한 소득과 두 재화의 가격이 동시에 똑같은 비율로 각각 증가하고 감소하는 경우 예산선은 전혀 이동하지 않는다는 것을 의미한다.

상대가격이 변하면 예산선의 기울기가 달라짐

그렇다면 이제 두 재화의 상대가격이 변하는 경우를 살펴보자. 예산선의 기울기는 두 재화의 가격비율$\left(\frac{P_X}{P_Y}\right)$, 즉 **상대가격**(relative price)을 나타낸다. 그러므로 상대가격이 달라지면 예산선의 기울기가 달라진다. 상대가격이 달라지는 경

그림 3-7

예산선의 회전이동

예산선의 기울기는 두 재화의 가격비율, 즉 상대가격을 나타낸다. 만약 다른 요인들이 모두 일정하다는 가정 하에 커피가격만 2천원으로 하락한다면 예산선은 $\overline{AB}$에서 $\overline{AJ}$로 회전이동한다. 반면 커피가격이 8천원으로 상승했다면 예산선은 $\overline{AK}$로 회전이동한다.

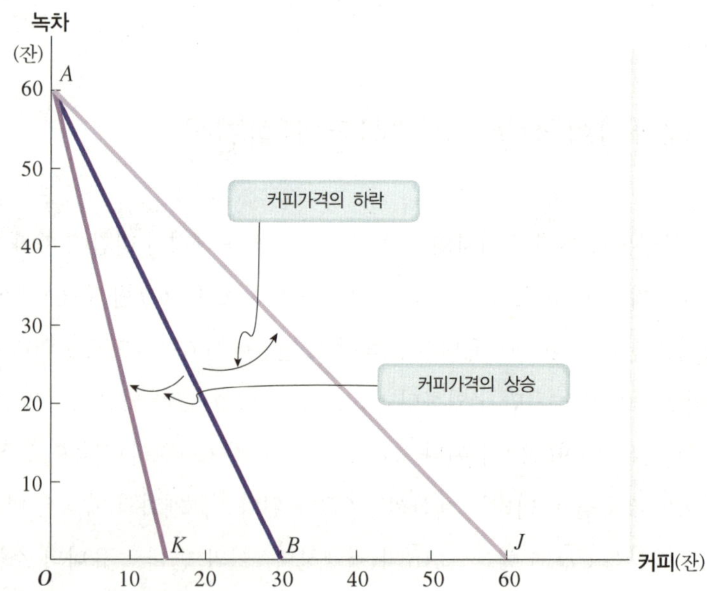

우는 크게 두 가지가 있다. 즉, 두 재화의 가격이 모두 변하지만 서로 다른 비율로 변하는 경우와 한 재화의 가격은 일정한데 다른 재화의 가격이 변하는 경우이다. 여기서는 후자의 경우만 알아보자.

〈그림 3-7〉의 예산선 $\overline{AB}$는 앞의 예와 같이 소득이 12만원, 커피가격이 4천원, 녹차 가격이 2천원인 경우이다. 이제 다른 것들은 모두 일정한데 커피가격만이 2천원으로 하락한다면 예산선은 $\overline{AB}$에서 $\overline{AJ}$로 회전이동한다. 반대로 커피가격만이 8천원으로 상승한다면 예산선은 $\overline{AB}$에서 $\overline{AK}$로 회전이동한다. 이와 같이 명목소득과 녹차 가격은 일정하고 커피가격만 하락한다면 예산선은 A점을 축으로 하여 반시계방향으로 회전이동하며, 반대로 커피가격만 상승한다면 예산선은 시계방향으로 회전이동한다.

4. 소비자균형과 수요곡선

지금까지 우리는 소비자의 주관적인 선호를 나타내는 무차별곡선과, 소비자가 처한 객관적 상황(소비자의 소득, 각 재화의 가격 등)에 따라 소비자가 선택할 수 있는 재화의 조합을 표시하는 예산선에 대하여 설명하였다. 이제 이 두 가지를 종합하여 소비자 선택이 어떻게 이루어지는지 알아보자.

4.1 소비자균형과 한계효용균등의 법칙

소비자 유나의 선호를 나타내는 무차별지도가 〈그림 3-8〉과 같이 주어졌다고 가정하자. 유나의 소득과 커피, 녹차의 가격을 $M = 7$만 5천원, $P_X = 3$천원, $P_Y = 2$천 5백원이라고 하면 예산선은 〈그림 3-8〉의 $\overline{TS}$가 된다.

그러면 유나의 선택은 어느 점이 되겠는가? 우선 유나는 예산선 $\overline{TS}$의 오른편 위쪽에 있는 점들은 선택할 수 없다. 왜냐하면 그러한 점들을 선택하는 데 필요한 지출액이 명목소득을 초과하기 때문이다. 한편 유나는 예산선 $\overline{TS}$의 왼편 아래쪽에 있는 점들은 선택하지 않을 것이다. 왜냐하면 화폐소득으로 구매할 수 있는 재화조합 중에는 그보다 큰 만족을 주는 점들이 존재하기 때문이다. 따라서 우리는 예산선 $\overline{TS}$ 상의 점들(예를 들어 A, B, C, D, E 등)만 고려하면 된다. 먼저 유나

그림 3-8

소비자균형

소비자균형은 무차별곡선과 예산선의 접점인 *C*에서 이루어진다. 이 균형점 *C*에서는 무차별곡선의 기울기와 예산선의 기울기가 일치하며, 주어진 소득과 재화가격의 제약 하에서 유나에게 최대만족을 가져다준다.

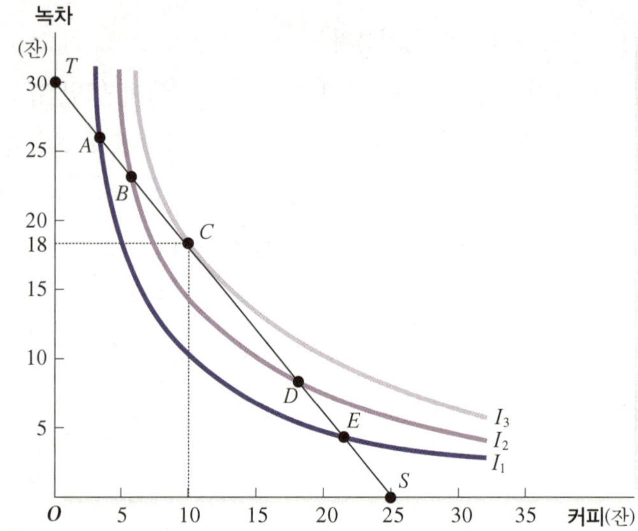

소비자는 예산선 밖의 재화조합을 선택할 수 없고, 예산선 안의 재화조합은 예산선보다 낮은 만족감을 주기 때문에 선택하지 않음

는 무차별곡선 I_1 상에 있는 *A*점은 선택하지 않을 것이다. 왜냐하면 예산선을 따라 *B*, *C*점으로 이동함에 따라 유나는 같은 소득으로 보다 큰 만족수준을 나타내는 무차별곡선 I_2, I_3에 도달할 수 있기 때문이다. 같은 이유로 유나는 무차별곡선 I_1 상에 있는 *E*점도 선택하지 않을 것이다. 왜냐하면 예산선을 따라 *D*, *C*점으로 이동함에 따라 유나는 동일한 소득으로 보다 큰 만족수준을 나타내는 무차별곡선 I_2, I_3에 도달할 수 있기 때문이다.

결국 유나의 선택은 예산선과 무차별곡선이 접하는 *C*점(커피 10잔과 녹차 18잔)이다. 왜냐하면 *C*점은 주어진 소득(7만 5천원)과 가격(P_X = 3천원, P_Y = 2천 5백원)의 제약 하에서 유나의 만족을 극대화하는 커피와 녹차의 조합이기 때문이다(무차별곡선 I_3). 다시 말해 예산선과 무차별곡선이 접하는 점이 예산제약 하에서 최대만족을 주는 소비자균형이다.

소비자균형 예산선과 무차별곡선이 접하는 점에서 만족 극대화

이제 앞에서 살펴본 한계효용의 개념을 이용하여 소비자균형의 의미를 재해석해 보자. 한계효용(marginal utility ; *MU*)이란 어떤 소비재를 한 단위 더 또는 덜 소비함에 따라 얻거나 잃는 효용이다. 따라서 유나가 무차별곡선을 따라 내려가면서 녹차를 덜 소비한다면, (−녹차 소비의 변화 × MU_Y)만큼의 효용을 잃게 된다. 그러나 유나는 커피를 더 소비하게 되므로 (커피 소비의 변화 × MU_X)만큼의

효용을 얻는다. 무차별곡선 상에서는 효용수준이 동일하기 때문에 녹차 소비 감소로 인한 효용의 감소와 커피 소비 증가에 의한 효용의 증가가 같다는 것을 알 수 있다. 즉, 커피와 녹차 소비의 변화를 각각 ΔX와 ΔY로 놓으면 $-(\Delta Y \times MU_Y) = (\Delta X \times MU_X)$로부터 다음 관계가 성립한다.

무차별곡선 상에서는 Y재 소비 감소로 인한 효용의 감소와 X재 소비 증가에 의한 효용의 증가가 같음

$$-\frac{\text{녹차 소비량의 변화}}{\text{커피 소비량의 변화}} = \frac{MU_X}{MU_Y}$$

그런데 무차별곡선 상에서 녹차 소비량의 감소분(ΔY)을 커피 소비량의 증가분(ΔX)으로 나눈 비율($-\frac{\Delta Y}{\Delta X}$)은 곧 무차별곡선의 기울기를 의미한다. 소비자균형에서는 이러한 무차별곡선의 기울기와 예산선의 기울기 $\frac{P_X}{P_Y}$가 같으므로 다음의 관계가 성립한다.

$$\frac{MU_X}{MU_Y} = \frac{P_X}{P_Y} \Leftrightarrow \frac{MU_X}{P_X} = \frac{MU_Y}{P_Y} \qquad (3.6)$$

만일 커피 1원어치의 한계효용($\frac{MU_X}{P_X}$)이 녹차 1원어치의 한계효용($\frac{MU_Y}{P_Y}$)보다 크다면, 유나는 녹차의 소비를 줄이고 커피의 소비를 늘림으로써 총효용을 증가시킬 수 있게 된다. 반대로 $\frac{MU_X}{P_X} < \frac{MU_Y}{P_Y}$이면 유나는 커피의 소비를 줄이고 녹차의 소비를 증가시킴으로써 총효용을 증가시킬 수 있다. 이는 동일한 1원에 대해 추가적으로 느끼는 한계효용의 크기가 큰 재화를 더 소비하는 것이 결국 유나의 만족감을 증가시켜 주기 때문이다. 그러면 언제 유나의 총효용이 최대가 될 것인가? 그것은 각 재화의 구입에 필요한 총지출이 예산제약을 초과하지 않는다는 조건 하에서 각 재화 1원어치의 한계효용이 모두 동일하게 되도록, 즉 식 (3.6)이 성립하도록 소득을 두 재화에 나눠 쓰는 경우이다.

이와 같이 각 재화에 대한 1원어치의 한계효용이 균등할 때, 즉 어떤 한 재화를 덜 이용하고 다른 재화를 더 이용하여 총효용을 증가시킬 수 없을 때 소비자 유나의 총효용은 극대화된다. 이것을 **한계효용균등의 법칙**이라고 하며, 소비자가 이 상태에 만족하여 커피나 녹차의 소비를 추가로 늘리거나 줄이지 않는다는 점에서 **소비자균형**이라고 한다.

한계효용균등의 법칙 예산제약 하에서 각 재화의 1원어치의 한계효용이 같음

생활과 경제학

효용극대화와 결혼의 경제학

세상 모든 남녀들의 관심사인 결혼은 인간의 선택행위를 분석하는 경제학자들의 연구대상이 되기도 한다. 그 중 가장 유명한 사람은 결혼, 자녀 교육, 종교, 범죄 등 다양한 사회문제를 경제학적 시각으로 분석한 공로로 지난 1992년 노벨 경제학상을 받은 미국 시카고대학의 베커(Gary Becker) 교수이다. 그는 이미 1970년대에 결혼을 하면 독신으로 있는 것보다 더 높은 효용을 얻을 수 있기 때문에 사람들이 결혼을 하게 된다는 단순한 가정으로부터 출발하여 결혼을 경제적으로 분석한 바 있다.

그에 따르면 결혼한 사람들이 얻는 효용은 시장에서 구입한 재화나 서비스에 의해 직접 결정되는 것이 아니라는 것이다. 즉, 시장에서 구입한 재화나 서비스는 '가정'이라는 일종의 생산공장에 투입되고 이로부터 생산된 어떤 것에 의해 결혼의 효용이 결정된다. 가정 안에서 생산된 것은 예컨대 좋은 음식, 자녀의 수와 훌륭한 자녀양육, 휴식, 애정, 건강 등이며, 바로 이것들이 사람들의 효용수준에 직접적인 영향을 미친다는 것이다. 따라서 결혼한 사람들은 한 가정의 예산제약 내에서 가정의 '생산물'을 극대화하려 한다는 것이다.

베커는 이러한 분석을 통해 결혼을 함으로써 생기는 효용수준은 두 사람의 소득수준, 교육수준, 그리고 둘 사이의 임금률 격차와 정비례한다는 결과를 도출해 냈는데, 요즘 결혼하는 일부 사람들이 주로 내걸고 있는 조건과 큰 차이가 없다는 점이 놀랍다.

출처 : 한국은행 경제교육 홈페이지(http://www.bokeducation.or.kr).

4.2 소비자균형의 변화

지금까지 우리는 소득 및 재화가격이 주어졌을 때 소비자균형이 어떻게 이루어지는가를 살펴보았다. 이제부터는 소득 및 재화가격이 변할 때 소비자균형이 어떻게 달라지는지에 대하여 살펴보도록 하자.

4.2.1 소득 변화와 소비자균형

두 재화의 가격은 일정한데 소비자의 소득이 바뀐다면 예산선은 평행이동한다. 이에 따라 소비자균형점은 이동하고 소비자의 만족수준도 달라진다. 〈그림 3-9〉에서 예산선이 $\overline{AB}$(이때 소비자 유나의 실질소득은 커피로 표시하면 OA, 녹차로 표시하면 OB가 된다)로 주어졌다면 소비자균형점은 Q(유나는 커피를 $\overline{OM}$, 녹차를 $\overline{ON}$

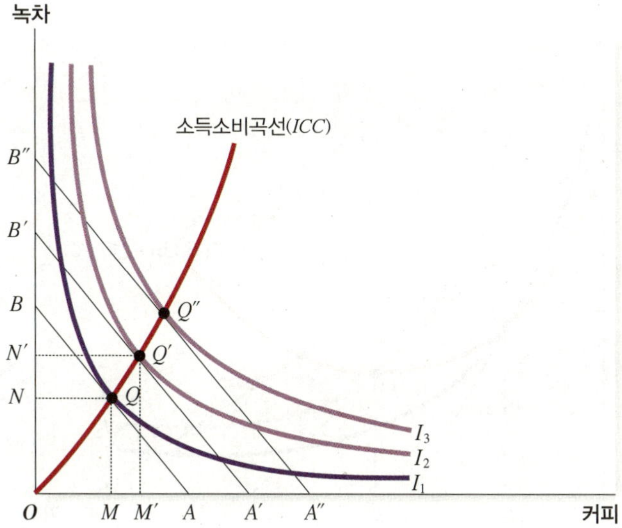

그림 3-9

소득효과와 소득소비곡선

예산선이 $\overline{AB}$로 주어졌을 때의 소비자균형점은 Q에서 결정된다. 실질소득이 증가함에 따라 소득효과에 의해 예산선이 평행이동하면 소비자는 더 높은 수준의 효용을 누리기 위해 자신의 소비점을 이동시키는데, 이때 소득의 변화에 따른 소비균형점의 궤적을 소득소비곡선이라고 한다.

만큼 구입한다)가 되며, 그때 유나가 느끼는 만족수준은 무차별곡선 I_1이 나타내는 만족과 같다.

이제 커피와 녹차의 가격은 일정한데 유나의 실질소득이 커피로 표시했을 때 $\overline{OA'}$, 녹차로 표시했을 때 $\overline{OB'}$으로 증가해서 예산선이 $\overline{A'B'}$이 되었다고 하자. 그러면 소비자균형점은 Q에서 Q'(Q'은 무차별곡선 I_2선 상에 있기 때문에 소비자에게 더 큰 만족을 준다)으로 이동하여 커피를 $\overline{OM'}$, 녹차를 $\overline{ON'}$만큼 구입한다. 마찬가지 이유로 유나의 소득이 커피로 표시했을 때 $\overline{OA''}$, 녹차로 표시했을 때 $\overline{OB''}$으로 증가한다면, 소비자균형점은 Q''이 된다. 이와 같이 소득이 증가하면 유나는 커피와 녹차의 구입량을 늘림으로써 더 높은 수준의 무차별곡선에 도달할 수 있다.

이상과 같이 소득이 변하면 소비자균형점이 이동하는데, 만약 소득이 연속적으로 변한다면 그 균형점의 궤적은 〈그림 3-9〉에 있는 곡선 O-Q'-Q''-… 로 나타난다. 이 곡선을 **소득소비곡선**(income-consumption curve)이라고 한다. 이 곡선은 두 재화의 상대가격이 일정하고 불변일 때, 재화 구입량이 소득의 변화에 따라 어떻게 바뀌는가를 나타낸다. 〈그림 3-9〉에서와 같이 소득이 증가할 때 소비가 증가하는 재화를 **정상재**(normal goods)라고 한다.

소득소비곡선 소득 변화에 따른 소비자균형점의 궤적

그림 3-10

가격소비곡선
커피가격의 변화에 따른 균형점의 이동을 궤적으로 나타낸 선을 가격소비곡선(*PCC*)이라고 한다. 커피가격이 하락하면 예산선이 반시계방향으로 회전이동함에 따라 소비균형점이 $B-P-P'-P''-\cdots$으로 이동한다.

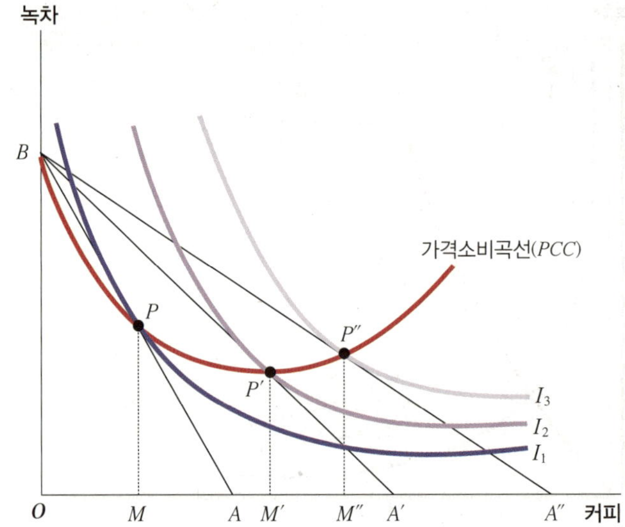

4.2.2 가격 변화와 소비자균형

재화의 가격 변화는 소비자균형점을 이동시켜 그 재화에 대한 구매량을 변화시킬 뿐만 아니라 소비자가 구입하는 다른 재화의 구입량도 변화시킨다. 전자의 경우에 나타나는 구입량의 변화를 **가격효과**(price effect)라 하고, 후자의 경우에 나타나는 구입량의 변화를 **교차효과**(cross effect)라 한다.

가격효과 재화가격 변화에 따라 그 재화의 구매량이 변화하는 효과

교차효과 다른 재화의 가격 변화에 따라 구입량이 변화하는 효과

〈그림 3-10〉에서 소비자의 최초 균형점은 커피를 $\overline{OM}$만큼, 녹차를 $\overline{ON}$만큼 구입하는 무차별곡선 상 I_1의 점 P라 한다. 또한 커피와 녹차 모두 정상재라고 가정하자. 이제 유나의 명목소득 및 녹차 가격은 일정한데 커피시장의 경쟁이 활발해져 커피가격만 하락하였다고 하자. 이때 예산선은 $\overline{BA'}$이 되며, 소비자 유나의 새로운 균형점은 커피를 $\overline{OM'}$, 녹차를 $\overline{ON'}$만큼 구입하는 무차별곡선 I_2 상의 점 P'으로 이동한다. 이에 따라 커피 구입량이 $\overline{MM'}$만큼 증가하므로 이 경우 커피에 대한 가격효과는 $\overline{MM'}$이 된다. 여기서 커피가격이 다시 하락하여 예산선이 $\overline{BA''}$이 된 경우 유나의 새로운 균형점은 무차별곡선 I_3 상의 P''점으로 이동한다. 이때 증가된 커피 구입량 $\overline{M'M''}$도 가격효과를 나타낸다.

이와 같이 커피가격이 변함에 따라 균형점이 이동하는데, 만일 커피가격이

그림 3-11

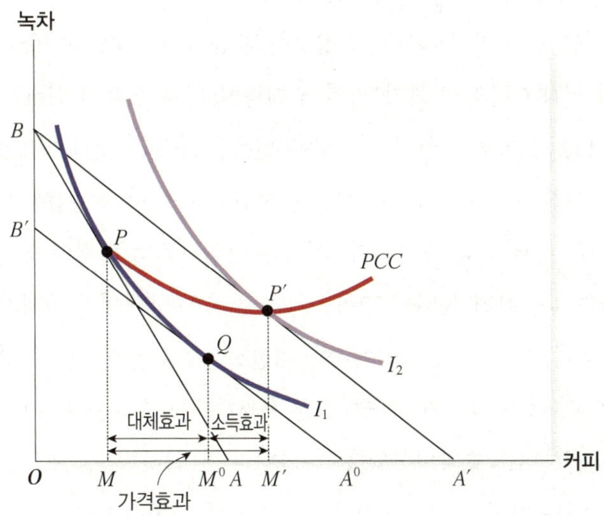

가격효과

가격효과는 소득효과와 대체효과의 합으로 나타난다. 정상재의 경우 $\overline{AB}$의 예산선에서 커피의 가격이 하락하여 $\overline{A'B}$의 예산선으로 이동할 경우, 대체효과는 $\overline{MM^0}$, 소득효과는 $\overline{M^0M'}$의 크기로 측정된다. 따라서 전체 가격효과의 크기는 $\overline{MM'}$이 된다.

연속적으로 변한다면 그 균형점의 궤적은 곡선 $B-P-P'-P''-\cdots$ 으로 나타난다. 이 곡선을 **가격소비곡선**(price-consumption curve)이라고 하며, 커피가격의 변화에 따른 커피 구입량의 변화(가격효과)를 나타낸다.

가격소비곡선 가격 변화에 따른 소비자균형점의 궤적

4.2.3 소득효과와 대체효과

앞에서 우리는 커피가격이 하락하면 커피 구매량이 증가하는 가격효과에 대하여 살펴보았다. 그런데 커피가격이 하락할 때 구매량이 증가하는 것은 다음의 두 요인 때문이다. 첫째, 커피가격이 하락하면 소비자의 실질소득이 증가하게 되는데 실질소득의 증가는 커피 구매량을 변화시킨다. 커피가격이 하락해 소비자의 실질소득이 전보다 증가하면 커피가 열등재가 아닌 한 커피를 더 많이 구입한다. 둘째, 커피가격의 하락으로 상대가격이 달라짐에 따라 커피 구매량이 증가한다. 즉, 커피가격이 하락하면 소비자는 상대적으로 비싸진 녹차를 상대적으로 싼 커피로 대체하려고 한다. 이때 첫 번째 요인으로 인한 커피 구매량 증가를 **소득효과**(income effect), 두 번째 요인으로 인한 커피 구매량 증가를 **대체효과**(substitution effect)라고 한다. 이와 같이 가격효과는 소득효과와 대체효과의 합이다.

소득효과 가격 변화에 따라 실질소득이 변화하여 생기는 구매량 변화

대체효과 가격 변화에 따라 상대가격이 변화하여 생기는 구매량 변화

이러한 사실을 그림으로 설명하면 〈그림 3-11〉과 같다. 커피가격의 하락에

가격효과
= 소득효과 + 대체효과

의해 유나의 소비자균형점은 P에서 P'으로 이동한다. 여기서 커피 구매량이 $\overline{MM'}$만큼 증가한 것이 가격효과에 해당한다. 이때 커피가격의 하락이 커피 구매량의 변화에 미치는 효과(가격효과)는 실질소득의 증가가 커피 구매량에 미치는 효과(소득효과)와 상대가격의 변화가 커피 구매량에 미치는 효과(대체효과)로 나뉜다. 〈그림 3-11〉의 최초 균형점 P와 같은 만족을 주면서 상대가격의 변화를 반영한 새로운 예산선은 $\overline{B'A^0}$이 된다. 새로운 예산선 하에서 균형점은 Q로 이동하며 커피 구매량은 $\overline{MM^0}$만큼 증가한다. 이것은 커피가격의 하락에 의한 대체효과의 크기를 나타낸다. 한편 유나의 명목소득은 일정한 상태에서 커피가격의 하락으로 실질소득이 증가하여 새로 얻어지는 예산선은 $\overline{BA'}$이 된다. 이 경우 유나의 균형점은 P'으로 이동하며 커피 구매량은 $\overline{M^0M'}$만큼 증가한다. 이것은 커피가격의 하락으로 인한 소득효과의 크기를 나타낸다. 요약하면, 점 P에서 점 P'으로의 이동을 나타내는 가격효과는 점 P에서 점 Q로의 이동을 나타내는 대체효과와 점 Q에서 점 P'으로의 이동을 나타내는 소득효과의 합이다. 이는 $\overline{MM'}$만큼의 가격효과는 $\overline{MM^0}$만큼의 대체효과와 $\overline{M^0M'}$만큼의 소득효과의 합이라는 것을 의미한다.

가격하락의 효과

	정상재	열등재	기펜재
대체효과	증가	증가	증가
소득효과	증가	감소	감소
가격효과	증가	증가	감소

따라서 어떤 재화의 가격이 하락할 때 대체효과는 언제나 구매량을 증가시킨다. 반면에 소득효과는 재화가 정상재인 경우에는 구매량을 증가시키는 반면 열등재인 경우에는 구매량을 감소시킨다. 그러므로 〈그림 3-11〉처럼 재화가 정상재라면 소득효과와 대체효과가 모두 가격의 움직임과 반대방향이기 때문에 그것의 합인 가격효과 역시 가격 변동과 반대방향이 된다. 따라서 가격이 하락하면 재화 구매량은 증가한다.

기펜재
- 가격이 하락하는데도 구매량이 감소하는 재화
- 소득효과가 대체효과를 압도하는 열등재

재화가 열등재인 경우에도 가격이 하락할 때 양의 대체효과가 음의 소득효과를 압도한다면, 가격효과가 양이 되기 때문에 재화 구매량은 증가한다. 그러나 음의 소득효과가 너무 커서 양의 대체효과를 압도하는 열등재의 경우에는 가격효과가 반대방향이 되기 때문에 가격하락 시 그 재화 구매량은 감소한다. 이와 같이 명목소득이 일정할 때 가격이 하락하는데도 구매량이 감소하는 특수한 유형의 열등재를 **기펜재**(Giffen' s goods)라고 한다.

역사와 경제학

기펜 현상과 관련된 일화

17세기 이후 아일랜드

17세기 이후 아일랜드 사회는 소수의 대지주와 대다수의 소작농으로 구성되어 있었으며, 다수의 빈농들은 다른 식품에 비해 가격이 매우 낮은 감자를 주식으로 생계를 유지하였다. 1840년 아일랜드에 대기근이 덮쳐 수십만에 달하는 사람이 굶어죽거나 신대륙으로 이민을 떠나게 되었다. 그런데 영국의 로버트 기펜(Robert Giffen) 경은 대기근으로 감자 가격이 상승하였음에도 오히려 빈농들의 감자 소비가 예전보다 더 늘었다는 사실을 발견하였다. 이는 가격이 상승한 재화는 수요가 감소한다는 일반적인 수요법칙에 위배되는 것처럼 보였다.

그러나 감자 농사의 흉작으로 소득이 크게 줄어든 농민들의 입장에서는 비록 가격이 올랐더라도 감자가 여전히 다른 식품들보다는 저렴한 음식이었다. 즉, 식품가격 상승으로 실질소득이 크게 감소한 농민들은 상대적으로 비싼 다른 식품들에 대한 소비를 줄이고 상대적으로 가격이 저렴한 감자 소비를 늘렸고, 이에 따라 감자 가격이 올라도 수요가 증가하는 현상이 발생한 것이다.

이와 같이 가격과 수요의 관계가 수요법칙에 반하여 움직이는 것처럼 보이는 현상을 로버트 기펜 경의 이름을 따서 기펜 현상이라 부른다. 특히 열등재 중에서 기펜 현상이 나타나는 재화를 기펜재라고 칭한다.

출처 : 한국은행 경제교육 홈페이지(http://www.bokeducation.or.kr).

4.3 수요곡선의 도출

이제 우리는 가격소비곡선으로부터 소비자의 개별 수요곡선을 유도할 수 있다. 이것을 〈그림 3-12〉에서 확인하자. 〈그림 3-12〉의 (a)에서 가로축은 커피 구매량을, 세로축은 녹차 구매량을 나타내고 있다. 커피가격이 P_1이고, 소비자 유나가 직면하고 있는 예산선이 $\overline{MQ_1}$이라고 하자. 이때 소비자균형점은 A점이고 커피 구매량은 $\overline{OX_1}$이다. 커피가격이 P_2로 하락하면 유나의 예산선은 $\overline{MQ_2}$로 바뀌고, 소비자균형점은 B점이 되어 $\overline{OX_2}$만큼의 커피를 구입한다. 커피가격이 다시 P_3로 하락하면 구매량은 $\overline{OX_3}$로 증가한다.

수요곡선 가격소비곡선을 통해 도출

이로부터 도출한 커피에 대한 수요곡선이 〈그림 3-12〉의 (b)이다. 가로축에 커피의 수량을, 세로축에 커피의 가격을 표시해 가격이 P_1일 때에는 $\overline{OX_1}$을, P_2일 때에는 $\overline{OX_2}$를, P_3일 때에는 $\overline{OX_3}$를 구입함을 보여주고 있다. 각 가격수준(P_1, P_2, P_3)과 그때 구입하는 커피 수량($\overline{OX_1}$, $\overline{OX_2}$, $\overline{OX_3}$)을 표시해 주는 점을 각각 A',

그림 3-12

수요곡선의 도출

(a)에서 최초의 소비자균형점은 A점이고 커피 구매량은 OX_1이다. 이때 커피가격이 P_2로 하락하면 예산선이 $\overline{MQ_2}$로 변하면서 소비자균형점은 B점이 되어 $\overline{OX_2}$만큼의 커피를 구입한다. 커피가격이 다시 P_3로 하락하면 커피 구매량은 OX_3로 증가한다. 이러한 방법으로 (b)와 같은 커피에 대한 수요곡선을 도출할 수 있다. 각 가격수준 P_1, P_2, P_3와 그때 구입하는 커피의 수량 $\overline{OX_1}$, $\overline{OX_2}$, $\overline{OX_3}$를 표시해 주는 점을 각각 A', B', C'이라고 하면 이 점들을 연결하는 곡선 D가 곧 커피에 대한 수요곡선이 된다.

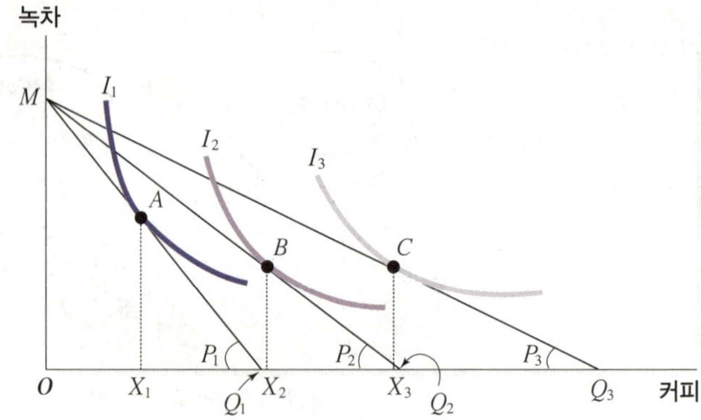

(a) 커피가격 하락과 유나의 소비자균형

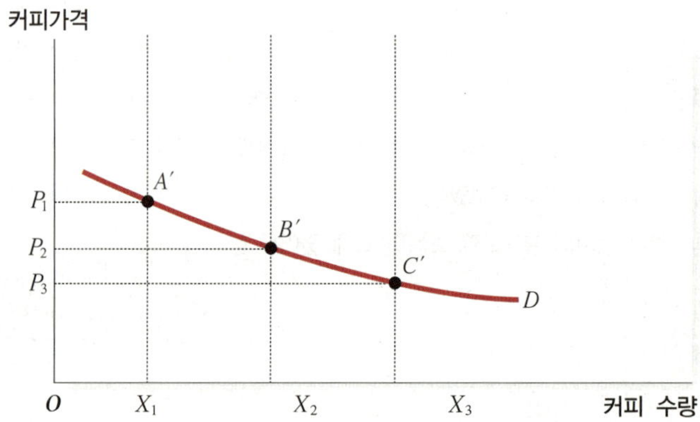

(b) 유나의 커피에 대한 수요곡선

B', C'이라 하면 이 점들을 연결하는 곡선 D가 곧 커피에 대한 수요곡선이 된다. 이렇게 도출한 수요곡선은 우하향하고 있다. 여기서 한 가지 짚고 넘어갈 점은 앞에서 분석한 대체효과와 소득효과가 수요곡선 상에 반영되어 있다는 사실이다.

시장수요곡선 개별 수요곡선의 수평합

지금까지는 개별 소비자의 수요곡선을 도출하였다. 시장수요곡선은 이들 개별 소비자의 수요곡선으로부터 도출된다. 〈그림 3-13〉에는 민호와 수지 두 소비자가 있는 시장의 수요곡선이 도출되는 과정을 보이고 있다. 그림에 표시되고 있는 것처럼 주어진 커피가격에 대하여 두 소비자가 구입하고자 하는 커피의 수량을 수평으로 합하면, 각 가격수준에서의 시장수요량을 알 수 있다. 여기서는 소비자가 두 명인 경우를 상정하였기 때문에 시장수요곡선이 굴절된 모양을 하고 있다. 그러나 실제로 소비자는 무수히 많기 때문에 모든 소비자의 수요곡선을 수

그림 3-13

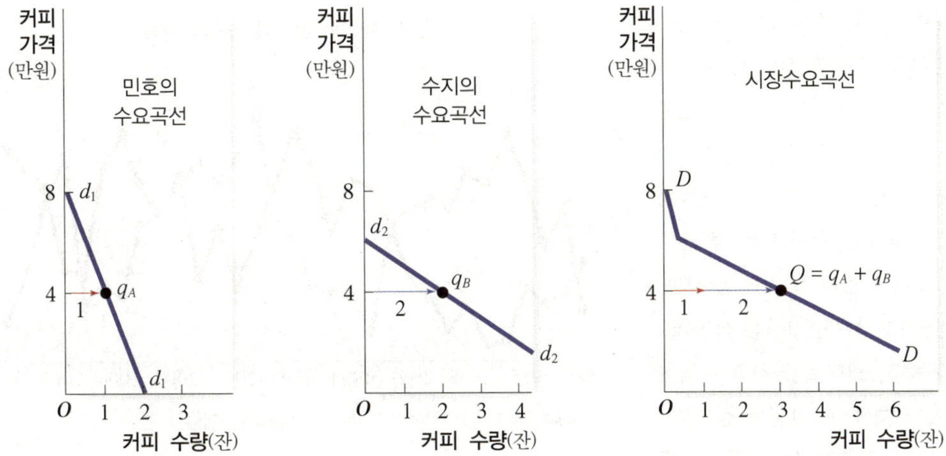

시장수요곡선의 유도

주어진 커피가격에 대하여 두 소비자 민호와 수지가 구입하고자 하는 커피의 수량을 수평으로 합하면 각 가격수준에서의 시장수요를 도출할 수 있다.

평으로 합하면 부드럽게 우하향하는 시장수요곡선을 얻을 수 있다. 즉, 커피가격이 내리면 커피의 수요량이 증가하고 커피가격이 오르면 수요량이 감소하는 수요의 법칙(law of demand)이 성립하는 것이다.

한편 개별 수요에서 어떤 재화가 기펜 현상을 보인다면 개별 수요곡선은 우상향할 수도 있다. 그러나 기펜재가 되려면 소득이 증가할 때 수요가 감소하여야 하며(열등재), 동시에 소득효과가 대체효과를 압도해야 한다. 그런데 어떤 재화에 대해 모든 소비자의 개별 수요곡선이 기펜 현상을 보일 것이라고 기대하기는 어렵다. 따라서 모든 소비자의 개별 수요곡선의 합인 시장수요곡선에서 기펜 현상을 찾아보기는 힘들 것이다.

생활 과 경제학

희생번트와 수요의 법칙

야구에서 희생번트(sacrifice bunt)는 근본적으로 타자가 자신의 공격찬스를 희생하여 아웃이 되고 주자를 진루시키는 행위이다. 이러한 희생번트의 비용은 아웃카운트의 증가이고, 편익은 이미 진루해 있는 주자를 한 루 진루시키는 것이다. 공을 잘 치는 강타자에게 희생번트를 시키면 비용은 상대적으로 증가하고, 반대로 공격력이 약한 '물' 타자의 희생번트 비용은 상대적으로 낮다. 희생번트가 상대적으로 드문 미국 메이저리그에서도 투수가 타석에 들어서면 희생번트 작전이 빈번하게 수행된다. 또한 희생번트가 주자의 진루를 위해 타자를 아웃시키다 보니 대량 득점의 기회를 감소시키는 비용도 발생한다.

〈그림 1〉 팀 게임당 희생번트와 홈런 수

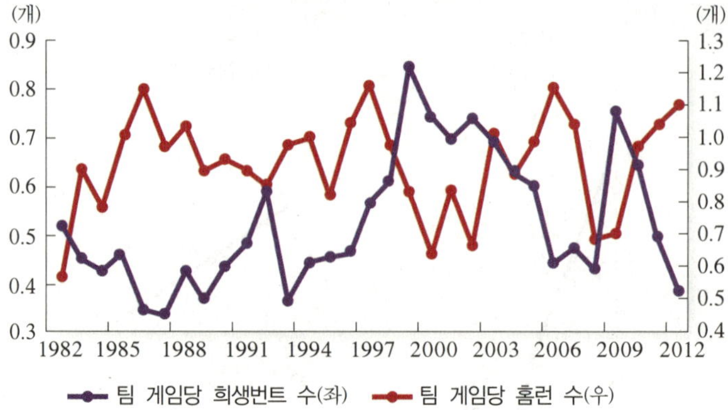

〈그림 2〉 리그 평균방어율과 팀 게임당 희생번트

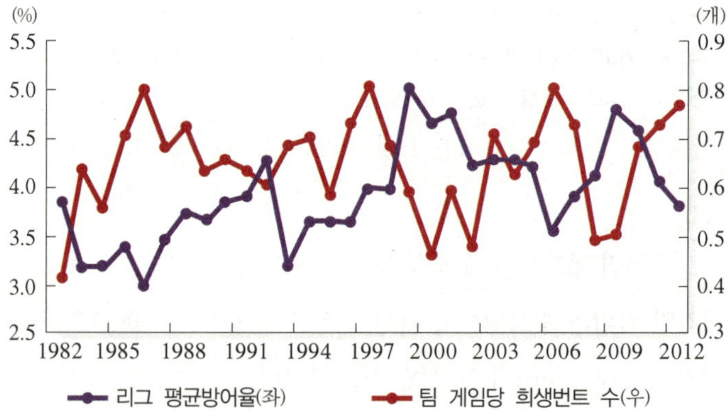

가격이 오르면 수요량이 감소한다는 수요법칙에 따라 우리는 희생번트에 대해 다음과 같은 예측을 할 수 있다. 타자의 공격력이 증가할수록, 그리고 많은 득점이 요구되는 리그(league)일수록 희생번트가 감소할 것이라는 점이다. 과연 그러할까?

먼저 〈그림 1〉은 경기당 홈런 수와 경기당 희생번트 간의 관계를 보여준다. 그 둘은 서로 반대방향으로 움직이고 있다. 경기당 홈런 수가 증가하면 희생번트 수가 감소하고, 경기당 홈런 수가 감소하면 희생번트 수가 증가한다. 게임당 홈런 수의 증가는 타자들의 공격력이 증가하는 것으로 희생번트의 비용을 증가시킨 것이다. 이에 따라 경기당 희생번트 수가 감소하고 있다.

리그 평균방어율과 희생번트 수 역시 동일한 수요의 법칙을 보여준다. 방어율이 높다는 것은 게임당 득점이 증가하는 것이다. 희생번트가 경기당 득점이 낮은 상황 또는 득점력이 낮은 상황에서 그 유용성을 가질 수 있다는 점을 고려하면, 희생번트와 팀 방어율 간에는 역의 관계를 예측할 수 있고, 〈그림 2〉는 이를 통계적으로 보여준다.

출처 : 남재현, "희생번트와 수요법칙", 『KDI 클릭경제교육』, KDI 경제정보센터, 2013. 4.

5. 소비선택의 사회적 요인

Principles of Microeconomics ch. three

사회학자와 인류학자는 문화와 관습 등 사회적 요인이 소비자의 선택에 중요한 역할을 한다고 주장해 온 반면, 경제학자는 전통적으로 이러한 요인들을 거의 무시해 왔다. 그러나 최근 일부의 경제학자들이 소비선택의 사회적 요인에 대한 연구를 시작했다. 예를 들어 시카고대학의 게리 베커(Gary Becker)나 케빈 머피(Kevin Murphy)에 의하면 소비자들이 마약, 특정 정당 후보에 대한 투표, 정원가꾸기로부터 얻는 효용은 주변의 친구나 이웃이 마약을 하는지, 특정 정당에 투표를 하는지, 그리고 그들의 정원을 가꾸는지에 달려 있다. 즉, 소비자들은 자신들이 생각하기에 친구나 이웃에게 인기가 있는 상품을 소비할 때 더 많은 효용을 얻는다는 것이다. 또 다른 예로 식사, 운동경기 관람, 의상 또는 보석 구매, 자동차 구입 등을 들 수 있다. 이 모든 경우 소비 결정은 개별 상품의 특성뿐만 아니라 얼마나 많은 소비자들이 동일한 재화나 서비스를 구매하는가에 달려 있다.

실제로 많은 경우 그 상품을 얼마나 많은 사람들이 구매하는가보다는 어떤 사람들이 그 상품을 사는가가 상품의 소비에 더 큰 영향을 미친다. 일반 소비자들은 특히 유명인사가 사용하는 상품을 소비함으로써 그들과 좀더 가까워진다거나 유행을 따라간다고 생각한다. 바로 이러한 **유명인 효과**(celebrity effect) 때문에 기업들은 유명 운동선수나 연예인을 이용한 광고를 하고 있다.

유명인 효과 유명인사가 사용하는 상품을 소비하여 그들과 동일하거나 유행을 따라간다고 생각

한편 어떤 상품을 사용하는 사람들의 수가 증가할수록 그 상품의 유용성이 높아지면 소비에 **네트워크 외부효과**(network externalities) 또는 밴드왜건(band-wagon) 효과가 존재한다. 예를 들어 유나가 휴대전화(mobile phone)를 가진 유일한 사람이라면 휴대전화가 별로 쓸모가 없을 것이다. 하지만 휴대전화를 가진 사람이 늘어날수록 유나는 휴대전화를 통해서 많은 친구들과 연락을 할 수 있을 것이다. 즉, 휴대전화의 유용성은 그것을 소유하고 사용하는 사람이 많아질수록 더욱 커지는 것이다. 하지만 문제점도 존재한다. 몇몇 경제학자들은 이러한 네트워크 외부효과로 인해 다른 상품으로의 **전환비용**(switching cost)이 충분히 커지면 소비자들이 열등한 기술의 상품을 구매하게 된다는 문제를 지적한다. 전환비

네트워크 외부효과 어떤 상품을 사용하는 사람들의 수가 증가할수록 그 상품의 유용성이 증가

용으로 인해서 최초로 개발된 기술이 나중에 개발된 더 나은 기술보다 우위에 설 수 있다는 것이다. 따라서 어떤 상품이 시장에서 자리 잡고 나면 그 이후에는 더 진보된 기술을 가진 새로운 상품으로의 전환이 어려워질 수 있다. 따라서 소비선택은 과거에 경제가 발전해 온 과정에 달려 있다는 점에서 경로의존적(path dependent)이 된다.

생활 과 경제학

밴드왜건 효과와 베블런 효과 : 수요법칙에 위배?

퍼레이드 등에서 음악을 연주하며 행렬을 선도하는 악대차를 밴드왜건(band-wagon)이라고 부른다. 밴드왜건이 지나갈 때는 처음 몇몇 사람이 호기심 때문에 모이고, 이를 본 주변 사람들은 남들이 퍼레이드로 모이는 것을 보고 무엇인가 있을 것이라는 기대 때문에 더 많이 몰려들게 된다. 이와 같이 어떤 재화나 서비스의 경우 누군가 이에 대한 수요를 늘릴 경우 이전에는 해당 재화나 서비스에 대해 별다른 필요를 느끼지 않던 사람들도 다수의 소비자나 유행을 따라 수요를 늘리는 경우가 있는데, 이러한 현상을 퍼레이드의 악대차에 빗대어 밴드왜건 효과(또는 편승효과)라고 한다.

이러한 재화의 대표적인 예로는 휴대폰, 개인용 PC 등을 들 수 있다. 이러한 재화들에 밴드왜건 효과가 나타나는 이유는 이러한 제품들은 사용자가 소수일 때보다는 다수가 사용하면 할수록 효용성이 높아지는 특징이 있기 때문이다. 예컨대 우리나라 이동통신 가입자 수는 1987년 1천 명도 안 되었으나 1988~1999년 동안 연평균 90%씩 가입자가 급증하여 2018년 말 기준 6,635만 명 이상이 이동통신을 이용하고 있는 것으로 나타났다. 롱 패딩 점퍼가 10대들 사이에서 열풍이 부는 현상도 밴드왜건 효과의 사례이다.

한편 미국의 사회학자 베블런(Thorstein Veblen)이 "상층계급의 두드러진 소비는 사회적 지위를 과시하기 위하여 자각 없이 행해진다"라고 지적한 데서 유래한 베블런 효과는 상류층 소비자들이 단지 자신의 부를 과시하거나 허영심을 채우기 위해 어떤 재화의 가격이 오르는데도 불구하고 수요가 오히려 증가하는 현상을 가리킨다. 이는 이른바 속물효과(snob effect)로도 이해된다. 예를 들어 값비싼 명품, 고급 자동차 등이 이러한 현상의 대표적인 경우라 할 수 있다.

요약하면 열등재가 아닌 정상재의 경우에도 베블런 효과 및 밴드왜건 효과가 작용하면 가격이 비싸질수록 수요가 증가하여 수요법칙에 위배되는 것처럼 보이는 현상이 나타날 수 있다.

출처 : 한국은행 경제교육 홈페이지(http://www.bokeducation.or.kr).

요약 및 연습문제

1. 소비의 총효용과 한계효용

어떤 소비자가 일정 기간 동안 일정량의 재화를 소비하였을 때 얻을 수 있는 주관적인 만족감을 총효용(total utility)이라 한다. 이때 소비량과 총효용 사이에는 일정한 함수관계가 존재하는데, 이를 효용함수(utility function)라고 한다. 한계효용은 한 재화의 추가적인 1단위 소비에 의한 총효용의 증가분이다. 이때 소비를 증가시킴에 따라 각 단위의 한계효용이 감소하는 것을 한계효용체감의 법칙(law of diminishing marginal utility)이라 한다. 총효용은 한계효용을 누계한 것이므로 한계효용체감의 법칙에 따라 총효용의 극대점에서 한계효용은 0이 된다.

01. 병원에서 응급환자에게 제공되는 산소 가격은 단위당 10만원인데, 음료수는 무료로 제공된다. 산소보다 음료수의 한계효용이 작기 때문인가?

02. 올해 대학에 진학한 유나는 시험을 불과 몇 시간 앞두고 각 과목에 대해 어떻게 시간배분을 할지 고심하고 있다. 유나는 경제학 과목을 수강하면서 배운 자원의 최적배분원리를 시험 보는 때에 응용하려 한다.

공부시간	경제학	수학	논리학
0	27	35	37
1	45	52	57
2	62	68	76
3	77	83	92
4	91	89	99

(1) 현재 10시간을 남겨 놓은 상태에서 평균점수를 극대화하려고 한다. 이때 각 과목에 대한 한계점수표를 구하라.

(2) "각 과목에 대한 한계점수가 동일해야 평균점수가 극대화된다"에 대해 논평하라.

2. 소비자의 선호와 무차별곡선

2.1 무차별곡선이란 무엇인가? 무차별곡선은 소비자에게 동일한 만족을 주는 재화조합들의 궤적이다. 만족의 수준이 서로 다른 무차별곡선은 무수히 많이 나타낼 수 있는데, 좌표 상에 나타낸 무차별곡선의 무리를 무차별지도(indifference map)라고 한다. 무차별지도에서 원점으로부터 멀리 떨어진 무차별곡선일수록 소비자에게 더 큰 만족을 준다.

2.2 무차별곡선의 성질 무차별곡선은 첫째 우하향하고, 둘째 원점에 대해 볼록하며, 셋째 서로 다른 두 개의 무차별곡선이 교차하지 않는 특성을 지닌다. 특히 두 번째 성질에서 한계대체율체감의 법칙이 도출된다.

03. 다음 각각의 경우 무차별곡선의 모양을 예시하라.

(1) 두 상품이 완전한 대체재인 경우

(2) 두 상품이 완전한 보완재인 경우

(3) 두 상품 중 하나가 음의 효용을 주는 비재화인 경우

(4) 두 상품 중 하나가 효용에 영향을 미치지 않는 중립재인 경우

04. 무차별곡선의 의미를 고려하여 다음 질문에 답하라.

(1) 한계대체율체감의 법칙과 한계효용체감의 법칙 사이의 관계를 설명하라.

(2) 한 지방자치단체가 그 지역 내에 방사선폐기물시설을 유치하려고 한다. 해당 지역 내 거주민들의 동의를 얻기 위해 지방자치단체가 보상금을 지급하겠다는 정책을 발표했다. 만일 가로축에 방사선폐기물시설이 차지하는 면적을, 세로축에 해당 지역민들에게 지급하는 보상금의 크기를 표시하는 경우 이 지역주민들에게 동일한 만족감을 줄 수 있는 선택조합을 무차별곡선으로 표현하고 무차별지도를 그린 후 효용의 증가 방향을 표시하되, 그와 같이 표시한 타당한 이유를 설명하라.

3. 예산선

3.1 예산선이란 무엇인가? 소비자의 소득(M), X재 가격(P_X), Y재 가격(P_Y)이 일정하게 주어졌을 때 소비자의 소비가능집합은 $P_X \cdot X + P_Y \cdot Y = M$과 같이 나타나며, 이를 예산선 또는 가격선이라 한다. 이때 $\frac{P_X}{P_Y}$는 두 재화의 상대가격으로 Y재화로 표시한 X재화의 상대가격이다.

3.2 예산선의 이동 : 평행이동과 회전이동 예산선의 기울기는 두 재화의 가격비율, 즉 상대가격을 나타낸다. 소득이 변화한 경우나 두 재화의 가격이 비례적으로 변화한 경우에는 예산선이 평행이동하지만, 어느 한 재화의 가격만 변한 경우에는 예산선이 회전이동한다.

05. 어떤 사람이 소득 50만원으로 3만원의 X재화와 5만원의 Y재화를 구입한다고 하자. 이 사람의 예산선을 그려보고, 만약 어떤 정책이 실시되어 한 개인이 X재화를 10개 이상 소비할 수 없게 된다면 예산선은 어떻게 변화할지 설명하라.

4. 소비자균형과 수요곡선

4.1 소비자균형과 한계효용균등의 법칙 소비자균형은 무차별곡선과 예산선의 접점에서 결정되며, 균형조건은 한계대체율과 상대가격비율이 같을 때 성립한다. 이를 수식으로 나타내면 다음과 같다.

$$-\frac{\Delta Y}{\Delta X} = \frac{P_X}{P_Y}$$

소비자균형에서는 재화의 주관적인 교환비율인 한계대체율(MU_X / MU_Y)과 시장에서의 객관적인 교환비율인 예산선의 기울기가 일치하므로 다음이 성립한다.

$$\frac{MU_X}{MU_Y} = \frac{P_X}{P_Y} \Leftrightarrow \frac{MU_X}{P_X} = \frac{MU_Y}{P_Y}$$

이는 X재 1원어치의 한계효용(MU_X)과 Y재 1원어치의 한계효용(MU_Y)이 일치하는 것으로 각 재화 1원어치의 한계효용이 동일하도록 소득을 각 재화의 구매에 배분하는 것이다. 이때 소비자의 효용은 극대화되는데, 이것을 한계효용균등의 법칙이라고 한다.

4.2 소비자균형의 변화 소득 변동에 따른 소비자균형의 이동은 소득소비곡선으로 나타낼 수 있는데, 소득이 증가할 때 소비가 증가하는 재화를 정상재라 하고 그 반대를 열등재라고 한다. 한편 가격 변동에 따른 재화 구매량의 변화를 나타내는 가격효과는 가격소비곡선을 통해 표현된다. 이러한 가격효과는 대체효과와 소득효과로 나뉜다. 대체효과는 언제나 가격 변동과 반대방향으로 나타나며 소득효과는 정상재의 경우 가격 변동과 같은 방향으로, 열등재의 경우 반대방향으로 나타난다. 한편 명목소득이 일정하고 가격이 하락할 때 소득효과가 대체효과를 압도하여 구매량이 감소하는 특수한 유형의 열등재를 기펜재라 한다.

4.3 수요곡선의 도출 가격소비곡선을 통해 개별 수요자의 수요곡선을 도출한 뒤 모든 소비자의 수요곡선을 수평으로 합하면 우하향하는 시장수요곡선을 얻을 수 있다.

---

06. 한계대체율은 소비자가 X재와 Y재를 교환하고자 하는 비율이고, 상대가격비율은 X재와 Y재가 시장에서 교환되는 비율이다. 소비자의 효용이 극대화되려면 이 두 비율이 같아야 하는데, 그 의미를 설명해 보라.

07. X, Y 두 재화가 있다. X재는 열등재이고, Y재는 정상재일 경우의 소득소비곡선의 모양을 도출하고, 그 이유를 설명하라.

08. 한계효용균등의 법칙을 이용하여 다이아몬드의 가격이 물의 가격보다 높은 이유를 설명하라.

09. 현재 소비자의 소득은 2,000원, X재 가격은 50원, Y재 가격은 80원이다. 그리고 효용함수는 $U = \frac{1}{2}X \cdot Y$이다.

(1) 예산집합을 구하라.

(2) 소비자균형점을 찾아라.

(3) 만일 X재 가격이 20원으로 하락한다면 균형점은 어떻게 변하는가? 대체효과와 소득효과로 나누어 설명하라.

10. X, Y 두 재화가 있다. Y재는 정상재이고 X재는 열등재인 경우 X재의 가격하락이 X재 구매량에 미치는 영향을 소득효과와 대체효과로 나누어 설명해 보라. X재가 기펜재인 경우는 어떠한가?

11. 효용함수가 $U = X + Y$이고, 예산제약은 $M = 2X + Y$이다.

(1) 소비자균형점을 찾아라.

(2) X재에 대한 수요곡선을 그림으로 그려보라.

5. 소비선택의 사회적 요인

누가(특히 유명인) 재화를 사용하느냐에 따라 재화의 유용성이 증가하는 경우를 유명인 효과라 하고, 특정 재화를 사용하는 사람들의 수가 늘어남에 따라 그 재화의 유용성이 늘어나는 경우를 '네트워크 외부효과'라 부른다. 네트워크 외부효과의 경우 신기술 상품으로의 전환비용이 클 때 열등한 과거 제품을 계속 해서 구매한다는 점에서 소비선택은 경로의존적이다.

12. 다음 신문기사가 보여주는 소비의 결정요인은 무엇인가?

「올 들어 계속되고 있는 극심한 불황 속에서도 일부 고가품은 불티나게 팔리고 있다. "비싸야 잘 팔린다"는 한국적인 소비행태는 여전한 셈이다. 한 대에 300~500만원으로 냉장고로서는 최고 가격을 자랑하는 와인냉장고도 꾸준히 팔리고 있다. 삼성전자가 '와인셀러'를 내놓아 시장의 반응이 좋자 GE백색가전과 LG전자가 잇따라 뛰어들고 있다. 자동차도 비쌀수록 잘 팔리기는 마찬가지다. 중고차 판매는 뚝 끊겼지만 오피러스 등 일부 고급 차종은 밀려드는 주문을 감당하지 못해 한 달 이상 출고를 기다려야 한다. 특히 고급 외제차의 대명사인 포르쉐는 4월에 이미 금년 판매목표를 넘어섰고, BMW도 지난해까지 가장 많이 팔렸던 5시리즈(7,000만원대)를 밀어내고 7시리즈(1억원대 이상)가 주력제품으로 떠올랐다.」 **(한국일보, 2003. 7. 11.)**

응용문제

01. 한계효용체감의 법칙에 따르면 동일 상품의 소비량을 증가시킴에 따라 한계효용은 체감하게 된다. 한계효용체감의 법칙과 우리나라 고사성어 '다다익선(the more the better)'은 서로 모순되는 개념인지에 대해 논리적으로 타당한 근거를 제시하여 설명하라.

02. 1통에 1만원 하는 배추와 1kg에 2만원인 소고기를 구입하여 자취하는 민호의 한 달 소득이 30만원이라 한다. 다음 질문에 답하라.

(1) 배추 가격이 폭등하자 정부가 배추 1통 구입 시 5천원씩의 보조금을 지급해 주는 경우 예산선에는 어떤 변화가 있는지 설명하라. 배추 구입량과 무관하게 월 20만원의 소득보조를 해주는 경우 민호의 예산선에는 어떤 변화가 있는가?

(2) 특정 수량만큼의 배추와 소고기를 선택한 한 점에서 배추의 한계효용과 소고기의 한계효용의

비율인 한계대체율이 1/2이라 한다. 이 선택점이 민호의 합리적인 소비선택점인지 설명하라. (단, 배추와 소고기에 대한 무차별곡선은 원점에 대해 볼록한 모양을 갖는다고 한다.)

03. 정부가 벤담(Jeremy Bentham)과 밀(John S. Mill)의 공리주의에 입각하여 사회구성원 전체의 효용을 극대화하는 소득재분배정책을 선택한다고 하자. 한계효용체감과 한계효용균등의 법칙을 이용하여 최적정책의 조건을 설명하라.

04. 야구에서 타자에게 희생타, 번트 등 여러 작전을 펴서 한 점, 한 점 득점을 올리는 감독의 작전스타일을 스몰볼(small ball)이라 한다. 반면에 타자들에게 공격을 맡기고 대량득점을 추구하는 미국식 작전스타일을 빅볼(big ball)이라 한다. 아래 그림과 본문의 〈생활의 경제학 : 희생번트와 수요의 법칙〉을 참고하여 한국과 미국 간에 스몰볼 · 빅볼의 차이가 발생하는 이유를 설명하라.

한국 프로야구와 미국 메이저리그(아메리칸 리그)의 팀 경기당 홈런 수

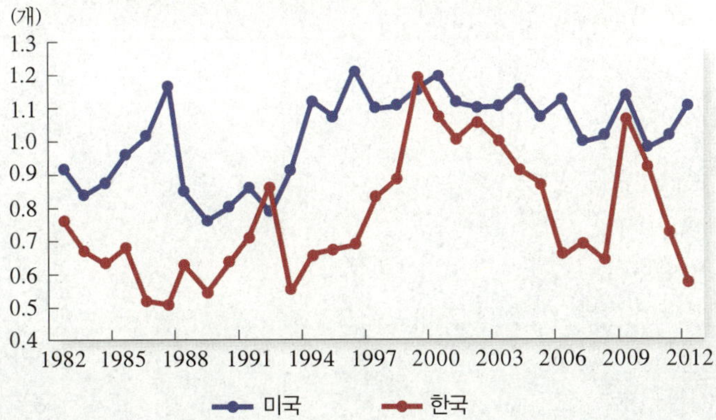

(출처 : 남재현, "희생번트와 수요법칙", 『KDI 클릭경제교육』, KDI 경제정보센터, 2013. 4.)

05. 현재 키보드의 키 배열은 이른바 QWERTY 자판을 사용하고 있다. 타자기가 보급되던 시절 너무 빠르게 입력을 하면 고장이 발생하는 경우가 있었기 때문에 의도적으로 타자 속도를 낮추기 위해 고안된 배열이었으나 지금까지도 표준으로 사용되고 있는 것이다.

(1) 어떤 벤처기업에서 QWERTY보다 뛰어난 배열을 사용하는 키보드를 개발하는 데 성공하여 투자자를 모집하고 있다. 이 기업에 투자하는 것은 현명한 선택인가?

(2) 국가에서 새로운 표준을 제정하여 시행할 경우에는 어떤 비용이 있겠는가?

기업의 생산기술과 생산비용

Principles of **Micro**economics ch. four

04

이 장에서는 기업이 직면하는 기술적 제약과 경제적 제약을 각각 나타내는 생산함수와 비용함수의 특성을 알아본다. 이를 위해 다음과 같은 문제에 대해 논의해보자.

- 생산요소 투입과 생산물 산출 간의 기술적 관계를 어떻게 나타낼 수 있는가?
- 주어진 기술여건과 생산요소 가격 하에서 생산량과 그 생산량을 생산하기 위한 최소비용 간의 관계는 어떻게 결정되는가?
- 고정된 생산요소가 있는 단기와 모든 생산요소가 가변적인 장기에 생산량과 최소비용 간의 관계는 어떻게 달라지는가?

1. 왜 기업인가?*

경제 현실에서 대부분의 생산활동은 개인 간의 거래가 아니라 기업과 개인 간 또는 기업과 기업 간의 거래를 통해서 이루어진다. 자본주의는 자유로운 시장거래로만 이루어진 것이 아니라, 이를 대체하는 위계질서 하의 기업조직이 중요한 부분을 차지하고 있다. 예를 들어 컴퓨터 프로그래머의 전문 기능이 필요한 사업을 시작하려고 할 때, 필요할 때마다 그 기능을 구매하는 시장거래를 할 수도 있지만 아예 기업조직을 통해 프로그래머를 고용해서 작업을 지시할 수도 있다.

그렇다면 어떤 경우에 시장거래를 선택하고, 어떤 경우에 기업조직을 선택하는가? 거래비용학파(또는 신제도학파)에 따르면, 필요할 때마다 적절한 거래상대방을 탐색하여 거래조건을 협상하는 시장거래보다는 거래상대방들이 기업이라는 하나의 조직을 구성하여 필요한 경제활동을 내부화하는 것이 거래비용을 줄이는데 보다 효과적이다.

이러한 거래비용학파의 논리는 우리나라의 재벌과 같은 기업집단의 발생에도 적용될 수 있다. 즉, 기업과 개인 간의 관계만이 아니라 기업과 기업 간의 관

---

* 김상조, 『종횡무진 한국경제』, 오마이북, 2012. 3, pp.220~223.

계도 설명할 수 있다. 어느 한 기업이 독립성을 유지하면서 다른 기업과 구매·판매의 시장거래 관계를 가질 수도 있지만, 인수·합병(M&A)을 통해 계열사 관계를 형성하는 것이 거래비용을 크게 절감할 수 있는 경우도 있다. 이것이 기업집단의 시너지 효과이고, 기업집단 역시 시장거래를 대체하는 위계질서 하의 조직이다. 예를 들어 미국의 자동차회사 제너럴 모터스(GM)의 경우, 품질경쟁력을 좌우하는 핵심 부품을 공급하는 회사는 인수·합병을 통해 내부조직화하는 반면 표준화된 부품은 독립회사들로부터 구매해 왔다.

한편 일본 자동차회사를 대표하는 도요타는 핵심 부품까지도 하도급기업에 의존하는 경우가 많고, 한번 거래관계를 맺으면 결정적인 하자가 없는 한 계속 관계를 이어나간다. 그러나 하도급기업은 분명 기업집단조직 내부의 구성요소는 아니다. 이처럼 시장도 아니고 조직도 아닌, 그 중간적인 성격을 갖는 관계를 준내부조직(quasi-internal organization)이라고 한다. 법적으로는 상호 독립적인 지위를 갖고 있지만, 내부자에 준하는 밀접한 관계를 장기간 유지하는 것을 말한다. 일본과 우리나라의 대기업·중소기업 간 하도급거래 관계가 준내부조직의 대표적인 예들이다.

2. 생산기술과 생산함수

기업은 재화나 서비스를 생산하기 위해서 여러 가지 생산요소를 사용한다. **생산요소**(factors of production)란 생산물을 생산하기 위하여 투입되는 모든 것을 말한다. 경제학에서는 전통적으로 다양한 생산요소를 토지(land), 노동(labor) 및 자본(capital)의 세 가지로 나누어서 분석한다. 여기서 **토지**는 좁은 의미의 땅뿐만 아니라 하천, 해양, 대기, 지하자원 등과 같이 자연에 의하여 부여된 생산요소 일체를 가리킨다. **노동**이란 사람이 제공하는 생산요소이며, **자본**은 사람이 만들어낸 생산요소(공장이나 기계 등)이다. 이제 '그린모터스(Green Motors)'라는 한 자동차 제조기업을 상정하여 이러한 생산요소들이 기업의 생산함수와 어떤 연관이 있는지 알아보기로 하자.

생산요소 생산물을 생산하기 위하여 투입되는 모든 것으로서 보통 토지, 노동 및 자본으로 나누어 분석

그린모터스가 자동차를 산출하기 위하여 생산요소를 투입할 때, 그 생산요소의 투입(input)과 생산물의 산출(output) 간에는 일정한 기술적 관계가 존재한다.

생산함수 생산요소의 투입과 생산물의 산출 사이의 함수관계

이 기술적 관계를 함수 형태로 표시한 것을 **생산함수**(production function)라 한다. 생산함수는 각 생산요소의 투입량이 주어졌다고 할 때 이들을 가장 효율적으로 결합한 결과 얻게 되는 자동차의 산출량을 함수값으로 보여준다. 예를 들어 지금 L만큼의 노동과 K만큼의 자본을 사용해서 얻을 수 있는 자동차의 최대생산량이 X라면 생산함수는 다음과 같이 표현할 수 있다.

$$X = f(L, K) \tag{4.1}$$

식 (4.1)에서 자동차의 수량 X는 생산요소의 수량 L, K를 투입했을 때 얻을 수 있는 산출량 중 최대를 말한다. 대개의 경우 L과 K의 투입량이 증가할수록 X의 수량도 증가한다.

생산함수를 본격적으로 공부하기 전에 꼭 짚고 넘어가야 할 것이 있다. 바로 두 생산요소, 즉 자본과 노동이 상당히 다르다는 사실이다. 노동은 비교적 용이하게 수시로 그 양을 변경할 수 있는 반면에, 자본(이를테면 공장시설)은 일단 한 번 주어지면 단시일 내에 그 규모를 조정하기 어렵다. 이에 따라 생산이론에서는 일반적으로 자본의 투입량은 고정되어 있고 노동의 고용량만 조정할 수 있는 **단기**(short run)와 두 생산요소의 투입량을 모두 조정할 수 있는 **장기**(long run)를 구분하여 분석한다. 이때 단기와 장기를 구분하는 기준은 한 달, 일 년 또는 십 년 등과 같이 구체적인 시간 단위가 아니라는 점을 유의해야 한다. 얼마의 시간이 장기인가의 여부는 그 시간의 절대적인 크기가 아니라 투입되는 모든 요소를 변경시킬 수 있을 만큼 긴 시간인가의 여부로 결정된다. 즉, 생산계획의 특성에 따라 단기와 장기가 구분되는 것이다.

단기 노동의 고용량만 조정 가능한 기간

장기 노동의 고용량과 자본의 투입량 모두 조정 가능한 기간

여기서는 먼저 자본의 투입량이 고정되어 있는 단기생산함수를 분석하는데, 그 과정에서 한계생산체감의 법칙을 자세히 살펴본다. 이어서 두 생산요소가 모두 가변적인 장기생산함수를 소개하는데, 이 과정에서 기술적 효율성에 관해 다루게 될 것이다.

현실과 경제학

데이터—생산함수의 새로운 투입요소

2017년 한국정보화진흥원의 한 보고서는 4차 산업혁명을 디지털 정보가 포함된 "데이터에 의해 추동되는 혁명(data-driven innovation)"으로 규정하고 있다.* '21세기의 원유'라고 불리는 데이터는 제조업, 물류, 에너지, 의료서비스 등 다양한 분야에서 생성되어 왔으며 최근에는 스마트기기, 사물인터넷(Internet of Things ; IoT), 스마트 팩토리 등의 확산에 따라 데이터의 양 또한 급증하는 추세이다. 이러한 가운데 빅데이터, 인공지능(artificial intelligence ; AI) 등 데이터 기반 혁신기술은 유통·콘텐츠·금융에서의 맞춤형 서비스, 업무자동화, 초기 단계의 자율주행 등을 가능하게 하면서 이미 우리 삶의 일부분으로 자리잡고 있다.**

'데이터 경제(Data Economy)'는 데이터가 경제의 중요한 자원으로 활용되는 경제를 말한다. 많은 이들은 데이터를 중심으로 일어나는 여러 경제활동을 유전을 발견하여 원유를 생산하고 이를 정제·가공하여 휘발유와 첨단 신소재를 만드는 과정에 비유한다. 예를 들어 수집된 데이터는 화학 공정을 거치는 원유와 같이 알고리즘과 비즈니스 모델에 따라 가공되어 스마트폰이나 애플리케이션 등을 통해 소비자에게 유통되는 과정을 거치면서 가치가 창출된다는 것이다. 2017년 5월 *The Economist*는 구글, 아마존, 페이스북 등을 과거 석유 경제를 주도했던 스탠더드오일(Standard Oil)에 비유하면서 데이터를 '세상에서 가장 가치 있는 자원(The world's most valuable resource)'이라고 평가했다.

특히 기업의 재화·서비스 생산에 머신러닝이 활용됨에 따라 이때 사용되는 데이터가 생산의 중요한 투입요소가 된다. Varian(2018)에 따르면 어떤 기업이 머신러닝 시스템을 도입하려고 할 때 먼저 갖춰야 할 것은 관련 데이터를 수집하고 정리하는 "데이터 파이프라인(data pipeline)"이다. 예를 들어 소매업체는 판매시점에서 수집한 데이터를 컴퓨터에 업로드 할 수 있는 데이터베이스 시스템이 필요하다. 그 다음에 이 데이터는 재고 데이터, 물류 데이터(logistics data) 및 고객 관련 정보 등 다른 데이터와 결합된다. 원유를 수송하는 데 필요한 송유관과 같이 이러한 데이터 파이프라인은 데이터 인프라를 구축하는 데 가장 노동집약적이고 비용이 많이 든다. 이는 일반적으로 상호 연결하기 어려운 기존 시스템이 있기 때문이기도 하다.

일단 데이터가 정리되면 데이터 웨어하우스(data warehouse)에 함께 모아서 데이터를 가공·분석하는 작업을 할 수 있다. 전통적으로 회사들은 값비싼 컴퓨터를 구입하고 시스템 관리자를 고용하여 자체적으로 데이터 웨어하우스를 운영했었다. 그러나 현재는 Amazon Web Services(AWS), Google Cloud Platform(GCP) 또는 Microsoft Azure Cloud와 같은 클라우드 컴퓨팅 시설에 데이터를 저장하고 분석하는 것이 점점 더 보편화되고 있다.

그렇다면 데이터는 새로운 생산 투입요소로서 어떤 특성을 갖는가? 첫째, 석유는 사유재(private goods)로서 소비가 경합적(rivalry)이다. 어떤 한 사람이 석유를 소비하면 다른 사람이 소비할 수 있는 석유는 그만큼 줄어든다. 반면에 어떤 한 사람의 데이터 사용이 다른 사람의 데이터 사용을 감소시키지 않는다는 점에서 데이터 사용은 비경합적(non-rivalry)이다. 따라서 데이터에 대해서는 사유재에 적용되는 "소유권(ownership)" 대신에 "접근성(access)"이 더 적합한 개념으로 보인다. 둘째, 데이터는 다른 대부분의 생산 투입요소와 마찬가지로 규모수익감소(decreasing returns-to-scale)의 특성을 갖는다. 예를 들어 이미지 인식에 사용된 훈련(training) 데이터(이미지)의 수가 증가함에 따라 정확도는 향상되지만 향상 속도는 보통 감소한다.

* 한국정보화진흥원(2017), 4차 산업혁명의 경제적 의미와 정부 역할 : OECD 국가 비교 중심으로, NIA Hot Issue Report 2017-2, 2017. 2.

** 강준영(2018), p.4.

참고문헌 : 한국정보화진흥원, 4차 산업혁명의 경제적 의미와 정부 역할 : OECD 국가 비교 중심으로, 2017 ; 강준영, "데이터 경제 시대의 기술 혁신과 패러다임 변화", 『산은조사월보』, 2018.

2.1 단기생산함수

이미 이야기한 것처럼 공장의 시설규모는 한번 정해지면 단기간에 쉽게 변화시키기 힘들다. 따라서 이 경우 생산량을 증가시키거나 감소시키려면 노동의 고용을 늘리거나 줄일 수밖에 없다. 자본량이 $\overline{K}$로 고정되어 있고 노동만이 가변적인 단기생산함수는 다음과 같이 표현된다.

$$X = f(L, \overline{K}) \tag{4.2}$$

그린모터스가 노동(기술자)과 자본(생산기계) 두 가지의 생산요소를 사용해서 자동차를 생산한다고 하자. 이때 자본, 즉 생산기계가 1대로 고정되어 있어서 자동차 생산을 늘리려면 더 많은 기술자를 고용해야 하는 경우를 생각해 보자. 이 기업의 생산요소와 생산물(자동차) 사이에는 [표 4-1]과 같은 관계가 형성된다. 표의 (1)열과 (2)열은 생산요소의 투입량을, (3)열은 이에 대응하는 자동차의 **총생산량**(total product ; *TP*)을 나타낸다. 일단 생산기계는 1대로 고정되어 있고 기술자가 늘어남에 따라 자동차 생산량이 증가한다고 하자. (4)열은 노동의 **한계생산(물)**(marginal product ; *MP*)을 표시하고 있는데, 이는 자본이 고정되어 있을 때 노동 1단위의 투입 증가에 따른 총생산의 증가분$\left(\frac{\Delta TP}{\Delta L}\right)$을 나타낸다. 한편 (5)열에서는 노동의 **평균생산(물)**(average product ; *AP*)을 표시하고 있는데, 이는 총생산을 노동의 투입량으로 나눈 것$\left(\frac{TP}{L}\right)$이다.

한계생산 다른 생산요소가 고정되어 있을 때 어떤 생산요소 1단위 투입 증가에 따른 총생산의 증가분

표 4-1

기계 1대에 노동의 투입량을 변화시켜서 자동차를 생산할 때의 생산함수

(1) 기계 (K)	(2) 노동 (L)	(3) 자동차의 총생산 (TP)	(4) 노동의 한계(실물) 생산(MP)	(5) 노동의 평균(실물) 생산(AP)	
1	1	4	4	4	생산의 제1단계
1	2	9	5	4.5	
1	3	15	6	5	
1	4	20	5	5	생산의 제2단계
1	5	24	4	4.8	
1	6	27	3	4.5	
1	7	29	2	4.1	
1	8	30	1	3.8	
1	9	30	0	3.3	생산의 제3단계
1	10	29	−1	2.9	
1	11	25	−4	2.3	

2.1.1 한계생산체감의 법칙

제3장(소비자이론과 수요곡선)을 읽어본 독자는 [표 4-1]을 보면서 [표 3-1]에서 확인한 한계효용체감의 법칙을 떠올릴 것이다. 생산에서도 이와 비슷한 법칙이 성립한다. 즉, 기계의 투입량이 고정된 상태에서 노동투입을 증가시키면 수확체감의 법칙(law of diminishing returns)이 성립하는데, 이를 "어떤 요소의 투입량은 고정시키고 다른 가변요소의 투입을 증가시킬 때 총생산은 증가하되 한계생산은 체감한다"라는 말로 일반화할 수 있다. 이러한 현상을 **한계생산체감의 법칙**이라 한다.

한계생산체감의 법칙 어떤 요소의 투입량은 고정시키고 다른 가변요소의 투입을 증가시킬 때 총생산은 증가하지만 한계생산은 체감

생산에서 기술자가 한 명씩 증가할 때 자동차의 생산량이 증가하는 이유를 생각해 보자. 기술자 한 사람이 자동차를 생산하는 경우 그 사람이 원료의 운반, 조립, 기계조작, 제품정리 등의 일을 모두 해야 하므로 비효율적이다. 그러나 기술자의 수가 늘어감에 따라 각자가 여러 가지 일을 분담하면서 이러한 비효율이 제거되는데, 이것이 생산이 증가하는 이유이다. 그러나 이 상태가 무한정 계속될 수는 없다. 자동차 생산량이 일정 수준을 넘어서면, 총생산은 증가하되 그 증가율이 점점 감소하는 한계생산체감 현상이 나타난다. 1대의 생산기계에 점점 더

그림 4-1

총생산곡선, 평균생산곡선 및 한계생산곡선

(a)는 노동에 대한 총생산곡선을 나타낸 것으로, D점에 이르기까지 총생산량은 꾸준히 증가추세를 보인다. 한편 (b)는 노동의 한계생산량과 평균생산량을 나타내는데, 원점 O에서 변곡점 B'까지는 한계생산과 평균생산이 모두 증가추세를 보인다. 하지만 B'점에서 C'점에 이르기까지는 평균생산이 증가하는 대신 한계생산이 감소하여 C'점에서는 평균생산과 한계생산이 일치하게 되고, D'점에 이르면 한계생산이 0이 되어 총생산량이 극대화된다.

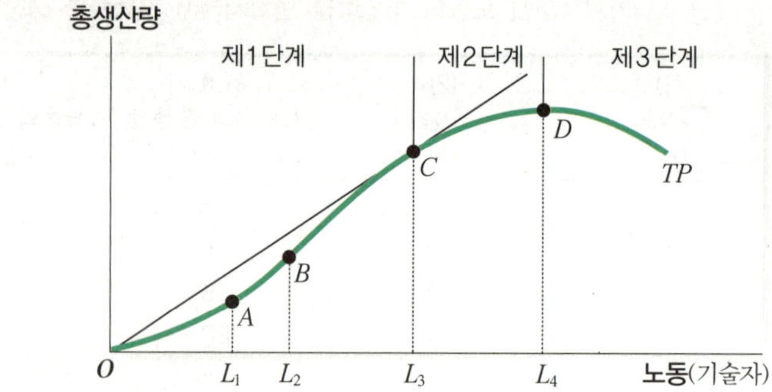

(a) 총생산

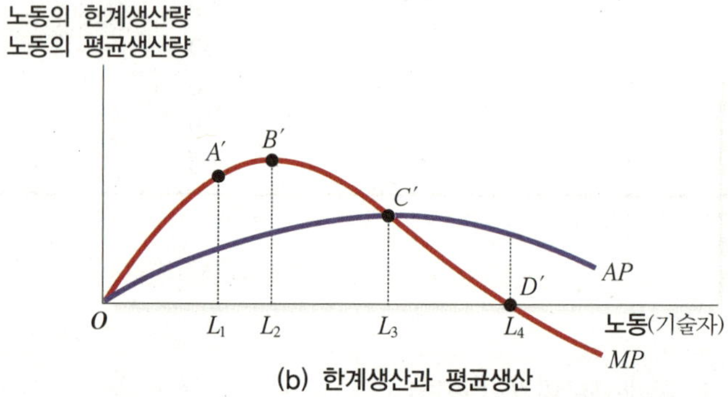

(b) 한계생산과 평균생산

많은 기술자들이 결합되면서 분업에 따른 초기의 효율이 사라지고, 사람들의 일이 서로 중복되어 오히려 비효율을 낳게 되기 때문이다.

2.1.2 한계생산과 평균생산

평균생산 · 한계생산에 따른 생산단계

- **1단계** 총생산과 평균생산 모두 증가하고, 한계생산이 평균생산보다 큰 단계
- **2단계** 총생산은 증가하지만 평균생산은 점점 감소하고, 한계생산이 평균생산보다 작은 단계
- **3단계** 총생산이 감소하는 단계

[표 4-1]에서와 같은 생산함수, 즉 두 개의 생산요소(생산기계, 기술자) 중 하나(생산기계)는 고정되어 있고 다른 하나(기술자)만이 가변적인 경우의 생산함수의 일반적 형태를 그림으로 나타낸 것이 〈그림 4-1〉이다. 그림 (a)의 가로축에는 생산기계 1단위에 대한 기술자의 투입량을, 세로축에는 자동차 생산량을 표시한다. 그림 (b)의 가로축에는 역시 생산기계 1단위에 대한 기술자 투입량을, 세로축에는 노동의 평균생산(AP) 및 한계생산(MP)을 표시한다. 원점에서 노동투입이 L_3에 이르기까지의 구간을 생산의 제1단계라 부른다. 이 단계에서 한계생산이 평균생산보다 크고 평균생산이 극대화된다. 그리고 그 이후부터 노동의 투입

이 L_4에 이르기까지가 생산의 제2단계인데, 이 단계에서는 총생산은 증가하지만 평균생산은 점점 감소하고 한계생산은 평균생산보다 작게 된다. 노동의 투입이 L_4에 달하면 총생산은 극대에 달하고 한계생산은 0이 된다. 노동의 투입이 L_4를 초과하는 단계를 생산의 제3단계라고 하는데, 이때는 한계생산이 음(−)의 값을 가지게 되며 총생산이 감소한다.

〈그림 4-1〉에서 볼 수 있는 것처럼 자동차의 총생산, 평균생산 및 한계생산 사이에는 일정한 관계가 있다. 우선 총생산과 한계생산 사이에는 다음과 같은 관계가 성립한다. **한계생산**(MP)은 총생산 증가분(ΔTP)을 노동증가분(ΔL)으로 나눈 값과 같기 때문에$\left(MP=\dfrac{\Delta TP}{\Delta L}\right)$ 한계생산곡선은 총생산곡선 상의 각 점에서의 접선의 기울기로 나타난다. 우선 (a)에서 자동차의 총생산곡선을 보면 변곡점 B까지는 총생산곡선의 기울기가 증가하기 때문에 (b)에서 한계생산은 점 B'까지 증가하는 모습을 보이게 된다. 점 B에 이르러서는 총생산곡선의 기울기가 감소하기 시작하는데 이에 따라 점 B' 이후에서는 한계생산이 감소한다.

한계생산곡선은 총생산곡선의 각 점에서 접선의 기울기

이제 총생산곡선과 평균생산곡선의 관계를 보자. 노동의 **평균생산**(AP)이란 총생산을 노동의 투입량으로 나눈 것이므로$\left(AP=\dfrac{TP}{L}\right)$ 총생산곡선 상의 한 점과 원점을 연결한 선분의 기울기로 나타낼 수 있다. 예를 들어 〈그림 4-1〉에서 노동의 투입량이 L_3일 때 평균생산은 $\dfrac{L_3C}{OL_3}$가 되며, 이것은 원점과 점 C를 이은 선분의 기울기가 된다. 평균생산곡선은 총생산곡선이 점 C에 이를 때까지 증가하다가 점 C를 지나면 점점 감소한다. 여기서 우리는 점 C에서 평균생산이 극대가 되며 이 점에서 한계생산과 평균생산이 일치함을 알 수 있다. 이것은 점 C에서 접선의 기울기와 원점에서 점 C를 연결한 선분의 기울기가 같기($MP=AP$) 때문이다.

끝으로 평균생산(AP)과 한계생산(MP)의 관계는 다음과 같다. 평균생산이 증가하는 동안 한계생산은 평균생산보다 크다(이 경우 한계생산이 반드시 증가하는 것은 아니다). 평균생산이 일정할 때와 평균생산이 극대 또는 극소에 있을 때에는 한계생산과 평균생산이 일치하고, 평균생산이 감소할 때는 한계생산이 평균생산보다 작다(이 경우 한계생산이 반드시 감소하는 것은 아니다). 〈그림 4-1〉의 (b)에서 OC'구간과 같이 평균생산이 증가하면 한계생산곡선은 평균생산곡선 위에 있고, 평균생산이 최고에 달하는 C'점에서는 평균생산과 한계생산이 같으며, C'점 이후의 구간처럼 평균생산이 감소하고 있는 동안에는 한계생산곡선은 평균생산곡선 밑에 있다.

노동의 한계생산이 노동의 평균생산보다 더 클 때 노동의 평균생산이 증가하는 것은 마치 키가 180cm인 사람이 평균키가 173cm인 사람들의 방에 들어가면 방에 있는 사람들의 평균키가 늘어나는 것과 같은 이유이다.

2.2 장기생산함수

앞에서는 자본의 투입량이 고정되어 있는 단기생산함수를 살펴보았다. 하지만 여건이 변하면 시설의 대체 · 폐쇄 · 신설 · 확충이 있기 마련이므로 공장의 시설규모 등도 변화할 수 있다. 이처럼 생산요소가 모두 가변인 경우의 생산함수, 즉 $X=f(L, K)$로 표현되는 장기생산함수를 등량선(isoquant)을 통해 살펴보자.

2.2.1 등량선과 한계기술대체율

등량선
- 동일한 양의 생산을 가능하게 하는 두 생산요소의 결합을 나타내는 궤적
- 기술적 효율성이 극대화된 생산량

소비자이론에서 살펴본 무차별곡선은 소비자에게 동일한 만족을 주는 두 소비재의 결합을 나타내는 곡선이었다. 같은 맥락에서 생산자이론에서의 **등량선**(isoquant)은 동일한 양의 생산을 가능하게 하는 두 생산요소의 결합을 나타낸다. 주의할 것은 무차별곡선이 서수적 효용을 나타내는 반면, 등량선은 기수적인 개념으로 특정 수준의 생산량을 대변하고 있다는 점이다.

예를 들면 〈그림 4-2〉에서 생산량 X_1을 생산하는 생산요소의 결합으로 (L_1, K_1), (L_2, K_2), (L_3, K_3) 등이 있을 수 있다. 같은 자동차 100대를 생산하는데도 생산기계 1대에 기술자 5명을 고용하거나 생산기계 2대에 기술자 2명을 고용하

그림 4-2

등량선

등량선은 동일한 양의 생산을 가능하게 하는 두 생산요소의 결합을 나타낸다. 이때 각 등량선은 주어진 기술수준에서 일정한 투입물을 이용하여 생산 가능한 최대한의 생산수준을 표현한다. 따라서 *A*점, *B*점, *C*점에서는 모두 동일한 양의 생산이 이루어진다.

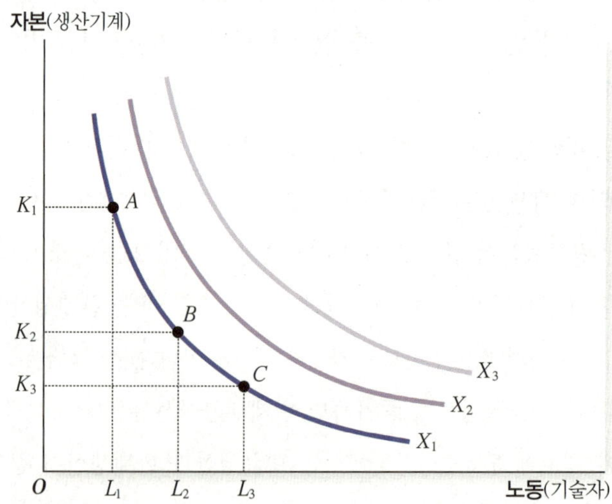

여 생산할 수 있으며, 그 밖에도 여러 가지 방법으로 생산요소 간의 대체가 가능하다. 이때 더 많은 생산량은 원점으로부터 보다 먼 등량선으로 표시된다. 이와 같이 다양한 요소결합에 의해 가능한 생산물의 수준을 나타낸 등량선이 X_1, X_2, X_3이다. 여기서 한 가지 주목할 점은 각 등량선이 주어진 기술수준에서 일정한 투입요소 결합을 통해 생산 가능한 최대한의 생산수준을 나타낸다는 사실이다.

등량선의 특징은 무차별곡선의 특징과 유사하다. 즉, 등량선은 교차하지 않고, 우하향하며, 원점에 대하여 볼록하다. 이러한 특징들은 무차별곡선과 비슷하므로 여기서는 그 이유만 간략히 기술한다. 첫째, 만일 두 개의 등량선이 교차한다면 동일한 요소의 투입으로 서로 다른 수준의 자동차를 생산할 수 있다는 뜻이 되는데, 이는 그린모터스가 기술적으로 효율적인 생산을 하고 있다는 가정에 위배된다. 따라서 등량선은 교차하지 않는다. 둘째, 우하향한다는 것은 주어진 양의 자동차를 생산하는데 생산요소(여기서는 자본(생산기계)과 노동(기술자))가 서로 대체될 수 있다는 것을 의미한다. 그리고 원점에 대하여 볼록하다는 것은 두 생산요소가 서로 대체되기는 하지만, 생산요소 간의 대체 정도가 체감한다는 것을 의미한다. 예를 들어 동일한 양의 자동차를 생산하는데 기술자를 늘리고 생산기계를 줄이는 방법을 택하는 경우, 기술자가 많아지고 생산기계가 적어질수록 생산기계 1대가 자동차 생산에 기여하는 상대적 중요성이 점차 증가한다. 그 결과 동일한 생산량을 유지하기 위해 기술자 1명을 대체하는 데 필요한 생산기계의 투입은 점차 감소한다. 이것을 **한계기술대체율체감의 법칙**(law of diminishing marginal rate of technical substitution)이라고 한다.

등량선의 특징
- 교차하지 않는다.
- 우하향한다.
- 원점에 대해 볼록하다(한계기술대체율체감).

한계기술대체율체감의 법칙 동일한 양을 생산하는데 기술자가 많아지고 생산기계가 적어질수록 생산기계 1대가 생산에 기여하는 상대적 중요성이 점차 증가하기 때문에 기술자 1명을 대체하는 데 필요한 생산기계의 투입은 점차 감소

한계기술대체율의 측정에 대해 좀더 자세히 알아보자. 생산량을 일정하게 유지하면서 노동을 ΔL 단위 증가시키고 자본을 ΔK 단위 감소시키는 등량선 상의 움직임을 생각해 보자. ΔL과 ΔK의 증감에 따른 생산의 증가분, 즉 노동과 자본의 한계생산을 각각 MP_L과 MP_K라고 하면, ΔL의 증가에 따른 생산증가분과 ΔK의 감소에 따른 생산감소분이 서로 같아야 생산량에 변화가 없게 된다. 즉, $\Delta L \times MP_L = -\Delta K \times MP_K$이므로 $-\frac{\Delta K}{\Delta L} = \frac{MP_L}{MP_K}$이 된다. 따라서 자본으로 표시한 노동의 **한계기술대체율**($-\frac{\Delta K}{\Delta L}$)은 노동의 한계생산과 자본의 한계생산의 비율, 즉 $\frac{MP_L}{MP_K}$과 같다. 예를 들어 등량선 상의 어떤 점에서 매 기간 단위당 노동의 한계생산이 $\frac{1}{2}X$이고 자본의 한계생산이 X라면, 이 점에서는 기술자 1명의 추가 고용이 생산기계 $\frac{1}{2}$대의 상실과 맞먹는다. 즉, 한계기술대체율은 $\frac{MP_L}{MP_K} = \frac{1/2}{1} = \frac{1}{2}$이다.

한계기술대체율 노동의 한계생산과 자본의 한계생산의 비율

2.2.2 규모에 대한 수익

단기생산함수에서 생산요소의 생산성과 관련된 특성은 한계생산체감 혹은 체증으로 설명하였다. 장기생산함수도 단기에서와 같이 한계생산성의 체감 혹은 체증과 같은 특성을 갖는다. 그러나 장기에서는 모든 생산요소가 가변적이므로 특정한 생산요소의 변동이 산출량에 미치는 효과뿐만 아니라 모든 생산요소가 동시에 변화할 때 생산량이 어떻게 변화할 것인지도 관심의 대상이 된다. 이를 **규모에 대한 수익** 혹은 줄여서 규모수익(returns to scale)이라고 하며, 이것의 체증·체감·불변으로 그 특성을 설명한다.

규모에 대한 수익 모든 생산요소가 동시에 같은 비율로 변화할 때 생산량의 변화

규모수익체증(increasing returns to scale)이란 자본과 노동의 투입규모를 동시에 1단위 증가시켰을 때 생산수준이 1단위보다 더 크게 증가하는 경우이다. **규모수익체감**(decreasing returns to scale)은 생산수준이 1단위보다 적게 증가하는 경우이며, **규모수익불변**(constant returns to scale)은 정확히 1단위만큼 산출이 증가하는 경우이다. 이는 전체 투입규모에 대한 생산성의 증가·감소·불변 등을 의미한다.

자본과 노동의 투입규모를 1단위 증가시킬 경우
규모수익체증 생산량 1단위 이상 증가
규모수익불변 생산량 1단위 증가
규모수익체감 생산량 1단위 이하 증가

2.2.3 단기생산함수와 장기생산함수의 관계

이제 단기생산함수와 장기생산함수의 관계를 알아보자. 〈그림 4-3〉의 (a)는 장기생산함수 $X = f(L, K)$에서 도출된 등량선을 나타낸다. 단기생산함수는 자본의 투입이 고정되어 있는 경우이므로 세로축의 $\overline{K}$로부터 수평으로 그은 선상에서 도출할 수 있다. 예를 들어 점 A는 노동이 L_1만큼, 자본이 $\overline{K}$만큼 투입될 때 자동차의 생산량이 X_1임을 나타낸다. 또 점 B와 C는 각각 노동이 L_2, 자본이 $\overline{K}$만큼 투입될 때의 산출량 X_2, 노동이 L_3, 자본이 $\overline{K}$만큼 투입될 때의 산출량 X_3를 보여준다. 그림 (b)는 자본의 투입량이 $\overline{K}$로 고정되었을 때 단기생산함수의 그래프이다. 그림 (a)의 점 A, B, C는 그림 (b)의 점 A', B', C'에 대응된다는 것을 쉽게 확인할 수 있다.

그림 4-3

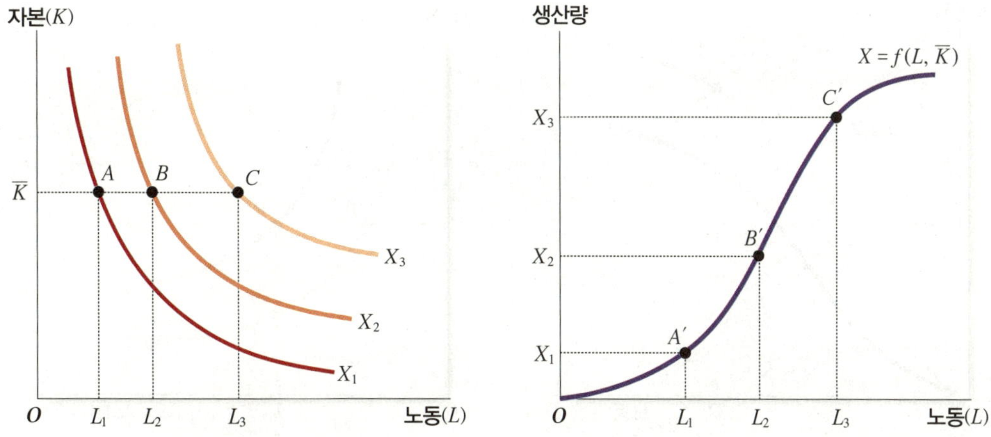

(a) 장기생산함수(등량선) (b) 자본이 $\bar{K}$로 고정된 단기생산함수

단기생산함수와 장기생산함수

(a)는 장기생산함수에서 도출된 등량선을 나타낸다. 한편 단기생산함수는 자본(K)의 투입이 고정되어 있는 경우이므로 세로축의 K로부터 수평으로 그은 선상에서 도출할 수 있다. 그림 (b)는 자본의 투입량이 불변($\bar{K}$)일 때 단기생산함수의 그래프이다.

2.3 기술진보

지금까지 우리는 기술수준을 불변이라고 가정해 왔다. 그러나 장기적인 관점에서 생산수준은 과학의 발달, 새로운 자원의 개발 및 사회환경과 법 · 제도의 변화 등으로 인하여 끊임없이 변화한다. 이러한 기술의 변화는 투입요소와 생산량의 관계, 즉 생산함수를 변화시킨다.

기술진보(technical progress)란 주어진 생산요소로 전보다 더 많은 생산을 할 수 있도록 생산요소를 기존과 다른 방식으로 결합하는 것이다. 좁은 의미의 기술진보는 과학기술의 발전과 새로운 발명이 가져온 생산기술의 진보이다. 일반적인 의미의 기술진보란 슘페터(Joseph A. Schumpeter)가 지적한 혁신의 개념처럼 신제품 · 신기술의 개발, 새로운 기업조직 및 관리방식의 개발, 새로운 원료공급의 개발, 새로운 판로의 개척 등 기업의 이윤극대화에 부합하는 일체의 활동을 포함하는 것이다.

기술진보 주어진 생산요소로 기존보다 더 많은 생산을 가능하게 하는 것

그림 4-4

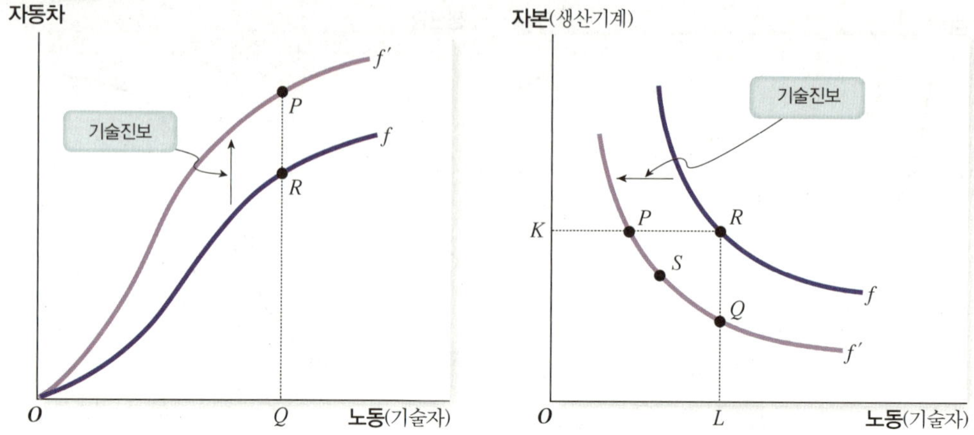

(a) 기술진보와 생산함수

(b) 기술진보와 등량선

기술진보와 생산함수의 관계

(a)에서 기술이 진보하면 동일한 노동력 투입에 대해서도 생산량이 이전보다 증가하게 되어 생산함수는 f에서 f'으로 이동한다. 이러한 기술진보의 결과 (b)에서의 등량선도 동일한 생산수준을 나타낼 경우 원점에 보다 가깝게($f \rightarrow f'$) 나타난다.

이미 지적한 것처럼 기술진보가 있는 경우에는 생산함수가 달라진다. 똑같은 생산요소를 투입하고도 보다 많은 생산을 할 수 있기 때문이다. 이것을 그림으로 나타내면 〈그림 4-4〉와 같다. 그림 (a)는 노동만이 가변생산요소이고 다른 생산요소(자본)의 양은 고정되어 있는 경우인데, 기술진보가 있기 전의 생산함수는 f이고 기술진보 이후의 생산함수는 f'이다. 그리고 (b)는 노동과 자본이 모두 가변요소인 경우 기술진보 이전(f)과 기술진보 이후(f')의 자동차 100대에 대한 등량선을 보여주고 있다. 즉, (b)에서 기술진보 이전에는 OL의 기술자와 OK의 생산기계를 투입하여 최대 100대의 자동차를 생산했는데, 기술진보의 결과 자동차 100대를 생산하고자 할 때 $\overline{QR}$만큼 생산기계의 투입을 감소시키거나 기술자를 $\overline{PR}$만큼 감소시켜도 된다. 물론 등량선 f' 상에서 $\overline{PQ}$ 사이에 있는 어떤 생산방법(예를 들어 S)을 채택하면 기술자와 생산기계의 양을 다 같이 줄일 수도 있다.

기술진보의 원인
- 이윤추구의 과정 : 연구 및 개발, 혁신
- 역사적 필요의 결과

그렇다면 기술진보는 어떻게 일어나는 것일까? 첫째, 기술진보는 기업의 이윤추구 과정에서 일어난다. 이윤추구 과정에서 기업은 기존의 기술을 활용할 뿐만 아니라 새로운 기술을 적극적으로 개발하려 할 것이다. 오늘날 기업은 연구 및 개발(R&D)에 많은 지출을 하고, 그 결과 많은 신기술이 나오고 있다. 또한 슘페터는 혁신의 추구가 이윤을 가져다줌으로써 경제발전의 원동력이 된다는 견해를 피력했다. 그는 혁신이 창조와 파괴의 작용을 동시에 수행한다는 점을 중요시하여 자본주의 사회에서의 혁신의 바람을 "창조적 파괴의 끊임없는 강풍(perennial gale of creative destruction)"으로 묘사한 바 있다.

둘째, 많은 경우 발견이나 발명 및 이에 따른 기술진보는 역사적 필요의 결과라고 볼 수도 있다. 예를 들어, 만유인력의 법칙이나 상대성원리가 뉴턴이나 아인슈타인이 없었더라도 발견되었을 것이고 와트가 아니더라도 증기기관은 발명되었을 것이며 대량생산체제는 포드가 아니더라도 개발되었을 것이다. 원래 과학과 기술은 그 자체의 역동성에 의하여 진보하며, 반드시 어떤 목적이 있어서 진보하는 것은 아니다. 지식의 갈구 혹은 창조라는 것은 인간의 기본적이고 어떤 의미에서는 본능적인 충동으로 볼 수 있고, 이로 인해 대다수의 기술진보는 역사상에서 자연스럽게 이루어진다.

3. 생산비용 최소화

기업이 어떤 생산요소를 사용하여 재화나 서비스를 얼마만큼 생산하든지 간에 거기에는 비용이 든다. 기업의 생산비용은 기술여건과 요소가격, 생산량의 크기에 따라 결정된다. 여기서는 기술여건이 일정한 상황에서 비용이 가장 적게 드는 방법으로 생산이 이루어질 것이라 가정하고 생산량과 생산비용 간의 관계를 살펴보자.

일정한 생산량을 생산하는 데 비용이 가장 적게 드는 방법(반대로 표현하면 일정한 생산비용으로 최대한의 산출량을 얻을 수 있는 방법)을 **경제적 효율성**(economic efficiency)이 있는(혹은 줄여서 '효율적인') 생산방법이라고 한다. 경제적 효율성이 낮은 방법을 쓰면 일정한 산출량을 생산하는 데 생산비용이 더 들거나 또는 같은 생산비용을 들여도 산출량이 더 적기 때문에 기업의 이윤은 감소하게 된다. 효율적 생산의 가정 하에서 생산량과 생산비용 간의 관계를 나타내는 비용함수를 자세히 알아보기 전에 먼저 생산비용 개념 자체의 경제학적 의미를 살펴보자.

경제적으로 효율적인 생산방법
- 일정한 생산량을 생산하는 데 가장 비용이 적게 드는 방법
- 일정한 생산비로 최대한의 산출량을 얻을 수 있는 방법

3.1 생산비용과 기회비용

기업이 생산활동을 하는 데 드는 비용을 경제학적으로 논의할 때 기초가 되는 개념이 **기회비용**(opportunity cost)이다. 어떤 재화를 하나의 용도로 사용할 때의 기회비용이란 그것을 다른 용도로 사용하지 못해서 상실한 최대의 편익(benefit)을 의미한다. 따라서 비용(기회비용)이 없는 생산이란 있을 수 없다. 생산요소의 기회비용, 이것이 곧 **생산비용**(cost of production)이 된다.

생산비용
= 생산요소의 기회비용
(일반적으로 회계적 생산비용과 다름)

그런데 실제 생활에서 우리에게 보다 친숙한 비용 개념은 화폐지출의 크기를 나타내는 **회계비용**(accounting cost) 또는 명시적 비용(explicit cost)이다. 어떤 기간 동안에 시장에서 구입 또는 임대하여 그 기간 동안 완전히 소모해 버리는 생산요소의 경우에는 생산비용을 측정하는 데 별다른 문제가 없다. 시장가격기구가 적절하게 작동한다면 생산요소의 시장가격이 곧 회계비용인 동시에 기회비용이기 때문이다. 즉, 생산요소의 투입은 시장가격만큼의 화폐지출을 수반하며, 또한 그 금액으로 시장에서 다른 재화나 서비스를 구입할 수 있는 기회를 포기하는 것을 의미한다.

시장가격기구가 적절하게 작동한다면 생산요소의 시장가격 = 회계비용 = 기회비용

그러나 일반적으로 회계 관점에서 파악된 생산비용과 기회비용의 개념에 따라 산출된 생산비용은 일치하지 않을 수 있다. 예를 들어 생산요소를 시장에서 구입(혹은 임대)하지 않을 경우, 또는 구입하더라도 구입과 사용이 동일 기간에 이루어지지 않을 경우에는 기회비용과 회계비용 간에 차이가 생긴다.

기회비용과 회계비용이 다른 경우
- 생산요소가 시장에서 거래되지 않을 때
- 구입과 사용 시기가 일치하지 않을 때
- 시장실패가 발생할 때

먼저 생산요소를 시장에서 구입하지 않은 예로서 어떤 예술가가 새로운 사업을 벌이기로 결심하고 1억원의 자본을 연 이자율 10%로 빌려 커피전문점 프랜차이즈의 경영 계획을 세운다고 하자. 커피전문점의 운영에는 두 사람의 노동이 필요한데, 필요한 인력을 모두 고용할 수도 있고(1안) 한 사람만 고용하고 예술가 활동을 포기한 채 자신이 직접 일할 수도 있다(2안). 종업원 한 사람의 월급이 300만원이고 예술가 활동을 통해 벌 수 있는 수입은 연 5,000만원이다. 커피전문점 운영에 필요한 노동에는 특별한 숙련기술이 요구되지 않아서 1안을 따르든 2안을 따르든 커피전문점 운영의 수입에는 차이가 없다. 이때 회계비용으로 따진다면, [표 4-2]와 같이 1안을 따를 때의 연간 비용은 8,200만원인 데 비해 2안을 따를 때는 4,600만원이다. 결과적으로 2안이 1안에 비해 3,600만원의 화폐지출 절감을 가져온다.

생산요소가 시장에서 거래되지 않을 때 자신의 노동과 자본을 투입하는 경우 회계비용에 포함되지 않지만, 그 노동과 자본을 다른 생산에 투입할 경우 얻을 수 있는 수익은 기회비용에 포함되어야 함

그러나 이 예술가가 합리적인 사람이라면 오히려 1안을 선택할 것이다. 2안

표 4-2

회계비용과 기회비용의 차이

(단위 : 만원)

	자본비용 ①	노동비용 ②	암묵적 비용 ③	회계비용 ① + ②	기회비용 ① + ② + ③
1안	1,000	7,200		8,200	8,200
2안	1,000	3,600	5,000	4,600	9,600

을 따르면 명시적으로 화폐지출이 일어나는 것은 아니지만 예술가 활동으로 벌 수 있는 5,000만원의 수입을 포기해야 하기 때문이다. 따라서 2안의 경우 진정한 의미의 비용(기회비용)은 4,600만원의 회계비용 이외에 암묵적 비용 5,000만원을 추가로 고려한 9,600만원이 된다. 이는 1안의 8,200만원에 비해 훨씬 더 많은 지출이다. 자가 소유 생산요소의 투입이 있을 때 생산자 행동을 이해하려면 기회비용으로 측정한 생산비용 개념을 이용하여 분석해야 하는 것이다.

구입과 사용 시기가 일치하지 않을 때
감가상각(자연적 노후화, 사용으로 인한 소모, 새로운 기계 발명에 의한 기술적 노후화 등에 인한 그 가치의 감소)을 생산비용에 포함시키는 문제 발생

한편 시장에서 생산요소를 구입하더라도 구입과 사용이 동일 기간에 이루어지지 않으면 생산비용의 계산에 문제가 생긴다. 예를 들어 커피전문점 주인이 에스프레소(espresso) 기계를 수년 전에 1,000만원에 구입했는데, 기계의 수명은 10년이고 10년 후 기계는 고철이 되어 가치가 없어진다고 하자. 즉, 이 기계의 역사적 비용은 1,000만원이며 자연적 노후화, 사용으로 인한 소모, 새로운 기계 발명에 의한 기술적 노후화로 인하여 그 가치가 해마다 떨어진다. 이로 인한 가치의 감소를 **감가상각**(depreciation)이라고 하는데, 이것은 회계비용을 계산할 때 생산비용에 포함된다. 이때 원가계산을 하는 회계사들은 과거에 지불한 역사적 비용 1,000만원을 기계의 수명인 10년에 배분한다. 이를 배분하는 방법에는 여러 가지가 있으나, 가장 일반적인 방법은 역사적 비용을 기계 수명으로 나누는 정액상각(straightline depreciation)으로 이 경우 회계사는 매년 100만원의 감가상각을 생산비용에 포함시킨다.

그러나 경제학자의 입장에서 보면 기계 구입비용 1,000만원과 매년 100만원의 감가상각액은 그리 중요하지 않다. 에스프레소 기계를 구입한 뒤에 커피전문점 주인의 선택에서 의미 있는 것은 그 기계를 다른 용도로 사용한다면 얼마나 수입을 올릴 수 있을까, 즉 기회비용이 얼마나 될까 하는 것뿐이다. 예컨대 에스프레소 기계를 구입한 이후 용도가 같은 값싼 기계가 발명되어 연 50만원의 임

대료를 내면 이를 임대하여 쓸 수 있다고 하자. 만약 가맹점(franchise) 계약의 특성상 에스프레소 기계가 일단 가게에 설치된 후에는 전매할 수 없고 지금과 다른 용도로 사용할 수 없다면, 커피전문점 주인은 원래 구입한 기계를 계속 사용할 것이다. 왜냐하면 그때 기회비용은 0원인 반면 새로운 기계를 임대하면 50만원의 기회비용을 부담해야 하기 때문이다. 그러나 구입한 기계를 다른 용도로 사용할 수 있고 연 70만원에 빌려줄 수 있다면 사정은 달라진다. 원래의 기계를 계속 사용할 때의 기회비용은 70만원인 데 비해 새로운 기계를 사용할 때의 기회비용은 50만원에 불과하기 때문에 생산자는 당연히 후자의 경우를 선택한다. 이 경우 회계비용에 의존해서는 생산자의 행동을 이해하거나 예측할 수 없다.

매몰비용 생산요소를 재판매하거나 다른 용도로 사용할 수 없을 때, 그 생산요소 취득에 지출한 회수 불가능한 역사적 비용

위의 예에서 어떤 기계나 장비를 구입한 후에 그것을 재판매하는 것이 불가능하고 다른 용도로 쓸 수 없을 때, 기계나 장비를 취득할 때 지출한 역사적 비용은 회수 불가능하다는 의미에서 **매몰비용**(sunk cost)이라고 불린다. 이 경우 그 기계는 사실상 자유재(free goods)가 되며, 따라서 그것을 사용할 때의 기회비용은 기업회계상 감가상각비로 계산되는 100만원이 아니라 0원이 된다. 다시 말하면 지나간 일은 지나간 일일 뿐이며 그것이 지금 최선의 길이 무엇인가에 대하여 영향을 줄 수는 없다는 것이다.

이상의 논의를 통해 우리가 알 수 있는 것은 설령 경영자가 비용이라는 말을 들을 때 떠올리는 개념이 회계비용일지는 몰라도 결국 기회비용이 의사결정의 기준이 된다는 것이다. 따라서 기업의 행동을 분석하는 경제학에서는 기회비용으로서의 생산비용을 고려하지 않을 수 없다.

생활과 경제학

매몰비용과 콩코드 여객기

1947년 최초의 초음속 전투기가 개발된 이후 미국, 영국, 프랑스 등 주요 선진국은 이 기술을 여객기에 적용하기 위한 노력을 기울이기 시작하였다. 특히 영국과 프랑스는 1962년에 초음속 여객기 개발에 관한 합의를 이루었고, 프랑스의 드골 대통령은 이를 콩코드(Concorde; 불어로 '협력'을 의미함)라 칭하였다. 이러한 선진국의 초음속 여객기 개발 경쟁으로 1970년대 말 이후에는 초음속 여객기가 보편화될 것으로 많은 사람들이 믿었다.

그러나 초음속 여객기 개발과 관련하여 초음속 비행을 위해서는 막대한 연료를 소모해야 하고, 승객 수도 100명 내외로 제한되며, 또한 초음속 비행으로 발생하는 소음문제를 피하기 위해 항로가 몇 개로 제한되는 등의 문제점이 제기되었다. 초음속 여객기를 개발하여 운용하는 것이 경제적 타산이 맞지 않을 가능성이 높았다. 이에 미국은 초음속 여객기 개발 및 운용을 1971년에 공식적으로 포기하였다.

반면 영국과 프랑스는 초음속 여객기 개발에 이미 막대한 비용이 투자된 점 등을 고려하여 동 사업을 지속하

였고, 1976년에 최초의 초음속 여객기 콩코드의 상업운항을 시작하였다. 그러나 앞서 언급한 기술적·경제적 문제점을 해결하지 못하였기 때문에 영국의 브리티시 항공(British Airways)과 프랑스의 에어프랑스(Air France)는 콩코드의 운항으로 막대한 손실을 입게 되었다. 또한 콩코드를 제작한 에어버스(Airbus)도 이러한 문제점으로 인해 각국에서 초음속 여객기에 대한 수요가 없어 수지타산이 맞지 않자 초음속 여객기의 유지 및 성능 개선을 위한 투자를 포기하였다. 결국 2000년 프랑스 드골공항에서 발생한 콩코드 여객기의 폭발사고를 계기로 2003년에 콩코드 여객기의 운항이 중단되었다.

결과적으로 영국과 프랑스의 초음속 여객기 개발 및 운용은 경제적 측면에서 볼 때 막대한 손실을 가져온 불합리한 결정이었으며, 이는 정책담당자들이 매몰비용을 고려했기 때문이었다.

출처 : 한국은행 경제교육 홈페이지(http://www.bokeducation.or.kr).

3.2 비용함수

비용함수란 기업이 생산비용을 최저로 하는 생산방법을 선택한다는 가정 하에, 생산량의 변화에 따라 생산비용이 어떻게 변화하는가를 나타내는 함수이다. 예를 들어 자동차 제조업체인 '그린모터스(GreenMotors)'에서 기술자(L)와 생산기계(K) 두 생산요소를 투입하여 자동차를 생산하는 경우를 생각해 보자. 그리고 기술자의 임금과 생산기계의 가격은 각각 w와 r로 주어져 있다. 이때 X_1의 생산량을 생산하기 위한 최소비용 요소결합이 각각 L^*와 K^*라는 사실이 알려져 있다면, X_1에서의 비용함수 값은 $wL^* + rK^*$로 표현된다.

비용함수 효율적인 생산을 가정하여 생산량의 변화에 따른 생산비를 나타내는 함수관계

그런데 동일한 산출수준에서도 모든 생산요소 투입이 가변적인 경우의 최소비용 요소결합과 일부 생산요소 투입이 고정된 경우의 최소비용 요소결합 사이에는 차이가 있다. 생산기계의 투입량이 $\overline{K}$ 수준에서 고정되어 있는 단기의 경우에는 〈그림 4-3〉에서 볼 수 있듯이 특정한 산출량을 달성할 수 있는 기술자 투입량이 유일하게 결정된다. 다른 대안이 존재하지 않기 때문에 유일하게 결정된 기술자 투입량과 $\overline{K}$의 결합이 주어진 산출량을 생산하기 위한 최소비용 요소결합이 된다. 그리고 바로 이것에 의해 단기비용함수가 결정된다.

그러나 두 생산요소가 모두 가변적인 경우에는 **등비용선**(iso-cost line)의 개념을 이용하여 비용함수를 살펴보는 것이 유용하다. 등량선이 소비자이론의 무

등비용선 일정한 비용으로 구입할 수 있는 기술자와 생산기계의 결합을 나타내는 직선

그림 **4-5**

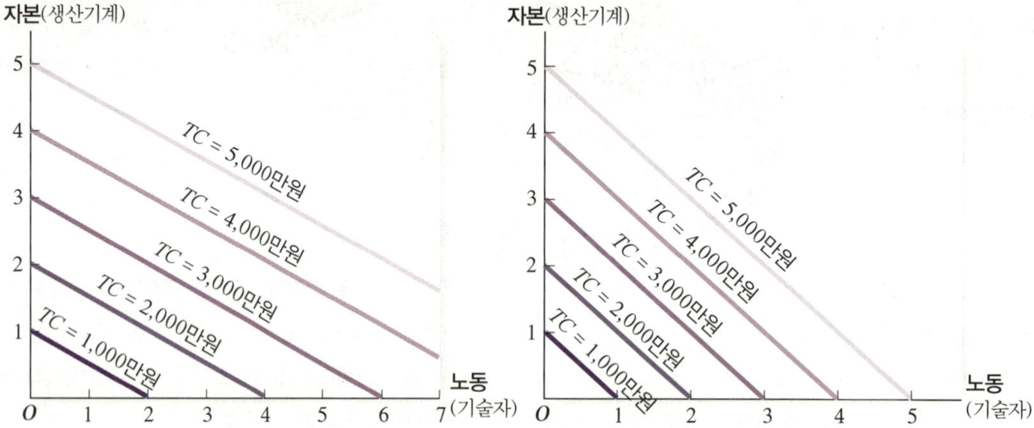

(a) **등비용선**(r = 1,000만원, w = 500만원) (b) **등비용선**(r = 1,000만원, w = 1,000만원)

등비용선

(a)는 자본가격이 1,000만원, 노동가격이 500만원인 경우 총생산비용이 다른 여러 등비용선을 나타내고 있다. 이때 등비용선이 원점에서 멀리 위치할수록 총생산비용이 많은 것을 나타낸다. 한편 (b)는 노동가격이 이전의 두 배인 1,000만원으로 상승했을 때의 등비용선을 나타낸다.

차별곡선에 대응된다면 등비용선은 예산선(가격선)에 대응된다. 등비용선은 일정한 비용으로 구입할 수 있는 기술자와 생산기계의 결합을 나타내는 직선으로, 총생산비용이 C일 때 다음과 같이 나타낼 수 있다.

$$C = rK + wL \tag{4.3}$$

여기서 C는 총생산비용, r은 생산기계의 가격, w는 기술자의 임금, K는 생산기계의 양, 그리고 L은 기술자의 수를 가리킨다.

〈그림 4-5〉의 (a)는 생산기계 가격이 1,000만원, 기술자 임금이 500만원인 경우 총생산비용이 다른 여러 등비용선을 나타낸다. 평행을 이루고 있는 여러 개의 등비용선은 각각 일정액의 총생산비용을 나타내는데, 등비용선이 원점에서 멀리 위치할수록 총생산비용이 많음을 의미한다. 〈그림 4-5〉의 (b)는 임금이 2배로 올라서 1,000만원이 되었을 때의 등비용선을 보여준다. 등비용선 기울기의 절대값은 요소가격의 비율 $\left(\frac{w}{r}\right)$를 나타내므로 기술자 임금의 상승으로 인해 등비

용선은 더 가파르게 된다.

3.3 확장경로

제3장(소비자이론과 수요곡선)에서 무차별곡선과 예산선이 서로 접하는 점이 소비자의 최적소비 선택을 나타내는 균형점이었던 것처럼, 주어진 어떤 생산량(X_1)을 생산할 때 총생산비용을 최소화하는 노동과 자본(여기에서는 기술자와 생산기계)의 결합은 등비용선이 X_1을 나타내는 등량선과 접하는 점에서 이루어진다. 이는 〈그림 4-6〉의 (a)에서 B점에 해당한다. 이 점은 주어진 생산량을 최소 생산비용으로 생산할 수 있는 노동과 자본의 결합을 나타내줄 뿐만 아니라 주어진 총생산비용으로 최대생산량을 달성시켜 주는 자본과 노동의 결합을 표시한다. 따라서 이 점은 기업의 비용최소화에 따른 최적 선택이며, 기업 또는 생산자가 이 선택에 만족하여 노동과 자본의 결합을 추가로 조정하지 않는다는 점에서 **생산자균형**이라고 한다. 이 균형점에서는 노동의 한계생산과 자본의 한계생산 간의 비율(등량선의 기울기)이 노동가격과 자본가격 간의 비율(등비용선의 기울기)과 일치한

최적생산점
- 경제적 효율성이 가장 높은 생산방법
- 한계기술대체율 = 등비용선의 기울기
- 소비자이론의 최적소비점에 대응하는 개념

그림 4-6

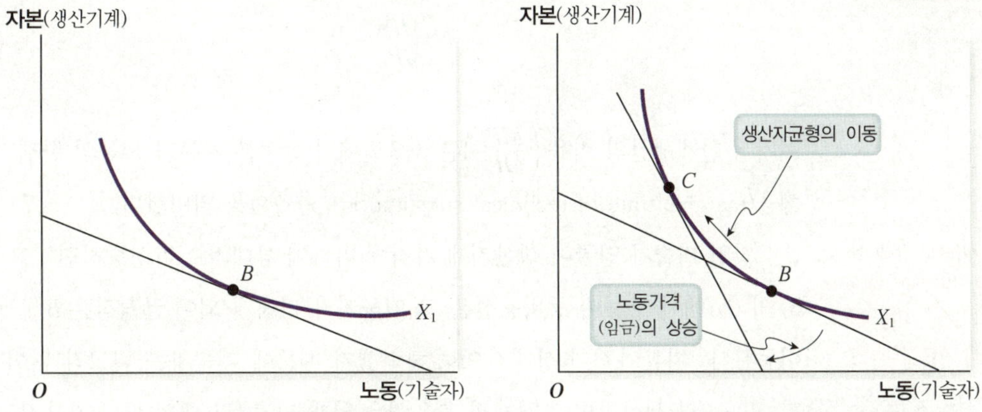

(a) 비용최소화를 위한 생산자균형 (b) 노동가격의 상승과 생산자균형의 이동

비용최소화와 최적점의 이동

주어진 생산량을 생산할 때 총생산비용을 극소화시켜 주는 노동과 자본의 결합은 등비용선과 등량선이 만나는 점에서 이루어진다. 따라서 (a)에서는 B점에서 비용최소화를 달성하는 최적점이 결정되며, (b)에서는 노동가격이 상대적으로 상승할 경우 등비용선이 가파르게 움직여 비용최소화를 달성하는 최적점이 C점으로 이동한다.

그림 4-7

확장경로

요소가격이 불변일 때 각 산출량에 대한 생산자 균형점들의 궤적을 확장경로라고 한다. 이때 생산요소가 정상투입요소일 경우 산출량이 증가할 때 생산요소의 투입량이 감소하지 않기 때문에 확장경로는 우상향한다.

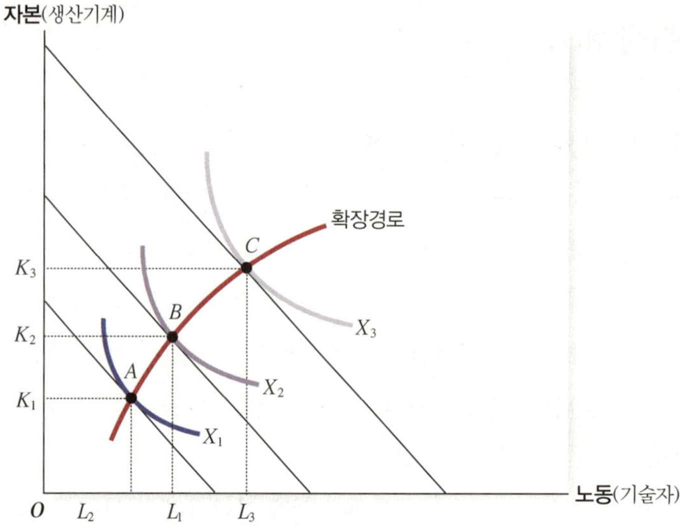

다. 즉, 노동(기술자)과 자본(생산기계) 두 가지의 생산요소를 사용하여 주어진 생산량을 최소비용으로 산출하기 위해서는 다음과 같은 조건이 성립해야 한다.

$$\frac{MP_L}{MP_K} = \frac{w}{r} \tag{4.4}$$

여기서 한계생산의 비율 $\left(\frac{MP_L}{MP_K}\right)$은 제3절에서 살펴본 자본과 노동의 한계기술대체율(marginal rate of technical substitution ; *MRTS*)을 의미한다.

임금이 자본에 비해 상대적으로 비싸지면 상대적으로 저렴한 자본 투입을 늘려 자본집약적인 생산방법으로 이동

만일 기술자 임금이 생산기계 가격에 비하여 상대적으로 상승하면 〈그림 4-6〉의 (b)에서 보듯이 등비용선은 그 기울기가 커지게 되어 균형점은 *B*에서 *C*로 이동한다. 자본가격이 상대적으로 하락했기 때문에 기술자를 비교적 많이 필요로 하는 *B*의 생산방법이 경제적 효율성을 잃게 되고, 그 대신 보다 자본집약적인 *C*의 생산방법이 새로운 생산자균형이 되는 것이다. 반대로 생산기계가 기술자 임금에 비하여 상대적으로 비싸지면, 보다 노동집약적인 생산방식으로 이동할 것이다.

이제 〈그림 4-7〉을 보자. 주어진 요소가격에서 X_1을 생산할 때의 생산자균형을 *A*, X_2에 해당하는 생산자균형을 *B*, X_3에 해당하는 생산자균형을 *C*라고 하

자. 요소가격이 불변일 때 다양한 산출량을 최소비용으로 생산할 수 있도록 해주는 요소결합들을 모아 놓으면 생산자균형점들의 궤적이 나온다. 이 궤적은 생산기술과 생산요소의 상대가격이 주어졌을 때 생산자의 선택을 집약적으로 보여주는데, 이를 **확장경로**(expansion path)라고 한다. 한 생산요소의 투입이 고정되어 있는 경우, 예컨대 생산기계 투입이 $\overline{K}$로 고정될 때 자동차 산출량 증가는 제2절의 〈그림 4-3〉에서 본 것처럼 $\overline{K}$에서 수평으로 그은 점선을 따라 이루어지게 된다. 이에 비해 고정된 생산요소가 없을 때는 산출량이 확장경로를 따라 증가한다.

확장경로
- 요소가격이 불변일 때 다양한 산출량을 최소비용으로 생산할 수 있도록 해주는 요소결합의 궤적
- 등량선의 모양과 등비용선의 기울기에 의존 : 정상투입요소, 열등투입요소

확장경로는 등량선과 등비용선 간 접점의 궤적이므로 그 모양은 등량선의 모양과 등비용선의 기울기에 따라 달라진다. 따라서 확장경로의 모양은 투입요소가 정상요소인가 열등요소인가의 여부와 생산요소의 상대가격 변화에 의해 결정된다. 예를 들어 **정상투입요소**(normal input)는 산출량이 증가할 때 투입량이 감소하지 않는 요소이다. 주의할 점은 이때 투입요소비율(input rate)이 감소할 수 있다는 사실이다. 〈그림 4-7〉에서 확장경로 상의 A, B, C점과 원점을 연결한 선분의 기울기, 즉 상대적인 투입요소비율 또는 요소집약도 $\left(\frac{K}{L}\right)$는 감소하기도 하지만 절대적인 투입량은 L_1에서 L_2, L_3로, K_1에서 K_2, K_3로 각각 증가하고 있다.

확장경로는 소비자이론의 소득소비곡선과 유사한 개념이다.

3.4 비용함수와 생산함수

앞의 분석과 같이, 결국 비용함수라는 것은 비용을 산출량의 함수로 나타낸 것이다. 그런데 산출량이 주어졌을 경우 비용은 생산요소의 가격뿐만 아니라 생산기술, 즉 일정한 생산량을 생산하기 위한 요소투입량을 나타내는 생산함수에 의해 결정될 것이다. 이때 요소시장이 완전경쟁적이라면 기업은 일정한 요소가격에서 원하는 생산요소를 얼마든지 구입할 수 있을 것이므로 결국 비용함수는 생산함수의 특징을 그대로 반영할 것이다.

비용함수와 생산함수의 관계 비용은 생산요소의 가격뿐만 아니라 생산기술을 나타내는 생산함수에 의해 결정

생산함수는 고정생산요소의 존재 여부에 따라 단기생산함수와 장기생산함수로 구분되는데, 이러한 구분은 비용함수에도 그대로 적용된다. 즉, 기간이 너무 짧아서 요소 간의 대체가 완전하지 못할 경우에는 기간이 충분히 길어서 모든 생산요소의 투입량을 조정할 수 있는 경우에 비하여 같은 산출량을 생산하는 데 비용이 많이 들 것이다. 이러한 장 · 단기 생산함수와 비용함수의 관계를 보다 자세히 살펴보자.

먼저 고정된 생산요소가 있는 단기의 생산함수는 주어진 생산량에 대하여 하나의 가변요소의 양이 대응되는 관계임을 앞에서 확인했다. 따라서 요소시장이 완전경쟁적일 경우 고정된 생산요소비용과 생산함수에 의해 결정된 가변요소에 요소가격을 곱한 가변비용의 합이 바로 **단기비용함수**가 되는 것이다.

한편 고정된 생산요소가 없는 장기에서는 생산함수의 특징이 그대로 등량곡선에 반영된다. 그런데 **장기비용함수**는 등량곡선과 등비용곡선의 접점에서 결정된 최소비용 요소결합에 각각의 요소가격을 곱해 더한 것을 나타낸다. 이러한 측면에서 장기비용함수는 장기생산함수의 특징을 그대로 반영한다고 할 수 있다.

이제 자동차 제조업체인 그린모터스의 생산과정을 예로 들어 단기비용함수와 장기비용함수의 특성을 좀더 자세히 살펴보자.

4. 단기생산비용

Principles of **Micro**economics ch. four

고정요소 단기적으로 투입량을 변화시킬 수 없는 요소

고정비용 고정요소 투입에 따른 비용

가변요소 조업률에 따라서 변화하는 생산요소

가변비용
- 가변요소로 인해 발생하는 비용
- 생산이 0이면 가변비용도 0

단기총비용
= 총고정비용 + 총가변비용

단기에서 그린모터스는 기존 생산시설의 가동률을 변경할 수는 있으나, 생산시설 규모 자체를 변경할 수는 없다. 다시 말하면 그린모터스가 사용하는 생산요소 중에는 단기적으로 투입량을 변화시킬 수 없는 요소(예를 들어 제조공장이나 기계, 최고경영자 등)도 있다. 이와 같은 고정요소(fixed inputs) 투입에 따른 비용을 **고정비용**(fixed cost)이라고 한다. 고정비용 중에는 법인세, 재산세와 같이 고정요소와 관계없는 비용과 기업의 생산활동을 계속 유지시키기 위한 최소의 이윤인 정상이윤도 있으나 여기에서는 이를 고려하지 않기로 한다.

고정비용은 생산량의 변화와는 관계없이 일정하며, 심지어 일시적으로 자동차 생산을 중단해도 고정비용의 부담을 피할 수는 없다. 반면에 조업률에 따라서 변화하는 생산요소(예를 들어 기술자(노동), 타이어(원료) 등)를 **가변요소**(variable inputs)라고 부르며, 가변요소로 인해 발생하는 비용을 **가변비용**(variable cost)이라고 한다. 생산이 0일 때에는 가변비용도 0이 되며, 생산이 증가함에 따라서 가변비용도 증가한다. 이렇게 볼 때 **단기총비용**(total cost ; *TC*)은 **총고정비용**(total fixed cost ; *TFC*)과 **총가변비용**(total variable cost ; *TVC*)으로 구성된다.

4.1 총비용

〈그림 4-8〉의 (a)에서 생산요소가 노동(기술자)과 자본(생산기계) 두 가지이고 이 중 자본의 투입이 $\overline{K}$ 수준에서 고정되어 있는 경우에 단기비용함수와 관련된 개념들을 살펴보자. 이때 자본은 고정요소로서 시장가격이 r이라면 고정비용은 $r\overline{K}$가 되며, 이 비용은 산출량 수준의 변화와 관계없이 항상 일정한 수준을 유지한다. 반면 노동은 가변요소이며 그 투입량은 산출량이 X_1, X_2, X_3로 증가함에 따라 L_1, L_2, L_3로 증가한다. 노동시장에서 기술자 1인당 임금이 w라면 가변비용은 각각의 산출량 수준에서 wL_1, wL_2, wL_3가 된다.

〈그림 4-8〉의 (b)에는 이러한 과정을 거쳐 도출된 **총고정비용곡선**(*TFC*)과 **총가변비용곡선**(*TVC*)이 나타나 있다. 총고정비용곡선의 경우 자동차 산출량이 X_1, X_2, X_3로 증가하더라도 고정투입요소 $\overline{K}$의 양은 변함없으므로 요소가격이 r일 경우 총고정비용곡선은 $r\overline{K}$ 수준에서 수평선의 형태를 갖는다. 반면 총가변비용곡선은 처음에는 체감적으로 증가하다가 어느 단계를 지나서는 체증적으로 증가하며 우상향하는 형태를 띠게 되는데, 이는 〈그림 4-1〉의 (a)에서 살펴본 생

한계생산체감으로 인해 비용은 처음에 체감적으로 증가하다가 어느 단계부터 체증적으로 증가

그림 4-8

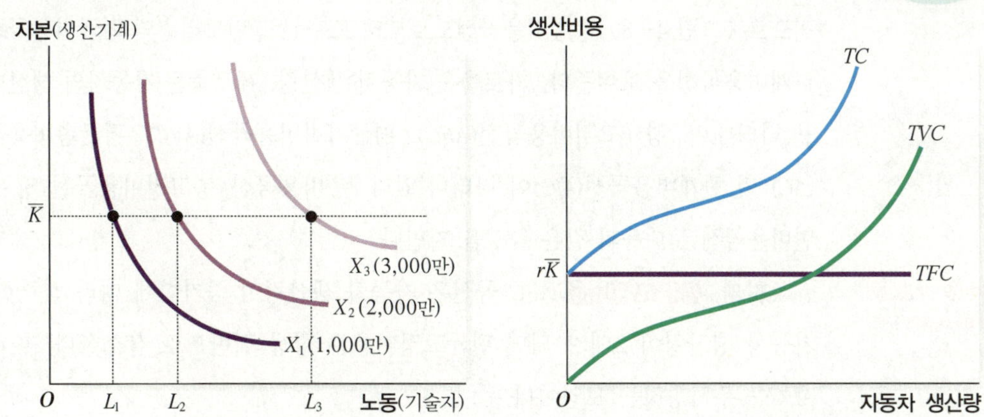

(a) 고정비용과 등량선 (b) 총고정비용, 총가변비용 및 총비용

단기비용곡선

총고정비용(*TFC*)은 산출량이 증가하더라도 변하지 않으므로 수평선이 된다. 그러나 총가변비용(*TVC*)은 산출량의 증가에 따라 우상향하며 한계생산의 법칙에 따라 생산 초기에는 체감적 성격을, 생산 후기에는 체증적 성격을 가진다.

산함수가 한계생산의 법칙에 의해 처음에는 체증적으로 증가하다가 어느 단계부터는 체감적으로 증가하기 때문이다. 마지막으로 **총비용곡선**(TC)은 총고정비용곡선과 총가변비용곡선을 수직으로 더해서 얻을 수 있다. 즉, 자동차 생산량이 0일 때에는 가변비용이 0이므로 총비용은 총고정비용과 같으며 생산이 증가할 때에는 총가변비용이 증가하므로 이에 따라 총비용도 증가한다.

4.2 평균비용과 한계비용

평균비용 생산물의 단위당 생산비용으로서 총비용을 생산량으로 나눈 것

한계비용 생산물을 추가로 한 단위 더 생산할 때 총비용의 증가분으로서 비용곡선의 각 점에서 접선의 기울기

생산량과 총비용을 알면 평균비용(average cost ; AC)과 한계비용(marginal cost ; MC)을 도출할 수 있다. **평균비용**(AC)이란 총비용(TC)을 생산량(Q)으로 나눈 것$\left(AC = \frac{TC}{Q}\right)$이며, 생산물의 단위당 생산비용을 의미한다. **한계비용**(MC)이란 생산물을 추가로 한 단위 더 생산할 때 총비용의 증가분$\left(MC = \frac{\Delta TC}{\Delta Q}\right)$이다. 총비용으로부터 평균비용과 한계비용을 도출하듯이, 총가변비용(TVC)으로부터 평균가변비용(AVC)과 한계가변비용(MVC)을, 총고정비용(TFC)으로부터 평균고정비용(AFC)을 도출할 수 있다.

총비용곡선, 총고정비용곡선, 총가변비용곡선 등이 주어진 상태에서 원래의 비용곡선 위의 한 점과 원점을 잇는 선분의 기울기가 평균비용이 되고, 비용곡선 위의 각 점에서 접선의 기울기는 한계비용을 나타낸다. 〈그림 4-9〉는 이러한 방법으로 〈그림 4-8〉의 총비용곡선으로부터 도출된 그린모터스의 평균비용곡선과 한계비용곡선을 보여준다. 가로축은 자동차 생산량, 세로축은 자동차의 생산비용을 나타내며, 평균고정비용곡선(AFC), 평균가변비용곡선(AVC), 평균총비용곡선(AC) 및 한계비용곡선(MC)이 나타나 있다. 총비용곡선, 총고정비용곡선 및 총가변비용곡선은 다음과 같은 특징을 지닌다.

평균고정비용 생산량이 증가하면 하락

첫째, **평균고정비용**(AFC)곡선은 자동차 생산량이 증가함에 따라 하락한다. 자동차 생산량이 2배가 되면 평균고정비용은 항상 절반으로 감소한다. 따라서 AFC는 우하향하는 모양이다.

평균가변비용 처음에는 하락하다가 일정한 생산량을 넘으면 상승

둘째, **평균가변비용**(AVC)곡선은 생산량의 변화에 따라 여러 모습으로 변화한다. 〈그림 4-9〉에서 보면, 자동차 생산량이 1,000만 대까지 이르는 동안에는 점점 하락하다가 1,000만 대부터는 생산량이 증가함에 따라 증가하고 있다. **평균총비용**(AC)곡선은 생산이 2,000만 대가 될 때까지 점점 하락하다가 2,000만 대를 지난 다음부터는 생산량의 증가에 따라서 증가하고 있다. 다시 말해서

그림 4-9

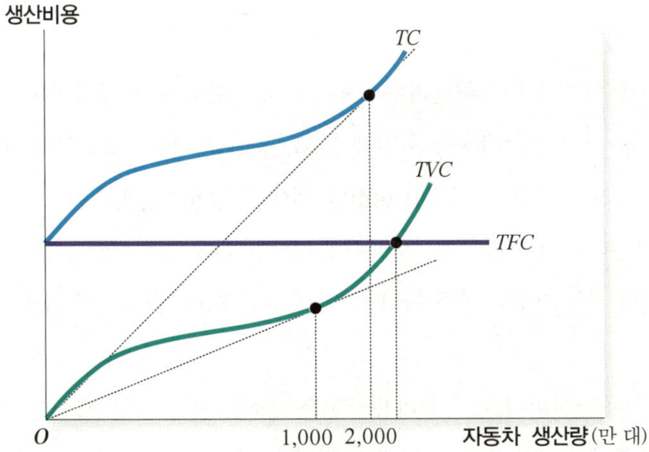

(a) 총비용곡선

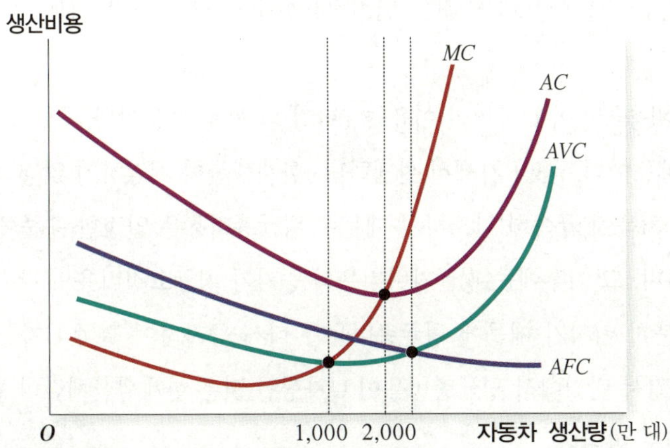

(b) 평균 및 한계비용곡선

단기평균비용곡선과 단기한계비용곡선

(a)의 총비용곡선을 이용하여 (b)의 평균비용곡선과 한계비용곡선을 도출하면, 단기평균비용곡선은 총비용곡선의 각 점에 대해 원점에서 잰 기울기와 같으므로 U자형으로 나타난다. 한편 한계비용곡선은 총비용곡선의 각 점에 대한 접선의 기울기와 같으므로 우상향하는 형태를 보이며 평균총비용곡선(*AC*)과 평균가변비용곡선(*AVC*)의 극소점을 통과한다.

평균가변비용곡선과 평균총비용곡선은 U자형으로, 생산량이 증가함에 따라서 처음에는 하락하다가 일정한 생산량을 넘어서면 다시 상승한다.

셋째, **한계비용**(*MC*)은 생산 한 단위를 증가시키는 데 필요한 총비용의 증가분이다. 고정비용은 생산과는 관계없이 일정하므로 자동차 생산 한 단위를 증가시켜도 고정비용의 증가는 없다. 즉, 한계고정비용은 항상 0이다. 따라서 한계비용이란 항상 한계가변비용이며, 고정비용은 한계비용에 아무런 영향을 미치지 않는다. 한계비용곡선과 평균비용곡선(평균총비용곡선 및 평균가변비용곡선)의 관계는 이미 알고 있듯이 평균이 떨어질 때에는 한계비용곡선이 평균비용곡선 밑에

한계비용 = 한계가변비용
(한계고정비용 = 0)

- 한계비용 > 평균비용
  ⇒ 평균 증가
- 한계비용 < 평균비용
  ⇒ 평균 감소
- 한계비용 = 평균비용
  ⇒ 평균 극소

있고(한계비용도 감소한다는 것은 아니다), 평균이 올라갈 때에는 한계비용곡선이 평균비용곡선 위에 있으며(한계비용도 올라간다는 것은 아니다), 평균이 극소점(혹은 극대점)에 있을 때는 평균비용과 한계비용이 일치한다.

〈그림 4-9〉의 (b)에서 평균가변비용이나 평균총비용이 떨어질 때에는 한계비용곡선이 두 개의 평균비용곡선 밑에 있고, 올라갈 때에는 그 위에 있다. 또 평균가변비용이 가장 작은 생산량 1,000만 대에서 평균가변비용이 한계비용과 일치하고, 평균총비용이 가장 작은 생산량 2,000만 대에서도 평균총비용이 한계비용과 일치한다. 즉, 그림에서 한계비용곡선은 두 평균비용곡선의 극소점을 통과한다.

평균가변비용곡선이나 평균총비용곡선은 생산량이 증가할 때 처음에는 떨어지다가 생산량이 일정량을 넘어서게 되면 반드시 다시 올라간다는 것, 즉 두 곡선이 항상 **U자형**을 이룬다는 것은 단기비용함수가 갖는 가장 기본적인 특징이다.

단기평균비용곡선이 U자형인 이유
- 평균고정비용이 처음에 급속히 감소
- 일정 수준 이후 평균가변비용이 충분히 커져서 평균고정비용의 감소를 상쇄

단기평균비용곡선이 U자형인 이유는 '단기'의 특성 때문이다. 즉, 고정비용이 존재하기 때문이다. 좀더 자세히 설명하면, 한계생산이 체감하지 않더라도 평균고정비용이 처음에 급속히 감소하기 때문에 평균총비용은 일정한 수준에 이르기까지 감소하며, 그 이후에는 평균가변비용의 증가가 평균고정비용의 감소를 상쇄할 만큼 충분히 커지기 때문에 평균총비용은 다시 증가하여 결국 U자형을 이루게 된다. 따라서 단기에서 평균총비용이 U자형인 것은 한계생산체감의 필요조건도 충분조건도 아니다.

5. 장기생산비용

Principles of **Micro**economics ch. four

단기와 장기의 차이는 고정된 생산요소가 있느냐 없느냐이다. 모든 생산요소가 가변인 장기에 생산자는 주어진 생산량을 최소의 비용으로 생산할 수 있는 요소결합을 아무런 제약 없이 선택할 수 있다. 물론 주어진 산출량을 최소비용으로 생산할 수 있게 해주는 요소결합은 등비용선과 등량선의 접점, 즉 확장경로 위의 점이 된다는 사실은 이미 제3절에서 살펴본 바 있다.

〈그림 4-10〉에서 그린모터스의 생산요소가 노동(기술자)과 자본(생산기계)

그림 4-10

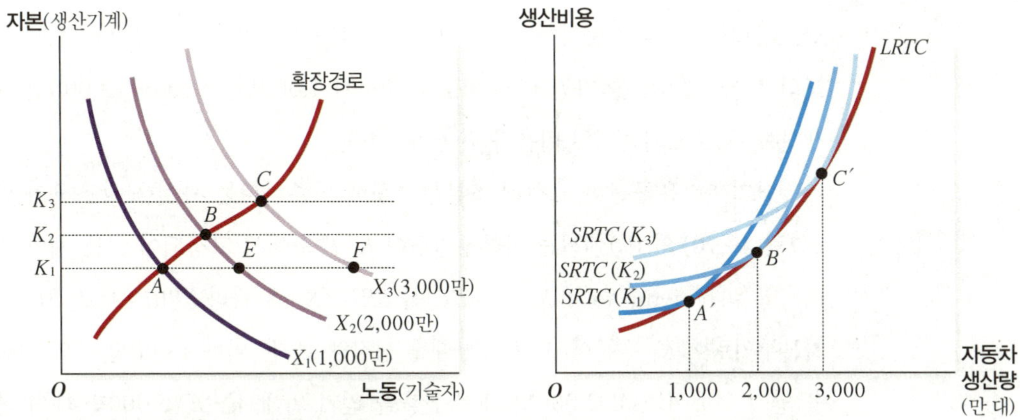

(a) 비용최소화와 확장경로 (b) 장기비용곡선

단기총비용곡선과 장기총비용곡선의 관계

장기비용곡선은 각 생산량에 대하여 최소비용을 위한 요소결합을 선택한 결과이다. 장기에서는 단기에서 고정투입요소였던 자본의 제약 없이 비용을 최소화할 수 있기 때문이다. 따라서 장기비용곡선(*LRTC*)은 단기비용곡선(*SRTC*)들의 포락선 형태로 나타난다.

두 가지인 경우를 생각해 보자. 등비용선은 생략되어 있지만 몇 개의 등량선이 그려져 있고 이들과 등비용선의 접점인 확장경로가 표시되어 있다. 자본과 노동이 모두 가변인 장기에서 그린모터스의 최고경영자는 확장경로 위의 요소결합을 선택한다. 예를 들어 1,000만 대의 산출을 위해서는 *A*의 요소결합을, 2,000만 대의 산출을 위해서는 *B*의 요소결합을 선택한다. 이때 각 점이 나타내는 요소투입에 각 요소별 시장가격을 곱하고 이를 모두 합한 뒤, 그것을 평면 위로 옮기면 **장기비용곡선**(long-run total cost ; *LRTC*)을 얻게 된다. 〈그림 4-10〉의 (b)에서 점 *A*′, *B*′, *C*′은 각각 (a)의 *A*, *B*, *C*에 대응되며 장기비용곡선 상의 점이 된다.

장기비용곡선 확장경로 위에서 형성된 요소결합의 비용과 생산량의 관계를 나타내는 곡선

5.1 단기총비용과 장기총비용

장기와는 달리 단기에서는 기계설비 수준 등 자본투입을 변경하는 것이 불가능하고 새로운 기술자의 초빙 등 노동투입만을 조정할 수 있다. 자본투입이 일정 수준으로 정해져 있을 때 단기비용곡선을 유도하는 방법은 이미 제3절에서 설명했다. 여기서 중요한 것은 자본투입이 어느 수준에서 고정되어 있느냐에 따라 서

로 다른 단기비용곡선이 얻어진다는 점이다. 예를 들어 그린모터스가 연간 1,000만 대 규모의 생산시설(K_1)을 가진 회사라면, 그린모터스가 각각 1,000만, 2,000만, 3,000만 대의 자동차를 생산할 때 소요되는 최소비용은 연간 2,000만 대 규모의 생산시설(K_2)을 가진 다른 자동차 회사가 1,000만, 2,000만, 3,000만 대를 생산할 때 소요되는 최소비용과 같을 수 없다.

단기총비용곡선이 고정된 자본투입량에 의존한다는 사실을 강조하기 위해 〈그림 4-10〉의 (b)에서는 자본투입량이 K_i 수준에서 고정되어 있을 때의 **단기비용함수**(short-run total cost ; $SRTC$)를 $SRTC(K_i)$로 나타냈다($i=1, 2, 3$). 먼저 자본투입량이 K_1 수준에서 고정된 때를 생각해 보자. 이때 1,000만 대의 산출량을 얻기 위해서는 A, 2,000만 대의 산출을 얻기 위해서는 E, 3,000만 대의 산출을 얻기 위해서는 F의 요소결합이 각각 선택된다. 이에 해당하는 단기비용곡선은 $SRTC(K_1)$이 된다.

확장경로 상의 요소결합을 제외하고는 장기비용보다 단기비용이 높음

이제 단기비용곡선과 장기비용곡선의 위치를 살펴보자. 고정된 자본수준이 K_1이라면, 1,000만 대를 생산하기 위한 단기비용과 장기비용 간에 차이가 없다. K_1에서 그은 수평선과 1,000만 대의 등량선이 만나는 점이 우연히 확장경로 상에 놓였기 때문이다. 그러나 1,000만 대를 제외한 나머지 산출량에서는 문제가 다르다. 2,000만 대의 산출을 위한 최소비용 요소결합은 확장경로 상의 점 B인데, 자본투입이 K_1 수준에서 고정되어 있으므로 생산자는 단기적으로 B가 아닌 E를 선택할 수밖에 없다. 정의상 확장경로 상의 B점은 주어진 요소가격에 2,000만 대의 생산량을 최소비용으로 생산할 수 있는 요소결합인 데 반해, E점은 최적 자본량 K_2가 아닌 고정된 K_1의 자본량으로 자동차 2,000만 대를 생산할 수 있는 요소결합이기 때문이다. 따라서 K_1의 시설로 자동차 2,000만 대를 생산할 경우 단기비용이 장기비용보다 높다는 사실을 쉽게 알 수 있다. 자동차 3,000만 대를 생산하는 경우에도 확장경로 상의 점 C가 아닌 F를 선택할 수밖에 없으므로 단기비용은 장기비용보다 커진다. 결국 $SRTC(K_1)$은 1,000만 대의 산출량에서만 $LRTC$와 일치하고, 그 외에는 $LRTC$보다 크게 된다.

같은 이유로 $SRTC(K_2)$는 2,000만 대의 생산량에서만 $LRTC$와 일치하고, 그 이외의 점에서는 $LRTC$보다 위에 놓이게 된다. 또 $SRTC(K_3)$도 3,000만 대의 수준에서만 $LRTC$와 같은 값을 갖고, 나머지 산출량에서는 $LRTC$보다 큰 값을 갖는다. 자본투입량 K_1, K_2, K_3 외에도 다양한 자본투입 수준에 대응하는 단기비용곡선들을 생각할 수 있는데, 이들 역시 장기비용곡선과 한 점에서만 접하고 나머지

산출량에서는 장기비용곡선보다 위에 놓이게 된다. 이러한 특징을 가리켜 장기비용곡선은 단기비용곡선들의 **포락선**(envelope curve)이라 한다. 단기비용곡선은 고정투입요소의 수준을 변경할 수 없다는 제약 하에서 비용을 최소화한 경우이다. 한편 장기비용곡선은 이와 같은 제약 없이 비용을 최소화한 경우이다. 따라서 장기총비용곡선은 단기총비용곡선과 오직 한 점에서만 일치하고 그 밖의 점에서는 전자가 항상 후자의 아래쪽에 있기 때문에 장기총비용곡선은 단기총비용곡선의 포락선이 된다.

장기비용곡선은 단기비용곡선들의 포락선

5.2 장기평균비용과 장기한계비용

〈그림 4-11〉은 장기총비용곡선으로부터 이에 대응하는 장기평균비용곡선과 장기한계비용곡선을 도출하고 있다. 먼저 (a)의 단기총비용곡선 $SRTC_1$, $SRTC_2$, $SRTC_3$로부터 각각 단기평균비용곡선 $SRAC_1$, $SRAC_2$, $SRAC_3$ 및 단기한계비용곡선 $SRMC_1$, $SRMC_2$, $SRMC_3$가 유도된다. 또한 (a)에서 장기총비용곡선 상의 세 점 D_1, D_2, D_3는 (b)의 **장기평균비용곡선** 상의 점 D_1', D_2', D_3'에 각각 대응된다. 이 사실은 평균비용곡선이 각 산출수준에서 원점과 총비용곡선을 잇는 선분의 기울기에서 유도되는 것을 기억한다면 쉽게 이해할 수 있다.

〈그림 4-11〉의 (b)에 있는 장 · 단기 평균비용곡선 및 한계비용곡선과 관련해서 몇 가지 주의해야 할 사항이 있다. 첫째, 장기한계비용곡선 $LRMC$는 단기한계비용곡선들의 포락선이 아니다. 주어진 자본투입량 K 수준에서 단기총비용곡선은 오직 한 점에서만 장기총비용곡선과 접한다. 이 점에서는 장기한계비용과 단기한계비용이 같지만, 이 점의 왼편에서는 장기한계비용이 단기한계비용보다 크고 이 점의 오른편에서는 장기한계비용이 단기한계비용보다 작게 된다. 그리고 장기평균비용곡선에 접하는 단기평균비용곡선 $SRAC_1$에 대응하는 단기한계비용곡선 $SRMC_1$과 D_1'점으로부터 가로축에 수직으로 그은 수직선과의 교차점 M_1은 **장기한계비용곡선**($LRMC$) 상의 점이다. 이것은 장기총비용과 단기총비용이 일치하는 점(따라서 장기평균비용과 단기평균비용이 일치하는 점)에서는 단기와 장기의 한계비용이 일치한다는 사실에서 도출된다. 이와 같은 방식으로 D_2', D_3' 등에 대응하는 점 M_2, M_3 등을 연결하면 장기한계비용곡선을 도출할 수 있다.

장기한계비용곡선
- 단기한계비용곡선의 포락선이 아님
- 단기평균비용이 장기평균비용과 접하는 점에서 단기한계비용과 장기한계비용이 교차

둘째, 장기평균비용곡선은 그것에 접하는 각 단기평균비용곡선 상의 비용 최저점(단기평균비용곡선과 단기한계비용곡선이 교차하는 점)들을 연결하는 궤적이 아

장기평균비용곡선과 단기평균비용곡선이 접하는 점은 각 단기평균비용곡선 최저점의 궤적이 아님

그림 4-11

장기평균비용곡선과 장기한계비용곡선

(a)의 장기비용곡선을 통해 (b)에서 장기평균비용곡선과 장기한계비용곡선을 도출할 수 있다. 이때 장기평균비용곡선(*LRAC*)은 각 단기평균비용곡선(*SRAC*)의 포락선으로 나타나며, 장기한계비용곡선(*LRMC*)은 각 단기총비용곡선(*SRTC*)과 장기총비용곡선(*LRTC*)이 만나는 생산량 수준에서의 단기한계비용(*SRMC*)을 연결함으로써 도출한다.

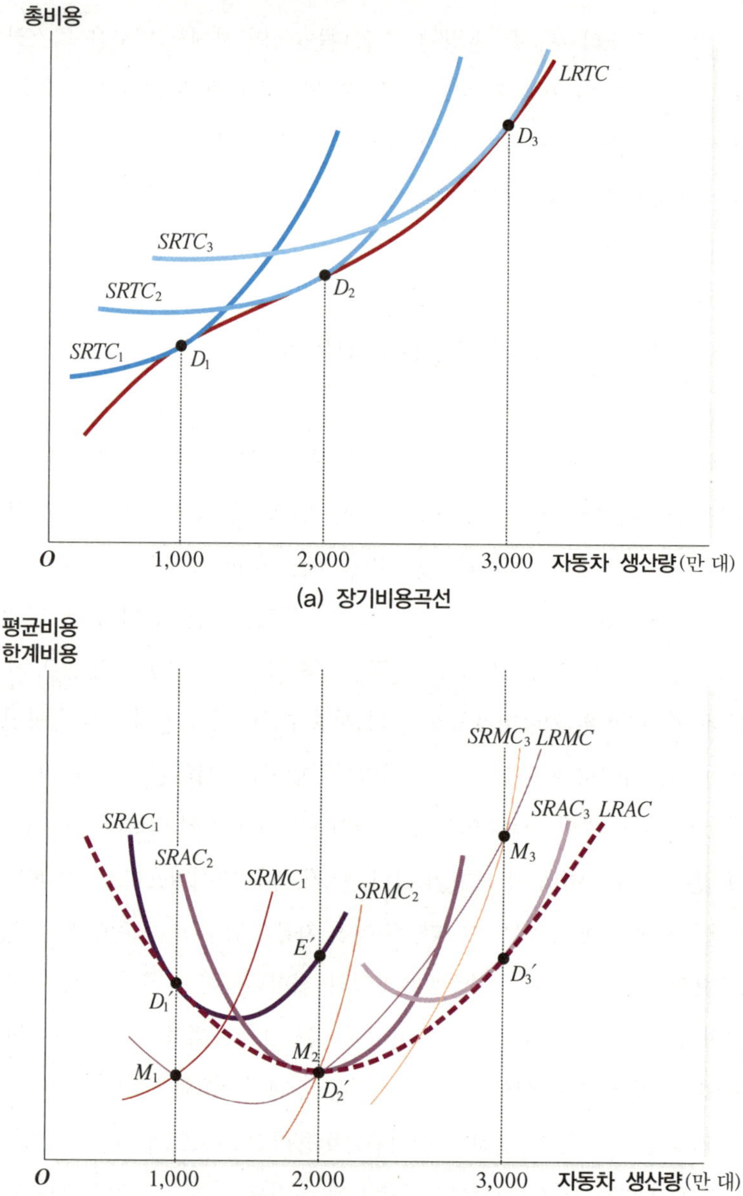

(a) 장기비용곡선

(b) 장기평균비용곡선과 장기한계비용곡선

니다(다만 장기평균비용곡선이 수평인 경우에는 그렇다). 이것이 경제이론에서 갖는 의미는 무엇일까? 단기적으로 하나 이상의 생산요소(이를테면 생산설비의 크기나 자본 등 고정투입요소)가 고정되어 있는 상황에서는 생산비용이 최저가 되는(따라서 평균비용곡선도 최저가 되는) 생산량을 선택하더라도 장기적으로 모든 생산요소가 가변적인 경우의 평균생산비용보다는 높을 수밖에 없다는 것이다. 즉, 단기적으로 고정투입요소가 존재할 때의 의사결정은 장기적으로는 최적일 수가 없으므로 장기에서는 모든 가변적인 생산요소의 투입비율을 고려하여 새롭게 의사결정을 해야 한다는 의미이다.

이는 앞에서 살펴본 〈그림 4-10〉과 〈그림 4-11〉의 비교를 통해 쉽게 이해할 수 있다. 〈그림 4-10〉의 (a)는 그린모터스가 비용을 극소화하는 요소투입비율을 결정하는 상황을 보여주고 있다. 이 경우에 만약 자본과 노동의 두 요소가 모두 가변적이라면 그린모터스는 주어진 생산량 1,000만 대, 2,000만 대, 3,000만 대를 달성하기 위하여 〈그림 4-10〉에서 각각 *A*, *B*, *C*점을 선택할 것이다. 그러나 단기적으로 자본의 양이 K_1으로 고정되어 있어 자본의 양을 마음대로 선택하지 못한다면, 그린모터스는 *B*, *C*점을 선택하지 못하고 각각 *E*, *F*점을 선택하게 된다. 즉, 생산량 1,000만 대를 달성하기 위한 비용극소화는 이룰 수 있지만 생산량 2,000만 대, 3,000만 대를 달성하기 위한 비용극소화의 요소투입비율은 선택하지 못하는 것이다.

이와 동일한 상황을 단기평균비용곡선과 장기평균비용곡선에 대응시킨 것이 〈그림 4-11〉의 (b)이다. 장기에서는 모든 투입요소가 가변이므로 장기평균비용곡선 상의 모든 점은 각 산출량에서 비용극소화가 이루어진 평균비용이다. 이에 반해 단기평균비용곡선은 단기에서 고정투입요소인 자본이 불변인 상황에서 구해진 것이다. 구체적으로 〈그림 4-10〉의 (a)에서 *B*점은 〈그림 4-11〉의 (b)에서 D_2'점에 대응된다. *B*점은 모든 투입요소가 가변인 상황에서 산출량 2,000만 대를 생산하기 위한 비용극소화 점으로서, 이 점은 장기평균비용곡선 상에서는 최저의 평균비용을 가져다주는 D_2'이다. 이에 반해 〈그림 4-10〉의 (a)에서 자본이 K_1으로 고정되어 있는 상황에서 구한 *E*점은 〈그림 4-11〉의 (b)에서 E'점에 대응된다.

이러한 논리를 따르면 설비수준(여기서는 생산기계의 양)이 고정되어 있는 상황에서는 우연이 아닌 이상 비용이 극소화되는 요소투입비율을 선택할 수 없기 때문에, 단기평균비용곡선 상의 최저점이 일반적으로 주어진 생산량의 최저생산비용점은 아님을 알 수 있다. 따라서 기업의 장기평균비용곡선이 규모의 경제로 인해 우하향하고 있다면, 단기적으로 생산설비를 고정시켜 운용하면서 평균비용이 극소가 되는 점을 선택하는 것은 규모의 경제에서 나오는 이득을 스스

단기비용곡선 상의 최저점이 일반적으로 주어진 생산량의 최저생산비용이 아님

규모의 경제에 대해서는 제6장에서 자세히 살펴볼 것임

로 포기하는 셈이 된다. 생산설비를 고정할 경우 그것이 단기적으로는 최적 수준이라고 하더라도 규모의 경제가 존재하는 장기에서의 어떤 점보다도 그 비용이 클 수밖에 없기 때문이다.

현실과 경제학

장기평균비용곡선과 삼성-소니의 평면스크린 제휴

세계에서 가장 큰 TV 제조업체인 소니(SONY)와 세계에서 가장 큰 LCD 생산업체인 삼성전자가 평면 스크린(flat screen) 시장의 새로운 세력이 되기 위해 한국의 아산에 있는 신 기술단지에 두 기업의 디스플레이 제조 합작회사인 S-LCD를 발족했다. LCD를 이용하여 컴퓨터와 TV를 만드는 소니는 이전에는 다른 기업들로부터 LCD를 구입했다. 소니와 삼성은 소비자들과 기업들이 커다란 음극선 튜브(CRT) TV와 컴퓨터 모니터를 LCD를 사용한 더 얇은 모델로 교체함에 따라 산출이 증가할 것으로 예상하여, 이 공장은 더 큰 유리판을 생산할 "7세대" 기술을 사용할 것이다. (Andrew Ward, "It's 'Win-Win' as Samsung, Sony Join on Flat Screens," *Financial Times*, 2004. 7. 16.)

〈그림 1〉

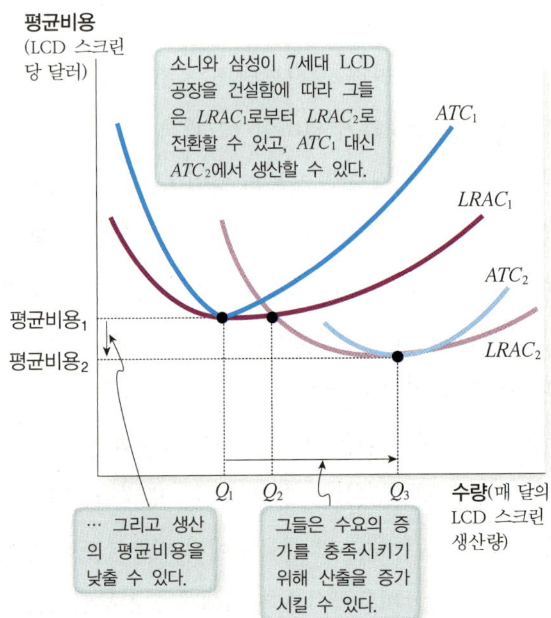

이 "7세대" 기술을 통해 두 기업은 더 많은 TV와 컴퓨터 스크린을 잘라낼 수 있는 더욱 큰 유리판을 생산할 수 있게 될 것이다. 이러한 변화는 생산의 평균비용을 줄일 것이다. 〈그림 1〉에서 $LRAC_1$은 6세대 기술을 사용하는 공장의 장기평균비용곡선이고, ATC_1은 이 기술을 사용하는 공장의 최적 규모이다(여기서 $ATC = AVC + AFC$). 반면에 $LRAC_2$는 7세대 기술을 사용하는 공장의 장기평균비용곡선이고, ATC_2는 이 기술을 사용하는 공장의 최적 규모이다.

LCD 생산의 평균비용이 6세대 공장(ATC_1)에서 Q_1을 생산하는 것보다 7세대 공장(ATC_2)에서 Q_3만큼을 생산할 때 더 낮아진다. 또한 LCD의 수요가 한 달에 Q_2보다 더 적다면 6세대 공장이 실제로 더 낮은 평균비용으로 LCD를 생산할 수 있다. 소니와 삼성은 생산량이 Q_2보다 더 많을 것으로 예상하기 때문에 7세대 공장을 건설하여 생산의 평균비용을 더 낮출 수 있는 것이다.

참고문헌 : R. G. Hubbard and A. P. O'Brien, *Economics*, Chapter 10, Pearson, 2005.

요약 및 연습문제

1. 왜 기업인가?

거래비용학파에 따르면 거래상대방들이 기업이라는 하나의 조직을 구성하여 필요한 경제활동을 내부화함으로써 거래비용을 줄일 수 있을 때 시장거래 대신 기업조직을 선택하게 된다.

2. 생산기술과 생산함수

생산요소란 생산물을 생산하기 위하여 투입되는 모든 것으로, 경제학에서는 전통적으로 토지, 노동 및 자본의 세 가지로 나뉜다. 생산함수는 요소투입량과 생산량 사이의 기술적 효율성을 충족하는 관계를 식으로 나타낸 것이다.

2.1 단기생산함수 단기생산함수는 한 생산요소(자본)가 고정되어 있을 때의 생산함수로, 다른 가변요소의 투입을 증가시킬 때 총생산은 증가하되 한계생산은 체감한다는 한계생산체감의 법칙이 나타난다. 한계생산은 다른 생산요소가 고정되어 있을 때 어떤 생산요소 1단위 투입 증가에 따른 총생산 증가분이고, 평균생산은 총생산량을 총노으로 나눈 것으로 노동 한 단위당 평균생산량을 의미한다. 평균생산이 증가하면 한계생산곡선은 평균생산곡선 위에 있고, 평균생산이 감소하면 한계생산곡선은 평균생산곡선 아래에 있다.

2.2 장기생산함수 장기생산함수는 생산요소가 모두 가변인 경우의 생산함수이며, 생산수준은 등량선으로 표현된다. 등량선은 교차하지 않고 원점에 대해 볼록하며 우하향하는 특징을 가지고 있다. 이때 노동의 고용량이 증가함에 따라 노동과 자본 간의 한계기술대체율이 점점 감소하는 현상을 한계기술대체율체감의 법칙이라 한다. 자본과 노동의 투입량을 1단위 증가시켰을 때 생산수준이 1단위를 기준으로 더 또는 덜 증가하느냐에 따라 규모수익체증 · 불변 · 체감으로 나뉜다. 한편 단기생산함수는 장기생산함수에서 자본량을 특정 수준으로 고정하여 얻을 수 있다.

2.3 기술진보 기술진보란 주어진 생산요소로 전보다 더 많은 생산을 할 수 있도록 생산요소를 기존과 다른 방식으로 결합하는 것인데, 이윤추구 과정이나 역사적 필요에 의해 발생한다. 기술진보는 생산함수, 등량선, 생산가능곡선을 이용해 다양하게 표현할 수 있다.

01. 기업의 생산활동은 일반적으로 단기와 장기로 구분할 수 있다. 생산환경을 고려하여 다음 질문에 답하라.

(1) 기업의 생산활동이 이루어지는 기간을 단기와 장기로 구분하는 가장 중요한 기준은 무엇인가?

(2) 단기라고 부르는 기간은 모든 산업에서 똑같은 시간적 길이를 갖는지에 대해 설명하고, 만일 시간적 길이가 동일하지 않다면 단기라고 부르는 기간이 비교적 짧은 산업과 긴 산업의 예를 각각 3가지 이상 제시하라.

02. 이윤극대화의 생산 결정은 생산의 제2단계에서 이루어진다. 생산함수 $X=f(L,\overline{K})$에서 최대의 평균총생산능력이 2,000이고, 이때 단위당 한계생산이 5라고 하자. 임금총액이 2,000이라고 할 때 다

음 질문에 답하라.

(1) 이때 고용된 노동자 수는 얼마인가?

(2) 위 생산은 생산의 제2단계에 속해 있는가?

(3) 단위당 평균생산은 얼마인가? 한계생산과 일치하는가? 만일 그렇다면 일치하는 이유는 무엇인가?

(4) 생산의 제2단계를 그림으로 표시하고 임금총액이 2,000 이하일 때 생산 가능한 최대수준을 구하라.

03. 다음은 한 자동차공장에서의 근로자 수와 생산되는 자동차의 수를 나타내고 있다.

근로자	자동차	근로자	자동차
1명	10대	6명	75대
2명	25대	7명	77대
3명	45대	8명	78대
4명	60대	9명	77대
5명	70대	10명	75대

(1) 이 공장의 생산함수를 그래프로 나타내어 보라.

(2) 한계생산이 체증하는 구간을 구하고, (1)의 그래프에 그 구간을 나타내어 보라.

(3) 각 근로자 수에 대해 평균생산과 한계생산을 구하라. 독자가 자동차공장의 사장이라면 몇 명의 근로자를 고용하겠는가? 그 이유를 설명하라.

04. 이 장의 [표 4-1]을 보고 다음 물음에 답하라.

(1) 한계생산체감의 법칙이 성립하지 않는 구간이 있다. 그 이유를 설명하라.

(2) 매출액을 극대화하는 생산수준은 얼마인가?

(3) 기계 1대의 가격이 1,000이고 노동 1단위당 임금은 100, 자동차 1대의 가격은 50일 때 이윤을 극대화하는 산출량은 얼마인가? 이때 매출액을 극대화하는 산출량은 얼마인가? (2)의 결과와 여전히 동일하다면 그 이유는 무엇인가?

3. 생산비용 최소화

3.1 생산비용과 기회비용 생산비용을 평가하는 진정한 기준은 기회비용이다. 기회비용은 한 선택으로 인해 포기해야만 했던 차선책의 가치를 의미한다. 생산요소가 시장에서 거래되지 않거나 구입과 사용 시기가 일치하지 않을 때(즉, 감가상각이 발생할 때), 그리고 시장실패가 발생했을 때 기회비용과 회계비용은 다를 수 있다. 한편 어떤 생산요소를 재판매하거나 다른 용도로 사용할 수 없을 때 회수 불가능한 비용을 매몰비용이라고 하며 이는 경제적 의사결정에서 배제되어야 하는 요소이다.

3.2 비용함수 비용함수는 생산이 효율적으로 이루어진다는 가정 하에 생산량 변화에 따른 생산비용 변화의 함수관계를 보여준다. 등비용선은 일정한 비용으로 구입할 수 있는 기술자와 생산기계의 결합을

나타내는 직선이다. 총생산비용이 C일 때 등비용선은 다음과 같이 나타낼 수 있다.

$$C = rK + wL$$

3.3 확장경로 등비용선의 기울기와 등량선의 기울기(한계기술대체율)가 같아지는 요소결합과 생산수준을 생산자균형이라고 하며, 다음과 같은 조건이 성립해야 한다.

$$\frac{MP_L}{MP_K} = \frac{w}{r}$$

그리고 이 균형들의 궤적을 확장경로라 하는데 소비자이론의 소득소비곡선과 유사한 개념이다. 한편 그 모양은 투입요소가 정상요소인가 열등요소인가의 여부와 생산요소의 상대가격 변화에 의해 결정된다.

3.4 비용함수와 생산함수 비용함수는 생산비용을 산출량의 함수로 나타낸 것이며, 생산비용이 생산요소의 가격뿐만 아니라 생산기술을 나타내는 생산함수에 의해서도 결정된다는 점에서 생산함수의 특징을 그대로 반영하고 있다. 한편 비용함수도 고정생산요소의 존재 여부에 따라 장·단기 함수로 구분된다.

---

05. 콘서트를 관람하기 위해 10만원을 지불하고 콘서트장에 갔다. 그런데 콘서트가 생각보다 너무 지루해서 짜증이 밀려왔다. 그래서 공연의 $\frac{1}{3}$쯤 지나 이 콘서트를 계속 봐야 할지 고민하게 되었다. 만약 이 사람이 콘서트장을 나오기로 했다면 이는 합리적인 선택이라고 할 수 있을까? 그 이유는 무엇인가?

06. 기업 A는 가능한 한 비용이 적게 드는 생산계획을 세우기로 하였다. 반면에 기업 B는 가능한 한 높은 수익을 가져오는 계획을 세우기로 하였다. 다음 질문에 답하라.

(1) 기업 A와 기업 B의 생산계획은 다를 것인가? 비용최소화를 위한 생산자균형 조건을 이용하여 설명하라.

(2) 기회비용의 관점에서 기업 A와 기업 B의 생산계획을 평가하고, 기업 A가 주의할 점에 대해 설명하라.

07. 학용품 제작회사인 '잘써진다' 주식회사는 2년 전에 연 이자율 10%로 돈을 빌려서 1대당 1,000만원 하는 볼펜 제작용 기계 2대를 구입했다. 그후 2년 동안 1개에 200원 하는 볼펜 8만 개를 제작·판매했다. 그런데 최근 생산기술의 발달로 1대당 500만원 하는 기계가 제작되어 시판되고 있다.

(1) 지난 2년간 '잘써진다' 볼펜회사의 운영상태를 평가해 보라.

(2) 최근 새로운 기계가 개발된 것을 감안할 때 이 회사의 운영상태는 어떻게 평가되는가? 기회비용의 관점에서 평가해 보라.

08. 노동(L) 한 단위의 가격이 6, 자본(K) 한 단위의 가격이 3이고, 기업의 생산함수는 $Q = \min\{L, K\}$라고 하자. 다음 물음에 답하라.

(1) 노동의 한계생산과 자본의 한계생산을 도출하라.

(2) 비용극소화조건을 고려하여 노동과 자본이 어떤 방식으로 생산과정에 투입되는 것이 가장 효율적인 생산방식인지 설명하라.

(3) 노동과 자본의 수요함수를 구하라.

(4) 이 기업의 총비용함수와 평균비용함수를 구하라.

09. 투입요소 상대가격비율의 변화율에 대한 투입요소비율의 변화율을 대체탄력성이라고 한다(대체탄력성 = 요소투입비율의 변화율/요소 상대가격비율의 변화율). 아래와 같은 등량선이 주어져 있을 때 각각 대체탄력성은 어떻게 나타날지 설명하라.

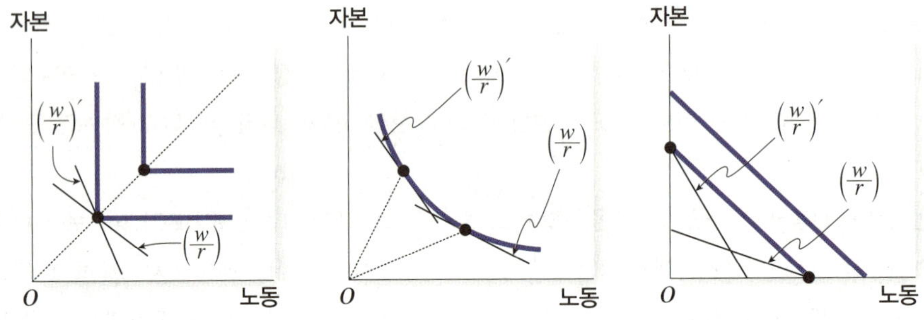

(a) (b) (c)

4. 단기생산비용

기업의 단기적 비용에는 고정요소 투입에 따른 고정비용, 조업률에 따라서 변화하는 생산요소로 인하여 발생하는 가변비용이 있다.

4.1 총비용 총비용곡선(TC)은 총고정비용곡선과 총가변비용곡선을 수직으로 더해서 얻을 수 있다. 이때 총고정비용곡선(TFC)은 자본의 투입이 고정되어 있는 경우 자본의 투입비용을 의미하며 특정 수준에서 수평선의 형태를 띤다. 그리고 총가변비용곡선(TVC)은 노동의 투입비용으로 한계생산체감의 법칙에 의해 처음에는 체감적으로 증가하다가 어느 단계를 지나서는 체증적으로 증가하며 우상향하는 형태를 띤다.

4.2 평균비용과 한계비용 평균비용($AC = \frac{TC}{Q}$)이란 총비용을 생산량으로 나눈 것이며, 생산물의 단위당 생산비용을 의미한다. 한편 한계비용($MC = \frac{\Delta TC}{\Delta Q}$)은 생산 한 단위를 증가시키는 데 필요한 총비용의 증가분이다. 단기평균비용곡선(AC)은 평균고정비용(AFC)과 평균가변비용(AVC)의 합으로 얻을 수 있으며 U자 모양을 가진다. 이는 일정 수준까지는 평균고정비용의 감소분이 평균가변비용의 증가분보다 크기 때문에 평균비용이 감소하고, 이후에는 평균가변비용의 증가가 충분히 커져서 평균고정비용의 감소를 상쇄하기 때문이다.

10. 어떤 기업의 총비용함수가 $C = 2{,}000 + 250Q$라고 한다. 다음 질문에 답하라.

(1) 이 기업의 생산환경이 단기와 장기 중 어떤 상태라 할 수 있는지 타당한 근거를 제시하여 답하라.

(2) 산출량이 5단위일 때 평균비용과 한계비용을 구하라.

5. 장기생산비용

단기와 장기는 고정된 생산요소가 있느냐 없느냐에 따라 결정된다.

5.1 단기총비용과 장기총비용 단기총비용은 총고정비용과 총가변비용의 합으로 구성되는 반면, 장기총비용은 총가변비용과 같다. 장기에는 고정투입요소 제약이 없으므로 각 생산량에 대한 최소비용을 위한 요소결합을 선택할 수 있다.

5.2 장기평균비용과 장기한계비용 장기평균비용곡선은 각 단기평균비용곡선의 포락선으로 나타나며, 장기한계비용곡선은 각 단기총비용곡선과 장기총비용곡선이 만나는 생산량 수준에서의 단기한계비용을 연결함으로써 도출한다. 이때 주의할 점은 장기한계비용곡선($LRMC$)이 단기한계비용곡선($SRMC$)들의 포락선이 아니라는 사실과 단기평균비용곡선($SRAC$) 상의 최저점이 일반적으로 주어진 생산량의 최저생산비용점은 아니라는 사실이다.

11. 다음 두 명제는 동일한가? 그 이유를 설명하라.

(1) 장기총비용곡선은 단기총비용곡선의 포락선이다.

(2) 장기평균비용곡선은 단기평균비용곡선의 포락선이다.

12. A기업에서는 규모의 경제가, B기업에서는 규모의 불경제가 존재한다고 하자. 이들 기업의 장기평균비용곡선의 모양을 각각 나타내고, 어떤 경우에 이런 형태가 나타날 수 있는지 설명하라.

응용문제

01. 최근 들어 '돈많다' 은행이 지속적으로 창구업무 담당 직원의 수를 늘려왔다고 하자. 다른 업무환경에 변화가 없다고 가정할 때, '돈많다' 은행 창구업무의 생산성은 어떻게 변화되었다고 예상할 수 있는지 타당한 근거를 제시하여 설명하라.

02. 역사적으로 미국의 자동차산업 노동자들이 높은 임금을 받아온 것은 다른 산업에 비해 노조가 임금인상 교섭을 통해 임금을 지속적으로 상승시켜 왔기 때문이다. 그렇다면 현재 임금수준이 상대적으로 높다는 사실을 고려할 때 장기적으로 자동차산업에서의 노동-자본 투입은 어떻게 변할 것인가? 생산함수의 특성을 고려하여 설명하라.

03. 민호는 1년에 8천만원의 연봉을 받으며 기계 디자이너로 활동하고 있다고 하자. 그는 직장생활을 그만두고 그동안 모아둔 5천만원의 예금으로 개인 사무실을 구해서 프리랜서로 활동하는 것을 고민하고 있다. 민호가 알아본 프리랜서의 수입과 비용은 다음과 같다.

> 연 수입 1억 8천만원, 사무실 임대비용 3천만원, 사무실 직원 1인 임금 4천만원, 컴퓨터 및 사무기기 구입비용 1천만원, 예금금리 4%, 대출금리 6%

(1) 민호가 프리랜서로 개업을 해야 하는지, 현재의 직장생활을 계속해야 하는지 합리적으로 결정하고 그 이유를 설명하라.

(2) 프리랜서 사무실 개업 후 어느 날 민호와 직원 수지가 나눈 다음의 대화를 읽고 누구의 견해가 합리적인지 근거를 제시하여 설명하라.

수지 : 사장님, 우리가 개업하면서 1천만원 주고 구입한 컴퓨터 및 사무기기를 A사가 5백만원에 빌려줄 수 있는지 문의요청이 있습니다. 제가 알아보니 렌탈은행에 가면 동일 성능의 기기를 3백만원에 빌릴 수 있답니다.

민호 : 이미 1천만원이나 주고 구입한 기기가 있는데 왜 렌탈은행에서 임대해서 씁니까? 3백만원씩이나 지불해야 하는데… A사에게 렌탈은행에서 빌려 쓰라고 하세요. 우리는 1천만원을 이미 지불했기 때문에 더 이상 기기를 위한 비용지출은 할 수 없답니다.

수지 : A사는 아직 신생기업이라 렌탈은행에서 기기임대신청을 할 수가 없다네요. 우리 기기를 빌려주고, 우리는 렌탈은행에서 빌려서 쓰는 것이 어떨까요?

민호 : 아, 글쎄. 이미 1천만원을 지출했기 때문에 안 된다니까요!

수지 : …

04. 작은 여인숙을 경영하고 있는 민호네가 어느 날 한 투숙 손님을 받게 되었다고 하자. 이 여인숙의 하루 숙박비용은 10만원이지만 이 손님은 몹시 가난한 관계로 5만원밖에 낼 수 없다. 현재 방은 모두 비어 있으며 투숙객 방 정리나 룸서비스 등을 위해 고용할 수지의 하루 일당은 2만원이다. 다음 질문에 답하라.

(1) 민호가 경제학 공부를 통해 기회비용의 개념을 잘 알고 있다면 적은 돈을 가지고 있는 이 손님을 받아들일 것인가?

(2) (1)을 참고하여 5만원밖에 없는 이 손님이 민호네 여인숙에 투숙하기 위해서는 최소한 얼마의 돈이 필요한지 설명하라.

(3) 수지의 임금과 손님이 가진 돈 사이에는 어떠한 관계가 성립하는가? 예를 들어 수지의 임금이 일당 6만원으로 상승한다면 어떤 일이 벌어지겠는가?

05. 다음 두 주장에 대해 각각 논평하라.

(1) 장기평균비용곡선은 한계생산이 체증할 때는 우하향하고 한계생산이 체감할 때는 우상향하므로

U자형을 이룬다.

(2) 장기비용함수가 U자 모양을 가진다는 가정 하에 기업은 항상 장기평균비용곡선의 최저점에서 생산하고자 할 것이다.

완전경쟁시장과 공급곡선

Principles of **Micro**economics ch. five

05

1. 완전경쟁시장이란?

1.1 완전경쟁시장의 특성 / 1.2 경쟁기업의 수요곡선

2. 경쟁기업의 단기균형과 공급곡선

2.1 경쟁기업의 단기균형 / 2.2 경쟁기업의 단기공급곡선과 시장공급곡선

3. 경쟁기업의 장기균형과 공급곡선

3.1 경쟁기업의 장기균형 / 3.2 산업의 장기공급곡선

4. 완전경쟁시장의 효율성

이 장에서는 제4장에서 살펴본 생산함수와 비용함수를 토대로 완전경쟁기업의 공급곡선을 도출한다. 그리고 완전경쟁시장의 균형 가격과 생산량 및 그 효율성을 알아본다. 이를 위해 다음과 같은 문제에 대해 논의해 보자.

- 완전경쟁시장이란?
- 단기와 장기에 가격과 생산량 간의 관계는 어떻게 결정되는가?
- 완전경쟁시장의 가격과 생산량은 바람직한 자원배분을 가져오는가?

1. 완전경쟁시장이란?

어떤 기업이 특정 수량을 생산해서 어느 정도의 가격을 받을 수 있는지는 해당 산업에 존재하는 기업의 수와 행태 등 시장구조의 제약을 받는다. 여러 가지 시장구조 중 먼저 완전경쟁시장을 가정하여 기업의 이윤극대화 과정과 공급곡선의 결정을 살펴보자. 완전경쟁시장은 경제분석을 할 때 가장 이상적인 시장구조로 간주되어 왔으며, 많은 기본정리가 완전경쟁시장에 근거하여 도출되었다.

완전경쟁시장은 현실과 거리가 있지만 이에 대해 자세히 살펴보는 것은 완전경쟁시장의 자원배분이 다른 시장의 자원배분을 평가하는 기준이 되기 때문임

그러나 완전경쟁시장이 성립하기 위한 조건들은 매우 까다로울 뿐 아니라 현실에서 완전경쟁시장을 찾기는 상당히 어렵다. 그럼에도 이에 대해 자세히 살펴보는 것은 완전경쟁시장에서 이루어지는 자원배분이 다른 형태의 시장에서 이루어지는 자원배분 상태를 평가하는 기준이 되기 때문이다. 이 절에서는 우선 완전경쟁이 성립하기 위한 조건을 설명하고 완전경쟁시장에서 기업이 직면하는 수요곡선을 도출한다. 그리고 다음 절에서 기업의 단기 및 장기균형, 개별 기업 및 산업의 공급곡선을 차례로 설명하고자 한다.

1.1 완전경쟁시장의 특성

어떤 산업의 시장이 완전경쟁시장이 되기 위해서는 다음의 네 가지 조건을 충족해야 한다. 첫째, 완전경쟁시장에서의 공급자와 수요자는 가격수용자(price taker)이어야 한다. 다시 말하면 완전경쟁시장에서는 기업의 수가 대단히 많아서 어떤 한 기업이 생산량을 늘리거나 줄이는 것이 가격에 영향을 미칠 수 없어야 한

다. 소비자의 경우도 마찬가지로 자신의 구매행위가 가격에 영향을 미칠 수 없고, 단지 시장에서 주어진 가격에서 자신의 수요량을 결정할 수 있을 뿐이다. 기업과 소비자들은 가격을 능동적으로 결정하고자 노력하는 것이 아니라 수동적으로 주어진 가격에 따라서 생산활동과 구매활동을 조정하는 가격순응자인 것이다.

둘째, 완전경쟁시장에서의 생산물은 동질적(homogeneous)이어야 한다. 생산물이 동질적이라는 것은 시장 내 모든 생산물이 서로에 대하여 완전대체재임을 의미한다.

셋째, 산업에 대한 진입과 이탈의 자유(free entry and exit)가 보장되어야 한다. 완전경쟁시장에서는 어떠한 신규 기업도 원하기만 하면 그 산업에 진입해서 생산을 할 수 있으며, 어떠한 기존 기업도 원하기만 하면 그 산업에서 이탈할 수 있다. 이는 기존 기업이 협약을 맺거나 어떤 법률적 · 관습적 규제를 통해 신규 기업의 참가나 기존 기업의 이탈에 대하여 어떤 형태로도 제약을 가할 수 없다는 것을 의미한다.

넷째, 완전정보(perfect information)의 조건이 충족되어야 한다. 이 조건은 모든 상품의 가격, 품질 등에 대한 모든 정보를 소비자와 기업이 확실히 알고 있다는 것을 말한다. 이러한 완전정보의 조건이 충족되면 상품은 오직 하나의 가격으로 거래된다. 왜냐하면 동일 상품에 대하여 어느 한 기업이 조금이라도 높은 가격을 책정한다면 모든 가격을 알고 있는 소비자는 그 기업의 상품을 구매하지 않을 것이기 때문이다. 기업 측에서도 동일 상품에 대하여 시장가격보다 낮은 가격으로 상품을 판매할 이유가 없다.

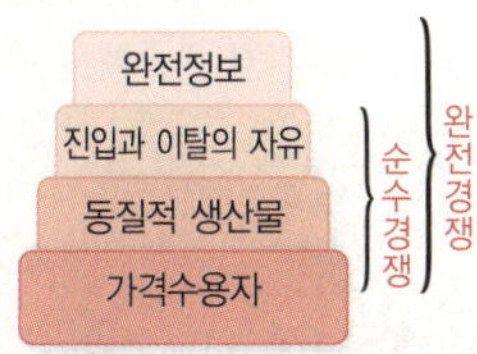

완전정보의 가정은 현실적으로 충족되기 어렵다. 정보 자체도 하나의 희소한 자원이므로 정보를 획득하기 위해서는 시간적 · 금전적 비용을 부담해야 한다. 그러므로 현실에서는 완전정보의 조건이 충족되지 않는 것이 일반적이다. 특별히 완전경쟁시장의 조건 네 가지 중 완전정보를 제외한 세 가지 조건이 충족되는 상황을 **순수경쟁**(pure competition)이라고 한다.

1.2 경쟁기업의 수요곡선

일반적으로 개별 기업이 직면하는 수요곡선과 시장수요곡선은 엄밀히 구별되어야 한다. 개별 기업이 직면하는 수요곡선은 개별 기업이 생산물을 판매할 때 주어진 가격에서 얼마만큼을 판매할 수 있는가를 나타낸다. 예를 들어 완전경쟁

그림 5-1

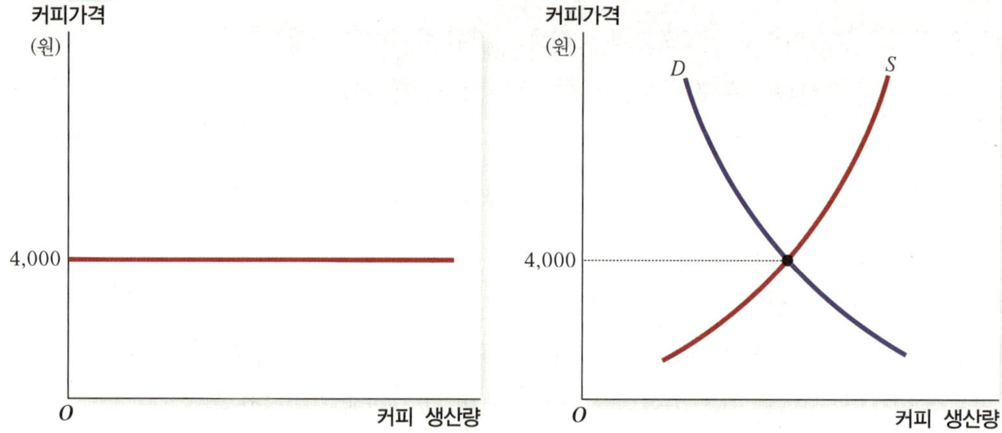

(a) 개별 기업의 수요곡선　　(b) 완전경쟁시장의 균형가격

경쟁기업의 수요곡선

완전경쟁시장에서 (b)와 같이 시장가격이 설정되면 개별 기업의 수요곡선은 가격수용자의 조건에 의해 (a)와 같이 시장가격 수준에서 수평이 된다.

경쟁기업이 직면하는 수평의 수요곡선 가격수용자 조건에서 유도

적 커피시장에서 커피전문점 그린벅스가 직면하는 수요곡선은 〈그림 5-1〉의 (a)에서와 같이 수평선이다. 이것은 완전경쟁의 첫 번째 조건(가격수용자)으로부터 유도된다. 아직 구체적으로 설명하지 않았지만 (b)에서 시장공급곡선 *S*가 존재하여 시장수요곡선 *D*와 만나는 점에서 시장가격 4,000원이 성립하면, 개별 커피전문점은 그 가격에서 얼마든지 커피를 판매할 수 있다. 따라서 그린벅스가 직면하는 수요곡선은 4,000원에서 수평이 된다.

경쟁시장에서는 다른 경쟁기업의 행동에 영향받지 않음

우리는 완전경쟁기업인 그린벅스가 직면하는 수요곡선이 수평임을 설명하는 과정에서 다른 모든 커피전문점들의 생산량은 불변이고 오직 분석대상이 된 그린벅스의 생산량만이 변한다는 것을 암묵적으로 전제하였다. 이는 완전경쟁시장에서 개별 기업의 독특한 행동양식을 전형적으로 보여준다. 완전경쟁기업은 과점시장의 기업과는 달리 다른 경쟁기업의 선택을 염두에 두지 않으며 자기의 선택에 대해 다른 경쟁기업들이 어떠한 반응을 보일 것인가도 고려하지 않는다. 과점시장과 독점시장 등 불완전경쟁시장의 가격과 생산에 대해서는 제Ⅲ편에서 살펴볼 것이다.

2. 경쟁기업의 단기균형과 공급곡선

Principles of Microeconomics ch. five

우리는 제1절에서 완전경쟁적인 커피시장에서 개별 기업인 그린벅스가 직면하는 수요곡선은 시장수요곡선과 구별된다는 점과 시장수요곡선이 우하향하는 반면 그린벅스의 수요곡선은 수평이라는 점을 살펴보았다. 이때 그린벅스의 입장에서 본 수요곡선이 수평선이면 그린벅스의 평균수입과 한계수입은 주어진 가격에서 일치한다. 왜 그럴까?

총수입
- 생산물의 판매량 X 단위가격
- 총수입곡선 = 원점을 지나는 직선

기업의 **총수입**(total revenue ; *TR*)은 생산물의 판매량(*Q*)에 단위가격(*P*)을 곱한 것, 즉 $TR = P \cdot Q$이며, 경쟁기업의 경우 가격은 주어진 것이므로 커피 생산량이 늘어나면 총수입도 비례해서 늘어난다. 따라서 〈그림 5-2〉의 (a)와 같이 총수입곡선은 원점을 지나는 직선으로 표시된다.

경쟁기업의 평균수입
- 단위당 수입
- 생산물의 가격과 동일
- 평균수입곡선 = 개별 기업이 직면하는 수요곡선

평균수입(average revenue ; *AR*)이란 총수입을 생산(판매)량으로 나눈 것이

그림 5-2

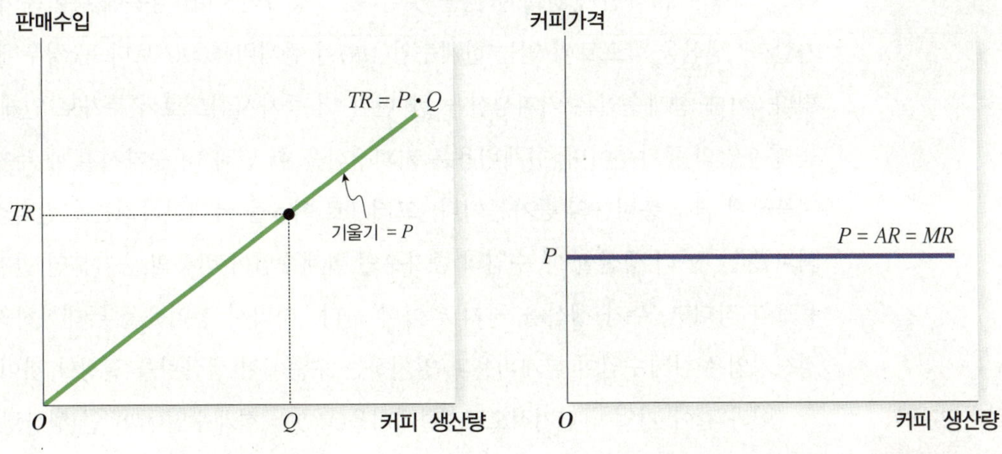

(a) 총수입곡선 (b) 수요곡선, 평균수입곡선 및 한계수입곡선

경쟁기업의 수입곡선

가격수용자인 경쟁기업 그린벅스는 (a)와 같이 원점을 지나는 직선 형태의 총수입곡선(*TR*)을 가진다. 따라서 총수입을 생산량으로 나눈 평균수입(*AR*)과 생산물(커피) 한 단위의 추가 판매에 따른 총수입 증가분인 한계수입(*MR*)은 (b)와 같이 수요곡선과 일치한다.

며, 이것을 흔히 단위당 수입이라 부른다. 다음 식 (5.1)에서 알 수 있듯이 경쟁기업의 경우 평균수입은 가격과 일치하므로 〈그림 5-2〉의 (b)에서 평균수입곡선은 곧 그린벅스가 직면하는 수요곡선이 된다.

$$AR = \frac{TR}{Q} = \frac{P \cdot Q}{Q} = P \tag{5.1}$$

경쟁기업의 한계수입
- 생산 한 단위 변화에 따른 총수입의 변화분
- 생산물의 가격과 동일

한계수입(marginal revenue ; *MR*)은 생산(판매)을 한 단위 변화시킴에 따라 생기는 총수입의 변화분을 말한다. 〈그림 5-2〉의 (b)에서는 한계수입 또한 가격과 일치하는 것으로 표시되어 있다. 완전경쟁시장에서 기업은 가격수용자이므로 한 단위 더 판매할 때 수입이 가격과 같기 때문이다. 결국 완전경쟁시장에서 기업의 평균수입과 한계수입은 생산물의 가격과 동일하다.

2.1 경쟁기업의 단기균형

경쟁기업 그린벅스의 생산량은 어떻게 결정될까? 그린벅스는 추가로 생산하는 커피에 대하여 그것이 기업의 총이윤을 증가시키는 데 도움이 된다면 생산을 하고, 그렇지 않다면 생산하지 않을 것이다. 그렇다면 어떤 경우에 총이윤이 증가할까? 생산을 함으로써 얻는 한계수입(*MR*)이 한계비용(*MC*)보다 큰 경우에 그렇다. 이때 한계수입은 커피생산을 한 단위 더 증가시킴으로써 추가로 얻게 되는 총수입의 증가분이며, 한계비용은 커피생산을 한 단위 더 증가시킬 때 추가로 지불하게 되는 총비용의 증가분이다. 그러므로 이윤을 극대화하려는 그린벅스는 커피를 한 잔 더 생산할 때 수입의 증가분인 한계수입이 비용의 증가분인 한계비용보다 작다면, 추가 생산을 하지 말아야 한다. 따라서 총이윤을 극대화하려는 경쟁기업은 한계수입이 한계비용과 일치하는 수준에서 생산량을 결정할 것이다.

경쟁기업의 단기균형
한계수입 = 한계비용에서 총이윤을 극대화

이와 같이 기업이 단기적으로 '한계비용(*MC*) = 한계수입(*MR*)' 인 생산량 수준에서 조업하는 상태를 기업의 **단기균형**(short-run equilibrium of the firm)이라 한다. 이윤을 극대화하는 기업이 단기적으로 이 생산수준에 만족하여 생산을 추가적으로 조정하지 않는다는 점에서 붙여진 이름이다. 여기서 단기는 새로운 기업의 진입 혹은 기존 기업의 이탈을 통한 생산량 변화가 불가능한 기간이다. 즉, 기존에 존재하던 기업의 공급량 조절만 가능한 기간을 의미한다.

예를 들어 경쟁기업 그린벅스의 단기균형을 그림으로 나타낸 것이 〈그림

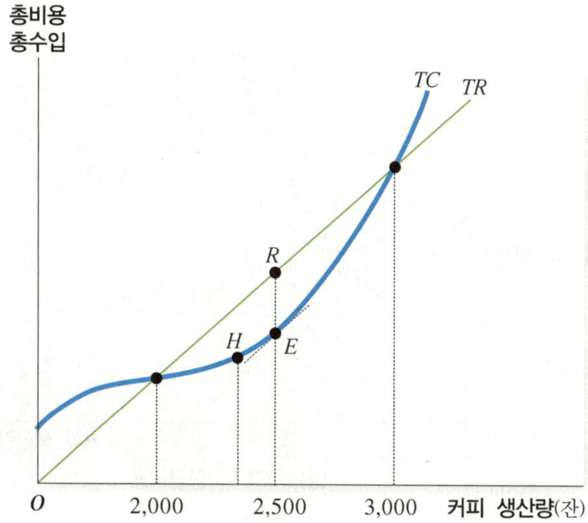

(a) 총수입곡선과 총비용곡선

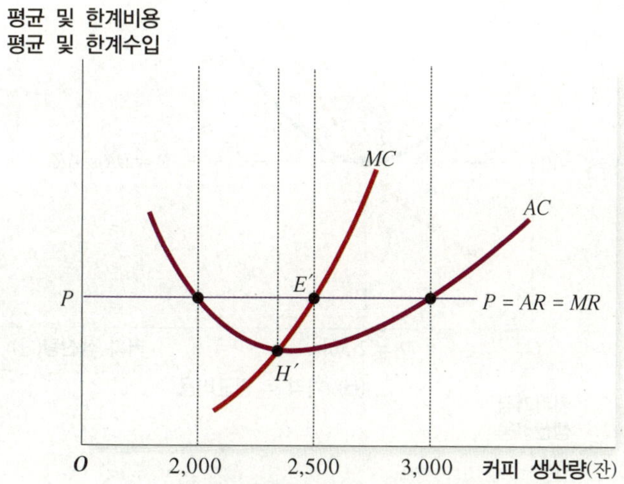

(b) 한계비용, 한계수입 및 평균비용곡선

그림 **5-3**

경쟁기업의 단기균형

경쟁기업의 단기균형은 한계비용(MC)과 한계수입(MR)이 만나는 점에서 이루어진다. 즉, 단기에서 경쟁기업 그린벅스의 균형생산량은 총수입과 총비용의 차이가 극대화되어 가장 높은 이윤을 올릴 수 있는 E'점에서 결정된다.

5-3〉이다. 〈그림 5-3〉의 (b)는 같은 그림의 (a)로부터 도출되므로, 그림 (b)의 각 점은 (a)의 각 점과 대응한다. 그린벅스가 $MR = MC$가 되는 생산량 2,500잔을 생산할 때, 총수입(TR)은 R, 총비용(TC)은 E가 되어 총이윤은 $\overline{RE}$로 극대화된다. 그림에서 볼 수 있듯이 이윤 $\overline{RE}$는 어떤 다른 생산수준에서보다 크다. 따라서 $MR = MC$가 되는 생산량 2,500잔은 이윤극대화 생산량이며, 이때 기업은 단기균형 상태에 있다.

그림 5-4

경쟁기업의 단기균형과 이윤

경쟁기업 그린벅스가 직면하는 단기균형 상태는 세 가지 경우로 나타난다. (a)에서는 균형점에서 커피가격이 평균비용보다 높아 총수입이 총비용을 초과하여 색칠한 부분만큼의 이윤이 발생하고, (b)에서는 커피 판매에 따른 총수입과 총비용이 일치하여 균형점에서 이윤도 손실도 발생하지 않으며, (c)에서는 균형점에서 평균비용이 커피가격보다 높아 총수입으로 총비용을 충당할 수 없으므로 색칠한 부분만큼의 손실이 발생한다.

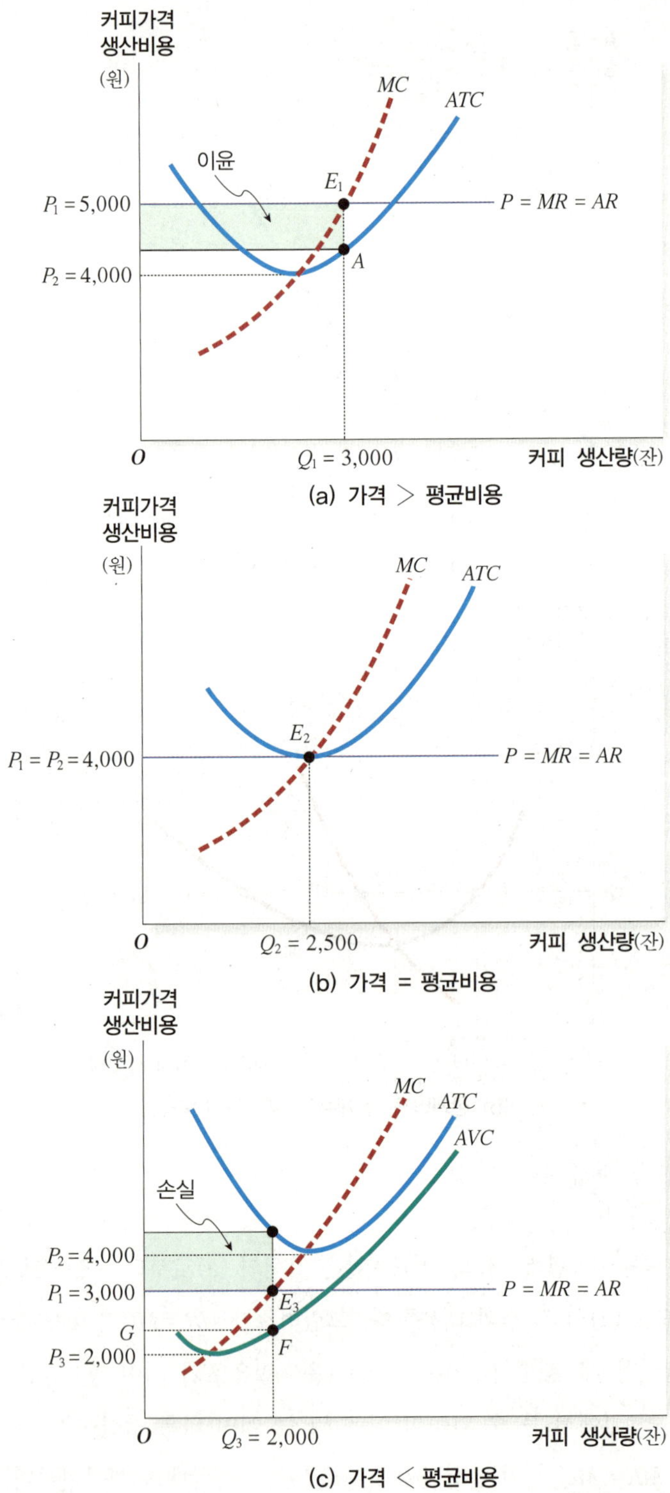

이러한 단기균형 상태는 〈그림 5-4〉의 (a), (b), (c)에서 볼 수 있듯이 세 가지 경우로 나눌 수 있다. 여기서 P_1은 시장에서 결정된 가격(= 평균수입 = 한계수입)을 나타내고, P_2는 평균총비용(*ATC*)이 최소화되는 수준이며, P_3는 평균가변비용(*AVC*)이 최소화되는 수준을 표시한다((a)와 (b)에서는 P_3를 생략하였다). 이때 그린벅스의 균형은 세 가지 경우 모두 $MR = MC$를 충족시키는 E_1, E_2, E_3점에서 성립하며, 그린벅스는 생산량이 각각 Q_1, Q_2, Q_3가 될 때까지 생산할 것이다. 그리고 세 가지 경우 모두 균형가격이 P_3 = 2,000원보다 높은 수준에 있다는 공통점이 있다. 그러나 (a)에서는 $P_1 > P_2$이며 (b)에서는 $P_1 = P_2$이고 (c)에서는 $P_1 < P_2$이므로 세 가지 경우에 그린벅스가 얻는 이윤은 서로 다르다.

이윤(profit)은 기업이 생산물을 판매함으로써 얻은 총수입(*TR*)에서 총비용(*TC*)을 뺀 금액으로, 보다 정확히 말하자면 $TR = TC$일 때 기업에 귀속되는 **정상이윤**(normal profit)을 넘어서는 초과이윤을 의미한다. 〈그림 5-4〉의 (a)에서는 균형점 E_1에서 $AR > ATC$이므로 그린벅스의 이윤은 그린벅스의 총수입($\overline{OQ_1} \times \overline{OP_1}$)에서 총비용($\overline{OQ_1} \times \overline{Q_1A}$)을 빼고 남은 색칠한 부분으로 표시된다. (b)의 경우는 균형점 E_2에서 $AR = ATC$이므로 그린벅스는 총수입으로 총비용을 충당할 수 있을 뿐이며 이윤은 0이다. (c)에서는 균형점 E_3에서 $AR < ATC$이므로 그린벅스는 색칠한 부분에 해당하는 손실을 본다. 그러나 총수입이 총가변비용(total variable cost)을 충당하고도 ($\overline{GF} \times \overline{FE_3}$)만큼 남는다. 이때 그린벅스의 균형생산 Q_3는 손실을 최소화한다는 의미를 지닌다.

> **이윤** 정상이윤을 넘어서는 초과이윤 (정상이윤 : $TR = TC$일 때 기업에 귀속되는 이윤)

> 단기에 총수입이 총가변비용을 초과하는 한 손실 최소화를 위해 생산을 하는 것이 유리함

요약하면, 고정비용이 존재하는 단기의 경우 기업이 이미 투입한 고정비용은 매몰비용이며 기업은 생산에 따른 총수입이 총가변비용을 초과하는 경우에만 생산을 한다. 물론 가격이 평균총비용보다 낮은 경우 일부 손실이 발생하지만, 생산을 지속함으로써 매몰비용이 될 수 있는 고정비용의 일부는 회수 가능하다.

그러나 $AR < AVC$이면 기업은 가변비용조차 충당하지 못하게 되므로 생산을 하지 않는 편이 더 낫다. 그런데 $AR = P$이므로 $P < AVC$ 또한 조업중단을 의미한다. 이에 대해서는 다음 절에서 좀더 자세히 알아보기로 하자.

2.2 경쟁기업의 단기공급곡선과 시장공급곡선

시장 전체의 공급은 각 기업의 공급을 합한 것이다. 좀더 엄밀히 말하면 시장 전체의 단기공급곡선은 개별 기업들의 단기공급곡선을 수평으로 합한 것이다.

> 시장 전체의 단기공급곡선 = 개별 기업 단기공급곡선의 수평합

그림 5-5

경쟁기업의 단기공급곡선

완전경쟁시장에서 각 기업은 생산비용과 시장가격을 비교하여 이윤을 극대화하는 생산량을 찾는다. 따라서 그린벅스는 커피생산의 한계비용(*MC*)이 커피의 시장가격(4,000원)과 같아질 때까지 생산하여 시장에 공급한다.

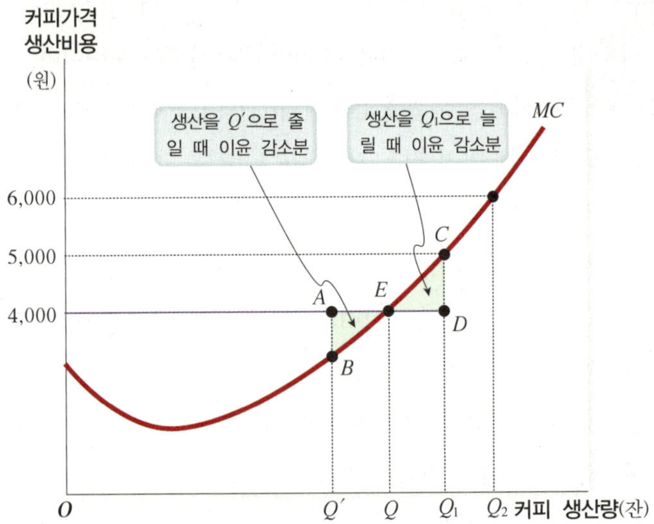

따라서 특정 재화의 시장공급이 어떻게 결정되는가를 알기 위해서는 그 재화를 공급하는 각 기업의 공급이 어떻게 결정되는지 알아야 한다.

완전경쟁시장에서 각 기업이 할 수 있는 일은 기업의 생산비용과 시장에서 결정된 생산물의 가격을 비교하여 이윤을 극대화하는 생산량을 찾는 것뿐이다. 결론부터 말하자면, 기업은 한계비용이 생산물의 시장가격과 같게 될 때까지 ($MC = P$) 생산해면 된다.

완전경쟁시장에서 기업은 한계비용(*MC*)과 생산물의 시장가격(*P*)이 같게 될 때까지 생산

이것을 〈그림 5-5〉로 설명해 보자. 이 그림에는 시장가격과 그린벅스의 한계비용곡선(*MC*)이 표시되어 있다. 먼저 시장가격이 4,000원인 경우 그린벅스의 이윤은 한계비용이 4,000원이 되는 산출량 Q를 생산(판매)할 때에 가장 크게 된다. 예를 들어 $\overline{QQ'}$ 만큼 생산을 줄이면, 그린벅스의 비용이 $\square Q'BEQ$만큼 줄어드는 반면 수입은 $\square Q'AEQ$만큼 줄게 되므로 이윤이 $\triangle BAE$만큼 감소한다. 또한 생산을 $\overline{QQ_1}$만큼 늘리면, 수입이 $\square QEDQ_1$만큼 느는 반면 비용은 $\square QECQ_1$만큼 늘게 되므로 $\triangle ECD$만큼의 이윤이 감소한다. 만일 시장가격이 4,000원에서 5,000원으로 상승한다면 그린벅스는 이윤을 극대화하기 위하여 생산을 Q_1으로 늘려야 될 것이고, 6,000원으로 상승한다면 Q_2까지 생산을 늘려야 한다.

반대로 생산물의 가격이 점점 낮아진다고 해보자. 그러면 그린벅스의 이윤도 점점 작아져 마침내는 조업을 중단하는 편이 나을 때가 올 것이다. 그렇다면

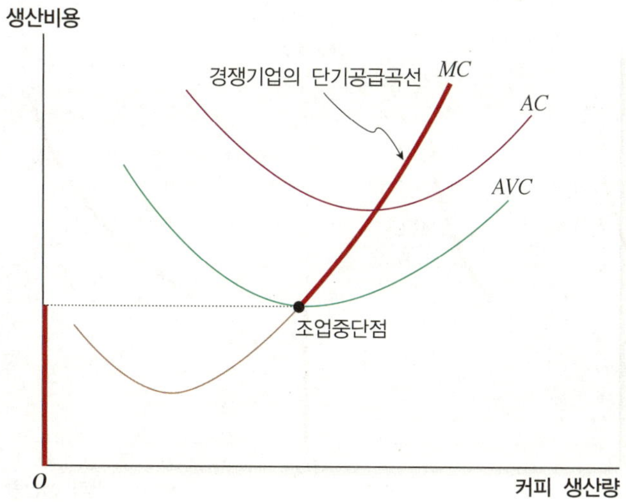

그림 5-6

조업중단점과 경쟁기업의 단기공급곡선

커피가격이 점점 낮아져 그린벅스의 수입이 기업의 가변비용도 충당하지 못하는 경우에는 조업을 중단하는 것이 손실을 최대한으로 줄이는 길이다. 따라서 평균가변비용(*AVC*)의 최저점이 조업중단점이 되며, 조업중단점 윗부분의 한계비용곡선(*MC*)이 그린벅스의 공급곡선이 된다.

생산을 중단하였을 때 그린벅스의 손실은 얼마인가? 생산을 중단하였을 때 그린벅스의 수입은 물론 0이지만, 고정비용은 계속 부담해야 하므로 그린벅스의 손실은 기업의 고정비용과 같게 된다. 따라서 커피가격이 매우 낮아져서 그린벅스의 수입이 기업의 가변비용도 충당하지 못하는 경우, 생산을 중단하는 것이 손실을 최소한으로 줄이는 길이다. 따라서 〈그림 5-6〉에 나타낸 것과 같이 평균가변비용곡선(*AVC*)의 최저점보다 윗부분에 있는 한계비용곡선(*MC*)이 그린벅스라는 **경쟁기업의 단기공급곡선**이 된다.

경쟁기업의 단기공급곡선 평균가변비용곡선의 최저점보다 윗부분에 있는 한계비용곡선

한편 앞에서 설명한 것처럼 커피시장 전체의 공급곡선은 개별 커피전문점의 공급곡선(즉, 개별 커피전문점의 **조업중단점**보다 위에 있는 한계비용곡선)의 수평합이다. 〈그림 5-7〉의 좌측에 그려진 SMC_1, SMC_2 및 SMC_3는 각각 세 개의 개별 커피전문점의 공급곡선이다. 가격이 P일 때 세 커피전문점의 공급량은 각각 Q_1, Q_2, Q_3이며, 가격이 P_1일 때의 공급량은 각각 Q_1', Q_2' 및 Q_3'이다. 이들 한계비용곡선을 수평으로 합한 것이 **시장공급곡선** S이다. 기업의 한계비용곡선(*SMC*)이 우상향한다면 시장의 단기공급곡선(S)도 항상 우상향하게 된다.

그림 5-7

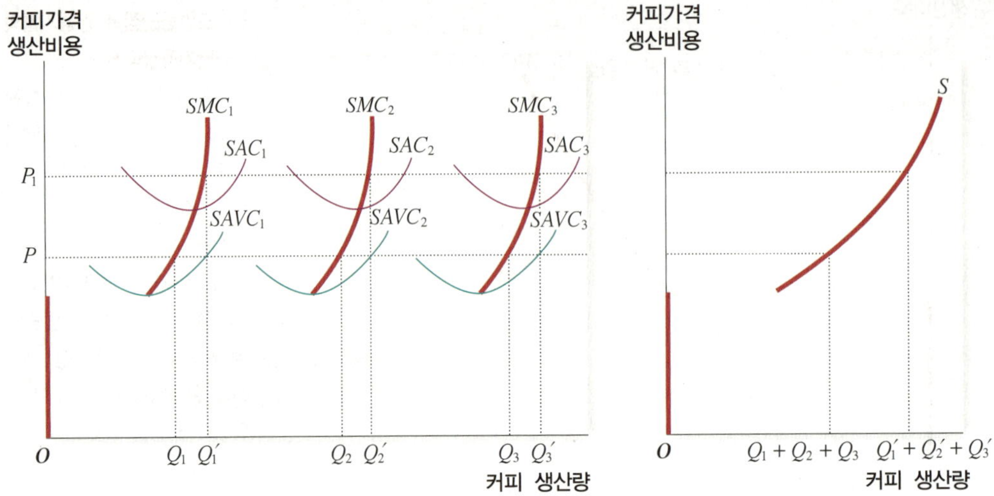

(a) 경쟁기업의 단기공급곡선과 생산량　　(b) 시장공급곡선과 생산량

경쟁기업의 단기공급곡선과 시장공급곡선

산업 전체의 시장공급곡선은 개별 기업 공급곡선의 수평합이 된다. 기업의 한계비용곡선(*SMC*)이 우상향한다면 시장의 단기공급곡선(*S*) 또한 항상 우상향한다.

3. 경쟁기업의 장기균형과 공급곡선

장기(long run)란 기존 기업이 생산시설을 확장 또는 축소할 수 있을 뿐만 아니라, 새로운 기업이 시장에 진입하거나 또는 기존 기업이 시장에서 이탈할 수 있는 정도의 기간을 말한다. 이러한 장기에서 경쟁기업의 선택으로 결정되는 장기균형으로부터 산업의 장기공급곡선이 어떻게 도출되는지 살펴보자. 그리고 시장수요곡선과 장기공급곡선의 교차점에서 결정되는 완전경쟁시장 균형의 효율성에 대해 알아보자.

3.1 경쟁기업의 장기균형

완전경쟁적 커피산업에서 커피전문점들이 〈그림 5-4〉의 (a)와 같이 고정비용을 포함한 총비용 이상의 수입을 얻고 있다고 하자. 예를 들어 〈그림 5-8〉의 (a)에서 시장가격이 5,000원일 때 그린벅스가 E_S에서 단기균형을 이루고 있다고 하자. 그린벅스는 커피 2,500잔을 생산하여 색칠한 부분만큼의 초과이윤을 올리고 있다. 이 이윤은 그린벅스의 시설 확장을 촉진할 뿐만 아니라 새로운 기업의 커피시장 진입도 자극한다. 그림에서 보듯이 시설 확장과 신규 기업의 진입으로 단기평균비용곡선(SAC_1)은 장기평균비용곡선(LAC)을 따라 우측으로 이동하면서 생산비용이 전반적으로 하락한다.

한편 〈그림 5-8〉의 (b)에서는 시장수요곡선(D)과 시장공급곡선(S)이 일치하는 수준에서 가격 5,000원이 결정되는 경우를 상정하고 있다. 그런데 초과이윤에 따른 기존 기업의 시설 확장과 새로운 기업의 진입은 시장 전체의 공급을 증가시켜서 공급곡선을 우측으로 이동시킨다($S \rightarrow S'$). 이때 수요는 그대로 있으

그림 5-8

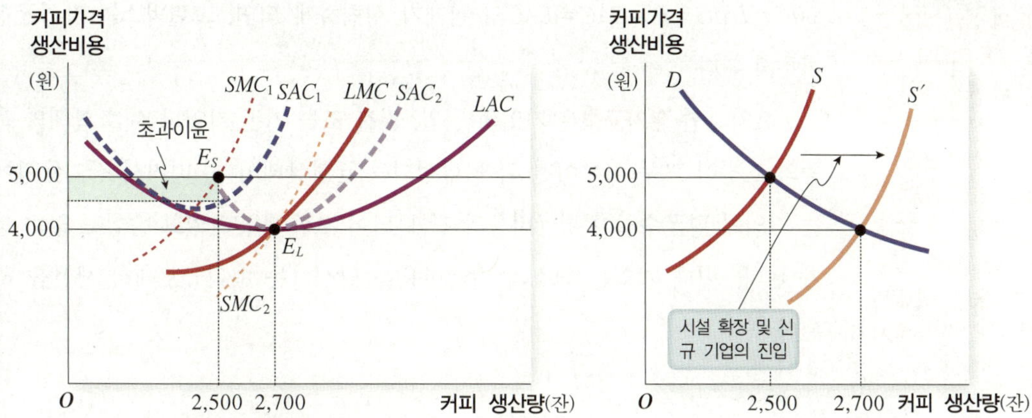

(a) 단기균형에서의 초과이윤 (b) 신규 기업의 진입

경쟁기업의 단기 및 장기균형과 시장균형

단기균형에서 기업의 초과이윤이 존재한다면 이는 기업의 시설 확장을 촉진하고 새로운 기업의 진입을 자극한다. 따라서 (a)와 같이 단기적으로 색칠한 부분만큼의 초과이윤이 존재한다면, 장기적으로 시설 확장과 신규 진입이 일어나면서 (b)와 같이 시장공급곡선이 우측이동($S \rightarrow S'$)하고, 장기평균비용곡선(LAC)의 최저점인 E_L에서 장기균형이 달성된다.

므로 가격이 5,000원으로부터 계속 하락한다. 이 과정은 초과이윤이 0이 되어 더 이상의 시설 확장과 신규 진입이 이루어지지 않을 때까지 계속된다.

최적규모 장기평균비용의 최저점에 해당하는 생산규모

결국 그린벅스는 최소의 평균비용으로 상품을 생산하는 **최적규모**(optimum scale)에 도달하게 된다. 이때 최적규모는 장기평균비용곡선의 최저점에 해당되는 생산규모이며, 그림에서는 LAC의 최저점(E_L)에서 SAC_2의 규모이다. 이 점에서 그린벅스는 최소의 평균비용으로 생산을 하고 있다. 또한 공급곡선이 S'까지 이동하여 가격이 4,000원까지 하락하면 그린벅스는 E_L에서 이윤이 극대화되는 장기균형을 달성하게 된다. 장기균형이 이루어지기 위해서는 이윤이 0($SAC = LAC = P$)인 동시에 각 경쟁기업의 장기이윤극대화 조건을 나타내는 '단기한계비용(SMC) = 장기한계비용(LMC) = P'가 만족되어야 한다. 이러한 장기균형조건 $SMC = LMC = P = SAC = LAC$를 만족하는 점은 E_L뿐이다.

이상에서 살펴본 경우와는 반대로 〈그림 5-4〉의 (c)처럼 커피산업에 속해 있는 기업들이 생산은 하고 있으나 총수입이 겨우 총가변비용을 충당할 뿐 총비용보다는 적어서 단기적으로 손실을 입고 있다고 하자. 이때는 그린벅스가 커피산업을 떠나거나 생산시설을 축소하게 되고 새로운 기업의 진입은 없을 것이다. 따라서 시장 전체에서의 커피생산(공급)은 줄고 커피가격이 상승한다. 이러한 과정은 커피산업에 속한 기업들이 손실을 입는 한 계속된다. 그리하여 마침내 $SMC = LMC = P = SAC = LAC$의 관계가 성립하게 되면, 그린벅스는 장기균형을 이루게 된다.

장기균형
- 기업의 진입, 퇴출 또는 기존 기업의 시설 확대와 축소 등의 조정이 모두 이루어진 뒤에 달성된 균형
- 평균수입과 평균비용이 일치하여 초과이윤도 없고 손실도 없음
- 기회비용을 포함하면 총수입과 비용이 일치

요약하면 **장기균형**은 기업의 진입, 퇴출 또는 기존 기업의 시설 확대와 축소 등의 조정이 모두 이루어진 뒤에 달성되는 균형상태이다. 따라서 장기균형에서는 기업의 평균수입이 평균비용과 같게 되어 초과이윤도 없고 손실도 없는 상태가 된다. 이때 기업은 최소의 평균비용을 달성하는 최적규모에서 생산을 하게 된다.

현실 과 경제학

기업 이윤이 Zero?

완전경쟁시장의 이론에 의하면 기업의 자유로운 시장 진입 및 퇴출이 결국 개별 기업의 이윤을 0이 되도록 한다. 그런데 "도대체 이윤이 0이라면 왜 굳이 기업 활동을 하지?"라는 의문이 자연스럽게 든다. 이런 혼란은 경제학에서 사용하는 이윤 개념이 우리가 흔히 생각하는 이윤과 다르기 때문에 발생한다.

먼저 제4장(3.1 생산비용과 기회비용)에서 설명했듯이 경제학에서 다루는 비용은 회계장부상에서의 비용과는 다르다. 예를 들어 식당을 운영하는 철수가 식당에서 일한 대가는 어떻게 될까? 철수는 식당을 소유하고 있고, 따라서 월급을 받는 것도 아니다. 따라서 회계장부에 철수가 일한 대가는 나타나지 않는다. 하지만 철수가 식당을 운영하지 않고 회사에 가서 일하고 월급을 받는다면, 철수는 식당을 운영하기 위해 그만큼의 월급을 포기한 셈이다. 경제학에서 비용은 바로 이러한 기회비용을 의미한다.

이제 철수가 식당을 운영하면서 매달 500만원의 이익이 남는다고 해보자. 이는 회계장부상에서 음식을 판 소득에서 각종 재료값, 직원 월급, 가게 임대료 등을 빼고 남은 것이지만, 이 모두가 경제적 이윤은 아니다. 철수가 식당을 운영하지 않고 회사에서 일하는 경우 매달 300만원의 월급을 받을 수 있다면, 500만원 중 300만원은 철수가 일한 대가이고 남은 200만원만이 경제적 이윤이 된다.

한편 다른 회사원들도 철수처럼 식당을 운영하면 자기 회사월급 300만원보다 더 많은 500만원을 번다는 사실을 알고 너도나도 식당을 하려고 할 것이다. 언제 이들이 회사를 그만두고 식당을 여는 것을 멈추게 될까? 식당의 운영이익이 300만원이 되면 회사를 다니는 것이나 식당을 운영하는 것이나 차이가 없어진다. 여전히 회계장부상에는 300만원의 이익이 있지만, 경제적 이윤은 0이 되는 것이다.

완전경쟁시장이라고 해서 기업의 이윤이 꼭 0이 될 필요는 없다. 이윤이 0이 되게 하는 또 하나의 요소는 비슷한 기업이 많이 존재한다는 것이다. 하지만 식당을 운영하고 싶어 하는 많은 회사원들이 식당 운영에 대해 가진 소질은 조금씩 다를 수 있다. 똑같은 식당을 운영해도 철수는 영수보다 100만원씩 이익을 더 낸다고 해보자. 우선 이익을 많이 낼 수 있는 철수 같은 사람들이 식당을 우선 열 것이고, 그런 사람들이 다 없어지고 나면 영수 같은 사람들이 식당을 열 것이다. 이제 영수 같은 사람들이 회사의 월급과 같은 300만원의 운영이익을 내는 상황이 될 때까지 식당이 생길 것이다. 그 상황에서도 철수 같은 이들은 400만원의 운영이익을 낸다. 회사에서 벌 수 있었던 월급 300만원을 제하고도 100만원의 경제적 이윤이 발생하는 것이다. 즉, 기업들의 효율성이 조금씩 다르다면, 상대적으로 더 효율적인 기업들은 완전경쟁시장에서도 경제적 이윤을 남길 수 있다.

출처 : 이삼호, "기업 이윤이 Zero?", 『KDI 클릭경제교육』, KDI 경제정보센터, 2012. 6.

3.2 산업의 장기공급곡선

공급곡선은 주어진 가격 하에서 기업이 공급하려는 양을 나타내는 점들을 이은 선인데, 개별 경쟁기업의 장기공급곡선은 장기균형의 정의상 최적규모를 나타내는 장기평균비용곡선의 최저점 한 점으로 나타날 수밖에 없다. 또한 장기에서는 기업의 수가 가변적이므로 단기에서처럼 개별 기업의 단기공급곡선을 수평으로 더해 시장공급곡선을 도출할 수 없다. 그러면 완전경쟁시장의 장기공급곡선은 어떻게 유도되는 것일까?

먼저 산업의 장기공급곡선은, 기존 기업이 생산시설을 확장 또는 축소할 수 있을 뿐만 아니라 기존 기업이 산업에서 이탈하거나 또는 새로운 기업이 산업으로 진입할 수 있을 정도로 긴 시간을 전제로 하여 각 가격수준에서 기업들이 공급하고자 하는 최대량을 표시한 것이다. 결국 산업의 장기공급곡선이 어떤 모양을 갖는지는 산업의 생산량이 변화함에 따라 평균비용곡선에 영향을 미치는 생산요소 가격의 변화에 달려 있다.

산업의 장기공급곡선
- 생산요소 가격이 상승하는 경우 : 우상향
- 생산요소 가격이 불변인 경우 : 기업의 장기평균비용곡선의 최저점을 지나는 수평선

결론부터 말하자면, (1) 산업에서 사용되는 생산요소가 희소성을 가져 산업의 생산량이 증가함에 따라 그 요소에 대한 수요가 증가하여 생산요소의 가격이 상승하는 경우에는 장기공급곡선이 우상향하고, (2) 산업의 생산량이 증가하더라도 요소가격의 변화가 없는 경우에는 산업의 장기공급곡선이 기업의 장기평균비용곡선의 최저점을 지나는 수평선이 된다.

예를 들어 〈그림 5-9〉의 (a)는 커피산업의 생산량이 증가함에 따라 생산요소의 가격이 상승하는 경우를, (b)는 불변인 경우를 나타내고 있다. 우선 (a)의 우측에는 커피산업 전체의 수요곡선 D와 단기공급곡선 S가 교차하여 가격이 4,000원 수준인 M에서 장기균형이 형성되고 있다. 그림의 좌측에는 커피산업의 개별 기업인 그린벅스의 장기균형점 E가 표시되어 있다. 점 E는 장기평균비용곡선 LAC의 최저점과 단기평균비용곡선 SAC의 최저점이 접하는 점이다. 이와 같이 가격이 4,000원일 때 커피산업과 기업은 모두 장기균형을 이루고 있다.

그런데 커피에 대한 수요가 D'으로 증가해 가격이 6,000원으로 상승하였다고 하자. 그러면 그린벅스는 초과이윤을 보게 되므로 단기적으로 생산시설의 가동을 증가시킬 것이며, 장기적으로는 신규 기업이 이 산업으로 진입하고 기존 기업인 그린벅스 역시 시설을 확장할 것이다. 이에 따라 커피산업 전체의 공급이 증가하여 〈그림 5-9〉의 (a)에서 보듯이 공급곡선이 S로부터 S'으로 이동할 것

그림 5-9

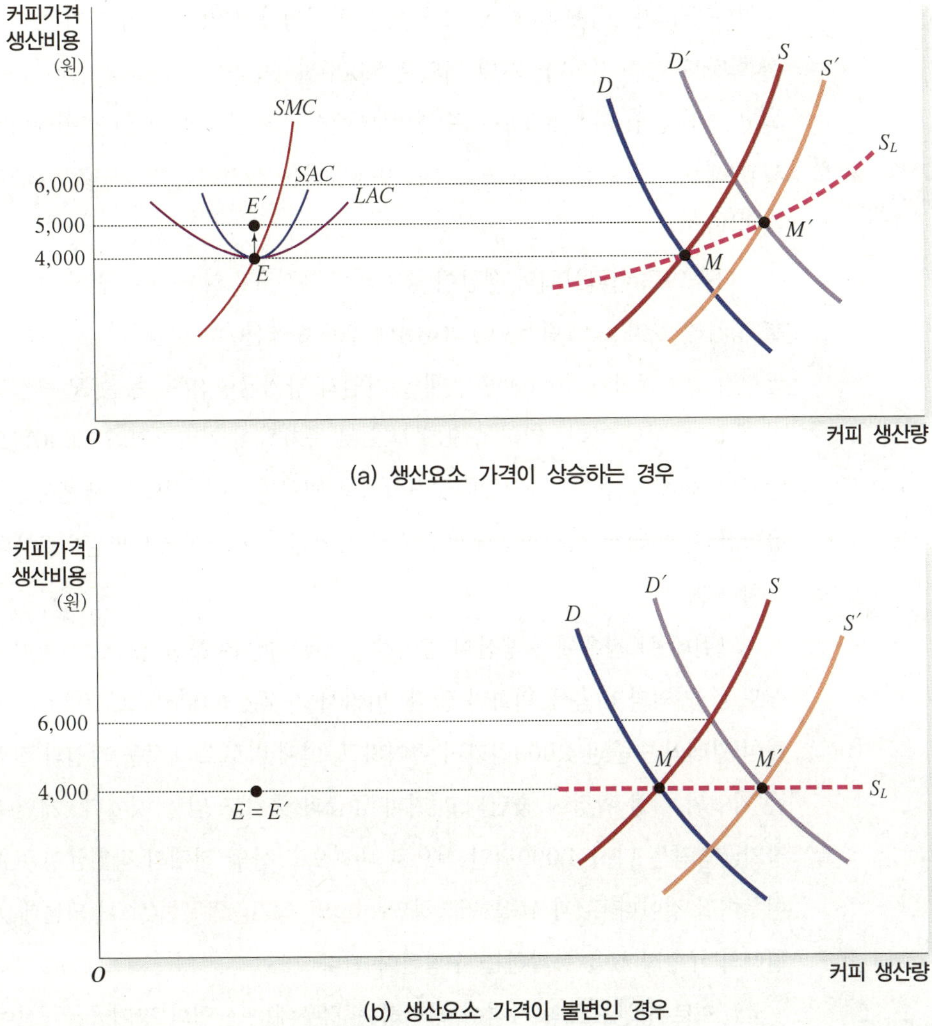

산업의 장기공급곡선

(a)에서는 커피산업의 생산량 증가와 함께 생산요소의 가격이 상승하는 경우, 평균비용이 증가하여 E'점에서 장기균형이 달성되면서 장기공급곡선이 우상향한다. (b)에서는 커피산업의 생산량 증가에 따라 생산요소의 가격이 불변인 경우 시설 확장에도 불구하고 각 기업의 생산비용에는 변화가 없으므로 장기공급곡선은 수평선이 된다.

이다. 공급이 늘어남에 따라서 가격은 6,000원으로부터 차츰 하락하게 된다.

생산요소의 가격이 상승하면 평균비용곡선이 위로 이동하여 우상향하는 산업의 장기공급곡선이 도출

이때 커피산업에서 사용하는 생산요소가 희소해져서 커피생산의 증가에 따라 생산요소의 가격이 오르게 되면, 이 산업의 평균비용곡선은 위로 이동하고 개별 기업의 균형점 E도 산업 전체의 공급이 증가하면서 위쪽으로(이를테면 그림의

E'의 방향으로) 이동한다. 이와 같이 생산물가격은 6,000원으로부터 하락하고 평균비용은 4,000원으로부터 상승하여 가격과 평균비용이 5,000원 수준에서 일치하였다고 하자. 이제 더 이상 신규 기업이 진입하지 않을 것이고 기존 기업의 시설 확장도 멈출 것이다. 개별 기업은 5,000원 수준인 E'에서 장기균형을 이루게 되고, 커피산업 역시 5,000원 수준인 M'에서 장기균형을 이룬다. 원래의 균형점 M과 새로운 균형점 M'을 연결하면 우상향하는 **산업의 장기공급곡선**(S_L)을 얻을 수 있다.

생산요소의 가격이 불변인 경우 장기평균비용이 불변이므로 수평의 산업 장기공급곡선이 도출

다음으로 커피산업의 생산이 증가해도 생산요소의 가격이 변하지 않는 경우를 생각해 보자. 〈그림 5-9〉의 (b)에서 수요곡선(D), 공급곡선(S), 커피산업의 균형점(M), 균형가격(4,000원), 개별 기업의 장기균형점(E) 등은 모두 〈그림 5-9〉의 (a)에서와 같다. 커피 수요가 D'으로 증가하여 커피가격이 6,000원으로 상승하면, 이것은 장기적으로 새로운 기업의 진입과 기존 기업의 생산시설 확장을 유발한다. 따라서 생산이 S에서 S'으로 증가하여 가격이 6,000원으로부터 점차 하락한다.

그런데 이 경우에는 생산이 증가해도 평균비용은 불변이므로 시설이 확장되어도 각 기업의 비용에 변화가 없다. 따라서 가격은 6,000원으로부터 계속 하락하여 원래의 수준인 4,000원까지 떨어지고, 이때 비로소 새로운 기업의 진입과 기존 기업의 시설 확장이 중단되고 커피 공급의 증가도 멈출 것이다. 개별 기업의 장기균형점은 다시 4,000원인 점으로 내려오고 산업 전체의 장기균형은 M'에서 이루어질 것이다. M과 M'을 연결하면 **산업의 장기공급곡선**(S_L)이 되는데, 이것은 원래의 균형점 M을 통과하는 수평선이 된다.

끝으로 생산요소의 가격이 하락하는 경우에는 산업의 장기공급곡선이 우하향하게 되는데, 이는 독자들이 확인해 보기 바란다.

4. 완전경쟁시장의 효율성

Principles of **Micro**economics ch. five

완전경쟁시장에서 단기적으로는 이윤을 보고 있는 기업이라도 장기적으로 보다 효율적인 새로운 기업이 진입하여 손실을 보게 되면, 그 기업은 도태되어 시장에서 퇴출될 수밖에 없다. 따라서 시장수요곡선과 산업의 장기공급곡선이

서로 교차하는 점에서 결정되는 완전경쟁시장의 균형가격은 자원을 낭비하지 않고 효율적으로 사용하는 기업들만 상품을 생산하도록 유도하며, 자원을 낭비하는 열등기업들을 도태시키는 기능을 한다. 즉, 경쟁의 압력은 시장가격을 장기평균비용의 최저점까지 하락시킨다. 그 결과 소비자들은 달성 가능한 최저의 평균비용으로 생산한 상품을 구매할 수 있다. 이처럼 재화 혹은 서비스가 달성 가능한 최저의 비용으로 생산되는 상황을 **생산적 효율성**(productive efficiency)이라 한다.

생산적 효율성 재화나 서비스를 달성 가능한 최저의 비용으로 생산

또한 완전경쟁기업은 상품의 가격과 상품의 마지막 단위를 생산하는 데 소요되는 한계비용이 일치하는 점까지 생산한다. 상품의 가격은 소비자들이 판매되는 재화의 마지막 단위를 소비함으로써 얻게 되는 한계편익을 의미하므로, 결국 완전경쟁기업들은 재화나 서비스의 마지막 단위가 소비자들에게 제공하는 한계편익과 그 상품을 생산하는 데 소요되는 한계비용이 일치하는 수준까지 생산하게 된다. 이는 완전경쟁시장의 기업들이 소비자들의 욕구를 충족시키는 상품을 생산하기 위해 노동, 기계설비, 그리고 그 밖의 생산요소들을 효율적으로 배분한다는 것을 의미하는데, 이를 완전경쟁시장의 **배분적 효율성**(allocative efficiency)이라고 한다. 이렇게 완전경쟁시장에서는 생산적 효율성과 배분적 효율성이 모두 달성된다.

배분적 효율성 기업들이 소비자들의 욕구를 충족시키는 상품을 생산하기 위해 생산요소를 효율적으로 배분

뉴스와 경제학

경쟁이 빈곤을 감소시켜줄 수 있을까

2013년 2월 OECD 경쟁위원회가 개최한 '글로벌 경쟁포럼'에서는 경쟁과 빈곤 감소(competition and poverty reduction)라는 주제로 열띤 토론을 벌였다. 시장경제 하에서 기업 간 경쟁이 소비자의 후생을 증진시킨다는 것은 널리 알려진 사실이지만, 특히 가난한 계층의 빈곤 감소를 위해 경쟁이 어떤 역할을 하는가가 본 논의의 핵심이었다.

경쟁을 통한 기술혁신이 빈곤한 소비자들의 경제생활에 혜택을 준 사례를 보기로 하자. 놀랍게도 지구상에는 휴대폰을 사용하면서도 은행계좌를 갖고 있지 못한 사람들이 10억 명이 넘는다고 한다. 주로 아프리카나 아시아 등 뱅킹인프라가 구비되지 못한 지역의 주민들인데 이들을 상대로 한 통신사업자 간 경쟁이 이들에게 필요로 하는 새로운 서비스, 즉 휴대폰을 활용한 뱅킹서비스를 가능하게 했다. 'M-PESA'는 사파리콤이라는 통신회사가 2007년 도입한 서비스로서, 국가 간 송금과 소액 대출 업무 등을 이동통신을 통해 할 수 있게 함으로써 금융망

이 잘 갖춰지지 않은 아프리카 국가들을 중심으로 그들의 빈곤 개선에 실질적인 도움을 주고 있다.

경쟁은 영세사업자, 근로자, 직업탐색자 등을 위해서도 도움이 된다. 경쟁적인 시장은 기업들이 사회의 자원을 가장 효율적으로 배분하도록 만드는데, 이 과정에서 시장에서 퇴출되는 기업도 나오지만 생존한 기업들이 더 바람직한 방향으로 경쟁함으로써 경제성장률을 증가시킬 수 있는 것이다. 이같이 경쟁적인 상품시장은 경제성장, 고용 및 임금 상승을 촉진시킨다. 경쟁은 또한 혁신을 장려하기 때문에 새로운 상품시장과 기업의 창립을 지원하는데, 이는 빈곤층이 소득을 얻을 수 있는 새로운 기회를 제공한다.

반경쟁적 기업결합 차단, 카르텔 적발, 독점적 지위남용 금지 등 경쟁당국의 경쟁법 집행행위 역시 가난한 사람들이 더 많은 소득을 얻을 수 있게 하는 효과가 있다. 예를 들어, 자본이 부족한 기업가가 매우 효율적인 새로운 아이디어를 가지고 기존의 거대기업과 경쟁하는 사업을 하려 한다고 가정하자. 그런데 기존 사업자가 시장지배적 지위를 가지고 새로운 중소기업의 시장 진입을 저지하고 있다면, 이러한 경우 경쟁법의 적절한 집행이 새로운 기업의 진입을 쉽게 만들어서 궁극적으로 영세기업과 소비자에게 혜택으로 돌아온다. 또한 지나치게 제한적인 정부규제가 새로운 기업의 경쟁기회를 어렵게 하고 그들이 일해서 소득을 얻을 기회를 빼앗는 경우가 있는데, 이렇게 불합리하거나 부적절한 규제를 올바로 개선해 해당 시장의 경쟁을 강화시킴으로써 그들이 잃은 기회를 다시 회복해 줄 필요가 있다.

경쟁법학자 엘레나 폭스(Eleanor Fox) 미 뉴욕대 교수는 우리가 효율성을 논의할 때는 항상 분배문제를 고려한 효율성 개념을 염두에 둬야 한다고 강조한다. 경쟁법과 경쟁정책은 기본적으로 빈곤층을 위한 것으로서, 시장접근을 제한하는 인위적 제약들을 제거하게 되면 취약계층이 힘을 얻게 되고 이동성(mobility)이 증진되며, 궁극적으로 그들에게 더 많은 기회와 일자리, 그리고 소득을 가져다주는 포용적 성장(inclusive growth)이 가능하다고 했다.

폭스 교수는 특히 가난한 국가의 경쟁당국들이 필수적 재화(식료품, 소액대부 등)의 시장접근을 막는 요소들을 제거해 빈곤층이 더 낮은 가격에 제품을 구입할 수 있도록 노력해야 한다고 하면서 아프리카 국가들의 사례를 제시했다. 케냐는 국민의 43%가 빈곤층으로 분류되는 국가인데, 케냐 경쟁당국은 농민들이 주로 많이 사용하는 살충제 원료를 생산하는 국영기업에 독점을 허용함으로써 수백만 영세농민에게 해를 끼치고 있는 법률을 인지하고 이를 폐지하기 위해 힘을 모으는 활동을 했다.

따라서 경쟁정책을 통해 진정으로 빈곤을 감소시키고자 한다면, 빈곤층이 가장 많이 소비하는 시장(생활필수품 및 서비스), 영세기업들의 사업 성공을 위해 중요한 기능을 하는 시장(은행 및 통신서비스), 그리고 빈곤층을 많이 고용하는 노동집약적인 영역에서 경쟁이 활성화될 필요가 있다는 것이다.

출처 : 이용수, "경쟁이 빈곤을 감소시켜줄 수 있을까", 『나라경제』, KDI 경제정보센터, 2013. 4.

요약 및 연습문제

1. 완전경쟁시장이란?

1.1 완전경쟁시장의 특성 완전경쟁이 성립하기 위해서는 첫째 완전경쟁시장의 공급자와 수요자는 가격수용자이어야 하며, 둘째 완전경쟁시장에서의 생산물은 동질적이어야 한다. 셋째 산업에 대한 진입과 이탈의 자유가 보장되어야 하고, 넷째 완전정보의 조건이 충족되어야 한다. 완전정보를 제외한 세 가지 조건이 충족되는 상황을 특별히 순수경쟁이라고 한다.

1.2 경쟁기업의 수요곡선 개별 기업은 가격수용자이므로 수평선의 수요곡선을 갖지만 시장 전체적으로는 수요곡선이 우하향한다.

01. 개별 기업이 직면하는 수평의 수요곡선이 의미하는 바가 무엇인지 논리적으로 설명해 보라.

2. 경쟁기업의 단기균형과 공급곡선

총수입(TR)은 생산물의 판매량(q)에 단위가격(P)을 곱한 것이므로 생산량이 늘어나면 총수입도 비례해서 늘어난다. 평균수입(AR)은 총수입을 생산(판매)량으로 나눈 것으로 경쟁기업의 경우 평균수입은 가격과 일치하므로 경쟁기업의 수요곡선이 된다. 한계수입(MR)은 생산(판매)을 한 단위 변화시킴에 따라 생기는 총수입의 변화분을 말한다. 완전경쟁시장에서 기업은 가격수용자(price taker)이므로 기업의 평균수입과 한계수입은 생산물의 가격과 동일하다

2.1 경쟁기업의 단기균형 이윤극대화를 위해 기업은 단기적으로 한계비용(MC)과 한계수입(MR)이 같아지는 생산량 수준에서 조업을 하게 되는데, 이를 경쟁기업의 단기균형이라고 한다. 균형가격의 수준에 따라 크게 3가지 균형으로 나눌 수 있는데, 총수입이 총가변비용을 초과하는 경우에 생산을 하지만 가격이 평균가변비용보다 작을 때는 생산을 중단한다.

2.2 경쟁기업의 단기공급곡선과 시장공급곡선 경쟁기업은 손실을 겪지 않는 범위 내에서 한계비용과 시장가격이 같아지는 수준까지 생산하고자 하므로 경쟁기업의 단기공급곡선은 조업중단점 위의 한계비용곡선과 같다. 이때 산업 전체의 공급곡선은 각 기업의 공급곡선을 수평으로 합한 것이다.

02. 완전경쟁시장에서 활동하고 있는 한 기업의 생산량에 대한 총비용이 다음과 같다고 하자.

Q(생산량, 단위)	0	1	2	3	4	5	6
TC(총비용, 만원)	50	59	74	93	128	175	234

고정비용의 절반을 회수할 수 있는 경우 조업중단가격과 단기공급곡선을 구하라.

3. 경쟁기업의 장기균형과 공급곡선

3.1 경쟁기업의 장기균형 장기균형은 기업의 진입, 퇴출 또는 기존 기업의 시설 확대와 축소 등의 조정이 다 이루어진 다음에 달성되는 균형상태이다. 따라서 장기균형에서는 기업의 평균수입이 평균비용과

같게 되어 초과이윤도, 손실도 없는 상태에 도달하게 된다.

3.2 산업의 장기공급곡선 장기에는 기업들의 진입 · 퇴출이 자유로우므로 단기와 달리 조업하는 기업의 수가 변한다. 따라서 단기처럼 공급곡선을 수평으로 더해 시장공급곡선을 유도할 수 없다. 산업의 장기공급곡선은, 생산요소가 희소하여 산업의 생산량이 증가함에 따라 생산요소 가격이 상승하는 경우에는 우상향하고 생산요소 가격이 하락하는 경우에는 우하향하며 생산량이 증가하더라도 요소가격의 변화가 없는 경우에는 장기평균비용곡선의 최저점을 지나는 수평선이 된다.

03. 완전경쟁시장의 기업들은 장기적으로 0의 경제적 이윤을 얻는다. 그럼에도 불구하고 이들이 시장에 남아 있는 이유는 무엇인가?

4. 완전경쟁시장의 효율성

완전경쟁시장은 크게 두 가지 효율성을 달성한다. 첫째, 재화나 서비스를 달성 가능한 최저 비용으로 생산하는 생산적 효율성을 달성한다. 둘째, 재화나 서비스의 마지막 단위가 소비자들에게 제공하는 한계편익과 그 상품을 생산하는 데 소요되는 한계비용이 일치하는 수준까지 생산함으로써 생산요소들을 효율적으로 배분하는 배분적 효율성을 달성한다.

04. 제2절(경쟁기업의 단기균형과 공급곡선)에서 풀어본 [연습문제 2]에 계속 이어서 다음 질문에 답하라.

(1) 완전경쟁시장에서 활동하고 있는 이 기업은 손익분기점에서 정상이윤을 벌어들인다. 완전경쟁시장에 있는 개별 기업들이 초과이윤이 아닌 정상이윤에서도 기업경영을 하는 이유는 무엇인가? 단기적인 측면에서 현재 이 기업과 같이 정상이윤에서 기업경영을 하는 현상이 자원배분 측면에서 비효율적일 수 있다는 견해를 이윤극대화 조건에서의 생산과 비교하여 설명하라.

(2) 단기적으로 이 기업이 정상이윤에서 생산활동을 한다는 점이 자원배분의 비효율성을 초래한다면 생산환경에 어떤 변화를 줌으로써 효율적인 자원배분을 가능하게 할 수 있는지 설명하라.

응용문제

01. 꽃을 재배하는 농부 민호는 자신의 토지에 코스모스를 재배하고 있다. 그는 코스모스를 꽃시장에 내다 팔아 수입을 얻고 있는데, 가끔씩 코스모스가 풍년일 때에는 꽃을 시장에 내다 팔지 않고 대부분을 불살라 버리는 경우가 있다. 이러한 민호의 행동이 자신의 이윤극대화를 위한 합리적인 선택이라고 가정한다면, 그의 행동에 영향을 끼친 경제적 요인은 무엇인지 설명하라.

02. 완전경쟁적인 치즈산업이 있다. 현재 경기가 불황이라 정부가 다음과 같은 대책을 내놓았다. 이러한 정책으로 치즈산업의 장기균형에서 총생산량, 기업의 수, 개별 기업의 생산량이 어떻게 변할지 예측해 보라. (단, 기업의 평균비용곡선은 U자형이며, 요소비용은 생산량에 관계없이 일정하다고 가정한다.)

(1) 치즈의 대량구입

(2) 치즈 생산자들에게 (생산량과 무관한) 일정 금액의 보조금 지급

불완전경쟁시장의 가격과 생산

Principles of **Micro**economics part three

우리는 제5장(완전경쟁시장과 공급곡선)에서 경쟁기업의 공급곡선을 도출하고 완전경쟁시장의 효율성에 대해 살펴보았다. 완전경쟁시장에서는 기업의 수가 매우 많아서 특정 기업의 생산량 변화가 가격에 영향을 미칠 수 없다. 또한 완전경쟁시장에서는 생산물들이 동질적이어서 서로 완전 대체재에 가깝다. 그리고 어떤 신규 기업도 원하기만 하면 산업에 진입할 수 있으며, 기존 기업도 자유로이 산업에서 이탈할 수 있다.

그러나 현실적으로 시장경제에서는 기업 간 경쟁이 불완전한 경우가 대부분이다. 즉, 어떤 산업을 보더라도 기업의 수가 완전경쟁시장의 가정과는 달리 많지 않고, 기업은 서로 다른 제품의 생산량을 조정함으로써 어느 정도 가격에 영향을 미치게 된다. 신규 기업이 진입하는 데도 명시적이든 암묵적이든 여러 가지 어려움이 있기 마련이다. 이러한 불완전경쟁의 정도에 따라 시장구조를 보통 독점, 독점적 경쟁, 과점 이렇게 세 가지로 분류한다.

제Ⅲ편(불완전경쟁시장의 가격과 생산)에서는 두 개의 장에 걸쳐 독점시장, 독점적 경쟁시장, 그리고 과점시장에서 각각 가격과 산출량이 어떻게 결정되는지를 살펴보고, 그 효율성을 평가해 보려고 한다.

Preface

독점시장

Principles of **Micro**economics ch. six

06

이 장에서는 독점시장에서 가격과 생산이 어떻게 결정되는지를 살펴보고 그 효율성을 평가해 보려고 한다. 이를 위해 다음과 같은 문제에 대해 차례로 논의해 보자.

- 시장독점이 발생하는 원인은 무엇인가?
- 독점기업의 가격 · 생산량은 어떻게 결정되고 완전경쟁시장의 가격 · 생산량과는 어떻게 다른가?
- 시장독점이 가져오는 자원배분의 비효율성은 무엇이고 이를 방지하거나 줄이기 위한 방안은 무엇인가?

1. 시장독점은 왜 발생하는가?

독점시장 한 기업이 산업 전체의 공급을 담당하는 시장

독점시장(monopolistic market)이란 한 기업이 산업 전체의 공급을 담당하는 시장 형태를 말한다. 독점시장은 앞에서 배운 완전경쟁시장과는 다른 여러 가지 특징을 갖고 있다. 이제 이러한 독점시장의 특징과 독점의 발생원인에 대해 좀더 자세히 알아보자.

1.1 독점시장의 특징

독점기업의 특징
- 우하향하는 수요곡선에 직면
- 가격설정자 : 이윤극대화하는 가격과 산출량을 동시에 결정
- 다른 기업의 시장 진입을 제한
- 반드시 규모가 크지는 않음

독점시장은 다른 시장과 비교했을 때 다음과 같은 특징을 지니고 있다. 첫째, 독점기업이 유일한 공급자이므로 그 기업이 제공하는 재화를 대체할 만한 재화가 존재하지 않고 시장수요 전체가 독점기업에 대한 수요와 일치한다. 둘째, 완전경쟁기업이 직면한 수요곡선이 수평선이었던 것과 달리 독점기업이 직면하는 수요곡선은 우하향한다. 따라서 판매량을 증가시키려면 가격을 인하해야 한다. 일반적으로 독점기업은 이윤을 극대화하는 가격과 산출량을 동시에 결정한다. 이로 인해 독점기업은 가격수용자가 아닌 **가격설정자**로 행동하며, 독점기업에는 공급곡선이란 개념이 존재하지 않는다. 셋째, 독점기업은 다른 기업의 시장 진입을 직접 혹은 간접적으로 제한할 수 있다.

끝으로 독점기업의 규모가 반드시 큰 것은 아니다. 만일 한 산업의 시장수요

가 매우 작다면 작은 규모의 기업에 의해 독점이 가능하다. 수요기반이 작아 비교적 작은 규모의 기업 하나로도 시장의 공급을 전담하고 늘어나는 수요에 맞춰 공급량을 증가시킬 수 있다면 새로운 기업이 참가할 여지가 없게 된다. 이러한 예는 외자도입을 통해 설립되는 후진국의 기업에서 흔히 찾아볼 수 있다.

1.2 독점 발생의 원인

독점 발생의 원인은 크게 법적 제도, 특허권, 희귀한 자원이나 요소의 독점 사용 등 진입장벽에 해당하는 것과 비용상의 우위로 나뉜다.

독점 발생 원인
- 진입장벽 : 법적 제도, 특허권, 생산요소 독점
- 비용상의 우위 : 자연독점

법적 제도 법에 규정된 한 개의 기업 외에 다른 기업들은 법적으로 시장 진입이 허용되지 않는 산업이 있다. 우리나라의 경우 KT&G에 담배 전매권을 부여하는 것이나 한국전력공사만이 전기를 생산 · 공급할 수 있는 것이 그러한 예에 해당한다.

실제로 독점은 직 · 간접으로 정부의 정책과 법령의 비호에 힘입어 성립 · 유지되는 경우가 많다. 이를테면 정부가 특정한 기업에게만 기계나 원자재의 수입권을 부여한다든가, 낮은 이자율로 투자자금을 대여하도록 한다든가, 특별히 유리한 산업입지를 배당해 준다든가 함으로써 인위적으로 진입장벽을 설정해 주는 것 등이 그러한 예이다. 특히 후진국의 독점기업은 어떤 자연적인 요인에 의해서가 아니라 이와 같은 인위적인 요인에 의해 발생하는 경우가 많다.

특허권 정부의 특허정책(patent policy)은 기업의 연구 및 기술개발(R&D)과 혁신에 대한 유인을 주기 위해 실시되는 측면이 크다. 만약 한 기업이 개발한 창의적이고 효율적인 기술이 경쟁기업에게 일정한 대가 없이 알려지거나 누구나 자유롭게 사용 가능하게 된다면, 모든 기업이 기술개발보다는 무임승차(free riding)를 하려 할 것이다. 따라서 정부의 특허정책이 필요한 것이다. 이 경우에도 법적 제한과 마찬가지로 특허권을 가진 기업이 해당 산업에서 독점력을 갖게 된다. 가장 잘 알려진 사례는 대부분의 사람들이 사용하고 있는 컴퓨터 운영체제인 마이크로소프트(MicroSoft)사의 윈도우(Windows) 소프트웨어일 것이다.

생산요소의 독점 희귀한 자원이나 생산요소의 독점사용권이 있는 경우에도 그러한 자원이나 요소를 사용하는 산업은 독점화된다. 이러한 사례는 허생전에 잘 나와 있다. 허생은 한양에서 제일 큰 부자인 변 씨로부터 만냥을 빌려 제사에 꼭 필요한 과일과 상투를 트는 데 쓰이는 말총을 몽땅 사들인 후에 10배나 높은 가격으로 되팔았다. 세계 다이아몬드 시장을 장악한 남아프리카공화국의 드비어스(DeBeers)사가 독점적 지위를 누리는 것도 이에 해당한다. 그러나 현실적으로 한 기업이 중요한 생산요소를 완벽하게 독점하기는 쉽지 않다.

비용상의 우위-자연독점

- 기술이 우수한 기업이 동일한 상품을 보다 낮은 비용으로 생산 가능한 경우
- 규모의 경제가 존재

비용상의 우위-자연독점 어느 한 기업의 기술이 우수하여 동일한 상품을 보다 낮은 비용으로 생산할 수 있다면, 그 기업은 다른 기업들과의 경쟁에서 우위를 차지해 독점기업이 된다. 또한 **규모의 경제**(economies of scale)가 크게 작용하는 기술적 특성이 있는 경우에도 독점이 발생할 수 있다. 여기서 규모의 경제란 기업의 산출량이 증가함에 따라 생산단가, 즉 장기평균비용이 하락하는 것을 의미한다. 따라서 규모의 경제가 시장수요를 충족할 만큼 크고 지속적인 경우, 여러 기업이 생산하는 경우보다 한 기업이 산업 전체의 생산량을 낮은 비용으로 생산할 수 있다. 이러한 상황에서 나타나는 독점을 **자연독점**(natural monopoly)이라 한다.

자연독점의 예로는 우리가 흔히 보는 우편, 전기, 전화, 도시가스 등의 사회간접자본이 있다. 이러한 자연독점의 경우에는 독점기업을 국영화함으로써 민간기업이 운영할 때 발생할 수 있는 독점의 폐해를 적절히 규제하는 것이 바람직할 수 있다.

자연독점 시장은 수요자가 크게 늘어나면서 경쟁시장으로 바뀌는 경우도 있다. 우리나라 이동통신 시장은 원래 한국이동통신이라는 공기업이 독점하고 있었으나, 이동통신 이용자들이 급속히 늘어나면서 경쟁시장으로 바뀌었다. 정부가 한국이동통신을 민영화(현재 SK텔레콤)하고 민간업체에 신규로 이동통신 사업권을 내준 것이다. 정부가 민영화 직후 몇 년 동안 다른 이동통신회사에 비해 SK텔레콤에 더 많은 규제를 한 것은 자연독점 시장에서 경쟁시장으로 전환된 이동통신 시장의 특성을 고려한 것이었다.

2. 독점기업의 균형

독점기업이 직면하는 수요곡선 = 시장수요곡선

독점시장에서는 정의상 시장의 공급을 한 기업이 담당하고 있으므로 시장수요곡선이 바로 독점기업이 직면하는 수요곡선이 된다. 그런데 독점기업이라 하더라도 무작정 높은 가격을 설정할 수는 없다. 가격이 높을수록 수요량이 줄어들어 독점기업이 판매할 수 있는 수량이 적어지기 때문이다. 따라서 독점기업이 판

판매량	가격(= 평균수입, 만원)	총수입(만원)	한계수입(만원)
2	90	180	–
3	80	240	60
4	70	280	40
5	60	300	20
6	50	300	0
7	40	280	−20

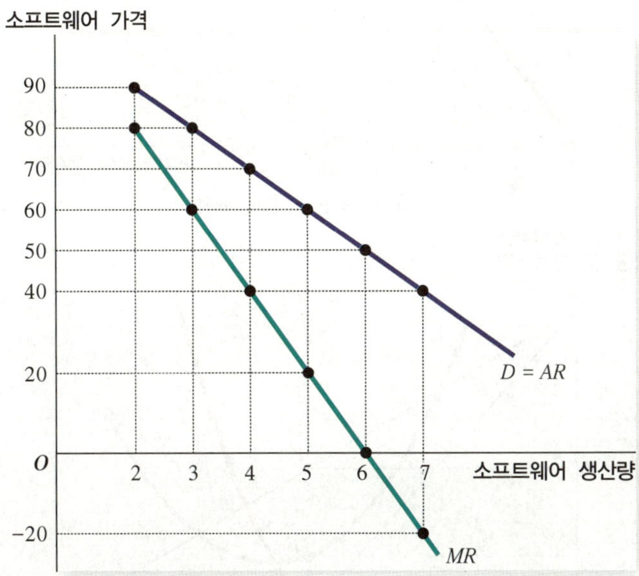

그림 6-1

독점기업의 수요곡선(평균수입곡선)과 한계수입곡선

일반적으로 가격은 평균수입과 동일하므로 독점기업의 수요곡선은 곧 평균수입곡선이 된다($D = AR$). 이때 산출량 증가에 따라 평균수입이 감소하고 있기 때문에 독점기업의 한계수입곡선(MR)은 평균수입곡선의 아래쪽에 위치한다.

매량을 증가시키려면 반드시 가격을 인하해야 한다.

〈그림 6-1〉에서 좀더 자세히 살펴보자. 이 표는 '그린소프트(GreenSoft)'라는 독점기업이 생산하는 소프트웨어에 대한 수요를 나타낸 것인데, 판매량을 늘리기 위해서는 소프트웨어 가격이 인하되어야 한다는 것을 보여준다. 예를 들어 소프트웨어 판매량을 2개에서 3개로 늘리기 위해서는 가격을 90만원에서 80만원으로 인하해야 하므로 이 경우의 총수입은 240만원이 된다. 이때 세 번째 소프트웨어를 추가해서 판매한 결과로 얻은 총수입의 증가분(한계수입)은 60만원이다. 즉, 독점기업이 소프트웨어 한 개를 더 판매할 경우 수입의 순증가분은 그 소프트웨어의 가격이 아니다.

그림 6-2

독점기업의 균형

(a)에서 총수입곡선(*TR*)과 총비용곡선(*TC*)을 이용해 (b)와 같이 한계비용곡선(*MC*)과 한계수입곡선(*MR*)을 유도할 수 있다. 이때 한계수입과 한계비용이 일치하는 지점(*MR* = *MC*), 즉 *TR*곡선과 *TC*곡선의 수직 거리가 가장 먼 지점에서 독점기업 그린소프트의 이윤이 극대화된다.

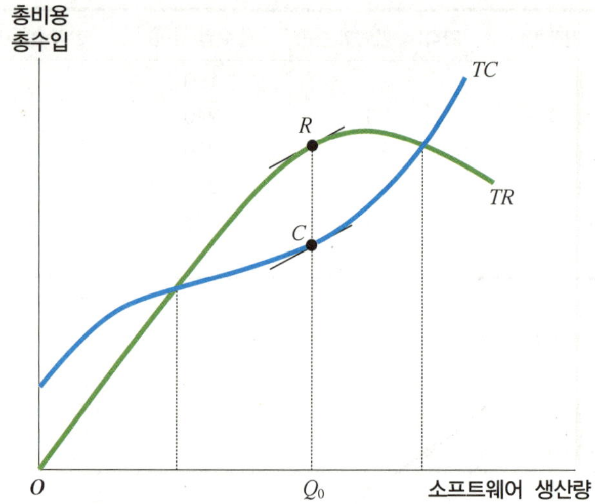

(a) 총수입곡선과 총비용곡선

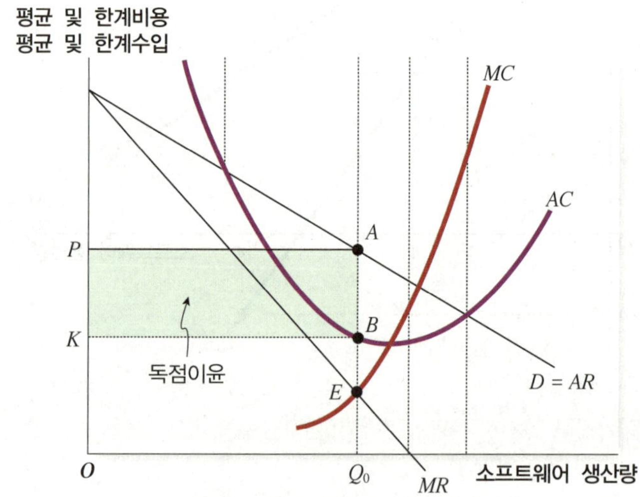

(b) 한계비용곡선과 한계수입곡선

판매량이 증가하여 가격이 하락하면 기존에 판매한 부분의 개당 가격도 하락하기 때문에 한계수입은 평균수입보다 작음

이를 평균수입(= 가격)과 관련지어 설명하면, 세 번째 소프트웨어의 한계수입은 가격인 80만원에서 기존 2개 소프트웨어(이들은 세 번째 소프트웨어가 없었다면 개당 90만원에 팔렸을 것이다)의 개당 가격이 하락함으로써 발생한 수입의 감소, 즉 10만원 × 2 = 20만원을 공제한 60만원이다. 이와 같이 소프트웨어 판매량 증가에 따라 가격이 하락하는 경우 한계수입은 항상 평균수입보다 작다.

독점기업의 균형 역시 *MR* = *MC*의 조건을 만족하는 생산량에서 이루어진다. 다만 그러한 상태에서 *P* > *MR*이라는 점이 완전경쟁시장과 다르다. 제5장의 〈그림 5-3⟩에서 경쟁기업의 균형을 알아보았듯이 여기서는 ⟨그림 6-2⟩를 이용하여 독점기업의 균형을 살펴보자. 독점과 완전경쟁은 서로 무엇이 다른가? 그림에서 보듯이 비용 조건은 독점시장과 완전경쟁시장 간에 차이가 없다. 그러나 그림 (b)를 보면 독점기업이 직면하는 수요곡선은 완전경쟁의 경우와는 달리 우하향하고 있으며 한계수입곡선은 수요곡선의 아래에 있다. 또한 ⟨그림 6-2⟩의 (a)에서 보듯이 *TR*곡선이 완전경쟁시장의 우상향하는 직선이 아니라 곡선의 형태를 보인다.

무엇보다도 중요한 차이는, 완전경쟁시장에서의 기업이 시장에서 형성된 가격을 주어진 것으로 받아들인 후 자신의 이윤이 극대화되도록 생산량을 설정하는 것에 비해 독점기업은 $MR = MC$가 되도록 생산량을 결정한 다음 시장수요에 따라 판매가격을 설정한다는 것이다. ⟨그림 6-2⟩의 (a)를 보면 생산량이 Q_0일 때 $MR = MC$가 된다. 이때 *TR*곡선과 *TC*곡선의 수직거리가 가장 멀고 *TR*곡선의 기울기와 *TC*곡선의 기울기가 일치하며 이윤이 $\overline{RC}$로 극대화된다.

독점기업은 한계수입과 한계비용이 일치하는 수준에서 생산량을 결정하고 시장의 수요에 따라 판매가격 설정

이러한 독점기업의 균형을 한계비용곡선과 한계수입곡선으로 표시한 것이 ⟨그림 6-2⟩의 (b)이다. 소프트웨어 생산량이 Q_0가 될 때 $MR = MC$가 성립하여 그린소프트의 이윤이 극대화되고 있다. 또한 Q_0만큼 생산하는 경우 소프트웨어의 단위당 가격은 $\overline{Q_0A}$가 되며, 총수입은 □$OPAQ_0$가 된다. 그리고 단위당 비용(평균비용)은 $\overline{Q_0B}$이므로 총비용은 □$OKBQ_0$가 된다. 따라서 이 독점기업의 총이윤은 색칠한 부분(□$KPAB$)이 되는데, 이것을 **독점이윤**(monopoly profit)이라 부른다.

이윤극대화
한계수입 = 한계비용

독점이윤 독점기업의 총수입과 총비용의 차이

독점기업이 이윤을 극대화할 때에는 다음과 같은 특징이 나타난다. 첫째, 독점시장의 균형에서는 생산물의 가격이 한계비용보다 높다($P > MC$). 경쟁기업의 균형에서는 한계비용이 항상 가격과 일치한다. 그러나 독점의 경우에는 기업이 $MC = P$가 될 때까지 생산을 늘리지 않고 $MC = MR$에서 생산하므로 $P > MC$의 결과가 나타난다.

독점기업의 이윤극대화 조건의 특징
- 생산물의 가격 > 한계비용
- 공급곡선 정의 불가 : 가격설정자
- 초과이윤이 존재

둘째, 독점기업의 공급곡선을 정의할 수 없다. 경쟁기업의 경우에는 한계비용곡선이 그 기업의 공급곡선이었다. 그러나 독점기업은 그렇지 않다. 주어진 한계비용곡선 하에서 상이한 가격으로 동일한 생산량을 판매하거나, 서로 다른 생산량을 같은 가격으로 판매할 수도 있다. 즉, 독점기업의 경우 하나의 가격에 하나 이상의 공급량이, 혹은 하나의 공급량에 하나 이상의 가격이 대응될 수 있다는 점에서 공급곡선이라는 것이 존재하지 않는다. 이러한 특성은 독점기업이 가격설

정자로서 자신의 독점이윤을 극대화하는 수준에서 가격과 생산량을 결정하기 때문에 발생한다.

셋째, 독점균형에서는 언제나 양(+)의 초과이윤이 존재한다. 완전경쟁시장의 경우 단기에서는 정상이윤을 초과하는 이윤이 있을 수 있으나 장기에서는 신규 기업의 진입으로 초과이윤이 없어진다. 그러나 독점시장에서는 진입장벽 때문에 단기균형에서 양의 초과이윤이 있더라도 신규 기업의 진입이 불가능하며, 오히려 독점기업은 생산설비 조정을 통해 장기적으로 더 큰 이윤을 얻을 수 있다.

3. 가격차별

독점기업은 하나의 시장에서 동일한 가격으로 생산물을 판매하는 것이 보통이다. 그러나 일정한 조건이 충족되는 경우에 독점기업은 두 개 이상의 시장에서 똑같은 생산물에 대하여 서로 다른 가격을 책정함으로써 동일한 가격을 매길 때보다 더 많은 이윤을 올릴 수 있다. 이런 형태의 가격설정을 **가격차별**(price discrimination)이라고 부르는데, 결국 독점력을 이용하여 이윤을 더 높이려는 가격설정 방식이다.

가격차별 두 개 또는 그 이상의 시장에서 같은 생산물에 대하여 서로 다른 가격을 책정하여 동일한 가격을 매길 때보다 더 많은 이윤을 올리는 전략

가격차별의 예는 독점이 아닌 다른 시장에서도 많이 볼 수 있다. 성인과 청소년에게 다른 가격을 부과하는 영화관람료나 피서지의 바가지요금이 그 예에 속한다. 공공요금에도 여러 가지 종류의 가격차별이 있다. 예를 들어 현재 산업용 전기의 경우 야간요금이 평균적으로 주간요금의 절반에도 미치지 않는다. 가스요금, 수도요금, 철도요금 등에도 이러한 가격차별이 많다. 다만 이런 공공요금의 경우에는 이윤을 극대화하려는 데 목적이 있다기보다는 생산물의 사용을 조절하고자 하는 데 그 목적이 있다.

가격차별의 조건
- 시장이 수요의 가격탄력성에 따라 두 개 이상으로 분리 가능
- 차익거래 불가능

이러한 가격차별이 성립하기 위해서는 다음의 조건들이 충족되어야 한다. 첫째, 시장이 두 개 이상으로 분리될 수 있고 이들 시장에서 수요의 가격탄력성이 서로 달라야 한다. 예를 들어 어떤 잡지를 학생기숙사와 일반 가정이라는 두 개의 집단을 대상으로 판매하는 경우를 생각해 보자. 이때 만일 두 개의 시장을 쉽게 분리할 수 있고 잡지에 대한 수요의 가격탄력성이 학생기숙사의 경우에는

그림 6-3

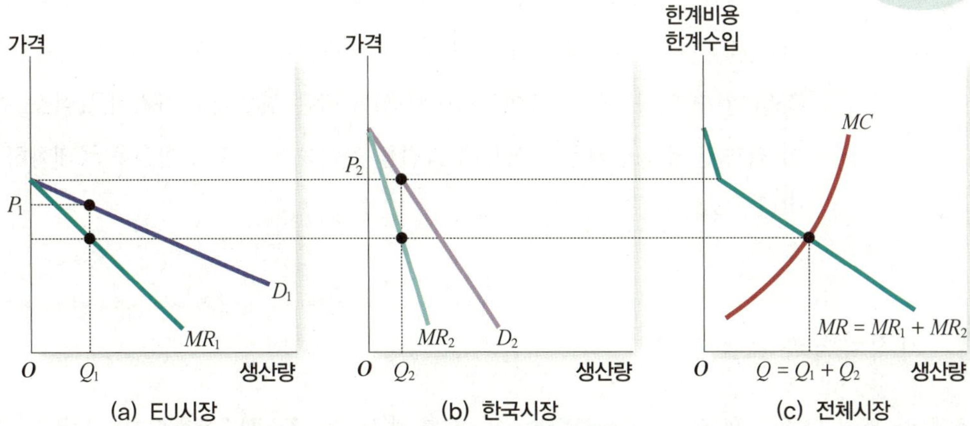

가격차별

분리된 두 시장인 EU시장과 한국시장에서 가격차별을 시행할 경우, 이윤을 극대화하는 독점기업 그린소프트는 $MR_1 = MR_2 = MC$를 만족시키는 산출량을 생산하여 각 시장에 할당한다.

높고 일반 가정의 경우에는 비교적 낮다면, 독점기업은 두 시장에 대하여 동일한 가격을 설정하기보다는 학생에게 저렴한 가격을, 가정에는 보다 높은 가격을 설정함으로써 이윤을 높일 수 있다. 둘째, 이러한 시장의 분리가 유지되고 가격차별이 이루어지기 위해서는 구매자 간에 상품의 차익거래(arbitrage)가 불가능해야 한다. 낮은 가격으로 상품을 구매한 사람이 높은 가격이 매겨진 시장에 이를 다시 판매할 수 있다면 독점기업의 가격차별은 성립될 수 없다.

이제 수요의 가격탄력성이 다른 두 시장인 EU시장과 한국시장의 소프트웨어 수요곡선과 한계수입곡선, 그리고 독점기업 그린소프트의 한계비용곡선이 〈그림 6-3〉과 같다고 하자. D_1은 EU시장의 수요곡선, D_2는 한국시장의 수요곡선으로 EU시장의 수요곡선이 보다 큰 가격탄력성을 갖고 있다. 또한 각 시장의 한계수입곡선 MR_1과 MR_2를 수평으로 합한 곡선을 MR로 표시하자.

이윤을 극대화하고자 하는 그린소프트는 $MC = MR_1 = MR_2$가 되는 산출량을 생산해 이를 각 시장에 할당한다. 만약 $MR_1 > MR_2$라면, 한국시장의 공급량을 줄이고, 그것을 EU시장에 공급함으로써 더 큰 수입을 올릴 수 있다. 왜냐하면 한국시장에서의 공급량 감소에 따른 수입감소(= MR_2)가 EU시장에서의 공급량 증가에 따른 수입증가(= MR_1)보다 작기 때문이다. 따라서 가격차별을 하는 그린소프트가 이윤을 극대화하는 조건은 $MC = MR_1 = MR_2$가 된다. 이때 EU시장에서는 Q_1의 생산량과 P_1의 가격이 설정되고, 한국시장에서는 Q_2의 생산량과 P_2의 가격이 설정된다. 따라서 $P_1 < P_2$이고 수요의 가격탄력성이 낮은 시장의 가격이 높은 것을 알 수 있다. 즉, 수요의 가격탄력성이 작은 경우에는 가격이 높아도 수요량이 쉽게 줄어들지 않음을 이용해 가격을 높이는 방식으로 이윤을 극대화하는 것이다.

생활 과 경제학

가격차별과 조조할인

극장에서는 왜 조조할인을 할까? 조조할인은 겉으로 보기엔 가격을 내려 손해일 것 같지만 실제로는 오히려 더 많은 수익을 가져다주는 경우가 있다. 구체적인 예를 들어 보자. 영화를 좋아하는 민호와 수지 두 사람이 있다고 하자. 민호는 아직 학생이라 항상 돈이 부족한 편이어서 관람료가 비싸다고 생각되면 과감히 영화보기를 포기한다. 그에게 물어보니 관람료가 5,000원을 넘으면 정말 재미있거나 관심 있는 영화만을 보겠다고 한다. 그런데 수지는 직장인이기 때문에 안정적인 수입이 있어서 관람료가 9,000원 정도 되어도 재미있는 영화는 다 볼 것이라고 한다.

그럼 이제 극장 주인은 관람료를 얼마로 정해야 수입을 가장 많이 올릴 수 있을까? 이번에 상영할 영화는 그럭저럭 재미있는 영화라고 하자. 곰곰이 생각하던 극장 주인은 아침에는 5,000원만 받고 오후에는 9,000원을 받기로 결정했다고 하자. 이러한 가격차별 하에서 9,000원의 관람료가 부담스러운 민호는 아침에 일찍 오는 수고를 하고서라도 조조할인 영화를 보는 반면, 수지는 직장인이라 피곤한 데다 9,000원에 별 부담을 느끼지 않기 때문에 오후 늦게 편한 시간에 와서 영화를 볼 것이다. 이러면 극장 주인의 수입은 14,000원이 되는데, 이는 관람료를 오전과 오후 모두 5,000원이나 9,000원으로 하는 경우보다 더 많은 수입이다.

사람들마다 가격에 대한 반응이 다른 점을 이용하여 가격에 민감한 사람에게 할인을 해주고 덜 민감한 사람에게는 비싸게 파는 전략이 가격차별이다. 그런데 극장 주인은 사람마다 가격에 대해 민감한 정도가 다른 것을 어떻게 알 수 있을까? 극장 주인은 직접 물어보지 않고 아침에만 할인하는 방법을 선택한 것이다. 주인은 민호를 잘 알지 못하지만 민호는 아침에 영화를 보러 왔기 때문에 자기가 가격에 대해 민감하다는 것을 스스로 드러내게 된다. 이렇게 가격에 대한 민감도와 관련한 정보가 부족한 상황에서도 거래상대방의 일부 행동을 보고 그에 맞는 전략을 선택할 수 있는 것이다.

출처 : 한국은행 경제교육 홈페이지(http://www.bokeducation.or.kr).

4. 독점시장의 후생손실과 독점규제정책

Principles of Microeconomics ch. six

독점기업은 경쟁기업보다 생산량이 적다. 따라서 일반적으로 독점기업의 생산물 가격은 경쟁기업의 생산물 가격보다 높다. 이에 따른 자원배분의 비효율성과 후생손실을 살펴보자.

4.1 독점의 후생손실

〈그림 6-4〉에서 볼 수 있는 바와 같이, 만일 소프트웨어시장이 완전경쟁일 경우 시장균형은 수요곡선 D와 공급곡선(MC)이 교차하는 점 E에서 달성되며, 균형가격은 10만원, 균형거래량은 200만 개이다. 만약 이 산업이 독점화되면 생산량은 한계비용과 한계수입이 같아지는 점(M_e)에서 결정된다. 이때 독점시장의 가격 11만원은 완전경쟁시장의 가격 10만원보다 높고 생산량 150만 개는 완전경쟁시장의 생산량 200만 개보다 적다. 따라서 독점 하에서 사회적 후생수준은 완전경쟁에 비해 낮다.

독점시장의 사회적 후생
- 완전경쟁시장의 사회적 후생보다 낮음
- 소비자잉여의 감소분 중 일부는 생산자잉여로 이전
- 자중손실 또는 후생손실 : 독점으로 인한 사회의 순손실

그림 6-4

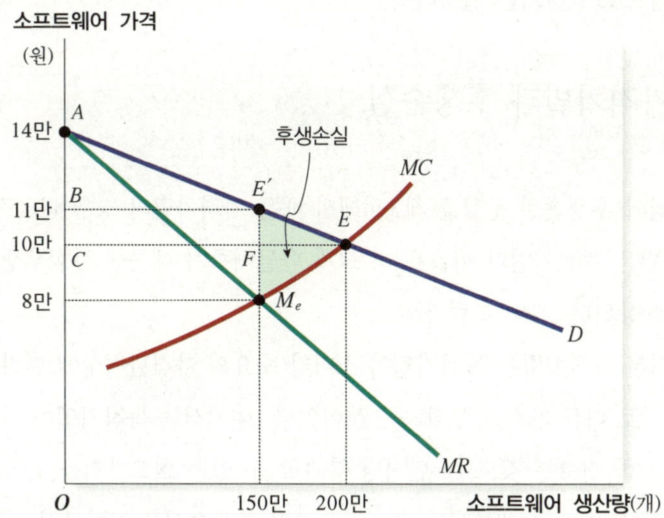

독점의 후생손실

완전경쟁시장과 비교할 때 독점으로 인하여 생산은 줄고 가격은 상승하게 된다. 이에 따라 소비자잉여와 생산자잉여가 각각 $\Delta FE'E$, ΔFM_eE만큼 감소하여 사회적 잉여는 자중손실분 $\Delta EE'M_e$만큼 줄어든다.

〈그림 6-4〉에서 완전경쟁의 균형 E점에서는 소비자잉여가 $\triangle ACE$인 반면, 독점의 균형 E'점에서는 소비자잉여가 $\triangle ABE'$이 된다. 이때 소비자잉여 감소분 중 $\square BCFE'$은 생산자의 독점이윤으로 이전되어 생산자잉여를 증가시킨다. 한편 생산자잉여 감소분은 ΔEFM_e와 같다. 종합적으로 보면, 독점으로 인하여 생산이 줄고 가격은 상승하게 되어 소비자잉여와 생산자잉여의 합인 사회적 잉여가 $\Delta EE'M_e$만큼 감소한다. 이는 독점으로 인한 사회후생의 순손실 또는 **자중손실**(deadweight loss)이다.

자연독점의 경우 독점을 허용하고 가격 · 조세정책을 통해 독점이윤을 사회 전체의 이익으로 흡수하는 것이 바람직

비용절감이 모두 독점기업에 귀속되므로 초과이윤을 연구개발에 투자할 유인이 큼

독점기업이 이러한 사회적 손실을 유발한다고 해서 무조건 나쁜 것은 아니다. 만약 규모의 경제에 의해 자연적으로 독점이 성립되었다면 억지로 경쟁제도를 도입하려고 할 것이 아니라, 산업구조정책 면에서 독점을 허용하고 그 대신에 가격정책이나 조세정책을 통해 독점이윤을 사회 전체의 이익으로 전환하는 것이 바람직할 것이다. 특히 슘페터(Joseph A. Schumpeter)는 독점기업이 새로운 발견과 발명을 촉진하여 생산방법을 효율적으로 혁신한다고 주장했다. 독점의 경우에는 경쟁상대가 없어 새로운 발명이나 기술개발에 의한 비용절감이 모두 독점기업에게 귀속되고, 따라서 초과이윤을 연구개발 등에 투자할 유인이 크기 때문이다.

그러나 실제 통계자료는 이러한 주장을 완전히 뒷받침하지 못한다. 간단한 반례로 애플 컴퓨터와 구글 검색엔진을 들 수 있다. 잘 알려져 있다시피 둘은 경쟁에 노출되어 있으므로 독점기업보다는 오히려 경쟁기업에 의해 만들어졌다고 보아야 한다. 따라서 독점이 연구개발을 위하여 바람직하다거나 또는 바람직하지 않다고 일률적으로 말하기는 어렵다.

4.2 완전가격차별과 후생손실

완전가격차별
- 각 소비자에 관한 완전한 정보를 갖고 판매단위당 최고가격을 부과함
- 순수 독점의 과소생산 문제를 해결할 수 있으나 소비자잉여가 모두 독점이윤으로 전환됨 ⇒ 생산적 효율성은 달성 가능하나 배분적 효율성은 달성 불가능함

이제 독점의 후생손실 분석을 제3절에서 배운 가격차별의 경우에도 적용해 보자. 가격차별은 독점기업의 이윤을 더 크게 만들어주기 때문에 사회후생을 더 낮출 것으로 예상된다. 과연 그럴까?

앞서 살펴본 가격차별은 독점기업이 소비자 수요의 가격탄력성에 따라 분리된 시장에서 서로 다른 가격을 부과하는 것이었다. 여기서는 독점기업이 각 소비자에 관한 완전한 정보를 갖고 매 단위당 부과할 수 있는 최고가격을 받고 판매하는 **완전가격차별**(perfect price discrimination)의 후생손실을 알아보자.

앞서 보았듯이 독점기업은 $MR = MC$인 점에서 생산량을 정하고 이에 따라

그림 6-5

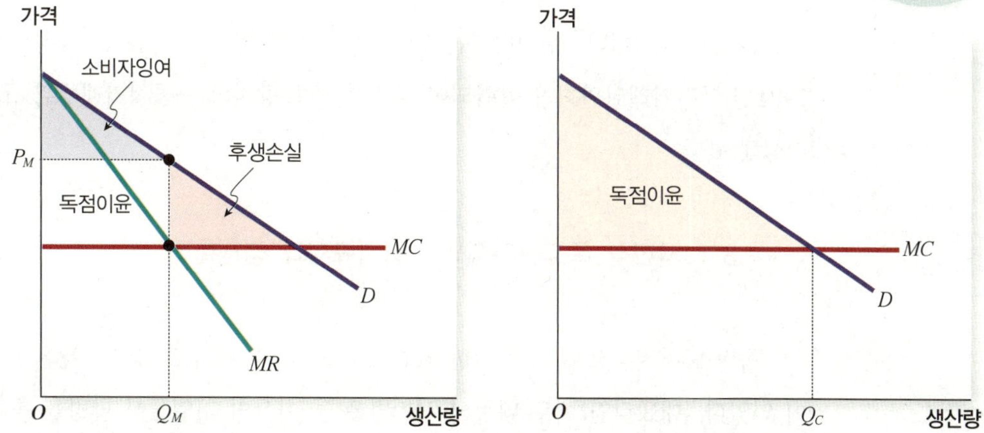

(a) 가격차별이 없는 순수 독점　　(b) 완전가격차별

완전가격차별과 후생손실

독점기업이 각 소비자에 관해 완전한 정보를 갖고 매 단위당 부과할 수 있는 최고가격에 판매하는 완전가격차별 하에서는 후생손실이 발생하지 않고 과소생산 문제도 해결된다. 하지만 소비자잉여가 모두 독점기업의 이윤으로 사라지는 문제점이 있다.

가격을 결정하기 때문에 〈그림 6-5〉의 (a)와 같이 독점이윤이 발생하고 후생손실이 발생한다. 하지만 〈그림 6-5〉의 (b)처럼 독점기업이 완전한 가격차별을 할 수 있다면, 개별 소비자가 지불할 의사가 있는 금액만큼 가격을 매겨 물건을 팔 수 있기 때문에 후생손실이 발생하지 않을 뿐만 아니라 (a)와 같은 순수 독점의 경우보다 생산량도 더 늘어나게 된다. 즉, 독점기업의 가격차별은 생산의 효율성 측면에서 독점의 과소생산 문제를 해결할 수 있다. 반면에 자원배분에 있어서는 소비자잉여가 모두 독점이윤으로 전환되는 문제점이 있다. 그러나 실제로 기업이 소비자에 관한 완전한 정보를 갖는 것은 불가능하므로 완전가격차별은 실행되기 어렵다.

4.3 독점규제정책

우리는 앞서 독점에 따른 사회후생의 손실 또는 효율성의 상실을 살펴보았다. 이에 정책당국은 사전적으로 독점시장이 성립되는 것을 금지하거나 사후적으로 생산량이 완전경쟁시장 수준과 유사해지도록 가격을 규제하여 독점의 비효율성을 줄이려 한다. 독점금지정책은 **독점금지법** 또는 **반독점법**(anti-trust Act)의 제정과 운용이라는 형태로 전개되는데, 그 효시는 1890년에 제정된 미국의 **셔먼법**(Sherman Act)이다. 우리나라는 1963년 **공정거래법** 초안이 처음 작성된 이래 1981년 공정거래위원회가 설립되어 경제력 집중 방지와 불공정거래행위 규제를 시행해 왔다.

4.3.1 사전적 독점규제정책 : 합병규제와 경쟁촉진정책

독점을 사전적으로 막기 위한 입법조치는 선진국에서도 시행상 많은 어려움이 있었다. 대표적인 예로 미국의 셔먼법은 둘 이상의 기업들이 합병을 통해 상당한 시장지배력을 보유하는 것이 합법인지 위법인지에 대해 명확히 규정하지 않았다. 또한 1960년대 중반까지 반독점법은 합병이 경제적 효율성을 증가시킬 수 있는 가능성을 고려하지 않고 집행되었다.

수평적 합병
- 동일한 산업 내의 기업들 간 합병
- 합병된 기업이 개별 기업보다 생산비용 측면에서 효율적일 경우 바람직

실제로 동일한 산업 내의 기업들 간 **수평적 합병**(horizontal mergers)에 대한 사전적 규제정책의 핵심은 새로 합병된 기업이 기존의 개별 기업들보다 생산비용 측면에서 더 효율적인가 아니면 덜 효율적인가를 심의 · 평가하는 것이다. 즉, 합병을 통한 시장점유율 증대 자체를 무조건 나쁘게 보는 것이 아니라, 이로 인해 소비자가 얻게 되는 이익이 증가하는지 여부가 더 중요하므로 이를 기준으로 독점을 사전적으로 규제하는 것이다.

예를 들어 어떤 기업은 좋은 상품을 가지고 있지만 소비자에게 판매하는 유통시스템은 나쁠 수 있는 반면에, 경쟁기업은 유통시스템은 좋지만 상품이 나쁠 수 있다. 또는 두 경쟁기업들이 각각 절반밖에 채워지지 않은 대규모의 창고시스템을 갖고 있다면 합병을 통해 창고들을 통합하여 비용을 크게 감소시킬 수 있을 것이다. 〈그림 6-6〉은 합병에 의해 독점기업의 한계비용이 경쟁기업들보다 낮아짐으로써 효율성이 증가하는 예를 보여주고 있다. 만약 〈그림 6-6〉에서 생산비용이 합병에 의해 영향을 받지 않는다면, 가격은 경쟁시장 가격인 P_C에서 P_M으로 상승하고 산출량은 Q_C에서 Q_M으로 감소한다. 그러나 합병 이후 독점기업이 경쟁기업들보다 낮은 비용구조를 갖게 되면서 한계비용이 하락한다면, 가격은 P_C에서 P^*로 하락하고 산출량은 Q_C에서 Q^*로 증가한다. 그 결과 새로 합병된 기업이 상당한 시장지배력을 보유함에도 보다 효율적이기 때문에 소비자들은 이득을 얻고 경제적 효율성도 증가한다.

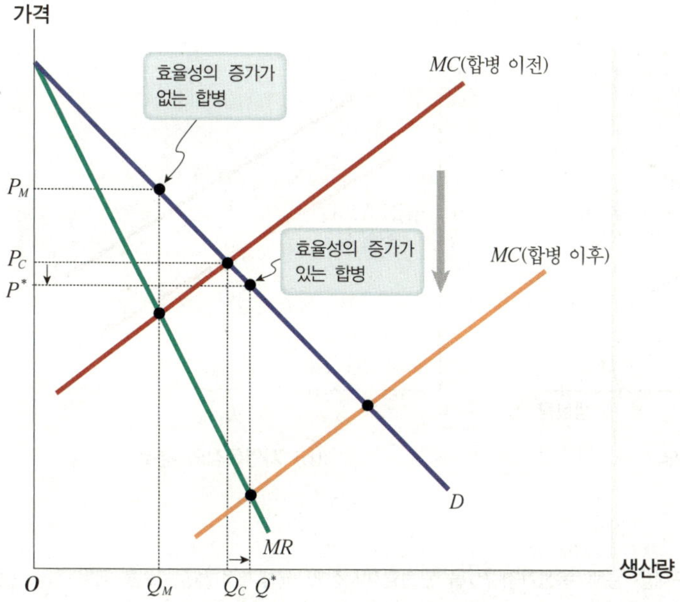

그림 6-6

효율적 합병

독점기업의 한계비용이 합병에 의해 영향을 받지 않으면 가격이 경쟁시장 가격인 P_C에서 P_M으로 상승하고 산출량은 Q_C에서 Q_M으로 감소한다. 그러나 합병 이후 독점기업의 한계비용이 하락하면 가격은 P^*로 하락하고 산출량은 Q^*로 증가한다. 그 결과 소비자들은 이득을 얻고 경제적 효율성도 증가한다.

대기업이 합병을 발표할 때 흔히 새로 합병될 기업이 더 효율적이고 비용이 낮을 것이라고 주장하는데, 이는 그렇지 않으면 합병이 승인되지 않을 것이라는 사실을 잘 알고 있기 때문이다. 따라서 과연 이러한 주장이 옳은가에 대한 판단은 정확한 경제학적 분석을 토대로 이루어져야 한다.

이 밖에 독점을 사전적으로 막기 위해서는 **경쟁촉진정책**도 필요하다. 산업에 대한 진입장벽 제거, 기회균등의 확대 등을 통해 최대한 시장 자율에 맡겨 경쟁을 촉진시킴으로써 사전에 독점을 막는 것이다. 예를 들어 누진적인 상속세율은 장기적으로 볼 때 소득분배의 형평성을 제고할 뿐만 아니라 독점을 예방하는 효과도 있다. 그리고 중소기업을 육성하는 정책도 간접적으로 독점을 방지할 수 있다.

경쟁촉진정책
- 진입장벽의 제거, 기회균등의 확대 등
- 누진적 상속세율, 중소기업 육성 정책

4.3.2 사후적 독점규제정책 : 가격규제와 국유화

우리는 독점시장에서 $P > MC = MR$이 성립되는 점에서 생산이 이루어지고 이것이 비효율성을 가져옴을 보았다. 사회후생의 손실 또는 자중손실이라고 불리는 삼각형의 크기가 바로 완전경쟁시장과 비교한 독점시장의 후생손실이었다.

그림 6-7

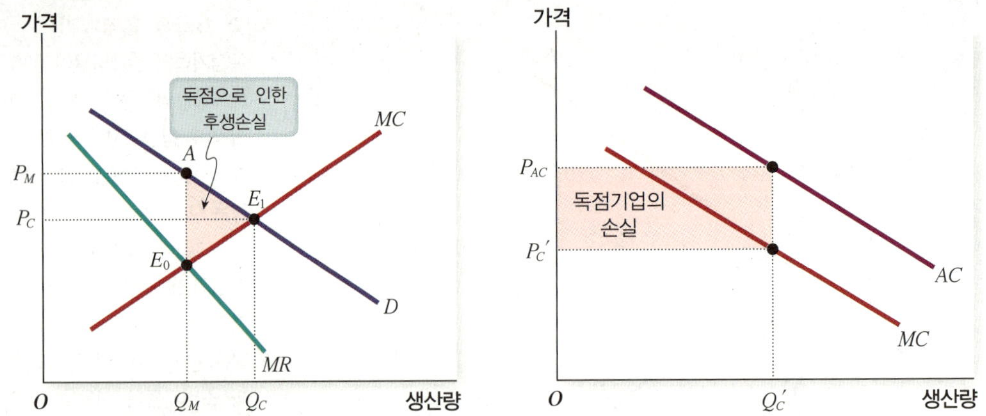

(a) 정상적인 경우　　　(b) 자연독점의 경우

가격규제의 경제적 성과

정상적인 독점에서 (a)와 같이 가격규제를 통해 독점가격 P_M을 완전경쟁시장의 균형가격 P_C로 낮출 경우 자중손실(AE_0E_1)이 사라지게 되지만, (b)와 같은 자연독점의 경우 $P_C'(=MC)$으로의 가격규제는 기업에게 오히려 색칠한 부분만큼의 손실을 강요할 수 있다.

가격규제의 방법
- 한계비용가격설정
- 평균비용가격설정

따라서 독점시장의 생산량을 완전경쟁시장과 같도록 가격을 규제하는 **한계비용가격설정**($P = MC$) 정책을 시행한다면 독점으로 인한 후생손실은 줄어들 것이다.

이러한 가격규제를 통해 후생손실을 줄이는 정책의 효과를 〈그림 6-7〉에서 살펴보자. 한계비용곡선(MC)이 우상향하는 그림 (a)를 보면, 정부가 독점기업에게 완전경쟁시장의 가격수준인 P_C 이상의 가격을 받지 못하도록 할 경우 독점기업이 인식하는 수요곡선은 P_CE_1D로 변하게 됨으로써 독점기업은 스스로 가격 P_C와 생산량 Q_C를 선택하게 된다. 따라서 $P = MC$가 성립하고 자중손실을 나타내는 삼각형 AE_0E_1은 사라지므로 더 이상 독점으로 인한 후생손실이 없다.

규모의 경제 하에서 가격규제
- 기업의 손실 초래
- 장기평균비용곡선과 수요곡선이 만나는 점에서 가격을 정하고 약간의 후생손실을 감수하는 것이 타당

그러나 한계비용가격설정이 항상 성공을 거둘 수만은 없다. 가령 규모의 경제가 존재하여 자연독점이 이루어지고 있는 상황이라면 이러한 규제는 독점기업으로 하여금 손실을 입게 하고 결국 생산이 중단되는 결과를 가져온다. 규모의 경제가 존재한다는 것은 장기평균비용이 상당한 생산량 수준에 도달할 때까지 우하향하고 있음을 의미하는데, 이때 $P = MC$가 성립하도록 가격을 규제하면 장기평균비용곡선이 한계비용곡선보다 위에 위치하므로 기업은 손실을 볼 수밖에 없게

된다. 즉, 〈그림 6-7〉의 (b)에서 P_C' 이상의 가격을 받지 못할 경우 단위당 수입은 P_C'인 반면에 비용은 Q_C'에서의 장기평균비용곡선 높이에 해당하므로 독점기업은 색칠한 부분만큼 손실을 보게 된다.

이와 같은 결과를 피하기 위해서 가격이 평균비용과 같아지도록 규제하는 **평균비용가격설정**($P = AC$) 방식을 채택하기도 한다. 〈그림 6-7〉의 (b)에서 볼 수 있듯이, 수요곡선과 평균비용곡선이 교차하는 점의 가격수준(P_{AC})으로 규제하면 독점기업이 손해를 입지 않으면서도 가능한 낮은 가격에서 많은 상품을 공급하도록 유도할 수 있을 것이다. 이 외에도 일종의 최고가격제와 같이 정부가 가격상한을 설정하여 그보다 높은 가격으로 팔지 못하게 규제를 하거나 세금(종량세나 정액세)을 부과하는 방법이 있다.

종량세 재화 1단위당 일정량의 세금을 부과하는 것
정액세 생산량에 관계없이 일정량의 세금을 부과하는 것

민간이 소유한 독점 산업이나 기업의 소유권을 국가에 이관하는 것을 **국유화**(nationalization) 또는 **국가독점**(state monopoly)이라 한다. 이 방법은 주로 철도, 전력, 가스, 상수도 등의 분야에서 많이 행해지고 있다. 사실 독점의 폐해를 막을 수 있다는 점에서 국유화가 하나의 대안이 될 수는 있으나, 궁극적으로 효율성의 문제를 야기하고 국가 소유라는 측면에서 정치권의 영향을 받기 때문에 완벽한 대안은 아니다.

국유화(국가독점) 민간 소유의 독점 산업이나 기업 소유권을 국가에 이관하는 것

최근에는 경제학자들의 주장을 받아들여 세계적으로 공기업의 민영화가 진행되고 있다. 특히 영국의 경우 대처(Margaret Thatcher) 수상 시절에 약 40%에 이르는 공기업이 민영화되었고, 우리나라도 상하수도, 전기, 가스 등 산업의 민영화에 대한 논의가 있어 왔다.

4.4 독점은 무조건 규제해야 하는가?

독점금지법(우리나라는 공정거래법)의 적용범위를 둘러싸고 학자들도 오랫동안 논쟁을 벌여왔다. 구조주의(structuralism)와 자유주의(liberalism)의 대립이 그 대표적 논쟁이다.

미국 하버드대학을 중심으로 한 **구조주의**는 독점의 폐해가 시장 집중 자체에서 비롯된다고 보았다. 집중된 시장구조가 기업 간 담합을 용이하게 만들어 높은 이윤을 얻게 한다는 것이다. 이에 따라 구조주의는 집중된 시장구조 자체를 금지하면서 회사 분할 등의 강력한 규제를 주장했다. 1890년 제정된 미국 셔먼법에 따라 대형 석유회사 스탠더드오일(Standard Oil)과 통신회사 AT&T가 여러 개의 자

구조주의 집중된 시장구조 자체를 금

출처 : 한국은행 경제교육 홈페이지(www.bokeducation.or.kr)

회사로 분할된 것이 구조주의 이론을 배경으로 한 조치이다.

이에 반해 시카고대학을 중심으로 한 **자유주의**는 독점기업 자체보다 독점기업의 행위를 문제 삼는다. 대부분의 독점기업은 다른 기업보다 우월한 경쟁력을 갖고 있기 때문에 독점기업 자체를 문제 삼을 수 없다는 것이다. 특히 슘페터 같은 학자는 자본주의의 발전에 진정으로 중요한 것은 장기적 관점에서 본 기술혁신이며, 이를 위해 독점적 산업구조를 받아들여야 한다고 주장한다. 자유주의자들은 독점적 지위를 이용한 시장질서 파괴행위만 규제하고 정부실패의 가능성을 들어 그러한 경우의 규제 역시 가급적 최소화해야 한다고 본다.

자유주의 시장질서 파괴행위에만 규제

준경쟁시장이론 시장지배력이 높은 기업이라도 해당 산업에 다른 기업이 자유롭게 진입할 수 있다면 규제 반대

구조주의와 자유주의 간 대립은 1980년대 탈(脫)규제를 주장하는 **준경쟁시장이론**이 등장하면서 자유주의 쪽으로 판세가 기울어지게 된다. 준경쟁시장이론은 시장지배력이 높은 기업이라고 해도 해당 산업에 다른 기업이 자유롭게 들어올 수 있다면 독점금지법을 적용해서는 안 된다는 것이다.

많은 신기술 · 신제품의 독점 지위(시장점유율)를 일일이 계산하기 어려울 뿐만 아니라 무엇보다 기업의 기술 개발 의욕을 꺾어서는 안 된다는 논리에 힘입어 준경쟁시장이론은 1990년대 탈규제 정책을 몰고 왔다. 결국 독점금지법은 엄격한 규제 대신에 기업의 자율을 강조하며 기술개발 의욕을 북돋우는 방향으로 적용되고 있는 셈이다. 비록 독점기업이 일시적으로 초과이윤을 얻고 있다고 하더라도 장기적 관점에서 정부의 직접적인 개입이 가져올 기업의 기술개발 요인 저해, 정부실패 등의 부작용을 고려해야 한다는 것이다.

생활 과 경제학

마이크로소프트(MicroSoft)사의 끼워팔기는 독점적 지위의 남용인가?

1998년 미국 법무부 산하 반독점 당국은 마이크로소프트(MS)사가 자사의 인터넷 익스플로러를 윈도우 프로그램과 함께 판매하는 것을 두고 독점적 지위를 이용한 끼워팔기라며 법원에 MS사의 분할을 제소했다. 윈도우의 시장 지배권을 이용해 인터넷 익스플로러를 끼워팔고 있는 MS사를 그냥 두면 다른 인터넷 브라우저(넷스케이프 등) 업체들이 설 자리를 잃게 된다는 것이었다. 세계의 주목을 끈 이 소송에서 미국 대법원은 MS사의 끼워팔기는 회사를 분할할 정도의 불공정거래 행위가 아니라며 정부의 요구를 받아들이지 않았다. 대법원은 MS사가 윈도우와 함께 익스플로러를 판매하는 것은 제품에 새로운 기능을 추가하는 것으로 소비자 편익을 해치는 행위가 아니라고 판정했다.

미국 대법원은 독점기업의 가격을 직접 규제하는 방법에도 부정적이다. 독점기업의 초과 이윤은 정부가 규제하지 않아도 시간이 지나면 경쟁자가 시장에 뛰어들어 자연히 사라지게 된다는 믿음 때문이다. 대신 독점적 지위를 얻기 위한 가격 남용(경쟁회사가 이윤을 남길 수 없어 시장 진입을 포기하게 만들기 위해 일시적으로 원가 이하로 판매하는 약탈적 가격설정)은 엄격히 규제한다. 경쟁사가 들어올 수 없도록 장벽을 설치하는 것으로 간주하는 것이다.

세계 각국은 독점적 지위를 남용하는 행위보다는 독점적 지위를 얻기 위한 행위를 엄격히 규제하고 있다. 한때 가격을 직접 규제하던 유럽 국가들도 독점시장의 진입장벽을 낮추는 방향으로 정책을 펴고 있다.

우리나라에서도 공정거래법에 따라 공정거래위원회가 독점 및 불공정거래에 관한 사안을 심의·의결하는데, 2005년에 MS사에 대해 메신저와 미디어 플레이어 끼워팔기에 대해 과징금을 부과한 바 있다. 물론 공정거래법의 적용을 받는 시장은 독점시장뿐만 아니라 과점·독점적 경쟁시장도 포함된다. 실제 시장에서 독점 규제를 받는 기업은 오히려 순수 독점보다 과점기업이 훨씬 많다. 우리나라는 〈그림 1〉에서와 같이 2000년대 들어서 불공정행위가 급격히 증가하다가 2008 글로벌 금융위기 이후 감소하는 추세를 보여왔다.

〈그림 1〉 우리나라 공정거래법 위반유형별 사건 현황

자료 : 공정거래위원회.

출처 : 박주병, "독점은 무조건 규제해야 하나", 한국경제, 2007. 10. 19.
한국은행 경제교육 홈페이지(http://www.bokeducation.or.kr), "끼워팔기와 독점", 2008. 11. 12.

요약 및 연습문제

1. 시장독점은 왜 발생하는가?

독점시장은 산업의 공급을 하나의 기업이 담당하는 시장 형태이다.

1.1 독점시장의 특징 독점기업은 가격설정자이고 기업이 접하는 수요곡선은 우하향하며 시장의 진입 장벽이 높다. 독점기업의 규모가 반드시 큰 것은 아니다.

1.2 독점 발생의 원인 독점 발생의 원인으로는 크게 법적 제도, 특허권, 생산요소의 독점, 비용상의 우위(자연독점) 등이 있다.

01. 현실경제에서 독점시장의 구체적 예를 조사하여 그 시장에 독점이 발생하게 된 원인을 서술하라.

2. 독점기업의 균형

독점기업의 정의상 시장수요곡선이 바로 독점기업이 직면하는 수요곡선이 된다. 가격이 평균수입이므로 한계수입곡선은 평균수입곡선 아래에 있다($P = AR > MR$). 독점기업의 균형조건은 $MR = MC$이며, 이때 $P > MC$이다. 독점의 단기균형에서는 언제나 양(+)의 경제적 이윤이 존재하며, 이를 독점이윤이라 부른다. 독점균형의 특징은 3가지로 정리할 수 있다. 첫째, 균형이 성립하였을 때 생산물의 가격이 한계비용보다 높다. 둘째, 공급곡선을 정의할 수 없다. 셋째, 언제나 양의 초과이윤이 존재한다.

02. 단기적으로 자본이 5로 고정되어 있는 어떤 독점기업이 노동량을 변화시킬 때 얻을 수 있는 생산량은 다음과 같다고 하자.

L	1	2	3	4	5	6
생산량	17	24	30	35	39	42

이 독점기업의 수요곡선 식은 $P = -\frac{1}{2} \cdot Q + 50$이라고 한다.

(1) 한계생산을 구하라.

(2) 한계수입을 구하라.

(3) 임금이 50이라면 최적생산량과 최적고용량은 얼마인가?

03. (1) 어떤 독점기업의 고정비용이 24이고, 가변비용이 생산량 1단위당 2라고 한다. 이 기업의 평균비용 및 한계비용을 구하고, 이를 그래프 상에 나타내 보라.

(2) 이 독점기업이 직면하는 수요곡선의 식이 $P = 10 - \frac{1}{2} \cdot Q$라고 할 때 이윤극대화를 추구하는 이 독점기업의 균형생산량은 얼마이며, 이때의 가격과 평균비용, 이윤은 각각 얼마인가?

(3) 장기적으로 볼 때 이 독점기업의 이윤을 증가시킬 수 있는 방법은 존재하는가?

3. 가격차별

두 개 이상의 시장에서 똑같은 생산물에 대하여 서로 다른 가격을 책정함으로써 동일한 가격을 매길 때보다 더 많은 이윤을 올리는 전략을 가격차별이라 한다. 가격차별이 성립하기 위해서는 시장이 두 개 이상으로 분리될 수 있고, 수요의 가격탄력성이 서로 달라야 하며, 상품의 차익거래가 불가능해야 한다.

04. '깊은맛'은 전통차를 재배하여 공급하고 있는 기업이다. 이 기업은 소비자를 두 집단으로 구분하여 전통차를 각각 다른 가격에 판매하고 있는데, 각 수요곡선은 다음과 같고 전통차 생산의 한계비용은 3이다.

$$Q_1^D = -7P_1 + 42$$

$$Q_2^D = -P_2 + 150$$

(1) 각각의 가격과 생산량, 그리고 총생산량을 구하라.

(2) '깊은맛'이 구분한 두 집단의 예를 임의로 들어보고 가격차별의 효과를 설명해 보라.

4. 독점시장의 후생손실과 독점규제정책

4.1 독점의 후생손실 독점으로 인한 후생손실은 사회후생의 순손실 또는 자중손실로 불리는 삼각형으로 나타낼 수 있다. 한편 자연적 독점의 경우나 독점이윤이 연구개발 등에 투자되는 경우 반드시 독점이 나쁜 것은 아니다.

4.2 완전가격차별과 후생손실 독점기업이 각 소비자에 관한 완전한 정보를 갖고 매 단위당 부과할 수 있는 최고가격으로 판매하는 경우 완전가격차별이 존재한다고 한다. 이때에는 생산량이 증가하면서 후생손실이 발생하지 않고 소비자잉여가 독점이윤으로 전환되는 문제점이 발생한다.

4.3 독점규제정책 사전적 독점규제정책에는 동일한 산업 내 기업들 간의 수평적 합병에 대한 사전규제와 경쟁촉진정책이 있다. 합병규제의 기준은 소비자가 얻게 되는 이익의 증대 여부이다. 한편 사후적 규제정책에는 가격규제정책과 국유화가 있다. 가격규제정책으로는 생산량이 완전경쟁시장과 같아지도록 가격을 규제하는 한계비용가격설정 정책과 가격이 평균비용과 같아지도록 규제하는 평균비용가격설정 방식이 있다. 또한 가격상한을 정하거나 세금을 부과하기도 하고, 민간이 소유한 독점 산업이나 기업의 소유권을 국가에 이관하는 국유화를 실시하기도 한다.

4.4 독점은 무조건 규제해야 하는가? 독점금지법의 적용범위에 대해 하버드대학을 중심으로 한 구조주의는 집중된 시장구조 자체를 금지해야 한다고 주장하는 반면, 시카고대학을 중심으로 한 자유주의는 독점기업의 시장질서 파괴행위만 규제해야 한다고 본다. 한편 준경쟁시장이론은 시장지배력이 높은 기업이라도 해당 산업에 다른 기업이 자유롭게 진입할 수 있다면 독점금지법을 적용해서는 안 된다고 주장한다.

05. 어떤 대형 제약회사가 유망한 중소제약사 몇 곳에 대한 인수를 추진하고 있으며, 중견 의류회사 두 곳이 합병(merger)하기로 결정하였다. 다음 물음에 답하라.

(1) 기업 간 인수 · 합병이 생산비용과 경제적 이윤에 어떤 변화를 가져오는지 설명하라.

(2) 기업 간 인수 · 합병이 시장구조와 소비자에 미치는 영향을 고려하여 본인이 공정거래위원회 인수 · 합병업무를 담당하는 공무원이라면 어떤 기준으로 기업 인수 · 합병 신청을 심사하겠는가?

응용문제

01. 어떤 독점기업이 생산하는 상품의 생산량과 가격은 $P = -aQ + b$의 관계를 갖는다. 또한 이 기업의 생산비용은 $MC = AC = \frac{b}{3}$의 관계를 갖는다고 한다. 다음 질문에 답하라.

(1) "생산량이 $Q = \frac{b}{2a}$에 도달하기 전까지는 생산량이 증가할수록 이 회사의 총수입이 증가한다"라는 사실을 수요의 가격탄력성을 이용하여 설명하라.

(2) 이윤을 극대화하는 생산량과 가격을 구하라.

(3) 생산량 1단위당 a원의 종량세를 부과한다면 생산량, 가격, 자중손실, 생산비용과 관련된 자원배분의 효율성에는 어떤 변화가 나타나는가?

(4) 독점시장의 진입장벽이 사라지는 경우 이 회사의 생산량, 가격, 이윤 및 사회 전체의 후생이 어떻게 변하는지 설명하라.

02. [응용문제 1]의 독점기업이 이제 가격차별화를 통해 독점이윤을 증가시키려 한다고 하자. 이에 대해 시장은 이 회사의 가격차별화전략을 부정적인 시각으로 평가하고 있다. 만일 이 회사의 가격차별화전략을 긍정적으로 평가할 수 있다면 어떤 요인 때문인지를 사회후생과 자원배분 측면에서 설명하라.

03. 한 독점기업을 운영하고 있는 수지가 기업 목표를 이윤극대화가 아닌 수입극대화로 정했다고 하자. 이때 독점시장에서 자중손실의 크기는 어떻게 변하게 되는가? 만약 독자가 매우 자비로운 독점자로서 시장독점으로 인한 자중손실의 크기를 최소화하고자 한다면, 수입극대화를 목표로 잡은 결정은 과연 타당할 것인가에 대해 논평하라.

독점적 경쟁과 과점시장

Principles of **Micro**economics ch. seven

07

앞의 두 장에서 우리는 완전경쟁시장과 독점시장에서의 가격과 생산에 대해 살펴보았다. 그러나 현실세계에서는 완전경쟁시장이나 독점시장과 같은 극단적인 시장구조를 찾아보기는 어렵고, 양 극단의 중간 형태인 독점적 경쟁과 과점시장이 일반적이다. 이 장에서는 독점적 경쟁 및 과점시장에서 가격과 생산이 어떻게 결정되는지를 살펴보고 그 효율성을 평가해 보려고 한다. 이를 위해 다음과 같은 문제에 대해 논의해 보자.

- 독점적 경쟁기업의 가격과 생산량은 어떻게 결정되는가?
- 독점적 경쟁이 가져오는 자원배분의 비효율성은 무엇인가?
- 상호 의존적인 과점기업의 가격과 생산량은 어떻게 결정되는가?
- 과점시장에서는 자원배분의 비효율성이 어떻게 나타나는가?

1. 독점적 경쟁시장

독점적 경쟁
- 진입과 이탈이 자유롭고 다수의 공급자들이 존재
- 수요자들의 입장에서 이질적 상품

독점적 경쟁(monopolistic competition)이란 시장에의 진입과 이탈이 자유롭고 다수의 공급자들이 존재하지만 시장에 공급되는 상품들은 적어도 수요자들의 입장에서 볼 때 서로 다른 시장을 말한다. 예를 들면 맛집 음식점, 병원, 주유소, 미용실, 커피전문점 등이다. 공급자가 많아서 어떤 한 공급자의 선택이 다른 공급자에게 별다른 영향을 주지 않는 점은 완전경쟁의 경우와 다를 바가 없으나 서로 다른 공급자의 상품이 이질적이라는 면에서 차이가 있다.

1.1 독점적 경쟁시장의 특징

독점적 경쟁시장의 특징
- 다수의 공급자
- 이질적인 재화
- 낮은 진입장벽
- 비가격경쟁

독점적 경쟁시장의 특징을 보다 구체적으로 살펴보면 다음과 같다. 첫째, 시장 내에는 다수의 기업이 존재하므로 개별 기업은 다른 기업들의 행동 및 전략을 고려하지 않고 독립적으로 가격 및 생산량을 결정한다. 다시 말해서 기업의 의사결정 과정에서 상호의존성이 적다.

둘째, 각 기업은 이질적인 재화의 생산을 통한 제품차별화를 시도한다. 따라서 각 생산자는 자신의 단골 소비자를 보유하고 있으며, 이에 따라 개별 기업은

어느 정도의 시장지배력을 보유한다. 예를 들어 이른바 '애플 마니아(Apple mania)'를 거느리고 있는 애플사는 스마트폰 시장이 경쟁시장임에도 불구하고 특정 소비자들에게는 독점적 지위를 누리고 있다.

셋째, 낮은 진입장벽을 가지고 있다. 기업들은 시장에 들어오고 나가는 데 아무런 장애가 없으므로 초과이윤이 있을 때는 진입하고 손실이 발생할 때는 시장을 나가게 된다. 결국 모든 기업은 장기에 정상이윤만을 누릴 수 있다.

넷째, 각 기업은 대체성이 높은 재화를 생산하므로 판매 증대를 위해 가격경쟁 이외에 광고·서비스 등의 비가격경쟁을 펼친다. 이는 TV, 신문, 인터넷, 라디오 등의 방송매체를 통해 나오는 여러 광고를 통해 쉽게 알 수 있다.

1.2 독점적 경쟁기업의 균형

독점적 경쟁시장에서 어떤 기업의 상품은 다른 기업의 상품과 어느 정도 이질적이므로 이들 상품은 완전대체재가 아니다. 따라서 각 기업은 자기 상품을 선호하는 소비자들에 대하여 어느 정도의 시장지배력을 갖는다. 즉, 독점적 경쟁기업은 이윤극대화를 위하여 자기 상품의 가격을 조정할 수 있다. 완전경쟁시장의 기업은 수동적인 가격수용자(price taker)로서 시장지배력이 전혀 없는 데 반해,

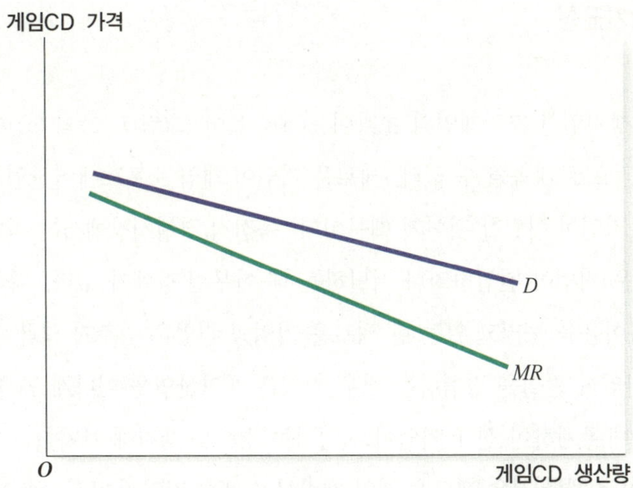

그림 7-1

독점적 경쟁기업의 수요곡선과 한계수입곡선

독점적 경쟁시장의 기업은 가격설정자로서 일정한 시장지배력을 갖는다. 따라서 그린게임이 직면하는 수요곡선(D)은 우하향하며, 한계수입곡선(MR) 또한 수요곡선의 아래쪽에서 우하향하는 형태를 보인다.

독점적 경쟁시장의 기업은 능동적인 **가격설정자**(price setter)로서 시장지배력을 갖는 것이다.

독점적 경쟁기업의 수요곡선
- 우하향 : 가격설정자
- 독점기업의 수요곡선보다 탄력적

따라서 독점적 경쟁기업인 '그린게임(GreenGame)'이 직면하는 수요곡선은 완전경쟁기업의 경우와 같은 수평선이 아니라 〈그림 7-1〉에서처럼 우하향한다. 수요곡선이 우하향한다는 것은 그린게임이 판매량을 늘리기 위해 게임CD의 가격을 인하해야 한다는 것을 나타낸다. 또 판매량의 증가에 따라서 가격(평균수입)이 감소한다는 것은 한계수입이 가격보다 작다는 것을 의미한다. 이것은 독점의 경우와 마찬가지이다. 하지만 다수의 대체재가 존재한다는 점에서 수요곡선은 독점의 경우보다 탄력적이다.

1.2.1 단기균형

독점적 경쟁시장의 균형은 독점과 유사하여 초과이윤이 존재

독점적 경쟁시장에서 단기적으로는 진입과 이탈이 불가능하므로 독점적 경쟁기업의 단기균형은 독점의 경우와 같다. 따라서 그린게임은 단순한 가격수용자가 아니라, 〈그림 7-2〉의 (a)와 같이 $MR = MC$의 조건이 달성되어 이윤이 극대화될 때까지 게임CD의 생산량을 조정하고 가격을 설정한다($P > MC$). 이때 그림에서 색칠한 부분이 그린게임의 단기이윤을 나타낸다. 하지만 항상 이윤이 발생하는 것은 아니며, 평균비용곡선(AC)과 수요곡선(D)의 상대적 위치에 따라 손실을 입는 경우가 발생할 수 있다.

1.2.2 장기균형

장기균형
- 기업의 진입과 이탈이 자유롭기 때문에 초과이윤 소멸
- 초과이윤이 존재하는 경우 새로운 기업이 진입하여 개별기업이 직면하는 수요곡선은 좌측 이동

독점적 경쟁기업인 그린게임의 초과이윤(예를 들어 〈그림 7-2〉의 (a))이나 초과손실은 장기적으로 계속될 수 없다. 새로운 기업이 게임 소프트웨어산업으로 진입하거나 기존 기업이 이탈할 것이기 때문이다. 독점적 경쟁시장에서는 적어도 장기적으로 새로운 기업이 진입하거나 이탈하는 데 아무런 장애가 없다. 따라서 기존 기업이 초과이윤을 누리고 있는 한 새로운 기업의 진입은 멈추지 않을 것이다. 반대로 기존 기업이 손실을 경험하는 경우 기업은 게임산업을 떠나게 될 것이다. 이제 초과이윤이 존재하여 신규 기업이 진입하는 경우를 생각해 보자.

초과이윤이 존재할 경우 새로운 게임 제작사가 계속 진입해 유사상품이 더 많이 공급된다. 이로 인하여 기존 기업의 게임 소프트웨어에 대한 수요가 점점 감소

그림 **7-2**

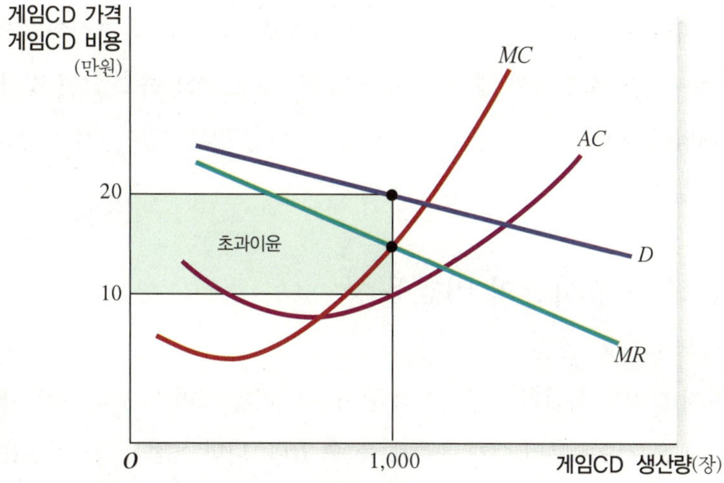

(a) 독점적 경쟁기업의 단기균형

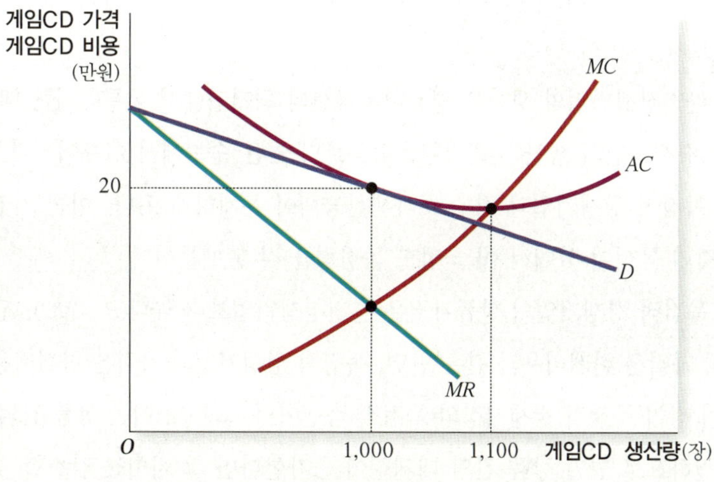

(b) 독점적 경쟁기업의 장기균형

독점적 경쟁기업의 균형

독점적 경쟁기업의 단기균형은 독점의 경우와 동일하다. 한계비용(*MC*)과 한계수입(*MR*)이 일치하는 점에서 게임CD 생산량이 결정되며, 이에 따라 그린게임은 색칠한 부분만큼의 초과이윤을 얻는다. 장기적으로 독점적 경쟁기업의 초과이윤이나 초과손실은 각각 새로운 기업의 진입이나 퇴출로 인하여 조정과정을 거친다. 이때 그린게임이 선택하는 생산량(1,000장)은 장기평균비용곡선(*AC*)의 최저점에 해당하는 최적규모의 생산량 수준(1,100장)보다 적은 수준이다.

하면서 그린게임의 수요곡선도 점차 좌측으로 이동한다. 그 결과 수요곡선은 〈그림 7-2〉의 (b)에서 볼 수 있듯이 평균비용곡선과 접하게 되고, 그린게임의 CD 생산량은 1,000장이 된다. 이때 그린게임의 초과이윤은 0이 되고 $MR = MC$의 조건도 충족된다. 이와 같이 독점적 경쟁시장에서는 개별 기업의 수요곡선이 우하향하지만 장기적으로는 초과이윤이 0이 되는 균형상태에 도달한다.

독점적 경쟁시장에서는 각 기업이 최적규모의 생산능력(optimum capacity), 즉 〈그림 7-2〉의 (b)에서 장기평균비용곡선(*AC*)의 최저점에 대응하는 1,100장

장기균형으로의 조정과정

- 단기균형-초과이윤 (초과손실)
  ↓
- 조정 과정 { 새로운(기존) 기업 진입(퇴출) ↓ 수요곡선 좌측(우측) 이동 }
  ↓
- 장기균형-정상이윤

보다 적은 수준에서 생산하게 된다. 바꾸어 말하면, 장기적으로 그린게임은 생산능력을 100% 이용하지 않고 100장만큼의 **초과생산능력**(excess capacity) 또는 **과잉설비**를 지니게 된다. 최적규모인 *AC*의 최저점에서 1,100장을 생산하지 않고 1,000장만큼만 생산함으로써 생산규모를 비효율적으로 이용하고 있는 것이다. 만약 그린게임이 초과생산능력을 완전하게 가동한다면 평균수입이 평균비용보다 작아져서 손실을 입게 된다.

1.3 독점적 경쟁시장의 비효율성

지금까지 살펴본 독점적 경쟁시장의 균형은 우리가 이미 완전경쟁시장과 독점시장에서 배운 것으로부터 쉽게 유추해 볼 수 있다. 다만 독점적 경쟁시장은 각 기업의 상품이 다른 기업과 질적으로 다르다고 전제한다는 점에서 완전경쟁시장보다 현실에 더 부합한다. 이제 독점적 경쟁시장의 특징을 완전경쟁시장과 비교해서 정리해 보자.

독점적 경쟁시장의 비효율성
- 초과생산능력이 존재
- 독점이윤이 존재 ($P > MC$)
- 상품차별을 위한 비가격경쟁

첫째, 완전경쟁기업의 생산은 평균비용곡선의 최저점에서 이루어지는 데 반해, 독점적 경쟁기업의 생산은 최저평균비용보다 높은 수준에서 이루어진다. 다시 말해서 독점적 경쟁기업의 경우 초과생산능력이 존재하게 된다. 이는 기업의 생산품이 각기 특색이 있어서 어느 정도 독점력을 갖기 때문이다.

둘째, 독점적 경쟁기업의 상품가격은 완전경쟁기업보다 높다($P > MC$). 완전경쟁기업의 가격은 한계비용과 같은 반면, 독점적 경쟁기업의 가격은 한계비용보다 높다. 이 점이 독점적 경쟁시장의 독점적 측면이다. 그러나 이는 상품 간의 차별성에 기인하므로 만일 상품 간의 대체성이 증가한다면 그 차이는 감소할 것이다. 한편 효율성과 관련하여 우리는 제5장(4. 완전경쟁시장의 효율성)에서 경쟁시장의 경우 생산적 효율성과 배분적 효율성이 성립함을 확인하였다. 그러나 독점적 경쟁시장에서는 생산수준이 평균비용의 최저점이 아니고 가격도 한계비용보다 높으므로 두 가지 효율성이 모두 달성되지 않는다.

국내 주요 커피전문점 매장 수
(2018년 말 기준, 단위 : 개)

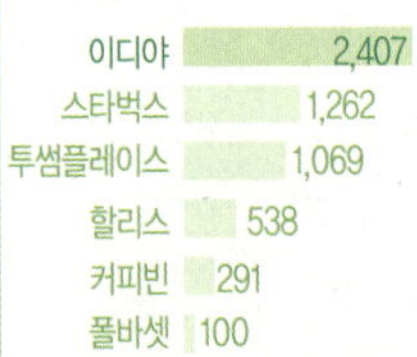

음료는 물론 아침과 디저트 메뉴를 강화하는 방식으로 차별화를 시도
대학가에선 '카공족(카페에서 공부하는 개인)'을 겨냥해 1인 좌석과 콘센트를 늘리고
(biz.chosun.com 2019. 4. 18.)

셋째, 독점적 경쟁기업은 **상품차별화**(product differentiation)를 통해 자기 상품의 특색을 부각시켜 소비자에 대한 독점력을 제고하려고 노력한다. 보다 구체적으로 각 기업은 가격경쟁과 함께 비가격경쟁을 한다. **비가격경쟁**이란 품질개선, 디자인, 광고 등의 수단으로 자기 상품에 대한 수요를 증가시키기 위하여 노력하는 것이다. 완전경쟁시장의 경우에는 기업이 비가격경쟁에 따른 비용을 부담할 필요가 없지만, 독점적 경쟁시장에서는 이러한 비용이 총비용에서 상당한 비중을 차지한다.

뉴스와 경제학

독과점화 상승추세—연구개발 소홀로 경쟁력 약화

공정거래위원회가 한국개발연구원(KDI)에 의뢰하여 조사한 바에 의하면 2008년 말 현재 '독과점구조 고착산업'은 모두 46개로 조사됐다. 독과점구조 고착산업은 상위 1개사의 시장점유율이 50% 이상인 경우나 상위 3개사의 시장점유율 합계가 75% 이상인 경우를 기준으로 삼는다. 이들 46개 산업은 정유, 승용차, 반도체, 타이어, 라면, 맥주, 커피, 설탕, 화약 등이었다. 특히 승용차, 담배, 라면, 화약, 위스키 산업은 상위 3사의 집중도가 최소 5.5%포인트에서 최대 9%포인트까지 큰 폭으로 상승했다.

정유의 경우 SK에너지, GS칼텍스, 현대오일뱅크, S-Oil 등 4개 기업이 과점시장을 이루고 있고, 자동차는 현대차와 기아차가 70% 넘는 시장점유율을 보인다. 담배는 KT&G가 70%의 시장점유율을, 라면은 농심이 60%를 상회한 가운데 오뚜기, 삼양식품, 한국야쿠르트가 나머지 시장을 차지하고 있다. 커피는 동서식품과 한국네슬레가 시장을 과점하고 있고, 화약산업은 한화가 시장점유율 80%가 넘는 지배적 사업자로 활동 중이다.

시장지배력 남용 가능성이 있는 독과점구조 고착사업

(단위 : %, 억원)

	시장집중도 (CR3)	영업이익률	연구개발 투자비율	해외개방도	내수집중도	중간규모 출하액
정유	81.8	13.8	0.1	31.8	67.3	5,580
승용차	90.5	25.4	2.8	37.3	80.5	15,960
담배	99.7	50.3	1.8	19.6	89.4	3,570
라면	83.6	30.8	0.9	23.8	67.7	30
맥주	100.0	62.6	0.6	19.9	84.1	3,010
커피	83.7	29.8	0.9	23.8	67.9	70
설탕	100.0	30.1	0.9	23.8	81.0	3,320
판유리	99.7	32.4	1.0	26.2	76.8	680
화학	97.8	41.3	1.6	33.7	69.2	40
조미료	99.3	33.0	0.9	23.8	80.4	70
46개 독과점산업 평균	92.9	32.5	1.7	27.4	67.8	1,025
광업·제조업 전체 평균	45.5	30.2	2.0	30.2	32.1	154

이들 독과점구조 고착산업이 갖는 문제점은 경쟁이 줄어들며 비효율이 발생한다는 점이다.

공정위는 이들 산업의 영업이익률과 연구개발(R&D) 비율, 해외개방도 등을 지적했다. 독과점이 고착화된 산업의 평균 영업이익률은 높은 반면, R&D 투자비율은 1.7%로 전체 평균 2%보다 낮아 연구개발에 힘을 덜 쏟는 것으로 조사됐다. 해외개방도 역시 27.4%로 전체 평균 30.2%보다 낮았다. 해외개방도가 낮은 만큼 내수집중도는 전체 평균보다 월등히 높았다.

출처 : 뉴스토마토(www.newstomato.co.kr), 2010. 12. 21.

2. 과점시장

과점시장
- 소수의 생산자가 상품을 공급하는 시장 : 순수과점과 차별과점
- 기업의 행동이 상호 의존적
- 담합이 가능

과점(oligopoly)**시장**은 높은 진입장벽 아래에서 소수의 생산자가 동질적이거나 유사한 재화를 공급하는 시장이다. 과점은 해당 산업의 재화가 동질적이냐 이질적이냐에 따라 **순수과점**(pure oligopoly 또는 동질적 과점)과 **차별과점**(differentiated oligopoly)으로 나뉜다. 전자의 예로는 휘발유, 시멘트 등이 있고, 후자의 예로는 가전제품, 자동차, 휴대폰, 이동통신 서비스 등이 있다. 이 중에서도 우리나라의 이동통신 서비스는 3개 회사만이 공급을 하고 있어서 대표적인 과점시장이라 볼 수 있다.

완전경쟁이나 독점 및 독점적 경쟁의 경우에는 대표 기업의 독립적 행동을 분석해서 이론적으로 일관된 가설을 세울 수 있는 데 반해, 과점시장에서는 그렇지 않다. 그것은 무엇보다 과점시장에서 기업의 행동이 경쟁상대의 반응(reaction)에 따라 전략적으로 이루어지기 때문이다. 완전경쟁의 경우에는 산업 내에 존재하는 기업 수가 너무 많아 개별 기업이 시장 전체에 거의 영향을 미치지 못하므로 각 기업은 독립적으로 의사결정을 한다. 또한 독점의 경우 (간접적 경쟁이나 잠재적 경쟁을 제외하고는) 아무런 경쟁상대가 없어 기업 간 상호의존성이 존재하지 않는다.

반면에 과점기업은 상호의존적이기 때문에 항상 다른 기업의 가격이나 산출량에 대한 정보를 수집해야 한다. 또한 자기 회사 제품에 대한 가격과 산출량을 결정할 때도 상대방의 반응을 염두에 두어야 한다. 그런데 만약 과점기업들이 가격과 생산량에 대해 구속력이 있는 협정을 맺어 **담합**(collusion)을 할 수 있다면 상대방 기업들의 행동과 반응에 대한 예상이 불필요해진다.

담합 유무에 따른 과점시장 모형
- 비협조적 모형 : 쿠르노 모형, 버트란드 모형
- 협조적 모형 : 완전담합(카르텔)모형

따라서 과점기업들의 행동유형은 담합의 유무에 따라 크게 달라진다. 여기서는 아무런 담합 없이 기업 각자가 독자적으로 전략적인 행동을 취하는 비협조적(non-cooperative) 모형의 예로서 쿠르노 모형과 버트란드 모형을, 기업 상호 간에 완전한 담합이 이루어지는 협조적(cooperative) 모형의 예로서 완전담합(카르텔)모형을 살펴보기로 한다. 우선 과점시장의 특징에 대해 간단히 정리해 보자.

2.1 과점시장의 특징

과점시장의 특징
- 소수 기업의 전략적 의사결정
- 높은 진입장벽
- 비가격경쟁
- 비경쟁행위

과점시장의 첫 번째 특징은 기업의 수가 적어 기업 간 상호의존성이 있기 때문에 개별 기업이 항상 경쟁기업의 반응을 감안하면서 전략적으로 의사결정을 내려야 한다는 것이다. 둘째, 높은 진입장벽이 존재한다. 진입장벽이 낮다면 소수의 기업만 존재하는 상황이 유지될 수 없다. 셋째, 비가격경쟁이 존재한다. 과점시장의 재화는 동일하거나 유사하기 때문에 비가격경쟁이 독점적 경쟁에서보다 더 치열하게 나타난다. 넷째, 비경쟁행위가 존재한다. 과점기업들은 담합, 카르텔 등을 통해 기업 간 경쟁을 제한하는 경향을 보인다.

우리나라의 대표적 과점시장인 이동통신시장에서 3개 회사(SK텔레콤, KT, LG유플러스)가 2013년 초 LTE 무제한 요금제를 도입한 과정을 보면 과점시장의 특성이 실제로 어떻게 나타나는지를 잘 알 수 있다.* LG유플러스가 LTE 무제한 요금제를 선제적으로 도입한 것은 통신 서비스의 질이 대동소이한 상황에서 소비자들의 관심을 바로 끌 수 있는 요금제 전략을 선택한 것으로 볼 수 있다. 이에 SK텔레콤과 KT도 비슷한 서비스를 즉시 출시하겠다고 발표했다. 즉, 한 회사의 전략적 선택이 곧바로 다른 회사에 큰 영향을 미치는 과점시장의 특성이 그대로 나타난 것이다.

한편 이러한 전략적 선택의 결과가 새로운 담합의 사례를 보여주고 있다는 분석도 있다. 이동통신 3사 모두 LTE 무제한 요금제의 기본료가 기존의 평균요금제보다 훨씬 비싸고 서비스 제공 조건도 서로 비슷하기 때문이다. 치열한 경쟁을 하는 것처럼 행동하다가도 결국에는 더 많은 이익을 남기기 위해 암묵적으로 비슷한 가격을 책정하는 과점기업의 전형적인 담합 현상인 것이다.

2.2 쿠르노 모형과 버트란드 모형

먼저 경쟁기업의 반응을 예측하고 이를 고려해 독자적으로 기업의 전략적 의사결정이 이루어지는 **비협조적 모형**(non-cooperative model)을 살펴보자. 여기서 각 기업은 상대 기업의 가격이나 산출량을 예상한 후 상대방이 예상된 가격이나 생산량을 유지할 것이라는 가정 하에 자신의 행동을 결정한다. 이때 각 기업이 경

* 전대원, "현실에서 많이 볼 수 있는 과점시장과 독점적 경쟁시장", 『KDI 클릭경제교육』, KDI 경제정보센터, 2013. 4.

쟁기업의 행동에 대해 예상하는 것이 생산량이냐 가격이냐에 따라 쿠르노 경쟁모형과 버트란드 경쟁모형으로 나뉜다.

쿠르노 경쟁모형 자신이 산출량을 변화시켜도 상대 기업은 기존의 산출량을 유지한다는 가정 하에 최적산출량을 결정하는 모형

쿠르노(Cournot) **경쟁모형**에서 동질적인 상품을 생산하는 각 기업은 상대 기업의 산출량을 예상하고 상대방이 예상된 생산량 수준을 유지할 것이라는 가정 하에 자신의 산출량을 결정한다. 예를 들어 두 개의 과점기업 A와 B가 있다고 하자. 기업 A의 산출량이 Q_A일 때 기업 B는 전체 시장수요에서 Q_A만큼 제외한 부분을 수요로 인식하고 자신의 이윤을 극대화하는 산출량 Q_B를 결정한다. 마찬가지로 기업 A도 기업 B의 산출량(Q_B)을 주어진 것으로 보고 자신의 산출량(Q_A)을 선택한다. 이 경우 과점시장의 균형은 각 기업의 산출량과 상대기업이 예상한 각 기업의 산출량이 같을 때 결정된다. 일반적으로 쿠르노 경쟁모형에서의 균형산출량은 독점시장보다 많고 완전경쟁시장보다는 적은 것으로 알려져 있다.

버트란드 경쟁모형 경쟁기업의 가격을 예상하고 상대방이 이 가격을 유지할 것이라는 가정 하에 최적가격을 결정하는 모형

그러나 과점기업들은 보통 산출량보다 가격 조정을 통해 경쟁한다. 과점시장의 어떤 기업이 경쟁기업의 가격을 예상하고 상대방이 이 가격을 유지할 것이라는 가정 하에 자신의 가격을 결정하는 모형을 **버트란드**(Bertrand) **경쟁모형**이라 한다. 동질적 상품을 생산하는 과점기업들이 가격에 대해 서로 경쟁할 때, 균형은 과점산업 내의 최저한계비용(minimum MC)에 의해 결정된다. 왜냐하면 어떤 기업이 최저한계비용보다 높은 가격을 설정한다면 다른 기업은 그보다 약간만 낮은 가격을 책정하더라도 모든 고객을 다 차지할 수 있기 때문이다. 따라서 이 경우에는 $P = MC$라는 완전경쟁과 유사한 균형이 성립하게 된다.

2.3 완전담합(카르텔)모형

담합 가격책정, 생산활동 및 판매활동 등에 대해 복수의 기업이 명시적 또는 암묵적으로 합의하는 것

담합의 이점
- 독점기업과 같은 이윤 획득
- 과점의 불확실성 제거
- 새로운 경쟁기업의 진입 저지

기업 간의 **담합**(collusion)이란 가격책정, 생산활동 및 판매활동 등에 대해 복수의 기업이 명시적 또는 암묵적으로 합의하는 것을 말한다. 과점기업들로 하여금 담합에 이르게 하는 유인, 즉 담합으로부터 생기는 이점은 대체로 다음과 같다.

첫째, 과점기업 간의 경쟁을 제한하여 참가기업들이 마치 하나의 독점기업과 같이 행동해서 이윤을 증대시킬 수 있다. 둘째, 과점의 불확실성을 줄일 수 있다. 담합에 따라 과점기업들이 집단행동을 취하면 어느 한 기업이 다른 기업의 이익에 반하는 행동을 취할지도 모르는 염려를 줄일 수 있다. 셋째, 기존 기업들 간 담합을 통해 새로운 경쟁기업이 진입하는 것을 저지할 수 있다.

주로 동종 제품을 생산하는 과점기업들이 특정 시장을 지배할 목적으로 결성

하는 기업연합체를 **카르텔**(cartel)이라 부른다. 카르텔은 담합이 명시적으로 이루어진 경우이다. 과점기업들이 시장 전체를 대상으로 카르텔을 형성하여 예측하기 어려운 경쟁의 위험을 방지하고자 할 때 완전한 형태의 담합이 이루어진다. 여기서 완전한 형태의 담합이란 과점기업들 간의 명시적 협약에 의해 중앙기구가 설립되어 각 기업들 간의 행동이 이 기구의 조정을 따르는 경우를 말한다.

가장 일반적인 형태의 카르텔은 참가기업의 가격이나 생산량을 중앙기구가 카르텔 전체의 총이윤을 극대화할 수 있는 수준에서 결정하는 것이다. 이렇게 결정된 총이윤은 합의에 따라 참가기업에 분할된다. 이때 이윤이 반드시 각 참가기업의 생산량에 비례하는 것은 아니다. 중앙기구에 의한 생산량 할당이나 이윤 배분은 카르텔의 차원에서 생산비를 극소화할 수 있도록, 그리고 참가기업의 총이윤을 극대화할 수 있도록 결정된다. 중앙기구는 마치 독점기업이 여러 개의 공장을 갖고 있는 것처럼 각 참가기업의 생산량과 가격을 정한다. 따라서 중앙기구에 의한 가격 및 생산량의 결정은 독점의 경우와 동일하다.

카르텔 완전한 형태의 담합
- 카르텔 전체의 총이윤을 극대화하는 가격과 생산량을 중앙기구가 결정
- 독점시장의 균형가격, 생산량과 일치

2.3.1 담합기업의 균형

게임기(game console)시장에서 세 개의 과점기업인 블루게임(1)과 그런게임(2), 오존게임(3)이 카르텔을 형성했다고 가정하고 카르텔 전체의 이윤극대화 문제를 살펴보자. 중앙기구는 우선 게임기산업의 시장수요곡선을 측정한다. 이로부터 한계수입곡선이 도출된다. 〈그림 7-3〉에서 D곡선은 시장 전체의 수요곡선이며, 이에 대응하는 한계수입곡선은 MR이다.

중앙기구는 카르텔 참가기업의 총이윤이 극대화되도록 각 참가기업에게 생산량을 할당하는 방법을 강구해야 한다. 우선 각 기업의 한계비용곡선을 측정한 뒤, 이것을 합해서 산업 전체의 한계비용곡선을 도출한다. 〈그림 7-3〉에서 보듯이, 참가기업의 한계비용곡선 mc_1, mc_2, mc_3를 수평으로 합하여 산업 전체의 한계비용곡선 MC를 도출한 후 $MC = MR$이 되는 총생산량 3,000만 대를 찾는다. 그리고 그림과 같이 총생산량 3,000만 대를 세 기업에 할당한다. 산업 전체의 총이윤은 합의된 방식에 따라 참가기업에 분할되는데, 이윤분할은 반드시 생산할당량에 비례하는 것은 아니며 참가기업의 상대적 교섭력에 의하여 결정된다.

담합기업의 균형
참가기업 한계비용곡선의 수평합인 카르텔 전체의 한계비용과 한계수입이 일치하는 수준에서 균형 결정

바로 여기에 카르텔의 불안정성이 야기될 소지가 있다. 과점기업들은 비용구조나 규모 면에서 상당히 이질적인 것이 일반적이기 때문에, 비록 산업 전체의

카르텔의 불안정성
이질적인 과점기업 사이의 이윤분배상의 갈등으로 붕괴 가능성 내재

그림 **7-3**

완전담합(카르텔)에서의 가격 결정과 생산의 분할

카르텔이 결성되었을 때 한계비용곡선(MC)은 카르텔 참가기업의 한계비용곡선(mc_1, mc_2, mc_3)을 수평으로 합하여 결정된다. 이때 게임기시장 전체의 수요곡선에 대응하는 한계수입곡선(MR)과 한계비용곡선(MC)이 일치하는 수준에서 이윤극대화를 달성하는 총생산량이 결정된다.

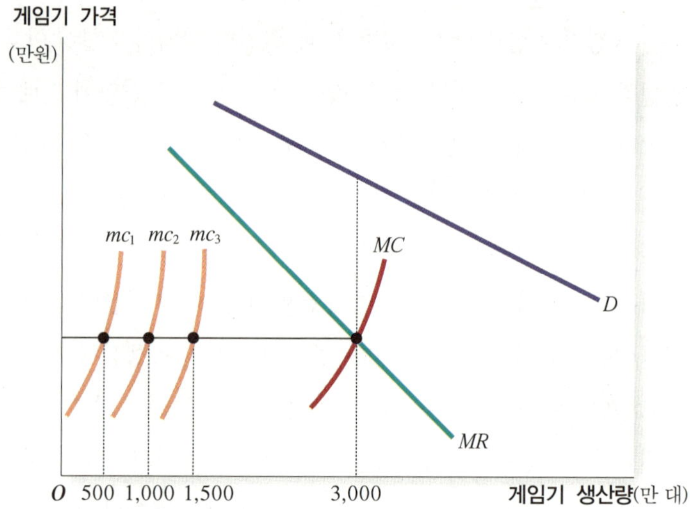

총이윤을 극대화할 수 있다고 하더라도 이윤분배상의 갈등으로 담합의 유지가 어려울 수 있다. 특히 카르텔 참가기업이 더 큰 이윤을 얻기 위해 다른 기업 몰래 독자적인 행동을 하는 경우, 이러한 독자적인 행동을 적발하는 것이 용이하지 않다면 카르텔이 붕괴될 가능성이 높아진다. 즉, 과점시장의 불확실성을 회피하기 위하여 담합을 할 유인이 있지만 일단 담합이 성립되면 그것으로부터 이탈하려는 유인도 발생한다.

2.3.2 카르텔의 불안정성

이제 카르텔에 속해 있는 개별 기업이 독자적인 행동을 취할 경우 더 큰 이윤을 얻을 수 있는지 살펴보자. 독자적인 행동을 하는 기업은 다른 기업이 모두 카르텔 협정을 준수하여 자신에게 할당된 생산량만을 생산한다고 예상한다. 독자적인 행동을 하는 기업을 그린게임(G)이라고 하자.

〈그림 7-4〉에서 그린게임의 한계비용곡선은 mc_G와 같다. 카르텔 전체의 총이윤을 극대화할 때 그린게임에 할당된 생산량(1,000만 대)은 그림게임이 독자적인 행동을 할 때 직면하는 수요곡선(d_G)에서 도출된 한계수입곡선 mr_G와 한계비용곡선 mc_G가 만나는 이윤극대화 생산량(1,200만 대)보다 적다. 그린게임이 가

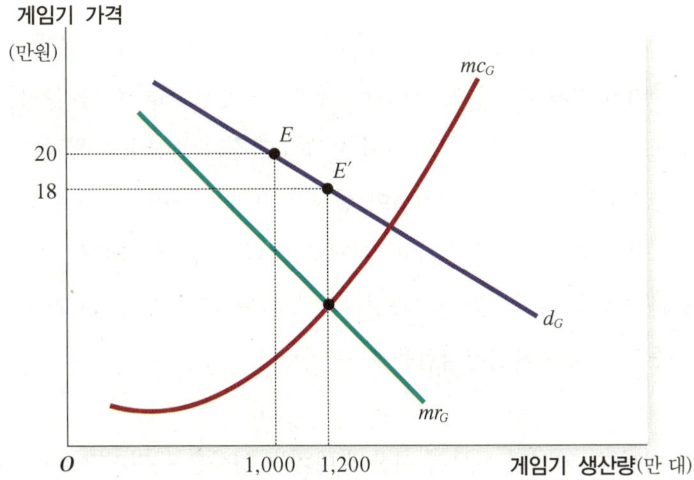

그림 7-4

카르텔의 불안정성
다른 기업들의 카르텔이 유지된다는 가정 하에서 만약 그린게임만 협정을 파기하여 생산량을 1,200만 대로 늘리고 가격을 18만원으로 내릴 경우 E'점에서 그린게임은 이전보다 더 큰 이윤을 누릴 수 있다.

격을 조금만 내려도 수요량이 크게 증가하므로 그린게임이 직면하는 수요곡선의 기울기는 상당히 완만한다. 따라서 그린게임은 생산량을 독자적으로 늘려 $mr_G = mc_G$가 되는 점에서 자신의 이윤을 극대화할 수 있게 된다.

그러나 여기서 주목해야 할 것은 그린게임은 다른 기업들이 모두 카르텔을 유지한다고 예상한다는 점이다. 하지만 어떤 기업이 담합에서 이탈했는지 알 수 없어서 즉각적 제재가 불가능하다면, 또 다른 카르텔 구성원인 블루게임과 오존게임 역시 자신의 이윤을 더 크게 하려고 생산량을 늘릴 것이다. 따라서 담합은 붕괴되고 말 것이다. 즉, 〈그림 7-4〉에서 보듯이 독자적으로 생산량을 늘릴 경우 기업의 이윤은 더 커지기 때문에 카르텔이 붕괴될 유인은 충분하다. 다만 카르텔 내부의 감시와 제재 가능성 등에 따라 카르텔의 유지는 한시적으로 가능하다.

담합 참여기업은 독자적으로 생산량을 늘려 이윤극대화 가능 : 담합의 붕괴 가능성 내재

2.4 가격선도모형

우리는 지금까지 과점기업들 간 담합의 유무에 따라 아무런 담합 없이 기업 각자가 독자적인 행동을 취하거나(쿠르노 경쟁모형과 버트란드 경쟁모형) 기업 간 완전한 담합이 이루어지는 모형(완전담합모형)을 각각 살펴보았다. 이제 이 두 모형의 중간 형태로서 불완전담합을 설명하는 **가격선도모형**(price leadership

가격선도모형 어느 한 과점기업이 가격을 선도하고 나머지 기업들은 이를 따름으로써 기업들 간 암묵적 협조가 이루어지는 모형

model)을 간략히 살펴보자.

가격선도모형은 어느 한 과점기업이 가격을 선도하고 나머지 기업들은 이를 따름으로써 암묵적 협조체제를 유지한다고 가정한다. 이 모형에 의하면 어떤 산업의 지배적 기업이 군소기업들의 산출량을 제외한 나머지를 자신의 수요로 파악하고 $MR = MC$인 수준에서 가격과 생산량을 결정한다. 그러면 군소기업들은 지배적 기업이 설정한 가격을 주어진 것으로 놓고 자신들의 생산량을 결정하게 된다. 실제로 2010년 말 공정거래위원회에 의해서 가격담합으로 적발되어 과징금이 부과된 12개 우유업체가 바로 이러한 중간 형태의 불완전담합을 이룬 카르텔로 보인다.

담합 때문? … 삼성·LG 국내價 美보다 20% 비싸(ChosunBiz, 2012. 1. 14.)

과점시장에서 한 기업의 행동이 시장에 미치는 영향은 독점시장에서처럼 결정적인 것은 아니지만 완전경쟁시장에서처럼 무시할 수 있을 정도는 아니다. 과점시장 내에 있는 모든 기업들은 시장의 가격이나 생산량의 결정에 부분적인 영향력을 갖는다. 따라서 기업들은 상대방의 반응을 염두에 두고 전략적으로 자신의 행동을 선택함으로써 시장의 상태가 자신에게 유리해지도록 자신의 영향력을 이용하고자 한다. 그런데 전통적 경제이론은 이와 같은 상호 의존적이고 전략적인 특성을 지니는 과점기업의 행동을 일반화하여 포괄적으로 다룰 수 있는 모형을 제시하지 못했다. 이와 같은 전략적 상황을 보다 체계적으로 설명하기 위해 경제학에 도입된 것이 바로 게임이론(game theory)이다. 이제 과점시장에 대한 게임이론적 접근을 알아보기로 한다.

3. 과점시장에 대한 게임이론적 접근

포커게임을 할 때 최종적으로 누가 걸려 있는 돈을 모두 가져갈지는 자신의 베팅뿐만 아니라 상대방의 베팅에 의해서도 영향을 받으며, 게임 결과에서도 돈을 번 사람은 좋지만 잃은 사람은 억울해 하는 등 이해가 상충된다. 이처럼 행동의 결과에 대해 이해관계가 상반되는 상황을 갈등상황이라고 한다. 이때 갈등상황에 처해 있는 사람들은 상대방의 행동을 추측하고, 이에 따라 자신의 이익을 최대로 할 수 있는 행동을 취하려 한다. **게임이론**(game theory)은 이러한 갈등상황

게임이론 갈등상황에서 사람들의 전략적 의사결정의 결과를 밝히는 모형

을 묘사하고, 이 상황에서 사람들의 전략적 의사결정의 결과를 밝히는 수리적 모형이다. 예를 들어 앞서 살펴본 과점시장의 상황도 갈등상황이기 때문에 과점시장 분석에 게임이론이 널리 응용되고 있다.

3.1 게임이론의 기본과 내쉬 균형

갈등상황에 해당하는 게임은 바둑, 장기, 체스, 윷놀이, 과점시장 등 수도 없이 많다. 그러나 이러한 모든 게임에 공통적으로 포함되는 요소는 **경기자**(player), **전략**(strategy), 게임의 **보수**(payoff) 세 가지로 요약할 수 있다.

게임이론의 구성요소
- 경기자 : 게임의 의사결정 주체
- 전략 : 경기자가 게임에서 사용할 수 있는 행동의 집합
- 보수 : 게임의 결과에 대한 경기자들의 만족 또는 이득

경기자는 말 그대로 게임에 참여하는 사람으로 게임의 의사결정 주체이다. 게임이론에서는 자신의 이익이 극대화되도록 행동하는 합리적 경기자를 상정한다. 전략이란 경기자가 게임 도중에 사용할 수 있는 행동의 집합을 말한다. 한편 각 경기자들이 어떤 행동을 하면 이에 대응해서 게임의 결과가 나타나게 되는데, 이 결과에 대해 각 경기자들이 얼마만큼의 만족을 느끼는지 혹은 얼마만큼의 이득을 얻게 되는지를 나타내는 것이 게임의 보수이다.

앞에서 나열한 세 가지 요소에 어떤 특정한 게임의 구체적인 내용을 대응시키면 게임은 하나의 모형으로 표시될 수 있다. 이러한 세 가지 요소를 일목요연하게 나타낸 것이 바로 **보수행렬**(payoff matrix)이다. 게임이론의 목적은 이 보수행렬에 기초하여 주어진 상황에서 나타날 수 있는 결과를 풀어내는 것이다. 이렇게 풀어낸 결과를 보통 **해**(solution) 혹은 **균형**(equilibrium)이라고 한다. 게임상황은 상호의존적인 합리적 경기자들의 의사결정 상황이므로 게임의 균형은 경기자들의 합리성에 부합해야 한다. 만약 그렇지 못하다면 현재 자신이 취하는 행동을 변경할 유인을 갖기 때문이다.

사람들의 행동에 대한 가정에 따라 게임이론에서 제시되는 균형의 개념이 정의된다. 대표적인 예로 각 경기자들이 상대방의 전략을 주어진 것으로 보고 자신의 보수를 극대화시키는 행동을 취한다고 가정할 때 정의되는 균형의 개념을 **내쉬 균형**(Nash equilibrium)이라 한다. 이는 게임이론의 선구자였던 노벨 경제학상 수상자 존 내쉬(John Nash)의 이름을 딴 것이다.

내쉬 균형 상대방의 전략을 주어진 것으로 보고 자신의 보수를 극대화시키는 행동에 의한 균형

경제학자와 아이디어

존 내쉬(John F. Nash, Jr., 1928~2015)

1994년 비협조적 게임이론의 균형 분석에 대한 선구적 업적을 인정받아 라인하르트 젤텐(Reinhard Selten), 존 하사니(John Harsanyi)와 함께 노벨 경제학상을 수상한 존 내쉬는 "뷰티풀 마인드(Beautiful Mind)"라는 영화를 통해 사람들에게 더욱 친숙한 이름이다. 촉망받던 젊은 천재로서 정신질환의 경험과 그 극복이라는 극적인 인생행로도 그러하거니와, 게임이론 분야에 대한 괄목할 만한 업적을 볼 때 그는 특출한 경제학자 중 한 사람으로 인정받기에 손색이 없다.

내쉬의 업적은 널리 알려진 대로 게임이론에서 균형의 개념을 정립한 데에서 찾을 수 있다. 게임이론은 협조적 게임과 비협조적 게임으로 나누어지는데 경제학에서는 주로 후자가 많이 이용된다. 그리고 비협조적 게임에서 사용되는 균형의 개념이 바로 내쉬 균형(Nash Equilibrium)이다. 내쉬 균형은 게임의 참여자들 중 어느 누구도 이탈할 요인이 없다는 데에서 특징을 찾을 수 있는데, 현대경제학이 채택하고 있는 여러 균형의 개념 중에서 가장 기본이자 최소 요건이 된다. 이러한 내쉬의 선구적인 연구를 바탕으로 하사니와 젤텐은 게임이론을 이용한 경제학의 모델을 보다 엄밀화하고 확장시켰으며, 1970년대 시작된 정보경제학이 게임이론을 발판으로 꽃을 피울 수 있는 계기를 마련해 주었다.

게임이론이 처음에는 과점이론 등 산업조직 분야에서 많이 응용되었으나, 지금은 경제학뿐만 아니라 사회과학 전반에서 핵심적인 방법으로 자리를 잡고 있다. 오늘날 빈번하게 일어나는 기업 간의 경쟁, 국가 간 무역분쟁, 노사 간 협상 등의 중요한 현실문제에서 유용하게 사용되고 있으며, 게임이론이 등장하지 않는 경우는 매우 드물다.

이제 게임이론의 기본적 특성을 구체적으로 살펴보기 위해 두 과점기업, 그린게임과 블루게임이 각각 시장에 내놓을 게임기의 가격을 결정하는 상황을 분석해 보자. 설명을 단순하게 하기 위해 각 기업의 경영자는 게임기 가격을 20만원 아니면 30만원으로 정한다고 가정하자. 각 기업이 이렇게 설정한 가격이 더 많은 이윤을 가져다줄지는 다른 기업이 정한 가격에 영향을 받는다.

[표 7-1]은 그린게임과 블루게임의 게임기 가격 결정의 조합으로부터 각각의 기업이 얻는 보수행렬을 나타내고 있다. 이때 보수는 각 기업의 가격설정에 따른 월별 이윤을 말하는데, 괄호 안의 숫자 중 왼쪽이 그린게임의 이윤을, 오른쪽이 블루게임의 이윤을 나타낸다. 가령 그린게임이 가격을 30만원으로 설정하고 블루게임이 20만원으로 설정하면 그린게임은 1억, 블루게임은 10억의 이윤을 매달 얻게 된다. 따라서 이 보수행렬은 그린게임과 블루게임이 이윤을 높이기 위해 어떤 가격을 설정할 것인가를 결정하는 상황을 묘사한 것이다.

표 7-1

		블루게임	
		30만원	20만원
그린게임	30만원	(8억, 8억)	(1억, 10억)
	20만원	(10억, 1억)	(4억, 4억)

보수행렬
우월전략 (20만원, 20만원)에서는 상대방이 어떤 전략을 선택하든 각 기업에게 보다 높은 이익을 가져다준다.

이러한 과점게임의 상황에서 **내쉬 균형**을 구해 보자. 그린게임이 게임기 가격을 30만원으로 정했다고 가정하자. 그렇다면 블루게임은 그린게임기 가격 30만원을 주어진 것으로 보고 자신의 보수를 극대화하기 위해 게임기 가격을 20만원으로 정할 것이다. 왜냐하면 블루게임이 게임기 가격을 30만원으로 하면 이윤이 8억원인 데 반해, 20만원으로 정하면 이윤이 10억원이기 때문이다. 이처럼 블루게임이 그린게임의 고가(30만원)전략에 저가(20만원)전략으로 대응할 것이라고 예상되면 그린게임은 고가전략을 선택하지 않을 것이다. 이는 블루게임의 저가전략을 주어진 것으로 보면 그린게임은 저가전략을 선택해야만 자신의 보수를 극대화할 수 있기 때문이다. 따라서 그린게임과 블루게임이 모두 게임기 가격을 20만원으로 결정하는 저가전략을 선택하는 상황만이 이 게임의 내쉬 균형이 될 수 있다.

[표 7-1]을 보면 그린게임이 30만원이나 20만원 중 어떤 가격을 결정하든 블루게임은 20만원으로 대응하는 것이 자신의 보수를 극대화함을 알 수 있다. 그린게임의 경우에도 블루게임의 어떤 가격 결정에 대해서도 20만원이 우월한 전략임을 알 수 있다. 이처럼 상대방의 전략 선택 여하에 관계없이 전략조합 (20만원, 20만원)은 각 기업에게 보다 높은 보수를 가져다주는데, 이러한 전략을 **우월전략** 또는 **지배전략**(dominant strategy)이라고 한다. 그리고 이런 전략들의 조합으로 이루어진 균형을 **우월전략 균형**이라고 한다. 일반적으로 우월전략 균형은 항상 내쉬 균형이지만, 내쉬 균형이 반드시 우월전략 균형은 아니다. 왜냐하면 내쉬 균형은 상대방 경기자의 최적선택에 대한 자신의 최적선택의 문제이므로 일반적으로 모든 전략에 대해 우월한 것은 아니기 때문이다.

우월전략(지배전략)
상대방의 전략 선택과 무관하게 보다 높은 보수를 가져오는 전략

현실과 경제학

경매와 '낙찰자의 저주'

게임이론이 현실에서 가장 잘 응용되고 있는 분야 중 하나가 바로 경매(auction)이다. 실제로 1990년대 미국 연방정부가 휴대폰에 사용되는 주파수를 경매방식으로 배정하기로 하자 많은 이동통신회사가 게임이론 전문가의 도움을 받았고, 그 결과 연방정부는 예상을 훌쩍 넘는 약 216억 달러(약 24조원)의 재정수입을 거두었다. 우리나라의 경우에도 2011년 LTE(Long Term Evolution)용 1.8GHz 주파수 배정을 경매방식으로 진행하여 1조원에 육박하는 낙찰가를 기록했다.

OECD 주요 국가의 주파수 경매제 도입현황

국가	도입시기
미국	1994년 PCS 경매
영국	2000년 3G 주파수 경매
호주	1993년 PCS 경매
독일	1999년 2G 사업자 추가 선정
벨기에	2001년 3G 주파수 경매
이탈리아	2000년 3G 주파수 경매
한국	2011년 4G(LTE) 주파수 경매

※ OECD 회원국 중에서 주파수 경매제를 도입하지 않은 나라는 일본이 유일함.
디지털타임스(www.dt.co.kr) 2010. 7. 9.
이투데이(www.etoday.co.kr) 2013. 7. 22.

경매는 사람들이 불완전정보의 상황에서 전략적으로 물건을 사고파는 방식으로 정의되는데, 크게 두 가지 형태로 구분된다. 먼저 공개경쟁(open-outcry bidding)은 소더비(Sotheby' s)나 크리스티(Christie' s)에서 예술품을 경매할 때처럼 사람들이 모인 장소에서 공개적으로 경매가 진행되는 방식이다. 공개경쟁은 다시 낮은 가격부터 시작해 점점 높은 가격을 불러 가장 높은 가격을 부른 사람이 낙찰되는 영국식 경매(English auction)와 반대로 경매인이 가장 높은 가격을 부르기 시작하여 살 사람이 없으면 점차적으로 가격을 내려가는 방식으로 진행되는 네덜란드식 경매(Dutch auction)로 나뉜다. 한편 입찰(sealed bid)은 다른 사람이 모르게 가격을 적어서 내는 방식을 말한다. 입찰에는 각자가 입찰가격을 써내고 가장 높은 가격을 써내는 사람에게 낙찰되는 방식인 최고가격입찰제(first-price sealed bid auction)와 낙찰자 다음으로 높게 써낸 금액을 낙찰자가 지불하는 제2가격입찰제(second-price sealed bid auction)가 있다. 1989년 세계 최초로 주파수 경매제를 도입한 뉴질랜드는 1990년 이후 실시된 네 번의 전국 주파수 경매에서 제2가격입찰제 방식을 채택한 바 있다.

출처 : 한국은행 경제교육 홈페이지 (http://www.bokeducation.or.kr).

그런데 경매에서는 낙찰자가 경쟁에서 이겼음에도 불구하고 실제 가치 이상의 높은 가격으로 낙찰됨으로써 손해를 입게 되는 이른바 낙찰자의 저주(winner' s curse)가 나타날 수 있다. 이 현상은 미국 애틀랜틱 리치필드사(ARCO)에 근무하던 세 명의 석유 기술자가 1971년 발표한 논문에서 처음 언급된 개념이다. 이를 간단한 예를 통해 알아보자.

네 개의 석유회사 A, B, C, D가 석유 시추권 경매에 참여한다고 하자. 석유 매장량의 실제 가치는 1,000만 달러인데, A회사는 매장된 석유의 가치를 500만 달러로 추정한 반면 B회사는 정확하게 1,000만 달러로 계산했다. 그리고 C회사와 D회사는 석유 매장량을 과대평가하여 각각 1,200만 달러와 2,000만 달러로 평가했다. 그렇다면 이 석유 시추권 경매의 최종 승자는 누가 될까? 500만 달러에서 A회사는 더 이상 입찰경쟁에 나서지 않는다. 입찰가격이 1,000만 달러에 이르게 되면 B회사 역시 더 높은 가격을 제시하지 못한다. 이와 같은 방식으로 C회사는 1,200만 달러에서 입찰경쟁에서 탈락하게 되고 결국 D회사는 1,200만 달러에 석유 시추권을 획득하게 된다. D회사는 당초 석유 시추권의 가치를 2,000만 달러로 평가했으므로 그보다 800만 달러나 싼 가격에 낙찰 받아 큰 횡재를 했다고 생각할 것이다. 그러나 나중에 D회사는 석유 매장량이 1,000만 달러의 가치밖에 되지 않음을 확인하게 되고 200만 달러의 적자를 보게 된다. 즉, 입찰경쟁에서는 승리하였으나 결국은 손해를 입게 되는 것이다. 이러한 낙찰자의 저주는 석유 시추권, 주파수 등 공유가치가 형성된 대상물 이외에 미술품 경매에도 적용된다.

3.2 용의자의 딜레마와 카르텔의 불안정성

[표 7-1]에서 내쉬 균형은 두 과점기업 그린게임과 블루게임 모두에게 만족스러운 결과를 가져다주지 않는다. 두 기업은 모두 게임기 가격을 20만원으로 결정했다면 매달 4억원의 이윤을 얻지만, 만약 두 기업 모두 30만원으로 정했다면 각각 매달 8억원의 이윤을 얻을 수 있기 때문이다. 즉, 두 과점기업이 서로 협조해서 고가(30만원)전략을 선택했다면 더 높은 이윤을 가져오는 **협조적 균형**(cooperative equilibrium)을 달성할 수 있었을 것이다. 그러나 앞서 내쉬 균형과 우월전략 균형의 예측처럼 그린게임과 블루게임 간 가격결정게임의 결과는 두 기업이 각각 자신의 이윤을 추구하는 **비협조적 균형**(non-cooperative equilibrium)이 될 가능성이 높다.

협조적 균형과 비협조적 균형 복수의 내쉬 균형이 있는 경우에 두 과점기업의 협조 여부에 따른 분류

이처럼 게임의 경기자들이 서로 우월전략을 선택하여 결과적으로 모두에게 보수가 더 낮은 비협조적 균형이 나타나는 상황을 **용의자의 딜레마**(prisoner's dilemma)라고 한다. 이는 경찰에 체포된 두 용의자가 처한 상황과 비슷한 데서 붙여진 이름이다. 범죄에 대한 증거가 부족한 경우 경찰이 용의자들을 서로 떼어놓은 후 각자에게 범죄를 자백하고 다른 용의자에 대해 범인이라고 증언하면 징역형을 줄여주겠다고 제안할 수 있다. 이때 두 용의자가 협조하여 모두 침묵을 지킨다면 곧 석방될 것이지만, 각자의 입장에서 (비협조적) 우월전략은 범죄를 자백하는 것이기 때문에 두 용의자 모두 자백을 하고 징역형을 받게 될 것이다.

용의자의 딜레마 서로 우월전략을 선택하여 비협조적 균형을 얻게 되는 상황

제2절에서 살펴본 완전담합(카르텔)의 불안정성을 용의자의 딜레마 게임으로도 설명할 수 있다. [표 7-1]에서 그린게임과 블루게임이 모두 고가전략(30만원)을 선택하는 것은 과점시장에서 그린게임과 블루게임이 담합을 하고 있는 것으로 해석할 수 있다. 이때 그린게임과 블루게임은 모두 8억원의 이윤을 얻고 있는데, 이 중 한 기업이 다른 기업 몰래 저가전략(20만원)을 선택할 수 있다면 그 기업은 10억원의 이윤을 얻을 수 있게 된다. 즉, 담합을 몰래 이탈한 기업은 이윤

카르텔의 담합에서 이탈한 기업은 이윤 확대 기회가 존재하기 때문에 카르텔 붕괴 가능

을 늘릴 수 있는 기회가 있는 것이다. 이는 보수행렬에서 그린게임과 블루게임 중 한 기업이 담합에서 이탈하여 전략조합 (20만원, 30만원) 또는 (30만원, 20만원)을 선택하고 있는 상황을 나타낸다.

만약 한 기업이 담합을 이탈하여 자신의 이윤을 10억원으로 늘린다면 다른 기업 입장에서는 카르텔 협정을 준수할 이유가 없게 된다. 왜냐하면 카르텔 협정을 혼자 지키고 있으면 자신의 이윤은 1억원으로 하락하기 때문이다. 따라서 다른 기업도 카르텔 협정을 위반하고 저가전략(20만원)을 선택하게 되어 결국 카르텔은 붕괴되고 만다.

현실 과 경제학

자진신고 감면제도와 용의자의 딜레마

지난 2012년 1월 12일 공정거래위원회는 삼성전자와 LG전자가 2008년 7월부터 2009년 9월까지 세탁기 · 텔레비전 · 노트북 등의 소비자 판매가격을 일정 수준으로 유지하거나 인상하기로 담합했다고 발표하였다. 세탁기 · LCD와 같은 평판 텔레비전 시장에선 두 회사가 90% 이상의 시장을 점유하고 있었던 탓에 가격 담합이 손쉽게 이뤄졌다. 노트북의 경우, 삼성전자와 LG전자는 2008년 센트리노2 칩이 탑재된 노트북을 나란히 출시했다. 그런데 당시는 글로벌 금융위기로 환율이 크게 올라 노트북 제조업체들의 적자폭이 커진 상황이었다. 이에 두 회사 영업담당자들은 제품 출시를 앞두고 두 차례에 걸쳐 담합하여 140여 종의 노트북 가격을 2만 9천원~20만원씩 인상했다.

최근 IT기술의 발달로 기업들의 담합행위는 갈수록 교묘해지고 있다. 이러한 상황에서 큰 비용을 들이지 않고 손쉽게 담합을 적발할 수 있는 방법이 있다. 담합에 참여한 기업이 자백하도록 하는 것이다. 이러한 취지로 도입된 제도가 자진신고 감면제도(leniency program)이다. 자진신고 감면제도는 말 그대로 먼저 자백하는 기업의 과징금을 면제해 주는 것이다. 이렇게 하면 담합에 공모한 기업들은 '용의자의 딜레마' 상황에 빠지게 된다. 다른 기업들이 침묵한다면 공정거래위원회의 적발 확률이 낮아져 기대비용이 낮지만 자백하면 100% 면제되므로 자백이 유리하게 된다. 따라서 다른 기업이 언제 자진신고를 할지 모르기 때문에 서로 앞다퉈 자진신고를 하게 된다.

이 제도는 1997년 국내에 도입됐고, 2005년부터 활성화됐다. 제도 도입 초기에는 공정거래위원회가 과징금을 어떻게 깎을지를 사안별로 결정해 자의성이 컸다. 기업들은 자진신고를 해도 과징금을 얼마나 감면받을 수 있는지 예측할 수 없었기 때문에 별로 활용하지 않았다. 그러나 2005년 들어 1순위로 자진신고한 기업은 과징금을 전액 감면해 주고 2순위로 자진신고한 기업은 50% 감면해 주는 내용으로 법이 개정되자, 자진신고가 급증했다.

출처 : 신성휘, "자진신고 감면제도와 용의자의 딜레마", 『KDI 클릭경제교육』, KDI 경제정보센터, 2012. 3.

3.3 반복게임이론과 카르텔의 안정성*

용의자 딜레마의 논리에 따라 카르텔은 쉽게 붕괴되기 때문에 카르텔에 대한 규제가 필요 없다는 주장이 설득력 있게 받아들여지기도 한다. 그러나 현실의 카르텔 과점시장에서는 담합이 끊임없이 이루어지며, 장기간 동안 안정적으로 유지되는 현상을 볼 수 있다. 앞에서 살펴본 모형은 독자적인 행동을 하는 기업이 단기 이윤만을 고려하는 정태적 모형이기 때문이다.

하지만 실제로 과점기업들은 오랜 기간 동안 그 시장에서 동태적으로 상호 영향을 미치며 기업활동을 한다. 물론 한 기업의 이탈이 쉽게 발견되지 않거나 발견되더라도 적발시차가 있고 또 쉽게 적발된다 해도 협정 위반으로 얻을 수 있는 이윤의 현재가치가 벌금 또는 기타 제재의 현재가치보다 크다면, 협정에서 이탈할 가능성은 충분하다. 그러나 동태적 시야를 갖고 있는 기업은 현재 담합에서 이탈하면 단기 이윤을 누릴 수 있겠지만 담합이 붕괴되면 담합을 유지할 때 얻을 수 있었던 안정적인 이윤을 잃게 된다는 점을 고려한다. 따라서 담합을 깨려는 유인보다 담합을 유지하려는 유인이 더 클 수도 있다. 이처럼 동태적인 측면을 고려하는 것을 **반복게임이론**(repeated game theory)이라고 하는데, 이것이 일반적으로 과점시장의 담합이론에 적용되고 있는 게임이론이다.

동태적 시야를 갖고 있는 과점기업은 담합을 깨려는 유인보다 담합을 유지하려는 유인이 더 클 수 있음

반복게임이론
- 동태적으로 상호 영향을 미치는 관계를 분석하는 이론
- 과점시장의 담합이론에 적용

[표 7-1]의 보수행렬로 간단히 설명해 보자. 지금까지는 기업이 담합을 통해 매달 8억원의 이윤을 얻고 있었는데 담합을 깬다면 그 다음 달부터는 4억원의 이윤밖에 얻지 못한다. 매달 이런 게임을 반복한다면 담합에서 이탈하는 것보다 담합을 유지하고 담합의 이윤을 지속적으로 누리는 것이 유리하다. 이번 달에 이탈하면 일시적으로 10억원의 이윤을 얻을 수 있지만, 그 다음 달부터는 4억원의 이윤을 얻을 수밖에 없기 때문이다. 따라서 반복게임이 계속된다면 이와 같이 담합에서 이탈하는 것보다 담합을 유지하는 것이 보다 유리해진다.

여기서 담합이란 과점기업의 경영자들이 만나 게임기 가격을 30만원으로 합의하는 명시적 담합이 아니라, 경영자들이 서로에게 신호하는 방법을 통해 고가전략에 협조하는 암묵적 담합을 의미한다. 예를 들어 두 과점기업인 그린게임과 블루게임 모두 상대 기업이 제공하는 최저가격과 동일한 가격에 게임기를 판매할 것이라는 광고를 낸다고 하자. 이러한 광고는 그들이 게임기 가격을 30만원으로 책

암묵적 담합
- 서로에게 신호하는 방법을 통해 고가전략에 협조
- 보복 가능성이 효과적인 강제장치로 작용

* R. G. Hubbard and A. P. O'Brien, *Economics*, 2nd Edition, Chapter 13, Pearson, 2008.

정하겠다는 신호를 서로에게 보내는 셈이 된다. 왜냐하면 둘 중 한 기업이 20만원으로 가격을 매기는 경우 다른 기업도 게임기 가격을 20만원으로 낮춤으로써 자동으로 보복할 것임을 알고 있기 때문이다. 이러한 의미에서 동일 가격(match prices)에 판매하겠다는 것은 고가전략의 협조를 가져오는 데 효과적인 강제장치(enforcement mechanism)가 된다. 이처럼 반복게임이론을 이용하면 현실에 나타나는 안정적인 담합 현상을 설명할 수 있다. 한편 어떤 재화가 일시적으로 경쟁시장에서와 같은 가격에 판매되는 것이 소비자에게 이익이 되는 것처럼 보일 수도 있지만, 반복게임이론에 의하면 동일한 최저가격(위의 예에서 20만원)에 판매되는 것이 궁극적으로는 가격을 상승(위의 예에서 30만원)시켜 오히려 소비자에게 손해가 될 수도 있다.

4. 과점시장의 비효율성

Principles of **Micro**economics ch. seven

과점시장은 경제적 후생에 어떠한 영향을 미치는가? 이 문제에 대한 해답도 과점의 유형에 따라 다르므로 한 가지로 답할 수 없다. 대체로 과점의 경제적 효과는 독점적 경쟁과 독점의 중간에 해당한다.

과점시장의 비효율성
- 비가격경쟁으로 가격 상승
- 초과생산능력이 존재

과점시장에서는 가격경쟁보다 오히려 비가격경쟁이 보편적이다. 특히 과점기업은 시장점유율을 늘리기 위하여 광고나 선전을 많이 한다. 시장이 상품에 대한 정보가 교환되고 이들이 매매되는 매개체인 만큼 상품에 대한 광고나 선전은 원칙적으로 바람직한 일이다. 그러나 많은 광고나 선전이 상품의 질과 내용에 대해 설명하기보다는 소비자들의 감정에 호소하는 경우도 많다. 이는 자원의 낭비일 수도 있다. 또한 광고비나 선전비가 모두 상품가격에 전가되므로 결국 소비자들이 이러한 비용을 부담하게 된다.

과점기업에서는 보통 독점적 경쟁과 마찬가지로 조업률이 적정 수준에 미달한다. 다시 말하면 초과생산능력(excess capacity)이 존재한다. 또한 다른 조건이 같다면 기업 이윤이 독점의 경우보다 적다. 왜냐하면 과점기업은 독점기업과 달리 경쟁을 하기 때문이다. 따라서 자신의 시장을 지키기 위해서는 가격과 생산량을 함부로 책정할 수 없다. 이런 점을 고려할 때 과점기업은 독점기업보다 적은 이윤을 누릴 수밖에 없음을 알 수 있다.

이와 같이 과점은 소비자들에게 불리한 면이 많지만, 한편으로는 규모의 경제가 작용하는 산업에서 흔히 볼 수 있는 일반적인 현상이다. 따라서 과점시장의 장점을 활용하면서 위에서 열거한 여러 가지 폐해를 최소화하기 위한 정책수단을 개발할 필요가 있다.

뉴스와 경제학

신용 없는 국제 신용평가사 —"점유율 98% … 과점으로 폐해만"

국제 신용평가사들의 잘못된 판단 사례

	금융위기	사태 직전 등급
1997년	한국 외환위기	한국, 호주, 스웨덴과 비슷한 등급 유지
2001년	미국 엔론 파산	투자적격 등급
2007년	서브프라임 파동	부실이 확산된 3분기에야 관련 채권 · 기업 등급 하향
2008년	모노라인 부실	메릴린치의 발표 전까지 '안정적' 등급 제시

S&P, 무디스, 피치. 전 세계 신용평가시장의 98%(2006년 기준)를 장악하고 있는 신용평가회사들이다. 이들의 파워는 막강하다. 국가와 기업들의 자금조달 능력을 좌우하는 신용등급 결정이 이들의 손에 달려 있기 때문이다. 외환위기 때의 한국이 그랬던 것처럼, 이들의 등급 조정에 평가대상 기업은 물론 전 국민이 울고 웃기도 한다.

그렇다면 이들 회사의 신용은 과연 어떨까. 세계 경제에 미치는 영향력에 걸맞은 수준일까. 여기에 대해서는 많은 전문가들이 동의하지 않는다. 오히려 이들의 신용평가 능력이 갈수록 떨어지고 있다는 비판이 줄을 잇고 있다. 지속되는 금융위기 상황에서 신용평가사들이 '경고등' 기능을 상실했다는 것이다.

예컨대 2007년 초부터 감지되기 시작한 미 서브프라임(비우량 주택담보채권) 부실 사태에 대해 신용평가사들이 관련 조치를 취한 것은 전 세계 사람들이 그 부실을 다 알게 된 3분기에 이르러서였다. 더 거슬러 1997년 외환위기 때로 가보자. S&P는 환란 직전까지 한국을 호주, 스웨덴과 비슷한 'AA-'로 분류했다. 이후 6개월간 한국의 등급은 투자부적격인 'B+'까지 추락했다.

이처럼 신용평가 시장이 제 기능을 상실한 것은 3대 신용평가사에 집중된 과점체제 탓에 경쟁이 거의 사라졌기 때문이다. 일부 평가사가 모기지 회사의 위험을 수개월 전에 알고도 감추는 데 급급했는데, 확고한 경쟁체제에서는 불가능한 일이다. 과점체제의 원인은 미국의 정책에서 찾을 수 있다. 미국은 2006년까지 국가공인신용평가기관 제도를 운용하며 130여 개 신용평가기관 중 5개만을 공인기관으로 인정해 권력을 몰아줬다.

출처 : 한국경제, 2008. 2. 13.

보론 시장 형태별 비교

	완전경쟁	독점	독점적 경쟁	과점
시장 내 기업 수	셀 수 없이 많음	1	다수	소수
제품의 동질성	동질적	–	차별적	동질적 혹은 차별적
가격지배력	없음	매우 높음	약간 있음	있음
진입장벽	없음	매우 높음	거의 없음	꽤 높음
가격과 생산량 결정 규칙	$MR = MC\,(P = MC)$	$MR = MC\ (P > MC)$	$MR = MC\ (P > MC)$	전략적 결정
장기균형 특징	① 정상이윤 ② 최적시설규모	① 초과이윤 ② 초과설비	① 정상이윤 ② 초과설비	
비효율성	① 가정의 비현실성 ② 공평한 소득분배 보장 안 됨	① 자원배분의 비효율성 ② 초과설비 ③ 소비자 선택 제한	① 자원배분의 비효율성 ② 비가격경쟁에 따른 자원낭비 ③ 초과설비	① 비가격경쟁(카르텔) ② 비가격경쟁에 따른 자원낭비

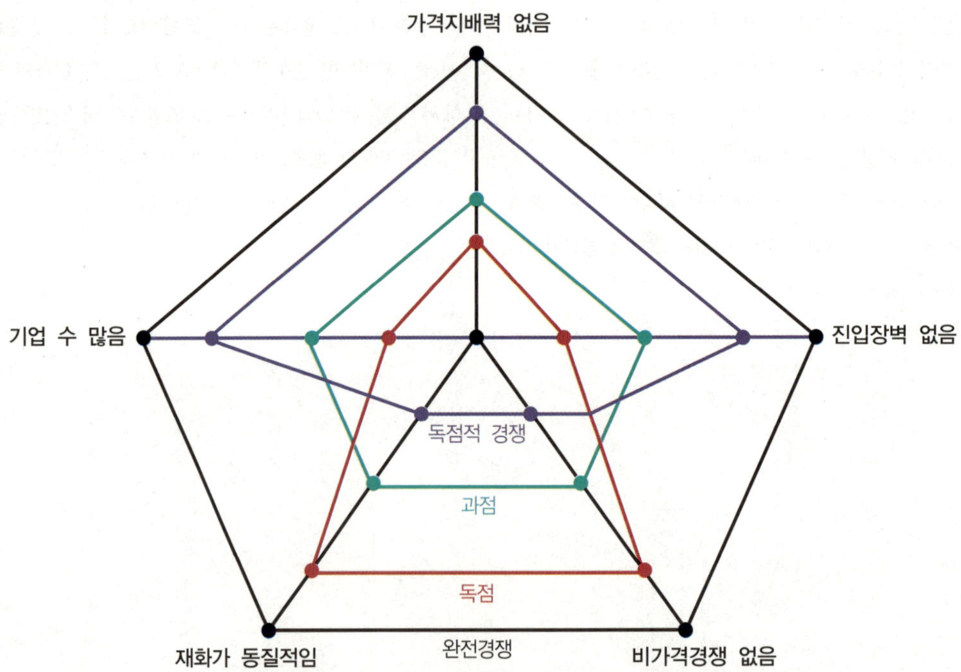

요약 및 연습문제

1. 독점적 경쟁시장

독점적 경쟁시장은 시장에의 진입과 이탈이 자유롭고 다수의 이질적인 공급자들이 존재하는 시장을 말한다. 이는 완전경쟁과 독점 사이의 중간적인 시장 형태로서 진입과 이탈이 자유롭다는 점에서는 완전경쟁시장과 유사하지만, 기업이 수요자에 대해 지배력을 행사하고 가격을 설정한다는 점에서는 독점기업과 유사하다.

1.1 독점적 경쟁시장의 특징 독점적 경쟁시장의 특징은 다음과 같다. 첫째, 각 기업의 의사결정 과정에 있어 상호의존성이 작다. 둘째, 제품차별화를 추구한다. 셋째, 낮은 진입장벽을 갖고 있다. 넷째, 비가격경쟁이 존재한다.

1.2 독점적 경쟁기업의 균형 독점적 경쟁시장의 기업은 능동적인 가격설정자로서 시장지배력을 가지므로 우하향하는 수요곡선을 갖는다. 독점적 경쟁기업의 단기균형에서는 한계수입과 한계비용이 일치하는 수준에서 초과 이윤 또는 손실이 발생할 수 있지만, 장기균형에서는 초과 이윤 또는 손실이 있을 경우 새로운 기업의 진입이나 기존 기업의 퇴출이 일어나 이윤이 0이 된다. 한편 장기균형은 $P>MC$이므로 비효율적이고, 기업은 과잉설비를 보유한다.

1.3 독점적 경쟁시장의 비효율성 독점적 경쟁기업의 경우 완전경쟁시장과 달리 각 생산품마다 특성이 존재하므로 수요곡선이 우하향하고 한계비용과 한계수입이 일치하는 점에서 생산이 이루어진다. 따라서 초과생산능력이 존재하고, 상품가격이 완전경쟁시장에 비해 높으며, 비가격경쟁이 활발하게 이루어진다.

01. 기업 A가 생산하는 상품에 대한 수요의 가격탄력성이 2이고 이 상품을 생산하기 위한 한계비용이 5라고 하자. 다음 질문에 답하라.

(1) 현재 기업 A가 시장에서 독점적 위치를 차지하고 있다면, 상품의 가격을 얼마로 책정하겠는가?

(2) 기업 간 경쟁이 치열해져서 언제 어떤 기업이 기업활동을 그만두어야 할지 모르는 상황이라면, 시장에서 퇴출당하지 않고 살아남기 위해 A사는 상품가격을 얼마로 책정해야 하는가? 그 이유를 설명하라.

2. 과점시장

과점시장은 소수의 생산자가 상품을 공급하는 시장이다. 따라서 기업의 행동이 경쟁상대의 반응에 따라 좌우되며, 동시에 카르텔에서 보듯이 기업 간에 강한 상호의존성이 존재한다.

2.1 과점시장의 특징 과점시장의 특징은 다음과 같다. 첫째, 기업 간 상호의존성을 지닌다. 둘째, 높은 진입장벽이 존재한다. 셋째, 비가격경쟁이 존재한다. 넷째, 비경쟁행위가 존재한다.

2.2 쿠르노 모형과 버트란드 모형 쿠르노 경쟁모형에서는 동질적 재화를 생산하는 각 기업이 상대기업의 산출량을 예상하고 상대방이 예상된 생산량 수준을 유지할 것이라는 가정 하에 자신을 산출량을 결정한다. 한편 버트란드 경쟁모형에서는 어떤 기업이 경쟁기업의 가격을 예상하고 상대방이 이 가격을 유지할 것이라는 가정 하에 자신의 가격을 결정한다. 이때 균형은 그 과점산업 내의 최저한계비용에 의

해 결정된다.

2.3 완전담합(카르텔)모형 주로 동종 제품을 생산하는 과점기업들이 특정 시장을 지배할 목적으로 결성하는 연합체를 카르텔이라 한다. 이때 과점기업들 간의 명시적 협약에 의해 중앙기구가 설립되어 기업들이 중앙기구의 조정을 따르는 경우를 완전담합이라 한다. 개별 기업이 협정을 깨고 독자적으로 생산량을 늘렸을 때 더 큰 이윤을 얻을 수 있다면 카르텔은 붕괴될 수 있다.

2.4 가격선도모형 가격선도모형에서는 어느 한 과점기업이 가격을 선도하고 나머지 기업들은 이를 따름으로써 암묵적 협조체제를 유지한다고 가정한다.

02. 상품의 가격과 생산량이 $P = -\frac{3}{2}Q + 3{,}600$의 관계를 갖고 0의 한계비용으로 생산된다고 하자. 이 상품의 수요가 다음과 같이 0단위부터 2,400단위 사이에 있다고 할 때 다음에 답하라.

수요량(Q)	0	200	400	600	800	1,000	1,200	1,400	1,600	1,800	2,000	2,200	2,400
가격(P)													

(1) 이 상품의 수요량에 맞는 가격(P)란을 채워라.

(2) 이 상품을 생산하는 A사와 B사가 있다고 하자. 두 기업이 카르텔을 형성한다고 할 때 카르텔의 이윤을 극대화하는 생산량과 가격은 어느 수준에서 결정되는가?

(3) 정부가 두 기업의 담합을 금지한다고 발표하자, A사와 B사는 상대방 기업의 전략을 고려하여 가격 경쟁을 한다고 하자. 두 기업이 생산하는 생산량과 가격은 얼마이며, 시장 전체의 생산량과 가격은 얼마로 결정될 것인가?

(4) 문제 (3)과 같은 상황에서 A사나 B사가 가격선도전략을 적용한다면 두 기업의 생산량과 가격 및 시장 전체의 생산량과 가격에는 어떤 변화가 있는가?

3. 과점시장에 대한 게임이론적 접근

3.1 게임이론의 기본과 내쉬 균형 게임이론은 갈등상황에서 사람들이 전략적으로 최적화 행동을 할 때에 나타나는 결과를 밝히는 수리적 모형이다. 게임은 경기자와 전략, 그리고 보수로 이루어진다. 경기자들이 합리적으로 의사결정을 내릴 때 나타날 수 있는 결과를 균형이라고 부른다. 그중에서 각 경기자들이 상대방의 전략을 주어진 것으로 보고 자신의 보수를 극대화시키는 행동을 취한다고 가정할 때 정의되는 균형을 내쉬 균형이라고 한다. 한편 상대방의 전략에 관계없이 항상 이득이 되는 전략인 우월전략들의 조합으로 이루어진 균형을 우월전략 균형이라 한다.

3.2 용의자의 딜레마와 카르텔의 불안정성 게임의 경기자들이 서로 우월전략을 선택하여 결과적으로 모두에게 보수가 더 낮은 비협조적 균형이 나타나는 상황을 용의자의 딜레마라고 한다. 완전담합(카르텔)의 불안정성은 용의자의 딜레마 게임으로도 설명할 수 있다.

3.3 반복게임이론과 카르텔의 안정성 과점기업들의 동태적인 상호작용을 고려하는 이론을 반복게임이론이라고 한다. 이에 의하면 과점기업이 단 한 번의 큰 이익을 위해 카르텔을 깨는 것은 장기적으로 안정적인 수입을 전부 잃게 되는 것이기 때문에 단기적인 이익이 작아도 담합을 유지할 것이다.

03. 모래 소유권을 갖고 있는 어떤 지방자치단체가 모래를 건축자재로 판매하는 좋은모래(주)와 깨끗한모래(주)에게 모래 채취권한을 주었다. 이에 따라 건축자재 모래시장은 두 기업으로 양분되었다고 하자. 다음 질문에 답하라.

(1) 좋은모래(주)와 깨끗한모래(주)가 생산량 경쟁을 하는 경우 모래 가격이 떨어져서 기업의 이윤이 줄어들 가능성이 존재한다. 두 기업이 모래 채취량을 줄이는 경우 두 기업의 기대이윤은 각각 6억원인 반면, 두 기업이 모래 채취량을 증가시키는 경우는 기대이윤이 각각 3억원이라고 하자. 또한 좋은모래(주)는 채취량을 감소시키고 깨끗한모래(주)는 채취량을 증가시키는 경우 좋은모래(주)는 1억원을, 깨끗한모래(주)는 8억원을 벌어들일 수 있고, 반대로 좋은모래(주)가 채취량을 늘리고 깨끗한모래(주)가 채취량을 줄이면 두 기업은 각각 8억원과 1억원을 벌어들일 수 있다고 한다. 각 상황에서 두 기업이 기대할 수 있는 이윤을 보수행렬로 표현하라.

(2) 문제 (1)의 보수행렬에서 내쉬 균형과 우월전략 균형은 무엇인가?

(3) 이제 모래채취시장에서 두 기업이 협조하여 안정적인 기업활동을 추구하는 경우 내쉬 균형은 무엇인가? 이러한 현상을 무엇이라 하는지 설명하고 소비자와 기업에 미치는 영향을 설명하라.

04. 다음의 표는 수지가 운영하는 토끼인형가게와 민호가 운영하는 펭귄인형가게의 전략과 그에 따른 보수를 나타내고 있다.

		민호	
		전략 1	전략 2
수지	전략 1	(6, 15)	(8, 6)
	전략 2	(13, 8)	(12, 7)

(1) 수지네 가게와 민호네 가게는 어떤 우월전략을 갖고 있는가?

(2) 이와 같은 상황에서의 내쉬 균형을 구하고 그 이유를 설명하라.

(3) 만약 (전략 2, 전략 1)의 보수가 (13, 8)에서 (5, 10)으로 바뀌었다고 생각해 보자. 이 경우에는 균형이 성립하는지, 만약 균형이 존재한다면 어떤 식으로 균형이 성립할 것인지 설명하라.

4. 과점시장의 비효율성

과점시장의 경우 비가격경쟁이 보편적이며, 과점기업들은 보통 독점적 경쟁기업과 마찬가지로 생산량이 적정 수준에 미달한다는 점에서 초과생산능력을 갖고 있다.

05. 시장구조가 기업의 생산량 및 가격 결정에 미치는 영향에 대해 체계적으로 설명해 보라.

응용문제

01. 최근 치킨 한 마리를 5천원에 판매하겠다는 대형 할인마트의 마케팅전략이 사회적으로 큰 이슈가 된 바 있다. 현재 치킨시장은 여러 프랜차이즈(franchise) 상점이 경쟁하고 있다는 점에서 독점적 경쟁시장에 가깝다. 이 시장의 장기균형 상태를 자원배분의 효율성과 소비자후생의 측면에서 평가하라.

02. 오랫동안 전문직 협회(의사협회, 변호사협회 등)에서는 전문직 종사자가 스스로를 광고할 수 있는 권리를 규제하자고 주장해 왔다. 이러한 규제를 도입하는 것이 기존의 전문직 종사자들에게 어떠한 경제적 유인으로 작용하는지 설명하라. 그리고 만약 규제가 도입된다면 새로 시장에 진입할 전문직 종사자들에게는 어떠한 영향을 줄 것인지 논하라.

03. 과점시장은 최적 가격보다 높은 수준에서 시장가격이 정해지는 경우가 많다. 그러나 대형 마트의 출혈경쟁 등을 보면 오히려 완전경쟁시장보다 더 낮은 가격에 상품이 판매되는 경우도 있는데, 과점기업들이 손해를 감수하면서까지 이러한 과도한 경쟁을 벌이는 것에는 어떤 이유가 있겠는가?

04. 우리는 제4절(과점시장의 비효율성)에서 과점의 폐해가 나타난 예로서 3대 신용평가사가 주도하는 신용평가시장을 살펴보았다. 이 밖에 현실경제에서 과점의 비효율성이 나타나는 시장을 조사하여 비효율성의 구체적 내용을 서술하라.

생산요소시장과 소득분배

08 생산요소시장

09 소득분배와 소득재분배정책

IV

Principles of **Micro**economics part four

지금까지 우리는 커피, 자동차, 소프트웨어 등의 상품을 중심으로 수요곡선과 공급곡선, 그리고 시장의 균형에 대해 살펴보았다. 그런데 제4장(기업의 생산기술과 생산비용)에서 언급한 바와 같이 기업은 재화와 서비스를 생산하기 위해서 노동 · 자본 · 토지 등의 생산요소를 사용하게 된다. 따라서 상품과 마찬가지로 생산요소의 경우에도 수요와 공급이 존재한다.

생산요소에 대한 수요가 상품에 대한 수요와 다른 점은 그것이 독립적으로 발생하는 것이 아니라 그 요소로 생산되는 상품에 대한 수요가 있어야 발생한다는 사실이다. 예를 들어 상품에 대한 수요가 적다면 노동에 대한 수요도 적을 것이며, 상품수요가 많아서 높은 이윤이 기대된다면 노동수요도 많아질 것이다. 이와 같은 의미에서 생산요소에 대한 수요를 파생적 수요(derived demand)라고 한다.

생산요소시장을 통해 노동자는 노동을 제공하고 임금을, 자본가는 자본을 제공하고 이자를, 기업가는 기업을 경영하고 이윤을, 지주는 토지를 제공하고 지대를 얻게 된다. 이와 같이 임금 · 이자 · 이윤 및 지대는 생산에 종사한 사람들에게 소득으로서 분배된다. 한편 대부분의 국가에서 소득분배 상태가 악화되면서 소득분배의 공평성에 대한 관심이 점점 커지고 있다.

제IV편(생산요소시장과 소득분배)에서는 먼저 제8장(생산요소시장)에서 임금 · 이자 · 지대 등 생산요소의 가격이 결정되는 원리를 살펴본다. 그리고 제9장(소득분배와 소득재분배정책)에서 소득분배의 불평등과 이를 완화하는 소득재분배정책에 대해 알아본다.

Preface

08 생산요소시장

Principles of **Micro**economics ch. eight

1. 노동시장의 균형

1.1 노동수요 / 1.2 노동공급 / 1.3 노동시장의 균형 / 1.4 임금격차

2. 독점적 노동시장

2.1 노동조합의 단체교섭 / 2.2 수요독점적 노동시장

3. 자본시장과 이자 및 이윤

3.1 자본과 이자 / 3.2 기업활동과 이윤

4. 공급이 고정된 생산요소와 지대

4.1 고전적 지대결정이론 / 4.2 전용수입과 렌트

이 장에서는 임금 · 이자 · 이윤 · 지대 등 생산요소의 가격이 결정되는 원리를 알아보려고 한다. 이를 위해 다음과 같은 문제에 대해 논의해 보자.

- 노동시장의 수요와 공급을 결정하는 요인은 무엇인가?
- 노동시장에 경쟁제한 요인이 존재하는 경우 임금과 고용은 어떻게 달라지는가?
- 자본시장에서 이자와 이윤은 어떻게 결정되는가?
- 토지와 같이 공급량이 고정된 생산요소의 가격은 어떻게 결정되는가?

1. 노동시장의 균형

가장 대표적인 생산요소시장으로서 노동시장의 수요 및 공급의 결정요인을 살펴보고, 노동의 가격인 임금의 결정원리와 임금격차의 원인에 대해 알아본다. 여기서 상품시장과 노동시장은 모두 완전경쟁시장이라고 가정한다.

1.1 노동수요

완전경쟁시장에서 이윤극대화를 추구하는 기업은 과연 얼마만큼의 노동을 고용하여 얼마만큼의 제품을 생산하려고 할까? 기업이 노동의 고용을 한 단위 증가시킬 때 총수입은 얼마나 증가할까? 병원에서 의사를 고용하는 경우를 예로 들어 생각해 보자. 먼저 의사의 추가 고용 또는 추가 진료시간은 생산의 증가를 가져올 것이다. 이는 노동 한 단위(의사 한 명 또는 진료한 시간)의 추가적 투입에 따른 생산의 증가를 나타내는 한계생산(*MP*)을 통해 알 수 있다. 또한 생산의 증가는 병원에 추가적인 수입을 가져다주는데, 이는 한 단위의 추가적 판매증가(환자 한 명의 진료 또는 추가 진료시간)로 인한 수입증가를 의미하는 한계수입(*MR*)이다. 따라서 의사 한 명을 더 고용하거나 진료시간을 늘릴 경우 수입의 증가분은 한계생산에 한계수입을 곱한 것인데, 이를 **한계수입생산**(marginal revenue of product ; *MRP*)이라고 한다.

한계수입생산 생산요소 한 단위 추가에 따른 수입의 증가분

$$MRP = MP \times MR \tag{8.1}$$

이때 상품시장이 완전경쟁적이면 $MR = P$이므로 식 (8.1)은 $MRP = P \times MP$로 바꾸어 쓸 수 있다. 특히 상품시장이 경쟁적인 경우 한계수입생산(MRP)을 **한계생산가치**(value of marginal produce ; VMP)라고 부르기도 한다.

그러면 주어진 한계수입생산(MRP)에 대해 병원은 얼마만큼의 진료시간을 선택하는 것이 합리적일까? 진료시간을 한 단위 더 늘리는 데 드는 **한계요소비용**(marginal factor cost ; MFC)이 한계수입생산보다 작다면 의사의 진료시간을 늘려 이윤을 증가시킬 수 있다. 반대로 진료시간을 한 단위 더 늘리는 데 드는 한계요소비용이 한계수입생산보다 더 크다면 진료시간을 줄여서 이윤을 증가시킬 수 있다. 그러므로 병원은 한계수입생산이 한계요소비용과 일치하는 수준에서 진료시간을 결정할 것이다.

한계요소비용 생산요소 한 단위 투입 증가에 드는 비용

$$MRP = MFC \tag{8.2}$$

그런데 상품시장과 노동시장 모두 완전경쟁적이면 $MRP = VMP$이고 노동의 한계요소비용(MFC)은 노동시장에서 결정되는 가격, 즉 명목임금 W와 같으므로 병원은 다음과 같이 한계생산가치(VMP)가 임금(W)과 같아지는 수준에서 고용량을 결정한다.

$$VMP \equiv MP \times P = W \tag{8.3}$$

상품가격(P)이 일정할 때 의사의 임금(W)이 하락하면 식 (8.3)에 의해 병원의 진료시간이 증가하는데, 이는 진료시간의 한계생산(MP)이 체감하기 때문이다. 따라서 의사에 대한 수요곡선(L^d)은 〈그림 8-1〉의 (a)에서 보는 바와 같이 우하향한다. 이는 또한 임금의 상승이나 하락에 따른 노동수요의 감소 또는 증가가 **노동수요곡선** 상의 움직임으로 나타난다는 것을 의미한다.

경쟁적 노동시장에서 한계생산가치곡선 = 노동수요곡선 : 한계생산체감의 법칙으로 우하향

만약 노동수요를 결정하는 요인들 중 임금이 아닌 다른 요인의 변화가 노동수요의 증가 또는 감소를 가져온다면, 이것은 노동수요곡선 자체의 이동으로 나타난다. 예를 들어 기술진보의 결과 새롭고 더 좋아진 기계와 장비가 개발되면 노동자들은 더 높은 생산성을 갖추게 된다. 그 결과 노동에 대한 수요가 증가할 것

노동수요를 결정하는 요인

- 임금 : 곡선 상의 움직임
- 기술진보, 숙련도 또는 인적자본의 증가, 상품가격의 변화, 다른 생산투입요소량의 변화, 시장참여 기업 수의 증가 : 곡선 자체의 이동

그림 8-1

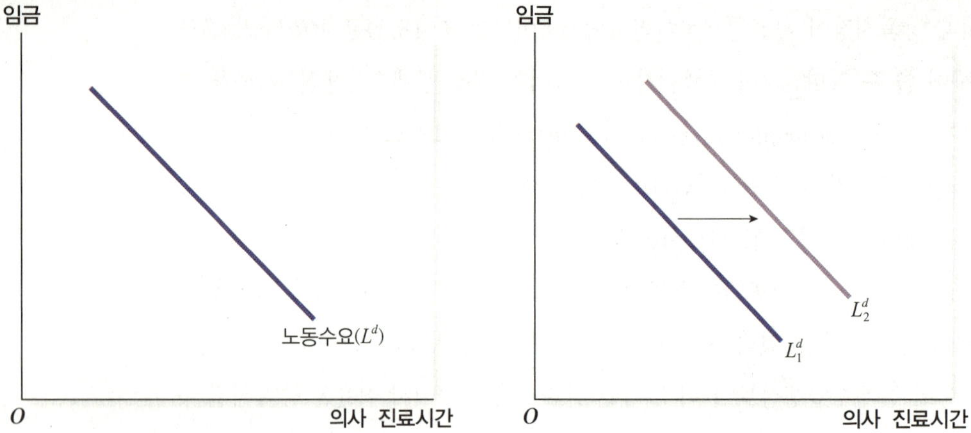

(a) 의사에 대한 수요곡선 (b) 의사에 대한 수요곡선의 이동

노동수요곡선

의사의 한계생산은 고용이 증가함에 따라 감소하는데, 이는 한계생산체감의 법칙이 작용하기 때문이다. 따라서 의사에 대한 수요곡선은 우하향하며, 의사의 한계생산이나 의료서비스 가격이 증가하면 우측으로, 감소하면 좌측으로 이동한다.

이고 노동수요곡선은 〈그림 8-1〉의 (b)와 같이 우측으로 이동한다($L_1^d \rightarrow L_2^d$). 이밖에 노동수요의 변화를 가져오는 요인으로 노동자들이 보유한 숙련도(skill) 또는 인적자본(human capital)의 증가, 상품가격의 변화, 기타 생산투입요소량의 변화, 그리고 시장에 참가하는 기업 수의 변화 등을 들 수 있다.

1.2 노동공급

노동공급곡선은 제3장(소비자이론과 수요곡선)에서 재화가격 변화에 따른 효용극대화 선택의 조합으로 도출된 가격소비곡선을 떠올리면 이해에 도움이 될 것이다.

노동공급 일정 시간을 노동과 여가에 적절히 배분하여 효용극대화

노동을 공급하는 목적은 노동을 통해 획득하는 소득으로 각종 재화와 서비스를 소비하여 만족(또는 효용)을 얻는 것이다. 그런데 다른 모든 경제행위가 그렇듯이 노동공급에도 대가(또는 비효용)가 따르기 마련이다. 그러므로 노동공급에도 효용극대화의 일반원칙을 적용할 수 있다. 경제주체는 누구나 시간이라는 희소한 자원의 제약 하에서 행동해야 한다. 구체적으로 노동자는 일정 시간을 노동과 여가(leisure)에 적절히 배분하여 효용을 극대화한다.

예를 들어 의사가 하루 24시간 중에서 마음대로 처리할 수 있는 총시간이 T

로 주어져 있다고 가정하자. 이 의사는 T시간의 일부(l시간)는 여가로 쓰고, 나머지 ($T-l$)시간은 진료를 한다. 그러면 시간당 임금(W)이 변할 때 이 의사의 진료시간($T-l$)은 어떻게 달라지겠는가?

일반적으로 임금상승은 두 가지 효과를 발생시킨다. 먼저 임금상승은 여가의 기회비용을 상승시켜서 여가를 덜 소비하고 노동(진료)을 더 많이 공급하는 **대체효과**를 가져온다. 뿐만 아니라, 임금상승으로 인해 동일한 노동을 공급하더라도 더 많은 소득을 얻을 수 있게 되어 정상재인 여가의 소비가 증가하는 **소득효과**도 발생한다. 이는 제3장(소비자이론과 수요곡선)에서 논의한 바와 같이 임금상승에 따른 노동공급량의 최종 변화가 대체효과와 소득효과의 상대적 크기에 의해 결정됨을 의미한다.

임금상승
- 대체효과 : 노동공급 증가
- 소득효과 : 노동공급 감소

보통 임금이 낮은 상태에서 임금이 상승하면 대체효과(노동공급을 증가시키는 방향으로 작용)가 소득효과(노동공급을 감소시키는 방향으로 작용)를 압도하여 전체적으로 노동공급(진료시간)이 증가한다. 그러나 임금이 상당히 높은 수준으로 상승하면 노동공급이 감소한다. 이는 소득이 많아지면 노동시간을 줄이고 취미활동과 같은 여가를 취하고 싶어하는 욕구를 반영하는 것이다.

예를 들어 〈그림 8-2〉의 (a)에서 임금이 W_0에서 W_1으로, 그리고 다시 W_2로 상승함에 따라 노동공급이 $T-l_0$에서 $T-l_1$으로, 그리고 $T-l_2$로 증가하는 반면, 임금이 W_3로 상승하면 노동공급이 $T-l_3$로 감소한다. 여기서 우리는 개별 노동공급곡선(L^s)이 왼쪽으로 구부러지는 형태임을 알 수 있는데, 이를 **후방굴절 노동공급곡선**(backward bending supply curve of labor)이라 한다. 노동시장에서의 공급곡선은 바로 이러한 각 개인의 노동공급곡선을 수평으로 합한 것이다. 그런데 통계자료에 따르면 현실에서는 보통 임금상승에 따라 노동공급 역시 증가하는 것으로 알려져 있다. 따라서 여기서는 우상향하는 노동공급곡선을 가정한다.

후방굴절 노동공급곡선
임금상승에 따라 노동공급곡선이 우상향하지만 임금이 어느 수준 이상 증가하면 노동공급이 감소하여 개별 노동공급곡선이 왼쪽으로 구부러짐

우리는 지금까지 노동공급곡선을 도출하기 위해 임금 이외에 노동자들이 노동공급을 하는 데 영향을 미칠 수 있는 다른 모든 요인들이 일정하다고 보았다. 만일 다른 요인이 변하면 노동공급의 증가 또는 감소를 가져오는데, 이것은 노동공급곡선 자체의 이동으로 나타난다. 예를 들어 저출산에 따른 인구 고령화는 생산가능인구의 감소를 가져오므로 〈그림 8-2〉의 (b)와 같이 노동공급곡선을 좌측으로 이동시킨다($L_1^s \rightarrow L_2^s$).

그림 8-2

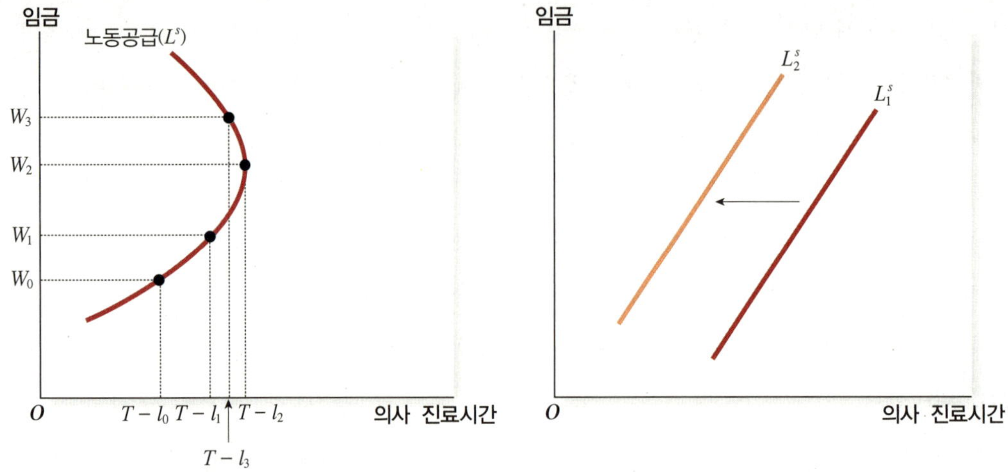

(a) 의사의 노동공급곡선 (b) 노동공급곡선의 이동

노동공급곡선

임금의 상승은 첫째로 여가의 기회비용을 상승시켜 노동공급을 증가시키는 대체효과와 둘째로 임금소득 증가에 따라 노동공급을 줄이고 여가를 확대하는 소득효과를 모두 발생시킨다. 소득이 증가할수록 소득효과가 대체효과를 압도하여 후방굴절 노동공급곡선이 도출된다.

1.3 노동시장의 균형

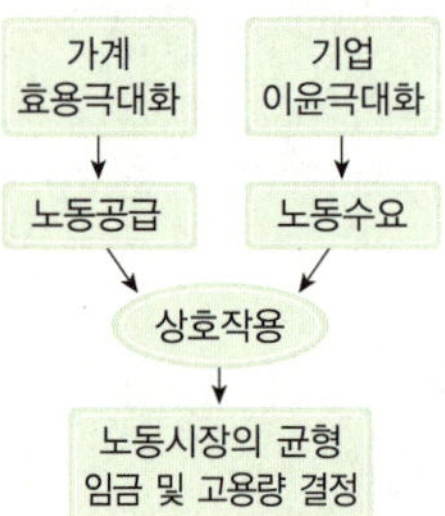

완전경쟁적 노동시장에서 균형임금과 고용수준은 〈그림 8-3〉의 (a)에서와 같이 노동의 시장공급곡선(L^s)과 시장수요곡선(L^d)이 교차하는 수준에서 결정된다. 이때 균형임금과 고용량은 각각 W_0, L_0이다. 이러한 노동시장의 균형 결정을 이용하여 앞서 살펴본 노동수요 또는 노동공급의 변화가 노동시장의 균형임금과 고용수준에 미치는 영향을 분석할 수 있다.

예를 들어 노동생산성의 증가는 〈그림 8-3〉의 (b)에서 노동수요를 증가시킨다. 이때 노동공급이 그대로라면 노동수요의 증가는 균형임금과 고용수준을 모두 증가시킬 것이다. 한편 인구증가에 따라 노동공급이 증가하면 고용된 노동자의 수는 늘어나지만 균형임금은 떨어질 것이다.

그림 8-3

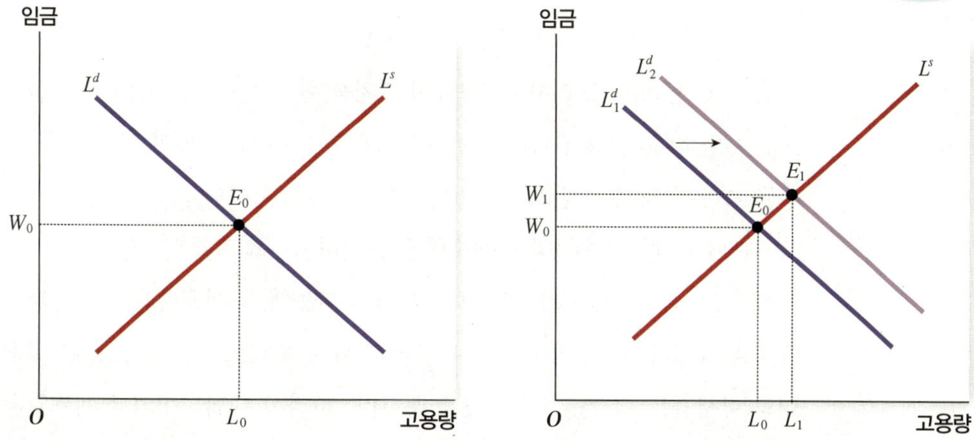

(a) 노동시장의 균형　　　(b) 균형임금과 고용의 변화

노동시장의 균형 및 균형임금과 고용의 변화

완전경쟁적 노동시장에서 균형임금과 고용량은 노동의 시장공급곡선(L^s)과 시장수요곡선(L^d)이 교차하는 수준에서 결정된다. 이때 균형임금과 고용량은 각각 W_0, L_0이다. 한편 노동생산성의 증가에 따른 노동수요의 증가는 균형임금과 고용을 모두 증가시킨다.

1.4 임금격차

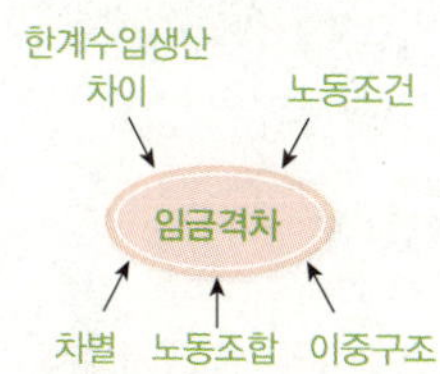

이론적으로 경쟁적 노동시장에서는 같은 종류의 노동에 동일한 임금이 지불되어야 한다. 비슷한 직종에서 기술, 성향이 동일한 노동이라면 그 시간당 임금은 모두 동일해야 한다. 경쟁시장이라면 보다 높은 보수를 받는 직장으로 노동력이 신속하고 자유롭게 이동할 수 있기 때문이다. 그러나 현실은 그렇지 않다. 노동시장이 경쟁상태에 있어도 임금이 사람 또는 직종에 따라 차이가 나는 것이 보통이다. 노동의 한계수입생산 차이, 노동조건에 따른 보상임금, 차별, 노동시장의 이중구조, 노동조합 등이 임금격차의 주요 원인으로 알려져 있다.

한계수입생산의 차이　우리는 앞에서 균형임금이 노동의 한계수입생산과 같아지는 것을 확인했다. 따라서 노동자들의 한계생산성이 높아질수록, 그리고 노동자들이 생산한 상품의 가격이 높아질수록 노동자들이 받는 임금은 더 높아질 것이다. 한 예로 프리미어리그 축구선수들과 대학교수들 간 연봉의 차이를 살펴보자. 먼저 축구선수들의 한계수입은 구단주가 한 명의 선수를 더 고용함으로써 얻는 추가 수입이다. 구단은 축구경기장을 찾는 팬들에게 입장권을 판매하고 축구경기를 방송하는 라디오와 텔레비전 방송국으로부터 중계료를 받는다. 프리미어리그 축구팀들은 각각의 경기를 대량으로 판매하기 때문에 축구선수들의 한계수입은 높다. 또한 프리미어리그에서 경기를 할 만한 능력을 갖춘 선수들의 공급 또한 제한적이다. 그 결과 프리미어리그에서 활동하는 500여 명의 축구선수들의 평균 연봉은 2019년 현재 약 320만 파운드(48억원)이다.

반면에 대학교수들의 한계수입은 프리미어리그 축구선수들보다 훨씬 낮다. 대학교수들은 대학교육을 생산하도록 고용되는데, 대학교육은 학생들과 부모들에게 판매된다. 비록 대학의 등록금이 비싸다고 해도 추가로 고용된 교수가 몇 명의 학생들을 더 가르칠 수 있을 뿐이다. 따라서 대학교수의 한계수입은 축구선수들의 한계수입보다 훨씬 더 낮다. 또한 프리미어리그 축구선수들 수준의 능력을 가진 사람들보다 대학교수가 갖추어야 할 능력을 갖춘 사람들이 훨씬 더 많다. 그 결과 미국에 있는 인문 분야 교수들은 2012～2014년 기준 약 8만 7,000달러(1억 100만원)의 평균 연봉을 받는다.

일반적으로 개별 노동자들의 생산성이나 능력 차이는 완전경쟁으로 사라지지 않는다. 똑같은 직업에서도 각 개인의 능력에는 현저한 차이가 있기 때문이다. 임금이 이러한 생산성 또는 노동의 질 격차를 정확하게 반영하고 있다면, 그것은 노동시장이 오히려 매우 효율적이라는 것을 의미한다.

보상임금 다른 조건이 같다면 유쾌하지 않은 일, 위험한 일, 고통스러운 일, 명성이 따르지 않는 일 등은 유쾌한 일, 안전한 일, 편한 일, 명성이 따르는 일 등에 비하여 임금이 높아야 한다. 왜냐하면 이런 직업에 대한 노동공급이 비교적 적어서 자연히 임금이 올라가기 때문이다. 이처럼 노동자에게 직장에서 유쾌하지 않은 일에 대해 보상해 주는 추가 임금을 **보상임금**(compensating wage)이라고 한다. 예를 들어 직원들을 심하게 야단치는 불친절한 사장은 직원을 고용하기 위해 더 많은 임금을 지불해야 할 것이다.

보상임금 노동자에게 유쾌하지 않은 일에 대해 보상해 주는 추가 임금

경제적 차별 여러 가지 차별대우, 이를테면 인종 · 성 · 학력에 따른 차별도 임금격차의 원인이 된다. 미국의 경우 흑인이나 동양인의 임금이 백인의 임금에 비해 낮다. 우리나라의 경우 똑같은 일을 하고도 여성이 차별받는 경우가 많다. 또한 여성은 결혼을 하면 직장을 잃는 부당한 대우를 받기도 한다. 이와 같이 인종이나 성과 같은 부적절한 특성에 근거해 직업으로부터 노동자를 배제하거나 낮은 임금을 지불하는 것을 **경제적 차별**(economic discrimination)이라 한다.

경제적 차별 부적절한 특성(인종, 성)에 근거하여 직업으로부터 노동자를 배제시키거나 낮은 임금을 주는 것

그러나 많은 경제학자들은 이러한 차별에서 오는 임금 차이가 매우 작다고 생각한다. 인종이나 남성·여성 간 임금격차의 대부분은 교육과 경험, 그리고 직업에 대한 선호의 차이에 의한 것이라고 설명한다. 예를 들어 여성들은 자녀들이 학교에서 돌아오기 전에 퇴근할 수 있는 일을 선호할 수 있다. 이러한 남성과 여성 간 직업에 대한 선호의 차이도 남성과 여성 간 임금격차를 가져오는 요인 중 하나이다.

실제로 경제적 차별에서 오는 임금 차이는 매우 작으며, 인종이나 남성·여성 간 임금격차의 대부분은 교육과 경험, 직업에 대한 선호의 차이에 의한 것임

노동시장의 이중구조 많은 후진국에서는 국가경제 내에 근대부문과 전통부문이 공존하는 **이중구조**(dual structure) 현상이 존재하며, 이것이 두 부문의 임금격차를 가져온다. 이중구조란 경제 내에 서로 다른 원리에 따라 움직이는 여러 부문이 있다는 것이다. 예를 들어 근대적 공업부문과 전통적 농업부문이 공존하는 경우, 근대적 공업부문의 임금은 앞서 살펴본 한계수입생산에 의해서 결정되지만 전통적 농업부문에서는 임금수준이 인습에 의해서 결정되곤 한다. 대체로 근대부문의 임금수준은 전통부문보다 높다. 이러한 이중구조 현상은 근대적 공업부문 내에서도 농업과 공업, 또는 대기업과 중소기업 간에 존재한다.

이중구조
- 경제 내 서로 다른 원리에 따라 움직이는 여러 부문이 존재하는 상황
- 전통부문과 근대부문
- 대기업과 중소기업

마지막으로 노동조합이 결성되어 있는 직종의 임금수준은 그렇지 않은 직종보다 높은 경향이 있는데, 이에 대해서는 다음 절에서 살펴보기로 한다.

현실과 경제학

한국의 임금격차

지난 2009년 노동연구원에서 발간된 『한국의 임금격차』(김주영, 조동훈, 이번송, 조준모, 이인재)에서 심층적·종합적으로 분석된 우리나라의 임금격차의 모습을 기업규모에 따른 격차, 공식부문과 비공식부문 간의 격차, 성별 격차, 정규직과 비정규직 간의 격차 측면에서 정리·요약하면 다음과 같다.

기업규모와 임금격차 〈그림 1〉은 기업체를 종사근로자 수에 따라 중소기업(10~299인)과 대기업(300인 이상)으로 구분하여 농림어업, 공공교육기관 및 공공행정기관에 종사하는 근로자를 제외한 모든 산업에 종사하는 근로자의 임금격차 변동 추이를 보여주고 있다. 1980년대 말에 기업규모 간 임금격차가 급증한 후에 1990년대 말까지는 완만한 증가를 보여왔다. 이는 대기업 중심의 노동조합 활동과 급속한 기술진보를 통한 노동생산성의 증가가 임금상승을 주도한 데 기인한 것으로 보인다. 2000년대 들어 임금격차가

〈그림 1〉 대기업·중소기업 임금격차 변동 추이

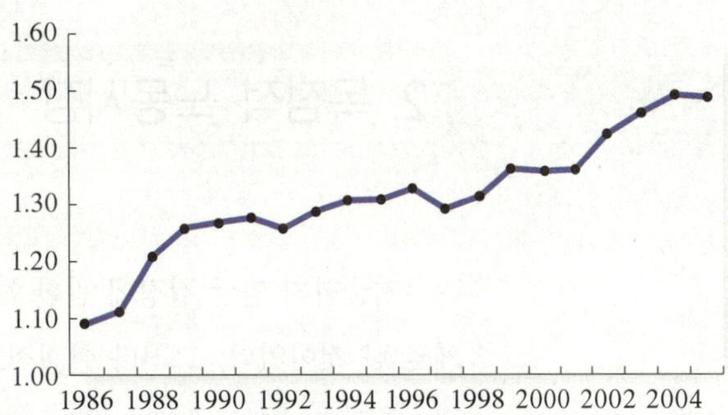

자료 : 노동부, 『매월노동통계조사』, 각 연도 재구성.

다시 큰 폭으로 상승하여 대기업과 중소기업 간 임금불균등 정도를 심화시켜 양극화 현상을 초래하였다.

공식·비공식 부문 간 임금격차 사회보험 가운데 사용자의 납부의무 규정이 있는 직장의료보험, 고용보험, 산재보험 가입 여부에 따라 공식 노동시장과 비공식 노동시장으로 나누어 볼 때 비공식 시장에서 교육, 연령, 노동조합 등의 보수증가 효과가 훨씬 낮은 것으로 나타났다. 예를 들어 교육수준에 대한 노동시장에서의 보상이 비공식부문에 비해 공식부문에서 2배 이상 높았으며, 직장에서의 근속연수가 임금에 미치는 효과도 공식부문이 큰 것으로 나타났다.

〈그림 2〉 성별 임금격차의 국제비교

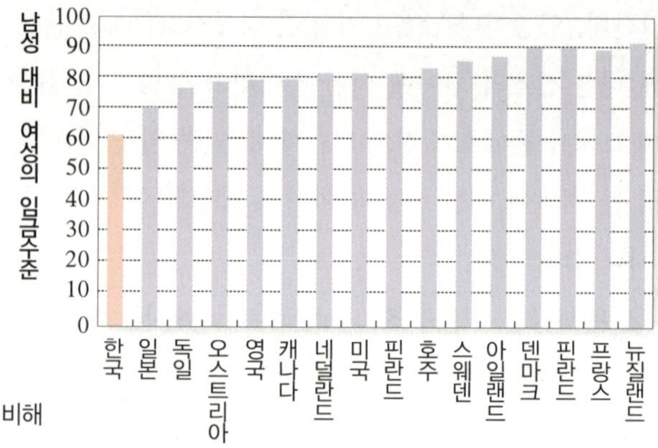

자료 : OECD, *OECD Employment Outlook*, 2008.

성별 임금격차 〈그림 2〉에서 알 수 있듯이 한국은 2005년 기준 여성의 시간당 중위수(median) 임금수준이 남성의 61%로 OECD 국가들 중에서 가장 낮은 상태이다. 한국은 지난 20년간 이들 국가 중 성별 임금격차가 가장 큰 국가였으며, 그 격차가 점진적으로 감소해 왔지만 다른 OECD 국가들과의 차이는 여전히 해소되지 않고 있다.

정규직·비정규직 간 임금격차 한국노동패널 1~10차년도(1998~2007)의 자료에 의하면 정규직과 비정규직 간 임금격차는 4~8% 수준이었다. 노동조합 조직 유무로 사업장을 나누어 볼 때 노동조합이 있는 기업에서의 정규직·비정규직 임금격차가 노동조합이 없는 기업에서의 임금격차보다 훨씬 큰 것으로 나타났다. 또한 임금에 영향을 미치는 다른 조건을 통제할 경우 소규모 사업장의 정규직 근로자 임금수준은 대규모 사업장 비정규직의 임금수준보다 높지 않은 것으로 나타났다.

2. 독점적 노동시장

Principles of **Micro**economics ch. eight

지금까지 임금 결정에 관한 논의는 노동시장이 완전경쟁적이라는 가정을 전제로 한 것이었다. 그러나 현실적으로 노동시장에는 경쟁을 저해하는 요인이 많다. 예를 들어 노동을 수요하는 기업의 수가 적으면 이른바 **수요독점**(monopsony) 혹은 **수요과점**이 된다. 이는 노동시장의 수요 측에서 발생하는 경쟁제한 요인에 해당한다. 이에 반해 노동공급 측면에서 발생하는 경쟁제한 요인으로는 노동조합이나 종신고용제, 연공서열제 등을 들 수 있다. 여기서는 주로 노동조합과 수요독점에 대해 설명하기로 한다.

수요독점, 수요과점
노동을 수요하는 기업의 수가 적은 상황

2.1 노동조합의 단체교섭

노동조합은 노동자들이 고용주에 대하여 임금인상, 근로조건 개선 등을 요구하여 자신의 권익을 옹호하고, 경우에 따라서는 사회적 개혁을 요구하기도 하는 노동자들의 조직체이다. 노동조합의 활동 중에서 가장 중요한 것은 **단체교섭**(collective bargaining)을 통해 임금인상과 근로조건 개선을 도모하는 일이다. 단체교섭은 노동조합의 대표를 통하여 고용주와 교섭하는 것으로 조합원을 대신해서 일괄적으로 교섭하기 때문에 고용주와 직접 교섭하는 것에 비해 효과적일 수 있다. 그러나 과연 단체교섭, 특히 임금인상을 위한 단체교섭이 고용상태를 악화시키지 않고 노동자들에게 실질적인 이익을 가져다줄 수 있는가는 명확하지 않으며 구체적인 상황에 따라 달라질 수밖에 없다. 이를 예를 통해 살펴보자.

단체교섭
- 노동조합의 대표를 통하여 고용주와 교섭
- 조합원을 대신하여 일괄적으로 교섭

의사노동조합이 단체교섭의 결과로 〈그림 8-4〉의 (a)에서 300만원으로 표

그림 8-4

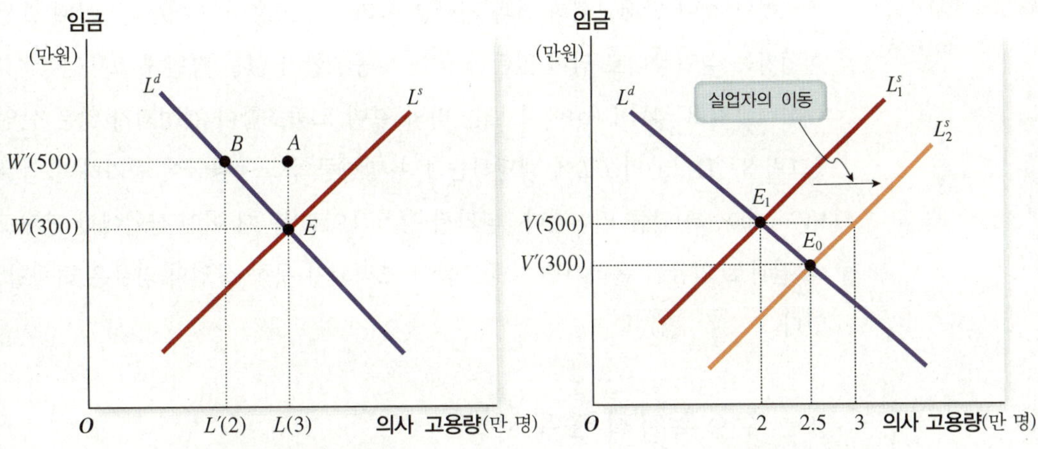

(a) 단체교섭의 효과 (b) 노동조합이 없는 산업

노동조합의 단체교섭

노동시장이 경쟁적일 때, 단체교섭의 결과 임금수준이 상승(300만→500만)할 경우 단기적으로는 *A*점에서 임금과 고용이 이루어지지만, 장기적으로는 기업가의 노동수요가 감소함에 따라 임금이 상승하는 대신 고용이 줄어들어(3만→2만) *B*점에서 임금과 고용이 결정된다. 노동조합이 있는 산업에서 단체교섭의 결과 고용이 줄어들 때, 이 실업자들이 노동조합이 없는 산업에 고용될 경우 노동공급이 증가하여(20,000→25,000) 노동조합이 없는 산업의 임금은 하락한다(500만→300만).

시된 균형임금보다 높은 500만원의 임금을 얻는 데 성공했다고 하자. 즉, 〈그림 8-4〉의 (a)에서 단체교섭의 결과를 점 A로 표시할 수 있다. 일반적으로 단체교섭의 내용 속에는 고용수준에 대한 협약도 포함되지만, 비록 그러한 협약이 없다 하더라도 급작스럽게 고용량을 변경시키는 것은 쉽지 않기 때문에 단기적으로 고용은 감소하지는 않는다. 따라서 적어도 단기에는 〈그림 8-4〉 (a)의 점 A에서 임금과 고용이 결정된다. 따라서 단체교섭 이전의 고용량 3만 명은 그대로 유지되고 임금은 500만원으로 상승하게 되어 총진료소득은 900억원에서 1,500억원으로 늘어나게 된다.

그러나 병원장의 입장에서는 고용을 1만 명 줄이는 것이 유리하기 때문에 장기적으로 고용이 줄거나 혹은 그 증가율이 감소할 것이다. 예를 들어 병원장은 노동조합원이 다른 곳으로 전출되거나 혹은 사고 및 질병으로 자연감소가 있을 때, 이를 보충하지 않는다. 또한 임금이 높아지면 노동절약적(labor saving)인 여러 가지 기술이 발명되므로 고용의 증가율도 감소한다. 결국 장기적으로 다른 조건이 같다면 고용은 1만 명만큼 감소하고 총진료소득은 □$OW'BL'$ = 1,000억원이 될 것이다.

단체교섭의 결과
임금 상승, 고용 감소

이와 같이 단체교섭의 결과 임금은 올라가나 고용이 줄어든다. 이때 발생한 실업자는 실업상태로 남아 있든가 또는 노동조합이 없는 병원에 고용될 것이다. 특히 〈그림 8-4〉의 (b)에서 보는 바와 같이 노동조합이 결성되지 않은 산업에 〈그림 8-4〉 (a)의 $L'L$에 해당하는 1만 명만큼의 노동공급이 증가하면 임금이 VV'(= 200만원)만큼 떨어진다. 따라서 장기적으로 볼 때 어떤 산업에서 단체교섭의 결과로 임금이 올라가면 노동조합이 조직되지 못한 산업의 임금은 하락할 수 있다.

2.2 수요독점적 노동시장

수요독점 한계노동비용곡선(MLC)과 노동의 한계수입생산곡선(D)이 만나는 점에서 이윤 극대화

이번에는 의사시장이 **수요독점**(monopsony)인 경우를 생각해 보자. 수요독점은 수요자(병원)가 하나밖에 없는 경우를 말한다. 수요독점의 경우에는 병원이 주어진 임금수준에서 원하는 만큼의 의사를 고용할 수가 없고 고용을 늘리려면 전보다 높은 임금을 지급해야 한다. 따라서 수요독점자인 병원은 자신의 이윤을 극대화하는 점에서 고용량을 정하고, 이에 따라 의사의 임금이 결정된다.

〈그림 8-5〉에서 보는 것과 같이 노동의 공급곡선 S는 수요독점자의 입장에

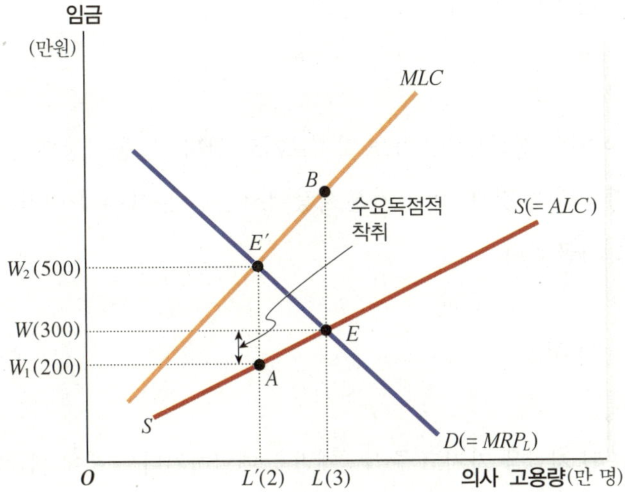

그림 8-5

노동시장이 수요독점적인 경우의 임금과 고용량 결정

노동시장이 수요독점적인 경우, 한계노동비용곡선(*MLC*)과 한계수입생산곡선(*D*)이 만나는 점에서 고용량이 결정되므로 수요독점의 결과 균형점 *A*점에서 고용량은 감소하며(3만→2만), 임금 또한 경쟁적인 경우보다 낮다(300만→200만).

서 보면 각 고용량에 대응하는 **평균노동비용곡선**(average labor cost curve ; *ALC*)이다. 이는 제5장(2. 경쟁기업의 단기균형과 공급곡선)에서도 배웠듯이 수요곡선이 재화공급자(기업)의 입장에서 보면 평균수입(*AR*)곡선인 것과 유사하다. 이 곡선 위쪽의 **한계노동비용곡선**(marginal labor cost curve ; *MLC*)은 고용을 한 단위 증가시킬 때 총노동비용의 증가분을 나타낸다. 이것이 공급곡선보다 위에 있는 이유는 의사 고용이 1명 늘어날 때마다 그 의사의 임금만 올라가는 것이 아니라 이미 고용된 모든 의사의 임금도 올라가기 때문이다. 〈그림 8-5〉에서 볼 수 있듯이 고용량이 늘수록 그 격차는 더욱 커지게 된다.

한편 이 장의 〈그림 8-1〉에서 보았듯이 *D*곡선은 노동의 한계수입생산(marginal revenue of product ; *MRP*)에 의해 결정되는 노동수요곡선으로 고용한 단위 증가에 따른 총수입의 증가분을 의미한다. 따라서 추가 고용의 한계수입과 한계비용이 일치하는 점, 즉 *D*곡선과 *MLC*곡선이 교차하는 점에서 병원의 이윤이 극대화되며, 이때 고용량은 2만 명이 된다. 이것은 완전경쟁적 노동시장의 균형점 *E*에서 결정되는 고용량 3만 명보다 적은 수이다. 또한 의사에게 지급되는 임금은 200만원으로 노동시장이 완전경쟁적인 경우보다 낮은데, 이때 100만원만큼의 임금차이를 **수요독점적 착취**라고 한다.

수요독점적 착취
경쟁적 노동시장의 균형임금과 수요독점시장의 균형임금 간의 차이

3. 자본시장과 이자 및 이윤

이제 노동 이외의 생산요소소득을 살펴보기로 한다. 노동시장에서 노동자에게 임금이 지불되는 것과 같이 자본시장에서는 자본가에게 이자가, 기업가에게 이윤이 지불된다.

3.1 자본과 이자

우리는 저축된 자금을 가지고 주식 · 채권을 매입하거나 은행에 예금하는 등 금융자산을 구입할 수 있다. 이와 같은 금융자산은 일종의 **자본**(capital)이며, 우리는 그로부터 **이자**(interest)를 받는다. 그렇다면 이자는 어디서 오는 것일까?

예를 들어 우리가 회사채를 매입하면 우리의 저축은 직접 기업으로 들어가고, 은행에 예금해도 은행이 그 돈을 기업에 대출할 수 있다. 기업은 그 돈을 갖고 생산기계와 같은 실물자본재(real capital goods)를 구입 또는 임차하여 생산에 이용하고 수익을 얻는다. 바로 이 **자본재에 대한 수익**(returns to capital goods)이 이자의 궁극적인 원천이 된다. 따라서 이자란 자금의 사용에 대하여 지급하는 대가이며, 이자율 수준은 자본재에 대한 수익률에 의하여 결정된다.

자본재에 대한 수익 기업이 실물자본을 구입 또는 임차하여 생산에 이용하고 얻은 수익

이자 자금의 사용에 대하여 지급하는 대가

또한 이자율은 미래가치를 현재가치로 또는 그 반대방향으로 전환시키는 교환비율(또는 가격)의 역할을 하기도 한다. 여타 가격들은 현재의 재화들 간 교환비율인 데 비해 이자율은 **현재의 재화와 미래의 재화 간 교환비율**이다. 현재의 재화와 미래의 재화는 물리적으로 똑같은 재화처럼 보이지만, 실제로는 전혀 다른 경제적 재화(economic goods)이며 양자는 이자율이라는 가격에 의하여 서로 교환되는 것으로 볼 수 있다.

이자율
- 미래가치와 현재가치의 교환비율
- 현재의 재화와 미래의 재화 간 교환비율

여기서 한 가지 주목할 점은 이자율은 보통 양(+)의 수치를 가진다는 사실이다. 이는 동일한 물건이 미래시점에 소비될 경우 현재시점에 소비되는 것보다 그 가치가 작다는 것을 의미하며, 사람들이 시점 간 선택에서 동일한 조건이라면 일반적으로 미래 재화보다 현재 재화를 더 원한다는 **시간선호**(time preference)가 이자율에 반영된 것으로 볼 수 있다. 이자율이 보통 양의 값을 갖는 또 다른 이유는 사람들이 일반적으로 **위험기피적**(risk averse)이기 때문이다. 현재소비는 확실한

이자율 > 0
- 시간선호
- 불확실한 미래소비를 위한 현재소비 포기의 대가

데 비하여 미래소비는 본질적으로 불확실하다. 1년 후의 상황은 오늘의 상황에 비하여 불확실하며, 10년 후의 상황은 더욱 그렇다. 오늘 1만원을 주고 10년 후에 일정 금액을 받는 청구권을 매입한다고 할 때 과연 나중에 약속된 금액을 받을 수 있을지, 심지어 자신이 살아 있을지조차도 모르는 일이다. 따라서 확실한 현재의 금액(또는 재화)을 포기하고 불확실한 것과 교환하기 위해서는 어떤 대가가 있어야 한다. 그 대가가 바로 이자이다.

3.2 기업활동과 이윤

이자는 유산이나 증여에 의한 것이든 과거에 저축을 통해 축적한 것이든 자본을 단순히 소유한 상태에서 얻는 수익을 지칭하는 반면, 이윤은 자본을 직접 이용한 생산활동을 통해 획득한 보수를 의미한다.

노동, 자본 및 토지 등은 필수적인 생산요소지만, 이들이 저절로 결합되지는 않는다. 일정 생산계획 하에 이들을 결합하고 생산조직인 기업을 운영하는 사람이 있어야 비로소 생산요소들이 제대로 쓰일 수 있다. 이렇게 생산요소를 결합·조직·운영하는 능력도 생산을 위해 반드시 필요한 생산요소이며, 이것을 **기업활동**(entrepreneurship)이라고 한다. 바로 이러한 기업활동의 대가가 **이윤**(profit)이다.

이윤 생산요소를 결합·조직·운영하는 능력인 기업활동의 대가

기업가들이 기업을 조직하고 관리할 때 자신의 자본과 노동을 투입하는 것이 보통이므로, 일반적으로 이윤으로 간주되는 것 중에는 자신의 자본에 대한 암묵적 이자(implicit interest)와 자신의 노동에 대한 암묵적 임금(implicit wage)이 포함되어 있다. 따라서 **순수이윤**(pure profit)을 계산하기 위해서는 총생산비에 이와 같은 암묵적 이자와 암묵적 임금을 포함시켜 총수입으로부터 공제해야 한다. 그러므로 '순수이윤 = 총수입 - 지급된 생산비 - 암묵적 이자 - 암묵적 임금'이라고 정의하는 것이 경제학적으로 기회비용의 관점에서 본 이윤의 개념이다.

순수이윤 총수입에서 총비용과 자신의 자본 및 노동에 대한 암묵적 이윤 및 임금을 공제한 이윤

그러면 순수이윤은 어떤 요인에 의해 발생하는가? 제5장(3. 경쟁기업의 장기균형과 공급곡선)에서 살펴본 것처럼 장기적으로 보면 완전경쟁시장에서는 기업의 순수이윤이 존재할 수 없다. 완전경쟁시장의 장기균형에서 모든 이윤은 정상이윤(normal profit)이며, 정상이윤이란 곧 기업가 자신의 노동이나 자본에 대한 암묵적 대가에 불과하다. 만약 어떤 기업이 정상이윤을 초과하는 순수이윤을 획득한다면, 곧바로 신규 기업이 그 산업에 들어오고 상품의 공급이 증가해 가격이 하락

함으로써 순수이윤이 사라지게 된다.

기업 순수이윤 변화의 요인 사람들의 기호, 기술, 인구 등의 변화

기업 순수이윤의 근원
- 혁신
- 미래의 불확실성에 대한 위험부담

슘페터의 혁신설 기업의 순수이윤은 기업 혁신의 대가

혁신 새로운 생산방법의 고안, 생산조직의 개선, 새로운 판로의 개척 및 새로운 원료공급원의 개발 등

그러나 모든 기업이 동일한 생산기술을 갖고 있고 모든 사람들이 완전한 정보를 갖고 있는 완전경쟁시장은 현실경제에 존재하지 않는다. 미래란 항상 불확실하고 사람들의 기호, 기술, 인구 등도 시간의 흐름에 따라 변하기 마련이다. 따라서 순수이윤은 없어지지 않고 경제여건의 변화와 함께 그 크기가 달라진다.

기업의 순수이윤을 발생시키는 요인이 무엇인가에 대한 이론은 여러 가지가 있으나, 그중에서도 가장 유력한 것은 순수이윤의 근원을 기업의 혁신(innovation)에서 찾는 이론이다. 기업의 순수이윤을 기업 혁신의 대가라고 보는 이론은 슘페터(Joseph A. Schumpeter)에 의하여 제창된 것으로, **슘페터의 혁신설**이라고도 한다. 여기에서 혁신이란 어떤 상품의 발명만을 의미하는 것이 아니라, 새로운 생산방법의 고안, 생산조직의 개선, 새로운 판로의 개척 및 새로운 원료공급원의 개발 등을 총칭하는 개념이다. 낡은 생산과정 대신에 새로운 방식을 도입한 기업은 이윤을 획득하고, 이것이 새로운 투자를 자극하여 경제가 발전한다는 것이다.

이와 같은 관점에서 단순히 일과만 반복하는 기업경영자에 대한 보수는 순수이윤이라고 볼 수 없고 보수의 많고 적음에 관계없이 임금에 불과하다. 왜냐하면 순수이윤은 혁신가에 의해서 창출되기 때문이다. 혁신가란 일상적인 관리자가 아니라 독창력과 패기를 가지고 성공적으로 새로운 방식을 개발·채택하는 사람을 말하며, 바로 이런 의미의 혁신에 의해 순수이윤이 발생하는 것이다. 오늘날의 거대한 주식회사는 소유권과 경영권이 분리되어 있기 때문에 일반적으로 기업은 전문적인 경영자가 관리한다. 물론 경영자들 중에는 독창성을 발휘하지 않고 기존의 방식을 그대로 적용하여 기업을 관리하는 사람들도 있다. 이와 같은 경영자들은 아무리 그 지위가 높다 하더라도 결국은 일반 직원과 본질적인 차이가 없다. 따라서 이들의 관리활동에 대한 보수도 결국 임금일 뿐 순수이윤은 아닌 것이다.

슘페터는 혁신을 순수이윤의 원천으로 보았을 뿐만 아니라 자본주의 경제발전의 원동력으로 보았다. 슘페터는 기존의 방법을 서서히 그리고 조금씩 개선함으로써 변화하고 성장할 수 있으나, 자본주의 발전의 본질은 혁신이 불연속적으로 나타나는 데 있다고 하였다. 비유를 하자면 자본주의적 발전은 마차를 조금씩 개량해서 보다 좋은 마차를 만드는 것이 아니라, 마차 대신에 기차가, 기차 대신에 비행기가 나타나는 것이라고 본 것이다. 기존의 방법 대신에 새로운 방법이 불연속적으로 도입되면 거기에서 순수이윤이 발생하는데, 점차 많은 모방자들이 출현하여 비슷한 상품이 쏟아져 나오게 되면서 혁신자의 순수이윤은 점차 감소하여

마침내 없어지게 된다. 따라서 자본주의의 경제발전은 '기업가의 혁신 → 순수이윤 → 신규 참가자의 출현 → 순수이윤의 감소 및 소멸'의 순환적 양상을 반복하면서 이루어진다.

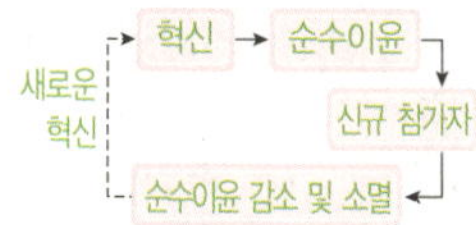

끝으로 어떤 산업이나 기업에 순수이윤이 많다는 것은 적어도 그 산업이나 기업에 종사하고 있는 사람들이 다른 사람들에 비하여 새로운 방식으로 생산이나 경영을 쇄신하였거나 좀더 미래를 잘 예견하였다는 것을 의미한다. 즉, 큰 순수이윤은 기업이 성공하고 있다는 증거가 된다. 이와 같이 순수이윤은 기업의 성적표로서 자본주의 사회의 특징인 경제적 자유와 개인주의적 경쟁, 민주주의적 체제 및 재산권 보호에 의해 뒷받침되며 매우 강력하고 효율적인 유인(incentive)으로 작용하고 있다. 물론 우리나라의 '아래아한글' 프로그램의 사례에서도 알 수 있듯이 순수이윤이 강력하고 효율적인 유인이 되기 위해서는 기본적으로 재산권이 제대로 보호되어야 한다.

경제활동의 유인 자유와 경쟁, 민주주의적 체제 및 재산권 보호에 의해 뒷받침되는 이윤

현실과 경제학

지식재산권 보호와 개발 · 창작의 토대 — '아래아한글' 사례

1989년 1.0버전 출시를 시작으로 1990년 '(주)한글과컴퓨터'라는 회사가 설립되면서 '아래아한글'이 우리나라 문서작성 프로그램 시장을 휩쓸었던 적이 있다. 당시 학교나 직장에서 '아래아한글'을 쓰지 않는 사람이 거의 없었다. 우리나라는 '아래아한글' 덕분에 마이크로소프트사의 'MS워드'가 시장을 장악하지 못한 몇 안 되는 나라 중 하나가 되었다.

그러나 (주)한글과컴퓨터는 외환위기로 1998년 부도 위기를 맞는데, 이는 대부분의 사람들이 돈을 내고 '아래아한글'을 구입해 쓰기보다는 불법 복제를 통해 공짜로 프로그램을 사용했기 때문이다. 이와 더불어 모든 지식과 정보는 인류 모두의 자원으로 타인과 소통, 공유 없이는 생산될 수 없기 때문에 공유되어야 한다는 '카피레프트(copyleft)' 운동이 일어나기도 했는데, 이는 사람들이 유인에 반응한다는 경제학의 기본 원리를 무시한 것이다.

산업혁명 이전에는 기술을 전파하지 않고 도제식으로 전승하였으나 지식재산권의 확립으로 개인은 자신의 지식이나 정보를 공개하기 시작하였고, 이로 인해 더 큰 경제적 보상을 받을 수 있었다. 그리고 이런 이윤이 대부분 새로운 기술 개발이나 창작에 재투자되기 때문에 지적재산권이 '아래아한글'과 같은 발전되고 편리한 소프트웨어를 탄생시킨 것이다.

출처 : 한국경제, "'아래아한글' 개발한 이찬진 사장이 돈을 못 번 이유는?", 2009. 8. 21. ; 경향신문, "1989년 '아래아한글 1.0' 출시", 2010. 4. 23.

4. 공급이 고정된 생산요소와 지대

지대이론 공급량이 고정되어 있는 생산요소(예를 들어 토지)에 관한 이론

지대이론은 공급량이 고정되어 있는 생산요소, 특히 토지에 귀속되는 소득에 관한 이론이다. 엄밀히 말하면, 공급량이 고정되어 있거나 또는 적어도 단기적으로 공급량이 제한되어 있는 생산요소는 토지만이 아니다. 프리미어리그 축구선수들이나 유명 연예인, 그리고 의사나 변호사 등의 전문직 종사자들도 이에 속한다.

여기에서는 먼저 토지에 귀속되는 지대에 대한 고전적 이론인 리카도(David Ricardo)의 차액지대론을 살펴보고, 이어서 보다 포괄적인 의미에서 공급량이 제한되어 있는 생산요소의 지대에 대하여 살펴보도록 하자.

4.1 고전적 지대결정이론

리카도는 엄밀한 분석을 통해 지대에 관한 법칙을 제시하였다. 19세기 초 영국에서는 곡물가격과 지대가 많이 올라서 큰 사회문제가 되고 있었다. 많은 사람들은 곡물가격이 오르고 있는 이유를 지주들이 지가를 올렸기 때문이라고 주장하였는데, 리카도(David Ricardo)는 그와 반대로 나폴레옹전쟁의 영향으로 대륙으로부터의 곡물수입의 길이 막히고 이로 인하여 곡물가격이 올라서 토지에 대한 수요가 늘어났기 때문에 지대가 상승했다고 주장하였다. 결국 지가가 오르기 때문에 곡물가격이 오르는 것이 아니라 곡물가격이 오르기 때문에 지가가 오른다는 리카도의 생각이 옳았다. 따라서 토지와 관련된 문제를 분석할 때에는 먼저 리카도의 지대이론을 이해할 필요가 있다.

지대상승의 원인 곡물가격 상승으로 토지에 대한 수요 증가

분석을 간편하게 하기 위하여 다음과 같은 가상의 예를 들어보자. 비옥도(토지의 생산성)가 서로 다른 일정한 면적의 A, B, C, D 4개의 토지가 있다. 각 토지에 동일한 경작비, 예를 들어 100만원의 비용을 들여 각각 한 명씩의 경작자가 보리를 재배한다고 하자. 각 토지는 다른 모든 조건이 동일한데 단지 토지의 비옥도가 다르기 때문에 보리의 산출량이 달라진다. 예를 들어 A토지에서는 10kg, B토지에서는 8kg, C토지에서는 6kg, 그리고 D토지에서는 4kg의 보리가 생산될 수 있다고 하자. 그리고 모든 경작자는 자신의 생산물을 시장에 판매할 때 독점력을

행사할 수 없다고 가정하자. 이것은 경작자가 자신의 평균생산비를 보전할 수 있는 수준의 가격으로 보리를 판매한다고 가정하는 셈이다.

이제 보리에 대한 수요가 10kg뿐인 경우를 생각해 보자. 이때 *A*토지 이외의 토지는 경작되지 않는다. 왜냐하면 *B*, *C*, *D*의 토지는 *A*토지에 비해 비옥도가 낮으므로 보리의 단위당 생산비가 높아서 경쟁을 할 수 없기 때문이다. 이때 보리의 kg당 가격이 10만원($=\frac{100\text{만원}}{10\text{kg}}$)이다. 또한 *A*토지의 소유자(지주)는 *A*토지의 경작자에게 지대를 요구할 수 없다. 보리의 가격이 단위당 생산비를 겨우 보전하고 있는 상태에서(생산에 따른 이윤이 0인 상태에서) 지대를 지불해야 한다면 경작자는 손해를 볼 수밖에 없다. 따라서 지대가 0 이상이면 그 누구도 토지를 임차하여 경작하려고 하지 않을 것이다.

그러나 인구증가 등으로 보리에 대한 총수요가 18kg으로 증가되어 *B*토지까지 경작되면 사정은 달라진다. 이때 보리의 kg당 가격은 12만 5천원($=\frac{100\text{만원}}{8\text{kg}}$)으로 상승한다. 왜냐하면 보리에 대한 수요가 18kg이므로 *A*토지만으로는 수요를 충족시킬 수 없고 *B*토지의 경작이 필요한데, 보리 가격이 *B*토지의 평균생산비를 보전해 주어야만 누군가가 *B*토지를 경작할 것이기 때문이다. 이렇게 되면 전에는 *A*토지에 적용되었던 논리가 이번에는 *B*토지에 적용된다. 즉, *B*토지의 지대는 0이다. 그러나 *A*토지의 지대는 이제 0이 아니다. 단위(kg)당 12만 5천원의 보리 가격은 *B*토지에서 생산된 보리뿐만 아니라 *A*토지의 보리에도 동일하게 적용된다. 따라서 *A*토지의 경작자는 총판매수입이 125만원(1kg당 12만 5천원 × 생산량 10kg)이 됨으로써 경작비 100만원을 뺀 25만원(실물로는 〈그림 8-6〉의 *a*에 해당하는 2kg)의 잉여를 실현시킬 수 있다.

그러나 이 잉여는 경작자에게 귀속되지 않는다. *A*토지의 소유자(지주)가 경작자에게 지대를 요구하기 때문이다. 그러면 지대의 크기는 얼마나 되겠는가? 지대가 25만원보다 낮은 수준에서는 경작자가 다소간의 이윤을 획득할 수 있으므로 경쟁적으로 *A*토지를 임차하려 할 것이고, 결국 경작자들 사이의 경쟁에 의해 지대는 정확히 25만원 수준까지 상승하게 된다. 결국 *A*토지의 비옥도가 *B*토지보다 높기 때문에 발생하는 잉여는 전액 *A*토지의 소유자에게 지대로 귀속될 것이다.

보리에 대한 수요가 24kg으로 증가하여 *C*토지까지 경작되는 경우에도 동일한 논리를 적용할 수 있다. 보리의 kg당 가격은 *C*토지의 평균생산비인 16만 7천($=\frac{100\text{만원}}{6\text{kg}}$)으로 상승하고, *C*토지의 지대는 0인 반면 *A*토지의 지대는 67만원(16만 7천원 × 10 − 100만원), *B*토지의 지대는 33만 6천원(16만 7천원 × 8 − 100만원)이

그림 8-6

리카도의 차액지대론

보리에 대한 수요가 10kg일 경우 A토지만 경작되어 보리 가격은 kg당 10만원이며 지대는 0이지만, 수요가 18kg으로 늘어날 경우 B토지까지 경작될 수 있으며 보리 가격은 kg당 12만 5천원으로 상승한다. 이에 따라 a크기만큼의 잉여가 발생하며, 이는 지대의 크기가 된다. 한편 수요가 24kg까지 늘어날 경우 C토지까지 경작되어 지대는 $a+b+c$의 크기로 늘어난다.

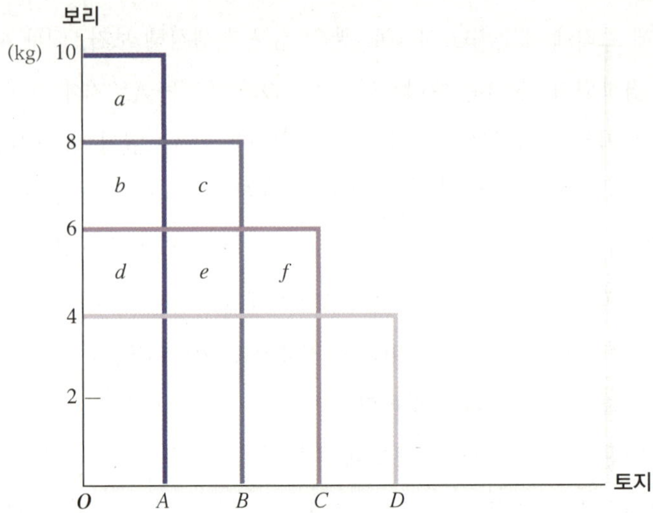

된다. 이것을 실물로 표시하면 A토지의 지대는 〈그림 8-6〉의 $a+b$에 해당하는 보리 4kg이고, B토지의 지대는 c에 해당하는 보리 2kg이다. 보리에 대한 총수요가 28kg으로 증가되어 A, B, C, D의 토지가 모두 경작되는 경우에 대해서는 독자 스스로가 계산해 보기 바란다.

리카도의 지대론
- 곡물가격이 지대를 결정
- 제한된 비옥한 토지 때문에 지대 발생
- 지대는 그 토지의 생산성과 한계지의 생산성 간의 차이

리카도의 지대론을 정리하면 다음과 같다. 첫째, 지대가 곡물가격을 결정하는 것이 아니라 곡물가격이 지대를 결정한다. 그리고 곡물가격은 한계지의 평균생산비에 의해 결정된다. 이때 한계지는 경작되는 토지 중 비옥도가 가장 낮은 토지를 말한다. 예를 들어 위의 예에서 보리 수요가 24kg이고 C토지까지 경작되는 경우 C토지가 한계지이다. 둘째, 지대가 발생하는 이유는 비옥한 토지의 양이 제한되어 있기 때문이다. 위의 예에서 A토지와 같은 비옥한 토지가 풍부하게 존재하여 그것만 경작해도 곡물에 대한 수요를 모두 충족시킬 수 있다면 지대는 존재할 수 없다. 셋째, 어떤 토지의 지대는 그 토지의 생산성과 한계지의 생산성 간 차이에 해당된다. 바로 이러한 의미에서 리카도의 지대론을 **차액지대론**(differential rent)이라고 한다. 따라서 인구가 증가하여 비옥도가 더욱더 낮은 토지가 경작되면 지대가 계속해서 상승하게 되고, 이에 따라 기존의 토지 소유자는 부유해진다. 이와 같은 지대나 지가의 상승은 지주의 노력 없이 이루어지는 것이므로 일종의 불로소득이다.

4.2 전용수입과 렌트

리카도의 지대론은 오늘날에도 타당한 이론이지만, 오늘날의 지대란 개념은 단순히 토지의 사용료라는 좁은 의미에서 벗어나 일반적으로 공급량이 제한되어 있는 생산요소에 돌아가는 소득을 의미하게 되었다. 이러한 넓은 의미의 지대를 렌트(rent) 혹은 **경제적 지대**(economic rent)라고 하는데, 이를 정확히 이해하기 위해서는 우선 전용수입의 개념부터 살펴보아야 한다.

전용수입(transfer earnings)이란 어떤 생산요소가 다른 용도로 전용되지 않도록 하기 위해 지급해야 하는 최소한의 금액을 말하며, **렌트**(rent)란 생산요소가 실제로 얻고 있는 수입과 전용수입과의 차액을 일컫는다. 예를 들어 설명해 보자. 어떤 배우의 월수입이 1,000만원이라고 하자. 그리고 이 배우가 연기 이외의 다른 일로 벌 수 있는 최대 수입은 300만원이라고 하자. 그러면 배우는 월수입이 500만원으로 줄어도 연기를 할 것이다. 그러나 월수입이 300만원 이하로 내려간다면 직업을 바꿀 것이다. 이 경우에 300만원은 이 배우로 하여금 무대를 떠나지 않게 하기 위해 필요한 최소한의 보수이므로 전용수입이 된다. 그리고 나머지 700만원은 배우의 실수입과 전용수입과의 차액이므로 렌트가 된다.

전용수입 어떤 생산요소가 다른 용도로 전용되지 않도록 하기 위한 최소한의 지급액

렌트 생산요소의 실제 수입과 전용수입의 차액

이와 같이 지대 혹은 렌트는 리카도가 살던 당시에는 토지 사용에 대한 대가를 의미했지만, 지금은 어떤 생산요소를 현재의 용도로 제한하기 위해 필요한 지급액(전용수입)을 초과하는 수입이라는 뜻으로 사용된다. 이는 어떤 생산요소의 사용료에는 보통 전용수입과 렌트의 두 가지 측면이 공존함을 의미한다.

〈그림 8-7〉은 생산요소의 공급곡선이 우상향할 때 생산요소의 가격에 렌트와 전용수입이 공존함을 보여준다. 균형가격이 P일 때 생산요소는 Q만큼 사용되고 Q번째 사용된 생산요소의 전용수입은 P이다. 왜냐하면 Q번째의 생산요소가 사용되기 위해서는 적어도 가격이 P가 되어야 하기 때문이다. 그러나 그 직전 한 단위의 전용수입은 P가 아니라 P_1이고, 따라서 렌트는 $\overline{PP_1}$이 된다. 왜냐하면 〈그림 8-7〉에서 보듯이 Q_1번째의 요소를 사용하기 위해서는 P_1의 가격만 지불하면 되기 때문이다. 마찬가지로 Q_2번째 요소를 사용하기 위해서는 P_2만큼의 가격만 지불하면 되므로 P_2가 전용수입이고 $\overline{PP_2}$는 렌트가 된다. 이렇게 볼 때 〈그림 8-7〉에서 생산요소에 지급해야 하는 총액 □$OPEQ$ 중에서 △CPE는 렌트를, 나머지 ◺$OCEQ$는 전용수입을 나타낸다. 한편 렌트 △CPE는 생산자잉여를 나타내기도 한다.

렌트 = 생산자잉여

그림 8-7

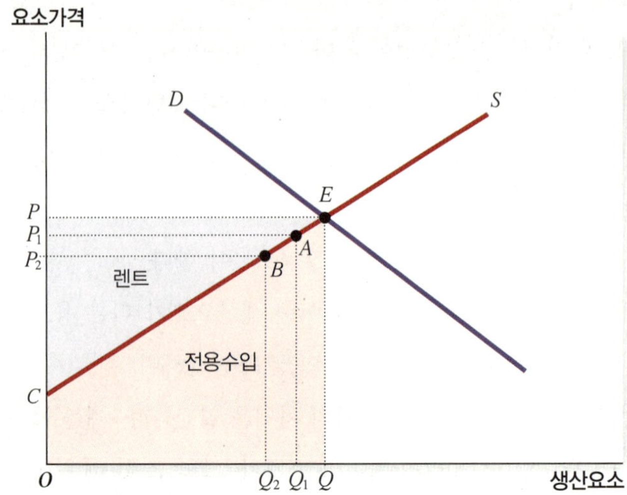

전용수입과 렌트가 요소가격에 공존하는 경우

생산요소의 공급곡선이 우상향하는 경우 생산요소의 가격에는 렌트와 전용수입이 공존하게 된다. 균형이 E점에서 형성되고 이에 따라 Q만큼의 고용량과 P만큼의 요소가격이 결정되었다고 하면, 생산요소에 지불할 총액 중 최소한의 가격이 되는 전용수입은 ◁$OCEQ$, 그 나머지인 렌트는 $\triangle CPE$의 크기가 된다.

그림 8-8

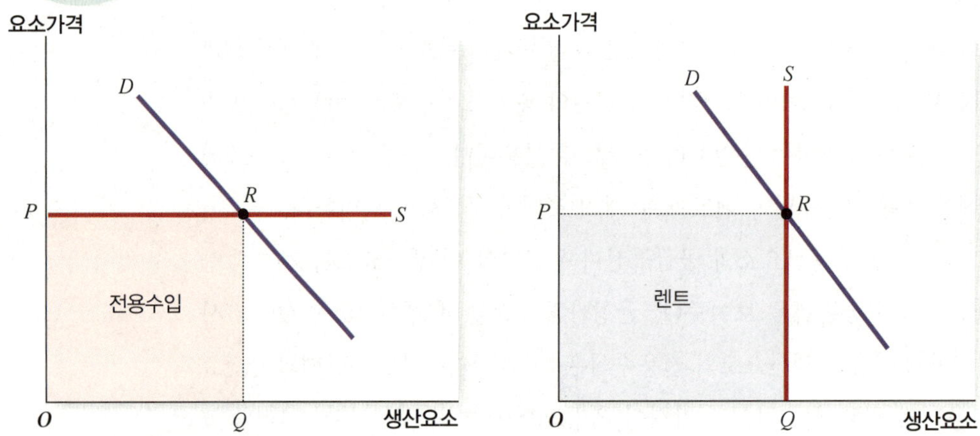

(a) 요소가격 전액이 전용수입인 경우 (b) 요소가격 전액이 렌트인 경우

전용수입과 렌트

완전경쟁시장의 경우 공급탄력성이 무한대이므로 요소시장에서 생산요소를 고용하기 위해서는 공급에 의해 결정된 가격 전액을 지불해야만 한다. 따라서 (a)와 같이 요소가격 전액이 전용수입이 된다. 반면 (b)와 같이 생산요소의 공급이 고정되어 있어 공급탄력성이 0일 경우 생산요소를 묶어두기 위한 전용수입은 0이며 동시에 요소가격 전액은 렌트가 된다.

일반적으로 전용수입과 렌트의 상대적 크기는 **공급탄력성**에 달려 있다. 공급탄력성이 클수록 렌트는 작아지고 전용수입은 커지며, 반대로 공급탄력성이 작을수록 전용수입에 비하여 렌트가 커진다.

공급탄력성이 클수록 렌트는 작고 전용수입은 크다

〈그림 8-8〉의 (a)와 같이 어떤 생산요소의 공급탄력성이 무한대라고 하면, 생산요소시장의 공급곡선에 의해 결정된 가격 미만을 지급하여서는 생산요소를 한 단위도 사용할 수 없다. 따라서 이 경우에는 요소가격 전액이 전용수입이 된다. 반면에 〈그림 8-8〉의 (b)처럼 생산요소의 공급이 고정되어 있어 공급의 탄력성이 0인 경우를 생각해 보자. 이때에는 생산요소의 가격이 오직 수요의 크기에 의하여 결정된다. 따라서 공급량이 완전히 고정되어 있는 경우에는 생산요소가 다른 용도로 전용되지 못하게 하기 위해 지급해야 하는 금액, 즉 전용수입이 0이다. 그러므로 요소가격 전액이 렌트가 된다. 오늘날 토지뿐만 아니라 유명 연예인이나 슈퍼스타와 같이 단기적으로 공급이 고정된 사람들에게 돌아가는 소득을 렌트 또는 경제적 지대라고 하는 이유이기도 하다.

공급이 완전탄력적
요소가격 = 전용수입

공급이 완전비탄력적
요소가격 = 렌트

생활과 경제학

경제적 지대와 슈퍼스타의 경제학

고전경제학에서는 연예인이나 슈퍼스타들이 높은 소득을 올리는 이유를 리카도의 설명을 따라 경제적 지대 또는 렌트로 설명한다. 골프 황제 타이거 우즈나 영국 프리미어리그 선수 박지성, 한류스타의 대표격인 배용준은 남다른 재능을 지닌 희소한 사람들이다. 이들이 받는 고소득은 마치 비옥한 일급 토지를 보유한 지주가 수확이 저조한 황무지를 보유한 지주보다 임대소득을 더 많이 받는 것과 동일하게 보아야 한다는 설명이었다. 하지만 경제적 지대만으로는 오늘날 갈수록 심해지는 '승자 독식(winner takes all)' 현상을 잘 설명하지 못한다.

2005년 미국 프로골프협회(PGA) 상금 랭킹 1위인 타이거 우즈는 PGA 투어에서 1,062만 달러를 번 반면, 3위인 필 미켈슨은 569만 달러를 벌었다. 2016년 우리나라에서 배우로 수입을 신고한 15,870명 중 상위 10%의 연평균 수입은 3억 6,700만원인 데 반해 나머지 90%의 연평균 수입은 620만원으로 매달 52만원을 받는 게 고작이었다. 다른 사람보다 조금 더 나은 능력을 가진 사람들이 훨씬 더 많은 보수를 챙기면서 소득양극화는 갈수록 심해지고 있다. 토지로 따진다면 1급지와 2급지 간 토지 비옥도가 크게 차이가 나지 않는데도 1급지가 경제적 지대를 싹쓸이하는 현상이 벌어진 셈이다.

시카고대학의 노동경제학자 셔윈 로젠(Sherwin Rosen)은 1983년 발표한 『슈퍼스타의 경제학』(*Economics of Superstar*)을 통해 가수, 연예인, 운동선수 등 슈퍼스타들 간에 소득격차가 심화되는 원인으로 매스미디어의 확산과 같은 소비 테크닉의 발전을 꼽았다. TV를 포함하여 인터넷 등 각종 전달매체가 발전하고 테이프, CD, DVD 등 각종 기록매체가 발전하면서 한 명의 슈퍼스타가 더 많은 소비자에게 동시에 서비스를 제공할 수 있는 길이 열렸다. 대기업 CEO와 수익률 게임을 벌이는 펀드매니저도 마찬가지이다. 커뮤니케이션 수단의 비약적인 발전은 소수의 최고경영자가 효과적으로 관리할 수 있는 조직과 인원의 범위를 확대시키고 그들에 대한 보상 역시 늘리고 있다. 그 결과 1등과 2등 간의 격차는 크게 벌어졌고 소득불균등 역시 심화됐다는 것이다.

출처 : 이근우, "슈퍼스타의 경제학", 한은소식, 2007. 7. ; https://jtk8989.tistory.com/102

요약 및 연습문제

1. 노동시장의 균형

1.1 노동수요 노동수요는 노동 한 단위를 추가로 고용함에 따른 수입증가분인 한계수입생산(MRP)과 추가 비용인 한계요소비용(MFC)이 일치하는 수준에서 결정된다. 노동시장이 완전경쟁적인 경우 한계요소비용은 명목임금(W)과 같으므로 한계생산가치(VMP)와 임금(W)이 같아지는 수준에서 고용량이 결정된다. 한편 기술진보, 노동숙련도, 인적자본의 증가 등의 요인은 노동수요곡선 자체를 이동시킨다.

1.2 노동공급 노동을 공급하는 경제주체는 시간이라는 희소자원을 노동과 여가에 배분하여 효용을 극대화한다. 이때 만약 임금이 상승하면, 여가의 기회비용 상승으로 노동공급의 증가를 가져오는 대체효과와 임금소득 증가로 여가소비의 증가를 가져오는 소득효과가 동시에 나타난다. 노동공급량은 두 가지 효과의 상대적 크기에 따라 결정되며, 일반적으로 임금이 상승할수록 소득효과가 상대적으로 더 커지므로 노동공급곡선은 후방굴절의 형태를 보인다. 한편 노동시장 공급곡선은 이러한 각 개인의 노동공급곡선을 수평으로 합한 것이다. 인구고령화, 대체산업 변화 등은 노동공급곡선 자체를 이동시키는 요인이다.

1.3 노동시장의 균형 노동시장에서의 균형임금과 고용수준은 시장 전체의 노동공급곡선과 노동수요곡선이 만나는 점에서 결정된다. 노동수요의 증가는 균형임금과 고용수준을 모두 증가시키고, 노동공급의 증가는 균형임금을 감소시키지만 고용수준은 증가시킨다.

1.4 임금격차 균형임금이 노동의 한계수입생산과 같고 임금이 생산성이나 노동의 질의 차이를 정확히 반영한다면 노동시장은 매우 효율적이라고 할 수 있다. 하지만 임금격차는 한계수입생산의 차이만으로 설명할 수 없으며, 보상임금, 차별, 이중구조, 노동조합 등도 주요 원인으로 작용한다.

01. WB사는 흰색 칠판(white board)를 만들어 시장에 공급하는 기업이다. 이 회사가 만드는 흰색 칠판은 규격과 재질이 동일하게 정해져 있기 때문에 동일 상품을 생산하는 기업이 무수히 많다고 한다. 최근 흰색 칠판의 가격이 5만원에서 3만원으로 떨어졌으나, WB사는 근로자들에게 여전히 1인

당 200만원의 월급을 지급하고 있다. 다음 질문에 답하라.

(1) 흰색 칠판 가격의 인하가 노동의 한계생산에 영향을 주는지 설명하라. 흰색 칠판을 생산하는 노동의 한계생산가치(VMP)와 한계수입생산(MRP)에는 어떤 변화가 있는가? WB사가 고용하는 노동의 양은 어떤 영향을 받는가?

(2) 이제 WB사가 칠판을 규격에 맞게 절단해 주는 기계를 구입하여 생산과정에 투입한다고 하자. 이것이 WB사의 노동수요에 미치는 영향을 설명하라.

02. 다음 명제를 평가하라.

(1) 노동에 대한 수요곡선은 기업의 평균수입생산곡선과 같다.

(2) 초과노동수당의 지급은 반드시 노동공급을 증가시킨다.

(3) 여가가 정상재(normal goods)라면 임금상승은 노동공급을 증가시킨다.

(4) 노동수요곡선이 우하향하는 경우 물가상승은 노동수요를 감소시킨다.

03. 유나가 운영하는 인형공장에서 현재 100명의 근로자들이 일하고 있다고 하자. 어느 날 회사 내에 집단 식중독이 발생해 50명의 근로자들이 근무하지 못하게 되었다. 이러한 상황이 유나네 공장의 노동생산성과 인형 생산량에 미칠 영향을 설명하라.

04. 재화 소비와 여가(또는 노동)에 대한 무차별곡선을 이용하여 소비자의 효용극대화로부터 노동공급이 결정되는 과정을 설명하라.

2. 독점적 노동시장

현실적으로 노동시장에는 경쟁을 저해하는 요인이 많은데 노동수요부문에서는 수요독점, 노동공급 측면에서는 노동조합이 대표적이다.

2.1 노동조합의 단체교섭 노동조합은 단체교섭을 통해 임금상승이나 근로조건 개선을 도모하기 위한 목적으로 조직된 단체이다. 노동시장이 경쟁적이라고 할 때 단체교섭을 통해서 단기적으로는 고용수준을 유지한 채 임금을 올릴 수 있지만, 장기적으로는 고용이 감소한다. 특히 실업자들이 노동조합이 조직되지 못한 산업에 고용되는 경우 노동공급이 증가함에 따라 임금은 하락한다.

2.2 수요독점적 노동시장 생산요소의 수요자가 하나밖에 없는 경우를 수요독점이라 한다. 기업은 고용을 한 단위 증가시킬 때 늘어나는 총노동비용의 증가분인 한계노동비용곡선(MLC)과 총수입의 증가분인 한계노동수입곡선(MRP)이 만나는 지점에서 고용량을 결정한다. 이때 수요독점적 기업은 독점적 지위를 이용해 생산요소시장이 경쟁적인 경우보다 낮은 임금과 적은 고용량을 갖는데, 이러한 경쟁시장의 균형임금과 수요독점시장의 균형임금의 차이를 수요독점적 착취라고 한다.

05. 노동조합의 최저임금정책은 어떤 경우에 성공할 수 있는가? 그 근거를 제시하고 설명하라.

3. 자본시장과 이자 및 이윤

3.1 자본과 이자 기업이 실물자본을 구입 또는 임차하여 생산에 이용하고 얻은 수익을 자본재에 대한 수익이라 부른다. 따라서 이자는 외부자금으로 구입할 수 있는 자본재의 사용에 대한 대가로 정의할 수 있다. 또한 이자율은 미래가치와 현재가치의 교환비율이며 보통 양(+)의 값을 갖는다. 이는 사람들의 시간선호와 위험기피적 성향에서 온 것으로 볼 수 있다.

3.2 기업활동과 이윤 생산요소를 결합 · 조직 · 운영하는 기업활동에 대한 대가를 이윤이라고 부른다. 순수이윤은 (총수입 − 지급된 생산비 − 암묵적 이자 − 암묵적 임금)으로 정의된다. 한편 슘페터는 혁신을 순수이윤의 원천이자 자본주의 경제발전의 원동력으로 보았다. 순수이윤은 자본주의를 유지하는 매우 강력하고 효율적인 유인으로 작용하고 있으며, 이러한 역할이 계속되기 위해서는 재산권이 제대로 보호되어야 한다.

06. 현재의 재화와 미래의 재화는 동등하게 교환되지 않는다. 그렇다면 이때 두 재화를 교환할 수 있도록 해주는 매개변수는 무엇인가?

07. 민호는 자신이 운영하는 음반매장에서 사람들이 CD를 몰래 가지고 나가는 것을 막기 위해 CCTV를 설치하기로 결심하였다. 지금까지의 피해액으로 추정해 본 결과 CCTV가 앞으로 5년 동안 약 5,000만원의 손실을 보전해 줄 수 있다고 하자. 시장에서의 이자율이 20%라고 할 때 민호가 생각하는 CCTV 설치비 및 운영비의 상한선은 얼마인가? 즉, 민호가 CCTV 설치에 지불할 의사가 있는 최대 금액은 얼마인가?

4. 공급이 고정된 생산요소와 지대

지대이론은 공급량이 고정되어 있는 생산요소, 특히 토지에 귀속되는 소득에 관한 이론이다.

4.1 고전적 지대결정이론 리카도의 차액지대론에 의하면 지대는 비옥한 토지의 양이 제한되어 있기 때문에 발생한다. 이때 지대가 곡물가격을 결정하는 것이 아니라 곡물가격이 지대를 결정하며, 어떤 토지의 지대는 그 토지의 생산성과 한계지의 생산성의 차이에 해당한다.

4.2 전용수입과 렌트 전용수입은 어떤 생산요소가 다른 용도로 전용되지 않도록 하기 위하여 지급해야 하는 최소한의 금액이다. 렌트 또는 경제적 지대는 생산요소가 실제로 얻고 있는 수입과 전용수입의 차액을 말한다. 공급탄력성이 클수록 렌트는 작아지고 전용수입은 커지며, 반대로 공급탄력성이 작을수록 전용수입에 비하여 렌트가 커진다.

08. 보리를 경작할 수 있는 경지면적이 500평이며, 그중 1평당 0.3말을 생산할 수 있는 1급지가 100평, 1평당 0.2말을 생산할 수 있는 2급지가 200평, 1평당 0.1말을 생산할 수 있는 3급지가 200평이라고 한다. 토지 이외의 생산요소는 노동뿐이며, 1평당 소요되는 노동비용은 600원으로 일정하다고 하자.

(1) 보리의 한계비용곡선을 구하라.

(2) 수요곡선이 다음과 같이 주어진 경우에 보리의 가격, 생산량, 전용수입, 지대 등을 각각 구하라 (생산자는 무수히 많으며, 경작이 모두 소규모로 이루어진다고 가정한다).

① $D = 40 - \frac{P}{100}$ ② $D = 80 - \frac{P}{100}$ ③ $D = 140 - \frac{P}{100}$

09. 회계사시험제도를 변경하여 회계 관련 교과목을 일정 학점 이상 이수한 사람에게 회계사 자격증을 수여하는 경우 공인회계사가 기대할 수 있는 전용수입과 경제적 지대에 어떤 변화가 예상될지 설명하라.

응용문제

01. 농업을 위주로 살아가는 한 마을이 있다. 농민들은 일정한 크기의 농지에서 자신들의 노동력과 몇 대의 기계를 이용하여 효율적으로 쌀을 생산하고 있다. 그러던 어느 날 갑작스런 폭우로 농지의 절반이 물에 잠기고 당분간 나머지 절반의 농지에서만 재배와 수확이 가능하게 되었다고 하자. 폭우로 인한 인명손실이나 기계의 손실은 없다고 가정할 때 토지와 노동, 자본의 한계생산성은 각각 어떻게 변할 것인가? 그리고 생산요소의 가격과 생산물의 가격에는 어떤 변화가 일어나겠는가?

02. 〈그림 8-2〉에 나타난 노동공급곡선을 이용해서 W를 가격으로, l을 수량으로 하는 여가수요곡선을 그려보면 W_2 이상의 가격에서 우상향하는 곡선을 얻게 된다. 그렇다면 여가는 기펜재인가? 그 이유를 설명하라.

03. 임금격차는 반드시 해소되어야 하는가? 그렇지 않다면, 그 이유를 설명하라.

04. 회계법인의 경우 생산요소(공인회계사)가 극도로 전문화되어 있는 특성 때문에 공인회계사들보다 그들을 고용하는 회계법인의 의사결정권이 더 크게 나타나는 경향이 있다. 회계서비스시장에서 회계법인이 단 하나만 있다고 가정하자.

(1) 회계법인의 공인회계사 균형고용량이 어떻게 결정되는지 그림을 이용하여 설명하라.

(2) 회계법인 내에 공인회계사연합회와 같은 단체를 결성하는 것이 허용된다면, 회계사들의 복지수준은 개선될 수 있을까? 고용량과 연봉 수준을 고려하여 설명하라. 그리고 공인회계사연합회가 회계법인을 상대로 협상할 수 있는 최고연봉 수준은 얼마인지 근거를 제시하여 설명하라.

(3) 문제 (2)에서와 같이 공인회계사연합회를 결성하는 것이 쉽지 않다면 회계서비스시장을 해외에

개방하는 것도 복지수준을 개선시킬 수 있는 방법이 될 수 있다. 그 이유를 고용량과 연봉 수준을 고려하여 답하라. 그리고 해외에 시장이 개방되는 경우의 균형고용량과 연봉을 문제 (1)에서의 균형상태와 비교하여 수요독점적 착취가 얼마인지 설명하라.

05. 현실경제에서 슘페터의 혁신설이 적용되는 구체적 사례를 조사해 보라.

소득분배와 소득재분배정책

Principles of **Micro**economics ch. nine

09

이 장에서는 소득분배의 불평등과 이를 완화시키는 소득재분배정책에 대해 알아보려고 한다. 이를 위해 다음과 같은 문제에 대해 논의해 보자.

- 소득분배란 무엇이고 소득불평등은 어떻게 측정할 수 있는가?
- 소득불평등을 결정하는 요인은 무엇이며, 소득불평등은 사회적 · 경제적으로 어떤 영향을 미치는가?
- 바람직한 소득재분배정책이란 무엇인가?

1. 소득분배와 소득불평등의 측정

Principles of Microeconomics ch. nine

절대적 소득분배
- 일정 기간 동안 재화와 용역의 생산과정에 참여한 생산요소의 소유자들에게 그 대가로 분배되는 것
- 임금, 이자, 지대, 이윤

상대적 소득분배
- 사회 전체의 소득이 사회구성원 개개인들에게 분배되는 것
- 개인별 또는 계층별 상대소득의 격차 정도
- 공평성의 문제

먼저 소득분배는 절대적 소득분배와 상대적 소득분배의 두 측면에서 바라볼 수 있다. **절대적 소득분배**는 일정 기간 동안 재화와 서비스의 생산과정에 참여한 생산요소의 소유자들에게 그 대가로 소득이 분배되는 것을 일컫는다. 구체적으로 노동 · 자본 · 토지 · 경영 등 생산요소의 가격인 임금 · 이자 · 지대 · 이윤 등에 의한 소득분배를 의미한다. **상대적 소득분배**는 사회 전체의 소득이 사회구성원 개개인들에게 어떻게 분배되는가, 특히 고소득층과 저소득층 사이에서 사회의 총소득이 분배되는 과정에 초점을 둔다.

보통 소득분배라 함은 상대적 소득분배를 뜻하며, 경제성장 과정에서 소득분배의 공평성 문제가 중요해지면서 상대적 소득분배에 대한 관심이 늘고 있다. 다음에서는 절대적 소득분배의 한 형태로 기능별 소득분배를, 그리고 상대적 소득분배의 한 형태로 계층별 소득분배를 살펴보기로 한다.

1.1 기능별 · 계층별 소득분배

기능별 소득분배 이론
= 한계생산성 이론

요소시장이 완전경쟁적인 상황에서 개별 기업이 비용을 최소화하는 요소투입량을 고용하였을 때 각 생산요소는 그것이 고용됨으로써 얻는 기업의 수입증가분, 즉 한계수입만큼을 보수(임금, 이자, 이윤, 지대 등)로 받게 된다. 이처럼 각 생산요소들의 한계생산가치에 근거한 분배이론을 **기능별 소득분배**(functional distribution of income) **이론**이라 하고, 한계생산에 근거한다는 의미에서 **한계생

산성 이론(marginal productivity theory)이라고도 부른다. 이 이론은 자유로운 시장경제에서의 소득분배를 잘 설명하는 장점이 있다. 하지만 현재의 소득분배 상태가 사회가 지향하는 소득분배인지를 분간해 줄 수 없다는 한계를 갖는다.

실제로 사회는 기능별 소득분배보다 부유층과 빈곤층 사이의 계층별 소득분

계층별 소득분배 부유층과 빈곤층 사이의 소득분배

표 9-1

우리나라의 계층별 소득분배(2016)

월소득 구간	비율(%)
100만원 미만	4.60
100~200만원 미만	11.33
200~300만원 미만	15.06
300~400만원 미만	18.76
400~500만원 미만	16.65
500~600만원 미만	12.42
600만원 이상	21.19

(a) 가구(전국, 2인 이상)당 월소득 비중(2016년 조사가 마지막 조사)

연도	1분위	2분위	3분위	4분위	5분위
2008	6.37296	12.6638	17.7940	23.9573	39.2120
2009	6.39868	12.8534	18.0476	24.1087	38.5916
2010	6.56012	13.2176	18.1441	24.0034	38.0748
2011	6.53432	13.2810	18.2519	23.9054	38.0273
2012	6.63340	13.3145	18.1378	23.9077	38.0066
2013	6.64498	13.4749	18.1708	23.9986	37.7106
2014	6.78990	13.3248	18.2118	23.8802	37.7933
2015	7.01102	13.4435	18.3192	23.8098	37.4164
2016	6.58008	13.2535	18.2354	23.9687	37.9623
2017	6.42959	12.8092	17.9543	23.7750	39.0319
2018	5.54628	11.9560	17.4209	23.9514	41.1254

(b) 가구(전국, 2인 이상)당 월소득 분위별 비중

출처 : 통계청, 〈가계동향조사〉, 각 연도.

배(size distribution of income)를 더 중요시하는 경향이 있다. [표 9-1]은 최근 우리나라의 계층별 소득분포를 나타낸다. 구체적으로 (a)는 가구당 월소득 구간별 비중을, (b)는 우리나라 가구를 5개의 소득분위 그룹으로 나누어 하위층 20%부터 상위층 20%까지 2008~2018년 동안 각 소득분위 그룹이 벌어들인 소득의 상대적 비중을 보여준다. 이때 1분위는 가장 가난한 20%의 가구를, 5분위는 가장 부유한 20%의 가구를 의미한다.

이 표에 의하면 우리나라의 소득분배는 고르지 못할 뿐만 아니라 크게 개선되지 못하고 있다. 예를 들어 (a)에서는 2016년 현재 약 16%에 해당하는 가구가 월 200만원 미만의 소득을 얻고 있는 반면, 약 21%는 월 600만원 이상의 소득을 얻었다. 한편 (b)에서는 2018년 하위 20%에 속하는 사람들이 전체 소득의 약 5.5%를 차지하는 데 반해, 상위 20%는 전체 소득의 41%를 차지했다.

1.2 소득불평등의 측정

소득분배의 불평등도라는 것은 원칙적으로 공평한 분배(fair distribution)에 대비되어 측정되는 상대적 개념이다. 그런데 공평한 분배라는 개념에는 사람에 따라 다른 주관적 가치판단이 포함된다. 예를 들어 어떤 사람은 무조건 절대적으로 똑같은 임금을 받아야 공평하다고 생각하는 반면, 또 다른 사람은 같은 노동을 하더라도 성과에 따라 돈을 다르게 받는 것이 공평하다고 생각할 수 있다. 그러므로 현실의 불평등도지수가 갖는 의미를 과대평가하지 않도록 조심해야 한다. 실제로 대부분의 불평등도지수들은 균등한 소득분배가 공평한 소득분배라는 암묵적 가정을 깔고 있기 때문이다. 여기서는 먼저 소득분배 불평등도를 측정하는 방식에 대해 알아보자.

1.2.1 로렌츠곡선

로렌츠곡선 한 사회의 구성원을 소득이 가장 낮은 사람부터 높아지는 순서에 따라 배열했을 때, 하위 일정 비율에 속하는 사람들의 소득이 전체 소득에서 차지하는 비율을 나타내는 곡선

가장 대표적인 불평등도지수 중 하나는 **로렌츠곡선**(Lorenz curve)이다. 로렌츠곡선은 한 사회의 구성원을 소득이 가장 낮은 사람부터 높아지는 순서에 따라 배열했을 때, 하위 일정 비율(%)에 속하는 사람들의 소득이 전체 소득에서 차지하는 비율을 나타내는 곡선이다.

예를 들어 〈그림 9-1〉에 나타나 있는 로렌츠곡선을 보면 하위 50%의 국민

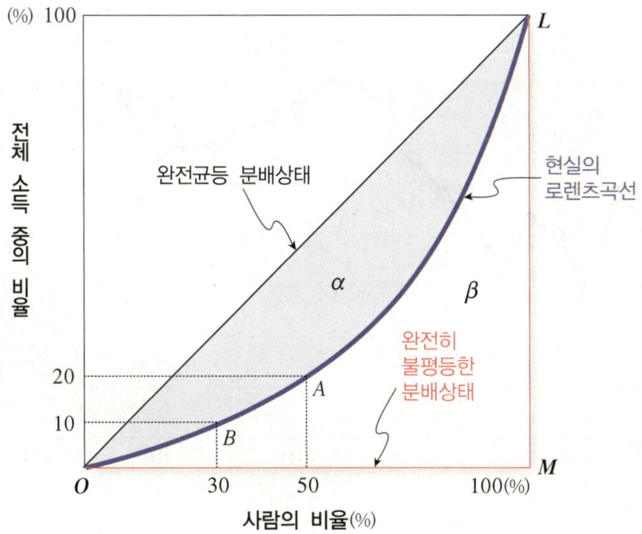

그림 9-1

로렌츠곡선과 지니계수

로렌츠곡선은 한 사회의 구성원을 소득이 가장 낮은 사람부터 높아지는 순서에 따라 배열했을 때, 하위 일정 비율(%)에 속하는 사람들의 소득이 전체 소득에서 차지하는 비율을 나타내는 점들을 모아놓은 곡선이다. 이때 $\alpha/(\alpha+\beta)$는 지니계수로서 그 값이 작을수록 분배상태가 평등함을 나타낸다.

이 전체 소득의 20%를 차지하고 있고(*A*점), 하위 30%의 국민이 10%의 소득을 차지하고 있음을 알 수 있다(*B*점). 모든 사람들의 소득이 똑같은 완전균등 분배상태라면 로렌츠곡선은 *OL*을 잇는 대각선이 되고, 총소득 전체가 한 사람에게 귀속되는 극도로 불평등한 분배상태의 로렌츠곡선은 *OML*이 된다. 따라서 로렌츠곡선이 대각선에 가깝게 위치하면 할수록 평등한 분배상태를 의미하며, 반대로 멀리 떨어져 있을수록 불평등한 분배상태를 의미한다.

로렌츠곡선의 한계
- 두 곡선의 평등성 정도를 비교할 수 없음
- 두 곡선이 교차하는 경우 비교 불가능

이러한 로렌츠곡선은 아주 단순하고 직관적이라는 장점이 있지만 단점도 있다. 예를 들어 두 로렌츠곡선을 비교할 때 이들이 교차하지 않고 어느 하나가 다른 것보다 대각선에 가까이 있다면, 전자가 후자보다 평등한 소득분배 상태라고 말할 수 있다. 그러나 이 경우 얼마나 더 평등한지는 말할 수 없고, 더욱이 두 개의 로렌츠곡선이 교차한다면 아예 비교가 불가능하다.

1.2.2 지니계수와 십분위분배율

지니계수
- 로렌츠곡선과 대각선 사이의 면적을 대각선 아래 삼각형 전체의 면적으로 나눈 것
- 다른 사회와 비교 가능

로렌츠곡선의 단점을 수정한 것이 바로 **지니계수**(Gini coefficient ; *G*)이다. 지니계수는 로렌츠곡선과 대각선 사이의 면적(α)을 대각선 아래 삼각형 전체의

그림 9-2

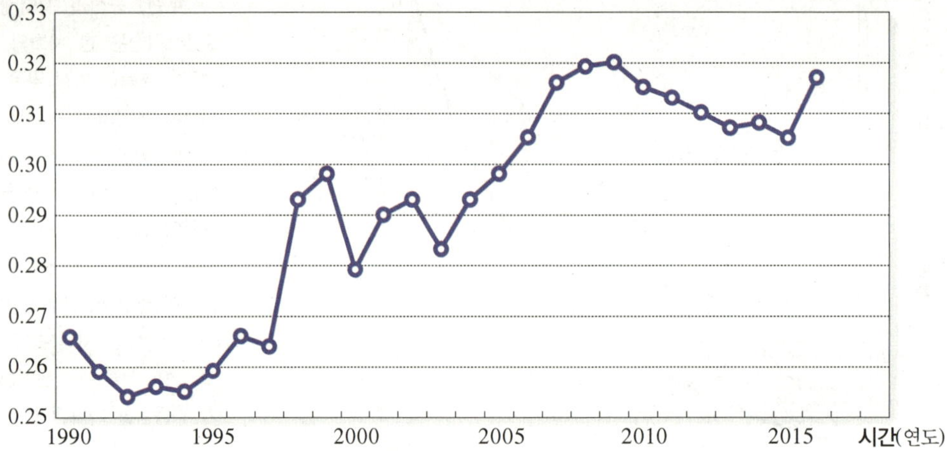

주 : 도시 2인 이상 가구 기준.
자료 : 통계청.

우리나라의 지니계수 추이(1990~2016)

우리나라 도시 2인 이상 가구의 지니계수는 1992년 0.254에서 2009년 0.32로 급격히 높아진 후 최근에는 전반적으로 하향 추세를 보이고 있다.

면적으로 나눈 것이다. 〈그림 9-1〉을 보면 대각선 아래 삼각형은 로렌츠곡선에 의해 α와 β의 두 구역으로 분할되어 있는데, 이때 $G=\dfrac{\alpha}{\alpha+\beta}$가 된다.

지니계수는 $0(\alpha=0)$에서 $1(\beta=0)$ 사이의 값을 가지며, 그 값이 0에 가까울수록 소득분배 상태가 평등함을, 1에 가까울수록 소득분배 상태가 불평등함을 의미한다. 로렌츠곡선과 지니계수 사이의 관계를 생각해 보면 그 이유를 쉽게 알 수 있을 것이다. 지니계수는 하나의 숫자로 표현되므로 두 소득분배 상태를 기수적으로 비교·평가할 수 있다는 장점이 있지만, 단순히 균등분배의 측면에서만 소득분배를 평가한다는 한계도 있다.

십분위분배율 소득계층 중 최하위 40%의 소득이 전체 소득에서 차지하는 점유율을 최상위 20%의 소득이 전체 소득에서 차지하는 점유율로 나눈 것

〈그림 9-2〉는 우리나라 통계청에서 발표하고 있는 도시 2인 이상 가구의 지니계수 변동 추이를 나타낸 것이다. 지니계수는 1992년 0.254에서 2009년 0.32로 급격히 높아진 후 최근에는 전반적으로 하향 추세를 보이고 있다.

한편 지니계수만큼 체계적이지는 않지만 간단하기 때문에 흔히 사용되는 기수적인 불평등지수로 **십분위분배율**(deciles distribution ratio ; D)이 있다. 이것

은 소득계층 중 최하위 40%의 소득이 전체 소득에서 차지하는 점유율을 최상위 20%의 소득이 전체 소득에서 차지하는 점유율로 나눈 것이다. 예를 들어 통계청 자료에 의하면, 2019년 3분기 기준 우리나라에서 최상위 20%에 속하는 사람들이 전체 소득의 40.2%를 차지하고 있는 데 반해 최하위 40%의 사람들이 차지하는 비율은 17.8(= 5.6 + 12.2)%에 불과했다. 따라서 십분위분배율은 $D = \frac{17.8}{40.2} =$ 0.444로 계산된다. 이 십분위분배율은 지니계수와는 반대로 그 값이 클수록 평등한 분배상태를 나타낸다.

최근에는 최상위 20%의 소득을 최하위 20%의 소득으로 나누는 5/1 분위배율이나 최상위 10%의 소득을 최하위 10%의 소득으로 나누는 10/1 분위배율 등도 자주 활용되고 있다.

1.2.3 소득불평등지수의 한계

소득분배에 대한 통계지수를 작성하고 그 의미를 해석하는 작업은 중요한 의미를 갖지만, 거기에는 한계가 있다. 첫째, 소득분배에 대한 통계자료가 불완전하고 각종 불평등도지수 역시 이론적 결함을 갖고 있다. 따라서 소득분배에 관한 통계지수를 주의해서 해석해야 한다. 경제개발 초기에는 소득분배 상태가 악화되다가 일정 단계에 도달하면 소득분배 상태가 다시 개선되는 것이 선진국의 일반적 경험이므로, 오늘날 소득분배 문제로 고심하는 후진국도 그러한 과정을 밟을 것이라고 낙관하는 것은 오류일 가능성이 높다.

소득분배에 대한 통계지수의 한계
- 불완전한 통계자료
- 사회의 보수체계에 대한 신뢰도에 의존
- 공평성을 판단하는 지표는 아님

둘째, 소득분배 문제는 본질적으로 사회구성원들이 그 사회의 보수체계(reward system)에 대해 신뢰를 가지고 있는가 또는 불신하고 있는가에 귀착된다. 사회구성원 대부분이 자기가 그 사회의 유지 · 발전에 기여한 만큼의 정당한 대가를 받지 못한다고 생각한다면, 즉 사회적 보수체계를 불신하고 있다면, 그 사회의 지니계수가 과거보다 개선되고 있거나 더 나아가 그 사회의 지니계수의 값이 다른 나라보다 우월하다는 통계는 그리 큰 의미를 갖지 못한다.

끝으로 지니계수나 십분위분배율과 같은 통계지수는 소득분배의 균등도를 측정하는 지표일 뿐 공평성(fairness)을 판단하는 지표는 아니다. 이런 관점에서 볼 때, 소득분배의 공평성을 개선하기 위해서 경쟁적인 시장기구의 활성화, 상대적으로 취약한 노동자들의 이익을 뒷받침해 줄 수 있는 노동시장의 효율화, 부의 편중에 따른 출발선상에서의 불공평을 완화하기 위한 세제상의 개혁, 정보의 불평등에 따른 부당이득 방지를 위한 정보 접근기회의 평등이 이루어져야 한다. 또한 정치·사회적으로는 권위주의적 잔재를 제거하고 시민의 자발성과 자율성에 근거한 민주주의가 확립되어야 한다. 이처럼 소득분배의 개선이란 과제는 경제적인 문제에 한정된 것이 아니라 정치·사회적 영역에 걸친 제도상의 재검토를 필요로 하는 복잡한 문제이다.

현실과 경제학

소득불평등의 국제 비교

최근 주요국의 지니계수 통계에 따르면, 각국의 소득불평등 정도가 국가 간에 큰 차이를 보이고 있다. 여기서 국가별 지니계수는 경제개발협력기구 통계(OECD Statistics)의 국가별 2015~2018년 지니계수 중 가장 최근 추정값이다. 슬로바키아의 경우 지니계수가 0.24에 불과하지만 남아프리카공화국은 이보다 3배 가까이 높은 6.2를 나타냈다. 사회보장제도가 발달한 북유럽국가나 사회주의에서 자본주의로 전환한 동유럽국가들은 전반적으로 낮은 지니계수를 기록하고 있는 데 반해 한국과 영국, 미국, 멕시코, 칠레 등은 소득불평등도가 상대적으로 높은 것으로 나타났다.

지니계수와 더불어 흔히 사용되는 소득불평등지수인 10/1 분위배율(최상위 10%의 소득/최하위 10%의 소득)의 경우에도 대체로 지니계수와 비슷한 분포를 보이고 있다. 10/1 분위배율이 가장 낮은 덴마크가 2.9 정도인 반면 남아프리카공화국은 이보다 8배 이상 큰 25.6을 기록했다. 주요국의 10/1 분위배율 평균은 약 5로 OECD 국가들의 경우 최상위 10%가 최하위 10%보다 평균적으로 5배 정도 많은 소득을 벌어들인다는 사실을 확인할 수 있다.

이러한 빈부격차의 원인은 크게 네 가지로 나누어 생각해 볼 수 있다. 첫째, 세계화와 기술진보의 영향으로 고기술자와 저기술자 간 임금격차가 커졌다. 둘째, 노동시장에서의 경쟁을 강조하고 고용안정성이 약화되면서 저임금의 비정규직이 양산되었다. 셋째, 맞벌이 가구와 1인 가구가 동시에 늘어남에 따라 가구 간 소득격차가 확대되었다. 넷째, 고소득자에 대한 감세정책을 실시하고 보조금 수급 자격을 강화하면서 세제 및 사회보장제도의 소득재분배효과가 감소하였다.

한편 우리나라의 지니계수는 38개 주요국 중 30번

소득불평등지수의 국제 비교(2015~2018)

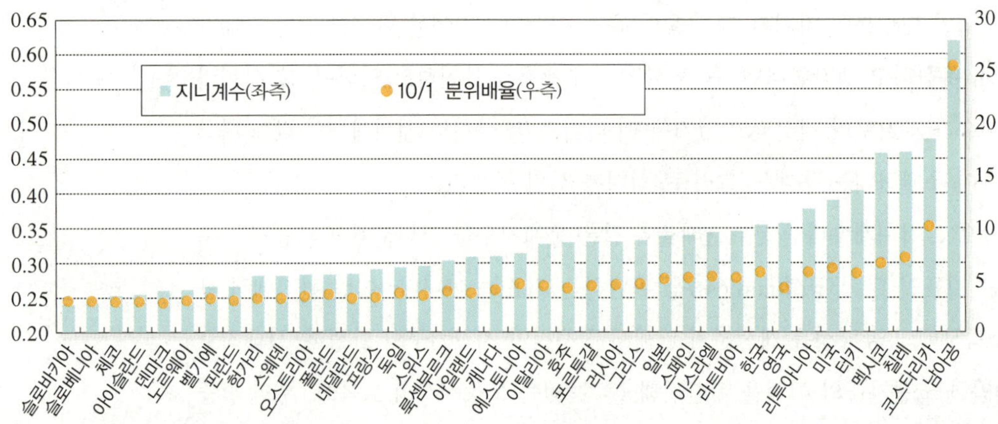

출처 : https://data.oecd.org/inequality/income-inequality.htm

째로 높은 것으로 나타났다. 지니계수 기준으로 우리나라의 소득불평등도는 38개 주요국 평균보다 높은 수준을 유지하고 있다. 또한 10/1 분위배율도 32번째로 높은 것으로 나타나 최상위층과 최하위층 간의 소득격차가 다른 OECD 국가보다 상대적으로 크다는 사실을 알 수 있다. 이는 우리나라의 소득양극화 문제가 우리와 전반적인 소득분배 불평등도가 비슷한 나라들에 비해 심각하다는 것을 보여준다.

출처 : OECD, "An Overview of Growing Income Inequalities in OECD Countries : Main Findings," 2011.
OECD, "Crisis Squeezes Income and Puts Pressure on Inequality and Poverty," 2013.

2. 소득불평등의 결정요인과 사회 · 경제적 영향

Principles of Microeconomics ch. nine

계층별 소득격차를 가져오는 요인들로 능력의 차이, 우연적 요인, 상속, 개인의 합리적 선택의 결과, 인적자본 투자의 차이 등이 강조되어 왔다. 이제 이러한 요인을 좀더 구체적으로 살펴보자. 이어서 소득불평등이 한 국가에 미치는 사회 · 경제적 영향에 대해 알아본다.

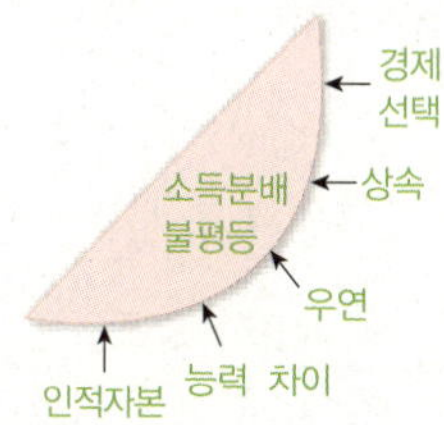

2.1 소득불평등의 결정요인

소득격차의 원인
- 개인 능력 차이(유전, 환경의 영향)
- 우연성
- 상속(물질적, 정신적)
- 합리적 경제선택의 결과 : 여가에 대한 선호의 차이
- 인적자본

첫째, 빈부의 소득격차가 개인의 능력 차이에서 기인한다는 이론이다. 각자의 정신적 · 육체적 능력이 그 사람의 생산성을 결정하고, 따라서 그 사람의 소득, 특히 근로소득도 결정한다는 것이다. 이 주장은 직관적 호소력을 지니고 있으나, 현실의 모든 소득격차를 능력의 차이로 설명할 수 있다고 해도 능력을 결정하는 요인이 유전인가 아니면 환경인가 하는 문제가 남는다. 이에 대한 판단은 소득재분배정책의 방향 설정에 영향을 준다. 예를 들어 만일 능력의 결정요인이 유전적인 것이라면 개인은 타고난 열등한 자질 때문에 가난한 것이고, 따라서 어떤 정책수단에 의해서도 그것을 개선시킬 수 없다는 판단이 가능하다. 그러나 아직은 이 문제에 대해 명쾌한 답이 없다.

둘째, 우연성의 이론은 소득격차가 체계적 요인보다는 개인의 운과 같은 우연적 요인에 의해 설명될 수 있다는 주장이다. 이 이론의 근거는 소득의 분배상태가 시간이 지나도 매우 안정적인 양상을 보인다는 관찰결과에 있다. 그러나 이 주장이 과연 이론적 토대를 제대로 제시하고 있는가 하는 문제가 있다. 사실 소득분배

상태를 설명하는 데에는 단순한 우연성을 넘는 보다 체계적인 이론이 필요하다.

셋째는 상속의 이론이다. 상속에는 물질적 재산뿐만 아니라 육체, 교육환경 및 지능 등의 정신적 상속 모두가 포함된다. 그러나 소득분배와 직접 관련되는 것은 주로 상속된 재산이다. 상속재산이 소득분배와 관련되어 문제가 되는 것은 그것이 한 세대의 불평등을 다음 세대로 이전시키기 때문이다. 그러나 경제구조가 고도화되고 소득 가운데 근로소득이 차지하는 비중이 점점 커지면서 상속재산의 의미는 축소되어 왔다. 어떤 연구에 의하면 근로소득 격차로 소득격차를 90% 설명할 수 있는 데 비해, 상속재산이 소득격차를 설명할 수 있는 능력은 20%에 불과하다는 결과가 있다. 근로소득은 일생 동안 지속적으로 일어나는 현상이지만, 재산 상속은 단 한 번 혹은 몇 차례에 국한되기 때문이다. 그리고 전체 인구 가운데 상속받을 수 있는 사람이 그리 많지는 않다는 점도 지적될 수 있다. 따라서 상속의 이론이 단편적인 설명능력 이상을 포괄한다고 평가하기는 어렵다.

넷째, 현실의 소득격차는 각 개인의 합리적 경제선택의 결과라는 주장도 있다. 프리드먼(Milton Friedman)은 소득격차가 각 개인의 노동과 여가 사이의 선택과 위험에 대한 태도 등에서 기인한다고 했다. 가난한 사람은 보다 많은 여가를 선택했기 때문이거나, 소득이 낮더라도 안정성이 높은 직업을 택했기 때문이라는 것이다. 하지만 프리드먼의 주장은 단순하여 설득력을 지니기는 어렵다.

끝으로 인적자본이론(human capital theory)은 교육이나 현장훈련(on-the-job training) 등 인적자본 투자에 의해 소득격차가 발생한다고 본다. 한 연구결과는 정규교육과 현장훈련을 포함하는 인적자본 투자의 차이가 근로소득 격차의 33% 가량을 설명함을 보여준다. 경제의 구조가 고도화될수록 물적자본에 비해 인적자본의 중요성이 커지는 측면이 있다. 그러나 전 생애에 걸친 소득을 극대화하기에는 개인의 정보량이 너무 빈약하고 인적자본의 단위가 객관적으로 확립되기 어렵다는 문제가 남는다. 따라서 인적자본이론은 전반적인 소득분배를 충분히 설명하지 못한다.

게리 베커(1930～2014)

지금까지 살펴본 계층별 소득분배 이론은 하나의 요인만을 강조하는 데 반하여 포괄적 소득분배 이론은 단편적인 여러 요인들을 유기적으로 결합한다. 베커(Gary Becker)는 인적자본이론을 기본 틀로 하여 인적자본에 대한 수요뿐만 아니라 공급의 상호 연관성이 근로소득 격차의 중요한 원천임을 보이고 있다. 베커 모형을 확장한 블라인더(Alan Blinder)는 능력, 우연성, 상속재산 등을 모두 포괄한다. 그는 개인의 효용을 극대화하기 위한 시점 간 최적 자원배분의 결과로 특정

시점의 소득이 결정되고, 이 때문에 소득격차가 발생한다고 보고 있다. 그릴리키스(Zvi Griliches)는 가족배경, 지능, 추진력, 의욕, 학력 등이 유기적으로 소득격차에 영향을 준다고 본다. 특히 이 중에서 학력이 소득격차에 직접적으로 큰 영향을 준다고 주장했다.

최근에는 소득불평등을 야기하는 요인을 개인적 관점에서가 아니라 사회·제도적 변화에서 찾는 주장도 찾아볼 수 있다. 예를 들면 세계화나 기술진보 등에 의해서 소득불평등이 심화될 수 있다는 것이다. 세계화로 인해 선진국과 후진국 사이에 무역이 확대되면 선진국은 주로 저임금의 비숙련노동자가 생산한 재화를 주로 수입하게 되고 고임금의 숙련노동자가 생산한 재화를 수출하게 된다. 이는 선진국에서 비숙련노동자에 대한 수요를 감소시키면서 비숙련노동자의 임금 상승을 억제하는 효과를 낳지만 숙련노동자에 대한 수요는 오히려 증가하면서 이들의 임금은 상승하게 된다. 정보통신기술 발전으로 대표되는 최근의 기술진보도 고학력자 및 고기술자에 대한 수요를 집중적으로 증가시킴으로써 이들 노동자들의 임금이 상대적으로 빠르게 증가한다. 반면 저학력 및 저기술자에 대한 수요는 줄어들어 이들의 임금은 정체되기 때문에 노동자들 간의 소득격차가 확대되게 된다.

포괄적 소득분배 이론

- 베커 : 인적자본에 대한 수요와 공급의 상호 연관성
- 블라인더 : 능력, 우연성, 상속재산을 포함한 시점 간 최적 자원 배분의 합리적 결과
- 그릴리키스 : 학력, 가족배경, 지능, 추진력, 의욕 등

앨런 블라인더(1945~)

현실과 경제학

우리나라의 대·중소기업 간 하도급거래와 경제양극화

우리나라에서 중소기업이 기업 수로는 전체의 99%를, 고용 비중은 전체의 88%를 차지한다는 것은 이제 상식이 되었다. 특히 종사자 수 300인 미만의 중소기업을 좀더 세분화해 보면, 1990년대 이래 영세기업의 비중이 늘어나는 대신 소기업과 중기업의 비중은 늘어나는 '영세화 현상'과 함께 대기업과의 생산성 격차가 더욱 확대되는 '양극화 현상'이 심각하게 진행되고 있다.

우리나라 중소기업의 주요 사업은 특정 위탁기업으로부터 사전에 주문받은 물품을 생산하여 납품하는 하도급거래이다. 실제로 수급기업은 매출액의 80% 안팎을 모기업에 납품하는 형태로 의존하고 있으며, 특히 기업규모가 작을수록 모기업에 대한 의존도가 높다. 앞서 제4장(1. 왜 기업인가?)에서도 언급했듯이 우리나라의 대·중소기업 간 하도급거래 관계는 대등한 주체들 간의 자유로운 시장거래가 아니며, 그렇다고 해서 명령과 복종의 위계질서 조직도 아닌, 그 중간의 준내부조직적 특성을 갖고 있다.

그러나 우리나라 하도급거래의 불공정성 문제는 '갑(대

기업)만 살고 을(중소기업)은 죽는다'는 의미에서 '을사(乙死)조약'이라 부를 정도로 심각한 상태다. 〈중소기업실태조사〉에서 실시한 하도급기업의 애로사항 설문조사에 의하면 '납품단가 인하'나 '원자재 가격 상승분 납품단가 미반영', '위탁기업과 원가산정에 대한 상충'과 같이 납품단가 문제가 언제나 압도적인 비중의 애로사항으로 지적되고 있다. 이 밖에 납품대금 결제, 장기지속 거래의 안정성, 기술협력과 관련된 불만도 빠지지 않고 거론된다.

우리나라의 하도급구조를 개선하기 위해서는 현행 공정거래법과 하도급법을 엄정하게 집행하는 차원을 넘어 근본적인 발상의 전환이 필요하다. 첫째, 대·중소기업 간의 수직적 네트워크를 공정하게 만드는 것에 못지않게 중소기업 상호 간의 수평적 네트워크를 활성화하는 것이 중요하다. 이는 우선 대기업과의 불공정한 계약을 극복하기 위해 다수의 중소기업이 공동으로 대기업과 협상할 수 있도록 한다. 또한 기술개발과 해외시장 개척 등의 영역에서 중소기업들 상호 간의 수평적 협력 기반은 대기업과의 수직적 네트워크를 공정하게 변화시킬 수 있다. 둘째, 하도급거래 구조의 현실에 대해 더욱 정확한 정보를 축적하고 공개하는 시스템이 필요하다. 셋째, 불공정 하도급거래의 최종 결과로서 모기업과 하도급기업 간의 이익률 격차 및 이를 초래하는 가장 중요한 원인으로 지적되는 납품단가 결정 문제를 개선해야 한다.

일본 도요타자동차의 개선제안 제도를 대표 사례로 하는 성과공유제(benefit sharing)는 제조과정에서 협력사의 기여도 측정이 가능한 원가절감 활동(재료비, 인건비, 정비비 절감 등) 위주로 보상이 이루어진다. 따라서 기여도 측정이 어려운 제품 개발, 품질 개선 등의 혁신 활동에 대해서는 보상이 제대로 이루어지지 않는 한편, 중소 협력사의 입장에서는 성과공유제와 단가 인하가 사실상 동일시되는 경향을 보이고 있다.

한편 이익공유제(profit sharing)는 협력 참가자의 노력 수준과 기여도를 제대로 측정하기 어려운 경우에 최종 결과(판매수입, 순이익, 목표초과이익 등)를 사전에 합의된 규칙에 따라 배분하는 방식을 말한다. 대·중소기업의 동반성장을 위해 이 중에서 목표초과이익공유 방식을 내부 임직원들뿐만 아니라 준내부조직적 관계에 있는 하도급 협력기업으로까지 자율적으로 확대 실시하는 것을 고려해 볼 수 있다.

출처 : 김상조, 『종횡무진 한국경제』, 오마이북, 2012. 2, pp.223~257.

2.2 소득불평등의 사회·경제적 영향

소득불평등은 사회불안과 사회양극화를 야기하는 등 부정적인 효과를 초래한다. 뿐만 아니라 소득분배의 악화는 범죄, 자살, 집단 간 갈등 등 다양한 사회일탈현상과 연결될 수도 있다. 실제로 한 연구결과에 의하면, 지니계수가 높아질수록 살인율(homicide rate)과 강도율(robbery rate)이 상승하는 것으로 나타났다. 또한 소득불평등과 자살 간의 관계에 관한 연구결과들을 살펴보면, 일반적으로 사무직 노동자(white collar)에 비해 생산직 노동자(blue collar)의 자살률이 높으며 사회 전체적으로도 소득격차가 심화될수록 저소득층의 자살률이 높아진다고 한다.

소득불평등이 심화되면 이러한 사회적인 문제뿐 아니라 경제성장에도 악영향을 미칠 수 있다. 소득불평등의 정도가 경제성장을 저해하는 경로로는 물적자본의 축적, 인적자본의 축적, 정치 · 사회적 불안 등을 들 수 있다.

첫째, 한 국가의 총저축은 모든 소득계층에 있는 사람들의 저축을 합한 것이다. 따라서 소득불평등도가 커질수록, 즉 부유한 사람들이 버는 소득이 총소득에서 차지하는 비중이 커질수록 총저축과 물적자본 축적이 증가할 수 있다. 그러나 오늘날과 같이 자본시장이 개방되어 한 국가가 물적자본의 이동을 허용할 경우 투자에 필요한 자금이 더 이상 국내 저축으로만 공급될 필요가 없기 때문에 소득불평등이 저축을 촉진하는 효과는 중요하지 않게 된다. 또한 초기 부존자원의 분포에 불평등이 커지면 자본시장의 불완전성 하에서 신용제약에 직면한 소규모 기업가들은 최적 수준의 투자계획을 실현시킬 수 없게 되므로 자본축적이 저해될 수 있다.

물적자본의 축적 소득이 높아질수록 저축률 상승 ⇒ 소득불평등도가 커질수록 물적자본 축적 증가

둘째, 소득불평등도가 커질수록 인적자본의 축적은 낮아지게 된다. 먼저 인적자본의 경우에도 자본시장이 불완전하여 인적자본(특히 자녀의 인적자본)에 대한 투자를 담보로 차입하기 어려우므로 신용제약에 직면한 저소득층은 적정 수준의 교육투자를 실행하기가 어렵다. 또한 인적자본 축적에 한계수확체감의 법칙이 작용하기 때문에 분배 악화 시 저소득층의 투자감소 효과는 고소득층의 투자증가 효과를 압도하여 전반적 인적자본 투자의 감소를 가져온다.

인적자본의 축적 소득불평등도가 커질수록 인적자본 축적 감소

한편 소득분배의 불평등은 능력과 학습기회의 불일치를 유발하여 인적자본 투자의 효율성도 저해할 수 있다. 학습능력은 떨어지지만 고소득층의 자녀로 태어난 사람들에게는 과잉투자가 일어날 수 있고, 학습능력은 뛰어나나 저소득층에 속한 사람에게는 과소투자가 발생한다. 이와 같이 사회 전체적으로 인적자본 투자의 효율성이 낮아지고 인적자본의 전반적 수준이 낮아지면 연구개발 여건도 저하되어 기술혁신 속도를 낮추는 부작용을 가져올 수 있다.

셋째, 소득분배가 지나치게 불평등해지면 개혁을 요구하는 세력이 늘어나면서 경제사회가 불안해지고 남의 것을 약탈하려는 범죄가 횡행하게 된다. 그 결과 투자가 어려워질 뿐만 아니라, 범죄를 막기 위해 지불해야 하는 보호비용의 증가가 생산활동을 위축시키면서 경제성장을 저해한다.

정치 · 사회적 불안 범죄 증가와 이를 막기 위한 보호비용 증가로 경제성장 저해

최근에는 소득불평등의 심화가 경제성장을 저해하는 것뿐만 아니라 금융위기의 원인이 되고 결국 실물부문의 경제위기까지 초래할 수 있다는 주장도 제기되고 있다. 예를 들면 캘리포니아 버클리대학교 라이시(Robert Reich) 교수는 소득이 소수의 부유층에 집중되면서 중산층은 구매력을 유지하기 위해 부채를 늘리게 되었고, 이것이 글로벌 금융위기를 부르는 원인이 되어 결국 실물경제까지 위기에

빠지게 되었다고 보았다.

소득재분배정책 소득불평등을 완화하고 사회적으로 바람직한 분배상태로 유도하는 정책

이와 같이 소득분배의 불평등이 막대한 사회적 · 경제적 비용을 야기할 수 있다는 점을 고려한다면, 이러한 불평등을 완화하고 사회적으로 보다 바람직한 분배상태로 유도하는 **소득재분배정책**(income distribution policy)의 필요성이 높다고 볼 수 있다. 다음 절에서는 소득재분배정책에 대해서 살펴보기로 한다.

3. 소득재분배정책

Principles of **Micro**economics ch. nine

소득재분배정책의 공공재 성격
- 소득재분배정책에 따른 범죄의 감소, 사회안정성의 증대는 비배제적, 비경합적 특성
- 정부 재분배정책의 당위성

소득불평등을 완화하기 위한 재분배정책의 필요성에 대한 다양한 이유가 존재한다. 가령 더로우(Lester Thurow)의 주장처럼 재분배가 가져다주는 범죄의 감소나 사회안정성의 증대 등은 사회적 이익으로서의 재분배정책이 갖는 공공재의 성격을 말해 준다. 공공재(public goods)는 시장에서 자율적으로 생산 · 소비될 수 없으므로 이러한 시장실패를 치유하기 위해서 정부가 재분배정책을 수행해야 한다는 것이 더로우의 주장이다. 즉, 재분배정책으로부터의 사회적 이익은 비배제성(non-exclusiveness)과 비경합성(non-rivalry)이라는 특성을 보이게 되므로 시장 스스로 재분배 역할을 수행하기 어렵고, 따라서 공공재적 특성을 보이는 재분배정책의 효과를 누리기 위해서는 정부가 재분배정책을 수행하는 것이 바람직하다는 것이다.

소득재분배정책의 수단
- 조세정책 : 누진세제, 상속세 등
- 사회보장제도 : 국민연금, 실업보험
- 공공부조

이러한 재분배정책은 앞서 살펴본 것과 같이 소득불평등의 다양한 원인에 따라 다양한 수단을 제공한다. 누진세제나 상속세 등의 조세정책, 공적 보험의 성격을 가진 국민연금이나 실업보험과 같은 사회보장제도, 그리고 직접적으로 빈곤층에 소득을 이전해 주는 공공부조(public assistance) 등이 그것이다. 물론 이 중에서 조세정책은 소득의 격차를 줄이기 위한 것일 뿐 직접적으로 빈곤층에 도움이 되는 것은 아니다.

소득재분배정책에 대한 반대 입장
- 근로의욕 저하에 따른 비효율성
- 복잡한 사회보장제도 운영에 수반되는 행정비용

그러나 정부의 재분배정책이 효율성을 상실할 수도 있다는 주장이 있다. 누진적인 조세제도로 인하여 사람들이 더 적게 일하거나, 아예 일하기를 포기하고 공공부조 프로그램에 의존하는 사람들이 등장함에 따라 비효율성이 발생한다는 것이다. 실제로 선진국에서의 다양한 사회보장제도는 복지병이라 일컬어지는 근로의욕의 감퇴와 생활습관의 나태를 가져와 효율성을 떨어뜨렸다. 다만 저소득

층의 빈곤을 예방하고 근로의욕을 고취시키는 제도의 하나로 근로장려세제(earned income tax credit ; EITC)를 도입할 수 있다. 이 제도는 일을 많이 할수록 근로장려금 지급액이 많아지는 구조로 되어 있어 저소득근로자에게 실질적인 소득지원과 함께 근로유인을 높이는 효과가 있다. 우리나라에서도 2008년부터 이 제도를 도입 · 시행하고 있다.

또한 복잡한 사회보장제도는 경제 전체에 많은 부수적 비용을 발생시키고 있다. 그리고 다양한 제도가 서로 다른 기관에 의해 운영되기 때문에, 행정기관만 늘어나고 수속과 절차는 까다로워서 구호를 요하는 사람들이 적시에 구호를 받지 못하는 예도 많다.

소득재분배정책의 의의
장기적으로 공평성과 효율성이 상충되는 것은 아님

그럼에도 재분배정책의 결과 효율성 상실로 인한 사회후생의 감소가 공평성의 증대로 인한 사회후생의 증대보다 작게 나타난다면, 혹은 장기적으로 공평성의 증대가 효율성의 증대를 가져온다면 재분배정책은 여전히 타당성을 갖는다고 볼 수 있다. 일반적으로 볼 때 장기적 성장을 위해서는 구성원 간의 협동심과 팀워크(teamwork), 동기부여가 필요한데, 이는 소득이 공평하게 분배되었다고 느껴질 때 극대화될 수 있다. 역사적으로도 경제가 제대로 성장하는 나라에서는 분배의 형평이 비교적 잘 유지되는 경우가 많았고 빈부의 격차가 심한 나라에서는 경제 운영이 효율적이지 못했음을 상기한다면, 공평성과 효율성이 장기적으로는 반드시 상충되는 것이 아니라는 것을 이해할 수 있다.

요약 및 연습문제

1. 소득분배와 소득불평등의 측정

1.1 기능별 · 계층별 소득분배 기능별 소득분배는 각 생산요소들의 한계생산가치에 근거한 분배이론으로 한계생산성 이론이라고도 한다. 이 이론은 정교하기는 하지만 바람직한 분배인지 알 수 없다는 한계를 지니고 있다. 계층별 소득분배는 소득이 높고 낮은 계층 사이에서의 분배상태를 중요시하는 이론으로 소득분배의 균등도를 강조한다.

1.2 소득불평등의 측정 로렌츠곡선은 한 사회의 구성원을 소득이 가장 낮은 사람부터 높아지는 순서에 따라 배열했을 때, 하위 일정 비율(%)에 속하는 사람들의 소득이 전체 소득에서 차지하는 비율을 나타내는 점들을 모아놓은 곡선이다.

로렌츠곡선의 단점을 보완한 것이 지니계수로 로렌츠곡선과 대각선 사이의 면적을 대각선 아래 삼각형 전체의 면적으로 나눈 것이다. 그리고 십분위분배율은 소득계층 중 최하위 40%의 소득이 전체 소득에서 차지하는 점유율을 최상위 20%의 소득이 전체 소득에서 차지하는 점유율로 나눈 것이다.

소득분배에 대한 통계지수는 다음과 같은 점에서 한계를 지닌다. 첫째, 통계자료가 불완전하다. 둘째, 소득분배 문제는 본질적으로 사회의 보수체계에 대한 신뢰도에 의존한다. 셋째, 통계지수가 소득분배의 공평성을 판단하는 지표는 아니다.

01. 〈그림 9-2〉에 나타난 우리나라의 지니계수 변동 추이를 보면 1990년대 이후 지니계수가 지속적으로 높아졌음을 알 수 있다. 이와 같이 우리나라에서 소득불평등이 증가해 온 이유를 설명하라.

02. 다음 질문에 답하라.

(1) [표 9-1]의 (b)를 이용하여 2008년부터 2018년까지 우리나라의 십분위분배율을 구하고, 그 변동 추이를 〈그림 9-2〉의 지니계수 변동 추이와 비교·설명하라.

(2) 2008년부터 2018년까지 OECD 국가의 지니계수를 조사하고, 국가별 변동 추이를 우리나라의 지니계수 변동 추이와 비교·설명하라.

2. 소득불평등의 결정요인과 사회·경제적 영향

2.1 소득불평등의 결정요인 빈부의 소득격차를 설명하는 이론으로 개인의 능력 차이, 우연성, 상속의 혜택, 개인선택의 결과, 인적자본이론 등을 들 수 있다. 포괄적 소득분배 이론은 단편적인 여러 가지 요인들을 유기적으로 결합하여 설명한다. 최근에는 소득불평등을 야기하는 요인을 세계화, 기술진보 등 사회·제도적 변화에서 찾는 주장도 있다.

2.2 소득불평등의 사회·경제적 영향 소득불평등은 사회불안, 범죄 등 사회적 문제를 야기할 뿐만 아니라 경제성장에도 악영향을 미칠 수 있다. 자본시장이 불안정할 경우 물적자본과 인적자본의 축적을 저해하고 정치·사회적 불안을 유발하여 경제성장률 하락을 야기할 수 있다.

3. 소득재분배정책

정부는 시장실패를 보완하기 위해 공공부조, 사회보장제도, 조세정책 등의 재분배정책을 실시한다. 하지만 여기에는 효율성 상실, 부수적 비용 증대 등 많은 부작용이 존재한다. 그럼에도 불구하고 장기적으로 공평성의 증대가 효율성의 증대를 가져온다면 재분배정책은 타당성을 갖는다.

03. 현재 근로장려세제(earned income tax credit ; EITC)를 도입·시행하고 있는 OECD 국가들에서 실제로 이 제도가 근로유인을 높이는 효과를 가져오고 있는지 조사해 보라.

미시경제학의 여러 문제

Principles **Micro**economics part five

우리는 제Ⅲ편(불완전경쟁시장의 가격과 생산)에서 불완전경쟁의 결과 나타나는 자원배분의 비효율성에 대해 살펴보았다. 또한 제Ⅳ편(생산요소시장과 소득분배)에서는 임금, 지대, 이자, 이윤이 생산과정에 참여한 생산요소의 소유자들에게 분배된 결과 나타나는 소득분배의 불평등 문제도 알아보았다. 시장기구를 통하더라도 자원의 최적배분이 이루어지지 않고 소득분배의 공평성 문제가 나타남을 확인한 것이다. 제Ⅴ편(미시경제학의 여러 문제)에서는 먼저 제10장(시장실패와 정부실패)에서 이러한 시장실패와 이를 개선하기 위한 정부의 시장개입 및 그 한계에 대해 좀더 자세히 알아본다.

한편 우리는 지금까지 확실성과 정보의 완전성 하에서 자원배분의 문제를 살펴보았다. 제11장(불확실성과 정보비대칭성)에서는 불확실성 하에서 소비자의 선택을 분석하는 기대효용이론과 경제주체들 간 보유정보가 서로 다른 상황에서 자원배분의 문제를 분석하는 정보경제학의 기본 내용을 알아본다.

끝으로 지금까지 합리적 경제주체를 논의의 기본 전제로 가정했지만, 현실경제에서는 기업과 소비자들의 비합리적인 선택과 행동들이 많이 관측되고 있다. 제12장(행태경제학과 법경제학)에서는 심리학적 통찰력을 적용하여 이러한 비합리적 선택과 행동을 설명하려는 행태경제학의 기본 개념에 대해 알아본다. 그리고 법의 경제학적 분석을 몇 가지 사례를 중심으로 살펴본다.

Preface

시장실패와 정부실패

Principles of **Micro**economics ch. ten

10

이 장에서는 시장실패와 이를 개선하기 위한 정부의 시장개입 및 그 한계에 대해 알아보려고 한다. 이를 위해 다음과 같은 문제에 대해 논의해 보자.

- 시장실패란 무엇인가?
- 시장실패를 가져오는 외부효과의 구체적 예와 이를 해결하기 위한 정부정책에는 무엇이 있는가?
- 시장은 자체적으로 외부성을 해결할 수 있는가?
- 시장실패를 가져오는 공공재 및 공유자원의 구체적 예와 이를 교정하기 위한 정부정책에는 무엇이 있는가?
- 정부실패란 무엇인가?

1. 시장실패란 무엇인가?

완전경쟁균형
- 가격조정에 의해 수요와 공급이 일치
- 한계편익 = 한계비용

완전경쟁균형이란 경제 내의 모든 시장에서 가격조정에 의해 수요와 공급이 일치하는 것을 말한다. 수요곡선은 개인의 효용극대화 과정을 통해 도출되고, 공급곡선은 기업의 이윤극대화 과정을 통해 도출된다. 경쟁에 의해 균형에서 양자가 일치한다는 것은 상품에 대한 수요 측과 공급 측의 평가가 일치한다는 것을 의미한다. 이때 수요곡선의 높이는 상품을 소비함에 따라 얻을 수 있는 한계적 이익의 가치를 의미하며(이를 한계편익(marginal benefit)이라 한다), 공급곡선의 높이는 상품을 생산하는 데에 따른 한계비용을 나타낸다. 따라서 공급곡선과 수요곡선이 만나는 점에서는 한계편익과 한계비용이 일치하며, 이는 사회 전체적으로도 상품의 생산과 소비에 대한 한계적인 비용과 편익이 일치하여 더 이상 개선이 불가능한 상태임을 의미한다.

그런데 경우에 따라서는 독점시장과 같이 한계편익과 한계비용이 일치하지 않는 점에서 균형이 성립되기도 한다. 또한 수요곡선과 공급곡선이 일치하는 곳에서 균형이 성립하더라도 이것이 사회적 한계편익과 사회적 한계비용의 일치를 보장하지 못하는 경우가 생길 수 있다. 이를 시장이 효율적인 자원배분에 실패했다는 의미에서 **시장실패**(market failure)라고 한다.

시장실패 소비의 사회적 한계편익과 생산의 사회적 한계비용의 불일치로 효율적인 자원배분 실패

여기서는 시장실패의 첫 번째 예로서 완전경쟁의 경우에도 비효율적인 자

원배분을 가져오는 외부성(또는 외부효과)에 대해 알아보고 이어서 시장실패의 또 다른 예로 공공재를 살펴본다. 그리고 이러한 시장실패의 문제를 교정하기 위한 정부의 시장개입과 그 효과를 살펴봄으로써 정부가 시행하는 미시경제정책의 타당성을 알아본다.

2. 외부성

외부성(externality)이란 어떤 경제주체의 경제활동이 가져온 의도하지 않은 결과가 시장의 외부에서 다른 경제주체의 후생에 영향을 주는 것을 말한다. 여기에서 '의도하지 않은'이란 것은 그러한 결과가 의도된 것이라기보다는 부수적으로 발생하는 것을 말하며, '시장의 외부에서'라는 것은 경제활동의 결과에 대해 대가를 받지도 지불하지도 않는다는 것을 말한다. 예를 들어 과수원을 경영하는 사람은 자신의 이익만을 위하여 과실을 생산·판매하는 것이지만 의도하지 않게 이웃 양봉업자의 꿀 생산을 증가시킨다. 그러나 이러한 결과에 대하여 양봉업자가 과수원을 경영하는 사람에게 비용을 지불하는 경우는 거의 없다.

외부성 어느 경제주체의 경제활동 결과가 시장의 외부에서 다른 경제주체의 후생에 영향을 주는 것

이처럼 외부성이 다른 경제주체의 후생을 증가시키는 경우도 있지만, 반대로 다른 경제주체의 후생을 감소시키는 경우도 생각해 볼 수 있다. 공장으로부터 나오는 수질오염과 대기오염이 바로 그것이다. 전자의 경우를 **외부경제**(external economy) 또는 **긍정적 외부성**(positive externality)이라 하고, 후자의 경우를 **외부불경제**(external diseconomy) 또는 **부정적 외부성**(negative externality)이라 한다. 또한 위의 두 예에서처럼 생산과정에서만 외부성이 발생하는 것이 아니라 담배, 자동차, 아름다운 정원, 또는 대학교육의 소비처럼 소비활동에서도 외부성이 발생할 수 있다.

외부경제, 긍정적 외부성 다른 경제주체의 후생을 증가시키는 외부성

외부불경제, 부정적 외부성 다른 경제주체의 후생을 감소시키는 외부성

이제 생산 및 소비의 외부성이 자원배분에 미치는 영향을 살펴보자. 외부성을 논할 때 가장 중요한 점은 외부성의 존재로 인하여 사회적 비용(social cost)과 사적 비용(private cost)이 괴리되거나 사회적 편익(social benefit)과 사적 편익(private benefit)이 괴리된다는 점이다.

사회적 편익 사적 편익 + 소비의 외부성

사회적 비용 사적 비용 + 생산의 외부성

2.1 부정적 외부성

부정적 외부성

- 사회적 한계비용 = 사적 한계비용 + 외부비용
- 생산감소를 통해 사회적 후생 증가 가능

먼저 〈그림 10-1〉의 (a)를 이용해 생산에 외부불경제가 있는 철강회사의 예를 살펴보자. 여기서 공급곡선은 이 기업이 철강을 추가적으로 생산하는 데 드는 **사적 한계비용**(marginal private cost ; *MPC*)을 나타내고 있다. 그러나 사회적으로는 철강의 추가적인 생산에 따라 생산비용뿐만 아니라 수질오염과 대기오염에 따른 추가적인 비용이 발생하는데, 이를 부수비용(incidental cost) 또는 **외부비용**(external cost)이라 한다. 따라서 **사회적 한계비용**(marginal social cost ; *MSC*)은 사적 한계비용보다 외부비용만큼 위에 위치하게 된다(*MSC* = *MPC* + 외부비용).

그런데 철강회사는 외부비용을 발생시키지만 그에 대한 대가를 지불할 필요가 없다. 따라서 회사가 인식하는 비용은 사적 한계비용뿐이며, 경쟁시장에서 철강 생산은 사적 한계비용곡선과 수요곡선이 만나는 *E*점에서 이루어질 것이다. 그러나 사회적으로는 생산에 따르는 비용뿐만 아니라 오염에 따른 비용도 계산되어

그림 10-1

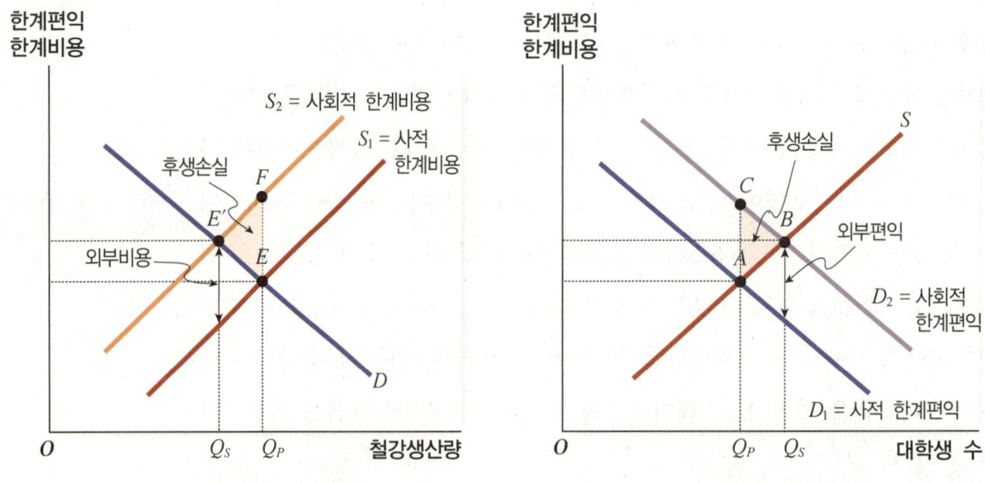

(a) 부정적 외부성 (b) 긍정적 외부성

외부성

(a)와 같이 생산에 부정적 외부성이 존재하는 경우, 사회적 한계비용은 사적 한계비용보다 높기 때문에 실제 생산량(Q_P)은 사회적 최적 생산량(Q_S)보다 많다. 이때 정부개입으로 조세가 부과될 경우 사적 한계비용이 상승하여 사회적 최적 생산량을 달성할 수 있다. 한편 (b)와 같이 소비에 긍정적 외부성이 존재하는 경우에는 실제 생산량(Q_P)이 사회적 최적 생산량(Q_S)보다 적기 때문에 정부의 보조금 지급을 통해 사회적 최적 생산량을 달성할 수 있다.

야 하므로 최적 생산량은 사회적 한계비용곡선과 수요곡선이 만나는 E'점에서 이루어져야 한다. 따라서 철강의 수요곡선과 공급곡선이 일치하는 점에서의 자원배분은 사회적으로 최적이 아니다. 이는 현재의 생산량에서 생산을 줄일 경우 한계편익(수요곡선의 높이)의 감소폭에 비해 사회적 한계비용이 더 많이 줄어들기 때문에 사회적 후생을 증가시킬 수 있음을 의미한다. 즉, 철강 생산에 외부불경제가 존재함에 따라 〈그림 10-1〉의 (a)에서 사회적으로 최적인 생산량(Q_S)보다 과대생산(Q_P)되고 있으므로 $\triangle EE'F$만큼의 후생손실이 나타난다.

외부불경제는 재산권(property right)이 불완전하거나 재산권 설정이 어려운 경우에도 발생한다. 예를 들어 앞서 살펴본 부정적 외부성의 예에서 철강공장이 유나 소유의 호수가 있는 부지에 들어서 있다고 하자. 철강공장은 오염물질을 유나의 호수에 흘려보낼 것이며, 유나는 철강회사에 수질오염 제거비용을 요구할 것이다. 따라서 이 경우에는 오염물질의 배출비용이 철강회사의 사적 비용으로서 철강의 생산비용에 포함되므로 부정적 외부성 없이 사회적으로 최적 산출량이 생산될 것이다.

재산권이 불완전하거나 재산권 설정에 어려움이 있는 경우 외부성과 시장실패 발생

이제 재산권이 불완전한 경우로서 철강공장이 국가 소유의 호수가 낀 부지에 들어서 있다고 하자. 이때 정부가 호수의 수질오염에 대해 아무런 규제를 하지 않는다면 철강공장이 호수에 흘려보내는 오염물질은 외부비용이 되며 이를 제거하는 비용도 청구되지 않을 것이다. 따라서 〈그림 10-1〉의 (a)에서 살펴본 바와 같이 사회적으로 최적인 생산량보다 더 많은 철강이 생산되고 시장실패가 발생하게 될 것이다.

생활과 경제학

무한도전

외부효과 특집

2010년 12월에 방영된 '무한도전 나비효과 특집'은 큰 재미와 감동으로 화제가 됐다. 무한도전 멤버들은 총 세 팀으로 나뉘어 준하·명수·형돈은 '북극 얼음호텔'로, 하하·재석·홍철은 '몰디브 리조트'로 여행을 떠나고, 길은 홀로 서울에 남아 자신의 삶을 편안하게 보여주는 '스타 다큐'를 찍는다. 북극팀과 몰디브팀이 목적지에 도착해 보니 2층으로 된 컨테이너 가건물이 세워져 있었다. 가건물의 2층은 얼음으로 만들어진 호텔이었고, 1층은 더운 기후의 휴양지였다.

편안한 휴식을 즐기던 몰디브팀이 더위를 식히기 위해 에어컨을 튼다. 물론 그들은 뜨거운 바람이 나오는 실외기가 얼음호텔에 있다는 것을 몰랐다. 실외기의 열기는 북극호텔로 전해져 얼음을 녹이기 시작한다. 그런데 이것은 부메랑이 됐다. 얼음호텔에서 녹은 물이 다시 몰디브 리조트로 향했기 때문이다. 처음에는 서로 그저 참을 만했지만, 시간이 지나자 위층은 얼음이 녹아 집이

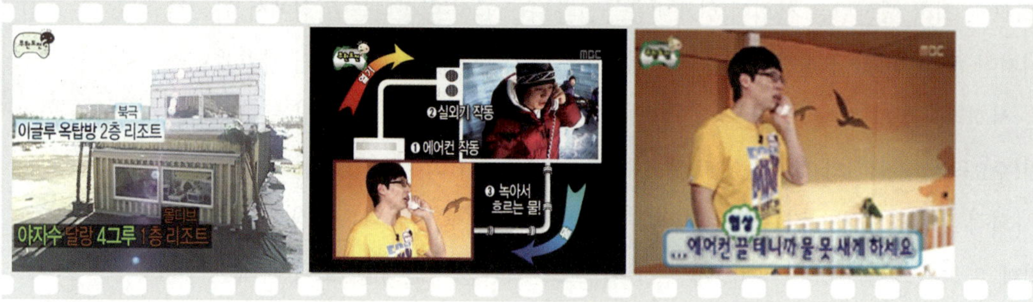

무너질 지경에 이르렀고 아래층은 얼음호텔에서 녹은 물이 아래로 흘러들어 바닥이 젖어들고 있었다. 전화통화를 하며 큰 소리로 책임을 떠넘기던 두 팀은 에어컨을 끄기로 합의한다. 더 이상 얼음이 녹지 않자 두 팀은 언제 그랬냐는 듯이 다시 편안하게 휴가를 즐긴다.

그런데 예상치 않은 곳에서 다시 사고가 났다. '스타 다큐'를 찍는 길! 제작진은 길이 평소 생활하는 과정에서 이산화탄소를 유발하는 행동을 할 때마다 얼음호텔에 난방기를 설치해 불이 들어오도록 한 것이다. 이 사실을 알 리가 없는 길은 무의식적으로 계속 이산화탄소를 유발하는 행동을 하며 스타 다큐를 찍었고, 얼음호텔은 녹아내렸다. 흘러내린 물이 몰디브 리조트로 향하자 하하는 이층의 짓으로 착각하고 전화해 "제발 좀 그만하라!"며 고함을 지른다.

제작진의 의도는 몰디브팀이나 길과 같은 개인들의 사소한 행동이 모여서 북극의 빙하를 녹이고 지구를 위협할 수 있다는 소위 '나비효과'를 강조한 것이겠지만, 이것은 경제학에서의 부정적 외부효과와 그 해결책을 잘 보여주는 훌륭한 사례이기도 하다. 몰디브팀이나 길은 에어컨을 켜거나 스타 다큐를 찍는 과정에서 동료인 북극팀의 얼음이 녹는 피해를 고려하지 않는다. 두 행동은 모두 북극팀의 호텔 붕괴를 가져오는 '소비의 부정적 외부효과'인 것이다. 일반적으로 경제학자가 환경오염을 유발하는 부정적 외부효과를 설명할 때는 생산자에 초점을 맞추지만, 무한도전 제작팀은 이를 소비의 부정적 외부효과로 그려냈다.

그렇다면 이들은 부정적 외부효과를 어떻게 해결했을까? 북극팀과 몰디브팀이 전화로 에어컨을 끄기로 협상한 것을 기억할 것이다. 이것은 서로의 피해를 인식한 것으로 외부효과가 내부화되어 대화로 문제가 해결된 전형적인 사례다. 어쩌면 무한도전 제작팀은 '부정적 외부효과의 문제는 우리 전 인류에게 피해라는 인식이 자리 잡을 때 내부화되어 해결될 수 있다'는 경제학적 논리를 세상에 외치고 싶었던 것인지도 모른다.

출처 : 차성훈, "무한도전 나비효과 특집", 『KDI 클릭경제교육』, KDI 경제정보센터, 2011. 4.

2.2 긍정적 외부성

긍정적 외부성
- 사회적 편익 = 사적 편익 + 외부편익
- 생산 증가로 사회적 후생 증가 가능

이제 소비에 긍정적 외부성이 존재하는 대학교육의 예를 들어보자. 대학교육은 등록금을 내고 교육을 받는 당사자뿐만 아니라 사회 전체에 부가편익(incidental benefit) 또는 **외부편익**(external benefit)을 가져온다. 〈그림 10-1〉의 (b)에서 수요곡선 D_1은 대학교육을 받은 학생들만이 누리는 **사적 한계편익**(marginal private benefit ; *MPB*)을 나타낸다고 하자. 이때 대학교육이 사회 전체의 지식기반 확충이라는 외부효과를 가져온다면, 대학교육의 **사회적 한계편익**(marginal social benefit ; *MSB*)을 나타내는 수요곡선은 사적 편익보다 외부편익만큼 위에 위치하게 된다.

이때 시장균형은 사적 한계편익곡선(D_1)과 공급곡선(S)이 만나는 점 A에서 결정된다. 그러나 사회적으로는 대학교육을 받는 학생들의 편익뿐만 아니라 부가로 혜택을 받는 사람들의 편익도 고려해야 하므로 사회적 편익이 극대화되는 최적 균형은 사회적 한계편익곡선(D_2)과 공급곡선(S)이 만나는 점 B가 된다. 이는 현재 대학교육의 양(즉, 대학교육을 받는 학생의 수)이 증가하는 경우 사회적 한계편익(수요곡선 D_2의 높이)이 한계비용보다 더 많이 늘어나서 사회적 후생이 증가함을 의미한다. 요약하면, 소비의 긍정적 외부성이 존재할 경우에는 사회적 한계편익이 사적 한계편익보다 커서 사회적으로 최적인 생산량보다 과소생산되므로 〈그림 10-1〉의 (b)에서 $\triangle ABC$만큼의 후생손실이 나타난다.

2.3 외부성에 대한 정부정책

외부성에 대한 정부정책
- 조세와 보조금
- 직접규제

정부는 어떻게 외부성을 해결할 수 있을까? 한 가지 방법은 외부비용만큼 조세를 부과하거나 외부편익만큼 보조금을 지급하는 것이다. 또 다른 방법은 정부가 오염배출량을 정해 주거나 오염감축(pollution abatement) 장치를 설치하게 하는 등 직접 규제하는 것이다. 이 두 가지 방법에 대해 좀더 자세히 알아보자.

2.3.1 조세와 보조금

이 방식은 기업이 인식하는 사적 비용이 사회적으로 발생되는 비용과 서로 다르다는 데 착안하여 외부비용만큼 조세를 부과하여 기업이 이를 생산비용으로 인식하도록 하는 것이다. 따라서 적절하게 조세를 부과하면 기업은 사회적으로 최적 수준의 생산을 할 것이다. 이때 조세의 크기는 현재의 산출량을 기준으로 부과되는 것이 아니라 사회적으로 최적인 산출량 수준에서 사회적 한계비용과 사적 한계비용의 차이에 해당되는 만큼 부과된다는 점에 주의해야 한다. 이렇게 조세가 부과되면 기업이 인식하는 한계비용곡선(*MPC*)이 단위당 조세의 크기만큼 위로 이동할 것이므로 기업으로 하여금 사회적으로 최적인 산출량 수준을 스스로 선택하게 하는 효과를 거둘 수 있다. 〈그림 10-1〉의 (a)가 바로 이 경우를 나타

외부불경제가 존재하는 경우 최적 산출량 수준에서의 사회적 한계비용과 사적 한계비용의 차이만큼 조세 부과

낸다.

외부경제가 존재하는 경우 최적 산출량 수준에서의 사회적 한계편익과 사적 한계편익의 차이만큼 보조금 지급

한편 외부경제를 유발할 경우에는 기업으로 하여금 보다 많이 생산하도록 유도하기 위해 보조금을 지급한다. 외부경제의 경우 사회적 한계편익이 사적 한계편익보다 크기 때문에 그 차이만큼 보조금을 지급하여 기업 스스로 최적 산출량을 선택하도록 할 수 있다. 이때 단위당 보조금의 크기는 최적 산출량 수준에서 두 한계편익의 차이에 해당되는 만큼이다. 이러한 보조금 지급은 〈그림 10-1〉의 (b)에서 공급곡선의 이동을 통해 '실제 생산량(Q_P) = 최적 생산량(Q_S)'의 결과를 가져올 수 있다.

조세정책의 어려움
- 최적 수준에서의 사회적 한계비용과 사적 한계비용 측정 모호
- 외부성 유발자 확인 모호

이와 같이 조세나 보조금을 이용할 경우에는 외부성을 유발하는 경제주체 스스로가 사회적으로 최적인 산출량 수준을 선택하도록 하는 장점이 있다. 그러나 실제 시행에는 많은 어려움이 있다. 먼저 사회적 한계비용과 사적 한계비용을 정확하게 측정하고 비교할 수 없는 경우가 많다. 그뿐만 아니라 설령 현재의 산출수준에서 두 비용을 파악하는 것이 가능하더라도 조세는 현재의 산출수준이 아닌 사회적으로 최적인 수준을 기준으로 부과하는 것이므로 그 양을 정확히 파악하기 어렵다. 또한 외부성을 유발하는 자가 누구인지를 분명히 알 수 없는 경우도 많다.

2.3.2 직접규제

정부는 조세 부과를 통해서 오염배출의 부정적 외부성을 해결하기도 하지만, 전통적으로는 오염물질을 배출하는 공장에 대하여 그 양을 직접 규제하는 방법을 사용해 왔다. 그러나 이 방법은 오염물질의 방출량을 어떻게 정확히 파악(monitoring)할 수 있는가의 문제를 해결하지 못한다는 한계가 있다. 또한 정부가 직접 규제할 경우 기업의 반발이 일어나고, 이로 인해 추가적으로 효율성이 낮아질 수 있다. 예를 들어 미국 의회는 산성비(acid rain) 문제의 해결을 위해 2010년까지 매년 850톤의 오염배출량을 줄이고자 모든 기업에게 동일한 양만큼 오염배출물을 줄이도록 강제한 적이 있다. 그러나 일반적으로 회사마다 오염물질을 줄이는 데 서로 다른 비용이 들기 때문에 이 방법은 경제적으로 효과적인 해결책이 될 수 없었다.

직접규제의 문제 오염물질 방출량을 정확히 모니터링하기 어려움

규제의 대안 오염배출권 거래제도

반면에 미국 의회가 이산화황 오염문제를 해결하기 위해 도입한 **오염배출권 거래제**는 산성비를 줄이는 데 매우 효과적이었다. 의회는 오염배출권을 기업들에게 공평하게 분배하고, 이를 시카고 상품거래소(Chicago Mercantile Exchange)에

서 거래하도록 했다. 오염물질을 낮은 비용으로 줄일 수 있는 기업들은 오염배출권을 팔았고, 오염물질을 줄이는 데 높은 비용이 드는 기업들은 오염배출권을 구입했다. 실제로 에디슨 전기연구소(Edison Electrical Institute)의 조사에 의하면 오염배출권 거래제는 산성비를 줄이는 데 필요한 비용을 처음에 예상되었던 74억 달러에서 약 9억 달러로 무려 65억 달러를 감소시키는 효과를 가져왔다.

현실과 경제학

환경오염에 대한 정부정책과 탄소배출권 시장

정부는 환경오염을 줄이기 위하여 자동차 운전자에게 환경오염 비용을 세금으로 부담하게 한다. 우리나라에서는 모든 자동차 소유주들에게 배기량에 따라 자동차세를 부과하는 것 외에 오염물질을 상대적으로 많이 배출하는 경유 자동차 소유주에게는 추가로 환경개선부담금을 내도록 하고 있다. 또 다른 방법으로 정부는 '대기환경보전법'에 따라 휘발유 또는 가스 자동차, 경유 자동차, 이륜자동차 등 차종별로 배출허용기준을 마련하여 직접 규제하고 있다.

최근에는 이와 같은 직접규제 방법에 시장요소를 가미한 탄소배출권 거래제도가 도입되고 있다. 탄소배출권이란 탄소를 일정 기준치 이상으로 버릴 때 필요한 일종의 허가증인데, 이 방식을 이용하면 더욱 적은 비용으로 환경오염 문제를 해결할 수 있다.

예를 들어 한 나라에 연간 1,000톤씩 탄소를 배출하고 있는 기업 A, B가 있다고 하자. 두 기업의 온실가스 저감시설에는 차이가 있어 기업 A는 톤당 1만원, 기업 B는 톤당 5천원의 비용으로 이산화탄소 배출량을 감축할 수 있다. 정부는 총 탄소배출량을 연간 2,000톤에서 1,800톤으로 낮추기 위해 두 기업에게 연간 900톤으로 탄소배출량을 낮추라고 한도를 정해 주었다. 탄소배출권 시장이 없는 상황에서는 두 기업이 각각 100톤을 자체적으로 줄여야 하는데, 이 경우 기업 A는 100톤 × 1만원 = 100만원, 기업 B는 100톤 × 5천원 = 50만원의 비용이 든다.

그런데 톤당 7천원에 거래되는 탄소배출권 시장이 생기는 경우, 기업 B는 총 200톤의 탄소배출량을 줄이면서 100톤에 해당하는 배출권을 시장에서 7천원에 팔아 비용을 30만원(= 200톤 × 5천원 − 100톤 × 7천원)으로 줄일 수 있다. 반대로 기업 A는 100톤 배출권을 70만원(= 100톤 × 7천원)에 기업 B로부터 구입하여 기존의 1,000톤을 그대로 방출한다. 결국 전체적으로 더욱 저렴한 비용으로 정부의 목표인 연간 1,800톤을 달성할 수가 있는 것이다.

국제적으로는 지구온난화 방지를 위한 노력이 진행 중인데, 온실가스 감축과 관련한 세계적 차원의 노력에는 교토의정서와 파리협정이 있다. 한국은 2015년 1월 1일부터 탄소배출권 거래제도를 도입하고 있으며, 파리협정에 따라 2030년까지 전망치 대비 37%의 온실가스 감축을 목표로 하고 있다.

출처 : 한국은행 경제교육 홈페이지(http://www.bokeducation.or.kr), 경제칼럼, "환경오염문제와 외부효과"(2008. 4. 3.), "교토의정서와 탄소배출권"(2009. 4. 6.) ; World Bank, "State and Trends of the Carbon Market 2012," 2012. 5.

2.4 코우즈 정리

로날드 코우즈(1910~2013)

시장은 외부성을 해결할 수 있는가? 이 질문에 대해 시카고대학의 **로날드 코우즈**(Ronald Coase)는 1960년 자신의 논문에서 일정한 조건이 만족되면 외부성이 시장에서 해결될 수 있다는 답을 제시하였으며, 이 연구업적으로 1991년 노벨 경제학상을 수상하였다. 이제 앞서 살펴본 철강공장의 수질오염과 유사한 대기오염의 예를 통해 코우즈가 제시한 답을 좀더 자세히 살펴보기로 하자.

전기 생산과정에서 스모그 현상을 가져오는 아황산가스가 배출되어 시민들에게 해를 끼친다고 가정하자. 〈그림 10-2〉에서 아황산가스의 최적 감축수준은 가스배출을 줄이는 데 들어가는 한계비용과 가스배출 감소로 얻게 되는 한계편익이 일치하는 수준, 즉 1톤당 20만원에 아황산가스를 500만 톤 감소시키는 수준이 된다. 만약 현재 아황산가스 감축량이 450만 톤이라면, 시민들은 추가적으로 50만 톤을 줄여 그들의 편익을 극대화하려 할 것이다. 반면 전기를 생산하는

그림 10-2

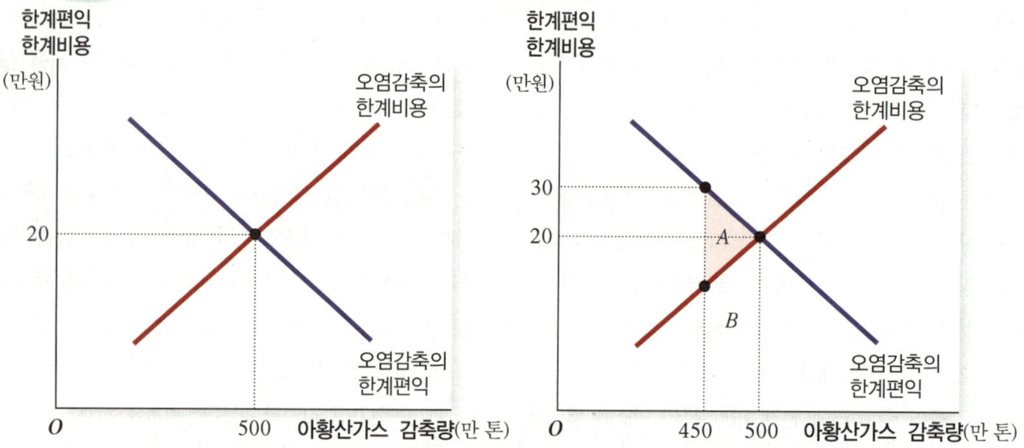

(a) 아황산가스의 최적 감축수준　　(b) 아황산가스 감축의 시장 해결책

외부성의 시장 해결책

(a)에서 최적의 조건은 오염물질을 줄이는 데 들어가는 한계비용과 오염물질 감소로 얻게 되는 한계편익이 일치하는 수준, 즉 1톤당 20만원에 아황산가스를 500만 톤 감소시키는 수준이 된다. 이때 (b)에서 아황산가스 배출 감축량을 450만 톤에서 500만 톤으로 늘릴 때 총비용의 증가분은 B, 총편익의 증가분은 $A+B$이므로 아황산가스 감축량을 450만 톤에서 500만 톤으로 증가시킬 때 순편익은 A의 면적만큼 증가한다.

발전회사 입장에서는 아황산가스를 추가로 줄이려면 비용이 더 들기 때문에 이를 꺼리게 된다. 이러한 상황에서 정부는 앞서 논의한 것처럼 아황산가스 생산량을 직접적으로 규제하거나 조세를 부과함으로써 문제를 해결할 수 있다.

하지만 코우즈는 이를 정부개입 없이도 당사자들의 협상을 통해서 달성할 수 있다고 주장했다. 예를 들어 아황산가스 감축량을 현재 450만 톤에서 최적 감축량 500만 톤까지 추가적으로 50만 톤만큼 늘린다고 하자. 이로 인해 시민들이 느끼는 편익은 한계편익곡선 아래의 $(A+B)$만큼 증가하는 반면, 발전회사가 추가로 드는 비용은 B만큼만 증가한다. 따라서 아황산가스 감축량을 450만 톤에서 500만 톤으로 증가시킬 때 순편익(net benefit)은 $(A+B)$와 B의 차이, 즉 A의 면적만큼 증가한다. **코우즈 정리**(Coase theorem)에 의하면 아황산가스 450만 톤을 감축하는 것보다 최적 수준인 500만 톤으로 50만 톤 더 줄이는 총편익이 총비용보다 크기 때문에, 오염감축의 혜택을 받는 사람들이 오염을 배출하는 발전회사들과 협상을 통해 B보다는 크고 $(A+B)$보다는 작은 만큼 오염감축 비용을 부담한다면 정부개입 없이도 시장에 의해 스스로 외부성을 제거할 수 있다.

코우즈 정리 최적 수준보다 더 많은 오염물질이 배출되어 외부불경제가 존재할 때 당사자들의 협상을 통하여 최적 수준 달성 가능

그러나 코우즈 정리는 다음과 같은 조건들을 전제로 한다. 첫째, 당사자들 간 협상 및 계약체결 비용 등 **거래비용**(transactions costs)이 낮다. 둘째, 협상 당사자들이 외부성으로 인한 편익과 비용에 대한 완전한 정보를 갖고 있다. 셋째, 모든 협상 당사자들이 합리적인 결과를 받아들여야 한다. 이러한 가정들은 실제 현실과 잘 맞지 않는다. 현실에서는 보통 거래비용이 많이 발생하고 편익과 비용에 관한 정보가 불완전할 뿐만 아니라 외부성 문제를 일으키는 주체마저 구분하지 못할 가능성이 높기 때문이다.

코우즈 정리의 전제
- 당사자들 간 낮은 협상 및 계약체결 비용
- 외부성으로 인한 편익과 비용에 대한 완전 정보
- 모든 협상 당사자들이 합리적인 결과 수용

3. 공공재

시장실패가 발생하는 또 다른 예로 국방, 치안, 공공시설 등과 같은 **공공재**(public goods)가 있다. 공공재의 경우 우리가 이제까지 다루어 온 사유재(private goods)와는 다른 특성을 갖고 있기 때문에 시장실패가 일어난다. 그러면 공공재는 사유재와 비교해 어떤 특성을 지니는 것인가? 우리는 흔히 정부나 공공단체가 공급의 주체가 되는 것을 공공재라 생각한다. 그러나 공공재의 특성상 정부가 생

공공재
- 일반적으로 정부나 공공단체가 공급의 주체가 되는 상품
- 비배제성과 비경합성

산하는 것이 바람직하지만 꼭 정부가 그 공급의 주체가 될 필요는 없다. 또한 정부나 공공단체가 공급하는 상품 중에는 공공재가 아닌 상품도 있다. 따라서 공공재는 소비의 **비배제성**(non-exclusiveness)과 **비경합성**(non-rivalry)이라는 특성을 가진 상품으로 정의할 수 있다.

비배제성 사용에 따른 비용을 지불하지 않는 경제주체를 소비로부터 배제하기 어렵거나 불가능함

비배제성은 공공재의 생산에 드는 비용을 지불하지 않은 경제주체를 소비로부터 배제하기 어렵거나 불가능한 것을 말한다. 예를 들어 국방의 경우 방위세를 내지 않은 경제주체를 배제하고 방위세를 낸 경제주체에게만 국방서비스를 제공할 수는 없다. 반면 사유재의 경우 비용을 지불하지 않은 경제주체는 그 소비에서 배제된다.

비경합성 생산된 후 추가로 소비하여도 이미 소비하고 있던 경제주체들의 소비가능성이 감소하지 않음

비경합성은 공공재가 생산된 후 다른 경제주체가 추가로 소비하더라도 이미 소비하고 있던 경제주체들의 소비가능성이 감소하지 않는 것을 말한다. 예를 들어 국방의 경우 한 경제주체가 추가적으로 국방서비스를 소비한다고 하더라도 다른 경제주체가 제공받는 국방서비스의 양은 변하지 않는다. 반면 사유재의 경우 추가적인 소비는 분명히 다른 경제주체의 소비가능성을 낮출 것이다.

무임승차의 문제
- 비용을 전혀 부담하지 않으면서 다른 경제주체들의 소비에 편승하는 문제
- 한계편익은 양이지만 한계비용은 0
- 시장에 맡기면 과소생산

이러한 두 가지 특징을 가지고 있는 공공재는 시장의 자율적인 생산에 맡길 경우 생산되지 않거나 너무 적게 생산된다. 공공재의 비배제성 때문에 공공재의 비용을 전혀 부담하지 않으면서 다른 경제주체들의 소비에 편승하려는 **무임승차의 문제**(free riding problem)가 발생하기 때문이다. 극단적으로 한 경제 내의 모든 경제주체가 이렇게 생각할 경우 공공재는 전혀 생산되지 않을 것이다. 또한 비경합성으로 인해 공공재 소비의 한계편익이 양(+)인 반면 그 한계비용은 0이므로, 공공재의 공급을 시장에 맡기면 수요자들은 자신이 실제로 필요한 것보다 공공재가 더 적게 필요한 것처럼 행동함으로써 공공재 구입비용을 줄이려 할 것이다. 그 결과 사회적인 최적 수준에 비해 항상 과소생산이 이루어진다. 이와 같이 공공재의 생산을 시장 자율에 맡길 경우 시장실패가 나타나며, 이를 방지하기 위해 사유재와는 다른 공급방식을 고려해야 한다.

3.1 공공재 정책

공공재는 양의 가격을 받을 수도 없고, 양의 가격을 받는 것이 바람직하지도 않음

공공재는 비배제성으로 양(+)의 가격을 받을 수도 없고, 비경합성으로 추가적인 소비에 대한 한계비용이 0이므로 양(+)의 가격을 받는 것이 바람직하지도 않다. 따라서 정부는 세금을 걷어 일정한 양의 공공재를 공급하고 있다. 이러한

그림 10-3

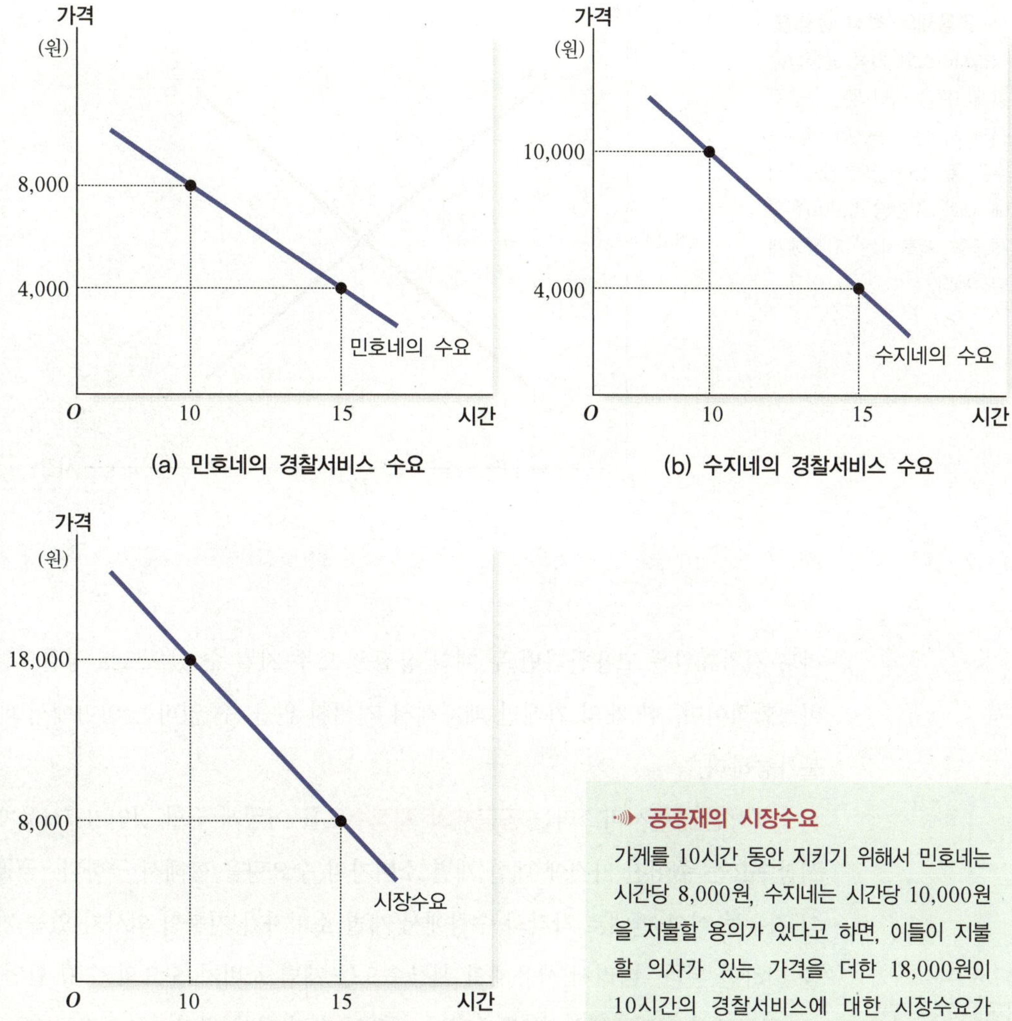

(a) 민호네의 경찰서비스 수요

(b) 수지네의 경찰서비스 수요

(c) 경찰서비스의 시장수요

공공재의 시장수요

가게를 10시간 동안 지키기 위해서 민호네는 시간당 8,000원, 수지네는 시간당 10,000원을 지불할 용의가 있다고 하면, 이들이 지불할 의사가 있는 가격을 더한 18,000원이 10시간의 경찰서비스에 대한 시장수요가 된다.

공공재 공급량의 결정원리를 알아보자.

공공재의 최적 공급량
모든 경제주체들의 한계편익의 합이 생산에 소요되는 한계비용과 같아지는 수준까지 공급

공공재는 사유재와 달리 일단 정부가 공급하면 모든 경제주체들이 동시에 공급된 양을 똑같이 소비한다. 그러나 모든 경제주체들이 그 소비로부터 동일한 효용을 누리는 것은 아니다. 예를 들어 민호네와 수지네가 시내 외곽에 각각 포도가게와 키위가게를 가지고 있다고 하자. 그리고 주위에는 이 두 개의 상점만 있어서 보안서비스를 고용하지 않으면 밤에 도둑이 들 위험이 높다고 하자. 이 경우 경찰서비스는 국방서비스처럼 공공재가 된다. 민호네나 수지네 중 한 가족이

그림 10-4

공공재의 최적 균형량
경찰서비스의 최적 균형량은 한계비용을 나타내는 공급곡선과 시장수요곡선이 만나는 수준, 즉 15시간의 치안유지에 대해 시간당 8,000원의 세금을 지불하는 지점에서 결정된다.

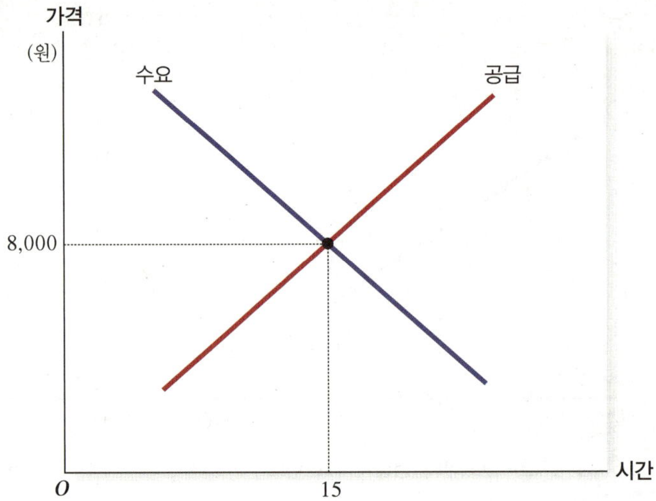

라도 경찰요원을 고용한다면 두 개의 상점을 모두 지킬 수 있으므로 경찰요원은 비경합적이며, 한 개의 가게만 배제해서 지키지 않을 수 없다는 의미에서 배제 불가능하다.

공공재의 시장수요는 개별 소비자 수요의 수직 합 (사유재의 경우는 수평 합)

그러면 경찰서비스라는 공공재의 시장수요를 어떻게 구할 것인가? 사유재의 시장수요는 주어진 가격에 대한 개별 소비자의 수요량을 합해서 구한다. 공공재의 경우는 이와 반대로 각각의 수량에서 개별 소비자가 지불할 의사가 있는 가격을 더하면 된다. 따라서 사유재의 시장수요는 개별 소비자 수요의 수평 합인 반면, 공공재의 시장수요는 개별 소비자 수요의 수직 합이 된다. 즉, 〈그림 10-3〉에서 가게를 10시간 동안 지키기 위해서 민호네는 시간당 8,000원을 지불할 용의가 있고 수지네는 시간당 10,000원을 지불할 용의가 있는 경우, 하루 10시간 경찰서비스에 대한 시장수요는 민호네와 수지네가 지불할 의사가 있는 가격을 더한 18,000원이 된다. 하루 15시간 경찰서비스에 대한 시장수요도 같은 방식으로 구할 수 있다.

이제 경찰서비스의 최적 균형량은 〈그림 10-4〉에서와 같이 한계비용을 나타내는 공급곡선과 시장수요곡선이 만나는 수준에서 결정된다. 이때 필요한 공공재 생산의 비용은 개별 소비자가 누리는 편익수준에 따라 지불할 의사가 있는 금액까지 세금으로 거두어들여 충당할 수 있다. 이렇게 하면 공공재는 사회적으로 최적인 수준까지 생산 · 소비될 수 있고 공공재의 특성으로 인해 발생하는 시장실패를 치유할 수 있다.

그러나 이런 방식으로 정부가 공공재를 공급할 경우, 자신이 공공재의 소비로부터 얻는 편익수준을 실제보다 적다고 속여서 적은 세금을 내려고 하는 경제주체들이 있을 것이다. 따라서 공공재 문제를 해결하려면 경제주체들이 공공재로부터 얻는 편익을 사실대로 보고하게 하는 메커니즘을 구축해야 한다. 경제주체가 자신의 편익을 사실대로 표출하는 것이 우월전략이라면, 그들은 자신의 편익수준을 있는 그대로 보고할 것이다.

공공재 문제 해결의 핵심 경제주체들이 공공재로부터 얻는 편익을 사실대로 보고하게 하는 메커니즘 구축

3.2 공유자원

배제 불가능하고 비경합적인 재화를 공공재라 하는 반면, 배제 불가능하지만 경합적인 재화를 **공유자원**(common resource)이라고 한다. 예를 들어 카리브해에 있는 하이티(Haiti)의 삼림은 한때 대단히 울창한 숲이었다. 이 삼림에 대한 재산권이 제대로 규정되어 있지 않았다는 점에서 삼림은 배제 불가능하였으며, 한 사람이 이 삼림의 나무를 베면 다른 사람은 숲을 사용할 수 없기 때문에 경합적이었다. 결국 사람들이 난방과 조리를 위해 나무를 베는 것을 막을 수 없었으며, 오늘날에는 삼림의 80%가 파괴되어 버리고 말았다. 이와 같이 공유자원이 남용되는 현상을 **공유지의 비극**(tragedy of commons)이라고 한다.

공유자원 배제 불가능하지만 경합적인 재화

이러한 공유지의 비극을 해결할 수 있는 방법은 무엇인가? 우선 공유지 비극의 원인은 공유자원에 대해 명확한 재산권이 확립되어 있지 않다는 점에서 앞서 살펴본 **부정적 외부성**의 발생원인과 동일하다. 하이티와 다른 저개발국가들의 삼림 재산권은 정부에 속해 있었으며, 삼림이 훼손된 주된 이유는 정부가 재산권을 잘 지키지 못했기 때문이다. 따라서 공유자원에 대해 재산권을 부여하고 집행하는 것이 공유지 비극의 한 해결책이 될 수 있다. 실제로 영국에서는 중세시대부터 공유지였던 목초지가 오랜 기간에 걸쳐 사유지로 변화해 왔다. 이 밖에도 앞서 살펴본 외부성의 해결책, 즉 조세와 보조금 또는 직접규제 등도 공유지 비극의 해결책이 될 수 있을 것이다.

공유지의 비극
- 공유자원이 남용되는 것
- 해결방법 : 명확한 재산권 부여, 조세와 보조금, 규제

4. 조세의 경제학

우리는 앞서 환경오염 규제와 치안 등 민간기업에 의해 공급되지 않는 공공재를 정부가 직접 생산한다는 것을 논의했다. 정부는 이러한 정책수행에 필요한 재원을 조달하기 위해 가계 및 기업에게 조세를 부과한다. 조세는 민간에서 정부로 경제적 자원이 강제로 이전되는 것이며, 그 구조와 세수의 크기에 따라 자원배분, 소득분배 및 경제활동 수준 등에 커다란 영향을 미친다. 이제 정부가 부과하는 조세의 기본 개념과 종류, 그리고 조세의 기본 목표와 조세 부과의 몇 가지 원칙을 알아보자.

4.1 조세의 기본 개념과 종류

세원
- 과세대상이 되는 부 또는 소득
- 분류 : 직접세와 간접세

직접세 개인소득 또는 부가 과세대상이 되는 조세

간접세
- 물품의 교환, 매매 등에 부과되는 조세
- 조세귀착의 문제 야기

과세대상이 되는 부 또는 소득을 **세원**(tax base)이라고 하는데, 세원의 종류에 따라 조세는 **직접세**(direct tax)와 **간접세**(indirect tax)의 두 가지로 분류된다. 직접세는 개인소득세, 재산세, 상속세 등 주로 개인소득 또는 개인 소유의 부(wealth)가 과세대상이 되는 조세로서, 세원인 소득 및 재산을 직접 포착해 부과되며 납세자는 조세부담을 타인에게 전가할 수 없다. 이에 반하여 간접세는 물품세, 관세 등과 같이 물품의 교환, 매매 등에 부과되는 조세이다. 직접세와 달리 간접세의 부담은 타인에게 전가될 수 있기 때문에 궁극적으로 누가 얼마만큼의 조세를 부담하게 되는가 하는 **조세귀착**(tax incidence)의 문제를 낳는다.

또한 과세대상인 소득 또는 부 대비 조세징수액의 비율을 **세율**(tax rate)이라 하는데, 이는 한계세율과 평균세율로 구분된다. **한계세율**(marginal tax rate)은 소득이 한 단위 증가함에 따라 조세로 납부하는 세율인 반면, **평균세율**(average tax rate)은 납부한 세금을 과세대상 또는 세원으로 나눈 것이다.

4.1.1 누진세와 역진세

비례세 한계세율 = 평균세율

이러한 한계세율과 평균세율의 관계에 따라 조세를 세 가지로 나눌 수 있다. 먼저 조세부담이 납세자의 소득에 비례하여 변하는 세를 **비례세**(proportional

그림 10-5

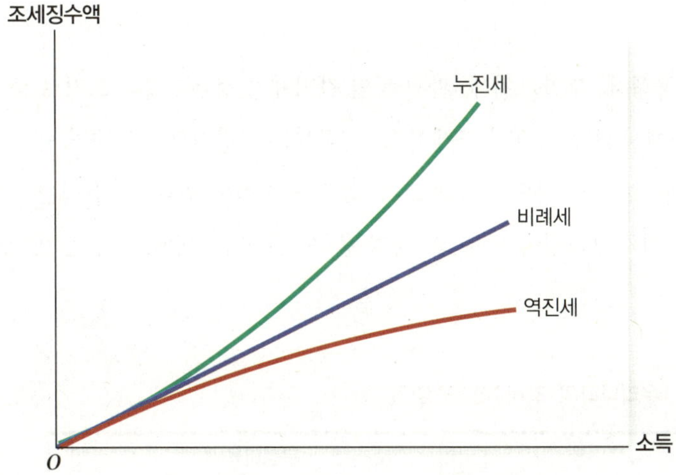

소득과 조세징수액의 관계

조세징수액과 과세대상이 되는 소득 또는 부의 크기와의 비율을 세율이라고 하는데, 조세부담이 납세자의 소득에 비례하여 변하는 세를 비례세라고 한다. 그리고 세율이 소득이 커짐에 따라 누진적으로 커지는 세를 누진세, 반대로 작아지는 세를 역진세라고 부른다.

tax)라고 하는데, 이때 한계세율과 평균세율은 동일하다. 그리고 세율이 소득이 증가함에 따라 누진적으로 커지는 세를 **누진세**(progressive tax), 반대로 작아지는 세를 **역진세**(regressive tax)라고 부른다. 소득이 증가할수록 조세가 누진적이라면 한계세율이 평균세율보다 높은 반면, 역진적이라면 한계세율이 평균세율보다 낮다. 이 세 가지 조세와 소득의 관계는 〈그림 10-5〉와 같다.

누진세
한계세율 > 평균세율
역진세
한계세율 < 평균세율

이러한 조세의 누진성(또는 역진성)은 그 세원과 세율에 따라 자원배분과 소득분배 등에 매우 중요한 영향을 미친다. 개인소득세는 그 세율이 누진적이므로 소득재분배정책상 매우 중요한 의미를 갖는다. 법인소득에 부과되는 법인세의 세율도 보통 누진적이다. 또한 법인세는 투자에 대한 **세액공제**(tax credit)나 특정 이윤에 대한 비과세 등의 제도를 통해 기업투자에 큰 영향을 미친다. 여기에서 세액공제란 과세표준에 세율을 곱하여 산출된 세액으로부터 다시 일정액을 공제하는 경우를 말한다. 반면 **소득공제**는 과세표준에서 일정액을 공제한 후 세율을 곱하는 경우라는 점에 유의해야 한다.

4.1.2 직접세와 간접세

직접세의 특징 비교적 큰 조세저항

직접세는 부담자가 직접 조세지출을 피부로 느끼므로 세율이 높을 경우 **조세저항**(tax resistence)이 나타날 수 있는 반면, 간접세는 조세부담자가 누구인지 명백하지 않고 부담자가 현재 조세를 부담하고 있는지조차 느끼지 못하는 경우가 있어 조세저항이 약하다. 이러한 편의 때문에 정부는 직접세 대신 간접세를 선호해 왔다.

간접세의 특징
- 품목별 선별적 징수 가능
- 역진적 성격

실제로 물품세, 부가가치세, 관세 등의 간접세는 정부수입의 크기로 볼 때 거의 모든 나라에서 매우 중요한 조세이다. 간접세는 행정적으로 징수가 쉽고 몇 개의 품목에 대하여 선별적으로 중과할 수 있다는 장점이 있다. 간접세는 주로 소득탄력성 및 가격탄력성이 낮은 몇 개의 품목(석유제품, 담배, 주류 등)에 부과된

표 10-1

우리나라의 조세수입 구성(2018)

구성			구성비율(%)
내국세	직접세	소득세	30.2
		법인세	24.9
		상속 및 증여세	2.6
	간접세	부가가치세	24.5
		기타	7.3
	과년도 수입		1.6
기타 특별세[1]			8.9

주 : 1) 기타 특별세는 교통 · 에너지 · 환경세, 방위세, 교육세, 농어촌특별세, 종합부동산세 등을 포함한다.

(a) 중앙정부 조세수입 구성요소

구성		구성비율(%)
지방세	취득세	28.2
	지방소득세	19.8
	자동차세	9.3
	지방교육세	7.8
	주민 및 재산세	16.1
	기타[1]	18.2
	과년도 수입	0.6

주 : 1) 기타는 등록면허세, 지방소비세, 레저세, 담배소비세, 도시계획세, 지역자원시설세, 도축세 등을 포함한다.

(b) 지방정부 조세수입 구성요소

출처 : 국세청, 『2019 국세통계연보』; 행정안전부, 『2019 지방세정연감』.

다. 간접세는 소득수준에 관계없이 소비액에 비례하므로 대부분 역진적이며 소득분배에 역행한다고 본다.

[표 10-1]의 (a)와 (b)는 2011년 우리나라 중앙정부와 지방정부의 조세수입 구성요소를 나타내고 있다. (a)에서 알 수 있듯이 중앙정부 조세수입의 약 50%가 직접세인 소득세, 법인세, 상속 및 증여세로부터 나오며, 간접세인 부가가치세도 29%를 차지한다.

4.2 조세의 목표와 원칙

우리는 지금까지 정부가 다양한 방법으로 조세수입을 올리고 있음을 살펴보았다. 이러한 조세의 기본 목표는 **경제적 효율성**을 달성하는 것이다. 우리는 앞서 기업의 생산활동에서 발생하는 부정적 외부성(예를 들어 환경오염)이 존재할 때, 조세를 통해 기업이 사회적으로 최적 산출량을 선택하도록 유도할 수 있다는 것을 보았다. 이처럼 외부불경제가 존재할 때 조세를 통해 사회적 한계편익과 한계비용이 일치하게 만들어 사회적 후생을 증가시키고 경제적 효율성을 달성할 수 있다. 한편 제9장(3. 소득재분배정책)에서 배웠듯이 누진세제나 상속세 등 때로는 경제적 효율성이 아니라 **형평성**을 추구하기 위해 조세정책을 사용하기도 한다.

경제적 효율성 자중손실 최소화

그렇다면 정부가 어떤 방법으로 조세를 부과하든 지켜야 하는 원칙은 무엇인가? 첫째, **능력 원칙**(ability-to-pay principle)이다. 이는 정부가 조세를 부과할 때 더 많은 조세를 납부할 수 있는 능력을 갖고 있는 사람에게 더 많은 조세를 부과해야 한다는 것을 의미한다. 일반적으로 저소득층보다 고소득층에 더 많은 조세를 부과해야 한다는 것이며, **수직적 평등의 원칙**(vertical-equity principle)이라고 불리기도 한다. 예를 들어 소득세는 능력 원칙을 따르고 있는 반면, 판매세는 능력 원칙을 적용하고 있지 않다. 저소득층일수록 고소득층보다 자신의 소득 중에서 높은 비중을 소비하는 경향이 있기 때문이다.

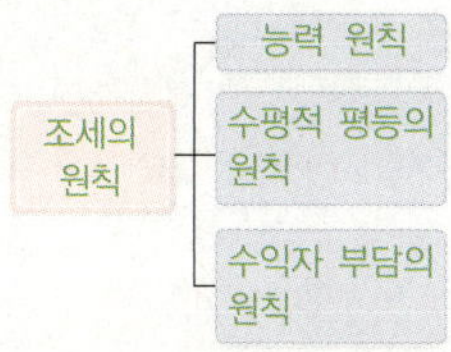

능력 원칙(수직적 평등의 원칙) 더 많은 조세를 납부할 수 있는 능력을 갖고 있는 사람에게 더 많은 조세를 부과해야 함

둘째, **수평적 평등의 원칙**(horizontal-equity principle)이다. 이는 경제적으로 동일한 상태에 있는 사람에게는 동일한 조세기준이 적용되어야 함을 의미한다. 이 원칙은 사람들이 동일한 경제적 상태에 있는지 여부를 판단하기 어렵기 때문에 실제로 적용하기가 쉽지 않다. 예를 들어 동일한 소득을 올리고 있지만 한 사람은 이자소득만으로 연간 5천만원을 벌고, 다른 한 사람은 근로소득으로

수평적 평등의 원칙 경제적으로 동일한 상태에 있는 사람에게는 동일한 조세기준이 적용되어야 함

연간 5천만원을 번다고 하자. 이에 대해 두 사람이 동일한 경제적 상태에 있기는 하지만 같은 금액의 조세를 납부해서는 안 된다는 주장도 있다.

수익자 부담의 원칙
정부정책의 편익을 얻는 사람이 이 정책의 집행에 관한 조세를 납부해야 함

셋째, **수익자 부담의 원칙**(benefits-received principle)이다. 이는 공공재 등 정부정책의 편익을 얻는 사람이 이 정책의 집행에 관한 조세를 납부해야 함을 의미한다. 예를 들어 지방자치단체에서 자전거 전용도로를 운영할 때 자전거 도로를 이용하는 사람들에게 조세를 부과해야 한다. 그러나 정부가 모든 정책의 수혜자들을 일일이 확인하고 이들에게 조세를 부과하는 것은 효율적이지 않다.

5. 정부실패

Principles of Microeconomics ch. ten

지금까지 우리는 불완전한 시장기능을 보완하기 위하여 정부가 사용하는 여러 가지 정책을 알아보았다. 실제로 오늘날 서구의 복지국가에서는 시장의 '보이지 않는 손(invisible hand)'이 제대로 그 기능을 발휘하지 못하는 경우, 정부의 '**보이는 손**(visible hand)'을 가지고 불완전한 기능을 보완해 왔다.

그러면 과연 정부의 보이는 손은 완전한가? 그것이 항상 시장보다 좋은 결과를 가져오는가? 이 물음에 대하여 한 마디로 대답할 수는 없으나 근래 각국에서 광범위하게 나타나고 있는 조짐을 보면, 시장실패 못지않게 **정부실패**(government failure), 즉 정부에 의한 자원배분의 비효율 또는 불공평의 현상이 뚜렷해지고 있다.

정부실패
- 정부에 의한 자원배분의 비효율 또는 불공평 현상
- 두 가지 유형 : 정부의 과다한 통제, 바람직하지 못한 정책 개입

그렇다면 정부실패에는 어떤 것이 있는가? 이것도 간단하게 대답할 수 없는 문제이나 개괄적으로 두 가지 유형을 들 수 있다. 첫째, 정부의 과다한 통제 또는 규제완화가 가져오는 비효율성이다. 둘째, 시장이 비효율성을 가져올 때 이를 시정하기 위한 정부의 정책 개입이 오히려 효율성을 더 떨어뜨리는 경우이다.

지나친 독과점 통제는 규모의 경제에서 오는 이점을 제한할 수 있음

우선 정부의 통제가 비효율의 근원이 되고 있다는 비판은 대단히 많다. 예를 들어 지나친 독과점의 통제는 민간기업으로 하여금 규모의 경제의 이점을 활용하지 못하게 한다. 이에 따라 미국이나 독일에서는 과거 대단히 엄격했던 독과점 규제를 대폭 완화하였다. 이른바 규제의 완화 또는 철폐(deregulation)는 민간의 요구와 정부의 자각에 의하여 시행되어 왔다. 가장 돋보이는 규제완화는 금융에 관한 것인데, 세계 각국에서는 금융혁명이라는 표현이 조금도 과장이 아닐 정도

Cartoons for the Week of April 25-May 1, 2010.
Copyright @ 2010 Creators Syndicate(politicalhumor.about.com)

의회 : 금융규제 철폐를 기회로 당신네가 의심스러운 투자상품을 만들어 수백억 달러를 챙겼다고 보는데 어떻게 생각하시는지?
골드먼삭스 : 그저 고마울 따름이죠.
(kimchang.egloos.com)

로 규제 철폐의 열풍이 몰아쳤다.

그러나 이러한 규제는 과거에 필요해서 제정된 것이고 지금도 필요성이 없어진 것은 아니며, 또 규제의 철폐가 반드시 실물경제의 효율을 높인다는 보장도 없다. 최근의 예로, 2007~2008 글로벌 금융위기의 주요 원인 중 하나는 미국 클린턴(Bill Clinton)과 부시(George W. Bush) 행정부의 시장실패를 방치한 금융감독과 규제 실패였다.

두 번째 유형의 정부실패는 **차선의 정리**(theory of the second best)로 설명할 수 있다. 차선의 정리에 따르면, 어떤 이유로 경제의 일부분에서 최적의 균형 조건이 만족되지 못한 경우 나머지 부분에서 최적의 균형 조건을 달성하기 위한 정책이 항상 더 나은 결과를 가져오는 것은 아니다.

차선의 정리 경제의 일부분에서 최적 조건이 만족되지 못한 경우 나머지 부분에서 최적 조건을 만족시키는 정책개입이 항상 더 나은 결과를 가져오는 것은 아님

예를 들어 자동차 시장의 독점과 자동차 배기가스 오염으로 외부성이 발생하고 있는 상태에서는 두 종류의 시장실패를 동시에 교정하는 것이 최선이지만, 불가피한 사정으로 외부성의 시정이 불가능할 경우 자동차 시장의 독점 문제라도 시정하는 것이 차선책이라고 생각하기 쉽다. 그러나 차선의 정리는 차라리 두 시장실패를 그대로 놔두는 것이 오히려 더 효율적일 수 있음을 보여준다. 이는 두 종류의 시장실패가 상호관계를 갖기 때문이다. 따라서 차선의 정리에 의하면, 경제 내의 다양한 시장실패를 동시에 시정할 수 없을 때 단지 한두 개의 시장실패를 치유하려는 정부의 노력은 오히려 사회 전체적으로 효율성을 더 저하시킬 수도 있다.

요약 및 연습문제

1. 시장실패란 무엇인가?

수요곡선과 공급곡선이 일치하지 않는 점에서 균형이 성립하거나 일치하는 점에서 균형이 성립해도 소비에 따른 사회적 한계편익과 생산에 따른 사회적 한계비용이 일치하지 않을 경우 자원배분에 실패했다는 의미에서 시장실패라 부른다.

01. 시장의 자원배분 기능이 효율적으로 작동하지 않는 것을 시장실패라고 한다. 시장실패를 불러오는 요인들은 크게 몇 가지가 있겠는가?

2. 외부성

어느 경제주체의 경제활동에 의한 결과가 의도하지 않게 시장의 외부를 통하여 다른 경제주체의 후생에 영향을 주는 것을 외부성이라고 한다. 이 경우 사회적 비용과 사적 비용이 괴리되거나(외부불경제) 사회적 편익이 사적 편익과 괴리되어(외부경제) 시장실패가 발생한다.

2.1 부정적 외부성 소비의 부정적 외부성이 존재할 경우에는 사회적 한계비용이 사적 한계비용보다 커서 사회적으로 최적인 생산량보다 과잉생산되고, 이에 따라 사회적 후생손실이 발생한다. 이러한 부정적 외부성은 재산권(property right)이 불완전하거나 재산권 설정에 어려움이 있는 경우 발생한다.

2.2 긍정적 외부성 소비의 긍정적 외부성이 존재할 경우에는 사회적 한계편익이 사적 한계편익보다 커서 사회적으로 최적인 생산량보다 과소생산되고, 이에 따라 사회적 후생손실이 발생한다.

2.3 외부성에 대한 정부정책 외부불경제가 존재할 때는 사회적 한계비용과 사적 한계비용의 차이만큼의 세금을 부과하고, 외부경제가 존재할 때는 사회적 한계편익과 사적 한계편익의 차이만큼 보조금을 지급하여 외부성을 해결할 수 있다. 한편 외부불경제는 생산량에 대한 직접적 규제를 통해서도 해결할 수 있는데, 이보다는 오염배출권 거래와 같은 제도의 도입을 통한 시장에서의 자율적 해결이 더 바람직하다.

2.4 코우즈 정리 코우즈는 외부불경제가 발생할 경우 낮은 거래비용과 완전정보, 합리성의 전제 하에 당사자들 간의 협상을 통해서 최적 수준의 생산량을 달성할 수 있다고 주장했다.

02. 양봉업자 A와 과수업자 B, C 3명이 존재하는 사회를 가정하자. 양봉업자 A가 꿀벌의 통수를 증가시키고 B와 C는 아무런 행동도 취하지 않을 때, A의 비용 및 A, B, C의 수입액은 다음과 같다.

꿀벌 통 수	양봉 비용	총수입(A)	총수입(B)	총수입(C)
1	7	15	112	112
2	15	27	121	121
3	24	36	127	127
4	34	44	131	131
5	45	51	133	133
6	57	57	134	134

(1) 양봉업자 A가 자신의 이윤을 극대화하기 위해서는 꿀벌을 몇 통 놓아야 하는가? 또 사회 전체적으로 보아 이윤이 극대화되는 꿀벌의 통 수는 얼마인가? 이 둘은 일치하는가? 만약 일치하지 않는다면 그 이유는 무엇인가?

(2) 현재 양봉업자 A가 꿀벌을 3통 놓고 있다고 하자. 이때 B 혹은 C가 A로 하여금 꿀벌을 더 기르게 하면서 모두가 이익을 볼 수 있는 방법이 있겠는가? 만일 그러한 방법이 있음에도 행동을 취하지 않고 있다면 그 이유는 무엇인가?

(3) 사회적 최적배분 상태에 도달하려는 자발적인 노력이 행해지지 않고 있다고 할 때, 최적배분 상태에 도달하게 할 수 있는 방안을 제시해 보라.

3. 공공재

국방, 치안, 공공시설 등 공공재는 사유재와 달리 비배제성과 비경합성을 가지고 있다. 따라서 시장의 자율적인 생산에 맡길 경우 무임승차의 문제 때문에 과소생산되어 시장실패가 발생한다.

3.1 공공재 정책 공공재의 시장수요는 개별 소비자 수요의 수직 합으로 구할 수 있으며, 한계비용을 나타내는 공급곡선과 만나는 수준에서 최적 생산량이 결정된다. 개별 소비자가 누리는 편익만큼 세금을 거둘 경우 편익을 허위 보고할 유인이 있으므로 이를 사실대로 보고하게 하는 매커니즘의 구축이 필요하다.

3.2 공유자원 배제 불가능하지만 경합적인 재화를 공유자원이라 한다. 이러한 재화의 특성 때문에 공유자원이 남용되는 것을 공유지의 비극이라고 하는데, 재산권 부여 · 조세 · 보조금 · 규제 등으로 이를 해결할 수 있다.

03. 민호와 수지는 서로 이웃한 지역에서 식당을 운영하고 있는데, 주방에서 종종 화재가 발생하곤 한다. 이 때문에 이들은 공공재인 소방서비스를 이용하고자 한다. 소방서비스의 한계비용은 1,000원으로 고정되어 있다. 이제 P를 소방서비스의 가격이라 하고 F를 소방서비스에 대한 수요량이라고 하자. 민호네 식당은 소방서비스에 대한 수요곡선이 $P = 5{,}000 - F$인 반면 수지네 식당의 수요곡선은 $P = 2{,}000 - 2F$와 같이 나타난다.

(1) 근처에 식당이 민호네와 수지네 둘밖에 없다고 할 때 공공재인 소방서비스에 대한 수요곡선을 도출하라.

(2) 소방서비스의 효율적인 산출량은 얼마인가?

4. 조세의 경제학

4.1 조세의 기본 개념과 종류 조세는 직접세와 간접세로 구분되는데, 직접세는 개인의 소득이나 부, 재산을 과세대상으로 하며 간접세는 물품의 교환, 매매 등의 행위를 과세대상으로 한다. 세율은 소득 한 단위 증가에 따른 조세의 비율인 한계세율과 총소득에 대한 조세의 비율인 평균세율로 구분된다. 세율은 또한 한계세율과 평균세율이 같은 비례세, 한계세율이 평균세율보다 큰 누진세와 그 반대인 역진세로 나누어진다. 직접세는 누진적인 반면 조세저항이 작고, 간접세는 조세저항이 크지 않으나 역진적인 성격이

있다.

4.2 조세의 목표와 원칙 조세의 원칙으로는 능력 원칙(수직적 평등의 원칙), 수평적 평등의 원칙, 수익자 부담의 원칙이 있다.

04. 1960년대 프리드먼(Milton Friedman)에 의해 처음 고안된 단일세(flat tax) 제도는 저소득층에 대해 완전히 면세해 주고 기업이나 개인에게 소득의 많고 적음에 관계없이 똑같은 낮은 단일세율을 적용하는 것이다. 또 세액공제 등 특별제도를 폐지함으로써 조세징수절차를 최대한 단순화하는 것이다. 다음 물음에 답하라.

(1) 단일세제의 장점을 정부의 조세수입, 조세저항 및 조세행정의 측면에서 서술하라.

(2) [표 10-1]에 있는 우리나라의 조세 중에서 단일세에 가장 가까운 것은 무엇인가? 그 이유를 설명하라.

(3) 미국의 경우 1981년에 구체적인 단일세법 개정안이 처음으로 의회에 제출되었다. 그후 많은 정치인들이 단일세를 반영하는 세제개혁 법안을 의회에 지속적으로 제출하였으나, 한 번도 의회를 통과하는 데 성공하지 못하였다. 그 이유는 무엇으로 추측할 수 있는가? 제4절에서 살펴본 조세의 목표와 원칙에 기초하여 서술하라.

5. 정부실패

시장실패를 교정하기 위해 정부의 개입이 요구되지만 정부의 실패도 발생할 수 있다. 왜냐하면 정부의 불필요한 규제 등이 비효율을 낳을 수 있기 때문이다. 한편 차선의 정리는 여러 문제가 존재할 때 한 가지만 해결하려는 정부의 노력이 오히려 사회 전체적인 효율성을 감소시킬 수 있다는 것을 이론적으로 뒷받침한다.

05. 만일 정부가 시장실패에 대해 완전한 정보와 합리성을 가지고 대응할 수 있다면 정부실패는 발생하지 않을 것인가? 그렇다면 현실의 정부실패에서는 어떤 요인들이 정부가 잘못된 판단을 내리게 하는가?

응용문제

01. 몇몇 사람들은 "결함이 있는 상품을 만들어 시장에서 판매하는 것도 시장실패가 될 수 있다"라고 주장한다. 이러한 주장에 대해 경제원론을 공부한 독자들은 어떻게 답변할 것인지 유추하라.

02. 흔히 정치학자들은 좋은 교육을 받은 시민들이 많은 나라에서 민주주의가 발전한다는 이론을 제시하고 있다. 이 주장을 경제학적 관점에서 검토해 보기로 하자. 만약 교육을 시장에 맡길 경우 어떤 문제가 발생할 것인가? 만약 정부가 적절한 정책을 사용하여 시장의 불완전성을 해결하고자 한다면 그 정책수단에는 무엇이 있겠는가?

03. 한 국가가 국방서비스를 제공하는 경우 해당 국가 국민들이 실감하는 국방서비스 편익의 크기는 국민들마다 다를 수 있다. 동일 지역에 살고 있는 민호는 10시간의 국방서비스가 제공되는 경우 8,000유틸의 한계편익을, 15시간의 국방서비스에 대해서는 4,000유틸의 한계편익을 각각 느낀다고 한다. 반면에 수지는 10시간의 국방서비스에 대해서는 10,000유틸의 한계편익을, 15시간의 국방서비스에 대해서는 4,000유틸의 한계편익을 느낀다고 한다. 민호와 수지는 각 국방서비스를 통해 느끼는 한계편익만큼을 국방서비스에 대한 가격으로 지불할 의사를 갖고 있다. 다음 질문에 답하라.

(1) 국방서비스시장에서의 시장수요곡선을 도출하라.

(2) 국방서비스 제공시간에 대한 가격이 다음과 같다고 할 때, 이 국가가 최적 수준의 국방서비스 제공을 위해 민호와 수지에게 받을 수 있는 가격을 구하라.

시간	10시간	15시간	20시간
가격(원)	4,000원	8,000원	12,000원

(3) 국가가 민호와 수지로부터 문제 (2)에서 구한 가격을 국방서비스 제공에 대한 대가로 받고자 한다. 이와 같이 국방서비스에 대한 가격을 각 경제주체의 한계편익의 크기만큼 받고자 하는 경우 나타날 수 있는 문제는 무엇인가? 그 이유를 설명하고 이러한 문제를 보완할 수 있는 방법을 제시하라.

04. 미국 서브프라임 모기지 사태로 촉발된 2007~2008 글로벌 금융위기는 시장실패와 정부실패에 기인한 것으로 보는 견해가 많다. 글로벌 금융위기를 통해 나타난 시장실패와 정부실패의 구체적 예를 조사해 보라.

불확실성과 정보비대칭성

Principles of **Micro**economics ch. eleven

11

1. 불확실성과 기대효용이론

1.1 불확실성과 기대효용 / 1.2 보험과 위험프리미엄

2. 정보비대칭성과 정보경제학

2.1 보험시장의 정보비대칭성 / 2.2 노동시장의 정보비대칭성 / 2.3 중고매매시장의 정보비대칭성

2.4 금융시장의 정보비대칭성

이 장에서는 불확실성 하에서 소비자의 선택을 분석하는 기대효용이론과 경제주체들 간 보유정보가 서로 다른 상황에서 자원배분의 문제를 분석하는 정보경제학의 기본 내용을 알아보려고 한다. 이를 위해 다음과 같은 문제에 대해 논의해 보자.

- 불확실성 하에서 소비자의 의사결정은 어떻게 이루어지는가?
- 보험시장, 노동시장, 중고차 매매시장, 금융시장에서 정보의 비대칭성은 어떤 비효율성을 가져오고, 그 해결책은 무엇인가?

1. 불확실성과 기대효용이론

불확실성 어떤 경제행위를 하는 데 필요한 정보가 불충분하거나 그 결과가 사전에 예측한 것과 다르게 나올 수 있는 가능성이 존재하는 것

불확실성(uncertainty)이란 어떤 경제행위를 하는 데 필요한 정보가 불충분하거나 혹은 그 행위에 따른 결과가 사전에 예측한 것과 다르게 나올 수 있는 가능성이 존재하는 것을 말한다. 이러한 불확실성의 문제를 분석하기 위해서는 확률의 개념이 필요하다. 1944년 당시 프린스턴대학의 교수였던 **폰 노이만**(John von Neumann)과 **모겐스턴**(Oscar Morgenstern)은 『게임이론과 경제행위』(*Theory of Games and Economic Behavior*)에서 경제행위는 본질적으로 확률적 게임 행동과 같다고 보았다.

폰 노이만(우)과 모겐스턴(좌)

1.1 불확실성과 기대효용

확실성의 세계에서는 소비자가 선택한 행동의 결과가 어떻게 실현될지 알 수 있고, 그로부터 확정적인 효용을 얻는다. 그러나 불확실한 현실에서는 선택의 결과가 어떻게 실현될지 알 수 없는 경우가 많다. 예를 들어 복권을 구입하는 경우 그것이 당첨될지 안 될지 정확하게 알 수 없다. 이 경우 알 수 있는 것은 어떤 확률로 얼마의 당첨금을 받을 수 있다는 정도이다. 또한 기업이 투자를 할 경우 예상되는 수익이 어느 정도인가도 미래의 경제사정에 의해 좌우되므로 정확하게 예측할 수 없다. 이때에는 투자수익의 확률분포조차도 모르는 것이 일반적이다.

경제주체들은 불확실한 미래에 일어날 수 있는 상황에 대하여 확률분포를 갖고 의사결정을 한다. 그러면 불확실한 상황에서 경제주체가 의사결정의 기준으로 삼는 것은 무엇일까? 우선 생각해 볼 수 있는 것이 선택의 결과에 따라 예상되는 기대값이다. **기대값**(expected value)이란 불확실한 상황에서 예상되는 소득의 크기를 의미하는데, 어떤 상황이 발생했을 때 얻는 금액을 그 상황이 발생할 확률로 가중평균하여 계산한다.

불확실한 미래에 대해 확률분포를 가지고 의사결정

당첨확률이 $\frac{1}{5}$이고 상금이 10만원인 복권을 생각해 보자. 이 복권의 상금에 대한 기대값은 2만원($= \frac{1}{5} \times 10 + \frac{4}{5} \times 0$)이다. 이때 어떤 사람에게 이 복권을 2만원에 사라고 하면 그는 살 것인가? 기대수익을 의사결정의 기준으로 삼는다면 복권과 2만원은 완전히 무차별한 것이기 때문에 이 사람은 복권을 구입할 것이다.

그러나 일반적으로 동일한 기대수익에 대해서도 그 기대수익이 실현될 가능성이 높은 것(현금 2만원)과 낮은 것(복권), 즉 기대수익이 실현되지 않을 위험이 낮은 것과 높은 것은 서로 다르다. 따라서 기대수익만을 의사결정의 기준으로 삼는 것은 한계가 있다. 다시 말해서 **위험**(risk)이 고려되어야 한다.

이를 위해 확실성의 경우와 마찬가지로 불확실성 하에서도 소비자가 선택의 결과로 얻는 효용을 기준으로 삼아야 한다는 이론이 제시되었다. 불확실한 상황에서 효용을 측정하는 이론을 정형화한 것이 폰 노이만-모겐스턴(von Neumann-Morgenstern)의 **기대효용이론**(expected utility theory)이다. 불확실한 상황에서 의사결정의 기준은 얼마만큼의 수익을 기대할 수 있느냐가 아니라, 얼마만큼의 만족을 기대할 수 있느냐가 되어야 한다는 것이다. 즉, 불확실성 하에서 사람들은 기대효용을 극대화하는 선택을 한다. 이때 기대효용은 효용의 기대값이므로 어떤 상황이 발생했을 때 얻는 효용을 그 상황이 발생할 확률로 가중평균하여 구한다.

기대효용이론 불확실성 하에서 효용을 측정하는 이론

위의 복권의 경우 금액을 M, 효용함수를 $u(M)$이라고 하면, 10만원에 당첨될 확률이 $\frac{1}{5}$이고 낙첨될 확률이 $\frac{4}{5}$이므로 이 복권을 구입할 때 누리는 기대효용은 $\frac{1}{5}u(10) + \frac{4}{5}u(0)$이 된다. 따라서 효용함수 u의 형태에 따라 복권의 기대효용이 달라지는데, 다음 세 가지로 나누어 볼 수 있다.

첫째, 복권의 기대수익 2만원이 주는 효용 $u(2)$와 복권의 기대효용 $\frac{1}{5}u(10) + \frac{4}{5}u(0)$을 비교했을 때 전자가 더 큰 경우이다($u(2) > \frac{1}{5}u(10) + \frac{4}{5}u(0)$). 이 경우를 **위험기피적**(risk averse)이라고 한다. 이것은 기대수익이 같은 경우 확실하게 그것이 보장되는 것을 위험이 존재하는 것보다 더 선호한다는 의미이다. 위험기피적인 경우 효용함수 u의 형태를 나타내면 〈그림 11-1〉과 같다.

위험기피적 기대수익이 같은 경우 확실하게 보장되는 것을 선호

그림 11-1

위험기피자의 효용함수
위험기피자의 효용함수는 원점에 대해 오목한 형태로 나타난다. 즉, 같은 2만원의 기대수익일 경우 20%의 확률로 10만원을 얻는 것보다는 100%의 확률로 2만원을 얻는 것을 더 선호한다.

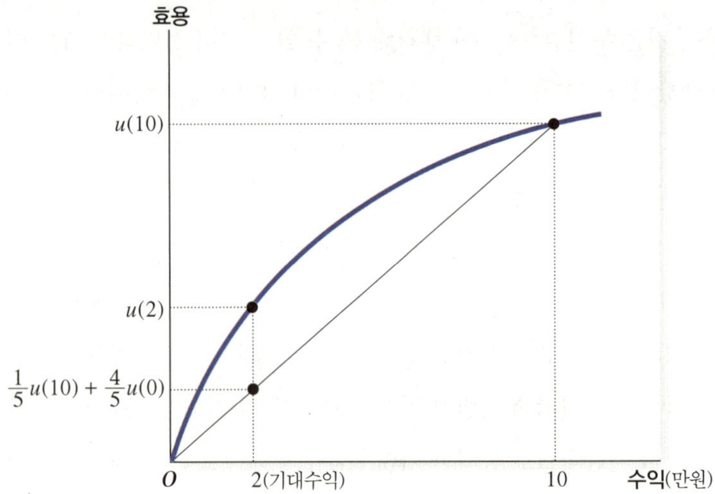

위험선호적 기대수익이 같은 경우 불확실성이 존재하는 것을 선호

위험중립적 불확실성의 유무에 관계 없이 오직 기대수익의 크기만으로 선택

둘째, 기대수익 2만원의 효용 $u(2)$가 복권의 기대효용 $\frac{1}{5}u(10)+\frac{4}{5}u(0)$보다 더 작은 경우이다($u(2)<\frac{1}{5}u(10)+\frac{4}{5}u(0)$). 이 경우를 **위험선호적**(risk-loving)이라고 한다. 즉, 위험이 없는 경우보다 위험이 있는 경우가 효용이 높으면 위험을 더 선호한다는 것이다.

셋째, 기대수익의 효용과 복권의 기대효용이 동일한 경우($u(2)=\frac{1}{5}u(10)+\frac{4}{5}u(0)$)인데, 이것을 **위험중립적**(risk-neutral)이라고 한다. 이 경우는 위험의 존재 유무는 효용에 영향을 주지 않고 기대수익의 크기만이 효용에 영향을 준다. 위험선호적인 경우와 위험중립적인 경우 효용함수 u의 형태는 독자 스스로 그려보기 바란다.

1.2 보험과 위험프리미엄

보험시장
- 위험을 거래하는 시장
- 상대적인 위험기피도의 차이에 의해 형성

사람들 간의 위험에 대한 선호 차이는 자연스럽게 위험이 거래되는 시장을 형성한다. 위험을 기피하는 사람은 위험을 선호하는 사람에게 자신이 생각하는 위험의 가치만큼 돈을 지불함으로써 이를 회피하려는 유인을 갖기 때문이다. 물론 위험에 대한 태도가 다른 경우에만 시장이 개설되는 것은 아니다. 위험기피적인 사람만 존재하는 경우에도 시장은 형성될 수 있으며, 반대의 경우도 물론이다. 중

그림 11-2

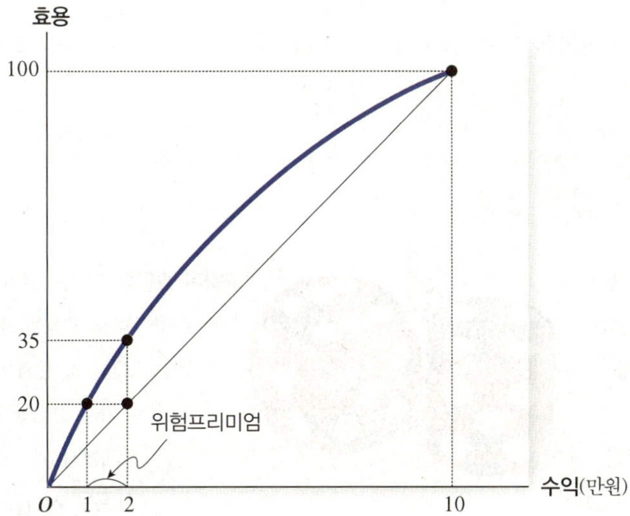

위험프리미엄

복권의 당첨 여부와 상관없이 무조건 2만원을 주는 보험이 있을 때, 유나는 보험금(2만원)과 '보험에 가입하지 않았을 때 복권의 기대효용과 동일한 효용을 주는 복권의 기대수익'(1만원)의 차이인 1만원을 보험료로 지불하려 할 것이다.

요한 것은 사람들 간의 상대적인 위험기피도 차이이다. 이때 거래되는 것이 **보험**(insurance)인데, 이는 위험기피자가 일정한 비용을 지불하고 자신의 위험을 타인에게 파는 행위로 볼 수 있다.

여기서는 보험가입자인 유나가 위험기피적이고, 보험회사는 위험중립적이며 완전경쟁적인 경우를 살펴보자. 만약 보험회사로부터 지급받는 보험금의 기대치가 가입자가 지불하는 보험료와 일치하거나 이보다 크다면, 위험기피적인 유나는 기꺼이 보험에 가입하려 할 것이다. 자신이 생각하는 위험(부담)의 기대비용만큼 보험료를 지불함으로써 실질적으로 자신이 가진 위험을 제거할 수 있기 때문이다. 한편 기대수익만 고려하는 위험중립적인 보험회사는 완전경쟁적 보험시장에서 정상이윤이 보장되는 한 이러한 보험거래에 대해 무차별적일 것이다. 이때 보험회사가 이러한 거래를 받아들인다고 가정하면, 위험기피자(유나)와 위험중립자(보험회사)가 위험을 사고 판 결과 거래 이전보다 더 나은 자원배분이 이루어진 것이다.

예를 들어 앞의 사례에서 $u(0) = 0$, $u(1) = 20$, $u(2) = 35$, $u(10) = 100$이라고 하자. 만일 보험회사가 유나에게 복권의 당첨 여부와 상관없이 무조건 2만원을 주는 보험을 판매한다면, 유나는 얼마의 보험료를 지불할 용의가 있을까? 〈그림 11-2〉에서와 같이 유나가 보험에 가입하지 않았을 때 복권의 기대효용은 20 $(= \frac{1}{5}u(10) + \frac{4}{5}u(0))$인데, 이는 복권이 기대수익 1만원을 확실하게 보장하는 경우의

위험프리미엄 위험부담을 회피하기 위해 지불할 용의가 있는 금액

효용 $u(1)$과 동일하다. 따라서 보험료가 1만원(= 2 – 1) 이하라면 유나는 기꺼이 이 보험에 가입하려 할 것이다. 이때 1만원은 유나가 위험부담을 회피하기 위해 지불할 용의가 있는 금액이라는 점에서 **위험프리미엄**(risk premium)이라고 부른다.

생활과 경제학

알 수 없는 세상, 불확실한 효용

소비자의 효용이론을 더 복잡하게 만드는 것이 불확실성(uncertainty)이다. 예를 들어 내일 친구와 점심 약속을 하려고 식당 예약을 하는데, 날씨가 갑자기 쌀쌀하게 추워질 확률, 갑자기 후덥지근하게 더워질 확률, 그리고 날씨가 춥지도 덥지도 않은 보통일 확률이 각각 $\frac{1}{3}$이라고 하자. 당연히 쌀쌀한 날에는 우동의 효용이 높을 것이고 후덥지근한 날에는 냉면의 효용이 높을 것이다. 하지만 내일 날씨가 추울지 더울지 모르면서 당장 오늘 우동집과 냉면집 중에서 선택을 해야 하는 상황이 바로 불확실성 하에서의 소비이다.

어쨌든 선택을 하려면 선택할 수 있는 대상들의 효용을 비교해야 하는데, 불확실성 하에서의 선택은 확실한 상황의 선택보다 당연히 훨씬 복잡하다. 날씨가 쌀쌀하면 우동 2그릇의 효용이 4인 반면, 날씨가 더우면 우동 2그릇의 효용이 0이고, 날씨가 보통이면 효용이 1이라고 하자. 이런 불확실성 하에서 우동 2그릇을 미리 주문할 때 효용은 얼마로 보는 것이 맞겠는가?

경제학자들은 크게 두 가지 방법이 있다고 본다. 하나는 날씨가 더울 확률과 추울 확률이 각각 $\frac{1}{3}$이므로 평균적으로 내일 날씨는 보통이라고 보는 것이다. 즉, 우동 2그릇의 효용을 날씨가 보통일 경우의 우동 2그릇의 효용인 1로 보는 방법이다. 다른 방법은 우동 2그릇을 주문했을 때 내일 $\frac{1}{3}$의 확률로 날씨가 추우면 효용이 4이고 $\frac{1}{3}$의 확률로 보통이면 효용이 1, 그리고 $\frac{1}{3}$의 확률로 날씨가 더우면 효용이 0이므로 이런 효용들의 평균치인 $\frac{(4+1+0)}{3} = \frac{5}{3}$로 효용을 보는 것이다. 즉, 날씨를 평균하여 효용을 계산할 것인가 아니면 날씨에 따른 효용을 평균하여 계산할 것인가의 문제이다. 이 두 가지 방법을 통해 경제학자들이 얻은 결론은 사람들이 효용을 평균하는 방법으로 효용을 느낀다는 것이다. 이것이 바로 기대효용이론이다.

이렇듯 내일 날씨에 따라서 우동을 먹느냐 냉면을 먹느냐를 결정하는 불확실성 하의 선택도 중요하지만, 사람들이 가장 관심 있는 불확실성은 내일 주식 가격이 오를 것인가 내릴 것인가, 또는 내년 아파트 가격이 오르느냐 내리느냐 하는 돈과 관련된 불확실성이다.

만일 동전을 던져서 앞면이 나오면 1억원을 받고 뒷면이 나오면 돈을 한 푼도 못 받는 게임이 있다면 당신은 4,500만원을 내고 이 게임을 하겠는가? 아마도 선뜻 이 게임을 하는 사람들은 많지 않을 것이다. 그런데 이 게임에서 받을 수 있는 돈의 평균치는 $\frac{1\text{억원}+0}{2}$ = 5,000만원이므로 기대치만 놓고 보면 4,500만원을 놓고 5,000만원의 평균치를 얻을 수 있다. 그런데도 많은 사람들이 이 게임을 하지 않는 것은 사람들이 평균치 또는 기대치로 효용을 계산하지 않는다는 반례라고 경제학자들은 판단한다. 그러나 기대효용이론에 불만이 있는 경제학자들도 아직 더 만족스러운 효용이론을 내놓지는 못하고 있다. 현재로서는 기대효용이론이 불확실성 하에서 인간의 선택을 비교적 잘 설명하는 이론으로 받아들여지고 있다.

출처 : 한순구, "알 수 없는 세상 불확실한 효용", 『KDI 클릭경제교육』, KDI 경제정보센터, 2012. 4.

2. 정보비대칭성과 정보경제학

Principles of **Micro**economics ch. eleven

본질적인 불확실성 못지않게 경제활동에 영향을 미치는 또 하나의 측면은 불완전한 정보의 문제이다. 예를 들어 우리는 불확실성 하에서 발생하는 위험의 문제를 해결하는 하나의 방법으로 보험시장을 간단히 살펴보았다. 하지만 보험시장은 항상 효율적 자원배분을 보장할까? 결론부터 말하면 "그렇지 않다" 인데, 그 이유는 정보의 비대칭성 때문이다. 정보의 비대칭성이란 쉽게 말해서 두 사람이 있을 때 서로 알고 있는 정보의 양이 다르다는 것이다. 이러한 **비대칭적 정보**(asymmetric information)의 존재는 전통적인 경제이론에 심각한 문제를 제기한다. 특히 지금까지의 논의와는 달리 경쟁시장에서도 수요자와 공급자 간 정보의 비대칭성이 존재할 경우 자원배분의 비효율성이 나타날 수밖에 없다. 1970년대 후반 이후 발전되어 온 **정보경제학**(information economics)은 바로 이런 문제의식에서 출발하였다.

비대칭적 정보의 문제 수요자와 공급자 간 정보의 비대칭성이 가져오는 자원배분의 비효율성

정보경제학 경제주체들이 보유한 정보가 서로 달라서 효율적인 자원배분이 저해되는 문제에 대한 분석

이 절에서는 앞서 배운 보험시장과 노동시장, 중고매매시장, 그리고 금융시장에서 정보의 비대칭성이 어떤 비효율성을 가져오고 그 해결책이 무엇인지 살펴본다.

2.1 보험시장의 정보비대칭성

화재보험 가입자가 보험가입 후 부주의해져서 화재예방을 게을리한다고 하자. 그러면 당연히 보험을 가입하기 이전보다 가입자 주변에서 화재사고가 발생할 확률이 높아질 것이고, 그 결과 보험회사의 기대이윤은 작아진다. 이는 결국 보험회사가 보험가입자의 행동을 관찰할 수 없기 때문에 발생하는 **은폐된 행동**(hidden action)의 결과이다. 이처럼 보험가입 후 가입자의 행동이 보험회사의 입장에서 볼 때 더 악화되는 현상을 **도덕적 해이**(moral hazard)라 한다.

출처 : 한국은행 경제교육 홈페이지 (http://www.bokeducation.or.kr)

도덕적 해이 은폐된 행동으로 인해 보험가입 후 가입자의 행동이 악화되는 현상

이때 보험회사가 보험료를 인상하면 도덕적 해이의 문제가 해결될 수 있을까? 그렇지 않다. 이 경우 또 다른 문제가 발생하기 때문이다. 사람들은 자신들의 경험 · 지식 등을 이용해서 자신에게 불행한 일이 일어날 확률과 그에 따른 피해액 등을 개략적으로 파악한 후 가입 여부를 결정할 것이다. 이때 보험료가 높

아도 보험에 가입할 사람들은 위험 확률이 높은 부류일 것이다. 보험료가 극단적인 수준으로 치솟으면 결국 세상에서 가장 높은 위험을 가진 사람만이 보험가입자로 남거나 혹은 가입자가 아예 없을 것이고, 보험회사는 결국 파산할 것이다.

그렇다면 이러한 일은 왜 발생할까? 보험회사가 보험에 가입하려는 사람들의 위험 확률을 사전에 알 수 없기 때문이다. 보험가입자는 자신의 위험을 가능하면 낮게 말해서 보다 낮은 보험료로 보험에 가입하려 하기 때문에 보험가입자들의 위험 특성은 은폐된다. 이것을 **감추어진 정보**(hidden information)의 문제라고 한다. 보험회사는 도덕적 해이를 방지하고 보다 건전한 보험가입자들에게 보험을 판매하려 하였으나, 이것이 오히려 낮은 위험을 지닌 보험가입자들을 배제하고 보다 높은 위험을 지닌 사람들만 보험을 들게 하는 결과를 가져온다. 이와 같은 현상을 **역선택**(adverse selection)이라 하는데, 이는 보험의 역설(insurance paradox)이 아닐 수 없다.

역선택 감추어진 정보의 문제로 인해 높은 위험을 지닌 사람들만 보험에 가입하는 현상

때때로 역선택 문제는 보험회사들이 특정한 사람들의 보험가입을 거부하도록 한다. 치명적이거나 만성적인 병이 있는 사람들은 개인적인 의료보험 또는 생명보험에 가입하기 힘들 것이다. 그리고 방화범이 자주 나타나는 지역에 살고 있는 주택 보유자는 화재보험에 가입하기 힘들 것이다. 이런 사람들에게는 매우 높은 보험료를 책정하는 것이 유일한 대안이다. 그러나 보험료가 매우 높아지면 앞에서 살펴본 대로 보험혜택을 확실하게 받을 수 있는 위험한 사람만 보험상품을 구매할 것이기 때문에 역선택의 문제는 더 악화된다.

보험시장에서 정보비대칭성 문제의 해결
- 도덕적 해이가 나타날 가능성이 높은 경제주체에게 유인 제공(예 : 공동보험제도)
- 역선택 문제가 나타날 가입자에 대한 정보수집 강화

도덕적 해이와 역선택의 문제는 어떻게 해결할 수 있을까? 바로 도덕적 해이가 나타날 가능성이 높은 경제주체들에게 유인(incentive)을 제공함으로써 해결할 수 있다. 예를 들어 화재가 발생하였을 때 손실의 일부만 보상해 주는 공동보험 제도를 채택하는 방법이 있다. 가령 피해액의 70%만 보상해 주기로 약정한다면 나머지 30%의 손실은 보험가입자가 부담해야 하므로 화재예방을 위한 노력을 게을리하지 않을 것이다.

한편 역선택의 문제를 줄이기 위해서는 보험회사가 가입자에 대한 정보를 많이 수집해야 한다. 예를 들어 생명보험 가입신청자에 대해 병적 기록을 확인한다든지 흡연 여부를 파악하여 사망위험이 높은 사람에 대해서는 할증보험료를 적용할 수 있다. 또한 보험회사들이 혈액검사 같은 자체 의료검사를 시행할 수도 있다.

2.2 노동시장의 정보비대칭성

대규모 주식회사의 경우 주주들이 기업을 소유하지만 회사 운영은 전문 경영진에 의해 이루어진다. 이렇게 소유와 경영이 분리되었을 때 경영진은 기업을 소유하는 것이 아니기 때문에 값비싼 휴양지에서 경영자회의를 여는 등 기업이윤을 저하시킬 유인이 있다. 이와 같이 경영자의 이익과 주주의 이익 사이에서 발생하는 문제를 **주인-대리인 문제**(principal-agent problem)라고 한다. 즉, 대리인(기업 CEO)이 그를 고용한 주인(주식회사의 주주)의 이익보다는 자신의 이익을 추구할 수 있다. 이러한 주인-대리인 문제는 회사 경영자와 노동자 사이에서도 발생한다. 경영자가 노동자들이 얼마나 열심히 일하는지를 정확히 알지 못하는 상황에서는 노동자들이 일단 고용되고 나면 열심히 일할 유인이 없어지는 도덕적 해이 문제가 나타나기 때문이다.

주인-대리인 문제 대리인의 이익과 주인의 이익 사이에서 발생하는 문제(예 : 주주-경영자, 경영자-노동자)

출처 : 한국은행 경제교육 홈페이지 (http://www.bokeducation.or.kr)

주인-대리인 문제를 해결하기 위해 이윤의 일정 비율을 대리인에게 보너스로 지급하는 계약을 통해 대리인이 주인의 이익에 반하는 행동을 할 가능성을 줄일 수 있다. 하지만 이런 유인체계가 작동하지 않는 경우도 있는데, 그럴 때 사용할 수 있는 또 다른 수단은 은폐된 행동을 할 개연성이 있는 대리인에 대한 **감시**(monitoring)를 강화하는 것이다. 주식회사에서 감사(auditor)가 경영진을 감시 · 감독하는 것이 그 예이다.

한편 노동자의 도덕적 해이를 부분적으로나마 방지하기 위해서는 노동자에게 직장에서 하는 일이 다른 직업에 비해 더 높은 가치를 갖는다는 확신을 주어야 한다. 노동자들이 열심히 일할 유인을 제공하기 위해서다. 현재 직업이 다른 직업에 비해 가치가 더 있다면 노동의욕은 감소하지 않을 것이다.

도덕적 해이 문제의 해결방법

- 감시(monitoring)
- 동기부여 : 효율성임금, 연공서열제

구체적으로 만약 어떤 기업이 임금을 노동시장의 균형임금 수준보다 높게 제시한다면, 노동자는 그 직업이 가치 있는 일이라고 생각할 것이고 그 직장을 떠날 가능성도 낮아질 것이다. 이와 같이 균형임금보다 높은 수준에서 노동자들에게 더 열심히 일할 동기를 부여할 수 있는 임금을 **효율성임금**(efficiency wage)이라 한다. 이 밖에 기업에서 오랜 기간 동안 일을 한 노동자들에게 더 높은 임금과 추가 복지혜택을 주는 연공서열제도(seniority system)도 효율성임금과 마찬가지로 노동자들이 더 열심히 일하게 하는 인센티브가 된다. 하지만 이러한 유인체계가 잘 작동하지 않을 경우에는 노동자들이 일하는 것을 감시하는 것도 하나의 방법이 될 수 있다.

효율성임금 균형임금보다 높은 수준에서 노동자들에게 더 열심히 일할 동기를 부여할 수 있는 임금

2.3 중고매매시장의 정보비대칭성

출처 : 한국은행 경제교육 홈페이지 (http://www.bokeducation.or.kr)

중고매매시장에서는 우량품과 불량품이 함께 거래되기 마련이다. 그런데 중고품을 내놓는 사람, 특히 불량품을 내놓는 사람은 상대방이 불량품인지 모르기 때문에 우량품이라고 속일 유인을 갖게 된다. 그러나 소비자가 불량품을 우량품인 줄 알고 속아 사는 경우가 여러 번 반복되면 우량품 역시 제값을 받지 못하게 된다. 따라서 우량품은 중고매매시장에 나오지 않고 불량품만 가득하게 된다. 이러한 역선택 문제는 결국 거래당사자 간에 사전적으로 정보의 양이 동등하지 않기 때문에 발생한다.

역선택의 문제 해결방법
신호 발송, 선별장치

역선택을 해결하기 위해서 거래자들은 상대방에게 정확한 정보를 전달하는 **신호**(signaling)를 보내거나 우량품과 불량품을 구별하는 **선별장치**(screening device)를 마련한다. 이를테면, 중고매매시장에서 우량품을 내놓는 사람은 보증서(warranty) 등을 발행하여 판매 후 소비자가 불량품이라고 항의하면 이를 보상해 주겠다는 신용을 제공함으로써 자신의 제품과 불량 중고품을 구별하는 신호를 보낸다.

경제학자와 아이디어

케네스 애로우(Kenneth Arrow, 1921 ~ 2017)

일반균형이론과 후생이론에 대한 선구적인 공로를 인정받아 영국 옥스포드대학교의 존 힉스(John Hicks) 교수와 함께 1972년 노벨 경제학상을 공동 수상한 케네스 애로우는 1921년 뉴욕의 한 유태인 가정에서 출생했다. 그는 어린 시절부터 우수한 학생이었지만 집안이 가난하여 뉴욕시립대학에서 사회과학을 공부한 뒤 콜럼비아대학에서 1941년에 석사, 1951년에 동 대학원에서 박사학위를 받았다. 이후 하버드대학과 스탠포드대학의 교수직을 역임하면서 존 하사니(John Harsanyi), 로저 마이어슨(Roger Myerson), 마이클 스펜스(Michael Spence), 에릭 매스킨(Eric Maskin)과 같은 노벨 경제학상 수상자들을 지도하였다. 애로우 본인 또한 1957년 클라크 메달(Clark Medal), 1972년 노벨 경제학상, 2004년 국립과학상 훈장(National Medal of Science) 등의 영예로운 수상경력을 통해 오늘날까지도 가장 저명한 경제학자 중 한 명으로 손꼽히고 있다.

애로우의 가장 중요한 학문적 업적은 후생경제학 분야에서의 사회적 의사결정 이론과 일반균형이론, 그리고 정보경제학과 내생적 성장이론 분야에서 찾을 수 있다. 특히 후생경제학 분야에서 애로우는 개인의 선호함수를 종합해서 사회적 판단으로 유도하는 규칙인 사회적 후생함수에 대해 이 함수의 이상적인 조건들을 모두 만족시키는 사회적 후생함수가 존재할 수 없다는 것을 증명했다. 이 불가능성 정리(Arrow's Impossibility Theorem)

는 후생경제학 분야에서 애로우의 가장 커다란 공헌으로 인정되며, 그의 노벨상 수상에 결정적인 역할을 했다.

또 하나 애로우의 중요한 업적은 일반균형해(general equilibrium solution)의 존재 문제에 관한 것이다. 왈라스(Léon Walras) 이래 일반균형해의 존재는 독립된 방정식의 개수와 미지수의 개수를 일치시키는 방식으로 이루어졌으나, 애로우는 드브루(Gérard Debreu)와의 공동 연구를 통해 일반균형해의 존재에 대한 엄밀한 논증에 성공했다. 그는 이 이론을 확장하여 불확실성 하에서 일반균형과 균형의 안정성, 그리고 경쟁적 균형의 효율성 여부를 검토함으로써 일반균형적 사고의 발전과 응용에 크게 기여했다.

애로우는 이와 같은 주요 연구성과를 바탕으로 내생적 성장이론과 정보경제학 분야에도 기여했다. 그는 기술진보를 경제성장의 외생적 동력이 아닌 내생적 결정요인으로 봄으로써 이후 내생적 성장이론의 발전에 선구적인 발자취를 남겼으며, 시장에서의 비대칭정보(asymmetric information) 상황을 고려함으로써 경제이론에 새로운 방향을 제시하였다.

애로우의 연구업적은 그가 활약한 각 분야에서 수많은 논문이 등장할 수 있는 길을 열어주었다는 점에서 선구적 역할을 인정받고 있다. 특히 경제학사에서 가장 어려운 기본 과제로 여겨졌던 일반균형이론과 사회적 의사결정 이론을 수학이라는 정확한 분석도구로 풀어낸 그의 업적은 경제학사에 길이 남을 것이다.

2.4 금융시장의 정보비대칭성

금융시장에서의 역선택과 도덕적 해이는 구체적으로 주식시장과 채권시장에서 투자자와 기업 사이의 문제를 낳는다. 먼저 역선택의 문제를 알아보자. 많은 기업들은 주식과 채권을 팔아서 자금을 조달한다. 그런데 대부분의 잠재적 투자자들은 건실한 기업과 부실한 기업을 구분하는 것이 쉽지 않기 때문에 대외적으로 거래량이 많지 않은 중소기업의 주식과 채권 구입을 꺼리게 된다. 대신에 투자자들은 대외적으로 거래량이 많고 이용 가능한 정보도 많은 대기업의 주식이나 채권 매입을 선호하게 된다. 그 결과 중소기업이 금융시장에서 주식과 채권 발행을 통해 자금을 조달하는 것이 대기업보다 어려운 편이다. 이 같은 문제를 줄이기 위해서는 정보공시를 확대하고 예금자, 투자자 등 금융이용자에 의한 시장감시기능을 강화해야 한다.

금융시장의 역선택 건실한 기업과 부실한 기업의 구분이 어렵기 때문에 대외적으로 거래량이 많고 정보가 많은 대기업의 주식, 채권 매입을 선호

일단 기업이 투자자들에게 채권과 주식을 팔아 자금을 조달하면, 투자자들은 기업이 자금운용을 잘못하여 자신들에게 손실을 입힐 가능성을 걱정한다. 즉, 정보의 비대칭성 하에서 투자자들은 기업의 도덕적 해이를 걱정하는 것이다. 실제로 기업들은 금융시장에서 조달한 자금을 회사 경영자들의 연봉 인상에 사용하기도 한다.

금융시장의 도덕적 해이 기업이 자금운용을 잘못할 경우 투자자 손실이 발생

역사적으로 볼 때 대공황(Great Depression)의 주요 원인이 되었던 1929년 주식가격 폭락에 대해 미국의 일부 투자자들은 기업들이 자신들에게 정확한 금융 정보를 제공하지 않았던 것을 불평했다. 이에 미국 연방의회는 1934년 증권거래협회(Securities and Exchange Commission ; SEC)를 설립하여 주식시장과 채권시장을 규제하기 시작하였다. SEC는 기업들이 주식 또는 채권을 팔기 위해 우선 SEC에 등록하도록 하였다. 그리고 기업들은 반드시 잠재적 투자자들에게 모든 금융정보가 담긴 기업 안내문을 통해 정보를 제공하도록 하였다. 이 정책은 주식시장과 채권시장에서 역선택과 도덕적 해이 문제를 감소시킴으로써 이전보다 더 많은 기업들이 주식 또는 채권 발행을 통해 자금을 조달하는 것을 가능케 하였다.

그러나 2000년대 들어 에너지 무역회사인 엔론(Enron) 등 몇몇 기업의 경영자들은 기업의 재무상태에 대해 다른 투자자들보다 더 많이 알고 있다는 점을 악용했다. 이익을 더 얻기 위해 재무제표(financial statements)를 조작하여 투자자를 유혹한 것이다. 결국 이들 기업이 이윤을 부풀려 보고한 것과 관련된 여러 스캔들이 드러나고 기업의 재무제표에 대한 신뢰가 떨어지면서, 이 사건은 2002년 여름 미국 주식시장의 폭락에 영향을 미쳤다. 이러한 스캔들은 투자자들이 금융시장에서 역선택과 도덕적 해이 문제를 극복하기 어렵다는 것을 재확인시켜 주고 있다.

요약 및 연습문제

1. 불확실성과 기대효용이론

불확실성이란 어떤 경제행위를 하는 데 필요한 정보가 불충분하거나 혹은 그 행위에 따른 결과가 사전에 예측한 것과 다르게 나올 수 있는 가능성이 존재하는 것을 말한다.

1.1 불확실성과 기대효용 불확실성 하의 효용을 측정하는 이론을 정형화한 것이 폰 노이만-모겐스턴(von Neumann-Morgenstern)의 기대효용이론이다. 복권의 기대수익이 주는 효용과 복권의 기대효용의 크기 비교를 통해 위험에 대한 선호를 구분할 수 있는데 전자가 클 경우 위험기피적, 후자가 클 경우 위험선호적, 둘이 같을 경우 위험중립적이라 한다.

1.2 보험과 위험프리미엄 보험은 위험기피자가 일정한 비용을 지불하고 자신의 위험을 타인에게 파는 행위를 의미하는데, 위험기피자가 위험부담을 회피하기 위해 지불할 용의가 있는 금액을 위험프리미

엄이라 부른다.

01. 유나가 주식시장에서 '잘나가'라는 기업의 주식을 구입하고자 한다. 현재 주식가격은 1,000원에 형성되어 있으며, 다음 날 이 기업의 주식가격이 3,000원으로 상승할 확률이 0.5, 파산할 확률이 0.5로 주어져 있다고 하자.

(1) '잘나가'의 주식 1주 구입에 대한 기대수익을 계산하라.

(2) 이 기대수익을 현재 주식가격과 비교하고, 사람들이 이 주식에 대해 어떤 태도를 취할 것인가에 대해 설명하라. 유나가 위험중립적 소비자라면 '잘나가'의 주식을 구매할 것인가?

(3) 유나가 주식을 사기 위해 1,000원을 들고 왔다가 증권거래소에 도착한 후 돈을 잃어버린 것을 발견했다고 하자. 이러한 상황은 기존의 기대효용이론에서 1,000원을 주고 주식을 매입한 뒤 주식보유증서를 잃어버린 상황과 다른 점이 있는가?

2. 정보비대칭성과 정보경제학

정보의 문제란 경제주체 간에 알고 있는 정보의 양이 다른 비대칭성이 존재하여 효율적인 자원배분이 저해되는 현상이다.

2.1 보험시장의 정보비대칭성 보험회사가 보험가입자의 은폐된 행동을 관찰할 수 없어 발생하는 문제를 도덕적 해이, 보험가입자의 감추어진 정보를 관찰하지 못해 발생하는 문제를 역선택이라고 한다. 도덕적 해이는 공동보험제도 등을 통해 보험가입자에게 적절한 행동의 유인을 제공하여, 역선택은 자체 의료검사 등을 통해 보험회사가 정보를 많이 수집하여 해결할 수 있다.

2.2 노동시장의 정보비대칭성 경영자와 주주 또는 경영자와 노동자의 이익 사이에서 발생하는 문제를 주인-대리인 문제라고 한다. 이를 방지하기 위해 성과급 지급, 효율성임금, 연공서열제도, 감시 등이 활용될 수 있다.

2.3 중고매매시장의 정보비대칭성 중고매매시장에 불량품만 가득하게 되는 역선택 문제를 해결하기 위해서 거래자들은 상대방에게 정확한 정보를 전달하는 신호(signal)를 보내거나 우량품과 불량품을 구별하는 선별장치를 마련해야 한다.

2.4 금융시장의 정보비대칭성 금융시장에서 잠재적 투자자들은 건실한 기업과 부실한 기업을 구분하기가 쉽지 않기 때문에 역선택 문제가 발생한다. 또한 기업이 자금조달 이후에 운용을 잘못하는 도덕적 해이의 문제도 존재하는데, 이 같은 문제를 줄이기 위해서는 정보공시를 확대하고 시장감시기능을 강화하는 것이 필요하다.

02. 비대칭적 정보가 존재하는 자동차보험시장에서 평균 이상의 운전자들은 법적인 보장이 존재하지 않는다면 자동차보험에 가입하기를 꺼리는 경향이 있다. 그 이유는 무엇인가?

03. 2010년 7월부터 라면, 과자와 빙과류 및 아이스크림에 대한 소비자권장가격제가 폐지되고 유통업자가 소비자가격을 설정하는 오픈프라이스(open price)제도가 시행되었다. 이 제도가 시행됨에 따

라 해당 상품시장에서 역선택과 도덕적 해이 현상이 나타날 가능성이 있는지, 있다면 어떤 방법에 의해 경제주체들이 역선택과 도덕적 해이 현상을 방지할 수 있는지 관련 경제주체별로 구분하여 설명하라.

행태경제학과 법경제학

Principles of **Micro**economics ch. twelve

12

1. 행태경제학

1.1 프로스펙트 이론 / 1.2 비합리적 행동의 사례

2. 법경제학

2.1 법의 경제학적 분석 / 2.2 법에 경제학을 적용하는 사례

이 장에서는 심리학적 통찰력을 적용해 기업과 소비자들의 비합리적 선택과 행동을 설명하려는 행태경제학의 기본 개념과 법의 경제학적 분석을 몇 가지 사례를 중심으로 소개하려고 한다. 이를 위해 다음과 같은 문제에 대해 논의해 보자.

- 프로스펙트 이론(또는 전망이론)이란 무엇이고, 이 이론이 적용되는 구체적 사례로는 어떤 것이 있는가?
- 법의 경제학적 분석 사례와 법에 경제학을 적용하는 사례로 각각 어떤 것이 있는가?

1. 행태경제학*

행태경제학
- 인간의 선택에 대한 심리학적 통찰력을 경제현상 설명에 적용
- 소비자와 기업의 비합리적인 선택 설명

제한된 합리성 합리적인 효용극대화가 아닌 만족 추구

제I편부터 지금까지의 논의는 기업과 소비자들이 사용 가능한 정보를 가지고 그들의 목표, 즉 이윤극대화와 기대효용의 극대화를 달성하기 위해 판단·선택하는 합리적 경제주체임을 전제로 해왔다. 즉, 경제주체들은 주어진 제약조건 하에서 합리적으로 비용과 편익을 비교하면서 항상 최적의 선택(optimal choice)을 하는 완벽한 경제적 인간이라는 것이다. 그러나 최근 몇몇 경제학자들은 소비자와 기업들이 경제적으로 합리적인 결정을 내리지 않는 것처럼 보이는 상황에 대해 연구해 왔다. **행태경제학**(behavioral economics)이라 불리는 이 새로운 학문 분야는 인간의 선택에 대한 심리학적 통찰력을 경제현상 설명에 적용한다.

행태경제학 탄생의 선구자이자 1978년 노벨 경제학상을 수상한 카네기 멜론 대학의 심리학자 **사이먼**(Herbert Simon) 교수는 소비자에게 효용을 극대화하는 데 필요한 모든 정보가 주어지지 않을 뿐만 아니라, 정보를 처리하는 데 있어서도 한계가 있기 때문에 소비자의 합리성은 제한되어 있다(bounded rationality)는 관점을 제시했다. 따라서 경제주체는 항상 최적선택을 추구하는 합리적인 극대화자(maximizer)가 아니라 단지 충분히 좋은 선택을 하는 **만족 추구자**(satisficer)라는 것이다.

* 도모노 노리오, 『행동경제학 : 경제를 움직이는 인간 심리의 모든 것』, 이명희 역, 지형, 2007 ; R. G. Hubbard and A. P. O'Brien, *Economics*, 2nd Edition, Chapter 9, Pearson, 2008 ; N. G. Mankiw, *Principles of Economics*, 4th Edition, Chapter 22, Thomson, 2007.

이러한 기본 관점에 입각해 프린스턴대학의 심리학자 **카너먼**(Danniel Kahneman) 교수와 **트버스키**(Amos Tversky) 교수는 실제 경제주체의 행동이 합리적 의사결정을 전제로 한 기대효용이론의 예측과 다르게 나타난다는 것을 실험으로 입증하고 경제주체의 선택을 실질적으로 설명할 수 있는 **프로스펙트 이론**(prospect theory) 또는 전망이론을 제시하였다. 1979년에 발표된 이 이론은 행태경제학이라는 새로운 분야의 출발점이 되었으며, 그 공로로 카너먼은 2002년 노벨 경제학상을 수상하였다.

프로스펙트 이론 경제주체의 행동이 합리적 의사결정을 전제로 한 기대효용이론의 예측과 다르게 나타난다는 것을 실험으로 입증하고 경제주체의 선택을 실질적으로 설명

1.1 프로스펙트 이론

프로스펙트 이론이 제11장에서 살펴본 기대효용이론과 다른 점을 알아보기 위해 두 가지 상황에서의 선택을 고려해 보자. 먼저 100만원을 갖고 있고 다음 두 가지 대안 (가), (나) 중 하나를 선택해야 하는 상황을 상정하자.

(가) $\frac{1}{2}$ 확률로 100만원을 더 받거나 $\frac{1}{2}$ 확률로 아무것도 받지 못한다.
(나) 확실하게 50만원을 더 받는다.

이 경우 사람들은 대개 (나)를 많이 선택한다.

이제 200만원을 갖고 있고 다음 두 가지 대안 (가), (나) 중 하나를 선택해야 하는 상황을 고려하자.

(가) $\frac{1}{2}$ 확률로 100만원을 잃거나 $\frac{1}{2}$ 확률로 아무것도 받지 못한다.
(나) 확실하게 50만원을 잃는다.

이 상황에서는 사람들이 (나)보다는 (가)를 더 많이 선택한다.

이 결과는 기대효용이론의 예측과 상반된다. 기대효용이론에 의하면 위 두 상황의 최종 상금이 동일하기 때문에 첫 번째 상황에서 최종적으로 150만원을 받게 되는 (나)를 선택했다면 두 번째 상황에서도 동일한 상금을 가져오는 (나)를 선택해야 하기 때문이다. 그러나 프로스펙트 이론에 의하면 사람들은 최종 상금을 비교해서 선택을 하기보다는 이득 또는 손실로 상황을 파악하고 선택을 한다. 구체적으로 이득이 발생하는 상황에서는 위험기피적인 태도를 보여 불확실한 이

이득 발생 상황 : 위험기피적인 태도 불확실한 이득보다 더 적지만 확실한 이득을 선호

그림 12-1

프로스펙트 이론의 가치함수

프로스펙트 이론에서 가정하는 가치함수는 이익영역에서는 오목함수, 손실영역에서는 볼록함수의 S자 모형을 갖고, 손실영역에서의 함수 기울기가 이익영역에서의 함수 기울기보다 더 가파르다는 특징을 갖는다.

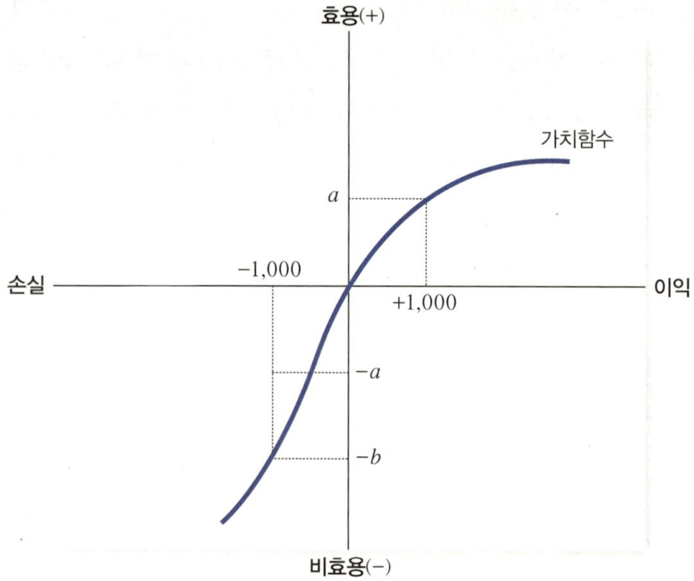

손실 발생 상황 : 위험선호적인 태도 확실한 손실보다 불확실하지만 더 큰 손실을 볼 수 있는 대안을 더 선호.

프로스펙트 이론의 구성 가치함수와 확률가중함수

가치함수의 특성
- 준거점 의존성 : 현실에 기초해 절대적 효용보다 준거점을 기준으로 한 가치가 중요
- 민감도 체감성 : 이득이나 손실의 가치가 작을 때에는 변화에 민감하지만 가치가 커지면서 민감도가 감소
- 손실 회피성 : 같은 액수라도 손실을 이득보다 크다고 느낌

득보다 더 작지만 확실한 이득을 선호하는 반면, 손실을 보게 되는 상황에서는 위험선호적인 태도를 보여 확실한 손실보다 더 커질 수 있지만 불확실한 손실을 선호한다는 것이다. 따라서 사람들이 첫 번째 상황에서는 (나)를 더 많이 선택하는 반면, 두 번째 상황에서는 (가)를 더 많이 선택한다고 본다.

이처럼 기대효용이론의 대체이론으로 고안된 프로스펙트 이론은 효용함수 대신 가치함수와 확률가중함수로 구성된다. 먼저 어떤 기준으로부터의 손실과 이득으로 측정되는 **가치함수**는 준거점 의존성, 민감도 체감성, 손실 회피성 등 세 가지 특성을 갖는다. 첫째, **준거점 의존성**이란 자산이 2억원에서 1억원으로 줄어든 사람보다 1천만원에서 1천 1백만원으로 늘어난 사람이 더 행복할 수 있다는 현실에 기초하여 절대적 효용보다 준거점을 기준으로 한 가치가 중요하다는 것을 말한다. 둘째, **민감도 체감성**이란 이득이나 손실의 가치가 작을 때에는 변화에 민감하지만, 가치가 커지면서 민감도가 감소한다는 특성이다. 예를 들어, 같은 3천만원의 증가지만 1천만원에서 4천만원으로 증가하는 경우가 1억원에서 1억 3천만원으로 증가하는 경우보다 이득이 더 많이 늘어난 것처럼 느껴진다는 것이다. 끝으로 **손실 회피성**이란 손실이 같은 액수의 이득보다 더 크게 느껴진다는 특성이다.

따라서 프로스펙트 이론에서 말하는 가치함수는 〈그림 12-1〉과 같이 이익영역에서는 오목함수(concave function), 손실영역에서는 볼록함수(convex function)의 S자 모형을 갖고, 손실영역에서의 함수 기울기가 이익영역에서의 함수 기울기보다 더 가파르다는 특징을 갖는다. 이로 인해 동일한 금액의 이익(+1,000)과 손실(−1,000)이 있는 경우, 사람들은 1,000원의 이익에서 얻는 심리적 만족(a)보다 1,000원의 손실에서 느끼는 심리적 불만족($-b$, 여기서 $|a| < |-b|$)이 더 크기 때문에 손실을 회피하려 한다.*

확률가중함수의 특성
확률이 작을 때는 그것이 과대평가되는 반면, 확률이 중간 이상으로 커지면 과소평가

가치함수와 함께 프로스펙트 이론의 핵심 구성요소인 **확률가중함수**에 의하면, 어떤 사건의 확률이 작을 때는 그것이 과대평가되는 반면 확률이 중간 이상으로 커지면 과소평가된다. 이러한 낮은 확률에 대한 과대평가로 인해 사람들이 확률이 낮을 때는 이득에 대해 위험선호적인 태도를 취하는 반면, 손실에 대해서는 위험기피적인 태도를 나타낸다는 것이다. 당첨확률이 매우 낮은 복권을 앞다투어 구입하는 일이나 감염확률이 매우 낮은 광우병에 걸릴 것을 우려해서 쇠고기를 기피하는 행동이 그 예이다.

또한 카너먼과 트버스키의 연구에 의하면 사람들의 행동과 선택뿐만 아니라 판단도 합리적이지 않다. 그들은 사람들이 정보를 제대로 처리하지 못하고 주먹구구식으로 사고를 하면서(휴리스틱, heuristic) 잘못된 판단, 즉 **편향**(bias)이 나타난다는 것을 많은 실험과 연구를 통해 입증하였다. 흡연자가 현재 담배를 피우는 효용을 과대평가하는 반면, 미래에 폐암에 안 걸려서 얻을 수 있는 효용은 과소평가하는 것이 그 예이다.

생활과 경제학

광고 속 프로스펙트 이론

옆에 있는 두 편의 광고는 공통적으로 할인 관련 정보를 제공하고 있지만, 구체적으로 살펴보면 다른 전략을 취하고 있다. 왼쪽의 패밀리레스토랑 광고에서는 '할인에 할인을 더하라'라는 문구처럼 소비자에게 좀더 많은 이익을 준다는 측면에서 접근하고 있는 반면, 오른쪽의 제주 관광지 자유이용권 광고에서는 인기 관광지 세 곳을 묶어 이용할 경우 저렴한 가격을 적용받을 수 있다는 측면에서 접근하고 있다. 즉, 전자는 '이익극대화' 측면을, 후자는 '손실최소화' 측

〈그림 1〉

(a)

(b)

---

* 출처: 곽준식, 『브랜드, 행동경제학을 만나다』, 갈매나무, 2012. ; "〈광고 속 행동경제학 1〉 이익을 나누고 손실을 합해라", 『KDI 클릭경제교육』, KDI 경제정보센터, 2013. 2.

면을 강조하고 있다. 유사하지만 다른 이 두 광고에는 어떤 소비자 경제심리가 숨어 있을까?

프로스펙트 이론에서 손실 회피성을 갖는 가치함수로부터 이익과 손실에 대한 다음 두 가지 원칙이 나오게 된다. 첫째, 이익은 합하는 것보다는 나누는 것이 사람들에게 더 큰 만족을 준다(이익을 나눠라). 예를 들어 제품을 10%로 할인한다고 이야기하는 것보다는 단골할인 2%, 계절할인 3%, 판촉할인 5%를 합해 총 10%를 할인한다고 이야기하는 것이 더 효과적이다. 〈그림 1〉의 (a) 패밀리레스토랑 광고는 이런 원칙에 맞춰 "할인에 할인을 더하라"라는 말과 함께 테이크 아웃하면 15%를 추가 할인해 주어 제휴할인카드와 중복할인 시 최대 약 50%까지 할인이 가능하다는 점을 알리고 있다. 이는 할인(이익)을 나눠 제시함으로써 소비자가 받게 될 이익을 크게 지각하도록 만든 광고라 할 수 있다.

둘째, 손실은 나누는 것보다 합해야 사람들의 불만족을 줄일 수 있다(손실은 합해라). 〈그림 1〉의 (b) 제주 관광지 자유이용권 광고는 제주도에 온 관광객들이 방문하고 싶은 명소별로 이용료를 지불할 경우 느낄 수 있는 불만족(손실)을 최소화하려는 전략이라 할 수 있다. 보통 놀이공원에서 놀이기구를 탈 때마다 이용권을 구입하도록 하지 않고 처음 입장할 때 자유이용권을 구입하여 마음껏 놀이기구를 이용할 수 있도록 하는데, 이 또한 고객의 손실지각을 최소화하기 위한 방법이라 할 수 있다.

출처 : 곽준식, 『브랜드, 행동경제학을 만나다』, 갈매나무, 2012. ; "〈광고 속 행동경제학 1〉 이익을 나누고 손실을 합해라", 『KDI 클릭경제교육』, KDI 경제정보센터, 2013. 2.

1.2 비합리적 행동의 사례

이제 행태경제학의 기본 개념을 이용하여 사람들의 비합리적인 선택과 잘못된 판단으로 보이는 구체적 사례들을 설명해 보자.

1.2.1 비금전적 기회비용을 무시한다

우리는 제1장(1.2 편익과 비용)에서 어떤 선택을 할 때 포기해야 하는 가장 가치 있는 대안의 가치로 기회비용(opportunity cost)을 정의했다. 예를 들어 사람들이 시장에 내다 팔 수 있는 물건을 팔지 않고 소유하고 있을 때 기회비용이 발생한다. 그러나 사람들은 이 물건을 어떤 가격에 팔 것인가를 결정할 때 이러한 기회비용을 무시하는 경우가 종종 있다. 다음의 사례를 살펴보자.

슈퍼볼(Super Bowl)을 관람하려는 미식축구팬을 대상으로 경기 입장권을 좌석에 따라 액면가인 325달러 또는 400달러에 살 수 있는 자격을 주는 추첨을 한 후, 당첨자들에게 다음 두 가지 질문을 하였다.

질문 1 : 만약 당첨이 되지 않았다면 3,000달러를 지불하고 입장권을 구매할 의사가 있습니까?

질문 2 : 당첨 후 슈퍼볼을 보러 가기 전에 누가 그 입장권을 3,000달러에 팔라고 제안하면 응하시겠습니까?

질문 1의 응답자 중 94%는 만약 당첨이 되지 않았다면 3,000달러에 입장권을 사지 않을 것이라 답했으며, 동시에 질문 2의 응답자 중 92%는 당첨된 입장권을 3,000달러에 팔지 않을 것이라고 응답했다. 그러나 이 두 가지 답변은 서로 모순이다. 왜냐하면 누군가가 당첨자에게 입장권을 3,000달러에 사겠다고 제안했는데 당첨자가 이를 거절하고 스스로 사용하면 3,000달러를 지불하지는 않았지만 3,000달러의 기회비용이 발생하기 때문이다. 실제로 3,000달러를 지불하거나 3,000달러에 팔지 않는 것은 동일한 것이다. 이러한 모순은 비금전적 비용인 기회비용을 무시한 데에서 비롯된다.

행태경제학자들은 이와 같은 모순이 **소유효과**(endowment effect)에서 오는 것으로 본다. 이는 사람들이 실제로 소유하고 있을 때의 물건 가치를 그렇지 않을 때보다 높게 평가하기 때문에 동일 물건을 구입하는 데 지불할 용의가 있는 가격 이상으로 팔 수 있는 제안을 받더라도 이를 거절하는 성향을 의미한다. 앞서 살펴본 프로스펙트 이론에 의하면 이러한 소유효과는 사람들이 손실과 이득을 평가하는 가치함수의 세 가지 특성 중 손실 회피성에 기인한다.

소유효과
- 어떤 물건을 실제로 소유하고 있을 때는 그것을 갖고 있지 않을 때보다 높은 가치로 평가
- 동일 물건을 구입하기 위해 지불하고자 하는 가격 이상으로 팔라는 제안을 받더라도 이를 거절하는 성향 : 가치함수의 특성 중 손실회피성에 기인

이러한 소유효과를 활용한 마케팅 방법으로 환불보장제도와 체험단 활동을 들 수 있다. 먼저 **환불보장제도**란 제품을 구매한 고객에게 일정 기간 동안 그 제품을 사용하게 한 후 제품이 마음에 들지 않으면 환불해 주는 제도이다. 소비자들은 환불보장제도 때문에 별 부담 없이 구입을 결정하지만, 시험기간 동안 제품에 익숙해지면 그 제품을 자산의 일부로 느끼게 된다. 따라서 소비자는 시험기간이 끝난 후 구입한 제품을 반환하는 것에 대해 손실감을 갖는다. 제품에 문제가 없는 한 제품을 반환할 때 느끼는 손실이 환불로 생기는 이득에 비해 더 크게 지각되기 때문에 반환을 하지 않게 된다. **체험단 활동**도 환불보장제도와 유사하게 소비자들이 직접 참여하여 제품을 보고, 만지고, 느끼고, 사용해 보도록 유도함으로써 자신이 소유한 제품처럼 느끼게 하는 기업의 적극적인 마케팅

체험단 모집 광고

방법이다.*

1.2.2 매몰비용에 집착한다

매몰비용(sunk cost)은 이미 지불되어 복구할 수 없는 비용을 의미한다. 예를 들어 돈을 이미 지급하고 다시 받을 수 없다면 다음의 의사결정에서 그 비용을 고려해서는 안 된다. 소비자들이 매몰비용에 집착하는지 여부를 보기 위하여 서로 다른 집단의 사람들에게 각각 다음과 같은 질문을 하였다.

질문 1: 여러분이 연극을 보기로 결정하고 10달러짜리 입장권을 구입했다고 하자. 극장 입구에서 입장권 분실 사실을 알았다면 여러분은 10달러를 내고 또 한 장의 입장권을 사겠습니까?

질문 2: 여러분이 입장료가 10달러인 연극을 보기로 결정했다고 하자. 극장에 들어간 순간 10달러를 잃어버린 사실을 알게 되었다면 여러분은 여전히 10달러를 내고 연극을 관람하겠습니까?

질문 1에 대한 응답자 중 46%는 또 한 장의 입장권을 사겠다고 대답했고 54%는 사지 않겠다고 대답한 반면, 질문 2에 대한 응답자 중 88%는 여전히 10달러를 내고 연극을 보겠다고 했고 12%는 보지 않겠다고 대답했다. 실질적으로 위 두 질문이 제시하는 상황은 동일하기 때문에 그 답변도 같아야 한다. 그러나 질문 1에 답한 사람들은 연극을 보아야 할지를 합리적으로 결정할 때 매몰비용으로서 무시해야 될 입장료 10달러를 여전히 비용으로 고려하고 있는 것이다. 이러한 매몰비용 집착효과도 사람들이 손실과 이득을 평가하는 가치함수의 손실 회피성에 기인한다.

매몰비용 집착효과도 가치함수의 손실 회피성에 기인

1.2.3 적자로 마감하지 않으려는 심리적 회계*

사람들은 제품을 구매하면 제품별로 마음속에 회계장부를 만든 후 제품 구매를 위해 지불한 비용과 제품을 소비하면서 느끼는 혜택을 비교하는 과정을 거친

* 출처: 곽준식, 『브랜드, 행동경제학을 만나다』, 갈매나무, 2012. ; "〈광고 속 행동경제학 2〉 보상판매와 체험단에 숨겨진 심리학", 『KDI 클릭경제교육』, KDI 경제정보센터, 2013. 3.

다. 이러한 심리적 회계장부의 가장 큰 특징은 사람들이 적자로 마감하지 않으려 한다는 것이다.

예를 들어 지속적으로 신제품이 나오는 IT제품 판매에 소비자의 심리적 회계장부는 어떤 영향을 미칠까? 일반적으로 기존 제품보다 업그레이드된 신제품이 출시되면 소비자는 본능적으로 그 제품을 소유하고 싶어한다. 그런데 만약 기존 제품의 잔존가치가 남아 있다면, 즉 여전히 사용하는 데 큰 문제가 없다면 어떻게 될까? 아마 소비자는 새로운 제품을 사고 싶다는 욕구와 아직 쓸만한 제품을 버려야 하는 상황 사이에서 고민하게 될 것이다. 왜냐하면 사람들은 심리적 회계장부를 적자로 마감하고 싶어하지 않기 때문이다.

이런 상황에서 잔존가치 중 일정 부분을 보상해 주는 보상판매(trade-in)는 신규 구매에 대한 심리적 불편함을 완화시켜줄 뿐만 아니라 나아가 교체에 대한 명분을 제공해 주기 때문에 효과적이라 할 수 있다. 최근에는 경제적 이익과 공익을 접목시킨 '착한 보상판매'가 주목을 받고 있다. 예를 들어 어떤 기업은 보상판매를 통해 모아진 구형 카메라를 공익단체에 기증해 소외계층을 위한 기금 마련에 활용했다. 이와 같이 기업들이 실시하는 착한 보상판매는 신제품 판매 증가와 사회적 공헌에 따른 기업 이미지 상승이라는 두 마리 토끼를 잡는 데 효과적인 방법이라 할 수 있다.

1.2.4 시간에 따라 일관적이지 않다

사람들의 선호가 시간적 비일관성(time inconsistency)을 나타내는지를 보기 위해서 흡연자들에게 다음 질문을 한다고 해보자. 여러분들은 (가)와 (나) 중 어느 쪽을 선호하겠는가?

질문 1 : (가) 오늘 당장 금연을 시작한다. (나) 내일부터 금연을 시작한다.
질문 2 : (가) 100일 후 금연을 시작한다. (나) 101일 후 금연을 시작한다.

첫 번째 질문에 대해서 많은 흡연자들이 (나)라고 응답한 반면, 두 번째 질문에 대해서는 많은 흡연자들이 (가)라고 응답했다. 사람들은 질문 1에 대한 답변처럼 하기 싫은 일을 지금 당장 해야 한다고 할 때에는 그것을 나중으로 미루려

한다. 반면 사람들이 미래를 생각할 때에는 질문 2에 대한 답변처럼 하기 싫은 일을 하는 것을 대수롭지 않게 생각한다. 그러나 막상 100일이 지나서 사람들이 마음을 바꿀 수 있다면 질문 1에 대한 답변과 같이 그 다음 날 금연을 시작하겠다고 할 것이다. 이처럼 시간이 지나면서 사람들의 금연 결심이 바뀌는 것은 현재의 흡연에 대한 효용을 과대평가하는 반면 미래 건강의 효용은 과소평가하는 편향(bias)을 갖고 있기 때문이다. 불행히도 금연을 시작하는 "그 다음 날"은 오지 않고 흡연자들은 장기간 흡연으로 인한 건강문제에 직면할 수밖에 없다.

선호의 시간적 비일관성 현재 흡연의 효용은 과대평가하나 미래 건강의 효용은 과소평가하는 편향

이와 같은 선호의 시간적 비일관성 문제를 피하기 위해서는 사람들이 자신의 미래 선택을 사전에 구속할 필요가 있다. 예를 들어 금연을 시작하기로 한 사람은 담배를 다른 사람에게 맡겨 놓는 방법을 생각해 볼 수 있다.

1.2.5 게임을 통한 실증적 분석 사례

사람들이 얼마나 이기적으로 행동하는지를 테스트하기 위해 두 가지 실험을 해보자. 첫 번째 실험은 **최후통첩게임**이다. 두 사람 A와 B가 있는데, 이 둘은 이전에 한 번도 만난 적이 없기 때문에 각자 이기적인 행동을 할 가능성이 매우 크다고 하자. 실험에서 A에게 10만원을 주고 A가 B에게 얼마씩 나눠 갖자고 제안하면 B는 이를 받아들일 수도 있고 거절할 수도 있게 했다. 만약 B가 받아들이면 그대로 돈이 지불되며, B가 거절하면 두 사람 모두 한 푼도 못 받게 된다. 이론적으로 볼 때 A는 9만 9,999원을 자신이 갖고 1원만 B에게 제안할 가능성이 있다. 왜냐하면 B 입장에서 볼 때 0원보다는 1원을 획득하는 것이 자신에게 유리하기 때문이다.

그러나 실제로 게임을 여러 차례 시행해 본 결과, A 역할을 맡은 사람이 최소한 40% 이상의 몫을 B에게 제의하는 관대함을 보였다. 또 하나의 흥미로운 점은 B 역시 자신의 몫이 20%가 안 되는 경우 대부분 제의를 거부해 버렸다는 점이다. 이 게임을 통해 사람들은 개인적 이익 못지않게 공정성을 매우 중요하게 생각한다는 점을 알 수 있다. 이처럼 사람들이 **공정성**이라는 중요한 가치를 지키기 위해 개인적 이익을 선뜻 버리는 행동을 마다하지 않는 것을 종종 발견할 수 있다.

최후통첩게임의 결과 공정성이라는 중요한 가치를 지키기 위해 개인적 이익은 선뜻 포기

두 번째 실험은 **공공재게임**이다. 공공재의 가장 큰 문제점은 사람들이 **무임승차**(free riding)를 하려고 한다는 것이다. 그러나 무임승차를 할 수 있는 상황이라고 해서 사람들이 정말로 그렇게 할 것이라고 단정하기는 힘들다. 예를 들어

10명을 모집해 그들에게 각각 50장의 표를 배정한 다음 각 사람이 이 표를 어떻게 사용하는지를 살펴보는 실험을 한다고 하자. 각 사람은 자신에게 배정된 50장의 표를 '개인' 이라고 씌어 있는 상자와 '공공' 이라고 씌어 있는 상자에 나눠 넣게 된다. 어떤 사람이 표 1장을 '개인' 에 넣으면 실험이 끝난 후 천원을 받게 되고 '공공' 에 넣으면 모든 사람이 오백원씩 받게 된다. '개인' 에 표를 넣는 것은 자신만 천원의 이득을 얻으려 하는 이기적 행위를 의미하는 반면, '공공' 에 표를 넣는 것은 모두 함께 이익을 얻자는 의도가 있다. 만약 모든 사람이 각자 가진 표를 전부 '개인' 에 넣으면 1인당 5만원씩 얻는 것으로 실험이 끝나는 반면, 모든 사람이 표를 전부 '공공' 에 넣으면 1인당 25만원씩 얻을 수 있다.

집단 전체로 보면 모든 사람이 '공공' 에 표를 넣는 것이 가장 바람직하지만 개인으로 봤을 때는 '개인' 에 넣는 것이 바람직하다. 이기적인 사람은 자신의 표를 모두 '개인' 에 넣고 다른 사람이 '공공' 에 넣기를 기대할 것이다. 그러나 실험결과에 따르면 무임승차를 하려는 경향이 의외로 약한 것으로 드러났다. 개인당 평균적으로 40%에서 60%에 이르는 부분을 '공공' 에 넣는 것으로 나타났다.

공공재게임의 결과 무임승차를 하려는 경향이 의외로 약함

2. 법경제학*

Principles of **Micro**economics ch. twelve

우리는 제1장(1.3 시장과 교환의 이득)에서 거래를 통해 발생하는 이득에 대해 살펴보았다. 거래는 기본적으로 약속이고 이는 곧 계약을 의미한다. 거래가 계약의 특성을 보인다는 것은 법학과 경제학의 뗄 수 없는 관계를 보여준다. 그런데 이런 관계를 넘어 법학과 경제학을 더욱 가깝게 하는 분야가 있는데, 그것이 바로 **법경제학**(law and economics)이다.

법경제학 정의를 실현하기 위해 합리적이고 효율적인 경제학을 활용하는 학문

어떻게 **정의**(justice)를 이야기하는 법학과 **효율성**(efficiency)을 추구하는 경제학이 연결될 수 있을까? 판사는 판결을 하고 벌금을 책정할 때 아무 근거 없이 임의로 하지 않는다. 벌금이 너무 낮으면 범죄예방의 효과가 없고, 그렇다고 벌금이나 형량이 너무 높아도 문제가 될 수 있다. 예를 들어 거리에 침을 뱉는 것에 대해 100억원의 벌금을 부과한다면 실제로 벌금을 낼 수 있는 사람도 많지 않을

* R. D. Cooter and T. Ulen, 『법경제학』, 한순구 역, 경문사, 2009.

뿐더러 처벌이 지나치다는 비난을 피하기 힘들 것이다.

그렇다면 적정 벌금수준은 얼마일까? 이 문제에 대한 답을 구하는 데 바로 효율성의 개념이 들어갈 여지가 생기게 된다. 이제부터 정의를 추구하는 법학에 효율성을 추구하는 경제학이 어떻게 적용되는지 알아보자.

2.1 법의 경제학적 분석

경제학으로 법에 대한 인간 행동을 과학적으로 분석

유인에 대한 경제주체들의 반응을 연구하는 경제학은 사람들이 법이라는 제도에 어떻게 반응하는지도 이론적으로 잘 보여줄 수 있다. 즉, 경제학이 법에 대한 인간의 행동을 과학적으로 분석할 수 있게 하는 것이다. 경제학은 이러한 인간 행동에 대한 이해뿐만 아니라 법과 제도를 평가하는 유용한 도구를 제공하기도 한다. 법의 경제학적 분석에 대해 구체적 예를 들어 살펴보자.

2.1.1 법제도에 대한 인간 행동의 과학적 분석 : 유인의 이해

유인 벌금, 형량 등으로 사람들의 반응 통제 가능

우리는 경제학을 배우면서 사람들이 유인에 반응한다는 것을 확인하였다. 이것은 법제도에도 마찬가지로 적용될 수 있는데, 벌금이나 형량 등의 제재가 유인이 되어 사람들의 반응을 통제할 수 있는 것이다.

예를 들어 어떤 기업이 전기장판을 생산한다고 하자. 제5장(완전경쟁시장과 공급곡선)에서 배운 것과 같이 기업은 이윤극대화를 추구한다. 전기장판 산업이 완전경쟁적일 경우 이 기업은 비용최소화에만 관심을 가짐으로써 안전장치나 화재 가능성에 대한 조치나 보험 등을 등한시하게 될 것이다. 그 결과 소비자가 이러한 사고위험을 떠안을 수밖에 없다. 법이 존재하지 않을 경우 소비자는 어디에 항의할 수도 없기 때문에 소비자의 권리는 땅에 떨어지게 된다.

그러나 사법기관이 존재하여 사고에 대해 기업이 책임을 져야 한다면, 잠재적인 사고의 처리비용 역시 기업 입장에서는 생산비용이 된다. 그렇다면 기업은 전과 달리 전기장판을 보다 안전하게 만드는 기술을 개발하거나 아니면 사고에 대한 보상과 책임을 지려고 할 것이다. 이때 합리적인 경영자라면 잠재적인 사고에 대한 보상액의 한계가치만큼 안전장치에 투자하는 선택을 할 것이다. 이와 같이 경제학은 사람들이 법이라는 제도적 유인에 어떻게 반응하는지를 이론적으로 잘 보여준다. 바로 이것이 법경제학의 존재 이유 중 하나라고 할 수 있다.

2.1.2 법제도의 평가기준 제공 : 효율성

경제학은 법적 유인에 대한 인간 행동의 이해뿐만 아니라 법과 제도를 평가하는 유용한 도구를 제공하기도 한다. 법은 사회구성원 간 최소한의 약속이기 때문에 사회적 목표를 달성하는 중요한 수단이 된다. 이를 위해 입법기관과 사법기관은 법이나 정책이 사회적인 목표에 미치는 영향을 고려해야 하는데, 이때 효율성이 그 판단기준이 될 수 있다. 어떠한 법제도이든 가장 효율적인 방법은 같은 효과를 발휘하는 법제도 중 비용이 가장 적은 정책을 선택하는 것이고, 이것이 바로 경제적 선택인 것이다.

법제도의 평가기준
- 같은 효과를 발휘하는 법제도 중 비용이 가장 적은 정책
- 사회후생

한편 법제도의 효율성은 경제적 후생을 의미하기도 한다. 어떠한 법제도의 결과로 인해 수요곡선 또는 공급곡선이 변함으로써 경우에 따라 사회후생이 감소할 수 있다. 법제도를 결정할 때는 이러한 사회후생 손실까지 포함하여 법제도의 결과를 예상해야 하는데, 이때 경제학이 예측에 유용한 수단을 제공해 줄 수 있다. 물론 효율성만큼 정의도 중요하기 때문에 효율성의 기준만을 적용할 수는 없다. 그러나 정의만을 추구하느라 지나친 비효율을 겪게 된다면 그것 역시 사람들의 후생을 감소시킬 수 있다. 따라서 법의 영역에도 중용이 필요하며, 그 역할을 경제학이 수행할 수 있는 것이다.

2.2 법에 경제학을 적용하는 사례

법에 경제학을 적용하는 것은 정의를 효율성의 차원에서 확인한다는 의미를 지닌다. 이제 제10장(2.4 코우즈 정리)에서 배웠던 코우즈 정리를 통해 재산권의 문제, 계약거래와 관련된 손해배상과 범죄 및 처벌의 문제를 살펴보고, 경제학이 법에 어떻게 적용될 수 있는지 그리고 어떻게 법을 보완할 수 있는지 알아보자.

2.2.1 코우즈 정리 : 재산권의 문제

법경제학의 시작은 코우즈 정리라고 보아도 무방할 것이다. 왜냐하면 코우즈 정리는 두 경제주체의 재산권에 대한 문제이기 때문이다. 먼저 다음과 같은 농장 주인과 목장 주인의 사례를 생각해 보자.

농장 주인은 자신의 농장 일부에서 옥수수를 재배하지만 나머지 토지는 경

작하지 않고 있다. 그리고 목장 주인은 자신의 목장 전체에 소를 방목하고 있다. 목장과 농장의 경계는 명확하지만 울타리가 없기 때문에 소들이 농장에 들어와 옥수수에 피해를 입히고 있다. 이런 피해는 농장 주인으로 하여금 울타리를 치거나 소를 감시하는 등의 비용을 발생시킨다. 결국 누군가는 이 비용을 지불해야 하는데, 농장 주인과 목장 주인 어느 누구도 이를 달가워할 리 없다. 농장 주인은 목장 주인이 소들을 제대로 관리하지 못했기 때문이라 주장하겠지만, 목장 주인의 입장에서는 농장의 옥수수 관리를 위해 울타리를 치면 되지 않느냐고 반문할 것이다. 이 경우 코우즈 정리에 따르면 법의 개입 없이도 **재산권**만 명확히 설정한다면 어느 쪽에게 재산권이 더 유리하게 부여되든 효율적인 결과를 가져온다. 이것을 **코우즈 정리의 불변성**(invariance)이라고 한다.

코우즈 정리의 불변성
법의 개입 없이도 재산권만 명확히 설정해 주면 어느 쪽에게 재산권이 돌아가든 효율적인 결과 도출

예를 들어 현재 농장 주인은 소의 침입으로 매년 100만원의 피해를 보고 있는데, 농장 주인이 울타리를 치고 관리한다면 매년 50만원의 비용이 들지만 목장 주인이 설치하고 관리한다면 80만원이 소요된다고 하자. 만약 관리 책임이 목장 주인에게 있다면, 목장 주인이 80만원을 들여 스스로 울타리를 설치 · 관리하는 것은 비효율적이다. 그 대신 농장 주인이 울타리를 설치 · 관리하고 그에 따른 비용 50만원을 목장 주인이 부담하며 비용절감분(잉여)인 30만원은 절반씩 둘이 나눠갖는 것이 더 효율적이다.

그러나 이 경우는 협상에 따른 **거래비용**이 없을 때이다. 거래비용이 높아서 협상이 어려워지면 결과는 달라진다. 만약 협상을 하는 데 40만원의 추가비용이 든다면, 비용 절감액 30만원보다 추가비용 40만원이 더 크기 때문에 거래가 이루어지지 않을 것이다. 이 경우 농장 주인과 목장 주인의 분쟁이 끊이지 않게 되므로 법의 개입이 필요하게 되고, 다음과 같은 두 가지의 판결이 가능할 것이다.

1) 농장의 보호에 대한 책임은 농장 주인에게 있으므로 옥수수에 피해가 발생하는 것은 농장 주인이 자신의 역할을 다하지 못했기 때문이다.
2) 소들의 관리에 대한 책임은 목장 주인에게 있으므로 옥수수에 피해가 발생하는 것은 목장 주인이 자신의 역할을 다하지 못했기 때문이다.

1번의 결정에 의하면 농장 주인이 울타리를 치지 않아서 목장의 소들이 침범한 것이기 때문에 농장 주인은 법에 호소하여 보상을 받을 수 없다. 결국 피해에 대한 책임이 농장 주인에게 있기 때문에 농장 주인이 그 비용을 직접 부담하는 수

밖에 없는 것이다. 반대로 2번의 결정에 의하면 소들을 제대로 관리하지 못한 목장 주인에게 책임이 있기 때문에 목장 주인은 소들이 이웃 농장에 입힌 옥수수 피해에 대해 지속적으로 보상을 하거나 울타리를 설치하여 소들의 침범 가능성을 없애야 한다.

1번의 판결은 목장 주인의 권리를 중시하는 것인 반면, 2번의 판결은 농장 주인의 권리를 중시하는 것이다. 그런데 위와 같이 협상에 따른 거래비용이 큰 경우에는 농장 주인이 울타리를 관리하는 것이 보다 효율적이기 때문에 목장 주인의 권리를 중시해야 할 것이다. 따라서 사법부는 어느 경제주체가 더 효율적으로 울타리를 관리할 수 있는지 알아야 한다. 이때 각 경제주체의 관리비용을 측정하는 데 경제학적인 방법이 사용될 수 있다.

사법부의 역할 가장 효율적으로 관리할 수 있는 경제주체에게 권리를 부여

2.2.2 계약의 경제학

우리는 거래를 통해 이득이 발생한다는 것을 배웠다. 이러한 거래의 기반은 계약이라고 할 수 있다. 일반적으로 계약은 상호 모두가 이익이 되기 때문에 성립한다. 하지만 보통 거래의 체결시점과 실제 거래가 일어나는 시점이 다르기 때문에 거래주체의 이해관계는 달라질 수 있다. 예를 들어, 계약에 의해 거래가 성립한 이후 어떤 당사자에게는 계약을 파기하는 것이 더 이익이 될 수도 있다. 이를 방지하기 위해 **계약금**이 존재하고, 나아가서 계약위반에 대해서는 이행을 강제하거나 **손해배상**을 청구할 수 있는 것이다.

계약 불이행의 가능성
- 거래에 대한 약속시점과 실제 거래시점의 불일치로 이해관계 변화
- 계약 불이행을 방지하기 위해 계약금, 이행강제, 손해배상 청구

우선 법적 구속력을 갖는 계약이 계약당사자의 이익을 증가시키는 예를 들어보자. [표 12-1]의 (a)는 계약이 불가능한 경우의 투자자(주인, principal)와 경영자(대리인, agent)의 보수행렬을 나타낸 것이고, (b)는 계약이 가능한 경우의 보수행렬을 나타낸 것이다. 먼저 계약이 가능한 경우 투자자가 2억원을 투자하고 경영자가 최선의 노력을 다한다면, 투자사업이 성공하여 4억원의 매출을 올리게 되고 투자자와 경영자는 각각 1억원의 순수익을 얻게 된다. 그러나 계약이 불가능한 경우 경영자가 투자사업에 최선을 다하지 않고 자금을 유용한다면, 투자자는 2억원의 손실을 보는 반면에 경영자는 2억원의 이익을 얻는다.

계약이 불가능한 (a)의 경우 경영자는 투자자의 투자 여부와 무관하게 최선의 노력을 하지 않고 투자 자금을 유용하는 것이 가장 이익이다. 즉, 경영자가 투자 자금을 유용하는 것이 우월전략(dominant strategy)이 되는 것이다. 이것을 아

계약이 불가능할 경우 투자가 이루어지지 않을 수도 있지만, 계약을 강제하거나 손해배상을 청구할 수 있으면 계약이 이루어질 수 있음

표 12-1

계약의 이익

(단위 : 억원)

		경영자(대리인)	
		최선의 노력	유용
투자자(주인)	투자	(1, 1)	(−2, 2)
	투자하지 않음	(0, 0)	(0, 0)

(a) 계약이 불가능한 경우

(단위 : 억원)

		경영자(대리인)	
		최선의 노력	유용
투자자(주인)	투자	(1, 1)	(1, −1)
	투자하지 않음	(0, 0)	(0, 0)

(b) 계약이 가능한 경우

는 투자자는 투자를 하지 않을 것이고, 따라서 최종 균형은 [표 12-1]의 (a)에서 (투자하지 않음, 유용)이 된다. 반면에 [표 12-1]의 (b)는 계약이 가능한 경우를 나타낸다. 이 경우 경영자가 투자 자금을 유용하면 경영자는 투자자에게 투자원금인 2억원뿐만 아니라 계약위반의 대가로 경영자 계약을 성실히 이행했을 때 투자자가 얻을 수 있는 기대순이익인 1억원도 보상해 주어야 한다. 따라서 투자자는 경영자가 최선을 다하든 자금을 유용하든 상관없이 투자를 하는 것이 이익이므로 투자를 선택하고 경영자 역시 우월전략인 최선의 노력을 다하는 것이 최종 균형이 된다. 즉, 법적 구속력을 갖는 계약이 투자자와 경영자 모두의 순이익을 증가시키는 결과를 가져온다.

그러나 만약 최초 계약시점 이후 경제여건이 달라져 기존 투자계획의 기대순이익은 감소한 반면 경영자가 자금을 빼돌려 다른 사업에 투자할 경우에 더 큰 이익을 가져올 수 있다면 어떻게 될까? 예를 들어 [표 12-2]와 같이 자금을 유용하여 다른 사업에 투자할 경우 총 5억원의 이익을 얻는다면, 투자원금 2억원과 기대순이익 1억원을 보상하고도 경영자에게는 2억원이 남게 된다. 결과적으로 투자자와 경영자 모두의 순이익이 증가하게 된다. 따라서 경영자가 최선의 노력을 다하지 않음으로써 계약을 이행하지 않는 것이 더 효율적이다. 즉, 법이 계약을

표 12-2

유용한 투자 자금으로 다른 투자사업을 실행하는 것이 더 유리한 경우

(단위 : 억원)

		경영자(대리인)	
		최선의 노력	유용
투자자(주인)	투자	(1, 1)	(1, 2)
	투자하지 않음	(0, 0)	(0, 0)

무조건 강제할 경우 사회 전체의 후생이 감소할 수 있기 때문에 손해배상이 이루어지더라도 계약을 이행하지 않는 것이 효율적인 것이다. 이런 의미에서 이를 **효율적 계약불이행**이라고 한다.

효율적 계약불이행
법이 계약을 무조건 강제할 경우 사회 전체의 후생이 감소할 수 있기 때문에 손해배상이 이루어지더라도 계약을 이행하지 않는 것이 효율적인 경우

2.2.3 범죄와 처벌의 경제학

이제 효율적인 범죄예방률에 대해 살펴보자. 흔히 범죄율이 0%, 즉 범죄예방률이 100%가 될 때 사회적 순편익(=사회적 편익 – 사회적 비용)이 극대화된다고 생각하기 쉽다. 그러나 경제학적으로 최적인 범죄예방률은 100%가 아닐 수 있다.

우선 범죄예방에 대한 사회적 편익(social benefit)과 사회적 비용(social cost)에 대해서 생각해 보자. 범죄예방에 대한 사회적 편익은 일반 시민이 안전한 삶을 영위할 때 누리는 효용이라고 볼 수 있다. 따라서 범죄예방률이 높아질수록 사회적 편익은 증가한다. 이때 **사회적 한계편익**(marginal social benefit ; *MSB*)은 체감하는데, 이는 치안이 나쁜 경우 범죄 감소에 따른 편익이 크지만 치안이 비교적 좋은 경우에는 범죄 감소에 따른 편익이 작아지기 때문이다. 반면, 범죄예방에 대한 사회적 비용은 경찰의 수에 비례한다고 볼 수 있다. 즉, 범죄예방률을 상승시키기 위해서는 더 많은 경찰력이 투입되어야 하고, 이는 사회적 비용의 증가로 나타난다. 이때 **사회적 한계비용**(marginal social cost ; *MSC*)은 체증한다. 범죄예방률을 1% 상승시키는 데 필요한 추가적인 경찰력은 범죄예방률이 낮은 수준보다 높은 수준에서 더 크기 때문이다.

범죄예방에 대한 사회적 한계편익(*MSB*)과 사회적 한계비용(*MSC*)이 같아지는 수준에서 최적 범죄예방률이 결정됨 ⇒ 최적 범죄예방률은 100%보다 작음

〈그림 12-2〉는 범죄예방에 대한 사회적 한계편익과 한계비용을 나타내고 있다. 여기서 최적 범죄예방률은 범죄예방에 대한 사회적 한계편익과 한계비용

그림 **12-2**

범죄와 처벌의 경제학
범죄예방률이 높아질수록 사회적 한계편익은 감소하지만 사회적 한계비용은 증가한다. 최적 범죄예방률은 범죄예방에 대한 사회적 한계편익과 한계비용이 같아지는 수준($MSB = MSC$)에서 결정된다. 따라서 경제학적으로 효율적인 범죄예방률은 100%보다 작다.

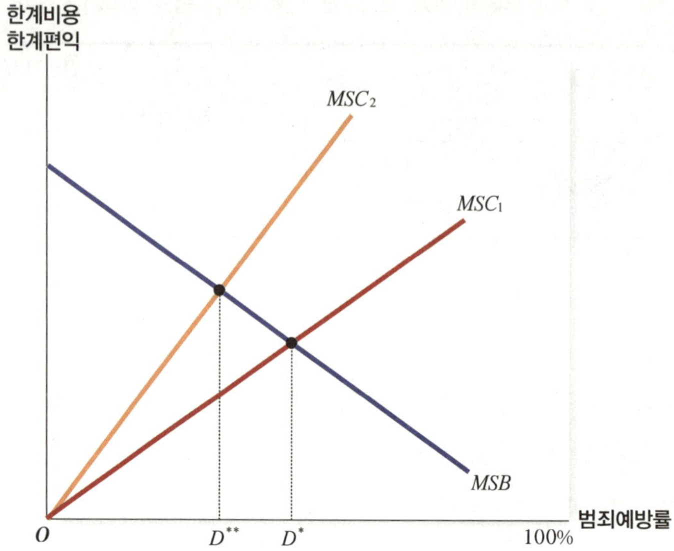

이 같아지는 수준($MSB = MSC$)에서 결정된다. 따라서 경제학적으로 효율적인 범죄예방률은 100%보다 작다.

만일 범죄예방률을 높이는 데 경찰의 수를 늘리는 것만으로는 부족해서 CCTV 설치도 이에 비례하여 확대되어야 한다고 하자. 이 경우 〈그림 12-2〉에서 볼 수 있듯이 범죄예방에 대한 사회적 한계비용이 전반적으로 상승($MSC_1 \rightarrow MSC_2$)함에 따라 최적 범죄예방률은 더욱 낮아지게 된다($D^{*} \rightarrow D^{**}$).

요약 및 연습문제

1. 행태경제학

행태경제학은 소비자와 기업의 비합리적인 선택을 심리학적 통찰력을 이용해 설명하려는 경제학의 새로운 분야이다.

1.1 프로스펙트 이론 기대효용이론의 대체이론으로 고안된 프로스펙트 이론(또는 전망이론)은 효용함수 대신 가치함수와 확률가중함수로 인간의 행동을 설명한다. 가치함수는 준거점 의존성, 민감도 체감성,

손실 회피성 등 세 가지 특성을 갖는다. 확률가중함수는 어떤 사건의 발생확률이 작을 때는 가치를 과대평가하고, 높을 때는 과소평가하여 위험에 대한 선호가 달라짐을 설명한다.

1.2 비합리적 행동의 사례 사람들은 소유효과에 의해 비금전적인 기회비용을 무시하고 매몰비용에 집착하며 심리적 회계장부를 만들어 적자 마감을 기피한다. 또한 전통 경제학의 가정과 달리 사람들의 선호는 시간에 따라 일관적이지 않다(선호의 시간적 비일관성). 비합리적 행동의 사례는 실험을 통해서도 확인할 수 있는데, 사람들이 얼마나 이기적인가를 보여주는 최후통첩게임이나 공공재게임이 대표적인 예이다.

01. 다음은 행태경제학이나 행태재무이론(behavioral finance)에서 인간의 비합리적인 행태들로 여겨지는 사례이다. 실제로 인간이 합리적이라면 다음 각각의 사례는 어떻게 달라졌을까?

(1) 공돈은 쉽게 쓰고 월급은 아껴 쓰려는 심리적 회계

(2) 이익 난 주식은 쉽게 팔지만 손해 본 주식은 끝까지 안 팔고 버티는 손실 회피 성향

(3) 과거에 손실(또는 이익) 본 투자는 잊고 최근에 이익(또는 손실)이 난 경험만을 훨씬 크게 생각하는 최근성 편향

(4) 자신의 생각이나 능력에 대해 근거 없는 믿음을 가지는 자기 과신 편향

2. 법경제학

법경제학은 정의를 실현하기 위해 합리적이고 효율성을 추구하는 경제학을 활용하는 학문이다.

2.1 법의 경제학적 분석 우리는 법제도를 통해서 인간의 경제적 행동을 이해하고, 반대로 경제학을 이용해 법제도를 평가할 수 있다. 벌금, 형량 등의 제제를 유인으로 보고 인간의 행동을 분석할 수 있으며, 경제학의 효율성 개념을 통해 법제도를 평가할 수 있다.

2.2 법에 경제학을 적용하는 사례 코우즈 정리에 따르면 소유권이 누구에게 있든 명확하게 부여되고 거래비용이 낮다면 효율성의 문제는 발생하지 않는다. 또한 경제학적인 유인설계를 통해 계약을 강제하면 경제주체의 후생을 증가시킬 수 있다. 끝으로 범죄예방률이 높아질수록 범죄자의 한계비용은 체증하고 경찰의 한계효용은 감소하며, 최적 범죄예방률은 둘이 일치하는 수준에서 결정된다.

02. 우리는 제2절에서 법에 경제학을 적용하는 사례를 살펴보았다. 각자 최근에 체험하거나 관측한 법경제학의 구체적 사례를 서술하라.

국제무역

13 국제무역이론과 무역정책

1. 비교우위와 국제무역의 이득 / 2. 새로운 국제무역이론 / 3. 국제무역과 정부의 역할
4. 자유무역론과 보호무역론

VII

Principles of **Micro**economics part six

오늘날 다른 나라와 경제관계를 맺고 있지 않은 나라는 거의 없다. 우리나라도 1990년대 후반 OECD에 가입하고 외환위기 극복과정에서 경제개방을 급속히 진행함에 따라 거래상대 국가가 다양해졌을 뿐만 아니라 국제무역 규모도 크게 증가하였다. 또한 예전과 달리 오늘날 국제무역에서는 전체에서 서비스가 차지하는 비중이 늘어나고 있으며, 유럽(EU), 아시아(APEC), 북미지역(NAFTA)과 같은 경제블록에서 이루어지는 무역뿐만 아니라 WTO와 FTA 같은 다자간 또는 양자 간 무역협정에 따른 무역의 비중이 늘어나고 있다.

제13장(국제무역이론과 무역정책)에서는 국가 간 무역의 발생원인과 교역량 및 가격 결정의 기본 원리에 대해 알아본다. 그리고 관세와 수량할당 등 정부의 무역정책이 교역량과 가격에 미치는 영향을 살펴본다.

Preface

국제무역이론과 무역정책

Principles of **Micro**economics ch. thirteen

13

1. 비교우위와 국제무역의 이득

1.1 절대우위론 / 1.2 비교우위론 / 1.3 비교우위론의 발전

2. 새로운 국제무역이론

3. 국제무역과 정부의 역할

3.1 관세 / 3.2 수량할당 / 3.3 전략적 무역정책

4. 자유무역론과 보호무역론

4.1 보호무역론 / 4.2 자유무역을 위한 협정

이 장에서는 국가 간 무역의 발생원인과 교역량 및 가격 결정, 그리고 무역정책의 역할을 알아보려고 한다. 이를 위해 다음과 같은 문제에 대해 논의해 보자.

- 왜 국가들은 서로 무역을 하며, 이때 교역량과 가격은 어떻게 결정되는가?
- 정부의 무역정책은 교역량과 가격에 어떤 영향을 미치는가?
- 왜 보호무역인가?

1. 비교우위와 국제무역의 이득

Principles of **Micro**economics ch. thirteen

국제무역의 이득 국가 간 기후, 부존자원, 관습 등의 차이가 크기 때문에 분업의 정도가 현저하여 국가 간 거래의 이득이 국내에서 거래의 이득보다 더 큼

우리는 제1장(경제학이란 무엇인가?)에서 경제 내의 각 개인이 각자의 특기에 따라 생산한 자신의 생산물을 다른 사람의 생산물과 거래함으로써 자급자족했을 때보다 더 큰 효용을 얻을 수 있다는 사실을 배웠다. 이러한 거래의 이득(gain from trade)은 거래당사자들이 다 같이 누리는 것이며, 어느 한쪽만이 독점하는 것은 아니다. 이와 같이 거래로부터 이득이 발생한다는 것은 거래가 국내에서 이루어질 때나 국경을 넘어서 이루어질 때나 기본적으로 크게 다를 바 없다.

특히 거래로부터 얻는 이익은 국내에서보다 국경을 넘어서 이루어질 때 더 큰 경우가 많다. 왜냐하면 국가 간에는 기후, 부존자원, 관습의 차이가 더욱 두드러져서 분업의 정도가 훨씬 크기 때문이다. 이제 국가 간 거래, 즉 **국제무역**(international trade)의 발생 원인과 무역량 및 가격 결정을 설명하는 전통적 이론을 살펴보자.

1.1 절대우위론

아담 스미스는 국내에서 모든 경제주체가 자기 이익을 증진시키기 위하여 자유로운 경제활동을 하면 **보이지 않는 손**(invisible hand)에 의하여 국가경제 전체의 부가 극대화되는 것과 같이, 국가 간의 자유무역이 당사국 모두의 이익을 극대화할 수 있다고 보았다. 예를 들어 포르투갈, 영국 두 나라가 각각 포도주, 직물 두 재화만을 생산하고 생산요소는 오직 노동뿐이라고 하자. 포르투갈에서는

포도주를 생산하는 데 노동 10단위를 필요로 하고, 직물을 생산하는 데 노동 20단위를 필요로 한다. 영국은 포도주를 생산하는 데 노동 20단위, 직물을 생산하는 데 노동 10단위를 필요로 한다. 포르투갈은 영국보다 적은 노동투입으로 포도주를 생산하고, 영국은 포르투갈보다 적은 노동투입으로 직물을 생산할 수 있다. 이러한 경우 포르투갈은 포도주 생산에 **절대우위**(absolute advantage)를 갖고 있고, 영국은 직물 생산에 절대우위를 갖고 있다고 한다.

재화 \ 국가	포르투갈	영국
포도주	10	20
직물	20	10

포르투갈 : 포도주 생산 우위
영국 : 직물 생산 우위

절대우위 상대국에 비해 적은 요소 투입으로 같은 상품을 생산

양국 간에 무역이 성립하여 포도주, 직물 두 재화가 1 대 1로 교환된다고 하자. 운송비는 무시할 만큼 작다고 가정하면, 포르투갈은 노동 10단위를 들여 포도주를 생산하고 이것을 영국에 수출해서 직물 1단위를 얻을 수 있다. 결과적으로 무역을 통해 포르투갈은 노동 10단위로 직물 1단위를 얻을 수 있게 되었다. 마찬가지로 영국의 경우에도 무역이 일어나기 전에는 포도주 한 단위를 얻기 위해 노동 20단위를 투입하였는데 무역이 일어난 후에는 노동 10단위만 투입하면 된다. 무역의 결과 두 나라가 똑같은 재화를 더 적은 노동투입으로 얻을 수 있게 된 것이다. 위와 같은 간단한 모형으로 아담 스미스는 국가 간 자유무역을 통해 어느 한 국가만이 일방적으로 이득을 독점하는 것이 아니라 무역당사국 모두가 이득을 누릴 수 있음을 보였다.

위의 예에서 포르투갈은 영국보다 더 적은 노동투입으로 포도주를 생산하고, 영국은 포르투갈보다 더 적은 노동투입으로 직물을 생산한다. 그런데 포르투갈이 포도주와 직물 모두 영국보다 더 적은 노동투입으로 생산한다고 가정해 보자. 바꾸어 말하면, 포르투갈이 포도주와 직물 두 재화를 생산하는데 모두 영국에 비해 절대우위를 가진다면 어떻게 되겠는가? 이런 경우에도 양국 간에 무역이 일어날 수 있으며, 또 무역의 결과로 양국이 다 이익을 볼 수 있을까? 이 문제에 대한 답은 **리카도**(David Ricardo)의 **비교우위론**(theory of comparative advantage) 또는 비교생산비설(theory of comparative cost)에서 찾을 수 있다.

비교우위론, 비교생산비설 생산하는 두 재화 모두 상대국이 절대우위를 가져도 비교우위에 의해 무역 이익 발생

1.2 비교우위론

이제 국가 간 비교우위에 따른 무역이 어떻게 교역에 참가한 나라의 이익을 증진시키는지 간단한 모형을 통해 알아보자. 주어진 생산요소를 투입하여 미국과 한국이 '블루소프트(BlueSoft)'라는 운영체제(OS)와 '그린콜(GreenCall)'이라는 휴대폰을 생산한다고 하자. 미국과 한국 국민 전체의 선호를 나타내는 무차별곡선

그림 13-1

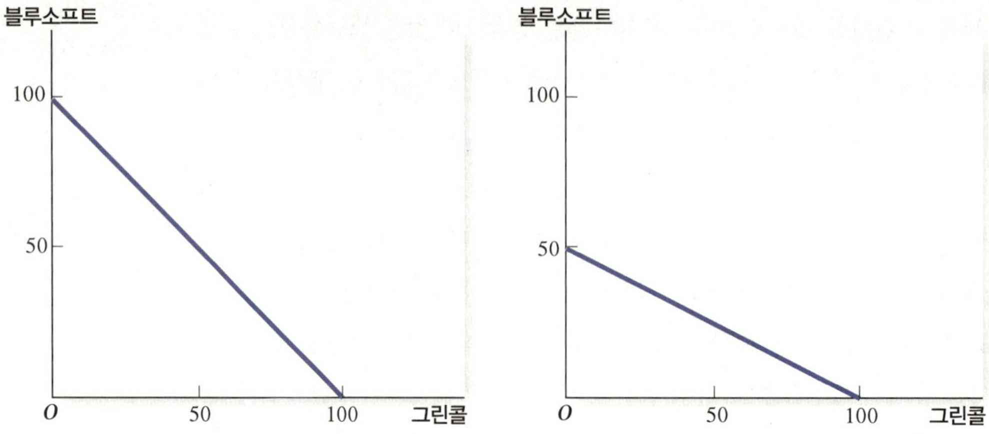

(a) 미국　　　(b) 한국

교역당사국의 생산가능곡선

(a)에서 미국은 생산요소를 모두 투입할 경우 블루소프트 100단위 또는 그린콜 100단위를 생산할 수 있다. 한편 (b)는 한국의 생산가능곡선을 보여주는데, 한국은 생산요소를 모두 투입하여 블루소프트와 그린콜을 생산하면 각각 50단위와 100단위를 생산할 수 있다.

은 동일한 반면 양국의 생산함수는 서로 다르다고 가정한다.

미국은 생산요소를 모두 투입할 경우 블루소프트 100단위 또는 그린콜 100단위를 생산할 수 있다고 하자. 이때 기회비용이 불변이라고 가정하면, 미국이 생산요소를 모두 투입하였을 때 생산 가능한 두 재화의 조합을 나타내는 **생산가능곡선**은 〈그림 13-1〉의 (a)와 같다. 미국의 생산가능곡선에 의하면, 블루소프트 1단위를 더 생산하면 그린콜 1단위의 생산을 희생해야 하고 그린콜 1단위를 더 생산하려면 블루소프트 1단위를 희생해야 한다. 따라서 블루소프트 1단위의 기회비용은 그린콜 1단위이며, 그린콜 1단위의 기회비용은 블루소프트 1단위이다. 또한 생산가능곡선의 기울기는 생산의 기회비용으로 표시한 두 재화의 상대가격을 의미한다. 예를 들어 미국에서 블루소프트 1단위를 더 생산하려면 그린콜 1단위를 희생해야 한다는 것은 블루소프트 1단위의 가격이 그린콜 1단위라는 것을 의미한다.

생산가능곡선의 기울기 = 두 재화의 상대가격

〈그림 13-1〉의 (b)에는 한국의 생산가능곡선이 나타나 있다. 한국은 생산요소를 모두 투입하여 블루소프트와 그린콜을 생산하면 각각 50단위와 100단위

그림 13-2

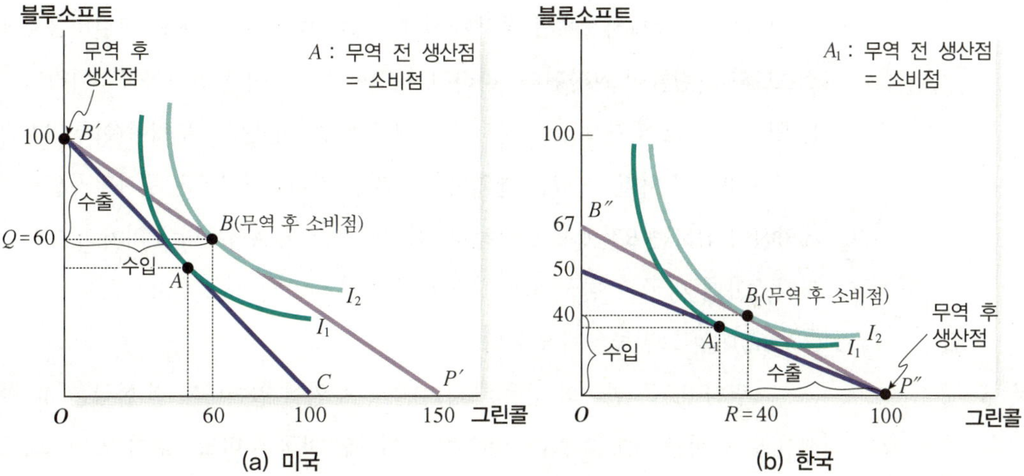

기회비용이 불변인 경우 무역의 이익

무역 전 미국과 한국은 각각 (a)와 (b)의 A점과 A_1점에서 생산 및 소비를 하고 있었다. 무역이 시작되면, (a)에서 미국은 블루소프트 생산을 특화하여 $\overline{B'Q}=40$개의 블루소프트를 수출하고 $\overline{QB}=60$대의 그린콜을 수입한다. 한편 (b)에서 한국은 그린콜 생산을 특화하여 $\overline{RP''}=60$대만큼 수출하고 $\overline{RB_1}=40$개의 블루소프트를 수입한다. 무역 이후에 미국과 한국은 각각 B점과 B_1점에서 소비를 함으로써 보다 높은 효용을 누릴 수 있다.

를 생산할 수 있다. 이때 블루소프트 1단위의 기회비용은 그린콜 2단위, 그리고 그린콜 1단위의 기회비용은 블루소프트 $\frac{1}{2}$단위이다. 이는 한국에서 블루소프트 1단위의 가격이 그린콜 2단위라는 것을 의미한다.

이와 같이 양국에서 블루소프트와 그린콜의 상대가격이 서로 다르기 때문에 양국 사이에 무역이 일어날 수 있다. 위 모형에서 미국의 블루소프트 가격은 상대적으로 한국보다 저렴하고, 한국의 그린콜 가격은 상대적으로 미국보다 저렴하다. 따라서 미국은 블루소프트 생산에 **비교우위**(comparative advantage)를, 한국은 그린콜 생산에 비교우위를 갖고 있다. 이때 무역이 가능하려면 국제시장에서 블루소프트의 상대가격은 그린콜 1단위(미국에서의 가격) 이상 2단위(한국에서의 가격) 이하에서 결정되어야 하고, 반대로 그린콜의 상대가격은 블루소프트 $\frac{1}{2}$단위(한국에서의 가격)와 1단위(미국에서의 가격) 사이에 있어야 한다.

예를 들어 국제시장에서 블루소프트 1단위와 그린콜 $\frac{3}{2}$단위가 서로 교환된다고 가정하자. 즉, 블루소프트 1단위의 상대가격은 그린콜 $\frac{3}{2}$단위이다. 〈그림 13-

2〉의 (a)를 보면, 무역 전에 미국은 A점에서 생산 및 소비를 하고 있었다. 무역이 시작되면 미국은 블루소프트 생산을 특화하여 B'점에서 블루소프트를 100단위 생산한다. 국제시장에서 결정된 상대가격에 따라 $\frac{\overline{OB'}}{\overline{OP'}} = \frac{2}{3}$의 교환비율로 블루소프트와 그린콜이 교환된다. 따라서 $\overline{B'C}$를 잇는 선이 생산가능곡선이라면 $\overline{B'P'}$를 잇는 선은 **소비가능곡선**, 말하자면 예산제약선이 된다. 무역이 이루어지면 미국 소비자가 소비할 수 있는 영역이 넓어지는 것이다. 미국은 무차별곡선과 예산제약선이 접하는 B점에서 소비하게 되는데, 이 점은 A점보다 소비자의 효용이 더 크다. 이때 미국은 한국과의 교역에서 $\overline{B'Q} = 40$개의 블루소프트를 수출하고 $\overline{QB} = 60$대의 그린콜을 수입한다.

국제무역을 통해 예산제약이 확장되어 소비가능집합이 넓어져 효용 증가

그림의 (b)는 한국의 경우를 나타낸다. 무역이 일어나기 전 한국은 A_1점에서 생산 및 소비를 하고 있었다. 무역이 일어나면 한국은 비교우위가 있는 그린콜을 특화하여(P''점에서 생산하여) $\overline{RP''} = 60$대를 수출하고 블루소프트 $\overline{RB_1} = 40$개를 수입한다. 한국은 무역 이후에 B_1점에서 소비를 하게 됨에 따라 보다 높은 효용을 누릴 수 있게 되었다. 미국의 수출량은 한국의 수입량과 일치하므로 그림 (a)의 $\overline{B'Q}$는 (b)의 $\overline{RB_1}$과 그 길이가 같고, 한국의 수출량은 미국의 수입량과 같으므로 그림 (b)의 $\overline{RP''}$의 길이는 그림 (a)의 $\overline{QB}$와 일치한다.

생산요소를 비교우위가 있는 생산품에 투입하여 국제분업을 하면 모든 국가의 후생이 증가

비교우위론의 한계

- 노동생산성 차이의 원인 모호
- 노동을 제외한 토지, 자본 등의 생산요소는 고려되지 않음
- 완전특화는 현실적이지 않음

리카도는 이와 같이 각 나라가 생산요소를 비교우위가 있는 생산품에 투입하여 국제분업을 하면 모든 국가의 후생이 증가한다는 것을 보여주었다. 그러나 리카도의 비교우위론은 이론적으로 몇 가지 한계가 있다. 우선 리카도는 비교우위가 발생하는 원인에 대해 설명하지 않았다. 특히 양국의 노동생산성 차이가 무엇 때문에 발생하는지에 관해 아무런 논의 없이 이를 주어진 가정으로 받아들인다. 또한 비교우위론은 노동가치설에 입각하여 생산요소를 노동에 국한시켰다. 하지만 현실에서는 노동뿐만 아니라 토지, 자본 등도 매우 중요한 생산요소이다. 끝으로 비교우위에 따라 각 국가가 어떤 산업에 완전특화된다는 결론도 현실설명력이 부족하다. 이러한 한계는 리카도의 비교우위론을 계승 · 발전시킨 국제무역이론에 의해 대부분 해결되었다.

경제학자와 아이디어

데이빗 리카도(David Ricardo, 1772~1823)

아담 스미스와 함께 영국 고전경제학파의 대표적 인물로서 국제무역이론에서 항상 빼놓지 않고 언급되는 학자가 바로 데이빗 리카도이다. 한 세대 앞서 아담 스미스가 절대우위의 가설을 통해 국가 간 특화의 가능성을 열어 놓았다면, 리카도는 비교생산비이론(theory of comparative cost)을 통해 이를 더욱 정교하게 논리적으로 다듬은 학자다. 이 이론은 아직까지도 국가 간 자유무역의 타당성을 입증하는 가장 강력한 논거 중 하나로 이용되고 있다.

리카도의 업적은 크게 비교우위론(또는 비교생산비이론)과 제8장(4.1 고전적 지대결정이론)에서 살펴본 차액지대론, 그리고 노동가치론 등 세 가지로 구분된다. 노동가치론은 상품의 가치가 그 상품의 생산에 필요한 노동력의 양에 의해 결정된다는 이론이다.

이 외에도 그는 금융개혁, 빈민구제, 관세철폐 등 다양한 사회개혁을 앞장서서 주장했다. 또한 온갖 난해한 경제문제들을 스스로 연구하려고 했으며 책, 신문, 그리고 의회에서의 연설을 통해 사람들에게 많은 깨달음을 주었다. 그러한 깨달음은 오늘날까지도 이어지고 있다.

1.3 비교우위론의 발전

리카도의 비교우위론은 여러 가지 한계점을 갖고 있지만, 국제무역이 일어나는 현상을 설명하는 이론으로서 많은 장점을 갖고 있다. 이 때문에 많은 경제학자들이 비교우위론을 뒷받침하는 연구를 하였고 비교우위론에 기초한 많은 이론을 제시하였다. 대표적인 예로 **헥셔-올린 정리**(Heckscher-Ohlin Theorem)를 들 수 있다. 스웨덴의 경제학자였던 헥셔(Eli Heckscher)와 올린(Bertil Ohlin)은 스웨덴이 풍부한 삼림자원을 바탕으로 목재를 집약적으로 사용하는 상품을 수출하는 것에 착안하여, 비교우위의 원인이 되는 생산비 차이가 **요소부존도**(factor endowment) 또는 **요소집약도** 차이에 의해 발생한다고 주장했다. 이것을 일반화하면 자본이 노동에 비해 풍부한 경제는 자본을 주로 사용해 생산하는 상품, 즉 자본집약적 상품에 비교우위가 있고 그 재화를 수출한다. 그러나 자본이 풍부한 나라는 노동집약적 상품에 비교열위가 있으므로 노동이 주로 사용되어 생산되는 상품을 수입한다. 무역은 국가 간에 존재하는 요소의 차이 때문에 발생하며, 무역을 통한 상품의 국제적 이동은 생산요소의 이동을 대체한다는 것이 헥셔-올린 정리의 요점이다.

헥셔-올린 정리
- 비교우위의 원인이 되는 생산비 차이는 요소부존도, 요소집약도 차이에 기인
- 무역을 통한 상품의 국제적 이동이 생산요소의 이동을 대체

결국 무역은 생산요소의 상대가격이 국가 간에 같아질 때까지 발생한다. 예를 들어 노동이 풍부한 나라에서 노동집약적인 상품을 특화하면 노동에 대한 수요가 상대적으로 증가하기 때문에 임금이 오를 것이다. 반대로 자본이 풍부한 나라에서 자본집약적인 산업을 특화하면 자본의 가격이 오를 것이다. 무역의 결과 경제에 풍부하게 주어진 생산요소의 실질소득은 증가하고, 희소한 생산요소의 실질소득은 감소한다. 결국 무역은 두 나라 생산요소의 상대가격을 균등하게 한다. 이것을 **요소가격균등화정리**(factor price equalization theorem)라고 한다.

요소가격균등화정리 무역의 결과 상대적으로 풍부한 생산요소 집약적인 산업을 특화하여 요소가격이 상승하게 되어 두 나라의 생산요소 상대가격이 일치

또한 **스톨퍼-새뮤엘슨 정리**(Stolper-Samuelson Theorem)는 보호무역이 경제에 희소한 생산요소의 실질소득을 증가시킨다는 것을 밝히고 있다. **립진스키 정리**(Rybczynski Theorem)는 국제시장 가격이 일정한 경우 어느 한 요소의 증가는 그 요소를 집약적으로 사용하는 재화의 절대생산량을 증가시킨다는 것을 보여준다. 예를 들어 한 나라에서 자본만 점차 증가하는 경우 그 나라는 자본집약적 재화의 수출이 늘어나고 노동집약적 재화의 수입이 늘어난다는 것이다. 립진스키 정리는 경제발전 초기에 경공업 제품을 수출하다가 1970년대 후반부터 중화학공업 제품을 주로 수출하는 한국 경제의 발전과정을 잘 설명한다.

스톨퍼-새뮤엘슨 정리 보호무역이 그 경제에 희소한 생산요소의 실질소득을 증가시킴

립진스키 정리 국제시장 가격이 일정한 경우 어느 한 요소의 증가는 그 요소를 집약적으로 사용하는 재화의 절대생산량을 증가시킴

이 밖에도 비교우위의 원인을 각 나라마다 서로 다른 기술의 차이에서 찾는 주장도 있다. 인공위성 혹은 항공기 같은 첨단기계는 정밀한 기술력이 뒷받침되지 않으면 만들 수 없다. 어떤 상품을 특화해 온 역사 또한 비교우위의 원인이 된다. 예로부터 스위스는 시계, 포르투갈은 포도주로 유명했듯이 오랜 기간에 걸쳐 한 부문을 특화하면 비교우위를 갖는 것이다. 특화가 비교우위와 밀접한 것은 **학습효과**(learning by doing) 때문이다. 어떤 상품을 오랜 기간 생산하다 보면 보다 효율적으로 생산하는 방법을 배우게 되고, 축적된 경험을 바탕으로 기존의 상품보다 우수한 제품을 개발할 수 있게 된다.

현실에서는 헥셔-올린이나 리카도가 가정했던 것과 달리 자본의 이동이 일어난다. 만일 일본이 임금이 싼 아프리카에 자동차 공장을 짓는다면 보다 싼 가격으로 자동차를 생산할 수 있을 것이다. 그럼에도 일본에서 자동차를 생산하는 이유는 현실에서는 기술진보가 노동투입의 비중을 줄이는 방향으로 이루어지고 있고 낮은 임금으로 얻는 추가적 이익보다 운송비가 비싸기 때문이다. 이처럼 현실에서 일어나는 무역 형태는 다양하므로 이러한 현실을 설명하려는 국제무역이론 또한 여러 가지가 존재한다.

현실 과 경제학

헥셔-올린 정리와 레온티에프 역설(Leontief paradox)

레온티에프(Wassily Leontief)는 1953년 헥셔-올린 정리가 현실세계의 국제무역 현상을 제대로 설명하는지 검증하였다. 그는 투입산출표를 이용하여 미국의 수출재와 수입재 생산에 이용된 자본과 노동의 비율을 측정했다. 그는 미국의 수입재에 투입되는 노동과 자본의 비율이 수입재 생산국에서도 같다고 가정했다. 연구결과 놀랍게도 수입재 산업의 자본집약도가 수출재 산업의 자본집약도보다 약 1.3배 높게 나타났다.

이러한 결과는 자본이 풍부한 국가가 노동집약적 재화를 수출하고 자본집약적 재화를 수입한다는 것을 의미하는데, 미국이 다른 국가들에 비해 자본이 풍부하다는 점을 고려할 때 헥셔-올린 정리와 반대되는 결과이다. 이를 레온티에프 역설(Leontief paradox)이라고 한다.

레온티에프 역설을 해명하기 위한 학자들의 연구가 활발하게 진행되었다. 어떤 학자는 미국 노동자의 생산성이 다른 나라에 비해 훨씬 높기 때문에 생산성을 기준으로 미국의 노동력을 다른 나라 노동단위로 환산하면 미국은 노동이 풍부한 나라라는 주장을 폈다. 또 다른 학자는 생산요소에 노동과 자본뿐만 아니라 천연자원도 포함시켜야 한다는 주장을 했다. 미국은 상대적으로 천연자원이 부족해서 부족한 천연자원을 수입하거나 자원집약적 상품(예를 들면 철광석이나 석유)을 수입한다. 그런데 자원집약적 상품은 생산과정에서 자본이 집약적으로 투입된다는 것이다.

레온티에프 역설을 설명하는 데 인적자본(human capital)의 개념을 도입한 이론도 있다. 인적자본은 교육이나 훈련과 같이 노동생산성을 높이기 위해 투자된 자본을 말한다. 미국 산업에 투입된 자본을 물적자본과 인적자본으로 나누면 수입재 산업보다 수출재 산업에 투입된 자본이 높게 나온다.

끝으로 헥셔-올린 정리에서 가정한 양국의 사회후생함수가 실제로는 다르다고 주장한 이론도 있다. 각 나라는 자신들의 나라에 상대적으로 풍부한 생산요소를 집약적으로 사용하는 재화를 선호한다고 가정하면, 상대적으로 자본이 풍부한 미국에서 자본집약적 상품을 수입하는 것을 설명할 수 있다.

2. 새로운 국제무역이론

리카도의 비교우위이론이나 헥셔-올린 정리에 따르면 무역은 선진국과 개발도상국 사이에서 활발하게 일어나야 한다. 그러나 실제 무역이 일어나는 형태를 보면 OECD 국가들을 포함한 선진국 사이에서 일어나는 비중이 압도적으로 크다. 게다가 최근에 일어나는 무역은 대부분 동일 산업 내에서 이루어진다.

대표수요설 많은 상품에서 규모의 경제가 존재하는데, 자국의 수요에 따라 먼저 생산을 시작한 상품의 생산비용이 절감되어 무역이 발생

크루그먼(1953~)

독점적 무역모형 무역으로 시장이 확대되면 규모의 경제나 대량생산으로 인한 비용절감에 의해 무역이 발생

린더(Staffan Linder)는 **대표수요설**(representative demand)을 내세워 산업내 무역(intra-industry trade)을 설명했다. 그는 어떤 상품이 수출되기 전에 먼저 국내시장에 상당한 수요(대표수요)가 있다고 보았다. 그렇게 대량생산이 되어야만 **규모의 경제**를 통해 생산비를 절감하고 품질향상과 제품차별화를 이루어 소득수준과 기호가 비슷한 다른 나라의 수요를 유발함으로써 수출이 가능해진다는 것이다.

미국과 독일에서 자동차 무역이 이루어지는 것을 예로 들어 보자. 독일에서 주로 소비되는 자동차는 저가형 폭스바겐(Volkswagen) 소형차이고, 미국에서는 포드(Ford)의 중형차가 주로 소비된다. 독일 기업에서는 처음 자동차를 생산할 때 국내 수요를 고려하여 저가형 소형차를 생산한다. 점차 대량생산이 되면서 규모의 경제로 인한 비용절감이 가능해진 후에 제품차별화를 통해 소득수준이 비슷한 미국 시장에서의 폭스바겐 소형차 수요를 불러일으킨다.

이러한 원리는 **크루그먼**(Paul Krugman)의 **독점적 무역모형**에서 보다 일반화되었다. 크루그먼은 독점적 경쟁시장을 상정하여 다음과 같은 가정을 한다. A, B 두 나라가 존재한다고 할 때, 양국에는 수많은 기업이 존재하며 새로운 기업의 진입과 이탈이 자유롭다. 기업들은 서로 차별화된 상품을 생산하지만 상품 간에는 어느 정도 대체성이 존재하고, 하나의 기업이 시장에 미치는 영향은 매우 작다. 개별 기업들의 생산함수와 수요곡선은 동일하며, 기업의 생산함수는 **규모수익증가**(increasing returns to scale) 의 형태를 갖는다.

자유무역이 이루어지면 시장이 국내뿐만 아니라 외국으로까지 확대되므로 기업이 직면한 수요는 A와 B시장을 더한 것과 같다. 외국의 수요까지 고려하면 더 많은 상품을 생산할 수 있으므로 시장의 확대는 기업의 평균비용을 하락시킨다. 또한 국내로 진입하려는 외국 기업으로 인해 경쟁이 더욱 치열해지면서 평균비용이 하락하여 상품가격도 내려간다. 이때 경쟁에서 도태된 기업이 존재하기 때문에 현재 시장에 존재하는 기업의 수는 무역이 시작되기 전 두 나라에 있었던 전체 기업의 수보다는 적을 것이다. 물론 어느 나라의 기업이 얼마나 도태되었는지는 알 수 없다.

이 모형에서 자유무역은 소비자에게 낮은 가격으로 다양한 상품을 소비할 수 있도록 하기 때문에 소비자의 후생은 증가한다. 독점적 무역이론은 비교우위나 요소부존도보다 규모의 경제나 대량생산에 의한 비용절감으로 무역이 일어나는 현상을 보다 정확하게 설명할 수 있다.

한편 무역을 시간의 흐름에 따라 동태적으로 파악한 이론으로 **버논**(Raymond

Vernon)의 **제품수명주기설**(product life cycle theory)이 있다. 버논은 시간에 따라 비교우위의 이동이 일어난다고 보았다. 제품수명주기설은 한 상품의 수명이 개발기, 성숙기, 그리고 표준화기로 나뉜다고 보았다.

제품수명주기설 시간에 따라 비교우위가 이동

상품 개발은 주로 자본이 축적되고 기술수준이 높은 선진국에서 이루어진다. **개발기**에 상품을 생산하는 국가는 독점력을 행사할 수 있기 때문에 생산비가 비싸더라도 큰 문제가 되지 않는다. 상품은 선진국과 비슷한 수요를 갖고 있는 국가로 수출되며, 상품을 수출함에 따라 처음 상품을 개발한 국가는 규모의 경제를 이룰 수 있고 상당한 무역이익을 얻게 된다.

제품수명주기설의 단계
- 개발기 : 상품 개발기에 상품을 생산하는 선진국이 독점력 행사
- 성숙기 : 선진국보다 임금이 낮고, 기술수준이 높은 중진국이 진출
- 표준화기 : 후진국의 값싼 노동력으로 대량생산

이후 **성숙기** 단계에 접어들면 기술수준이 높은 중진국에서도 독점적 이윤을 노리고 생산을 하려고 한다. 선진국으로부터의 수입에 의존했던 상품은 점차 중진국의 기업들에 의해 생산되며, 처음 상품을 개발한 나라는 시장에 새로 진입한 중진국과 경쟁을 벌이게 된다. 상품을 생산하는 국가가 늘어날수록 기술보다는 상품의 생산비용이 중요해지며, 선진국보다 임금이 상대적으로 싼 중진국이 세계시장을 점유하는 비중이 늘어난다.

상품이 **표준화기**에 접어들어 많은 나라들에서 생산할 수 있게 되면 후진국에서 값싼 노동력으로 대량생산을 한다. 표준화기에 이르면 낮은 생산비로 생산된 후진국의 상품이 세계시장으로 수출되어 선진국 시장을 잠식한다.

이 밖에도 중간재 **운송비**에 따라 비교우위가 결정된다는 이론도 있다. 예를 들어 A, B 두 나라가 있다고 하자. A국은 목화가 풍부하고, B국은 자본이 풍부하여 직물을 생산한다. 운송비가 매우 작다고 가정하면, 비교우위에 따라 B국은 직물을 A국으로 수출하고 A국은 B국으로 목화를 수출한다. 그러나 운송비가 일정한 수준 이상으로 오르면 B국은 직물 생산에 대한 비교우위를 잃게 된다. 즉, 상품 생산에 투입되는 중간재의 운송비용이 비교우위를 이동시키는 것이다.

그 밖의 국제무역이론
- 중간재 운송비에 따라 비교우위 결정
- 노동의 비중을 줄이는 기술진보

3. 국제무역과 정부의 역할

지금까지 우리는 무역에 대한 정부개입이 없는 자유무역 하에서 국제가격의 결정, 생산량, 소비량, 그리고 교역량 등을 살펴보았다. 그러나 모든 나라가 자국의 산업을 보호하기 위하여 직·간접적으로 무역에 개입하고 있다. 정부가 무역

정부의 무역개입 수단
- 가격규제 : 관세
- 수량규제 : 수량할당, 수출입보조금, 수출자율규제, 시장질서유지협정, 반덤핑관세

수출입보조금 정부가 수출 또는 수입에 대해 보조금 지급

수출자율규제 형식상 자율적으로 수출량을 제한하는 조치

시장질서유지협정 수출자율규제와 비슷한 기업 간의 협정

반덤핑관세 수출국에서 덤핑을 하면 수입국에서 국내산업 보호를 위해 덤핑마진율 혹은 그 이상 관세 부과

에 개입하는 수단으로는 크게 가격규제와 수량규제, 그리고 기타 비관세 무역장벽(예를 들어 까다로운 검역조건, 유통구조 등)이 있다. **가격규제**의 대표적인 예는 관세(tariff)이고, **수량규제**에는 수량할당(quota), 수출입보조금(export-import subsidy ; EIS), 수출자율규제(voluntary export restraint ; VER), 시장질서유지협정(orderly marketing agreement ; OMA), 반덤핑관세(anty-dumping tariff) 등이 있다.

구체적으로 **수출입보조금**이란 정부가 수출 또는 수입에 대해 보조금을 지급하는 것이며, 한국의 경제개발 초기에 수출을 증진시킨 수출보조금이 대표적인 예이다. **수출자율규제**란 형식상 수출국이 수입국 국내시장의 교란행위를 방지하기 위한 것으로 자율적으로 수출량을 제한하는 조치를 일컫는다. **시장질서유지협정**은 수출자율규제와 비슷하지만 일반적으로 기업 간에 맺는 협정을 말한다. 마지막으로 **반덤핑관세**란 수출국에서 생산비 이하의 가격으로 재화를 수출하는 덤핑을 하면 수입국에서 국내산업 보호를 위해 덤핑마진율만큼, 혹은 그 이상으로 관세를 부과하는 것이다. 여기서는 먼저 수요 · 공급 이론을 이용하여 관세와 수량할당의 경제적 효과에 대해 살펴본다. 그리고 전략적 무역정책을 간략히 알아보자.

3.1 관세

관세 수입품에 부과되는 조세

관세(tariff)란 수입품에 부과되는 조세를 말한다. 제1절의 분석과 연결하여 관세의 경제적 효과를 알아보자. 한국이 미국의 블루소프트에 관세를 부과하면 어떤 효과가 나타나게 될까? 한국이 미국에 관세를 부과하면 한국이 수입한 상품의 가격은 그만큼 상승한다. 〈그림 13-3〉에서 관세가 부과되기 전 블루소프트의 가격과 소비량이 5만원과 90만 개라고 하자. 전체 소비량 90만 개 중에서 30만 개는 국내에서 생산되는 양이고, 나머지 60만 개는 수입되는 양이다. 이제 5만원의 관세가 부과되면, 가격이 10만원으로 상승하고 블루소프트 소비량이 70만 개로 감소한다. 이때 소비량 70만 개 중에서 50만 개는 국내에서 생산된 양이고, 나머지 20만 개는 수입된 양이다. 따라서 관세 부과 후 블루소프트의 가격이 상승하고 소비량이 감소하며 국내업자의 시장점유율이 증가하게 된다. 즉, 20만 개만큼 국내 생산이 증가하여 국내산업을 보호하는 효과를 갖는다.

그러나 관세 부과로 소비자들의 부담은 종전에 비해 커진다. 가격이 5만원에서 10만원으로 상승하고 소비량이 90만 개에서 70만 개로 줄어들어 소비자잉

그림 13-3

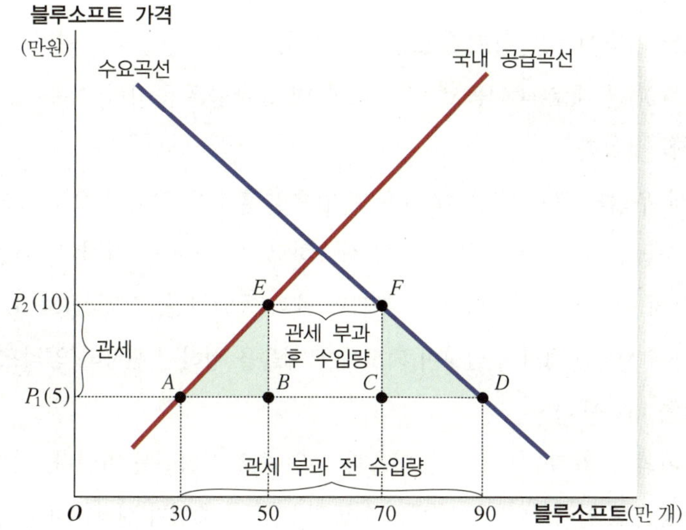

관세의 경제적 효과
한국이 블루소프트에 5만원의 관세를 부과할 경우, 한국의 블루소프트 소비량은 줄어들고(90만 → 70만 개), 수입량 또한 20만 개로 줄어든다. 이에 따라 소비자잉여가 400억원(□P_1P_2FD)만큼 감소하는데, 이 감소분 중에서 100억원(□$BEFC$)은 정부의 관세수입이고, 200억원(□P_1P_2EA)은 국내 생산자잉여의 증가분이다.

여가 400억원(□P_1P_2FD)만큼 감소한다. 이 감소분 중에서 100억원(□$BEFC$)은 정부의 관세수입이고, 200억원(□P_1P_2EA)은 생산자잉여의 증가분이다. 따라서 관세 부과는 소비자로부터 정부와 (국내)생산자에게 후생을 재분배하는 효과를 가져온다. 그런데 소비자잉여의 감소분 중에서 나머지 100억원에 해당하는 색칠된 부분(△AEB와 △CFD)은 어느 누구에게도 귀속되지 않는 부분이다. 이 부분은 관세 부과로 왜곡된 자원배분에서 비롯되는 사회적 비용, 즉 **자중손실**(deadweight loss)이 된다. **수출보조금**도 국가경제 전체로는 이와 유사하게 효율성의 손실을 가져온다.

관세 부과에 따른 왜곡된 자원배분으로 자중손실 발생

3.2 수량할당

수량할당(quota)이란 '1년 동안 블루소프트의 수입량은 100만 개를 초과할 수 없다'라는 식으로 일정한 기간 동안 수입되는 상품의 양을 제한하는 것이다. 다음의 예를 통해 수량할당의 효과를 살펴보자. 환율이 1달러당 1,000원일 때, 자유무역으로 결정된 블루소프트의 국제균형가격 10만원(100달러)에서 한국이 미국으로부터 200만 개의 블루소프트를 수입한다고 하자.

수량할당 일정한 기간 동안 수입되는 상품의 양을 제한하는 조치

이제 한국 정부가 블루소프트 수입에 수량할당을 두어 100만 개를 초과하여

블루소프트를 수입할 수 없다고 하자. 그러면 한국의 블루소프트 수입량은 100만 개로 줄어드는데, 이는 곧 한국에서 블루소프트 공급의 감소를 의미하므로 한국 내 블루소프트 가격이 12만원으로 오른다고 하자. 이때 수량할당에 의해서 미국의 수출량도 100만 개로 줄어들고 대신 미국 내 공급량은 증가하여 블루소프트 가격이 하락할 것이다.

이상에서 우리는 블루소프트에 대한 수입수량 할당에 의해서 블루소프트의 무역량은 줄어들면서 한국에서는 가격이 상승하고 미국에서는 가격이 하락함을 알았다. 그런데 이러한 효과는 관세를 부과할 때와 동일하다. 〈그림 13-3〉에서 수입량 $\overline{EF}$가 수량할당에서 수입량이 되도록 관세율을 정하면 관세와 양적으로도 동일한 효과를 나타낸다.

관세 부과와 수량할당의 차이

- 관세 부과 시 허가권이 없어도 효율적인 생산자는 수출이 가능하나 수량할당의 경우에는 허가권을 가진 생산자만 수출이 가능하기 때문에 이에 따른 비효율성 발생
- 관세 부과 시 정부가 얻었던 재정수입이 수량할당 시에는 수입업자의 이윤이 됨

그러나 위의 두 가지 무역장벽은 다음과 같은 중요한 차이를 지닌다. 첫째, 경쟁력을 결정짓는 요인이 다르다. 관세는 외국의 모든 수출업자(위의 예에서는 한국에 수출하는 미국의 모든 소프트웨어 업체)에게 동일하게 적용되지만, 수량할당은 **허가권**(license)을 가진 자와 그렇지 못한 자가 구별된다. 따라서 관세를 부과하는 경우에는 가장 효율적인 생산자, 즉 수입상품을 가장 싼 값에 공급할 수 있는 자만이 경쟁에서 이길 수 있는 반면에, 수량할당의 경우는 허가권을 가진 자만이 상품을 수출할 수 있다. 그런데 허가권은 보통 기존의 수출량에 비례하여 할당량이 정해지는 방식으로 주어지거나 정치적 이유 혹은 관련 기관의 자의적 선택에 의해 부여된다. 따라서 가장 효율적인 생산자가 경쟁에서 이긴다는 보장이 없다.

둘째, 자원배분 효과가 다르다. 만약 수량할당량이 관세 부과로 인한 수입량과 같다면 총잉여의 감소분은 〈그림 13-3〉에서 색칠된 두 개의 삼각형으로 관세를 부과할 때의 총잉여 감소분과 그 크기가 같다. 하지만 관세 부과 시에 정부가 얻었던 재정수입이 수량할당 시에는 수입업자의 이윤으로 귀속된다.

3.3 전략적 무역정책

전략적 무역정책 규모의 경제가 현저하게 나타나는 산업은 보조금 등으로 선점하여 비교우위를 창출해야 한다는 이론

항공기, 반도체, 자동차, 철강 등 규모의 경제가 현저하게 나타나는 산업에서는 완전경쟁이 일어나기 어렵다. 이러한 산업에 종사하는 기업들은 독점적 지위를 바탕으로 상당한 초과수익을 얻게 되므로 이 산업을 선점하는 기업은 매우 유리한 입장에 서게 된다. 따라서 독점력으로 인해 발생하는 초과이윤을 얻기 위해 국가 간 혹은 기업 간에 치열한 경쟁이 일어난다.

예를 들어 로켓 산업에 **규모의 경제**가 현저하여 두 개의 기업이 존재하면 두 기업 모두 10억 달러의 손해를 보지만 만약 한 기업이 독점을 하면 20억 달러의 이익을 얻을 수 있다고 가정하자. 이런 경우 어떤 나라에서 자국 기업에 10억 달러의 보조금을 지급하면, 보조금을 받은 기업이 로켓 산업을 독점할 수 있고 상당한 액수의 초과이윤을 얻게 된다. 왜냐하면 보조금을 받지 못한 기업이 이 산업에 진입하면 10억 달러의 손해를 보고 시장에서 퇴출되는 반면, 보조금을 받은 기업은 보조금으로 손실을 메우고 독점적 지위를 얻게 되기 때문이다.

이와 같이 보조금 등을 통해 규모의 경제가 현저하게 나타나는 산업을 능동적으로 선점하여 비교우위를 창출하는 것을 **전략적 무역정책**이라고 한다. 그러나 전략적 무역이론에도 한계가 있다. 우선 위의 예에서처럼 규모의 경제가 매우 큰 산업은 현실에서 보기 어렵다. 그리고 전략적 무역정책의 분석처럼 어떤 산업에 진입함으로써 얻는 이윤이나 손해를 정확하게 측정하기 어렵다. 또한 이러한 정책은 무역분쟁을 일으킬 위험이 있다.

전략적 무역정책의 한계
- 규모의 경제가 매우 큰 산업을 찾기 어려움
- 산업 진입에 따른 손익 측정 모호
- 무역분쟁의 가능성 내재

4. 자유무역론과 보호무역론

Principles of **Micro**economics ch. thirteen

자유무역을 주장하는 사람들은 자유무역이 무역에 참여하는 모든 나라의 후생을 증진시킨다고 주장하는데, 그 구체적 근거는 다음과 같다. 첫째, 자유무역은 〈그림 13-2〉에서 보는 것과 같이 현재와 동일한 생산요소를 갖고도 보다 많은 소비자잉여와 생산자잉여를 누릴 수 있게 한다. 둘째, 비교우위에 따라 어떤 산업을 특화하면 규모의 경제가 발생한다. 특히 국내시장이 협소한 소국의 경우 넓은 세계시장을 겨냥하면 규모의 경제가 있는 산업도 발전할 수 있다. 우리나라가 고도성장을 이룰 수 있었던 것 또한 좁은 국내시장을 벗어나 국제시장을 무대로 했기 때문이다. 셋째, 자유무역은 경쟁을 촉진함으로써 생산성을 높인다. 국내시장에서는 수입제품과 경쟁을 벌여야 하고, 수출상품은 국제시장에서 다른 나라 상품들과 경쟁해야 한다. 이러한 치열한 생존경쟁에서 살아남기 위해서 기업은 상품혁신과 기술개발을 게을리할 수 없다. 넷째, 자유무역은 학습효과에 따른 생산성 제고 효과도 가져온다. 어떤 산업을 특화함으로써 생산과정에서 노하우를 축적하면 보다 효율적인 생산을 할 수 있다.

자유무역론의 장점
- 기존의 생산요소로 보다 많은 소비자잉여와 생산자잉여 향유
- 특화를 통한 규모의 경제 효과
- 경쟁을 통한 생산성 제고
- 학습효과에 따른 생산성 제고

4.1 보호무역론

이론적으로 자유무역은 국가의 후생을 증진시키지만, 실제로 자유무역을 하는 국가는 존재하지 않는다. 많은 나라들이 겉으로는 자유무역을 부르짖지만 실제로는 어느 정도 자국산업 보호를 위해 보호무역조치를 취하고 있다. 물론 보호무역론자들도 어떤 이상적 조건만 충족된다면 자유무역이 좋다는 것에 대해서 이의를 제기하지 않는다. 그러나 현실세계에서는 그러한 이상적인 조건이 충족되지 않기 때문에 무조건 국내시장을 개방할 것이 아니라 어느 정도의 보호가 필요하다고 보는 것이다. **보호무역**의 현실적 필요성 중에서 중요한 몇 가지를 살펴보자.

4.1.1 유치산업보호

유치산업보호론 후진국 단계에 있는 유치산업을 보호하여 경제가 성숙된 후에 자유무역 실시를 주장

리스트(Friedrich List)로 대표되는 보호무역론자들은 국내산업 보호를 중시한다. 리스트는 아직 공업화를 이룩하지 못한 후진국의 경우 초보 단계에 있는 **유치산업**(infant industry)을 보호하여 경제가 성숙한 후에 자유무역을 실시하는 것이 바람직하다고 보았다. 후진국은 비교우위산업을 특화하기보다는 **수입대체산업**을 보호함으로써 공업화를 이룩하고, 나아가서는 경제발전을 도모해야 한다는 것이다.

유치산업보호론은 비교우위 개념에 대해 비판적이다. 비교우위는 정태적인 개념으로 요소부존도, 기술조건 등이 일정하면 변하지 않는다. 그러나 경제가 발전하면서 산업구조도 변화하기 때문에 현재 비교열위에 있는 산업도 경제가 충분히 발전하면 비교우위산업으로 바뀔 수 있다. 실제로 미국과 독일은 18세기 당시 영국에 비해 농업에 비교우위가 있었지만, 20세기에는 공업에 비교우위가 있는 공업선진국으로 탈바꿈했다. 따라서 비교우위를 정태적인 측면에서만 파악할 것이 아니라 동태적인 측면에서도 파악해야 한다는 것이다.

비교우위를 정태적이 아닌 동태적인 측면에서 파악

후진국의 **비교열위산업**은 일반적으로 공업부문이라고 할 수 있는데, 공업부문에는 규모의 경제가 큰 산업이 많다. 그러나 처음부터 자유무역을 실시하게 되면 이들 산업은 외국의 경쟁력에 눌려 성장할 수가 없다. 반면에 적당한 기간 동안 보호를 해주면 국내 수요를 기반으로 하여 규모의 경제를 누리고 비용을 절감할 수 있기 때문에 외국과의 가격경쟁에서 유리한 위치를 확보하게 된다. 또한 처음에는 생산 경험이 없어서 생산성은 낮고 생산비용은 많이 들지만, 일정 기간 보

유치산업의 비교우위화 유치산업을 보호하고 국내 수요를 바탕으로 규모의 경제를 누리면 외국과 경쟁 가능하도록 성장 가능

호해 주면 생산 경험의 축적을 통해 생산성과 기술수준이 높아진다. 따라서 현재 수입대체산업이 생산성이 낮아 비교열위에 있다고 하더라도 일정 기간 보호를 해 주면 비교우위산업으로 변할 가능성이 있다.

4.1.2 비경제적 목적

자유무역에 의한 이익은 각국이 비교우위가 있는 산업을 특화함으로써 얻어진다. 그러나 어떤 나라가 지나치게 몇 가지 산업만을 특화하는 경우, 그 나라의 소득을 증가시킬 수는 있으나 **대외의존도**가 심화된다. 대외의존도가 높으면 국가경제가 수출재나 수입재의 세계시장 가격변화에 민감하게 반응하는 등 경제의 자주성을 유지하기 어려워진다.

보호무역의 비경제적 목적
- 경제의 자주성 확보
- 비상사태 우려 : 국방력 유지, 식량 자급

또한 비교열위에 놓여 있는 산업이지만 **국방력**의 유지를 위해 보호해야 하는 경우도 있다. 최근 우리나라의 식량자급도가 낮아지는 데 대해 많은 사람들이 우려하는 것도 같은 맥락이다. 식량에 비교우위가 없다고 전적으로 식량을 외국에 의존하면 전쟁이 일어나거나 갑작스런 세계 기후 변동으로 곡물가격이 급등하는 경우에 어려움을 겪을 것이다. 따라서 다른 나라에 비해 경쟁력이 약하더라도 중화학공업이나 식량산업은 보호할 필요가 있다. 그러나 이러한 경우 효율성 면에서 어느 정도의 희생을 감수해야 한다.

4.2 자유무역을 위한 협정

제1차 세계대전이 끝난 1919년 이후부터 제2차 세계대전이 시작된 1939년까지의 전간기(inter-war period) 동안 세계 각국은 모두 경쟁적으로 보호무역정책을 채택했다. 그 결과 세계 경제는 침체하여 대공황을 겪었으며, 결국 국제평화를 위협했다. 킨들버거(Charles Kindleberger)의 나선(spiral)으로 알려진 바와 같이 공황에 이은 경기침체는 국제무역의 지속적인 감소로 이어졌다.

제2차 세계대전 중 연합국은 국제경제질서에 관한 협의를 거듭하였다. 이때 **케인즈**는 전 세계가 단일통화(Bancor)를 사용하고 세계중앙은행을 두며 각국의 중앙은행은 세계중앙은행의 지부 역할을 해야 한다는 의견을 제시한 반면, **화이트**(Henry D. White)는 단일통화의 필요성을 부정하고 국제기금을 통하여 세계금융시장을 조정하면 된다는 의견을 제시했다. 결국 화이트의 의견이 받아들여져

제2차 세계대전 후 국제경제질서에 관한 협의
- 케인즈 : 단일통화, 세계중앙은행 설립
- 화이트 : 국제기금을 통하여 세계금융시장 조정(IMF, IBRD)

1944년 7월 국제통화기금(IMF)과 국제부흥개발은행(IBRD)이 발족하였다.

4.2.1 다자간무역협정 : GATT와 WTO

관세 및 무역에 관한 일반 협정(GATT)
- 목적 : 세계 각국의 무역장벽의 점진적 철폐를 통한 자유무역질서의 확립
- 역할 : 무역에 관한 기본 규범 형성, 무역 관련 분쟁 및 통상마찰 해결, 다자간 무역 협상의 장

세계무역기구(WTO)
- GATT보다 강력한 힘을 갖고 국가 간 교역을 관할하는 국제기구
- 국가 간 무역 분쟁을 법적으로 해결할 수 있는 분쟁해결기구 설치

제2차 세계대전이 끝난 후 각국은 자유무역원칙을 내걸고 미국 주도 하에 **관세 및 무역에 관한 일반협정**(General Agreement on Tariffs and Trade ; GATT)을 체결했다. GATT의 목적은 세계 각국의 무역장벽의 점진적 철폐를 통한 자유무역질서를 확립하는 것이다. 이를 위해 GATT는 몇 가지 중요한 역할을 수행한다. 첫째, 세계무역 증진을 위한 다자간국제조약으로서 무역에 관한 기본 규범을 형성한다. 둘째, 각종 무역 관련 분쟁 및 통상마찰을 해결하기 위한 국제기구로서 기능한다. 마지막으로 다자간무역협상의 장으로서 역할을 수행한다. GATT의 결과는 1947년 제네바 관세협상부터 **세계무역기구**(World Trade Organization ; WTO)를 출범시킨 우루과이라운드 협상에 이르기까지 다양하게 나타났다.

1995년 출범한 WTO는 GATT를 대신하여 상품교역 이외에 서비스교역, 지적재산권, 투자 등 새로운 분야들을 포함하고 있다. 또한 WTO는 협정의 수준에 있던 GATT와 달리 국가 간의 교역을 관할하는 국제기구로서 조직과 체계, 지위 등의 측면에서 GATT보다 강력한 힘을 가지게 되었다. 특히 국가 간 무역에 관한 분쟁이 발생하였을 때 이를 법적으로 해결할 수 있도록 분쟁해결기구를 설치하고 그 하위조직으로서 분쟁해결패널과 상소기구를 두었다는 점이 큰 특징이다.

현실과 경제학

WTO와 뉴라운드

WTO 체제 하에서 열리고 있는 각료회의(Ministerial Conference)는 지금까지 8회가 개최되었는데, 제4차 각료회의가 일명 도하 라운드(Doha Round) 또는 뉴라운드라고 일컬어지고 있다. 카타르 도하에서 열린 제4차 WTO 각료회의에서는 2002년부터 3년간 협상을 진행하여 2005년 1월 1일까지 협상을 완료하기로 하고, 제5차 각료회의에서 중간평가를 실시하기로 예정했지만, 2003년 11월 멕시코 칸쿤에서 열린 제5차 각료회의가 개발도상국들의 반발로 결렬되면서 현재까지 난항을 겪고 있다. 2005년 12월 홍콩에서 열린 제6차 각료회의 이후 2006년 7월 WTO 이사회에서는 논의를 잠정 중단하기로 결정했으며, 2008년 7월 스위스 제네바에서 재개된 도하 라운드 협상도 끝내 결렬되었다. 도하 라운드에서의 의결사항을 간

단히 살펴보면 다음과 같다.

- 시장자유화 : 공산품(임 · 수산 포함), 농업, 서비스
- 국제규범 개선 : 반덤핑, 보조금(수산보조 포함), 자유무역협정을 중심으로 한 지역협정
- 신규 의제 : 환경, 무역절차(통관 등), 지적재산권(TRIPs), 분쟁해결, 개발

현재까지는 UR 협정상 "개도국 우대조치"를 명료화해 달라는 요구(이행문제)에 대해서 약 절반에 대해 해결방안을 합의한 상황이며, 기타 개도국에 대한 기술지원(최빈 개도국 포함), 능력개발, 특별대우를 의결서에 명시하였다. 또한 '지적재산권(TRIPs)/공중보건에 관한 별도선언'을 통해 AIDS 등으로 어려움을 겪는 국가가 치료약품을 저렴하게 사용할 수 있도록 협정이 적용되어야 한다는 원칙을 확인하였다. 하지만 관세나 보조금 등 가장 민감한 분야에서 각국의 의견이 조율되려면 당분간 시간이 필요할 것으로 보인다.

4.2.2 양자 간 자유무역협정(FTA)

자유무역협정 가맹국 간 상품 및 서비스의 자유로운 이동을 위해 모든 무역장벽을 완전히 철폐하고 역외국가에게는 각국이 개별적으로 관세를 매길 수 있게 하는 협정

자유무역협정(free trade agreement ; FTA)은 가맹국 간 재화 및 서비스의 자유로운 이동을 위해 관세를 비롯한 모든 무역장벽을 완전히 철폐하고 역외국가에게는 각국이 개별적으로 관세를 매길 수 있게 하는 협정을 말한다. FTA는 대개 국가 간 교역증대를 통한 상호 이익을 도모하기 위해 추진된다. 최근 전 세계적

그림 13-4

출처 : 산업통상자원부, 〈통상〉, 2020. 1.

으로 FTA 협정 체결이 활발하게 이루어진 결과 200건이 넘는 자유무역협정이 체결되었으며, 전 세계 무역의 50% 정도가 이들 FTA 체결국 간에 이루어지고 있다. 우리나라도 이런 추세에 동참하여 2004년 4월 칠레와의 FTA가 처음 발효된 이래로 2020년 1월 현재 총 16건의 FTA가 발효된 상태이다.

뉴스와 경제학

다자무역체제 약화와 지역무역협정 활성화

[표 1] 최근의 주요 지역무역협정

무역협정	참여국	무역 규모[1]	진행 경과
CPTPP	일본, 캐나다, 호주, 멕시코, 칠레, 말레이시아, 싱가포르, 페루, 뉴질랜드, 베트남, 브루나이(총 11개국)	5.81조 달러(14.9%)	발효(2018년 12월)
RCEP	한국, 중국, 일본, ASEAN, 호주, 인도, 뉴질랜드(총 16개국)	11.44조 달러(29.4%)	인도 제외 15개국 협정문 합의(2019년 11월)
AfCFTA	아프리카 54개국	1.92조 달러(4.9%)	발효(2019년 5월)
USMCA	미국, 멕시코, 캐나다	5.91조 달러(15.2%)	미국, 캐나다 의회 비준 절차 중
미 · 일 무역협정	미국, 일본	5.55조 달러(14.3%)	발효(2020년 1월)

주 : 1) 2018년 기준, ( ) 안은 전 세계 무역액 대비 비중.
자료 : IMF, 언론보도 종합.

2008 글로벌 금융위기 이후 보호무역주의 기조가 강화되면서 무역장벽이 확대되어 왔다. 특히 관세 부과, 수량규제 등 수입제한 조치의 적용을 받는 상품 수입 규모가 2009년 73억 달러(글로벌 수입액의 0.6%)에서 2018년 1.5조 달러(글로벌 수입액의 7.5%)로 증가하였다. 이러한 과정에서 국제무역기구(WTO)의 기능이 약화되는 조짐을 보이면서 국제무역질서가 재편되는 양상이 나타나고 있다. 미국 트럼프 행정부는 WTO 체제 내 개발도상국 지위의 부당성, 중국의 반시장적 정책 시정 미흡 등을 지적하며 WTO에 대해 부정적 입장을 표명해 왔다. 2000년대 초 출범한 도하개발어젠다 협상 지연에 더하여 분쟁 해결 기능의 약화는 WTO 체제의 존립에 대한 우려를 낳고 있다.

다자간 무역협상의 어려움이 가중되면서 지역무역협정(regional trade agreement ; RTA)을 통해 통상규범을 수립하고 새로운 국제무역질서 형성을 주도하려는 움직임이 활발해지고 있다. 전체 회원국의 총의(consensus)에 의해 도출되는 다자간 무역협상과 달리 2개 이상 참여국 간 맺어지는 RTA는 2000년대 중반 이후 빠르게 확산되면서 2019년 12월 기준 총 302건이 발효 중이다. 포괄적 · 점진적 환태평양경제동반자협정(CPTPP), 역내 포괄적 경제동반자협정(RCEP), 아프리카 자유무역지대(AfCFTA) 등은 거대한 경제규모 및 다수의 참여국을 기반으로 지역 내 가치사슬(value chain)을 강화하고자 하는 대표적 사례이다. 이러한 RTA의 진전은 향후 글로벌 가치사슬의 재편과 교역에서의 개별국 역할 변화를 촉진하는 요인으로 작용할 것으로 전망된다.

참고문헌 : 한국은행, “2020년 이후 글로벌경제 향방을 좌우할 주요 이슈(I)”, 『국제경제리뷰』, 2020. 1.

요약 및 연습문제

1. 비교우위와 국제무역의 이득

국가 간에는 기후, 부존자원, 관습의 차이로 분업의 정도가 현저하게 나타나므로 교환으로부터 얻는 이익이 국내에서보다 국가 간에 이루어질 때가 더 크다.

1.1 절대우위론 아담 스미스는 다른 나라에 비해 적은 요소투입으로 어떤 상품을 생산할 수 있다면 상대국이 생산한 다른 재화와 교환함으로써 양국 모두 이전보다 더 큰 이득을 누릴 수 있다는 절대우위론을 주장하였다.

1.2 비교우위론 리카도는 무역이 절대우위가 아닌 비교우위에 의해 이루어진다고 주장하였다. 하지만 비교우위론은 비교우위가 발생하는 원인과 노동생산성 차이에 대한 설명의 부재, 노동에 국한된 생산요소, 완전특화 등의 한계점을 갖고 있다.

1.3 비교우위론의 발전 리카도의 비교우위론은 무역이 국가 간 요소부존도의 차이 때문에 발생한다는 헥셔-올린 정리와 이를 응용한 스톨퍼-새뮤엘슨 정리, 립진스키 정리 등으로 발전되었다.

01. 한국과 미국이 TV와 자동차 두 가지 제품을 생산하고 있다. 두 나라가 하루에 생산할 수 있는 각 제품의 양은 다음과 같다(생산요소는 노동뿐이다).

〈하루 생산량〉

	한국	미국
TV	5	10
자동차	2	6

(1) 무역이 없을 때 한국과 미국에서 두 제품의 교환비율은 얼마인가?

(2) 한국이 수출하는 제품은 무엇인가?

(3) 가능한 국제가격의 범위를 구하라. 국제가격이 이 범위 밖에서 결정된다면 어떻게 되겠는가?

02. 어떤 경제가 갖고 있는 자원을 모두 사용하여 가장 효율적으로 생산할 수 있는 X재와 Y재는 $X + Y = 7$로 표시된다고 하자. 이 경제를 구성하고 있는 사람들의 효용함수는 $U = \min\{X, Y\}$라고 할 때 X, Y를 각각 얼마씩 생산·소비하는 것이 바람직한가? 또 국제무역이 이루어져서 X, Y의 가격비율이 $P_X = 2P_Y$라고 할 때, 이 경제는 X와 Y를 얼마나 생산하고 소비하며 또 얼마만큼 무역을 통해 거래하는 것이 적정한지 생각해 보라.

2. 새로운 국제무역이론

현실에서 일어나는 무역의 형태는 다양하며, 이를 설명하려는 새로운 이론도 여러 가지가 있다. 린더는 자국의 수요(대표수요)에 따라 먼저 생산을 시작한 상품이 규모의 경제를 통해 제품차별화와 수출을 가능하게 한다는 대표수요설을 주장했고, 이는 크루그먼의 독점적 무역모형으로 일반화되었다. 한편 버논은 상품의 수명이 시간에 따라 변함에 따라 각국의 비교우위 또한 변한다는 제품수명주기설을 주장하였다.

03. 현실경제에서 독점적 무역모형과 제품수명주기설이 각각 적용되는 무역의 사례를 조사해 보라.

3. 국제무역과 정부의 역할

정부가 무역에 개입하는 수단에는 크게 가격규제와 수량규제, 그리고 기타 비관세 무역장벽이 있다.

3.1 관세 관세란 수입품에 부과되는 조세를 말하는데, 관세의 경제적 효과에는 국내생산 증대효과, 국내소비 감소효과, 정부의 관세수입효과, 자중손실 발생 등이 있다. 한편 수출보조금도 관세와 유사하게 효율성의 손실을 가져올 수 있다.

3.2 수량할당 수량할당이란 일정한 기간 동안 수입되는 상품의 양을 제한하는 것이다. 이는 관세 부과와 비슷한 경제적 효과를 보이지만 경쟁력이 허가권의 소유 여부에 달려 있고 정부의 재정수입이 수입업자에게 간다는 점에서 관세와 다른 자원배분효과를 갖는다.

3.3 전략적 무역정책 전략적 무역정책이란 규모의 경제가 현저하게 나타나는 산업을 보조금 등으로 선점하여 비교우위를 창출해야 한다는 이론이다. 그러나 이 이론은 규모의 경제가 큰 산업을 찾기 어렵고, 정확한 손익 분석이 쉽지 않으며, 무역 분쟁의 가능성이 있다는 면에서 한계를 갖고 있다.

04. 다음에 주어진 그래프를 이용하여 정부가 수입품인 너구리 인형에 1만원의 관세를 부과했을 때 나타날 수 있는 현상에 대해 분석해 보자.

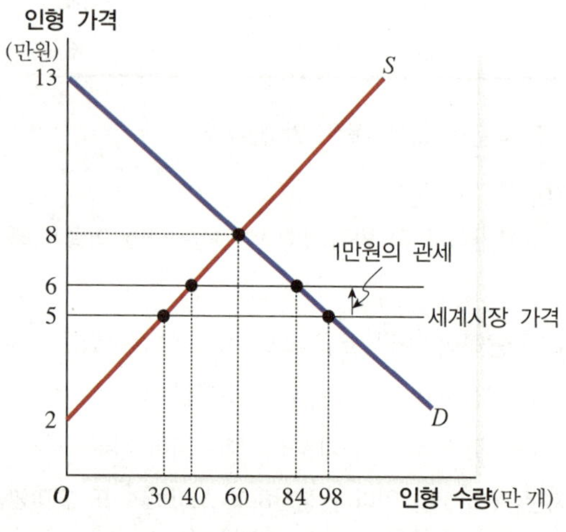

(1) 관세가 부과된 이후 너구리 인형의 국내 가격과 수요량은 얼마나 되는가?

(2) 관세가 부과되기 이전과 이후에 외국으로부터 수입되는 너구리 인형의 수량은 각각 얼마나 되는지 설명하라.

(3) 관세가 부과되기 이전과 이후에 나타나는 소비자잉여의 크기를 계산하라.

(4) 관세가 부과되기 이전과 이후에 나타나는 생산자잉여의 크기를 계산하라.

(5) 관세로 인하여 정부가 얻는 수입의 크기를 구하라. 한편 관세로 인한 자중손실의 크기는 얼마

나 되는가?

05. "관세 부과는 관세 부과국의 교역조건을 개선하고 후생을 증대시킨다"라는 주장을 논평하라.

4. 자유무역론과 보호무역론

자유무역론에 따르면 자유무역이 세계 후생을 증진시킨다. 자유무역을 통해 동일한 생산요소 하에서도 보다 많은 소비자잉여와 생산자잉여를 누릴 수 있고 비교우위에 따라 특화를 하게 되며 경쟁을 촉진함으로써 생산성을 높일 수 있다.

4.1 보호무역론 이론적으로는 자유무역이 국가의 후생을 증진시키지만 실제로 자유무역을 하는 국가는 존재하지 않으며 대부분 어느 정도의 보호는 필요하다고 본다. 그 근거의 하나로 후진국의 경우 유치산업을 보호하여 경제가 성숙한 후에 자유무역을 해야 한다는 유치산업보호론이 있다. 그 밖에도 경제의 자주성 확보, 비상사태 우려 등의 비경제적 목적 등으로 보호무역을 옹호하기도 한다.

4.2 자유무역을 위한 협정 GATT의 목적은 세계 각국의 무역장벽의 점진적 철폐를 통한 자유무역질서의 확립이었으며, 이는 WTO로 이어졌다. 최근 가맹국 간 상품 및 서비스의 자유로운 이동을 위해 관세를 비롯한 모든 무역장벽을 완전히 철폐하고 역외국가에게는 각국이 개별적으로 관세를 매길 수 있게 하는 자유무역협정(FTA)이 급속도로 퍼져가고 있으며 우리나라도 이에 적극적으로 동참하고 있다.

06. 자유무역은 무역의 이익을 통한 후생의 증대라는 측면에서 강조되고 있다. 그러나 현실적으로 한계가 있다는 주장도 있는데, 그 한계란 무엇인가?

찾아보기

Principles of **Micro**economics eleventh edition Index

아

지은이에 대하여

조 순

서울대학교 상과대학 전문부
미국 보든대학(Bowdoin College) 경제학과
미국 캘리포니아주립대학교(University of California, Berkeley) 대학원(경제학박사)
미국 뉴햄프셔주립대학교(University of New Hampshire) 조교수
서울대학교 경제학과 교수 및 동 대학교 사회과학대학장
한국국제경제학회장
부총리 겸 경제기획원 장관
한국은행 총재
서울시장
현, 서울대학교 명예교수, 대한민국학술원 회원

[주요 저서]

『케인즈』(경제학전집 제15권) (유풍출판사, 1981)
『한국경제의 현실과 진로』(비봉출판사, 1981)
『화폐금융론』(비봉출판사, 1985)
『속 · 한국경제의 현실과 진로』(비봉출판사, 1986)
『IMF 극복과 평가 관련 저서』(비봉출판사, 1998)

정운찬

서울대학교 경제학과(학사)
미국 마이애미대학교(경제학석사)
미국 프린스턴대학교(경제학박사)
미국 콜럼비아대학교 조교수
서울대학교 경제학과 교수
한국금융학회장, 한국경제학회장, 한국사회과학협의회장
서울대학교 제23대 총장
국무총리
현, 서울대학교 명예교수, 동반성장연구소 이사장, 한국야구위원회(KBO) 총재

[주요 저서]

『금융개혁론』(1991, 법문사), 『중앙은행론』(1995, 학현사)
『예금보험론』(전정판, 송홍선 공저, 2007, 서울대학교 출판부)
『소리 없는 혁명—중앙은행의 현대화』(앨런 S. 블라인더 지음, 정운찬 · 김홍범 옮김, 2009, 율곡출판사)
『미래를 위한 선택 동반성장』(2013, 21세기북스)
『야구 예찬—야구바보 정운찬의 야생야사 이야기』(2013, 휴먼큐브)
『거시경제론』(제12판, 김영식 공저, 2018, 율곡출판사)
『화폐와 금융시장』(제5판, 김홍범 공저, 2018, 율곡출판사)
외 다수

전성인

서울대학교 경제학과 및 동 대학원(경제학사 및 석사)
미국 MIT대학교 대학원(경제학박사)
미국 텍사스주립대(오스틴) 경제학과 조교수
한국개발연구원 부연구위원
미국 MIT대학교 객원교수
한국금융연구센터 소장
한국금융학회 회장
미국 노스웨스턴대학교 부설 버핏연구소 객원교수
현, 홍익대학교 경제학과 교수

[주요 저서]

『통계학』(정운찬 공저: 경문사, 1994)
『화폐와 신용의 경제학』(다산출판사, 1996)
『350만의 드라마 : 뉴질랜드의 경제사회혁명』(이계식 · 배준호 공저 : 중앙 M&B, 1998)

김영식

서울대학교 영어영문학과(학사)
미국 카네기멜론대학교(경제학석사)
미국 아이오와대학교(경제학박사)
뉴질랜드 빅토리아대학교 경제학과 조교수
경희대학교 경제학과 부교수
현, 서울대학교 경제학과 교수

[주요 저서 및 논문]

『경제학으로의 초대』(제2판, 2014, 도서출판 청람)
『거시경제론』(제12판, 정운찬 공저, 2018, 율곡출판사)
Money, Barter, and Costly Information Acquisition, *Journal of Monetary Economics*, 1996.
How Important is the Intermediate Input Channel in Explaining Sectoral Employment Comovement over the Business Cycle? (with Kunhong Kim), *Review of Economic Dynamics*, 2006.
Separation of Unit of Account from Medium of Exchange (with Manjong Lee), *Journal of Money, Credit and Banking*, 2013.
「주택가격이 소비에 미치는 영향 : 주택담보대출 차주의 미시패널데이터를 활용하여」(최성호 · 송상윤 공저), 『경제분석』, 2015.
「한국의 금융발전이 중소기업 성장에 미친 이질적 영향」(송상윤 공저), 『경제학연구』, 2016.

제11판 경제학원론
(미시경제학)

초　　판 1쇄 발행 1974년　4월 20일
전 정 판 1쇄 발행 1977년　3월 20일
제2전정판 1쇄 발행 1983년　3월　5일
제3전정판 1쇄 발행 1987년　3월 20일
제4전정판 1쇄 발행 1990년　3월　1일
제5전정판 1쇄 발행 1993년　3월 15일
제　7　판 1쇄 발행 2003년　3월 10일
제　8　판 1쇄 발행 2009년　3월　1일
제　9　판 1쇄 발행 2011년　3월　2일
제　10　판 1쇄 발행 2013년　8월 26일
제　11　판 1쇄 발행 2020년　3월　2일
제　11　판 3쇄 발행 2022년 12월 30일

지은이 조　순 · 정운찬 · 전성인 · 김영식
펴낸이 박기남
펴낸곳 **율곡출판사**
08590 서울시 금천구 가산디지털1로 84(에이스하이엔드 8차), 803호
전화 (代) 02) 718-9872/3
팩스 02) 718-9874
home-page www.yulgokbooks.co.kr
e-mail yulgokbook@naver.com
등록 1989.11.10. 제2014-000031호
ISBN 979-11-87897-80-4 93320

값 21,000원